U0788002

西来桥镇志

XILAIQIAO ZHENZHI

扬中市西来桥镇志编纂委员会 编

方志出版社
Publishing House of Local Records

图书在版编目(CIP)数据

西来桥镇志 / 扬中市西来桥镇志编纂委员会编. ——
北京 : 方志出版社, 2018.6
ISBN 978-7-5144-3112-4

Ⅰ. ①西… Ⅱ. ①扬… Ⅲ. ①乡镇—地方志—扬中
Ⅳ. ①K295.35

中国版本图书馆 CIP 数据核字(2018)第 143288 号

西来桥镇志

编　　者：扬中市西来桥镇志编纂委员会
责任编辑：王海荣

出 版 人：冀祥德
出 版 者：方志出版社
　　　　　地址　北京市朝阳区潘家园东里 9 号(国家方志馆 4 层)
　　　　　邮编　100021
　　　　　网址　http://www.fzph.org
发　　行：方志出版社图书经销中心
　　　　　电话(010)67110500
经　　销：各地新华书店
印　　刷：扬中市人民印刷有限公司

开　　本：889×1194　　1/16
印　　张：32.5
字　　数：737 千
版　　次：2018 年 6 月第 1 版　　2018 年 6 月第 1 次印刷
印　　数：0001~2000 册

ISBN 978-7-5144-3112-4　　定价：280.00 元

· 版权所有　翻印必究 ·

《西来桥镇志(1800–2006)》编纂委员会

2000 年 3 月

主　　任：沈大银

副 主 任：唐圣龙　姚　红

委　　员：曹祝平　张建荣　徐宏伟

《西来桥镇志(1800–2006)》编纂委员会

2011 年 5 月

主　　任：陈泰鸿

副 主 任：陈　兵　姚　红

委　　员：陆　庆　常加玲　徐宏伟　陈旭文

《西来桥镇志(1800–2006)》编纂委员会

2014 年 8 月

主　　任：林成春

副 主 任：潘　杰　曹学松

委　　员：陈学兵　方泽华　陆　庆　常加玲

《西来桥镇志(1800–2006)》编纂委员会

2016 年 5 月

主　　任：曹学松

副 主 任：张　豫　吴培枫　张咏梅

委　　员：汤仁文　陈雪华　李培志

《西来桥镇志(1800–2006)》编纂办公室

2011 年 5 月—2016 年 5 月

第二任主任：陈雪华

成　　员：李聪敏　赵君峰　孔祥亚　苍　玲

第一任主任：汤仁文

成　　员：徐宏伟　吴小萍　杨　林

《西来桥镇志(1800-2006)》编纂人员

主　　编：曹学松
副 主 编：张　豫　吴培枫　张咏梅
执行主编：陈旭文
撰　　稿：陈旭文　徐进生
文字打印：杨　林
摄　　影：陈旭文　赵君峰
图片编辑：唐华龙
特约审阅：石馥苓　印永平
特约审稿：冯鸿鸣　石馥苓　郭洪智　唐华龙　黄寿年

《西来桥镇志(1800—2006)》验收与批准出版单位

审核验收：扬中市地方志编纂办公室
批准出版：中共西来桥镇委员会
西来桥镇人民政府

采编人员名单

(按姓氏笔画为序)

王福武	王杰华	王　飞	王　静	马国友	印德南	印永才
冯友文	孙长保	朱圣贵	朱孝一	朱秀林	朱　枫	刘效兵
许富勤	李明荣	李　波	陈廷富	陈吕龙	张建荣	张　威
何宏圣	何士贵	陆昌明	汤仁康	严怀仁	吴祥文	吴小萍
吴振海	周育三	周祥顺	杨恒生	杨以梅	季广法	林成礼
赵诚琏	姚　红	姚华东	施爱民	施治和	封爱民	徐子良
徐　龙	徐宏伟	徐明生	徐怀龙	徐广良	黄贤龙	黄克荣
曹德才	曹大仁	陶　洪	郭宏明	梅方良	温德勤	戴伯章
戴正平						

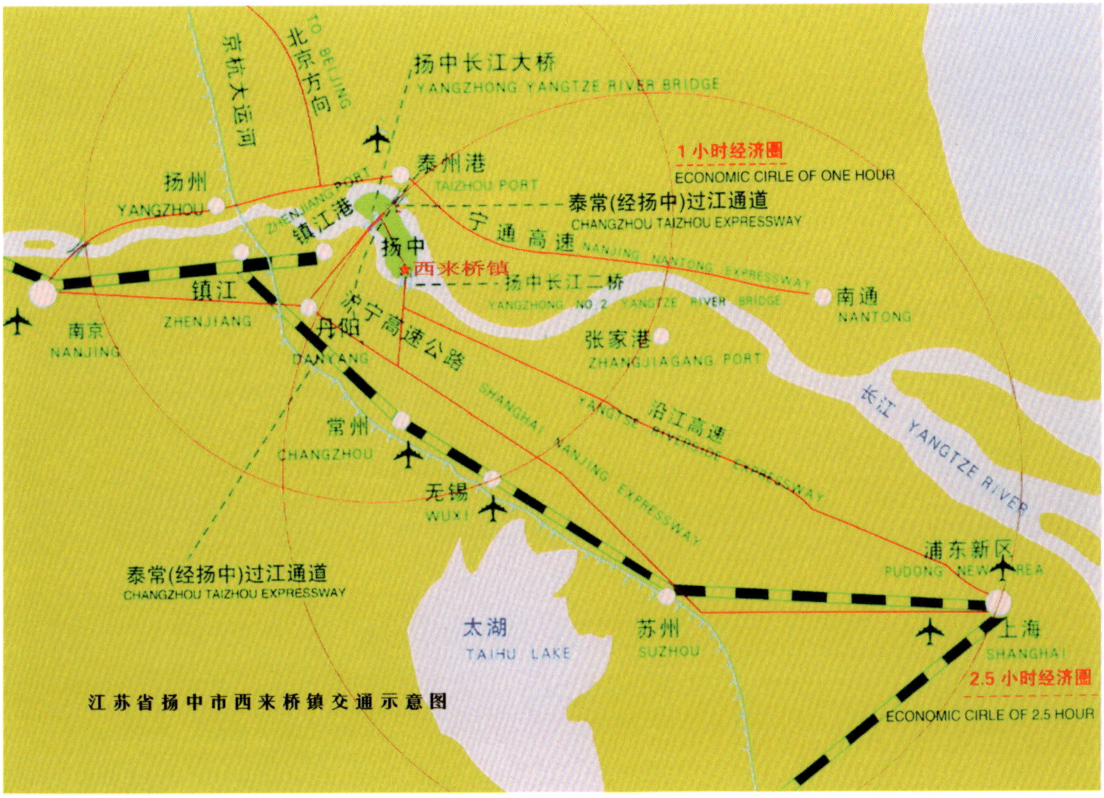

西来桥镇 2.5 小时及 1 小时经济圈示意图

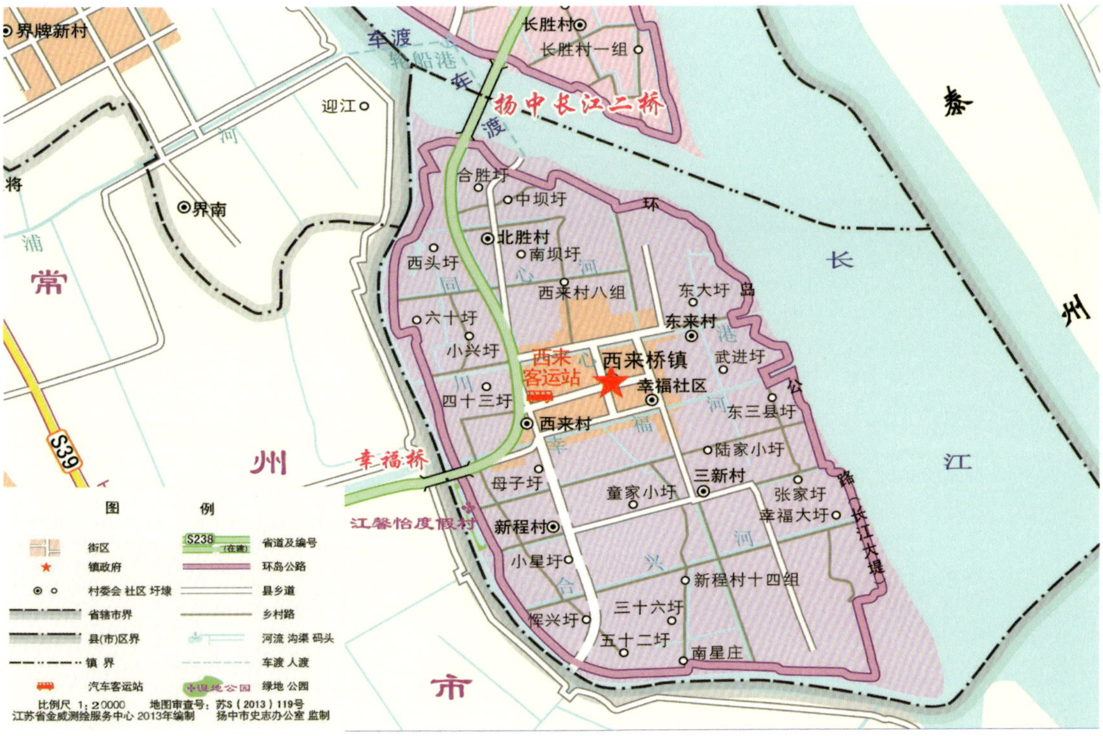

西来桥镇行政区划图

幸福水乡春来早(中国画 王中明)

西来桥镇党委、政府办公楼

西来桥镇部分荣誉匾

集镇绿岛雕塑

西来桥镇集镇鸟瞰

火红的岸线(油画 钱锋)

海晟新材料新厂区项目开工仪式现场

深水码头

润华物流码头首次停靠6万吨级海轮

船舶建造

新船装舾

大津重工

江苏荣昌集团

海晟涂料公司

中海粮油

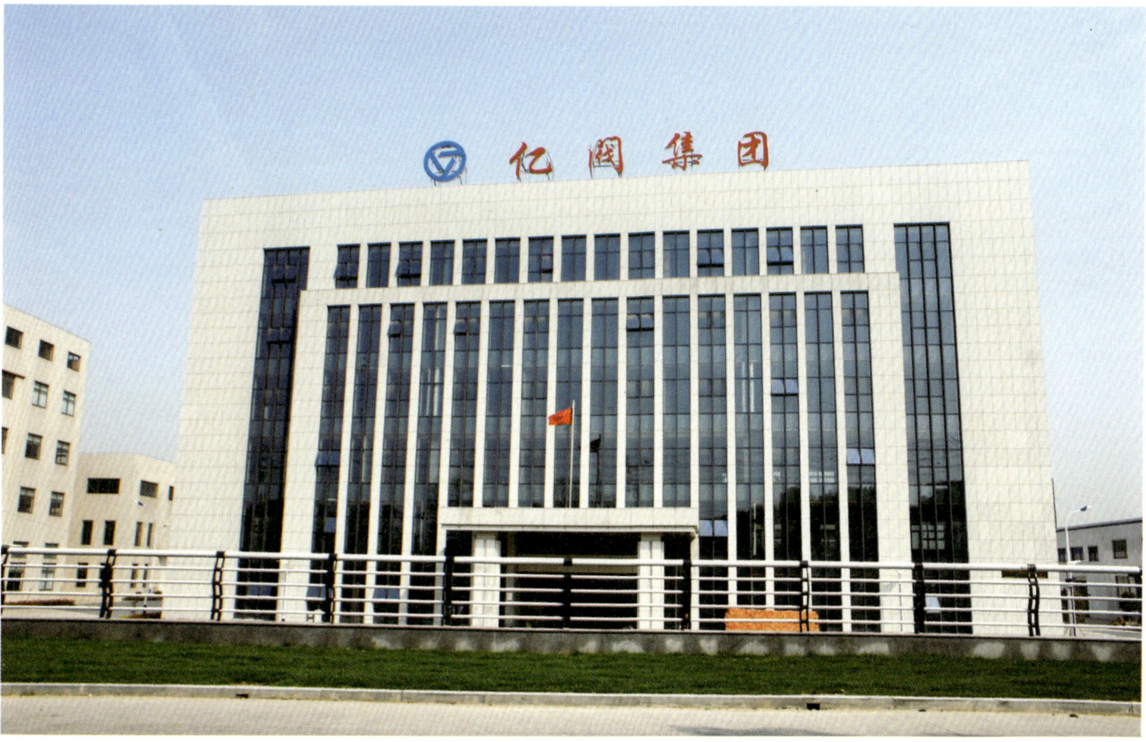

亿阀集团

丰收的田野

大棚反季节蔬菜

生态花海

生态畜牧波尔多山羊养殖

六月桃红

七月柚黄

隆冬时节草莓红

盛夏橙园

金秋橘林

芦 苇

柳编

杞 柳

竹 子

竹编

长江三鲜

河豚

鲥鱼

刀鱼

制作特色食品——香得来猪蹄

生产特色食品——西来桥绿豆饼

西来桥镇连接扬中主岛太平洲的扬中二桥

西来桥镇横跨夹江连接常州的幸福大桥

西来桥碑石

横贯全镇的 238 省道

环绕整岛的堤顶公路

江堤混凝土护坡和挡浪墙

老西来桥旧貌换新颜

新西来桥

醉美水乡

乡野清流

清粼粼的骨干港道

水乡休闲度假村

江滩防护林

江滩湿地

川心港闸

川心港东排涝站

幸福花苑一期

幸福花苑二期

幸福花苑三期

乡间民居

西来桥镇文化体育活动中心

西来桥公交枢纽站

扬中市西来桥学校

西来桥学校俯瞰图

西来桥中心幼儿园

镇卫生院

镇自来水厂

镇污水处理厂

镇敬老院

电信营业厅

邮政代办处

农业银行营业处

农商银行营业处

用电营业所

通讯大厦

大润发连锁店

易购连锁店

生活超市

西来桥集镇农贸市场

银都大酒店

福星洲休闲吧

江馨怡度假村酒店

红树林水上餐厅

永福酒楼

“江苏省龙狮运动之乡”授牌仪式

江苏西来桥舞龙队

长三角地区龙狮锦标赛暨第三届扬中西来桥舞龙大赛

首届“福星洲”杯舞龙大赛

西来桥舞龙队声震北京国际旅游节

“二月二”舞龙大赛

西来桥少年舞龙队喜获全国龙狮锦标赛少年组传统项目一等奖

西来桥舞龙队荣获 2017 江苏省龙狮大赛传统项目一等奖

2017 年第十届全国龙狮锦标赛江苏省龙狮大赛在西来桥隆重举行

省市文艺志愿者采风服务活动启动仪式

部分作家在西来桥采风

省书协副主席李啸为文体中心题字

省、市艺术家送春联

在西来桥举行的省市作家创作交流会

原国家博物馆副馆长陈履生在市民大讲堂开讲

西来桥“火红的岸线”油画展

“舞动西来桥”摄影作品展

西来桥镇美术馆

小说《西来桥》手稿捐赠仪式

“牵手西来桥”书画名家邀请展开幕式

重温小说《西来桥》不忘初心跟党走活动启动仪式

靖江西来镇与扬中西来桥镇缔结友好乡镇

靖江西来镇与扬中西来桥镇舞龙队员合影

“微爱”五公里公益趣味跑

工会拔河比赛

登阖山

西来桥镇青年篮球赛

首届重阳节晚会

镇江乡贤王中林(前排右二)

中国好人唐红梅(右一)

镇江好人冷志平(左二)

糈塑作品

西来桥糈文化艺术馆开馆

二代传承人代表陈金莲

糈塑作品

三代传承人代表姚圣法

外国朋友学糈塑

四代传承人代表黄金龙

清光绪年间建造的西来桥桥面石块

西来桥桥头石狮

百岁老人许纪山赠送旧船橹

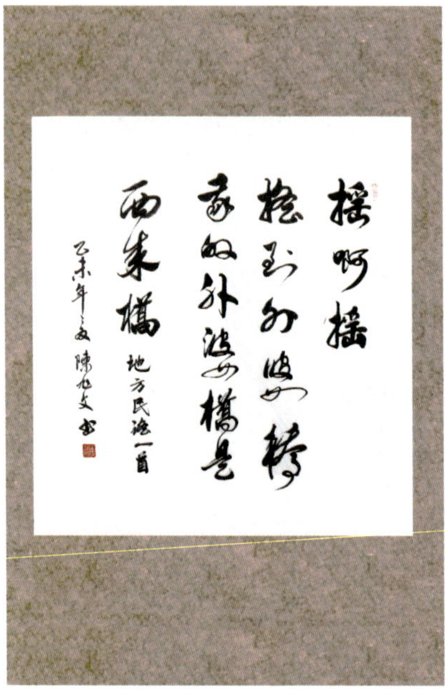

书法 西来桥民谣(陈旭文)

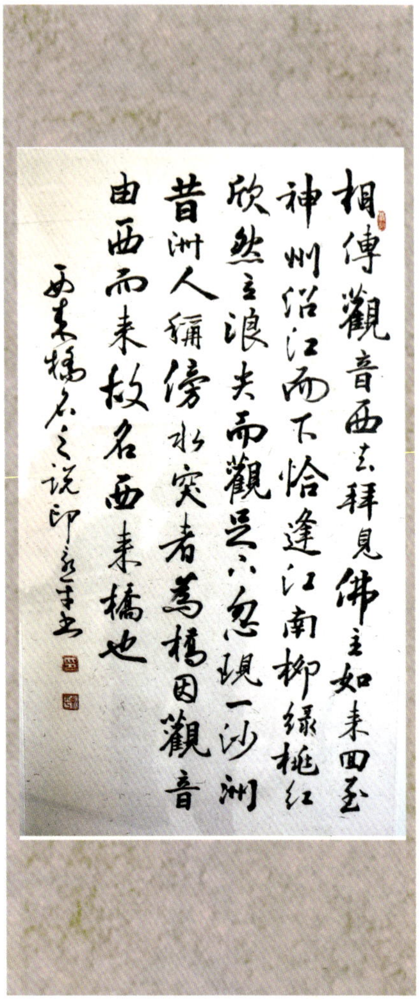

书法 西来桥传说 (印永平)

西来桥建桥记事碑

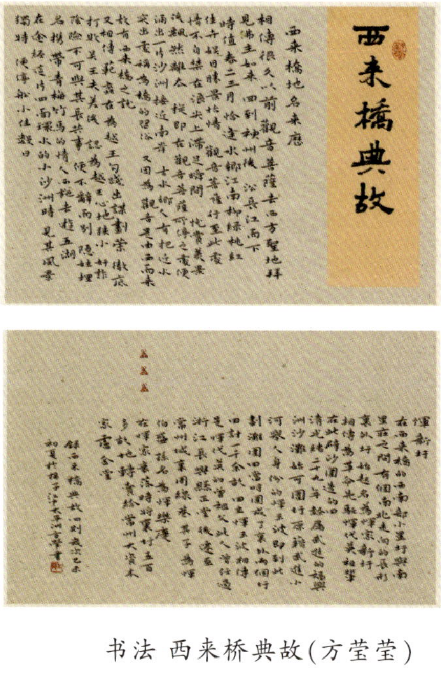

书法 西来桥典故(方莹莹)

老街百年老宅

序

西来桥是长江东流入海处喷薄而出的一片新兴沙洲，曾被唤作“中心沙”“复兴洲”。这方汲取天地精华的灵秀之地于清乾隆年间坍而复涨于扬子江中，这座曾经籍籍无名的绿岛如今已成为长江之畔有名的水乡岛镇，享有扬中“最美南大门”的盛誉。

虽然西来桥建置时间不长，但百余年的风雨沧桑、传奇经历，为她原本略显单薄的历史披上了一层厚重的外衣。西来桥地理位置独特，是重要的水上交通枢纽。抗日战争和解放战争时期，这里是革命根据地的“安全岛”“红色江中跳板”，被誉为“苏南小莫斯科”。睿智勇敢的西来桥人民在中国共产党的领导下，为争取抗日战争和解放战争的胜利，进行了艰苦卓绝的斗争，谱写下可歌可泣的红色篇章。陈毅、粟裕、谭正林、陈丕显等老一辈无产阶级革命家曾在这片土地上留下了光辉的足迹。

四面环江的地理环境是一把双刃剑。一方面，这里是河豚、刀鱼、鲥鱼等长江江鲜休养生息、洄游繁殖的“温床”，岛之子民可以尽情享用大自然的美好馈赠；另一方面，“头顶一片天，脚踩一只盆”的险峻地势，使这里的人们不得不提高危机意识，时刻警惕江水侵袭，不得不团结一心，同舟共济，守护共同的家园。西来桥人世代传承着敢于拼搏、勇于奋斗的地域精神，他们拓荒围垦，将荒凉之地打造成生态绿岛；他们挑筑堤坝，将洪水威胁阻挡在城墙之外；他们建桥铺路，将出行之途打通至四面八方；他们开发岸线，将火红的建设延伸至每个角落。“国家卫生镇”“国家级生态镇”“江苏省文明镇”“江苏省龙狮运动之乡”等一个个光荣称号和荣誉成为西来桥闪亮的名片。昔日资源匮乏、交通闭塞的江中孤岛，正在崛起为崭新的产业新城、生态岛镇、幸福之乡。砥砺奋进的西来桥人民在这方钟灵毓秀的土地上，创造出一个又一个人间奇迹。

以镜为鉴，能正衣冠；以史为鉴，能通古今。扬中有史以来第一部镇级地方志——《西来桥镇志（1800–2006）》的问世无疑具有开创先河的积极意义。此志以辩证唯物主义为指导，广征资料，严究其源，力求言之有据。全书横排门类，纵述史实，全面系统地记述了西来桥 1800—2006 年间自然、经济、政治、文化、社会的历史巨变，是一部融思想性、时代性、科学性、地方性于一体的通志，是一部具有

“存史、资治、育人”和对外交流弥足珍贵的地情资料文献。

历史是延续的，昨天的卷帙已成史迹，载入未来史册的必将是更加灿烂辉煌的篇章。2006 年到现在又已经过去整整 11 个年头，西来桥的面貌又有了显著的改观。然而这只能等待后来者编写了。

盛世修史，今天的西来桥已站在现代化小康社会建设的新起点上。我们相信，渗透于《西来桥镇志（1800–2006）》中的殷殷情愫，必将激励万千方土赤子的拳拳爱乡之情，形成建设扬中“最美南大门”的强大精神力量。让我们携手并肩，充分弘扬“同舟共济、勇立潮头”的新时期西来桥精神不断解放思想、开拓创新，锐意整岛开发第一线，勇立融通苏南最前沿，共同创造更加美好的明天！

中共西来桥镇党委书记　曹学松

西来桥镇人民政府镇长　张　豫

2017 年 10 月

凡　例

一、本志以马克思列宁主义、毛泽东思想、邓小平理论、“三个代表”重要思想、科学发展观、习近平新时代中国特色社会主义思想为指导，坚持辩证唯物主义和历史唯物主义的立场、观点和方法，本着实事求是的精神，系统记述西来桥镇自然环境及政治、经济、文化、社会的发展状况，客观反映历史面貌，力求思想性、科学性和史实性的统一。

二、本志记述上起西来桥（中心沙）成洲（1800年），下限截至2006年，时间跨度206年。遵循“立足当代，详今略古”的原则，志、传、记、述、表、图、照、录并用，以志为主，全面记述西来桥镇的历史、现状，体现时代特点，彰显地方特色。

三、本志以我国地方志传统确定体例、篇目，采用编、章、节的编写体系。总述纵横结合，综述镇情，统揽全貌；大事记以时间为顺序，采用编年体与纪事本末体相结合的记述方式，纵贯古今；主体专志分地理、经济、政治、文化、人物、社会6编，共40章、150节。卷首设序、凡例、总述、大事记，卷末置专记、后记。

四、本志记事以现镇域范围为限，但因历史上建置沿革变化较大，为反映历史全貌，有些内容涉及邻近市县及相关乡镇。

五、本志年代记述，中华人民共和国成立前用历史纪年，括注公元纪年；中华人民共和国成立后用公元纪年。解放前后，以1949年4月22日境地解放之日为界；建国前后，即为中华人民共和国成立前后，以1949年10月1日为界。本志“××年代”，凡未加世纪者，均指20世纪的年代。

六、本志对各个历史时期的地名、职务和专有名称等，依照历史时称记载，必要时括注说明。行文中的地域称谓，解放前通称“中心沙”，解放后称“福星区”，1955年称“幸福乡”，1958年称“幸福（人民）公社”，1983年复称“幸福乡”，1985年始称“西来桥镇”。时间跨度涉及解放前后，则以“西来桥”“西来桥境域”作称谓。

七、本志遵循“生不立传”的原则，为已故人物作传略，主要收录在西来桥境域有较大影响的已故人物和革命烈士，以西来桥籍人士为主，也有定居西来桥及在西来桥境域被捕、牺牲的客籍人士。对部分西来桥籍在外名人和副厅、师级人物作简历式记述。对部分各界先进模范、西来桥籍高级专业人员、在外乡贤列表简志。志中记叙的人物、事迹均限已知部分。

八、本志资料来源历史文献、档案资料和当事人、知情人口述，经考证核实后予以编述，一般不注出处，人为真名，事为客观事实。各种统计数据，一般采用统计部门的有关资料或行业部门的档案资料。

目 录

地 理 编

经 济 编

政 治 编

文 化 编

人 物 编

社 会 编

专 记

总 述

西来桥镇亦称中心沙，为长江下游泥沙冲积而成的水中洲地。成洲历史始于清乾隆年间（1736—1795）。位于常（州）泰（兴）之间长江主航道的南侧，北纬32°06′、东经119°54′。东与泰兴市天星桥隔大江相望；南西与常州市新北区的春江镇、孟河镇（分别为原武进县的魏村镇、小河镇）依小夹江毗邻；北隔大夹江与八桥镇相对。总面积为19.5平方公里。

西来桥是一个独立江中的岛镇，全岛四面环江，19.383公里的江岸线大堤，像一条绿色长廊围绕四周，登高远眺，犹如一盆绿色葱郁的盆景浮趸长江水上。岛镇景色秀丽，物产丰富，享有“鱼米之乡，江中明珠”美誉。

昔日，西来桥岛孤悬长江之中，与外界沟通全靠舟楫，交通极为不便。如今已建设为水陆交通十分便捷的江中走廊。水路四通八达，东临大江，5公里优良深水岸线，正在开发建设万吨级泊位码头。省道238贯通境域南北，其西南有全镇人民自力更生建造的幸福大桥与常州公路连线；北由扬中二桥跨北夹江与扬中主岛连接。自然环境独特，海洋性气候颇为明显，四季分明。春季晴雨相间，冷暖多变；夏季受东南风影响，炎热多雨；秋季天晴少雨，天高气爽；冬季受西北风控制，低温寒冷。境内气候温湿，土地肥沃，适宜于各种农作物的生长，主产水稻、三麦，粮食年年丰收。境地各色蔬菜四季咸有，桃、李、杏、梨、葡萄、枇杷等果树遍及村野。水资源、水产资源极为丰富。“江洲三宝”——芦、柳、竹（芦苇、杞柳、竹子），“江中三鲜”——刀鱼、鲥鱼、河豚享誉国内外。

2006年，全镇辖6村1社区，168个村民小组。共计6572户，总人口17298人。

一

西来桥（中心沙）这片小沙洲在清乾隆以前涨坍无常，几度沧桑，曾几次没入水中，又一再顽强地冒出来。据史料记载，清乾隆年间（1736—1795）始为水影，嘉庆五年（1800）滩面现水，后来逐渐扩涨。其时，大江南北一些富户即向官府呈报水影。滩可围圩时，四财主相争，诉讼至苏州府。苏州府判定四人分配，根据各地士绅报领，分属武进、丹阳、泰兴、太平洲（扬中）管辖。民国16年（1927）西来桥划属武进三区，名为“福星镇”，民国29年（1940）与大沙、下昆沙和属泰兴的开沙及属丹阳的移沙一起划属扬中，成立“扬中新六区”。民国34年（1945）划属武进三区，仍称“福星镇”。民国36年（1947）又和大沙、下昆沙一起复属扬中，成立扬中“新六区”。1948年又归武进，仍称“福星镇”。1949年4月22日解放，扬中县接管，名为“福星区”。1956年与轮船乡合并，名为“幸福乡”，1958年成立人民公社，名为“幸福公社”，1985年6月15日，撤乡建镇改名为“西来桥镇”。

西来桥境域由一条横穿东西的川心港将实地分割为二，起初一些小货船能从东、西两头开进开出，直通长江，并且可经运河驶向常州等地。咸丰十年（1860），在集镇“十字”街处的川心港上建造起一座木桥，连接北街。后因年久木质朽坏，行走不便，光绪二十二年（1896）由地方士绅向武进县备案出示公告，募捐筹款，将木桥改建成石桥，时人给该桥题名为“西来桥”，镇名亦由此而来。1977年，为防内港水患，地方人民政府在川心港的西头建造了天门闸，在东头筑坝建造了通江涵闸。

西来桥虽无山川密林隐身，但四周江流阻隔，江滩芦柳丛生，易守难攻，确实是秘密武装活动的好场所。咸丰十年（1860），太平天国五路大军攻入常州，清军及乡团练与太平军在武进县境内战斗激烈，西来桥为江中洲地，幸免战事，故武进县衙即迁至西来桥，建造营房以作踞守(地址在今西来村1组)，直到太平军退兵后方复迁回。在清朝末年，这里曾有一些黑帮强盗隐藏出没，以致“中心沙”曾一度被称为“黑沙”。但是这种便于隐蔽的环境，同样也为新四军打游击提供了有利条件。

抗战初期，管文蔚领导的抗日游击队经常到此驻扎。1939年秋，西来桥被开辟为抗日根据地后，苏中地委、丹北中心县委、武进县、扬中县的抗日民主政府及分区部队经常设在这里。新四军部队亦经常短屯休整，陈毅、粟裕、谭震林等人均曾在此留下光辉足迹。上海、南京、常州等沦陷城市的地下党人也时有到此休整、养病、中转或避风头。所以，西来桥曾被誉为根据地的“安全岛”和长江上的“红色跳板”。苏南地区庆祝中国共产党建党20周年的大会曾在西来桥杨家小圩（今南旺村14组）秘密举行，会上时任区委书记陈丕显在讲话中赞誉西来桥是“苏南小莫斯科”。

1945年5月，苏中第五军分区司令员韦永义率部攻克中心沙、大泡子、小泡子和西来桥集镇等日伪据点，解放了全中心沙。一周后，又袭击伪县政府，生擒伪县长章谋。

解放战争时期，国民党实行疯狂的“清乡”“剿共”，西来桥地下党组织虽多次遭受重创，但在群众的掩护下，坚持秘密开展对敌斗争，想尽办法掩护革命工作者渡江送情报、运送枪支弹药，组织发动群众“抗丁”“抗税”。1948年腊月初八，西来桥地下党组织群众，爆发了声势浩大的“抗丁风暴”，一举扒掉了伪区公所。地方武装民兵配合武进、扬中警备团开展游击战锄奸敌。渡江作战前夕，西来桥地下党组织配合人民解放军秘工人员搜集敌情资料，绘成国民党军队江防图，送至苏北解放部队，为解放军胜利渡江做出了重要贡献。

二

西来桥为水中洲地，地理位置独特，自然环境优越，水资源丰富，有着发展经济的良好条件。但新中国成立前，粮食平均亩产只有200公斤左右。民国前各财主分踞地盘，只顾自己利益，拦水堤坝低矮疏松，江水经常漫坝噬田。民国期间，政府横征暴敛，根本不顾百姓死活，江堤长期得不到修固，溃堤漫潮时常发生，农田受淹少收减产甚至颗粒无收。

新中国成立后，中共地方党委和人民政府领导人民大力兴修江堤防，组织开展江堤修筑大会战，全面培修、增高、加固江港堤岸，增强防洪能力，至20世纪70年代末，堤顶标高达9.1米。全境江堤总长19.383公里，其中，80年代，迎大江面的5.814公里堤段，均以石块护坡，并逐年对江堤进行培修加固。自1998至2001年，完成了全程江堤达标建设工程，江堤高度增高到9.85米，顶宽为5米，将5.8公里迎风顶浪地段块石护坡翻建成水泥护坡，至2006年已浇筑4~4.5米水泥堤顶公路14.7公里。高大坚实的江堤在1997年和2003年的两次长江特大洪峰考验下，固若金汤，均未出险情。

与此同时，西来桥全面开展农田水利建设，20世纪70年代，规划实施了境域新水系，大搞圩内河网化，平废老河港，新凿河渠，格田成方，兴建涵洞，增设电力排灌站，投入劳力数以万计，完成土方逾千万立方米，境域14883.9亩耕地得到保护，耕地质量得到提高。1956年，全乡粮食总产4736.1吨。1978年，粮食总产达9472.2吨，比1956年增产100%。中共十一届三中全会后，贯彻“改革、开放”方针，农村实行联产承包责任制，粮食产量又有了提增，小麦亩产超过300公斤，水稻亩产长期在500公斤以上。1987年，全镇粮食总产达9909.45吨，比承包前的1980年增产26.9%。1998年水稻产量创历史最高水平，全镇10778亩水稻平均亩产629公斤。2006年，全镇粮食总产为4712.87吨。

西来桥环镇沿江滩涂2500多亩，盛产芦材、杞柳。芦苇年产100万公斤以上，杞柳年产80万公斤左右，居民几乎家家有竹园，竹园总面积1500亩左右，年产竹子100万公斤以上。芦、柳、竹编织业长盛不衰，精致柳制品在20世纪60年代即成为出口贸易产品，远销中国香港及日本、欧洲等地。芦、柳、竹作为地方特产，在很长一段时间里成为境地居民的主要经济来源，素称“江洲三宝”。境域东侧江面是长江入口水面最宽处，两岸相距约在22海里左右，是长江水质最优地带，也是盛产以鲥鱼、刀鱼、河豚为代表的江鲜最优自然地带。

西来桥境地素以农业为本，新中国成立前没有近代工业。旧时农户中仅有一些以手艺谋生的手工业者。光绪年间（1875—1908），以生产日常生活用品为主的小手工业作坊逐渐兴起，至1949年新中国成立前，全境有各类手工业作坊计一百多家。

中华人民共和国成立后，人民政府注重发展地方集体工业。1954—1956年，经过手工业和资本主义工商业的社会主义改造，许多小厂合并为集体企业，形成规模优势。首先成立幸福铁木竹生产合作社，继而成立小型农业加工点。1957年，办起了全乡第一家工厂——幸福幛绒厂。1958年，幸福铁木竹生产合作社更名为幸福农具厂。之后，陆续办起了10余家镇、村企业。但是，西来桥孤悬长江之中的地理位置，很长时间给西来桥的交通、通信等带来了很大的阻碍，境内非船莫出，信息接收缓慢。路通不过，电也拉不来，严重影响经济发展。像砂轮、眼镜等产业起步都是在西来桥，但均因缺少电源和交通不便的原因，被迫迁移到别地去发展了，地方产业做不大，更难发展。到1986年末，全镇工业总产值仅3010万元，工业经济一直处于全市之末。

1992年9月16日，由地方筹资建造的西夹江上的幸福大桥竣工通车，结束西来桥孤岛非船莫渡的历史。2004年，扬中二桥又在西来桥北夹江上建成通车，接通贯穿西来桥南北的省道238，西来桥成为沟通苏南板块的江中走廊。从此，西来桥的经济发展步入了快车道，创造了一个个跨越发展的新业绩。工业经济以产值翻番的速度向前发展，2006年全镇工业产值达6.16亿元。

随着长三角经济一体化进程的加快，在江苏省新一轮的沿江开发战略中，西来桥的优良岸线和临近苏南快速经济发展板块的区位，尽显优势，临港产业独领风骚。船舶制造、港机制造、物流仓储等投资亿元以上的项目接踵而至。昔日闭塞落后的江中岛镇，正在逐步融入中国经济最发达的“苏南经济板块”。

三

昔日的西来桥交通不便，文化落后，旧学只为私塾传学，读一些《三字经》《百家姓》《千字文》《论语》《中庸》《大学》等古文。全境无一所学堂、书院。直到民国16年(1927)，西来桥境域才由地方绅士筹集资金，将冯氏宗祠六间瓦房腾出，创办境内第一所学校——“武进通江市福星洲第一小学校”。民国17年(1928)，经有识之士向武进县申请备案，获准创办“武进县福星洲公立初级小学”。但规模都很小，仅有学生200多人。至民国26年(1937)抗日战争爆发时，抗日民主政府倡办学校，并积极倡导私塾改良。地方有识之士纷纷自筹办学，以至每乡都有小学。抗战期间，境内恢复旧观。解放战争时期，境内学校教育有所发展，但至解放时，尚存私塾旧学。

新中国成立之后，党和人民政府高度重视教育，群众也大力支持办学，教育事业蓬勃发展。20世纪60年代末，各大队都办起学校，至1982年，小学学龄儿童入学率为99.9%。70年代，各大队也都先后办起了幼儿园，入园儿童最多年达536人。1958年创办幸福初级中学，至1961年，学生数达3000人。1970年又增设高中部，成为全市第三个完全中学。80年代后期，调整学校布局，各村小学逐步撤班，并入中心校，中心校开始兴建教学楼，购建完善教育设施，并经调整，提高了教师队伍素质。90年代中期，学校开始购置电脑、电视、录放机等设备，实施教育现代化工程。1995年，学校通过了镇江市教育现代化创建先进乡镇的合格验收。2006年，西来中学和西来中心校小学合并为“西来桥学校”。与此同时，幼儿教育、成人教育均得到同步发展，亦顺利通过镇江市教育现代化的合格验收。

西来桥积沙成洲时间不长，文化积淀较浅。过去由于四面受江阻隔，出入极为不便，故人们的文体活动只能以镇境域为主。逢年过节，大户人家自设场子，搭台唱戏，民间舞龙灯、玩花船、耍狮子、跑马灯、唱麒麟亦颇热闹。平日，茶馆、酒店、客栈、澡堂也不断有说书弹唱的，每年以农历十月初三的大型庙会最为热闹。抗日战争时期，兴起大唱抗战歌曲、演话剧的文化热潮。

新中国成立后，境内文化体育事业得到蓬勃发展。新中国成立初期即设立区俱乐部，随后建立乡文化站，办起了广播放大站，成立乡放映队。由于境内群众文化活动开展得很活跃，镇江地委宣传部曾到此召开现场会；江苏省委宣传部领导亦到此考察。从20世纪70年代起，乡文化站办起了文艺工厂，走出了一条“以工养文，以工补文”的路子。文艺工厂增强了文艺宣传队自身的造血功能，有效地解决了文化活动经费不足的难题，为基层文化事业的发展开创了新的天地。“以工养文”的路子很快也在扬中各乡镇普遍开花。90年代中期，农村文化开展创建活动，西来桥镇一举创建成“江苏省先进文化镇”。

学校体育和群众体育越来越被重视。中、小学均形成传统项目学校。80年代起，镇内还定期举行群众体育运动会，并形成篮球项目的特色乡镇。90年代中期亦创建成“江苏省先进体育镇”“全国亿万农民健身活动先进镇”。进入21世纪后，境内各村相继都成立了文化体育俱乐部，均建成全民健身工程点，至2006年，全镇已建立15个晨（晚）练点，发展社会体育指导员已达65名，全镇经常参加体育活动的人数占总人口的45%。

西来桥至光绪二十六年（1900）才有了一名中草药医生。之前，境内仅有少数过路郎中（民间医生）走村串户行诊。后自光绪三十二年（1906）起，由武进孟河医派门生相继到西来桥，在药店坐堂待诊。在整个民国时期，因政局动荡，人民穷困，境域居民处于严重的缺医乏药痛苦之中，众多贫者只得带病苟延时日。伤寒、霍乱、天花、疟疾、白喉和脑膜炎等时而流行，夺走众多生命，有的抱病落残终身。境地血吸虫危害更大。20世纪30年代中后期至40年代初，北胜乡长春圩（今北胜村11~14村民小组）死于血吸虫病的就有100多人，成为出名的“七十一个半寡妇村”。据解放后卫生防疫部门统计，全境患血吸虫病累计达5213人，死于血吸虫病的达414人。

新中国成立后，镇区内医疗保健、卫生防疫机构相继建立。1952年，组成境内民间医生的个体诊所。1956年，个体诊所改为联合诊所。1958年，联合诊所改为幸福公社医院。1965年起兴办农村医疗服务站点，至1986年，全镇11个大队均建办起合作医疗卫生室，每个卫生室有1~2名卫生保健员（赤脚医生），卫生防疫事业得到快速发展。各种传染病和血吸虫病得到有效控制。自90年代中期起，开展镇江市卫生镇、省卫生镇的创建工作，镇村卫生面貌有了较大的改观，人民的身体素质得到全面提高。2003年，农村实行合作医疗保险，至2006年底全镇农村居民参保率达80%。

科学技术在各领域得到重视和广泛运用。解放初期，农村大力推广农业科学技术，全面进行耕作制度改革、作物品种的改良、施肥技术改进及植物生长保护等，粮食产量得到大幅度提高。60年代和70年代，境域大量引进工业科学技术，乡镇工业蓬勃崛起。中共十一届三中全会以后，人们愈来愈认识到科学技术是第一生产力，学科学、用科学积极性高涨。乡村农业、企业与大专院校、科研单位、大工厂横向联系趋向密切，科技情报网络日臻健全，科研队伍扩展。至2006年，全镇科技人员达250余人。

1965年，常州供电局在西来桥西夹江上临空架设过江线后，开始向西来桥境内供电。邮电通信、广电事业也相应得到发展，1977年在全市较早地实现了电话镇。2006年全镇有固定电话总装户5477户，通信覆盖率达100%。1995年，有线电视开播，至2006年，有线电视入户率达70%，发展速度占扬中之首，镇江领先。

四

西来桥镇镇村建设不断推进，今昔变化翻天覆地。西来桥集镇形成于咸丰时期（1851—1861），街道为四穿门十字街，总长约250米，均为青石路面，主要店铺30多家，四个街头各有四根高大红柱的穿门亭。门楼青砖黛瓦，飞檐翘角；门檐下装一对血青色大门；大门上方是一块黄底蓝字的门匾。东门谓之望江门，南门谓之朝阳门，西门谓之兰陵门，北门谓之太平门。街上瓦屋虽高矮参差，却错落有致，有着浓郁的江南古镇特色。20世纪60年代至70年代，集镇有所扩展，新辟了川心港北一条横向街道和南街东侧的一条纵向街道，四街头穿门亭在扩展中被拆除。

20世纪80年代以后，随着经济的发展，市场日趋繁荣，镇政府适时规划实施了新集镇建设，集镇占地面积扩展到1.2平方公里。1986年新街建成，商店开张营业，集镇建设步伐加快。90年代，镇人民政府依据国家有关城市规划法及村镇规划标准，制定了西来桥镇集镇总体规划。新的规划体现了农村现代化、集镇城市化、城乡一体化的标准，并逐步付之实施。1986—2006年相继修筑了幸福路、港北路、港南路、为民路、人民路、园区大道等。同时对集镇实施了绿化、美化工程。街道两边的路牙向上的行人道均铺设上彩色釉面砖，间隔相等地栽上香樟、广玉兰等树木。港南西路北侧建成沿港绿化带，在幸福路与为民路交叉十字路处，筑建了一个直径为10米的圆形绿岛，并耸立着一尊“江中明珠”的钢质雕塑，象征着西来桥奋进腾飞。进入21世纪，着重实施集镇亮化工程和环卫配套工程。于2006年，集镇主、支干道路全部安装了路灯，计198盏。临街道的单位、酒楼、商业楼全部安装了霓虹灯。集镇3座公厕全部改造为水冲式粪便净化厕所。集镇安放垃圾桶及果壳箱107个，建垃圾房28处。集镇街道实行全天保洁清扫，对垃圾处理做到日产日清。

在长期的努力下，2000年，西来桥镇创建成镇江市新型示范小城镇；2003年，创建成镇江市卫生镇；2006年，创建成江苏省卫生镇。

农村建设也快速推进。西来桥境地为单一圩区，居民房屋沿袭为链排式列居，形成横、竖自然埭。20世纪70年代境内在调整水系、格田成方时，将一些零星散户及小埭拆移到新的规划点上，全镇域形成126个自然埭。60年代起，境内居民翻建房屋趋热，至70年代末，全境建成的平瓦房占80%以上。80年代初，境内始有农户将平瓦房翻建成楼房，中后期日渐兴盛，90年代即成普遍现象，至2000年，全境已建楼房户占全镇总户数的90%。2002年，“江苏铁本有限公司”选址在西来桥东江岸线东进段建造深水码头，并在圩内相应建设硅钢片生产基地，有719户农户需拆迁移位。镇政府在集镇东南处实施建造幸福花苑一期工程33幢五层安置楼，首开境地农民集中居住新方式。

1986年起，镇国土资源所建立建房档案，实行建房用地审批，会同镇村镇规划建设服务中心给建房户开工放样及竣工收方，严格控制乱建、超建现象。进入21世纪后，境内镇村道路列入重点设施建设，随之各村公路相继沟通，并逐渐硬质化、网络化。

2006年，西来桥镇开始实施社会主义新农村建设。中共西来桥镇党委在《关于建设社会主义新农村实施意见》（西发〔2006〕9号）文件中提出：要把西来桥建设成工业发达、科技先进、文化繁荣、环境优美、社会和谐、具有水上花园特色的社会主义现代化新农村。为实现这一总体目标，全镇以复兴村为示范典型进行全面整治建设，具体落实千户兴业、千元增收、千河疏浚、千埭整治、万人保障、万木增绿、万家洁净、万户文明等创建措施。全镇力图通过五年的努力，达到中央提出的社会主义新农村建设的标准。

大 事 记

清乾隆年间（1736—1795）

长江泥沙冲积，中心沙洲地坍而复涨，滩地现出水面。先后涨出复兴洲、蒋家沙、中心沙。

清嘉庆五年（1800）

滩面始围圩。

清嘉庆十年（1805）

邑人姚炳荣等创建福兴洲至江南惜字洲（武进）渡口。

清道光元年（1821）

武进、丹阳、泰兴、太平洲一些权贵绅士报领西来桥滩地或水影，各府自讼所属，争执不休。经涉讼苏州府判定，福兴洲占地70%，属武进通江市；蒋家沙占地20%，属丹阳；中心沙占地7%，属泰兴；大泡子占地3%，属太平洲。

大片沙滩围成水田，滩主将围成的田卖给挑土的佃农耕种。所剩900亩左右，滩主赠送镇江金山寺作庙田，赠送宝晋书院作学田。

清咸丰十年（1860）

太平天国五路大军攻入常州，清武进县衙迁至西来桥，在今西来村1组建造营房以作留守，至同治三年（1864）农历五月十一日，常州被李鸿章的淮军攻破，武进县衙重返常州。

清光绪十一年（1885）

地方绅士郭仕颜、郭仕银出面向镇江金山寺和宝晋书院索回诸滩主原送庙田和学田，统报为武进县之芦课。

清光绪二十二年（1896）

集镇架设在川心港上的木桥因年久而朽坏，各沙总董监生郭文彬、文生梅先春、耆董朱铭珊等360多人输捐，共捐鹰洋壹仟壹佰拾元贰角整，改木桥为石桥，题名为“西来桥”。

清光绪二十七年（1901）

夏，阴雨连绵一个多月，江水陡涨，境内多处倒圩，遭遇水灾。

清光绪三十二年（1906）

中心沙以包劲松（外地移民）为首的土匪，到泰州富户陈家抢劫，抢得银洋人均分得100多个，影响极坏。为此，中心沙曾一度被外地人称为“黑沙”。

是年，大泡子、小泡子划归太平厅。

民国元年（1912）

地方知名人士温瑞卿、郭仕颜、包××强行征税集资以办学（连粪桶、纺棉车都要缴税），激起民愤，于腊月中旬的一天，民众群起火烧温、包两家。

民国7年（1918）

夏旱，蝗虫成灾，部分禾苗、芦叶被吃掉。

民国9年（1920）

泰兴、丹阳各派一艘哨船，分驻六框和豁鼻子港，维持治安，查缉私盐。

民国10年（1921）

农历六月三十大水成灾，稻子、杂粮基本无收。夏秋，水位居高不下，圩内严重积水，三麦播种推迟到腊月中旬。

民国11年（1922）

农历七月下旬发生蝗灾，蝗虫飞过，遮无天日，密集地上，人每走一步，能踩死数只。

民国14年（1925）

夏，蝗虫成灾，东江边一带大部分禾苗和芦叶被吃光。

秋，武进县派十余名武装警察，在东观音庵设立警察分局。巡官为吴国珊（涟水人）。

民国16年（1927）

废都、图，设立区、乡、保、甲。武进县撤销通江市，西来桥划属武进三区，定名福星镇。

冯忠仁在冯氏祠堂（今新华村11组）开办完全小学，取名“通江市福星洲第一小学校”，有学生130多人，印权任校长。

民国17年（1928）

建立武进县公立福星初级小学，包智清任校长。

民国20年（1931）

农历七月初一，域内除荷叶圩外，全被水淹。

民国 22 年（1933）

武进县撤走警察分局，李义太集资买枪成立福星镇保卫团，自任团长。

民国 23 年（1934）

农历五、六月间，久旱不雨，河沟干涸，禾苗枯死，数十年未见。群众烧香求神，向“中天皇”许愿，将东街大庙里的“中天皇”神像抬出游行。并定于农历十月初三出会，连唱四本大戏，武进负担三本，丹阳、泰兴合唱一本。自此每年农历十月初三照例出会唱戏。

民国 24 年（1935）

夏，川心港港北落冰雹，受灾严重。

夏季久旱，秧苗枯死，民众无奈实行“低改高”（在原水田中种植黄豆）。

农历七月，生蝗虫，西北沿江一带受害严重。

民国 25 年（1936）

春，麦子刚抽穗，遭冰雹袭击，今东来、双三、东进及南旺、南阳一部分地区麦子颗粒无收，秧苗损失大半。

农历四月下旬到七月上旬一直无雨。全年粮食歉疚收，粮价暴涨，民众纷纷外出逃荒。

印德西、张圣中、冯兰生、冯银生等人在北街尼姑庵内，办起大众小学校。

民国 26 年（1937）

卢沟桥事变，国民政府派员在中心沙训练壮丁，有志青年个个摩拳擦掌，决心学好军事本领投身抗日。

民国 27 年（1938）

春，常革非（常登茂）在小膀子（今西来村 1 组）自己家中创办“贫民学校”。

7 月，共产党领导的江南抗日挺进纵队开辟西来桥抗日根据地，曾在今北胜 18、19 组驻扎数日，并派魏剑义深入群众宣传抗日。

8 月，北胜进步青年梅苑（存珠）与太平洲的陈寒、王言等考入苏鲁皖边区游击总指挥张公任办的抗日宣传队学习，后参加新四军抗日挺进纵队战地服务团。

秋，原双三村江边一带遭受龙卷风袭击，不少树木被刮倒，毁损房屋数间。

八月十五（中秋节）上午 9 点多钟，驻丹阳家山的国民党炮兵击中一架日机，坠落在轮船沙和八桥交界的滩涂上，西来桥自卫队闻讯随即渡江前往包抄，通过激战，两名日军飞行员受伤被俘，一名叫山下清明，另一名叫西园哲夫。自卫队将他们连夜押送至武进西夏墅三区区公所。自卫队员周德发（浙江余姚人）在交战中壮烈牺牲。

秋，江苏保安九旅（通称“忠义救国军”）某部统治西来桥，敲诈勒索，鱼肉乡民。

12 月 3 日，西来桥一帮土匪，纠集外来恶势力在九圩港抢劫无锡一艘难民船，抢走布匹、蜜枣、白糖、皮衣、铜锡器、金银首饰等，船上大小 8 口，7 人被惨杀弃尸江中，1 人被打成重伤投入江中，后泗水得救。

民国 28 年（1939）

春、夏，中共武进县委派三区区委书记徐作宪到西来桥，做物色、培养、发展党员工作。由于挺纵一支队政治处魏剑义事先做了很多工作，秋天，即发展党员 3 名，他们是印德西、张圣中、石裕文。

秋，霍乱传染病流行。南阳乡 52 圩埭（今南阳村 7 组），三天就死去 5 人。

民国 29 年（1940）

1 月 11 日，日本侵略军首次进攻西来桥，打死北胜乡船民徐玉根。

1 月 27 日，日军第二次进攻西来桥，打死民众田大虎、陈庆林、郭长明、印世生。郭温氏中弹受伤。

6 月，经中共丹北中心县委决定，将属武进的中心沙、大沙、下昆沙和属泰兴的开沙及属丹阳的移沙（轮船沙）统一划属扬中，成立扬中新六区。

8 月 7 日，日军第三次进攻西来桥。

秋、冬，为开展声势浩大的抗日救亡宣传教育运动，扬中抗日民主政府广泛开展大唱抗日歌曲和大宣大讲抗日救亡重大意义的竞赛活动，民众踊跃参加。

下半年，中共扬中县委在西来桥发展了李寿南、冯忠礼、黄万良、陈楚、冯银生、何尔伦、何福林、倪正凡、何志洪、韩茂永、温祥寿、赵恒广等十多名党员。

12 月 14 日，驻扬中的日军第四次进攻西来桥，放火烧毁丁开馀、施绍池、施绍俊、王信朋 4 家房屋。

民国 30 年（1941）

1 月 25 日，家住西来桥的原扬中抗日民主政府县长，时任镇江县抗日民主政府秘书长、代县长李培根在丹徒县姚家桥伏园乡富贵墩子被伪军包围，壮烈牺牲。

2 月，皖南事变后，为打击顽伪反共气焰，中国共产党采取果断措施，积极开展锄奸除暴活动。扬中县抗日民主政府先后在西来桥地区锄掉的反共分子及各种坏分子十多人。

春，北街小圩村建立第一个中共党支部，支部书记何福林，不久分出第二个党支部，支部书记黄万良。

3 月，区委开会发动群众开展战胜春荒的斗争，100 多名党员带领数百名群众到轮船乡反动霸头刘焕章的庄房，“借”粮 1 万多公斤。

4 月 4 日，扬中抗日民主政府在西来桥召开学校全体师生大会，县长王龙号召广大师生团结抗日。

夏，中共扬中县委在南旺桥郭继华家开办党训班，分批轮训干部。

6 月中共扬中县委在恽新圩举办党训班，县委书记杨明亲自宣讲党纲、党章、当前形势和任务。

7 月 1 日，中共苏南区党委在杨家小圩（今南旺 13 组），召开庆祝中国共产党诞生 20 周年大会，区党委书记陈丕显到会作报告，部队首长管寒涛和武进县长张志强在会上讲话。陈丕显在报告中称赞西来桥为苏南的“小莫斯科”。

8月，苏北伪十九师勾结反动黄旗会会长张某某聚集百余会徒，到西来桥组织暴乱，副县长王言指挥部队以排枪射击，当场击毙5人，其余会徒狂奔逃命。张某某被活捉，押至惜字洲公审镇压。

9月2日，中共扬中县委第三任书记杨明（又名钱伏曦），在三岔港（现庆丰桥西侧）被捕，解往泰兴，不久壮烈牺牲。2004年为纪念杨明、赵惠东烈士，经扬中市批准，庆丰桥改名为“惠明桥”。

10月14日，扬中汪伪警察大队长周广发率部袭击中心沙，分区部队和扬中警备营奋力阻击，将伪军歼灭于荫沙与小河之间。周广发被活捉，并被抗日民主政府公审枪决。

11月18日，泰兴汪伪十九师董瑞龙部到西来桥构筑碉堡，西来桥沦陷。

11月23日，中共扬中县委组织部长赵惠东（丹阳人，曾任中共山北县委书记）被汪伪十九师及反动大刀会在惜字洲逮捕，杀害于西来桥庆丰桥（惠明桥）东80米处（今新粮管所东北角檐墙脚下）。

11月30日，省保安四旅及分区部队一举打垮董瑞龙部。战斗中，省保安四旅二连指导员毕宝成（浙江诸暨人，从上海某中学奔赴皖南参军）光荣牺牲。

是年，为防日、伪军反扑报复，抗日民主政府发动群众，将伪军的驻地东街大庙大殿烧毁。

至是年，长春圩（今北胜村11~14村民小组）死于血吸虫病计100多人，时成为远近闻名的“七十一个半寡妇村”。

民国31年（1942）

1月17日（大年初一），抗日民主县区干部印世庸、耿隆富、孙祖怀、张茂华等乔装舞狮子，前往大沙（现属武进）击毙横行魏村、圩塘、西来桥一带作恶多端的匪首倪恒明（倪老四）。

春节，太平圩小学学生运用唱凤凰进行筹款，救济1941年遭受严重灾害的山南、山北两县灾民（即丹阳和丹徒的一部分）。

春季某日，新四军某部路驻西来桥，分驻几个圩。住宿在太平圩（今北胜17、18、19组）部队全是挎短枪的，住了两天，部队开走后传出消息，陈毅、粟裕、谭震林等新四军高级干部也在这支队伍中。

初夏的某夜，趁泰兴七圩港日军调防的“空档”，踞七圩港的调走，接防的未到，由张月卿（张松山妹）带路，分区团参谋长胡品山率一个连协同扬中警备营，从西来桥出发过江奔七圩，歼灭苏北汪伪十九师一个营，缴获机枪2挺，步枪100余支。

9月18日，日军从荫沙碉堡炮击西来桥，福星村梅金福、梅金寿兄弟俩被无辜炸死，其母梅兰雪被炸伤，南街杨福宝家房子被炸坏。

10月19日，区委委员、税所所长何尔伦在轮船沙江边收税时，登上日伪军佯装过路商船，落入虎口，受尽酷刑，第二天在泰兴天星桥被日伪军杀成五块抛入江中。中共泰兴县委积极设法收尸，结果一块都未能捞到。

秋，扬中抗日民主政府在东街创办西来桥高级小学。

秋，扬中抗日民主政府在今北胜19组外小圩召开群众大会，宣传抗日救国。县区话剧团演出了《木兰从军》《送郎参军》等剧目。分区部队51团全部参加。上级党政军首长陈光、管文蔚、韦永义、管寒涛等到会。布幕上张贴着“听毛主席话，跟共产党走”的标语。西来桥完全小学教师戴素贞（后改名戴洵），在演出中表现突出，被调入部队文工团。

民国32年（1943）

2月24日，驻常州武进的日伪军到西来桥“清乡”，分别在东街大庙、南江边和北泡子筑起碉堡，沿东江打竹障5公里多，封砍群众树竹无数。西来桥第二次沦陷。

正月下旬，为有利于加强反“清乡”斗争的领导，中共丹北中心县委决定，将西来桥、大沙、下昆沙的党组织和地方武装斗争划给中共武进县委领导。

春，中共长江工委负责人郦勤在东来桥江边被捕，地下党通过窦仕贵、毛长根、李筛子等疏通日军翻译桑金根，由周大兴粮行拿出30多石（担）米钱，将郦很快赎出。

4月，因沦陷后党的活动转入地下，群众悲观消极。为了发动群众，鼓舞斗志，经中共武进县委指示，西来桥小学女学生、中共党员朱文涵受组织派遣，晚上将抗日标语贴到大街上和日军碉堡的周围。此举大大提高了广大群众与敌斗争的信心。

4月，北碉堡伪军司务长（姓金）作恶乡邻，奸污妇女。一天晚上，中共地下党施正魁、陶成荣将其五花大绑摔到长江里。从此，日伪军晚上再也不敢出来。

4月，东来桥一带遭受冰雹灾害，农作物受到严重损失。

7月22日，家住西来桥的苏南第四行政公署文教科长赵良斌，隐蔽在上海看病，因叛徒出卖被捕，牺牲于上海江湾。

民国33年（1944）

春节期间，武进县委派胡忠喜（内蒙古人，向中共投诚人员，后在武进小新桥战斗中牺牲）到西来桥做伪军中队长张镇的劝降工作，张镇接受劝降，定于正月十五日率部起义。不巧，带领接受部队的蒋卓英（50年代中期曾任扬中副县长）刚进街就被陆锦成认出，他随即报告日伪军实行戒严，致使起义落空。

3月6日，陆锦成娶儿媳，武进县抗日民主政府领导汪云龙 (有名的神枪手)、区领导张云带着陈川小等装着“送人情”，将陆锦成击毙在他家门前的荒田里。

民国34年（1945）

4月19日，新四军苏中五分区司令员韦永义指挥一团在武进、扬中警备营紧密配合下，一举端掉西来桥大庙和南、北泡子3个据点，缴获机枪4挺，长短枪百余支，子弹2000多发。俘伪军100余人，解放了中心沙。

6月，驻武进小河的日伪军对西来桥进行报复性扫荡。西来乡民兵干部施光庆被日寇杀害在南街小猪行。

夏，杀害区委委员、税务所长何尔伦的凶手葛小海章被扬中抗日民主政府抓获，抗日民主政府在西来桥召开群众大会，将其公审处决。

夏，川心港南遭冰雹袭击，今南旺、南阳受灾严重，夏粮绝收，秧田秧苗被毁。

秋，中共扬中县委书记吴翼、县长施光前找地方知名人士印宏鼎、贾金和、胡维孝、胡维悌、吴诚林等谈话，要他们分头到武进、丹阳、泰兴疏通关系，买伪乡镇长之职，以保证新四军北撤后，中心沙恢复之前的四县分治，不能统属哪一个县。

10月15日，中共浙东地委书记韦一平、苏南行署财政处处长李建模、苏浙军区政治部主任王绍杰率千余干部战士乘吉安轮从西来桥渡江北撤，因轮船年久破旧，加之严重超载，不幸沉没于苏北天星桥江中。计800余名干部战士遇难。

11月5日，即“十月朝”，中共扬中党、政、军人员奉命北撤。

11月18日，还乡团朱会玉、李超华带国民党反动军队进入西来桥，推行旧建制，隶属武进三区，仍称福星镇。

2月23日，地方恶棍赵隆盛、倪思桂、姚老三带武进坝上的“忠义救国军”将参加抗日的东进乡民兵大队长常长登、南阳乡民兵大队长丁开坤、留守民兵干部蒋云生杀害于北街陆家坟园。

2月24日，北胜乡留守抗日乡长黄万鹏被反动乡长朱会玉杀害于武进荫沙。

民国35年（1946）

1月22日，抗日民主政府税务干部冯友之被朱会玉杀害于北街坟园。

3月21日，中共扬中新六区原代理区委书记冯慕农（银生）被国民党还乡团李超华杀害于冯氏宗祠（今新华村11组）。

春，阴雨连绵，历时月余，三麦严重减收。夏季梅雨不断，8月6日又遭强台风袭击，稻子严重减产。

夏，国民党大肆搜捕中共地下党员、新四军留守人员及进步人士。

民国36年（1947）

春，扬中县被国民江苏省政府封为“剿共模范县”，县长孟治被封为省“剿共模范”。国民江苏省政府为了扩大“剿共”，宣布将属武进县的西来桥（中心沙）、大沙、下昆沙暂划属扬中。成立新六区。傅公侠任区长。西来桥改名为兰陵镇，下辖六乡一镇。北为永治乡，西南为永宁乡，南为明治乡，东为东陵乡，另有轮船乡、开沙、大沙、下昆沙合并为安乐乡。中共苏中十地委得悉此讯，随即指示，要求地方上知名人士立即向省请愿交涉，同时发动群众进行斗争。乡保甲长一律辞职，老百姓提出不完粮、不缴税、不做工。为此，国民江苏省政府不得不多次声明：“为了剿共，临时暂划”。

春，国民党政府分别建立了国民党及三青团区分部，由王渊祥负责。中统联络站由宋维田负责（对外称“参谋”）。反动党、团、特务组织建立以后，展开“全面剿共”，强迫自新自首，在北撤人员家庭的门上钉上“奸匪家属”的牌子，大搞“联保切结”。

冬，扬中新六区更名为“扬中五沙区署”，傅公侠调离，陆如理任区长。将原有六乡一镇改为五个乡。即西来乡，乡长温祥海；永治乡，乡长吴学廉；永宁乡，乡长王雨生；轮船乡，乡长杨学精；安乐乡，乡长杨怀金。

民国37年（1948）

3月17日，家住永治乡（今北胜村），原任扬中抗日民主政府军事科长、县独立团参谋长、时任中共丹徒县委特派员的印世庸不幸牺牲于丹阳埤城张神庙。

9月18日，因西来桥的隶属之争一直未停，国民江苏省政府即派参议员陈根尧来视察，中心沙、大沙、下昆沙五千多民众头顶香火，齐集大庙广场进行请愿。陈根尧目睹此情，深为震惊。不久，江苏省民政厅随即召开104次会议，决定将中心沙、大沙、下昆沙归还原治武进（但扬中迟迟不办移交）。

11月，国民党反动派妄图利用长江天堑作垂死挣扎，汤恩伯调51军的三个连（内有炮兵）进驻西来桥南泡子、东观音庵和五圩沟。

1949年

1月6日，民众对隶属迟迟不办移交产生激愤，加之强拉壮丁，苛捐什税无力负担。经中共江南工委及苏北长江工委部署，地下党组织留守干部发动宣传，陈太明、于小富、杨大才等10多个青年带领数千民众，以锣为号，分3路涌向西来桥街上，民众高呼“打倒陆如理，反对拖壮丁”口号冲向区政府，福星村时年24岁的有志青年卞元振冲在最前面，边敲锣边高喊“跟我冲啊”！当冲到伪区公所门前桥上时，被陆如理的勤务兵高保定（解放后被政府镇压）开枪击中，光荣献身。此时群情更加激昂，怒不可遏。用肉案子举在前头，向伪区公所冲去。区长陆如理、吴学廉见此状况，早已吓得逃之夭夭。愤怒的人们砸毁“亲扬派”送给陆如理的匾，焚毁了区公所的文书档案，一举扒掉反动区署。

1月7日，国民扬中县政府县长芦甲三（宜兴人）带着荷枪实弹保安队来到西来桥，宣布废区建乡，叫地方民众自选乡长。

1月上旬，重建福星镇。姚纪法任镇长，张普乾任镇自卫队长，将原27个保并为8个保。

1月上旬，国民党扬中县政府县长芦甲三一行到西来桥召开群众大会，宣布西来桥归属武进。武进县长孙丹忱（解放后被镇压）出席大会，履行移交接管手续。

是年初，淮海战役胜利的消息传遍大江南北。在中共地下党组织留守干部的宣传发动下，西来桥人民积极开展迎接解放的准备工作。

3月20日，家住西来桥镇福星村，时任中共丹阳县委组织部副部长的耿隆富（刚提前南下不久）在丹阳县河阳镇与“围剿”的反动军队激战中光荣牺牲。

4月，渡江战役时，解放军先遣部队一机动木排遭驻南泡子敌炮兵的炮击，30多名战士壮烈牺牲。（据《武北烽火》刊载及原中共长江工委内勤负责人张云提供）

4月22日，解放军渡过长江，西来桥获得解放。建立扬中县福星区，下辖东进、西来、南阳、北胜、轮船五乡。

4月28日，扬中县委派冯南生、徐正清、石裕文等到西来桥做接管工作。

同日，武进县根据渡江前长江工委、十地委的决定，派姚焕文、方国春、王志众等到西来桥做接管工作，当其一行下午到达西来桥时，扬中县派出的接管人员已先半日到任，双方一番争执后，姚等一行无奈让位回行。

4月下旬，人民政府向辖地富户借粮，支援前线。

5月,政府号召顽化人员进行登记,全面收缴枪支弹药。

同月，建立健全乡、村行政组织和青年团、妇女组织。

7月14日，潮水猛涨，江堤决口，北胜乡小山尖、大山尖、修补二圩和太平圩被淹成灾。

7月25日，双三、南阳乡又有九个圩决口被淹受灾。

夏，水稻遭受三代三化螟严重危害，白穗率高达10%~15%。

秋，县政府教育科委派施德筹备建立公立小学，原福星初级小学搬迁至东街大庙，定名为“扬中县西来桥小学校”。

农历十月中旬，全面开展反霸斗争。

冬，建立中国新民主主义青年团福星区委员会。

1950年

春，区政府大搞以工代赈，发动群众全面加高加固江港堤。

7月，教育系统建立区教育工会。

8月下旬某天，在大庙广场召开群众大会，公审枪决作恶多端、血债累累的反革命分子姚永善（姚老三），广大群众拍手称快。

10月，奚章荣（八桥幸福村人）、吴振海、何尔模等筹建成立幸福供销合作社。

同月，建立工商业联合会，朱国平、姚圣顺先后任主任。县工商联常委童恒山兼副主任。

同月，成立福星区粮站（1957年11月改为粮管所）。

冬，学习推广原积善乡（今长旺）土改试点经验，发动群众开展轰轰烈烈的土地改革运动。并同时开展镇压反革命运动。

1951年

春，在西来桥镇召开多次公审大会，反革命分子朱会玉、吴学廉、李义泰、朱春和、王广和、王雨生、倪思桂、周南、孟太元等及反动道会门头子朱士云被判处死刑，立即执行。

春，无地少地的农民分得土地后，生产积极性空前高涨，掀起农业生产新高潮。

春，郭宏根、包智文、黄永年、石锦文等23名青年参加中国人民志愿军赴朝作战。

4月，召开全区首届妇女代表大会，选举成立福星区妇女联合会。

1952年

春，贯彻《中华人民共和国婚姻法》，实行一夫一妻制，男女平等、婚姻自由。

秋，北街小圩村，共产党员何尔扬带领农民办起了全区第一个互助组。

1953年

春，普遍组织互助组，全区掀起互助合作运动的高潮。

5月，召开第二次区妇女代表大会，改选区妇联。

5月21日，冰雹袭击南阳乡恽新圩一带，麦子颗粒无收。

夏，成立各村选区，开展普选，选举乡人民代表。

8月19日，北胜、西来、东进、南阳4个小乡分别召开第一次人民代表大会。

秋，全区第一个小圩村互助组带头转为初级农业生产合作社。

1954年

春，互助组全面发展为初级农业生产合作社。

4月，成立西来桥联合诊所。

5月，成立西来桥铁木竹生产合作社。

7月29日，江潮猛涨，北胜、东进、南阳计有9个圩被淹成灾。

冬，开展过渡时期总路线教育，实行粮食统购统销。

1955年

6月，中共扬州地委特设西来桥与扬中县委直通无线电话。是年春至1957年夏，扬中隶属扬州专区。

7月14日，为保证农业互助合作运动的巩固和发展，全区开展肃清暗藏的反革命运动。

1956年

春，开展对私营工商业的社会主义改造，走“组织起来”的道路。个体摊贩以鱼肉、地杂、饮食、服务4个行业组成合作商店。

5月1日，成立福星区信用合作社。

5月，区召开第三次妇女代表大会。

夏，新升初级农业生产合作社扩展为高级农业生产合作社。

7月，撤销福星区及所属小乡，改名为幸福乡。

7月，召开共青团代表大会，成立共青团幸福乡总支。

8月1日，遭强台风袭击，风力达10级，严重影响土刚稻的灌浆，产量受很大影响。

秋，实行行政机构精简，幸福乡属八桥区管辖。

9月4日，幸福乡召开第二次人民代表大会。

10月8日，召开党员干部大会，宣布成立幸福乡党总支部和幸福乡人民政府。

1957年

夏，高级社组织群众开展大鸣、大放、大字报、大辩论（时称“四大自由”）运动。

9月，成立幸福乡兽医站。

10月，将铁木竹合作社改为幸福乡农具厂。

11月25日，成立共青团幸福乡委员会。

1958年

春，西来桥联合诊所改建为民办幸福医院。

3月，召开第一次党代表大会，选举成立中共扬中县幸福乡委员会。

3月28日，召开扬中县幸福乡第三次人民代表大会。

5月1日，幸福乡与县直通电话。

7月，创办幸福初级中学，同时创办幸福农业初级中学。

9月14日，成立幸福人民公社。下设大队、生产队。

9月，成立公社民办文化站。

10月上旬，开展“大跃进”运动（大炼钢铁，大办工业，开大运河，农业生产搞大兵团作战、大搞土地深翻，大办农村公共食堂）。

11月15日，召开团代会，共青团幸福乡委员会改称共青团幸福公社委员会。

1959年

5月24日，召开中共扬中县幸福公社第三届代表大会。

6月，召开第四次妇女代表会。

8月下旬，创办南旺桥农业初级中学。

9月5日，召开第三次共青团代表大会。

1960年

4月16日，出现严重霜冻，蚕豆叶枯萎，果树花凋谢，三麦、瓜菜均遭冻坏。

7月11日深夜，南江边一带遭龙卷风袭击。

是年，花篮、箱包、果盘、宠物用具等柳器产品打入国际市场，远销东南亚等地区。

1961年

6月，召开幸福公社第五次妇女代表大会。

12月10日，召开幸福公社四届一次人民代表大会。

1962年

春，全公社开展“五反”（反对贪污盗窃、反对投机倒把、反对铺张浪费、反对分散主义、反对官僚主义）运动。

春，贯彻实行国民经济“调整、巩固、充实、提高”的八字方针，停办工厂，下放城镇人口。

夏，停办农村大队和生产队公共食堂。

11月，公社民办文化站转为公办文化站。

12月26日，召开中共幸福公社第四届第一次代表大会。

1963年

春，贯彻中央23条，开展社会主义教育运动。

4月10日，召开幸福公社第五次人民代表大会。

夏，县政府支援12寸水泵和3115柴油机各一台，在新华港口建立公社第一个机动排灌站。

7月，召开幸福公社第六次妇女代表大会。

1964年

2月下旬，架设广播扩大线路，部分大队、生产队装上有线广播。

5月，架设1万伏输电线路，幸福公社从此通电。

7月，开展第二次全国人口普查。

10月中旬，连续阴雨，为保秋季播种，采取了“懒种田”（即锄破一点表土，即将种子播下，边锄边种边后退)。

1965年

3月9日，召开幸福公社第六届团员代表大会。

春，成立公社机电站，首建新民粮食加工厂。

5月1日，创办幸福五金厂。

5月中旬，幸福医院迁址至西街头，征地新建医院用房。

夏，成立公社农业技术推广站。

9月30日，召开幸福公社第六次人民代表大会。

1966年

1月，红星大队社员印堂保出席江苏省委召开的第一次贫下中农代表大会。

春，新建全公社第一个电灌站——三岔港电力排灌站。

5月16日，“文化大革命”运动开始，中、小学开展声讨“三家村”“四家店”活动。

7月1日，三岔港电力排灌站通电。

7月底，公社机关、集镇居民开始使用电灯照明。

8月底，红卫兵破“四旧”，遍及全公社。

10月7日，幸福中学选派红卫兵代表赴京，“大串联”活动开始。

秋，农垦58号水稻获得大丰收，平均亩产525公斤。

冬，新建南旺港电力排灌站和三岔港粮食加工厂。

1967年

2月，公社、大队成立“文化大革命”领导小组。

春，新建小新港、光明、绝港、豁鼻子港4个电力排灌站。

4月13日，为了抓革命、促生产，社、队实行军管，公社成立军管会。

8月的某天，小新小学顽皮学生陈某将湿草绳摔上高压线，引起碰相断电，从西来桥到武进安家舍的电线及装置设备遭到毁坏，停电7小时，是常武地区用电以来的一次最大事故。

冬，裁挖取直西来桥川心港东段。

1968 年

3 月 19 日，成立幸福公社革命委员会。

6 月，公社分别成立工、副业办公室。

7—8 月，贯彻执行毛泽东主席的“6·26”指示，以大队为单位，实行社员合作医疗。

12 月 9 日，贯彻毛泽东主席“知识青年到农村去”的指示，广大城镇青年到农村劳动锻炼，西来桥先后接受了数十名知识青年插队落户。

1969 年

3 月，公社创办幸福眼镜厂。

7 月 23 日，西来桥东街的爆竹生产组因操作时违规吸烟，引起强烈爆炸，陈昌华、吴长明、王雪华、朱永生受重伤，常州师傅闵焕银受伤严重，因医治无效而死亡。

秋，实行开门整党，所有党员交群众评议。

冬，新建合兴、光明、新华三个粮食加工厂，全乡摆脱了“吃米靠碾坊，吃麦靠磨坊”现象。

12 月，公社成立电影放映队。

1970 年

春，公社举办“五匠”（木匠、瓦匠、蔑匠、机匠、裁缝等手艺人）、“外勤”等人的学习班，进行逼、供、讯，搞算账退赔，将五匠带徒说成“剥削”，视“外勤”人员为“投机倒把”。

9 月 1 日，幸福初级中学增设高中部。

秋，合兴大队买回全公社最早的一台拖拉机。

冬，新建曙光、日新、胜利、新民、新华、东来 6 个电力排灌站。

1971 年

春，公社组织“一打三反”工作队进驻医院和光明大队（今北胜村），医院查出药剂员丁某某贪污案，金额达 5400 元。

秋，举办各种学习班，开展“批林 (林彪) 整风”运动。

秋，成立公社文艺宣传队。

冬，新建战斗、新华、永星、幸福、双山 5 座电力排灌站。

1972 年

2 月，成立幸福运输站。

5 月下旬—6 月上旬，连续阴雨，麦子无法收割，长在田里也霉烂出芽。

7 月 3 日，凌晨 2 时起陡降大暴雨，12 个小时降水 160 多毫米，到处一片汪洋。稻子长期受涝，鱼塘漫水，养的鱼基本跑光。

1973 年

4月24日，公社召开中共幸福公社第五次党员代表大会。徐子清当选为公社党委书记。

5月30日，遭冰雹严重袭击，全公社小麦损失70%，秧苗损失80%，屋瓦损失40%~50%。

9月，公社召开第七次妇代会。

1974 年

2月，开展“批林批孔，评法批儒”运动。

4月22日，上午10时左右，溧阳上沛发生5.4级地震，影响该地，震感明显。

1975 年

6月16日，新升爆竹厂因违规操作，将火药与荧粉长期拌和放置一起，随着气温升高引起爆炸，重伤2人，死亡2人，损失惨重。

秋，北胜、新华等完全小学“戴帽子”，附设初中班。

秋，县委召开第一次“农业学大寨”会议，公社组织全体共青团员、民兵至北胜19队、新升11队扒竹园、平河造田。

冬，大搞兴修水利，新开同心河、幸福河、团结河、胜利河4条一级沟渠。

冬，开展“反击右倾翻案风”运动。

冬，新建幸福、红星2座电力排灌站，扩建胜利、合兴电力排灌站。全公社彻底消除了人工车水的排灌状况。

1976 年

1月8日，周恩来总理逝世，男女老幼个个佩黑纱戴白花。总理遗体火化的当天，公社召开了庄严隆重的群众追悼大会。

3月，公社副主任施正文当选为江苏省第五届人民代表大会代表。

春，根据县第二次“农业学大寨”会议作出的“砍资本主义尾巴”（指农村私有经济）的决议，将社员家的树竹折价入社。

7月6日，党中央副主席、全国人大常委会委员长朱德逝世，机关、学校及各公共场所降半旗致哀，召开各种会议前都为他的逝世进行肃立默哀。

8月，幸福中学老师姚烽，响应党的号召，赴西藏支援少数民族的教育事业。

8月16日，全面动员抗震防震，境内群众普遍搭简易帐篷，露宿户外。学校也在抗震棚中上课。

9月9日，下午4时，中央人民广播电台播送了毛泽东主席逝世的噩耗，翌日公社在大会堂设灵堂，组织广大干部群众进行沉痛吊唁。机关、学校及各公共场所均降半旗致哀。18日下午，机关、学校、集镇企事业单位、各大队都分别召开追悼大会，并收听了中央在北京召开的毛泽东主席追悼大会实况转播。

10月，开展揭批江青、王洪文、张春桥、姚文元（简称四人帮）反革命集团运动。

冬，新开光明、向阳、合兴三条河渠，新建东方红电力排灌站。

1977 年

1—2 月，天气奇冷，一月最低气温达零下 12℃，二月气温还在零下 8℃左右，农作物生长受严重影响。

春，公社统一规划，建立居民点。

夏，各大队试种杂交水稻。

冬，新开前进、庆丰、永红、丰收 4 条二级渠。

1978 年

春，学习五届一次全国人大会议文件，宣传新时期的总任务。

秋，杂交稻获得大丰收，平均亩产 600 公斤。

冬，裁弯取直川心港西段，建造川心港大闸。

1979 年

1 月，成立幸福建筑站。

7 月 9 日，溧阳上沛再次地震，该地仍有震感。

9 月，召开幸福公社第八次妇女代表大会。

9 月，创办幸福塑料织造厂。

10 月 8 日，成立幸福公社市场管理委员会。

11 月上旬，成立落实政策办公室，贯彻中共十一届三中全会精神，拨乱反正，正本清源，平反冤、假、错案，对地、富、反、坏、右重新评议审核、给错划者摘帽。

11 月，创办幸福公社建筑材料厂。

12 月，创办幸福绣花厂。

1980 年

3 月中旬，双三大队实行土地联产承包试点。

5 月 4 日，召开幸福公社第七届团员代表大会。

1981 年

春，全公社普遍推行土地家庭联产承包责任制，分田到户。

5 月，公社革委会改为公社管委会。

同月，公社成立民事矛盾调解委员会。

7 月 15 日，公社召开第七届人民代表大会。

秋，全国开展地名普查，全公社 6 个大队更改名称：胜利改为东进，合兴改为南阳，新民改为南旺桥，光明改为北胜，红星改为大兴，日新改为西来。

10 月，胜利 (今东进) 8 队五保户杨奶奶过百岁大寿，大队开会庆祝，副县长叶正和登门祝贺。

冬，公社宣传队代表扬中参加镇江地区群众文化会演。

下半年，原光明（今北胜）大队会计韦某某贪污公款 34000 元，被逮捕判刑。

1982 年

4 月 2 日，公社召开中共第六次代表大会。

4 月 22 日，东台弥港发生 4.6 级地震，该地略有震感。

4—8 月，西来桥自来水厂建成供水。

秋，公社成立第三次全国人口普查工作小组，开展境域人口普查工作。

10 月 1 日，公社成立村建办公室，实行建房审批制度。

10 月 7 日，公社召开第八届团员代表大会。

12 月中旬，进一步落实、完善农业生产责任制。

1982 年，全面开展土壤普查。

1983 年

春，创办公社陶瓷厂。

5 月，执行国家政策废止部分物资计划供应，居民的购粮证、布票等票证停止使用。

7 月，公社管委会改为乡人民政府，定名幸福乡。大队改为村民委员会，小队改为村民小组。

7 月，原公社工办、副办、农技站，相应改为工业、副业及农业公司。

8 月，北胜村民黄华年自养奶牛，办奶牛场。

11 月 25 日，成立幸福乡个体劳动者协会。

冬，乡宣传队创作的锡剧《火中真情》，在参加镇江市小戏会演中获创作三等奖、演出二等奖。

12 月，召开幸福乡第九次妇代会。

1984 年

4 月 27 日，召开幸福乡第八届人民代表大会。

5 月 22 日，夜 8 时左右，东黄海发生 6.2 级地震，该地震感明显，房屋家具有晃动。

7 月 17 日，幸福乡召开中共第七届党代表大会。

7 月 30 日，创办乡拆船厂，定名为镇江市拆船厂。

8、9 月间，突击修筑北胜村江边至南旺桥的公路，同时铺好砂石路面。

10 月 1 日，乡内通汽车。

11 月 2 日，成立扬中县公安局幸福乡派出所。

11 月 18 日，幸福乡敬老院建成。

11 月 29 日，召开幸福乡共青团第九届代表大会。

冬，新民（今南旺桥）电影院落成。

冬，乡宣传队创作演出的黄梅戏《杏花二月》在参加全省小戏会演中，获省演出二等奖，创作二等奖。

12 月，拆船厂买回全乡第一辆卡车（汽车）。

1985年

2月15日，双三影剧院落成。

3月10日，按县委部署，全乡开展整党整风。

3月22日，乡办扬中铸造阀门厂改名为镇江市铸造阀门厂。

5月1日，西来桥至八桥轮船港汽渡通航。

6月15日，撤乡建镇，幸福乡改为西来桥镇。

10月25日，无锡市丝绸公司与西来桥镇联办“无锡扬中丝绸厂”。省纺织工业厅厅长陈寒和扬中县委书记周秀德为之剪彩。无锡丝绸公司经理印德修，扬中县长朱新富揭牌。陈忠廉、顾维衡等老领导到场祝贺。

11月24日，召开西来桥镇第八届三次人代会，选举镇长、副镇长。

1986年

春，为与新街交通配套，在川心港（老政府门前）新建造长22米，宽9.44米，高8米的新西来桥。

4月30日，西来桥自来水厂实施扩建工程，日供水量由600吨扩增到1500吨。

7月30日，县道庆丰线从南旺桥延伸到东进村南江边摆渡口。

12月，新建成的西来桥集镇街市开放使用，商店开张营业。

1987年

4月3—4日，召开西来桥镇第九届第一次人民代表大会，接受黄桐年辞去副镇长职务，选举陈廷龙为镇长，补选蒋模华、于盛金为副镇长。

4月8日，召开共青团西来桥镇第十一次代表大会。

5月，镇党委负责人黄桐年、镇长陈廷龙在参加县第十届第一次人民代表大会时，与西来桥代表全体人员一起向大会提交在西来桥夹江建桥或通汽渡的申请。

9月14日，成立西来桥镇居民委员会，选举巢梦如为居委会主任。

10月3—4日，召开中共西来桥镇第八次代表大会，选举黄桐年为镇党委书记。

12月26日，成立西来桥镇律师事务所，任命许裕龙为所长。

1988年

2月1日，召开西来桥镇九届二次人民代表大会，撤销薛纪明副镇长职务，增选孙厚章为副镇长。

3月8日，退休干部张威、印德南以西来桥1.8万人民的名义，用“曩日革命根据地，如今依然穷孤岛”为标题，致函《新华日报》，要求尽快帮助西来桥解决“交通难”的问题。

4月28日，召开西来桥镇第九届人民代表大会第三次会议。

6月24日，召开西来桥镇第九届人民代表大会第四次会议。

9月4日，上海离休干部朱文涵和西来桥在上海工作的吴志明、何兆银、朱杏春、黄万良等积极为家乡建桥捐款，其中，时任上海自行车三厂主要领导的吴志明一次性捐款4000元。外地在西来桥工作过的有11位县委书记、8位县长、19位区乡领导为建桥捐款。

11月，幸福中学和南阳中学千余名师生以及来自各村的数百名群众为建桥挑土筑坝。大家都有一个共同心愿，要让闭塞的孤岛与外界连接，若不造桥，就筑坝。

12月1日，扬中县、武进县人民政府联合向省、镇江市人民政府呈报“关于在西来桥镇西夹江建造公路桥的申请”。

1989年

4月16日，以西来桥1.8万人民的名义致函全国人大委员会陈丕显副委员长，请他关心过去亲手开辟的革命根据地西来桥，支持老区的经济建设，敦促江苏省人民政府尽快批准西来桥的建桥申请。

4月28日，省交通厅信访办答复“建桥资金主要由地方解决，交通部门给少量补助，即民办公助”。

4月21—22日，召开西来桥镇第九届人民代表大会第五次会议。

9月28日，召开中共西来桥镇第八次代表大会。

1990年

3月21—22日，召开西来桥镇第十届人民代表大会第一次会议。

7月3日，西来桥镇出席县第十届人民代表大会的全体代表再次向大会提交建造幸福大桥的议案。

8月10日，召开西来桥镇第十届二次人民代表大会，决定迁址新建镇卫生院。

8月26日，省交通厅副厅长孙厚祉在镇江市委副书记王瀛海、扬中县县长陆朝银的陪同下，在荫沙现场办公，就有关水文、地质等技术问题与同行科技人员进行勘察商讨，肯定了建造幸福大桥选址的可行性，对建桥资金，省、市、县三级也当场协商落实。

11月17日，扬中县人民政府为建造幸福大桥工程发出招标启事，经议标，确定由镇江公路管理处路桥公司承建，并于翌年1月17日签订了施工合同。

11月，西来桥中心校在组织学生参加全国“三热爱”基础知识竞赛中，荣获特等奖，副校长杨永林到北京人民大会堂参加颁奖仪式。

1991年

1月19日，召开中共西来桥镇第九次代表大会。

2月1日，举行声势浩大的幸福大桥奠基仪式。主会场设在江堤外侧的滩涂上，锣鼓喧天，彩旗飘扬，10条龙灯，4只花船狂欢飞舞。西来桥镇和武进小河镇约有2万多人参加奠基仪式。扬中县委、西来桥镇党委主要领导在会上讲话，常州市常务副市长朱维中、武进县副县长陆惠良、武进小河镇党委书记何小毛到会祝贺并参加培土奠基。省供销社主任周秀德及在省党校学习的扬中县委书记康正平、武进县委书记薛峰、镇江京口区委书记张克敏致电祝贺。

2月23日，省水利厅就建造幸福大桥的有关技术及注意事项作出批复。

3月29日，召开西来桥镇第十届三次人民代表大会。

7月6日，省卫生厅一行到西来桥查看镇卫生院破旧情况，同意资助重建。

9月27日，南阳鞭炮厂因违规操作发生爆炸，烧毁两间草房，工人胡克成被炸死。

冬，北胜合成化工厂生产的3一氯四氟苯胺、24Θ—二氟苯胺、24—二氟硝苯胺，获得国家免检产品称号，并走出国门，远销印度、日本、美国、德国、法国等国家。

1992年

1月24日，召开西来桥镇第十届四次人民代表会议。

5月23日，幸福大桥胜利合龙。

9月16日，幸福大桥竣工通车。镇党委、镇政府精心组织了隆重的庆祝典礼。街道和主要交通要道上都挂起了庆典横幅，集镇通往大桥的公路两旁插满了彩旗，1000多名中小学生手持花束和花环，列队公路两侧呼喊欢迎口号，鼓号队、形式多样的庆祝方阵、龙灯花船等民间艺术表演队伍依次从集镇向大桥前进，盛况空前。省公路局党委书记钱梅珍、镇江市人大常委会副主席沙荣圣、镇江市副市长许晓霞、武进县副县长周福元、扬中县县委书记康正平、扬中县县长陆朝银为通车典礼剪彩。镇党委书记杜成阳在庆典大会上作欢迎讲话，钱梅珍、陆朝银、周福元分别致辞。省、市、县新闻单位对大桥通车盛况做了报道。

10月，西来桥中心小学一幢三层教学楼落成，建筑面积980平方米。

1993年

2月11—12日，召开镇第十一届一次人民代表大会。

3月10日，召开共青团西来桥镇第十三届代表大会。

9月1日，北胜村投资15.6万元，建造起全镇第一幢村小（学）教学楼。

年底，镇电力管理站大楼落成，楼高五层，建筑面积1951平方米，总造价150余万元。

1994年

1月1日，西来村9组私自从事鞭炮生产户郭信海与其妹郭兰英在家测试“高升”时，不慎引起爆炸。郭信海被强烈气浪喷出窗外，从三楼坠落到地上，头颅骨被摔坏，在送往常州医院抢救途中气绝身亡，其妹从废墟中被扒出后，经医治落下终身残疾。

3月28—29日，召开西来桥镇第十一届二次代表会议。

4月28日，召开中共西来桥镇第十次党代表大会。

6月19日，西来桥中心校通过镇江市六年制教育上限达标验收。

1995年

2月21—22日，召开镇第十一届四次人民代表会议。

4月30日，大兴村施大坤与徐君芳因在做煤炭生意上发生矛盾，半夜施闯入徐宅，杀死正熟睡的徐君芳和其妻何福娣，并刺伤其15岁的女儿徐龙英。施大坤在外逃中被捕获，经镇江市中级人民法院审判，以故意杀人罪判处死刑，于当年9月26日执行枪决。

5月13日，北胜村新四圩发生坍江，镇政府集中4000多人，日夜抢险，奋战一周，突击筑好新退堤。

5月26日，召开共青团西来桥镇第十四次代表大会。

8月8日，西来桥开通有线电视，同时开播12个频道，转播11个卫视节目和开播信号。

8月中旬，由常州市和武进县出资，从武进小河延伸至幸福大桥的水泥路竣工通车。

9月26日，福星村鞭炮厂因工人在存有很多炸药原料的屋里抽烟，引起强烈爆炸，有2人当场身亡，5人送医院抢救无效死亡。

10月10日，召开西来桥镇第十一次妇女代表大会。

12月26日，集住宿、会议、用膳、沐浴、娱乐为一体的新建银都酒楼开张营业。

12月28日，西来桥邮电大楼建成交付使用，建筑面积1911平方米，总占地7.08亩。

1996年

1月18—20日，召开西来桥镇第十二届一次人民代表大会。

8月18日，西来桥遭遇长江最高洪水袭击，早潮水位高达7.80米，北胜新四圩出现漫堤，经突击抢加堤顶，排除了险情。

10月，经省、镇江市文化部门检查验收，西来桥创建成“江苏省先进文化乡镇”。

11月，经省、镇江市体育部门检查验收，西来桥创建成“江苏省先进体育乡镇”。

年底，经镇政府支持，社会赞助，党团员捐赠，镇文化站创建成万册图书馆。

年底，镇新建农贸市场交付营业，总建筑面积2106平方米，内设264个摊位，改变了满街乱摆摊子的状况。

1997年

2月22—23日，召开镇第十二届二次人民代表会议。

3月26日，召开中共西来桥镇第十一次代表大会。

4月23日，西来桥人民政府迁至人民路新建政府大楼办公。

8月19日，西来桥遭受第八号强台风袭击，东江全线告急，南从团结河闸，北至东方红电站，堤顶被狂浪冲毁一半，出现往堤内漫水险情。镇防洪指挥部组织6000多干部群众，调集全镇泥袋、草龙、木桩、板材等抗洪材料，奋力抢险，及时控制了险情。

10月3日，双三村私营企业主孟明贵为建筑江堤防洪工程，一次性捐款2万元，带起了全镇为江防工程捐款热潮。

11月18日，镇江市铸造阀门厂经资产评估，由大集体转为“股份合作制”，成为全镇首家成功转制企业。

年底，庆丰桥扩建工程和北胜汽渡码头扩建工程相继竣工。

1998年

3月10日，召开镇第十二届三次人民代表会议。

3月14日，上午9时许，突刮8~9级大东北风，霎时乌云压顶，继而飘起漫天大雪，至翌日晨，各村均上报不同程度的灾情，集镇农贸市场的房顶被压垮。

7月10日，召开共青团西来桥镇第十五次代表大会。

9月8日，镇江市、扬中市两级领导汇至西来桥现场办公，确定对西来桥省道238延伸、敬老院搬迁、自来水厂搬迁、新建镇中心幼儿园，江堤防洪设施建设及医院增加医技设备六大项目均给予资金扶持。

11月13日，上午11时许，北胜村10组村民何光法、杨云芳夫妇因生活琐事发生口角，杨一气之下喝了农药，即刻口吐白沫，出现生命危急，何见状深感后悔，遂也喝下农药，夫妇俩人被该组村民送医院抢救，均无效而同归丧亡。

12月28日，镇政府投资33.5万元修建的农贸市场开业，共设有摊位240个。

12月，镇广播站获镇江市“红旗广播站”荣誉称号。

12月，西来桥中心小学校被评为“镇江市模范学校”。

1999年

1月10—12日，召开镇第十三届一次人民代表大会。

9月，镇公路内环线（加油站至南阳村江边，利民桥至南旺桥）柏油路浇筑通行。共投资43万元，除政府投入3万元外，部分资金由镇党委、政府及人大领导动员广大干群进行捐款，其余资金均由施正文和冯友文四处奔波联系做工作，获捐款解决。

9月下旬，省道238庆丰桥至北江边段，完成路基修筑工程。

12月初，西来桥中、小学顺利通过教育现代化验收。

12月18日，农业银行西来营业大楼落成开业，建筑面积1437平方米。

2000年

1月22日，召开中共西来桥镇第十二次党代会。

1月24—25日，召开镇第十三届二次人民代表会议。

7月1—2日，应西来桥镇政府的邀请，南京农业大学专家到西来桥进行农业结构调整考察研讨，专家们提出了诸多宝贵建议。

7月10日，召开镇第十三届三次人民代表大会。补选陈为民为西来桥镇人民政府副镇长。

7月14日，新建镇敬老院、老年公寓举行竣工落成庆典。

9月1日，镇中心幼儿园建成交付使用，占地4125平方米，建筑面积2300平方米，集教学、娱乐、用膳于一体，可供200多名儿童入园就学。

10月10日，省道238庆丰桥至幸福大桥改造工程全线竣工通车。

10月3日起，连续阴雨，直到当月底才雨止转阴，雨期之长，历史罕见。致使秋收秋种推迟半月之多。

10月中旬，人民东路水泥硬质路面浇筑完工，交付通车。

11月上旬，为民路土路基修筑完工。

11月中旬，省道238西来桥路段安装太阳能路灯。

11月30日，镇江市、扬中市两级领导对1998年支持西来桥的六项工程建设进行验收。镇江市委书记方子焯、常务副市长张克敏、扬中县委书记陆朝银等领导为省道238通车剪彩。

12月1日，西来桥通过镇江市新型示范小城镇创建验收。通过整体考核评估，定为合格。

12月28日，西来桥镇新建自来水厂竣工交付，并举行乔迁仪式。日供水量由原来的3500吨提升到5000吨（设计能力10000吨），总投资480万元。

2001年

1月15日，召开镇第十三届人民代表大会第四次会议。

7月28日，镇辖行政村进行区划调整。新升村与曙光村合并，称东来村；福星村和大兴村合并，称复兴村；原11个行政村1个居委会合并调整为9个行政村1个居委会，即东来村、双三村、东进村、南阳村、南旺桥村、新华村、复兴村、北胜村、西来村及西来桥居委会。

9月14—15日，召开镇第十三届人民代表大会第五次会议。

12月28日，西来桥派出所侦破一起发生在南旺桥村1组沈明荣家的蒙面抢劫案，对三名犯罪嫌疑人（系本镇青年）绳之以法，同时还破获了遗留的6起盗窃悬案。

2002年

1月5—7日，召开镇第十四届人民代表大会第一次会议，选举陈廷荣为镇人大主席，徐炳成为镇人大副主席；选举张敏为镇长，姚红、陈为民、宦建明、陆学文、兰云林为副镇长。

5月25日，夜，南阳村20组一家小店遭抢劫，店主王明法（男62岁）惨遭杀害。公安部门接到报案后，即组织警力侦查，仅用了9个小时，就将家住泰兴市北新镇叶利村10组的凶手叶海林缉拿归案。

7月，常州市新北区东安镇钢铁厂私营老板戴国芳，根据西来桥镇临江深水岸线开发招商引资信息，经多次实地考察论证后，决定利用西来桥长江深水岸线，同时征用西来桥和常州新北区魏村、小河镇沿江一带土地，进一步扩大生产规模，建立“江苏省铁本钢铁有限公司”。

10月11日，江苏省铁本有限公司正式与西来桥镇政府签订合作协议，议定总投资8亿美元，分为两期实施。

11月30日晚上7点，扬中二桥开工典礼在北胜村江边（二桥南端）隆重举行，市委书记薛强波出席并讲话。现场燃放烟花爆竹近1个小时，扬中、武进、丹阳赶赴现场观看盛况的群众近2万人。

2003年

3月2—3日，召开镇第十四届人民代表大会第二次会议，选举徐炳成为镇人大主席。

3月23日，召开中共西来桥镇第十三次代表大会。大会选举陈廷荣为党委书记，张敏、杨友军、陈兵为副书记，季广银为纪检书记。

4月1日，江苏省发改委副主任秦雁、镇江市委副书记张庆生带领省、市机关及相关部门领导，在扬中市委书记宦祥宝、市长陈晨、副书记经颜明的陪同下。到西来桥考察论证江苏铁本有限公司码头建造、硅钢片生产基地建设等。

4月20日，在影剧院召开铁本项目建设动员大会。镇党委书记陈廷荣作动员报告，扬中市委副书记经颜明、副市长杨贵亮出席并讲话。

4月22日，铁本项目拆迁工作全面启动。抽调44名机关及各中心工作人员，组成11个工作组，配合市拆迁办人员进村入户做思想动员工作，调查核实719户拆迁户家庭人口结构情况等。

4月30日，西来桥镇出台《关于工业园区涉及拆迁安置相关问题的实施细则》，对拆迁中的土地补偿、拆迁安置等问题作出了具体规定。

5月30日，市委书记宦祥宝、市长陈晨、副市长杨贵亮来西来桥视察铁本项目推进工作，对项目进展表示满意，寄语西来桥镇党委政府要进一步明确民本思想，倍加关爱百姓，不遗余力，全速推进铁本项目建设工作。

6月20日，为铁本项目拆迁群众安置建造的幸福花苑举行开工典礼。

6月27日，西来桥在镇影剧院召开建党82周年纪念大会。会上镇党委对全镇评选出的基层先进党支部、优秀党员给予表彰。

7月4日，扬中市委、市政府、市人大、市纪委主要领导带着物品到西来桥慰问铁本项目拆迁户，感动了拆迁群众，几位拆迁的老教师代表东进村全体拆迁户向市委市政府赠送了写着"市镇领导谋划大计，沿江开发翻天覆地，码头钢城实现之时，西来人民扬眉吐气"锦旗，市领导对广大拆迁户顾全大局，深明大义的精神深表谢意。

7月5日下午至晚上下半夜2时，陡降暴雨370多毫米，田间积水600~700毫米，低洼圩水深达800毫米，秧苗均被淹没，最低圩秧苗没在水里达9昼夜，造成枯萎死亡。

8月8日，捷野集团生产的GF/25摩托车离合器、荣昌公司生产的工程机械专用涂料获得省高新技术产品称号。江冠公司生产的冷缩终端电缆接头获省高新技术产品鉴定，在国内同行业中保持质量领先优势。

8月16日，市水利局对西来桥江堤达标工程08标段进行检查验收，8个标段中已完成的5个工程一次性通过达标验收。

11月22日，自来水厂举行建厂20周年暨新水厂建成供水庆典仪式，镇江市西来桥籍领导、扬中市相关领导及一百多个兄弟单位到场祝贺。

12月1日，经镇江市检查验收，西来桥镇创建为镇江市卫生小城镇。

2004年

2月11日，市委宦祥宝、经颜明、赵根林、戴正春等领导到西来桥主持召开拆迁户上访人员座谈会，耐心做上访人员的思想工作，要求他们要相信地方政府，不要越级上访，从支持地方经济建设大局出发，支持项目建设工作。

2月13日，国土资源部调查组李元副部长到扬中听取铁本项目征地工作汇报，并亲临实地察看。

2月16日，铁本项目被责令停工，等候处理。

2月23日，省长梁保华到西来桥视察铁本工地和幸福花苑的建造情况。

3月11日，市委派出铁本项目督查组进驻西来桥开展工作。

3月14日，以省长助理陈宝田为组长的省政府调查组来扬中听取铁本项目汇报并深入实地察看。

3月16日，镇江市委、市政府铁本项目督察组进驻西来桥，郭礼荣任组长，张克敏任副组长，督察处理铁本项目的善后工作。

3月19日，召开镇第十四届人民代表大会第三次会议。

3月23日，省委书记李源潮到西来桥铁本工地察看，并具体了解铁本项目违规建设情况。

3月25日，扬中市委、市政府在西来桥镇影剧院召开全体镇机关干部及全镇党员干部会议，宣布对西来桥镇党委、政府领导班子作重大调整。任命张万龙为西来桥镇党委书记，陈泰鸿为副书记主持政府行政工作。张华为党委副书记，提名为副镇长候选人。撤销陈廷荣西来桥镇党委书记职务，张敏党委副书记、镇长职务，免去杨友军党委副书记职务。镇江市委副书记郭礼荣、政协副主席张克敏、扬中市委书记宦祥宝、市长陈晨出席大会。

4月15日，铁本项目被国务院查处，全面停工，被定为违法违规事件。

4月28日，国务院宣布，铁本建设项目属常州、扬中一起严重失职违规违法事件，违法占地6541亩，其中耕地4585亩，含基本农田1200亩，公司通过非法贷款43.39亿元。扬中市委书记宦祥宝被撤职调离，副书记经颜明受严重警告处分（对常州相关干部处理略）。

5月3日，幸福花苑安置楼基本完工，主体工程通过质监部门验收合格，镇政府出台安置楼分配方案（草案），广泛征求拆迁户意见。

6月1日上午，镇党委、政府再次在镇影剧院举行分房大会，采用机器摇号的办法，将安置楼分配到村组，每道程序均有拆迁户代表现场监督。

6月1日下午，在成教中心举行安置房由组到户抓阄，有106户拆迁户首先分得安置房。

6月12日，拆迁户分房结账工作基本结束，95%的拆迁户领到安置房钥匙。

8月26日，召开西来桥镇第十四届人民代表大会第四次会议，选举陈泰鸿为西来桥镇人民政府镇长，补选张华为副镇长。会议还讨论通过了西来桥镇居民点规划调整方案。

9月12日，镇社会矛盾调处服务中心挂牌成立。

10月28日，扬中二桥胜利建成通车，市政府举行声势浩大的庆祝活动，主会场设在市影剧院，分会场设在南桥头（北胜村江边）。当日，从三茅至二桥的公路沿线彩旗飘扬，锣鼓喧天。各个镇组织的彩旗队、花环队、花束队、龙灯、花船、狮子等排列在北桥头5公里长的公路两旁；南桥头搭起了高大舞台，西来中学、西来中心校的千名学生组成花环队、鲜花队排列在台后，热烈欢迎参加剪彩的贵宾车队；台前排列着市实验小学的百名鼓号队员，西来桥镇组织的四条金龙一字形面北排列，欢腾翻舞。参加此次庆祝活动群众多达数万人。交通部和省相关领导及镇江市的主要领导为大桥通车剪彩。

11月15日，西来桥镇区进行新的行政区划调整。南阳村与新华村合并，称新程村；双三村与南旺桥村合并，称三新村；东进村并入幸福社区。形成“六村一社区”新格局，镇辖东来村、三新村、新程村、复兴村、西来村、北胜村及幸福社区。

2005年

2月18—21日，在扬中市召开的第七届三次政协会议上，西来桥党委书记张万龙当选为政协副主席。

4月5日，张万龙调至市政协就任，市委决定由陈泰鸿任西来桥镇党委书记，张华任党委副书记、镇长候选人。

5月21日，召开西来桥镇第十四届人民代表大会第五次会议，选举张华为西来桥人民政府镇长，陈学兵、陈为民、宦建明、温小平、兰云林为副镇长。

10月，西来桥镇实施工业科技项目16个，计划投资1.02亿元，累计实施科技财务支出6930万元，10个项目竣工投产，成为拉动西来桥经济增长的引擎。

12月19日，镇江市四所高校开展的“百名教授老区行”全体人员到西来桥，开展送科技、送文化、送医疗下乡活动。向文化站、学校及三新、北胜村级文化室赠送了书籍，为贫困学生捐赠18000元，现场进行文艺演出，提供医疗服务，农业技术咨询，家电维修服务，免费书写春联等。

12月31日，西来桥镇党委、政府与市公安局在西来桥影剧院联合举行“迎新年警民联欢文艺演出”活动。市公安局领导及来自全市各镇的部分民警和西来桥参加先进性教育的党员干部一同观看了演出。

2006年

1月14日，由镇江施达尔电气公司研制的CAM-012型不受媒种变化影响的石灰含碳量监测系统顺利通过省级新产品技术成果鉴定。专家们认为该产品设计新颖，结构合理，测量精密度高，实用性强，性能稳定可靠，填补了国内空白。

5月29日，幸福加油站门前发生一起重大交通事故。北胜村19组村民叶何珠骑自行车从武进小河回来，三新村村民周元军骑摩托车往武进小河镇去，行进中相撞，叶被送往市人民医院抢救无效死亡，周赔偿12.5万元。

6月中旬，镇党委在全镇党员、干部中开展“八荣八耻”社会主义荣辱观教育。

7月26日，根据市招生办中考成绩公布，西来桥学校有33名同学达到省扬中高级中学录取分数线，《扬中日报》以“不信春风唤不回”为题报道了这一消息。

8月10日，总投资2亿元的“江苏省柏伦宝船业有限公司”与西来桥镇政府成功签约，落户西来桥。

8月20日，总投资1.7亿元的“扬中龙源港机制造有限公司”与西来桥镇政府成功签约，落户西来桥。

9月18日，“苏洋船舶工程公司”与西来桥镇政府正式签约落户西来桥。

12月，西来桥镇在创建省卫生镇中，投资了30万元架设环保路灯，投资17万元对农贸市场及集镇停车场进行维修，投资15万元新建垃圾中转站，并购置垃圾运输车1辆。

地 理 编

编　目

第一章　建置沿革

西来桥镇亦名中心沙，是长江下游泥沙冲积成的水中洲地，成沙于清乾隆年间（1736—1795），形似“山芋”，西北—东南走向，南大北小。时因各地绅士争报水影，故洲地分属三府四县，即通州府之泰兴，常州府之武进，镇江府之丹阳、扬中（太平洲）。自清光绪十一年（1885）建置到1940年为武进辖地。解放前夕政局动荡，又经几次武进、扬中划属。解放后一直为扬中管辖。

西来桥镇四面环江，地理位置独特。革命战争年代，西来桥是苏南中共地下党组织活动地带，是红色“江中跳板”。中共十一届三中全会后，在中国进入以经济建设为中心年代里，西来桥优越的地理条件彰显优势，处于“苏、锡、常”与“宁、镇、扬”两大经济圈的过渡地带。境地地势平坦，土地肥沃，气候温和湿润，水产丰富，是江南的秀丽绿洲。

第一节　区域位置

西来桥镇地处北纬32°06′、东经119°54′，位于长江主航道南侧，平均海拔高度为4.2米吴淞零上。境地南北长约5.8公里，东西平均宽约2.8公里。东临长江主航道，与泰兴市天星镇隔大江相望；南、西与常州市新北区春江镇（魏村）、孟河镇（小河）依宽约50米的小夹江毗邻；北隔宽约2000米的大夹江与八桥镇相对。

全境总面积为19.5平方公里。境内耕地面积8432.05亩，堤外沿江滩面积2500余亩。

清乾隆年间（1736—1795），在长江下游主航道常州和泰兴之间折弯处的江流中，露出一个西北—东南走向的长形小沙洲。沙滩逐步扩涨，相继涨出“福兴洲”“蒋家沙”“中心沙”。至道光初年，三个小沙洲与其北端的“大泡子”连成一起，形似“山芋”，初成今西来桥陆地之雏形。1939年，中共丹北中心县委在此开辟抗日根据地。翌年春，成立扬中县抗日民主政府新六区，即统称中心沙。

清光绪年间（1875—1908），中心沙东侧大江中又涨出一个西北—东南走向的狭长小沙洲，时称开沙。此沙洲最盛时总面积达5平方公里。1940年前后，沙洲北部开始坍塌，至1972年坍净。故当时该地带有“五沙”之说，即大沙、下昆沙、中心沙、开沙、轮船沙（移沙）。1947年，国民党扬中县政府曾将扬中新六区更名为“扬中五沙区署”。

据《武进县志》《扬中文史资料》载，中心沙现影之初，武进、丹阳、泰兴、丹徒及太平洲各地绅士争报水影，自诉所属，争执不休。道光十八年（1838），经苏州府裁断，根据各自所报水影4股分配。至今，双三村尚有“东三县圩”和“西三县圩”之称。

西来桥镇四面环江，区域位置独特。昔日孤悬江中，交通极为不便，如今已成为便捷“江中走廊”。其位居长江下游黄金水道之中，优良的深水岸线资源尽显优势，在江苏省新一轮的沿江开发战略中，充满着发展的蓬勃生机。

第二节　历史沿革

清光绪十一年（1885），依据各邑完纳芦课测算，武进县辖“福兴洲”，占地70%；丹阳县辖“蒋家沙”，占地20%；泰兴县辖“中心沙”，占地7%；太平洲（扬中）辖“大泡子”，占地3%。福兴洲设洲董，施明齐为董事［属丹阳、泰兴、太平洲（扬中）的部分，由于地盘不大，未划行政建制，即托管于武进县］。

1927年，福兴洲划属武进通江市。1929年，国民政府推行区、乡、保、甲制，武进撤销通江市，西来桥划属武进三区，名为“福星镇”。属丹阳的蒋家沙与轮船沙合并，称“蒋轮乡”；属泰兴县的中心沙与开沙合并，成立泰兴乡；大泡子为扬中县齐家乡的一个保。

1939年秋，中国共产党江南抗日挺进纵队开辟西来桥抗日根据地。

1940年6月，成立扬中县抗日民主政府新六区，福星镇、蒋家沙、中心沙、大泡子地域统属扬中新六区，统称中心沙，划为东进、西来、南阳、北胜4个小乡，下设30个行政村。

1942年9月，西来桥复划属武进县。

1943年，日伪军猖狂“清乡”，2月28日，西来桥沦陷，统属汪伪武进区，仍名“福星镇”。下设21个保。

1945年5月27日（农历三月初六），苏中五分区部队及武进、扬中两县警备营一举攻克大庙、北泡子、南泡子（南江边）3个敌碉堡，中心沙复属扬中县。

1945年秋，扬中县抗日民主政府奉命北撤，国民党将五沙仍按抗战前的隶属进行分治。

1947年3月，国民江苏省政府为“剿共”需要，将西来桥划属扬中称新六区，成立四乡一镇。同年冬又撤销新六区，改设“五沙区署”。

1948年12月8日，撤销五沙区署，中心沙复为武进县福星镇，下设8个保。

1949年4月22日，人民解放军横渡长江，西来桥获解放。扬中县人民政府在西来桥（含轮船沙及开沙）成立福星区，沿袭4个小乡，辖32个行政村。

1953年，将村改为30个选区。

1956年春，撤销福星区，并入八桥区。

1957年10月，将30个选区并为12个高级农业生产合作社。

同月，全县撤区并乡，西来桥4个小乡合并统称幸福乡。下辖12个高级社，167个生产队。时高级社为：曙光、新升、双三、双益、胜利、新民、合兴、新华、福星、红星、日新、光明。

1958年9月14日，幸福乡更名为幸福人民公社，高级社改为大队。

1965年，双益大队（即开沙）大面积坍塌，县政府组织移民，将双益大队并入双三大队。

1967年，成立公社军管会。

1968年，撤销公社军管会，成立公社革命委员会。

1981年5月，公社革命委员会更名公社管理委员会。

1981年秋，全国进行地名普查，经扬中县人民政府批准，对6个大队更名：光明更名北胜、红星更名大兴、合兴更名南阳、新民更名南旺桥、胜利更名东进、日新更名西来。

1983年7月，公社管委会复改称乡人民政府，大队改称村民委员会，生产队改称村民小组。

1985年11月24日，幸福乡更名为西来桥镇。

2001年7月28日，西来桥镇对所辖行政村进行区划调整。新升村与曙光村合并，称东来村；福星村和大兴村合并，称复兴村；原11个行政村1个居民委员会合并调整为9个行政村1个居委会，即东来村、双三村、东进村、南阳村、南旺桥村、新华村、复兴村、北胜村及西来桥居委会。

2004年11月15日，西来桥镇再一次进行新的区划调整。南阳村与新华村合并，称新程村；双三村与南旺桥村合并，称三新村；东进村并入幸福社区。形成“六村一社区”新格局，即东来村、三新村、新程村、复兴村、西来村、北胜村和幸福社区。

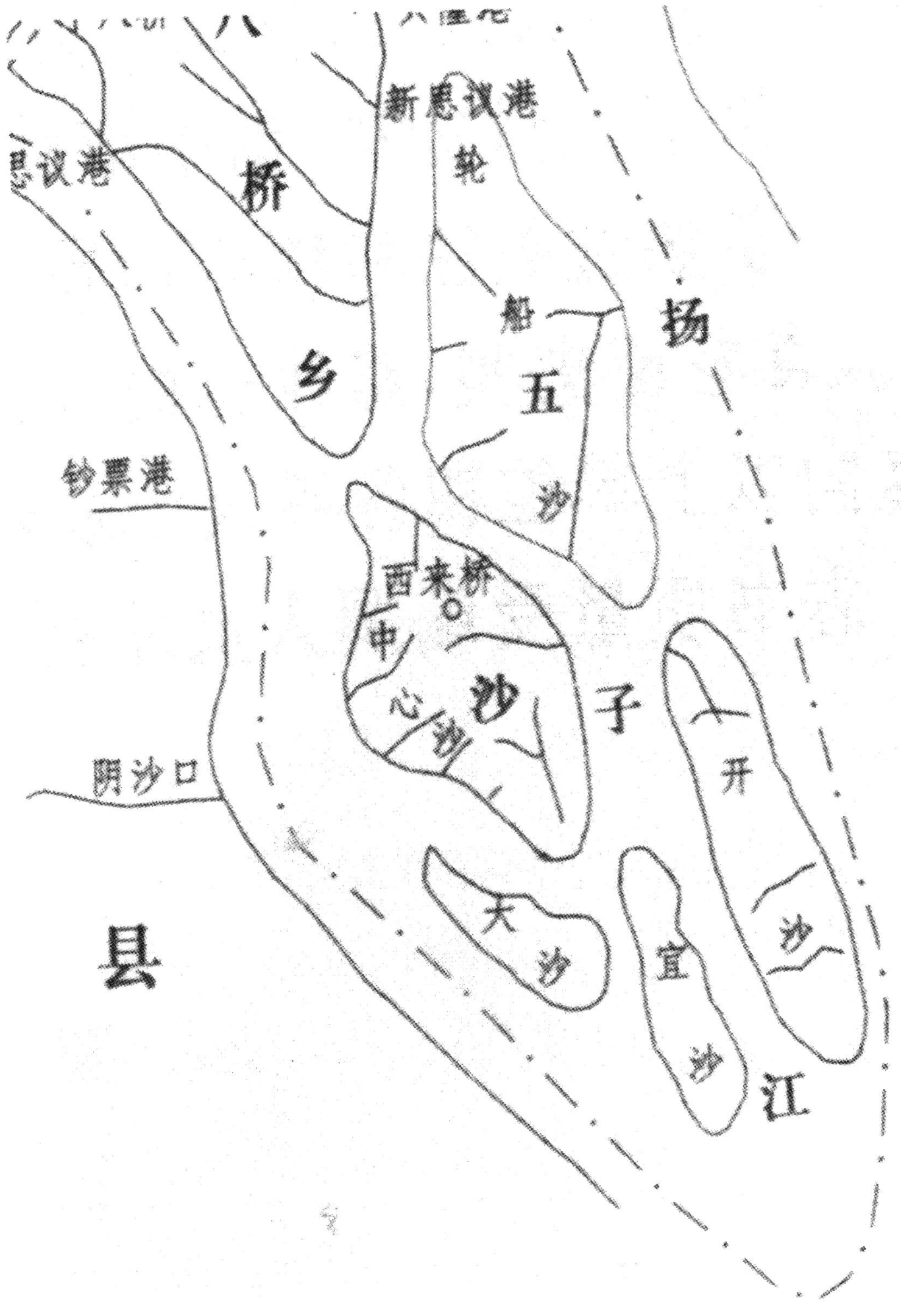

图 1-1 1948—1949 年五沙略图

第二章 行政区划

第一节 民国前区划

西来桥镇是江中小沙洲，始为水影时，谁先呈报即属谁有，继而植芦，而后围滩造田。此时，谁向何县报领，就向该县交纳课银，也就属该县管辖。

清乾隆年间（1736—1795），当西来桥初始为一条长形小沙洲现水后，武进、丹阳、泰兴、丹徒及太平洲的一些有势之人，即先后向各自相属之官府呈报水影。道光元年（1821），江沙滩好围圩时，4 财主相争，官司打到苏州府，裁定为根据各自所报的水影 4 股分配。故沙洲分属 4 县管辖。蒋家沙属丹阳县，占地 20%；中心沙属泰兴县，占地 7%；大泡子属太平洲，占地 3%；福兴洲属武进县，占地 70%。分属的具体情况如下：

隶属丹阳的是：修补圩北港东角靠江边（今东来村 12、13 村民小组）；丹阳圩南港东及抢造圩（今新升村 5、6、7 组）；七圩北岸（今双三村 13 组）；七圩南岸（今双三村 1、18 组）；杨家小圩（今双三村 17 组）；三县圩中框；八圩、九圩（今东进 9、12 组）；十一圩（今东进 7 组）；十四圩（今东进 6 组）；南挂耳（今东进 3 组）；十二圩（今南阳 17 组）；十三圩（今南阳 16 组）；十一圩（今南阳 11、15 组）；十六圩（今南阳 12、13、14 组）；大十圩（今南旺 11 组）；小十圩及东挂耳（今南旺 12 组）。

隶属泰兴县的是：三县圩中框、东三县圩、外圩（今双三村 5、6、7、8 组）；张彤圩（今双三 2、15、19 组）；四框（今双三 1、2 组）；五框（今东进 10、11 组）；六框（今东进 8 组）；七框（今东进 4、5 组）；八框、九框（今东进 1、2、3，其中 3 组部分户属丹阳县）。

隶属太平洲的是：合胜圩北、大兴圩、长泰圩、二圩、长春二圩、头圩、复胜圩、库档圩、老小圩，即今北胜村的 11、12、13、14 村民小组。

隶属武进县管辖的是：今新华村、福星村、大兴村、西来村、曙光村及北胜村的 1~10 组和 15~20 组。今东进村的 14~17 组，今南旺桥村的 1~10 组及 13~19 组，今南阳村的 1~10 组及 18~20 组；今双三村的 3、4、9、10、11、12、14、16、20 组，及西三县圩；今新升村的 1~4 组及 8~13 组。

当初，芦滩围田后，一些财主便将田卖给围圩的人，要买就是五亩（一块田），穷人买不起，多余下的 900 余亩田由滩主统一赠予镇江金山寺作庙田或镇江宝晋书院作学田。故西来桥田地的隶属，除属武进、泰兴、丹阳、太平洲外，又有一部分属镇江府，直到清光绪十一年（1885），由地方绅士郭氏兄弟出面交涉，金山寺和宝晋书院将田退出。并根据田所处地境，大部分属丹阳，少量属武进。

光绪十一年开始，属武进县的福兴洲归武进县通江市。设洲董 1 人，董事由施明齐担任，调解地方民事纠纷。洲民遇有重大事件，则至所属县署诉理。另设洲书1人，掌管田赋；设洲保1人（即地保），掌管地方治安，圩有圩长（又称圩排、圩头）。属丹阳的蒋家沙和属泰兴的中心沙由于地盘不大，未划行政建制，由地方上有声望的绅士掌管，圩也有圩长。

第二节　民国时期区划

1929年，国民政府推行区乡、保、甲制，武进县撤销通江市，福兴洲划属武进县三区，名为福星镇；属于丹阳的蒋家沙与轮船沙合并称蒋轮乡；属泰兴县的中心沙与开沙的一部分合并称泰兴乡；大泡子为扬中县齐家乡的一个保。

1940年，福星镇、蒋轮乡、泰兴乡、大泡子改属扬中县抗日民主政府，成立新六区。全区划分为西来、东进、南阳、北胜、轮船、开沙6个乡。

1942年9月，日伪“清乡”前夕，西来桥复划属武进县。

1943年，日伪开始“清乡”，2月28日西来桥沦陷，属汪伪武进三区，名为福星镇，下设21个保。

1945年5月17日（农历三月初六），中共苏中五分区部队及武进、扬中两县警备营，一举打掉日伪驻大庙、北泡子、南泡子（南江边）3个碉堡，西来桥全境解放，复属扬中县抗日民主政府管辖。

1945年秋，抗日民主政府奉命北撤，国民扬中政府将“五沙”仍按抗战前的隶属分治。

新四军北撤后，国民政府扬中县县长孟治，对扬中进行血腥统治，大肆捕杀中共地下党员，于1946年获得国民江苏省政府的嘉奖，被封为“剿共模范县”。出于加强控制，加速“剿共”的罪恶目的，国民江苏省政府决定将“五沙”（大沙、中心沙、下昆沙、开沙、轮船沙）划属扬中县，改称第六区，并对乡镇区域划分重新调整：福星镇改称兰陵镇，北为永治乡，西南为永宁乡，南为明治乡，东为东陵乡。

1947年7月，国民扬中县政府撤区并乡，对区乡划分进行大调整，第六区所属乡镇未合并，轮船乡仍划归第六区。

1947年冬，第六区改称五沙区署，撤销兰陵镇和东陵乡，并为西来、永治、永宁3个乡。

国民江苏省政府将“五沙”划属扬中的决定，受到“五沙”群众的极力反对，也引起各界强烈反响，武进县迟迟不办移交。国民政府内部的权力和权益之争日渐加剧，在西来桥的隶属问题上一直争执不休。中共地下党组织掌握这一有利时机，暗中进行活动。1947年春、夏，“五沙”隶属之争进入高潮。各沙代表一方面通过上层关系，往镇江、丹阳、武进、泰兴游说，争得各县纷纷向省呈报交涉；一方面发动群众进行请愿。当国民江苏省政府派参议员陈根尧到“五沙”考察时，“五沙”五千多民众，头顶香火，集中在西来桥东街大庙广场进行请愿活动。《武进新闻》还及时披露实况 [摘自民国36年（1947）8月16日《武进新闻》]。

国民江苏省政府，目睹“五沙”隶属已大势所趋，人心所向，省民政厅104次会议作出决定，将“五沙”归还原治。但国民扬中县政府无视省政府决定，迟迟不予执行，广大人民群众深恶痛绝。在此情况下，中共地下党决定发动群众进行斗争。正当在策划筹谋时，1948年农历腊月初八，反动区长陆如理派人四出强拉壮丁，群众愤怒万分，一触即发，中共地下党组织便适时发起西来桥革命史上深有影响的“12·8”抗丁风暴。是日清晨，首先在东南角敲响锣声，并伴“反对拖壮丁，打倒陆如理”口号声。一处敲锣，到处呼应，顷刻，数千名群众如同潮水般，从东、西、南三面涌向西来桥街。当人群冲上桥时，反动区长陆如理指令勤务兵向群众开枪，福星村时年24岁的青年卞元振中弹身亡，群众更加怒不可遏，举着肉案挡击枪弹，冲过桥去一举扒掉反动区公所，吓得陆如理带着几个喽啰仓皇逃跑。

第二天，国民扬中县县长卢甲三带着一帮荷枪实弹的武装警察到西来桥，宣布废区建乡，由地方民众自选乡长。时隔几天，国民扬中县政府出于无奈，到西来桥召开群众大会，公布了国民江苏省政府对五沙隶属早已作出的决定，撤销“五沙”区署，现场向武进县政府办出移交事宜。中心沙（西来桥）恢复武进县福星镇，分设5个大保，直到境地解放。

第三节　新中国成立后区划

1949年4月22日，中国人民解放军胜利渡过长江，西来桥全境解放。

渡江前，长江工委、十地委根据接管维持现状的原则，都决定中心沙仍由武进县接管，武进、澄西工委乃派姚焕文、方国春、王志众等人接管中心沙，建五沙区，姚任区委书记兼区长。一行受任者赴西来桥时，扬中县委派出的冯南生、徐正清、石裕文一行已先半日到任，在西来桥开会接管。事实既成，都是共产党领导，武进县委派出的姚等让位回行。从此，西来桥隶属扬中县人民政府管辖。

解放后，县人民政府废除国民政府统治时期的大乡建制，恢复抗日民主政府时期的区乡制，同时废除保、甲制，改称村、组。西来桥成为扬中县福星区，地辖中心沙、移沙、开沙。区设民政、公安、文教、财粮、生建等助理，办理区内行政事务。全区共划分4乡32村，乡配农会主任、财经、民兵队长、妇女主任；村配村长。

1952年5月27日，县人民政府调整对乡镇区划，从5个区内划出6个镇，单独建制，福星区划出西来桥镇，仍属福星区管辖。

1953年，全国普选，行政村改称选区。

1955年夏，县人民政府将全县6镇53个乡合并为25个乡镇。福星区的轮船乡辖区不变；东进、南阳、西来、北胜乡及西来桥镇合并为幸福乡。

1956年，随着农业合作化运动的蓬勃发展，选区的行政职能由高级社取代。

同年，县人民委员会决定，将25个乡镇合并为15个乡镇。幸福乡、轮船乡合并为幸福乡。撤销福星区，幸福乡划入八桥区。

1957年10月，县人民委员会决定，将幸福乡中的轮船乡划归八桥乡。

1958年10月，扬中实施政社合一的新机构体制，幸福乡改为幸福人民公社。下设管理区。

1961年，管理区改称生产大队，大队以下设生产队。

1962年，双三和东进两个大队的沿东江芦滩围成500多亩的新圩，给开沙后来迁移的灾民定居。同时双益大队与双三大队合并。全公社为11个大队（即新升、胜利、合兴、日新、福星、光明、双三、新民、新华、曙光、红星)。1972年后全公社行政区域基本未变。

1983年3月1日全省实行体改，幸福公社管委会改称幸福乡人民政府，原生产大队改称村民委员会，生产队改称村民小组。

1985年11月24日，幸福乡人民政府改名为西来桥镇。

2001年7月28日，镇辖行政村区划调整。新升村与曙光村合并，称东来村；福星村与大兴村合并，称复兴村；原11个行政村1个居委会合并调整为9个行政村1个居委会（即东来村、双三村、东进村、南阳村、南旺桥村、新华村、西来村、复兴村、北胜村及西来桥居委会)。

2004年11月15日，镇区又一次进行新的区划调整。南阳村与新华村合并，称新程村；双三村与南旺桥村合并，称三新村；东进村并入幸福社区。形成“六村一社区”新格局（即：东来村、三新村、新程村、复兴村、西来村、北胜村和幸福社区)。

图2-1 西来桥镇行政村合并前区划图

第四节 2006年西来桥镇各村情况

1.西来村

原名为日新大队，环抱西来桥集镇。东靠东来村，南接三新村，西连复兴村，北与北胜村接壤。由9个自然埭组成，分21个村民小组，共729户，2379人，耕地面积890.15亩，均系有效灌溉面积，2006年粮食总产915.88吨，人均纯收入5372元。

全村规划居住点主干道硬质化达90%，主干道、河道和居住区绿化率达80%。由于集镇所处该村区域，故居住在集镇及集镇周围的居民经营三产业较多，2006年总收入达873.15万元。

2.东来村

东来村是由原来东来桥村和曙光村合并而成。位处全镇东北部，东临长江主航道；北为西来桥与八桥间的夹江；南、西分别与三新村、西来村、北胜村接壤。全村21个村民小组587户，1723人，耕地面积为1212亩，2006年粮食总产1012吨，人均纯收入5400元。

东、北沿江大堤外有柳、芦滩200多亩，从事柳编业的有90多户。该村水域较丰富，可放养水面达100余亩，2006年渔业总产值172.25万元，列全镇之首。各类工业企业有5家，企业人数259人，2006年工业总产值2225万元。

3.三新村

三新村是由原南旺桥村和双三村合并而成。其境域东临长江主航道；南靠原东进、南阳村；西与新程村为邻；北与西来村接壤。全村36个村民小组921户，3034人。

全村有耕地面积1928.91亩，2006年粮食总产1766.7吨，工农业总产值3745.91万元，人均纯收入5313.12元。

该村江堤外有柳滩200多亩，原双三村是西来桥柳编集中地之一，全村从事柳编专业户有150多户，年产值800多万元。

该村中的南旺桥被称为西来桥第二集镇，解放前南旺桥就已形成小集市场，有油坊、染坊、豆腐店、肉铺、裁缝店、南货店、布铺、小茶馆等；解放后，合作商店也在这里继续扩大经营，新征5亩多地建造十多间通连综合商店。改革开放后，又有20多个个体户开办各种店面。

4.新程村

新程村是由原新华村与南阳村合并而成。地处西来桥镇西南部。东与三新村接壤，北与复兴村相连，西南临西来桥与常州新北区间的夹江。全村24个村民小组907户，2823人口，耕地面积1993.51亩，2006年粮食总产2018.84吨，工农业总产值5405.01万元，人均纯收入5582.71元。

该村西边江堤外于2004年围滩地120余亩，创办“江馨怡旅游度假村”，成为长江三角地带集农业生产经营、科技示范、推广服务、生态农业旅游观光于一体的现代化农业示范园区。2005年被扬中市政府授予“农业科技示范园区”荣誉称号，2006年被国家旅游局评定为“国家AA级旅游景（点）”单位。

5.复兴村

复兴村是由原福星、大兴村合并而成。位处镇域西北部。南接新程村，北连北胜村，东与西来村为邻，西临夹江。全村共590户，分20个村民小组，1817人，耕地面积1200.85亩，2006年粮食总产为1041吨，工农业总产值2312.49万元，人均纯收入5443.03元。

幸福大桥东桥头坐落该村，省道238亦穿经该村，便捷的交通给村级工业的发展和二三产业提供了有利条件。村级各类企业有6家，从业人员126人，2006年实现工业产值1951.53万元。2006年被镇江市政府授予示范村荣誉称号。

6.北胜村

北胜村原名光明大队，1983年改为现名。位于西来桥镇域的西北头。东与东来村为邻，西、北均临夹江，南与西来村和复兴村连接。全村共20个村民小组，582户，2043人，耕地面积为1011.32亩，2006年粮食总产1110.25吨，工农业总产值为3287.98万元，人均纯收入6025.45元。

该村第一村民小组近70亩蔬菜田，是全镇最大的蔬菜基地，年收入在150万元左右。

该村北江堤外滩，在镇政府招商引资中，先后有“江苏省柏伦宝船业有限公司”“扬中龙源港机制造有限公司”“苏洋船舶工程公司”投资均在亿元以上的企业落户此地。

扬中长江二桥的南桥头也坐落在该村地域，连接省道238西来桥段。

7.幸福社区

幸福社区成立于2011年5月。2003年镇政府为安置铁本项目拆迁群众，在西来桥集镇的东南面，实施建造幸福花苑一期工程。建筑总面积13万平方米，共建五层安置楼33幢，属幸福社区管理。东进村、南阳村拆迁群众全部住进社区，东进村所剩未拆迁的农户亦归幸福社区所辖。至2006年，幸福社区共819户，2421人。

第三章　地质　地貌

第一节　地　质

西来桥镇是扬子江中的一沙洲，其基岩是扬子古陆的组成部分。上层的长江冲积层，表层物质较细；中部为沙洲核，其周围是由较粗物质组成的鬃岗，它们全是长江沉积物，属新生代第四纪，全新统现代沉积物（次生黄土）岩性，黄色、褐色砂黏土。第四纪开始，新构造运动比较活跃，长江水流等外力对塑造沙洲的雏形起了主导作用。

第二节　地　貌

西来桥镇为江中沙洲，属冲积平原。全境为沙滩围垦而成，无山丘高地，地势低平，海拔吴淞零上 4~4.5 米。全境由西北向东南微倾。

西来桥镇位于长江下游主航道常州和泰兴之间向东折弯处，江流稍缓。清乾隆年间(1736—1795)，始有沙滩露出水面，江滩淤涨较快，形成一定范围时，江南江北邻近县的民众便到此植芦围垦，嗣后涨起的沙洲逐渐连成一片，至道光初年，形成镇境轮廓。

由于长江水流冲刷，江床深泓时有变动，沿江圩滩有涨有坍。清光绪年间（1875—1908)，中心沙（西来桥）东侧大江中又涨出一个陕长小沙洲，时称开沙。解放后，编制为西来桥双益大队。此沙洲最盛时总面积达 5 平方公里，因江中暗沙迁移，深泓溜线变动，1940 年前后，沙洲北部开始坍塌，俗话说："暗沙移动，坍江祖宗"。至 1972 年，此沙洲已全部坍入江中。受大江分汊水流的冲刷，西来桥境地亦出现洗坍，北临大夹江一面全线一直出现洗坍。自 1940 年起，北胜村先后被坍掉 6 个圩，约 500 亩地。境地南头夹江汊道小夹江段，下端口因受常州下昆沙（俗称乌龟墩子）的阻挡，江水流速减慢，江床逐渐淤涨。为适应常州新孟河的引排水和船只航行需要，小夹江上段每年都要进行机挖疏浚。

第三节　土　壤

全境土壤系泥沙沉积而成，统称长江冲积土。主体纵剖面有层次不同的沙黏夹层和沙粒含量，根据不同沙粒的含量和所形成的层次关系，全境土壤可划分为 3 个土属、10 个土种（具体分类面积见附表 3-1)。

境内土地经多年耕作、改良，土壤养分含量普遍较高，但也有少数偏低，故全境土壤的农业生产性并不一致。根据多年的种植实践，黄沙土有机质含量高，渗透性好，能蓄水保肥。有利栽种水稻。在同样水肥的情况下，黄沙土上长出的水稻千粒重高。夹沙土怕淹喜旱，适合种麦子，但渗透性高，漏肥，漏水，易造成作物生长后期的早衰或倒伏等不良现象，需增施有机肥料，改善土壤结构，才能达到增产目的。

1984 年幸福乡土地资源情况表

表 3–1

土属	土　种	面积（亩）	占总面积（%）	分布范围
黄沙土	黏质、黄沙土	2347.04	20.44	南阳、东进、红星
	黄沙土	4870.24	42.42	大炮子（北胜部分）
	沙底黄沙土	237.90	2.07	南旺、新华
黄夹沙	黄夹沙	298.10	2.60	北胜部分
	沙底黄夹沙	975.87	8.50	西来部分
夹沙土	夹沙土	340.40	2.96	曙光、东来部分
	沙心夹沙土	542.30	4.72	西来部分
	腰沙夹沙	112.30	9.28	
	沙底夹沙	382.50	3.33	
夹沙土	黄板漏沙土	408.00	3.55	北胜部分

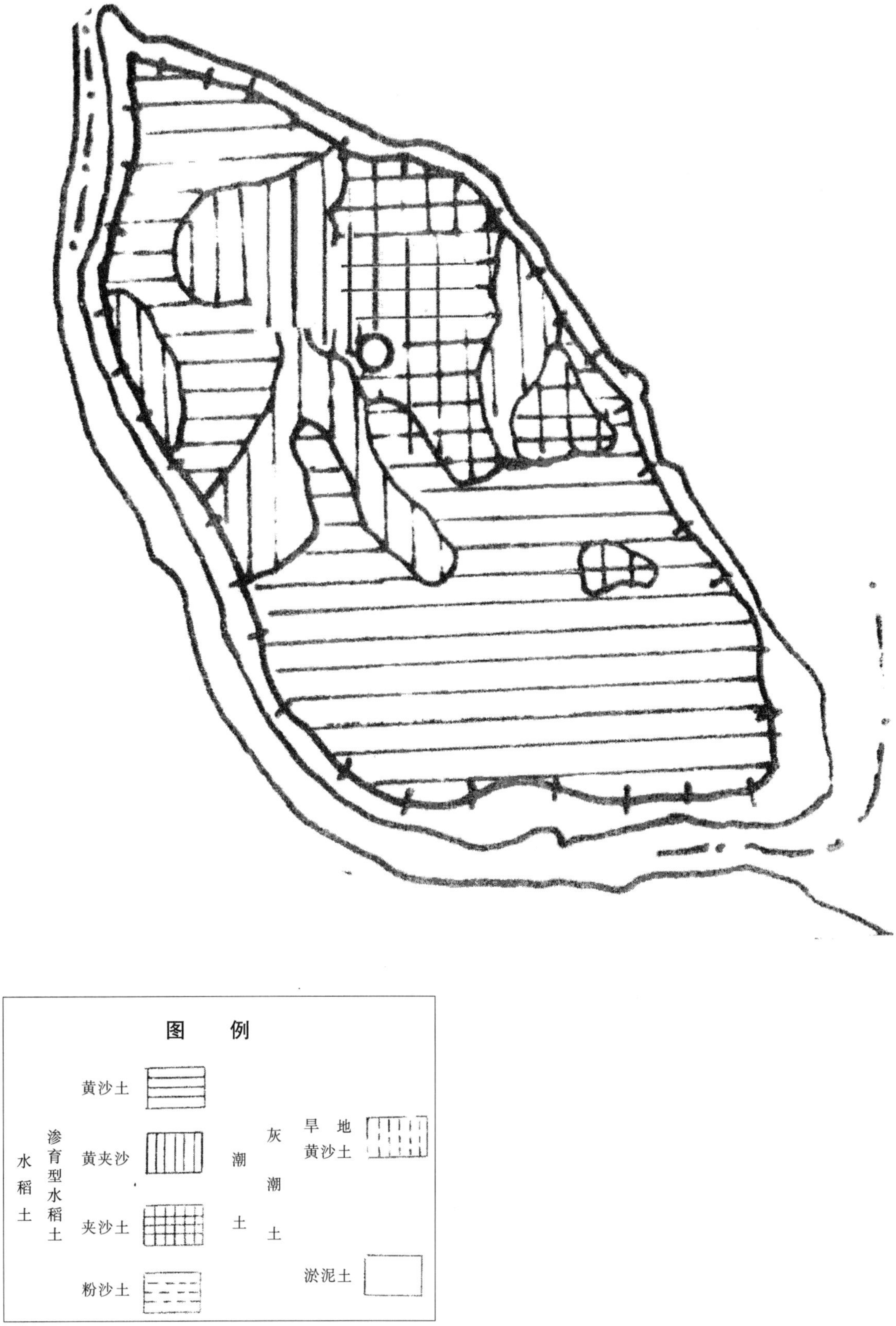

图 3-1 西来桥镇土壤图

第四章 水系 水利

第一节 水 系

西来桥镇水系概属长江流域，在逐年淤涨围垦过程中，因受潮汐影响和人民生产生活的需要，形成一个纵横交错的港河水系。境域内有10个通江港口，港道弯曲且分布不均，圩内河沟稠密，水系紊乱。全境港河水系从形成到新中国成立初期，除因江岸的涨坍有延长或缩短外，基本未变。

1954年，因长江发生特大洪水，境域倒掉9个圩，遭受严重水灾。当地人民政府总结抗洪经验教训，从1956年开始，对通江港口进行封港建涵建闸，并对内港进行取直疏浚，但部分地段因顾及沿港住房和树竹，只能依弯就弯了事。

1975年，在遭受特大暴雨袭击中，全镇内涝严重，造成特大涝灾。鉴于大灾教训，公社决定改造老河港，建立境域新水系。将贯穿东西的川心港一线取直，拓宽到30米，并全程浚深，在其西头建造通江天门闸，东头筑坝建造通江涵闸。平废原南北纵向通江主港南旺港、东西横向的绝港和三岔港。开挖横向（东西）一级河7条，以川心港为中心分别向南北每隔500米开挖一条一级河，在东西两头均建造通江涵闸和机电排灌站。川心港南的一级河有（由北向南）幸福河、向阳河、团结河、合兴河、胜利河；川心港北的一级河有（由南向北）同心河、光明河。每隔1000米开挖一条纵向二级渠。川心港北的二级渠为（由东向西）新光渠、红光渠；川心港南的二级渠（由东向西）庆丰渠、前进渠、永红渠。一、二级河的总长为27.6公里。新水系形成后，达到排灌通畅的要求，后又注重不断培修、浚深港道，加大机电排灌设施建设的投入，圩内排灌更有保障，在1997年和2003年的两次排涝中，都较好地体现了新水系的良好作用。

第二节 水 利

一、概况

西来桥镇四面环江，人们在围垦定居、生产生活中，沿江沿港均筑堤挡水。新中国成立前，堤身矮小，经不起风吹浪打，常常发生决堤事故。堤内地势低洼，暴雨后积水难排，又易发生涝灾。新中国成立后，人民政府极为重视水利建设，全镇广大干部群众在镇人民政府的领导下，加固堤岸，疏浚河港，兴修农田水利，逐步形成防洪、排涝、降渍、灌溉的农田水利体系。

1949—1956年，以防洪为主，全面培修、增高、加固江港堤岸，缩短防洪战线，增强防洪能力。

1957—1965年，以解决内涝为主，浚港建闸，整治圩内排灌水系，提高排灌能力。

1966—1975年，主要发展机电排灌，兴建机电排灌站，加大加高江堤堤身。

1976—1977年，规划实施境域新水系，大搞圩内河网化，平废老河港，开挖横向（东西向）一级河7条，总长计18.66公里。开挖纵向（南北向）二级渠5条，总长9.1公里。

图4-1 江堤大会战(摄于1979年)

1978—1979年，全境组织江堤大会战，将原3米宽的堤顶扩宽到4米，堤顶标高由原来的8.6米增高到9.1米。

全镇环江堤线总长19.383公里，其中，80年代，在镇政府的统一规划实施中，对迎大江面的5.814公里堤段，均以石块护坡，并逐年对江堤进行培修加固。

1998—2001年，按省政府要求，组织江堤达标工程建设，至2001年底，江堤高度达9.85米，顶宽为5米，外坡1:3、内坡1:2.5，累计完成土方204万立方米。为抗御水患，增强江堤的抗洪保安能力，镇政府采取国家补贴加自筹资金的办法，将5.8公里迎风顶浪地段块石护坡翻建成砼护坡，共完成砼方2.364万立方米，投入资金593.96万元。同时对5.2公里土质疏松、出现渗漏的江堤地段，进行劈裂灌浆，增强江堤堤身密度、实度，该项投入资金37.8万元。地方自筹资金均由境域群众集资解决。

2002年3月，投资25万元，在沿江东来、三新、东进、复兴等村江堤外坡，新建5个防汛哨所，为堤防防汛观察巡查和管理提供便利。是年10月，省财政厅、水利厅联合批复实施西来桥镇堤防达标工程，此项工程总预算投资2026万元，其中市、镇两级地方财政配套资金50%，

图4-2 西来桥镇水系分布图

即 1013 万元。该项目当年 12 月开工，次年 12 月竣工。实施项目有：坍江治理 2 公里，新建护坡 5.46 公里，挡浪墙 5.3 公里，江堤防渗漏灌浆 12 公里，新建江堤填塘固基内平台 16 公里，维修改造川心港大闸一座。新建团结河西江入口跨河江堤 100 米，新建入口江堤涵洞一座，新建江堤堤顶砂石道路 9 公里，新建 800 余平方米防汛仓库一座等。全面提高了镇域防洪标准。

2004—2005 年，组织全镇劳力，以义务分摊方式，实施江堤内坡整修，共完成 16 公里堤段，完成土方 10.5 万立方米。

2005 年 4 月，投资 500 余万元，抛石 5.2 万吨，治理坍江 2.5 公里，控制曙光二圩至双三三匡新圩的坍江趋势，保持江堤稳定。

2006 年 4 月，全镇 19.383 公里江堤除铁本项目区内 4.5 公里外，其余堤段纳入农村道路建设计划，投资 400 万元，实施堤顶宽 4~4.5 米的砼硬质道路。

2006 年 7 月起，环镇堤顶公路全部纳入全市长江堤防统筹管理，经费由市政府协调，相关部门承担，管理由市堤防管理所负责指导，镇水利农机站具体承担。经多年的建设，江堤面貌彻底改观，道路通畅，坡面整洁，防浪生态林林木茂盛，成为独具风格的秀丽江岸风景带。

圩内水系建设自 1977 年新的水系建立后，其重点则放在电力排灌站的建设上。到 1992 年，向阳河西端装置 2 台 80 千瓦电机、2 台 28 寸水泵设备的电力排灌站建成后，全镇电力排灌站已达 15 座，排涝动力为 948 千瓦。排水流量为每秒 10.9 立方米，基本达到了排得出，灌得上，降得下、挡得住的要求，确保全境农田旱涝保收，稳产高产。

2001 年，以义务工分摊方式，各村包地段，统一标准，全面疏浚幸福河，拉开了全镇一、二级河清淤整治序幕。

2003 年 12 月，开工建设北胜村光明河西端排灌站一座，总投资 80 余万元，安装 2 台潜水轴流泵，新增排水流量 2.5 立方米/秒，改变了川心港北面北胜、复兴（原大兴）两村低洼圩区遇雨即淹的状况。

2006 年，在市、镇两级的共同努力下，引进农业开放基金 130 多万元，在新程村、复兴村的圩区内建造泵房灌溉站 9 座，砼硬质农业示范固定沟 4000 余米。全境域通江涵闸共有 39 座。各通江涵闸均确定专人看管启闭，严格控制圩内水位和水情。

二、抗洪治理

江堤培修加固。解放前江堤顶宽不足 1 米，顶高仅 7.5 米左右（指吴淞零上），堤坡 1:1~1:1.5，常受洪涝袭击，年年发生倒圩事件。解放后全镇人民在党和政府的正确领导下，逐年对江堤进行培修加固，江堤逐步挑高到顶宽 5 米、顶高 9.85 米，外坡 1:3、内坡 1:2.5 的标准，截至 2006 年，累计共完成土方 204 万方，提高了江堤的抗洪能力，确保全镇人民安居乐业。

港口建涵。全镇原有 10 条港，全长 11.352 公里，为缩短防洪战线，从 1957—1977 年先后对原有的 10 条港进行了建涵建闸，缩短防洪战线 22.704 公里，共完成土方 7.296 万立方米。

铺设石驳，翻建砼护坡。全镇江堤从曙光 7 圩至东进幸福大圩计 5.814 公里，直接面对大江，迎风顶浪，受江潮冲刷严重。为使堤身牢固，提高抗御江潮的冲刷能力，从 1961 年开始至 1996 年，镇政府组织广大群众逐年对该地段铺设石驳，有力地增强了堤身的安全，共完成石方

2.64 万立方米。1998 年长江出现新中国成立以来超历史的洪水，长江水位高达 7.8 米，迎风顶浪的块石护坡多处被风浪冲毁，为抗御水患，西来桥镇从 1998—2001 四年中采取自筹、国家补助的办法将原块石护坡翻建成砼护坡 5.8 公里，共完成砼方 2.364 万立方米，投入经费 593.96 万元。

江堤灌浆：全镇江堤地基强度较低，堤身中下部少数地段土质较疏松，渗透性强。1998 年长江水位高涨，部分地段出现严重渗漏险情。为增强江堤堤身的密实度，从 1999~2001 年镇政府对 4.2 公里的渗漏段进行劈裂灌浆，计投入经费 37.8 万元。

三、涝渍治理

调整水系，开港开河。为从根本上解决全镇低产地区的涝渍，西来桥镇从 1975 年开始，改变了过去对搞水利采取修修补补的做法，对原有水利进行了全面的调整，作出了平港开河的决定。自 1975 年至 1978 年共平掉老港 7 条，新开东西向一级河 7 条，南北向二级河五条，并将川心港拿湾取直，拓宽加深，共完成土方 68.2 万立方米。使全镇圩内水系达到了大引大排的要求，基本解决了低凹地区的涝渍。

建排涝电站，西来桥四面环江，长年大部分时间是江潮水位高于内圩，田内积水难以自排，涝渍严重。为解决涝渍，全镇自 1966 年至 1973 年分别在低洼地区建筑排灌站。1975—1992 年根据水文变化，逐年进行调整、拆迁和新建，到 1992 年全镇共建排灌站 15 座，排涝动力为 948 千瓦，排水流量为 10.9 立方米/秒，基本解决了涝渍，使农田旱涝保收，高产稳产。

提水灌溉，预降河内水位。全镇农田水稻用水均由生产队（村民小组）确定专职水管员负责用 3-6 寸的水泵按水稻不同时期的需水量从河内提水灌溉，既保证了水稻的生长需要，又适当预降了河内水位。各通江涵闸都确定专人负责启闭，使圩内水位一般控制在低于田面 0.5 米以上。梅雨季节保持水位低于田面 1 米左右。

疏理三沟，开好田间工程沟。以生产队组织专人分别于秋播前、夏栽前进行疏理三沟，确保内外三沟畅通；以各农户开挖田内暗沟，每块田一般呈“丰”字形，深 0.7 米、宽 0.03 米。三麦生长后期圩内水位严格控制低于田面 1 米以上。

四、排灌机械

过去农田排灌都是使用传统工具——人力车（统称水车），以三人脚蹬轴车为多，也有四人轴车。这种水车主要有车轴、榻枕、漕筒、斗板、榷子等组成。一部水车一般排灌 7~8 亩地，遇上严重内涝除用人力车排涝外，还向外地请戽水机（船）经行抽排。1963 年在新华村母子港建立第一座排灌机站（一台 12 寸泵配 3115 柴油机）。1965 年在东进村南旺港建立第二座排灌机站（两台 18 寸水泵动力计 120 马力）。1965 年镇内通电后，在大兴村三岔港建起电力排灌站一座（18 寸水泵两台动力计 80 千瓦）。1967—1971 年先后在福星绝港、双三张彤港、豁鼻子港、北胜三圩港、芦蓟圩、西来 20 圩、南阳 16 圩、新升 7 圩、南旺 13 圩、东进 7 框等港分别建立电力排灌站。1975 年大搞农田基本建设，随着水系条件的改变，对已建的电站进行了调整、拆迁和新建。到 1992 年全镇共有电力排灌站 15 座，排灌动力计 943 千瓦，排灌流量为 10.5 立方米/秒，基本实现了排灌电气化，初步建立了旱涝保收、高产稳产农田 1.1 万亩，占总面积的 85%。

五、经费来源

1.工程建设经费 排灌站 15 座电力排灌站的机电设备、机房、进出水涵及技工工资均由镇投资，到 1992 年共投资 35.2 万元，建站时开挖的土方及材料、上下用工和普工由收益村按田亩下达到生产队，由各生产队统一派民工按完成工程量记工参加分配。实行联产到劳后，均按田亩承包户做工。

江堤上 26 座涵洞的材料经费及技工工资计 28.55 万元，其中国家补 8.65 万元，镇筹 19.9 万元。开挖土方及普工和材料卸运用工，均由收益村按田亩下达到各生产队，由各队统一安排劳力，按完成的工程记工参加分配。圩内水系配套沟、涵洞，均是各村投资建造，农户按收益田亩负担土方开挖及材料卸运和普工，1975 年后各村共建圩内配套涵洞 13 座，投资 11.37 万元。

江堤块石护坡及坍江治理块石及工程经费均由国家投资，到 1985 年底，国家共投资 45.6 万元，卸运石料用工及普工，由沿江派劳力完成。

江堤砼护坡经费由国家补助 40%，镇集资 60%，由镇按农村人口分摊到各农户，由村收取缴镇组织施工。从 1998—2001 年国家共补助 237.58 万元，群众计集资 356.38 万元。

2.土方工 江堤培修、一、二级河道的开挖、川心港的拓浚等。1981 年前按田亩负担，1981 年后按人田三七，由乡镇分配到村，各村下达到村民小组，统一派劳力完成。实行生产责任制后，分到各户完成。1998 年进行江堤达标建设后，江堤培修、一级河疏浚均按农村人口平滩。由各村将任务分到组，下达到户，由村、组统一组织施工。

3.排灌经费 集体生产制时，各生产队用 3 寸水泵统一提水灌溉，水费由各生产队开支，实行分田到户后，由承包户按田亩负担。排涝均以排区机电站统一开机排水，其水费按受益田亩负担。一般由各村在村办厂利润中开支，个别村办厂搞得差的，按田亩分摊到各承包户。村办厂实行机制转换后，由农户按承包面积负担。

六、机构设置

1966 年成立公社机电管理站，属公社和县水电局双重领导，自负盈亏。工作职能为管好全公社用电管理、全公社排灌站的维修保养，保证适时排水。1984 年更名为水利农机管理站，担负全公社水利工程建设、管理及排灌站的维修保养，保证适时排水和全公社的农机管理。水利农机站下设 8 个粮食加工厂、1 个农机维修车间、1 个电器维修车间和 1 个农机配件供应门市部。在职机电职工 40 名，行管人员 7 名。

七、援外水利工程

“水利是农业的命脉”，上级党委和政府十分重视水利建设，省市县经常在各地抽调民工集中突击疏滩、开挖河道。西来桥镇分别于 1958 年和 1978 年派出部分民工参加开挖京杭大运河和南京秦淮新河（见下表）。

1958—1978 年开挖河道一览表

表 4–1

时间	河名	出勤民工(人)	完成土方(立方米)
1958 年秋至 1959 年冬	京杭运河	650	7.02 万
1978 年冬	秦淮新河	350	1.45 万
合计		1000	8.47 万

港口建造涵闸缩短防洪战线表

表 4–2

港名	长度(公里)	建造时间		完成土方(万亩)	缩短长度(公里)	备注
		涵	闸			
三圩港	0.52	1961		0.35	0.50	1.2 米拱涵
太平圩	0.51	1956		0.32	1.02	0.9 米管涵
绝　港	1.41	1957		0.36	2.82	1.2 米拱涵
母子港	0.95	1958		0.35	1.90	1.2 米箱式涵
小星港	0.89	1959		0.35	1.77	1.2 米拱涵
南旺港	2.81	1964		0.52	5.62	双孔 1.23 米拱涵
张龙港	0.56	1962		0.35	1.12	1.2 米拱涵
豁鼻子港	0.45	1963		0.35	0.90	1.2 米拱涵
七框港	0.45	1963		0.35	0.90	1.2 米箱式涵
川心港	3.08		1977 冬	4.36	6.152	5 米宽通行节制闸
合　计	11.63			7.66	22.70	

原有港道平填时间表

表 4–3

港名	长度(公里)	平填时间	完成土方(万立方米)	增加面积(亩)
太平港	0.51	1976 年冬	1.22	35
东支港	1.41	1975 年冬	1.84	54
西支港	1.15	1975 年冬	1.47	42
绝　港	1.41	1976 年春	2.34	67
母子港	0.951	1976 年春	1.54	44
小星港	0.885	1975 年冬	1.43	41
南旺港	2.81	1976 年春	4.55	130
合　计	9.126		14.39	413

一级河道情况表

表 4–4

河　名	长度(公里)	开挖时间	河底宽(米)	河底高程(米)	坡比	青坎高程(米)	土方量(万立方米)
光明河	1.235	1976 年冬	1	2.5	1:2	4.5	2.76
同心河	2.258	1975 年冬	1	2.5	1:2	4.5	3.21
幸福河	3.095	1975 年冬	1.6	2.2	1:2	4.2	5.98
向阳河	3.090	1976 年冬	1	2.1	1:2	4.1	4.70
团结河	3.006	1975 年冬	1.6	2.2	1:2	4.2	4.89
合兴河	3.255	1975 年冬	1	2.5	1:1.5	4.5	3.74
胜利河	2.717	1976 年冬	1	2.1	1:2	4.1	4.92
合　计	18.656						30.2

二级河道情况表

表 4–5

河　名	开挖时间	长度(公里)	河底宽(米)	河底高程(米)	坡比	青坎高程(米)	土方量(万立方米)
庆丰河	1977 年冬	3.3	1	2.7	1:1.5	4.2	2.31
前进河	1977 年冬	3.4	1	2.7	1:1.5	4.2	2.38
永红河	1977 年冬	2.8	1	2.7	1:1.5	4.2	1.96
新光河	1977 年冬	1.9	1	2.7	1:1.5	4.2	1.33
红光河	1977 年冬	0.9	1	2.7	1:1.5	4.2	0.63
合　计		12.3					8.61

西来桥镇电力排涝站基本情况表

表 4–6

站名	地址	建站时间	动力(千瓦)						水泵(寸)				总流量立方米/秒
			28 台	30 台	40 台	55 台	80 台	合计	16 台	18 台	20 台	28 台	
光明	三圩港	1967 年	2					56	2				0.6
同心	同心河西	1975 年			2			80		2			0.8
幸福	幸福河西	1975 年				2		110			2		1.0
团结	母子港	1975 年		4				120	4				1.2
永兴	南阳永兴圩	1972 年		1				30	1				0.3
合兴	南阳 16 圩	1975 年		1	1			70	1	1			0.8
胜利	七框港	1973 年		1	1			70	1	1			0.7
双三	张龙港	1971 年	1	0	1	2		98	1	1			0.7
东方红	豁鼻子港	1976 年			1			40			1		0.5

续表 4–7

站名	地址	建站时间	动力(千瓦)						水泵(寸)				总流量立方米/秒
			28 台	30 台	40 台	55 台	80 台	合计	16 台	18 台	20 台	28 台	
曙光	东来七圩北	1973 年	1					28	1				0.3
向阳	向阳河西	1992 年					2	160				2	2.4
卫东	东来七圩南	1970 年	1					28	1				0.3
日新	西来 20 圩	1970 年	1					28	1				0.3
西来	西来 26 圩	1983 年		1				30	1				0.3
大兴	复兴小星圩	1983 年		1				30	1				0.3
北胜	光明河西段	2003年	2				2	130				2	2.4

西来桥镇江堤涵洞设置情况表

表 4–8

涵洞名称	地点		建造时间	规格	涵洞名称	地点村圩		建造时间	规格
幸福河西涵	复兴	小星圩	1977 年	1.2 米拱涵	川心港东涵	东来	丹阳圩	1977 年	2.0 米拱涵
向阳河西涵	新华	55 圩	1976 年	1.2 米拱涵	二圩涵	东来	二圩	1974 年	60 厘米管涵
团结河西涵	新华	54 圩	1958 年	1.2 米拱涵	七圩涵	东来	七圩	1966 年	60 厘米管涵
合兴河西涵	南阳	53 圩	1976 年	1.0 米拱涵	十七圩涵	北胜	17 圩	1966 年	60 厘米管涵
永兴涵	南阳	52 圩	1973 年	1.0 米拱涵	三圩港涵	北胜	北三圩	1961 年	1.2 米拱涵
南新港涵	南阳	16 圩	1970 年	1.0 米管涵	长春二圩涵	北胜	长春二圩	1973 年	60 厘米管涵
九框涵	东进	九框	1973 年	60 厘米管涵	复兴圩涵	北胜	复生圩	1973 年	60 厘米管涵
七框港涵	东进	七框	1963年	1.2 米拱涵	光明河涵	北胜	合胜圩	1976 年	1.2 米拱涵
合兴河东涵	东进	幸福大圩	1975年	1.2 米拱涵	同福圩涵	复兴	同福圩	1972 年	60 厘米管涵
张龙港涵	双三	幸福大圩	1963年	1.2 米拱涵	同心河涵	复兴	同心圩	1975 年	2.0 米拱涵
向阳河东涵	双三	三框外圩	1986年	1.0 米箱涵	五十九圩涵	复兴	59 圩	1974 年	60 厘米管涵
豁鼻子港涵	东来	五圩	1992年	1.0 米箱涵	五十圩涵	南阳	50 圩	1965 年	45 厘米管涵
北小圩涵	双三	北小圩	1986年	60 厘米管涵	新四圩涵	北胜	新四圩	1973 年	60 厘米管涵

全镇江堤涵洞 26 座,其中:φ60 厘米管涵 9 座、φ45 厘米管涵 1 座、2 米拱涵 1 座、1.5 米拱涵(双孔)1 座、1 米箱涵 2 座、1 米拱涵 2 座、1.2 米拱涵 7 座、1.2 米箱涵 1 座、1 米管涵 2 座

1998—2001 年江堤砼护坡建设情况表

表 4–9

建设时间（完工）	施工单位	地段	长度（米）	工程量		造价（万元）
				砼（立方米）	碎石垫层（立方米）	
1988.6	扬中市水建公司	幸福大圩 三框外圩	1040.50 632	4202.56	1613.29	154.77
1999.6	八桥建安公司	福星圩 东港圩	594.62	1661.55	221.02 土工布 5523.00	57.95
1999.6	市水建公司	幸福大圩 三框外圩四圩	1316.00	2912.69 浆砌墙面 643.08	985.07 土工布 4224.00	115.73
1999.6	西来桥建安公司	芦蓟圩	686.19	1590.40	372.88 土工布 3845.00	55.57
2000.4	八桥建安公司	五车圩 福星圩	202.30 43.60	687.52 浆砌墙面 249.10	375.33	29.89
2000.4	市水建公司	四圩	299.89	878.91	419.81	31.72
2001.5	市水建公司	四圩至二圩	1061.66	3793.45	1443.19	148.33
合计			5876.76	15727.08 浆砌墙面 892.18	5430.59 土工布 13592.00	593.96

幸福公社、乡、西来桥镇水利农机站主要人员情况表

表 4–10

任职时间	站长	副站长	会计	水利工程员
1966.4—1967.9	汤德宝(代)		许开华	汤德宝
1967.10—1968.3	耿志贵		许开华	汤德宝
1967.4—1968.10	顾昌明		许开华	汤德宝
1968.11—1968.12	顾昌明		鄂成根	汤德宝
1969.1—1972.1	鄂成根		鄂成根	汤德宝
1972.2—1974.4	鄂成根		鄂成根	徐子良
1974.5—1976.4	鄂成根		唐林森	徐子良
1976.5—1977.7	鄂成根	徐子良	唐林森	徐子良
1977.8—1994.6	鄂成根	徐子良	唐林森	甘友六
1994.7—2001	徐子良	甘友六	唐林森	甘友六
2001.11—2003.7	黄克荣	甘友六	唐林森	于建兵
2003—	黄克荣		孙巧凤	于建兵

第五章　气候　物候

西来桥地处北亚热带南部季风气候区，海洋性气候颇明显，四季分明。春季晴雨相间，冷暖多变；夏季受东南风影响，炎热多雨；秋季天晴少雨，秋高气爽；冬季受西北风控制，低温寒冷。由于洲地孤悬长江之中，独特的自然环境与同纬度临近地区比较，具有春季升温、秋季降温略慢，夏季高温略少、梅雨天暴雨略多的特点。常年雨量充沛，降水多集中于6—9月，占年降水量的56.1%。境内光照充足，1959—2006年，年均日照时数为2093.35小时，年百分率为46.6%。无霜期长，年均224天。

西来桥优越的气候资源，既为工农业生产提供了有利条件，也为人民生活奠定了舒适的基础。但也因处于海陆相气候过渡带，年际之间季风强弱及出现时间不同，造成不同年份气象差异较大，属典型气候灾害频发区。

第一节　四季气候特征

1959—2006年，按气温资料记录，区域四季划分：春季为3月29日至6月10日，74天；夏季为6月11日至9月14日，96天；秋季为9月15日至11月17日，64天；冬季为11月18日至翌年3月28日，131天。冬夏时间长，春秋时间短。为统计资料方便并与民间习俗相吻合，四季划分按春3—5月、夏6—8月、秋9—11月、冬12—翌年2月。

春季　是冬夏过渡季节，冷暖空气交替频繁，温度变化大，最高可达24℃，最低达0℃以下，民间有“春冷冻老牛”之说。此季节大风和雾日较多，常见偏北大风并伴随降雨，季均降雨量248.7毫米，占年降雨量的23.4%，平均降雨日33天，占全年雨日的28.1%。季均大风日3.3天，雾日8.3天。3、4、5月月均气温分别为8.3℃、14.3℃、19.7℃。

夏季　境地明显可分初夏梅雨期和盛夏高温期两个阶段。梅雨期前往往会出现初夏旱。期内降雨丰富，温度高、云量多、日照少、风力弱，时有暴雨。梅雨期除1958年为空梅外，年年皆有，然年际间出现早迟、时日长短悬殊不等，一般自6月18日至7月10日为梅雨期。出梅后进入盛夏阶段，平均气温27.6℃，其中有6.1天最高气温大于35℃，2005年达18天，1959年8月22日，境地极端高温达39.2℃，高温常与伏旱相伴。季均降雨量488.6毫米，占年雨量的46%，季均雨日35.4天，占年雨日的30.2%。夏季（6—8月）及秋初，暴雨、雷暴、冰雹、台风等灾害性天气频出。

秋季　地面和高空均受高压气流控制，天高云淡，秋高气爽，温度宜人。初秋偶遇“秋老虎”高温天气，但较短暂。1959—2006年季均雨量209.8毫米，占年雨量的19.8%，季均降水日数25.9天，占年雨日的22.1%。季均风速每秒2.7米，列四季中最小。11月深秋，是全年寒潮频率较多的月份，常伴随大风、急剧降温、雨雪和冰冻等突发性天气。同时，11 月份雾日亦多，平均 4.4 天，最多 11 天。

冬季 特点是冷而干，平均气温等于或小于 0℃，季均日数 49.3 天，强寒潮侵袭时气温达-10℃。1977 年 1 月 31 日，一场暴雪后气温达-11.8℃。一般是 1 月最冷，平均气温 2.1℃，最大积雪深度 27 厘米。季均降雨量 114.5 毫米，占年雨量的 10.8%，季均日数 23 天，占年雨日的 19.6%。冬季大气低层多辐射逆温，层结稳定，空气湍流减弱，悬浮微尘可吸入颗粒含量最多，系全年空气质量最差季节。

第二节 物 候

一、植物候

根据扬中所处气候区特点，该地区选择刺槐、楝树、紫荆、玉兰四种植物为植物候标志记载。其中刺槐芽膨大期为 3 月 21 日，芽开放期为 4 月 3 日；展叶始期为 4 月 8 日，盛期为 4 月 13 日；开花始期为 4 月 29 日，盛期为 5 月 2 日；果实成熟期为 7 月 31 日，叶变色始期为 10 月 2 日，全变色期 11 月 11 日；落叶始期为 10 月 12 日，末期为 11 月 26 日。楝树芽膨大期为 3 月 27 日，芽开放期为 4 月 11 日；展叶始期为 4 月 18 日，盛期为 5 月 13 日；果实成熟期为 10 月 25 日，叶变色始期为 10 月 24 日，全变色期 11 月 7 日；落叶始期为 10 月 20 日，终期为 11 月 15 日。紫荆芽膨大期为 3 月 1 日，芽开放期为 3 月 27 日；展叶期为 4 月 5 日，盛期为 4 月 11 日；开花始期为 4 月 3 日，盛期为 4 月 8 日（二次开花期为 10 月 25 日）；果实成熟期为 9 月 8 日，叶变色期为 10 月 9 日，全变色期 11 月 18 日；落叶始期为 10 月 18 日，末期为 11 月 30 日。玉兰芽膨大期为 1 月 24 日，芽开放期为 3 月 5 日；展叶始期为 3 月 29 日，盛期为 4 月 5 日；开花始期为 3 月 13 日，盛期为 3 月 16 日；果实成熟期为 8 月 30 日，叶变色始期为 9 月 24 日，全变色期 11 月 8 日；落叶始期为 10 月 2 日，末期为 11 月 23 日。

二、动物候

在众多动物中，选择青蛙、家燕、蚱蝉为动物候标志记载。其中青蛙始鸣最早为 3 月 18 日，最晚 4 月 4 日，历年平均为 3 月 24 日。终鸣最早 9 月 20 日，最晚 10 月 24 日，历年平均为 10 月 10 日。家燕始见最早 3 月 10 日，最晚 5 月 11 日，历年平均为 4 月 15 日。绝见最早 8 月 12 日，最晚 10 月 25 日，历年平均为 9 月 21 日。蚱蝉始鸣最早 5 月 25 日，最晚 7 月 8 日，历年平均 6 月 29 日。终鸣最早 8 月 9 日，最晚 10 月 14 日，历年平均 9 月 19 日。

三、初终霜、雪日

（一）霜

境地霜期较短，常年平均初霜日期 11 月 12 日，终霜日期 3 月 28 日，初终日数 130~150 日，最多有霜日 174 天（1991—1992 年），最少仅 102 天（2001—2002 年）。初霜日最早为 10 月 25 日（1992 年），终霜日最晚为 4 月 19 日（1991 年）。

（二）雪

境域常年平均初雪日期12月26日，最早11月17日（1976年），最迟为1月18日（1987年）。平均终雪日期3月4日，最早1月10日（1961年），最迟4月1日（1987年）。根据扬中气象站从1959年起有记录以来，最大积雪深度为27厘米（1984年1月19日）。

1986—2006年扬中霜、雪初始日及终止日情况表

表5-1

时间	霜				有霜天数	雪				有雪天数（天）
	当年初始日		翌年终止日			当年初始日		翌年终止日		
	月	日	月	日		月	日	月	日	
1986—1987	10	30	4	15	54	1	18	1	4	9
1987—1988	11	8	3	30	64	11	28	3	16	15
1988—1989	11	11	3	29	59	1	11	2	25	13
1989—1990	11	17	4	5	47	2	23	2	25	13
1990—1991	11	10	4	3	65	12	12	3	1	7
1991—1992	10	29	4	19	65	12	25	3	24	14
1992—1993	10	25	4	12	70	1	10	1	14	4
1993—1994	10	31	3	27	68	11	21	3	9	9
1994—1995	10	31	4	4	56	12	17	2	4	7
1995—1996	11	2	4	4	74	11	23	3	17	13
1996—1997	11	18	3	24	62	1	3	2	4	11
1997—1998	11	1	3	22	38	1	15	3	24	9
1998—1999	12	4	3	22	51	12	3	3	9	5
1999—2000	11	4	3	20	58	11	27	2	3	9
2000—2001	11	13	4	4	51	12	12	2	7	3
2001—2002	11	15	2	24	46	1	17	1	18	2
2002—2003	11	4	3	8	53	12	24	11	2	5
2003—2004	11	13	4	4	56	12	9	3	17	3
2004—2005	11	16	3	31	49	12	23	3	12	14
2005—2006	11	24	3	19	43	1	4	2	28	7

四、初冰、解冻

境域民谚云：“一九二九不出手，三九四九冰上走，五九和六九，河边插杨柳，七九河冻开，八九燕子来，九九加一九，耕牛遍地走。”据1959—2006年扬中相关气象资料和突发事件测算，境地立冬节气日一般在10月8日前后，初冰日最早为1972年的10月18日，解冻终日最晚为1998年的3月22日（是年3月19日、20日寒潮、暴雪）。

第三节 自然灾害

一、水灾

西来桥四面环江，建国前常发生水灾。据历史资料记载：清光绪三十二年（1906），因江堤溃决，西来桥全境被淹。民国10年（1921），农历七月大水，全境农田全部被淹，粮食绝收。民国20年（1931）农历七月大水，江水漫堤，境地农田全部被淹，稻子只收少量穗头。解放后西来桥亦遭3次水灾：1949年农历六月三十，全境倒掉13个圩；1954年，今新华、大兴、北胜、东进、南阳倒掉9个圩，损失较重；1961年农历六月十八，大兴同福圩被淹，农作物受损较大。

夏季暴雨集中，加之多雨年份常遇长江上中游洪水压境，高水位又受潮水顶托，即狂风、暴雨、高潮“三兄弟”一起来，遂成洪涝灾害。1955—2006年，境地遭受9次洪涝，即1955年夏、1963年5月、1964年4—5月、1972年6月、1974年7月、1975年8月、1991年汛期、1998年汛期、2003年汛期。西来桥镇政府历来重视水利建设，屡修、加固沿江大堤，不断增强抗灾能力，故1966—2006年的40年间水灾危害不大，都能安然度过。

1959—2006年西来桥镇（幸福公社）多雨、少雨年份表

表5-2 单位：毫米

多雨年份	雨　量	少雨年份	雨　量
1972	1596.7	1961	764.8
1975	1423.5	1968	771.5
1987	1383.8	1978	466.2
1991	1695.5	1994	691.3
2003	1374.8	1995	788.5

二、旱灾

西来桥自成洲至2006年，经历了6次大旱。清咸丰六年（1856），江滩低枯，加之久旱不雨，土地龟裂，田间大部分秧苗被晒枯。民国23年（1934）夏，天大旱，田埂青草尽枯，部分高圩水田改种黄豆。民国29年（1940）夏，大旱，缺水栽秧，地方断屠，群众祈神求雨，将“中天皇”偶像抬出游行，用枯死秧苗扎成龙灯到东街大庙广场和东江大堤上狂舞，以示求雨。建国后，出现三次大旱：1973年秋旱，10月13日至翌年1月13日，92天内仅下雨3.4毫米，其中11月9日至次年1月13日，连续66天无雨。1978年夏旱，6月30日—7月9日，并出现连续十天35℃以上高温，6—8月总雨量仅147.2毫米，只及往年同期的30.4%，部分田块水稻因高温造成翘穗，成熟期提前，粒重下降，产量低于往年。1979年秋旱，9月26日—11月15日，51天内仅下雨2.4毫米。时因政府开展了大规模的水利建设，增强抗灾能力，故危害不大。

三、风灾

1.龙卷风和雷雨大风

西来桥境地每到夏秋季节，时受龙卷风袭击。1964年4月17日下午，境地遭受8级大风的袭击，风向偏西，毁坏房屋多间。1968 年夏，东江边一带（今东来、双三、东进一线）遭龙卷风袭击，吹倒民房 10 余间，二人才能合抱的大树被刮断。1971 年 8 月 25 日傍晚，境地遭受 10 级大风侵袭，风向东、东南，毁屋 20 余间，吹断电线杆 30 多根，吹倒农户烟囱 9 个。1973 年 8 月 3 日傍晚，境地遭受 10 级大风和雷雨侵袭，风向南、西南，毁屋 4 间。

2.台风（热带风暴）

1959—2006 年，影响境地的台风年均 1.2 次，最多年为 6 次（1961 年），据扬中有气象记录的 48 年中，仅有 6 年（1964 年、1993 年、1999 年、2000 年、2002 年、2003 年）未受台风影响。侵袭境域的台风一般出现在 5 月中旬至 11 月上旬，7—9 月较为集中，占全年总数的 83%。据扬中气象观测站统计，台风中 5 次会有 1 次伴有暴雨和大暴雨。1955 年秋，稻子成熟之时，遭受 14 号台风袭击，田里掉的稻粒像秧田播种一样密。1961 年 26 号台风于 10 月 4–5 日影响境域，风力 10 级并伴有大暴雨，致 1000 余亩水稻倒伏、受涝。1977 年 8 号台风于 9 月 10—15 日侵袭境域，风力 10 级，伴有大暴雨，吹倒房屋 50 多间，倒折广播、电话、供电线杆 100 余根，水稻倒伏 1500 余亩。1997 年 8 月 19 日，境地遭受 8 号台风袭击，东江全线告急，南自团结河闸，北至东方红电站，堤顶被狂浪冲毁一半，出现往境内漫水险情。1987 年、1990 年、2001 年都有强台风侵袭境地，均遭受不同程度的损失。

四、冰雹

境地基本每年均降落冰雹，少数年份破坏性较大。如民国 24 年（1935）夏，今北胜、大兴等地遭受雹灾，致麦子颗粒无收。民国 25 年（1936）农历四月，今双三、东进等地遭受雹灾，长在田里的麦子被打得像石滚碾过一样。民国 34 年（1945），今南阳、南旺受雹灾较重，夏粮无收，树叶也全被打掉。1953 年 7 月 1 日，今川心港南一带遭受严重雹灾，夏粮无收，秧苗被毁，南阳村 14 组陈纪英因屋梁断折，被压死。1975 年 5 月 30 日，西来桥境地普遭雹灾，小麦损失 75%，秧苗损失 80%，屋瓦损失 60%，树叶基本被打光。

五、大雪

境地每年降雪天数较少，一般出现在 11 月至翌年 3 月，有时也会下大雪，形成雪灾。1954 年 12 月 31 日—1955 年 1 月 1 日出现大雪，积雪达 30~40 厘米，加之天气寒冷，积雪不融，道路封冻，交通中断，行路困难，全境草屋、猪舍被压倒多间，竹枝压断 20%。1984 年 1 月 17 日大雪，最大积雪深度达 27 厘米。因气温低，融雪慢，公路被积雪封锁，造成交通中断，汽车停开 2 天，压断电线杆数根，造成全境停电 2 天，压倒房屋数十间，10%的竹枝被压断。1998 年 3 月 14 日大雪，积雪压塌镇农贸市场之顶棚，轻伤 3 人。

六、雷击

雷击可造成设备、建筑物、树木等损毁，乃至人畜伤亡。1975 年 9 月，日新大队 13 队张某之妻在高田扒山芋时遭雷击身亡。1992 年 5 月，红星大队 4 队 67 岁的何氏妇女在港岸杉木树下躲雨时遭雷击身亡，距离不远处的一老头和一中年妇女同时被击昏倒地未死。在境域内被雷击劈断的树木、毁坏的房屋发生多起。

七、冻害

1976年12月26日，境地受寒潮侵袭，致气温降至-7.7℃，后北方冷空气不断南下，气温持续偏低达十三天之久。1977年1月1—5日，寒潮伴随暴雪，气温降至-10℃。同年3月2日的寒潮，境地24小时内降温幅度达19.8℃，创历史之最。1996年2月15日的寒潮至16—17日亦出现低温暴雪灾害。1998年3月19日的寒潮，24小时内降温幅度达18.5℃，使三麦心叶和油菜花蕾严重受冻，减产三成。

八、雾霾

西来桥镇孤悬江中，空气湿度较大、水汽凝结条件好、又不易被风吹走，成雾三要素齐全，易于成雾。境域秋冬雾多，春季次之，夏季最少。俗话说："春雾雨夏雾热，秋雾凉风冬雾雪。"浓雾或霾严重影响交通，乃致车毁、船沉、人亡。西来桥四面环江，1992年前是非船莫出，一遇雾日船舶停渡，凡有重病、急病、难产者无法过江求医，只得听天由命。1996年12月26日，境地受华中和西南大片雾区波及，出现持续五天浓雾天气，从翌日凌晨至下午1时，又自是日16时至28日凌晨仍是大雾笼罩，直至31日中午冷空气南下，雾方消散。大雾接连锁江五天，给境地造成的灾害性损失严重。

境地年均雾日34.3天，最多年达78天，其中10月和11月为最。江面雾以11月至翌年1月最多，7—9月最少，多在秋、冬季偏南风大于或等于每秒2米的风速下产生和维持。

第六章　镇村建设

西来桥集镇形成于清代中叶。初起在绝港东端之福兴洲 14 圩（今西来村 13 村民小组）南端，开店设铺，始有集市贸易。后因交通不便，移市于 14 圩北端川心港南岸处，店铺陆续北迁。清道光十七年（1837），港上架起一座木桥，沟通川心港南北岸。集镇东西畅通，南来北往，市场渐成规模。至咸丰十年（1860），建成四穿门“十”字街，形制初定。街道形成，青石铺面，路狭桥陡，对面门市房，高矮不等，鳞次栉比，错落有致。四街头各立高大穿门，朱红门柱，血青色大门，青砖黛瓦门楼，飞檐翘角。通江川心港穿过集镇，舟楫相往，码头停泊。岸边临水起屋，凸显古朴典雅明清风格。光绪二十二年（1896），集镇上的木桥改建成石桥，并立石刻志碑，以存史记，时人题名为“西来桥”，后亦引为镇名。

建国初期，集镇建设以维修为主。随着国民经济的恢复和发展，集镇市场贸易日趋繁荣。70 年代初起，先后拓展川心港北横向街道和重辟南街新街道。至 80 年代初，镇域经济发展步伐加快，集镇商贸市场迅猛膨胀，老集镇难以承受，又难以扩展，镇政府即重新规划实施新集镇建设。以一个中心、二条轴的布局结构，启开集镇全新建设，以造桥筑路为先导，继之高楼迭起。至 1986 年，新街建成使用，商店开张营业，市场贸易兴起。1996 年，镇政府制定镇村建设总体规划，体现农村现代化、集镇城市化、城乡一体化的标准。集镇占地面积扩展为 1.2 平方公里，主街道与区域主干道相继扩张，纵横交错，互相连通，路边栽树绿化，并全都安装了路灯。2000 年，创建成镇江市新型示范小城镇；2003 年，创建成镇江市卫生镇；2006 年，创建成江苏省卫生镇。

农村建设也发展迅速，村级公路作为市镇道路的辐射延伸，网线相连，不断拓展，截至 2006 年，硬质化路面、黑色路面占 88%。70 年代境内根据格田成方的标准，重新调整了水系，平废一些老河港，开挖一级河和二级河渠，圩内港河相通，沟渠相连，排灌通畅。80 年代中期，镇里建立了土地管理和镇村建设管理机构，此后居民建房均按规划点批建，保持横、竖自然埭居住传统特色。至 2006 年，农村建房基本楼房化，并有少量农宅为别墅型，镇村建设基本形成一体化。

第一节　管理机构

一、清代与民国时期机构

清光绪十一年（1885），依据各邑完纳芦课测算，武进县辖“福兴洲”，占地 70%；丹阳县辖“蒋家沙”，占地 20%；泰兴县辖“中心沙”，占地 7%；太平洲辖“大泡子”，占地 3%。武进辖地“福兴洲”隶属武进通江市，是年建制，设洲董 1 人，洲保 1 人，洲书 1 人。洲董主持调解民事纠纷；洲保主管地方治安；洲书执掌田赋，征收赋税。属丹阳、泰兴、扬中的部分，由于地盘不大，未划行政建制，托管于武进。

民国18年（1927），实行新的“县组织法”，武进县通江市撤销，西来桥属武进三区，名为“福星镇”，由镇长执掌镇务，通过乡、保、甲征收田赋，合数缴送所属县田局。

二、新中国成立后机构

1949年4月22日，西来桥（中心沙）解放，扬中县早武进县半日接管了西来桥，以西来桥为基础，合并移沙、开沙成立扬中县福星区，区设民政、公安、文教、财粮、生建助理，由财粮助理负责管理公产和公粮及农业税征收等工作。50年代初期，区成立土地改革委员会，负责全区土地改革和土地清丈工作，各小乡均建农会，负责各乡的土地清丈工作。1957年10月，全县撤区并乡，境域4个小乡（东进、南阳、西来、北胜）合并统称幸福乡，土地整籍由乡政府财会股（科）管理，开沙作为公滩划归兴隆供销社管理。1958年进入“大跃进”、人民公社化时期，“一平二调”风盛行，用地自由化现象严重，土地管理出现失控状态。60年代初，土地归乡政府直管，土地秩序得到整顿，追回大量被侵用的集体土地。1967年，实行军事管制，土地征（使）用、财务、公产等事宜由镇军事管制委员会管理。1968年3月，成立公社革命委员会，土地由革命委员会统一管理。1981年秋，为公社管理委员会统一管理。1983年7月，公社管委会改为乡人民政府，土地征用、使用由人民政府直管。

1985年12月，县成立了农村土地管理办公室，乡政府亦在1986年设立了土地管理所，由县土地办公室选聘1名专职土地管理员委派于镇土管所。1986年起，镇域土地征（使）用则由镇土管所立档管理，呈报审批，农户建房，亦由土管所按规定建筑面积批建，并派员到建房户放样动工。

1990年，镇建立了村镇建设管理所，为政府机构编制。管理所具体承办编制集镇规划和指导编制村庄规划工作，负责各自行政区域内的规划、设计、建筑施工、装饰装修、建筑构配件生产、市政公用事业、房地产开发等行业的市场，质量及其企业的资质检查，制止和纠正无证设计、无证施工，查处违章建筑和调解、仲裁村镇建设纠纷等事宜。

1999—2002年西来桥镇农村建房用地情况表

表6-1　　单位：户、亩

单位	1999年		2000年		2001年		2002年	
	户数	面积	户数	面积	户数	面积	户数	面积
双山村	11	2.2275	19	3.8475	2	0.405	2	0.405
东进村	3	0.6075	21	4.2525	7	1.4175	1	0.2025
东来桥村	10	2.025	11	2.2275	5	1.0125	5	1.0125
南职责村	10	2.025	20	4.05	11	2.2275	11	2.2275
新华村	6	1.215	16	3.24	4	0.81	4	0.81
南旺桥村	8	1.62	16	3.24	4	0.81	4	0.81

续表 6-1

单位	1999 年		2000 年		2001 年		2002 年	
	户数	面积	户数	面积	户数	面积	户数	面积
新华村	6	1.215	16	3.24	4	0.81	4	0.81
南旺桥村	8	1.62	16	3.24	4	0.81	4	0.81
西来村	15	3.0375	22	4.455	18	3.645	12	2.43
福星村	2	0.405	22	4.455				
大兴村	2	0.405	7	1.4175				
北胜村	17	3.4425	15	3.0375	12	2.13	9	1.8225
曙光村	4	0.81	4	0.81				

2003—2006 年西来桥镇农村建房用地情况表

表 6-2　　单位：户、亩

单位	2003 年		2004 年		2005 年		2006 年	
	户数	面积	户数	面积	户数	面积	户数	面积
东进村					5	1.0125		
西来村	5	1.0125			14	2.835	17	3.4425
北胜村	9	1.8225			11	2.2275	14	2.835
复兴村	2	0.405			11	2.2275	15	3.0375
东来村					13	2.6325	8	1.62
新程村					21	4.2525	16	3.24
三新村							7	1.4175
幸福社区							2	0.405

1999—2006 年西来桥镇征地安置情况表

表 6-3

年份	征地面积(亩)	安置人口(人)
1999	3.889	6
2000	28.241	40
2001	1.536	2
2002	46.593	67
2003	268.272	383
2004	213.360	305
2005	50.388	72
2006	460.815	658

1986—2006年西来桥镇土地管理所历任负责人名单一览表

表 6-4

姓　名	任职时间	备　注
钱恒富	1986 —1999.4	
陈　坚	1999.4—2005.6	
王　凯	2005.6—	

1990—2006年西来桥镇村镇建设管理所历任负责人名单一览表

表 6-5

姓　名	任职时间	备　注
周祥春	1990.7—1991.8	
严志生	1991.8—1993.6	
曹祝平	1993.9—1994.7	
张建荣	1994.7—1995.7	
陈为民	1995.7—1996.7	
王杰华	1996.7—2001.11	
曹德友	2001.11—	

第二节　集镇建设

一、集镇变迁

清代中叶，福兴洲14圩（今西来村13村民小组）南端，绝港东端周边开始形成集市，始有仁济堂药店、常家茶食店、杂货店、豆腐店、染坊等。后因绝港从西夹江到这里断流，交通不便，则改至14圩北段川心港中心地区重新开辟市场。

川心港穿过镇中，西起夹江，东连大江，港岸高而宽，水陆交通较方便。清道光十七年(1837)，港上架起一座木桥，沟通港南港北，更便利行人流通，致使市场形成和发展较快，原开在绝港的商店也相继北迁。至咸丰十年（1860），集镇以川心港上木桥为中心，街道形成“十”字形，建在川心港南，总长约250米，有主要店铺30多家，成为境域商业中心。以农历每旬二、五、八日为集期，集期增加苗猪、苗羊、竹枝等交易市场。

解放前后，集镇一直是全境域的政治中心，区、乡政府均设在桥北。

1970年起，着重发展川心港北的市场。供销社、邮电支局、粮管所、水利农机站、乡政府相继沿港建成。

80年代初，乡镇经济发展步伐加快，市场日趋繁荣，老集镇难以承受，又难以扩展。为适应形势，西来桥人民政府在老街东面重新规划实施启建新集镇。1986年新街建成开放始用，至2006年，新集镇现状为：东西长1200米，南北宽1000米，占地面积为1.2平方公里，成为全镇的政治、经济、文化教育中心。

二、集镇设施

1.街道

至清咸丰十年（1860），西来桥集镇以川心港上的木桥（西来桥前身）为中心，在桥南20米左右处形成“十”字街。港南分东、西、南街，北街由横跨港上的桥相连接，并向北延伸50米左右。街道统一为一丈宽（约3.3米），总长约250米，一式铺着青石路面，中间石块长且宽大，两边石块略小。

1975年，在川心港裁弯取直，拓宽加深时，集镇港段取出的土填平了南街东侧和东街南侧的小河，新开辟出一条南北向的街道，长100余米，宽10米，均为沙石路面。

1986年，新集镇建成，纵向主街道为幸福路（南北向），长750米，宽24米；横向街道（东西向）有：人民路，长1300米，宽18米；为民路，长620米，宽18米；另有港北路，长1200米，宽9米；港南路，长1200米，宽3.5米。

2.重点建筑

集镇形成时，街道两侧一般为檐高2米以上的青砖青瓦房。在“十”字街西、南两边，东街中段北侧，建有木质内架楼房（其中西边南侧孙家楼房保留至今）。四条街的进街头均立有高大的穿门，统一为红柱灰瓦门亭，青色对开大门，大门上方立有长方形门匾，黄底蓝字，写着各穿门的门名：东门谓之望江门，南门谓之朝阳门，西门谓之兰陵门，北门谓之太平门，字迹端正典雅，引人注目。四个穿门外都有延伸出去500米左右的住民埭，延伸到埭上的路与门内街道同宽，也一样铺着青石路面。

东街中段南侧，于1928年建成境域第一所公立学校（今原大会堂处），名为“武进县福兴洲公立初级小学”。

清道光十七年（1837），在镇中心的川心港上建造起一座木桥，连接北街。后因年久木质朽坏，行走不便，清光绪二十二年（1896），由地方绅士郭文彬、梅先春、朱铭珊发起，施明齐、莊铭玉、陆文龙等筹集经办，将木桥改建成石桥。石桥桥面由四块长8米、宽0.6米、厚0.3米的条形麻石铺就，两侧亦以一块长形麻石为护栏，南北两端均有斜坡，并各立两对威武石狮，桥总长16米，宽3米。据桥碑志记载，建桥总耗资壹仟贰佰叁拾壹元壹角叁分英洋。时人给该桥题名为西来桥，今镇名亦由此而来。

解放初期，由社会文化人发起筹资，将原建在东街中段南侧的“武进县福兴洲公立初级小学”校舍修缮改造为剧院，能容纳300多名观众。后在70年代初期，由乡政府出资，又将其扩大改造为简易人民大会堂，舞台亦扩大能演正规大戏，观众厅能容纳600多观众。

1970年后，川心港北辟出一条新街，先后建起供销社上下二层大楼、邮电局（支局）、粮管所、水利农机站、乡政府等。供销社大楼下层开设10个门市部，二楼为办公和职工宿舍用房。邮电支局按当时标准用房建造，式样美观，功能齐全。粮管所建起办公门市楼1幢，高大屯粮仓库2幢，水泥晒谷场面积近3亩。水利农机站办起了全境第一家电力粮食加工厂。乡政府建成方形四合院。

1986年，西来桥又在老集镇东100米处开辟新集镇。当年底，镇文化站5间上下二层大楼在幸福北路东侧中段首先落成。紧随着位于幸福北路西侧北段的供销社18间上下二层综合商场大楼、位于幸福北路东侧北段的商业公司7间上下三层综合商场亦相继建成。嗣后，工业公司7间上下三层综合办公楼及5间上下三层的税务大楼也相继在幸福北路东侧建成。

1992年，位于幸福北路东侧南端的西来桥卫生院整体建成；1993年，电力管理站大楼在幸福南路东侧北端落成；1995年，西来桥邮电综合大楼在幸福南路西侧北端建成使用；1997年，西来桥镇政府机关也迁至坐落在幸福南路东侧的新大楼中办公，西来桥派出所也在人民西路北侧建成并投入使用。随着1999年12月中国农业银行西来桥分理处新大楼在幸福北路西侧南端建成，幸福路（纵向）和为民路（横向）“十”字街亦形成。1999年，由镇政府筹资，在此建筑了一个直径为10米的圆形绿岛，其内种满花草，并矗立一尊象征西来桥奋进、腾飞的“江中明珠”钢质雕塑。

2000年9月1日，占地4125平方米，建筑面积2300平方米，总投资130多万元的镇中心幼儿园在人民东路南侧建成。2000年12月28日，在人民东路南侧东头与中心路交接处，新建镇自来水厂竣工交付。新水厂日供水量达5000吨（设计能力为10000吨），总投资480万元。2003年，在人民东路南侧中段（幼儿园和水厂之间），开工建造幸福花苑一期工程，2004年建成并投入使用，建筑总面积为13万平方米，共建五层安置楼33幢，安置拆迁户819户，2421人。1997年，西来桥地税所大楼在人民路南侧建成后，幸福南路亦迅速向南延伸。

西来桥学校坐落在为民路中段北侧。2006年9月，西来桥中心校和中学合并为“扬中市西来桥学校”，总校门朝南开，面临为民路东路。

西来桥集镇区域有三座桥连接川心港南北。新西来桥和中来桥能承载大型车辆过往，老西来桥改造为景观桥。1986年春，建新集镇时，镇政府投资20多万元，在幸福北路川心港上建造起一座新西来桥，桥体长28米，宽9.5米。此桥建在主街道幸福路的中轴线上，是集镇连接港南港北的主要通道。中来桥原名为中坝桥，集镇扩展中改建成为集镇东边中兴路跨港通道，2006年，随中兴路的扩展，中来桥亦随之改建，现桥长32米，宽12.8米，投入资金30余万元。集镇东移后，老西来桥成为通行附道，因原桥体窄，机动车辆不便行驶，2004年，由江苏省农村小型公益设施项目投资13.8万元，改建成现在的“景观桥”，新桥体呈拱形，汉白玉栏杆，桥体长28米，宽5.4米。

3、商贸集市

（1）商贸

清咸丰末年（1860），西来桥集镇已发展成为全境的商贸中心。当时集镇主要店铺近30家。有杂货店、粮行、药店、客栈、饭店、茶馆店、理发店、金银铜铁器店、烧饼店、铁匠店、肉店、鱼行、竹行、芽行（经营柴、草、菜、山芋等）、油坊、染坊、酱醋坊、糟坊、鸦片灯（供应鸦片烟、白面、海洛英）等。

日伪盘驻期间，市场萧条，有些商店无法维持，如公顺、万兴昶因被抢被绑而停业，有些商店虽然开门也气息奄奄。国民党统治期间（1943—1949年4月22日），关金券、金元券充斥市场，商界一片混乱。

新中国成立后，党和人民政府从“发展经济，保障供给”出发，严厉打击投机倒把，取缔牙行，保护正当的工商业，积极发展供销事业。1956年初，对私营工商业进行社会主义改造，组织以恒春号为主的公私合营商店，组织小商小贩成立合作商店，引导他们走上社会主义集体化道路。建立基层供销合作社，分门别类开设各个门市，集体商业步入有计划发展的轨道，至1992年，幸福商贸总公司职工人数有105人，商品销售额为690万元。2002年6月，幸福商贸总公司实行产权改制，所有商铺改为个体经营。至2006年，全镇商铺共有132家。

（2）集市

自清咸丰十年（1860），西来桥集镇即以农历每旬的二、五、八为集期。逢集时，邻近地区的商贩也都一齐赶来摆摊设点营业，境域农民亦肩挑手提，上市出售农副产品，日出为市，日中散集。上市农副产品有粮油、柴草、水果、蔬菜、鱼、肉、禽、蛋、豆制品等；手工业产品有小农具、家机布、竹器、柳器等。摊贩经营的有棉布、百货、地货、小吃等。集期日里，街上还增加苗猪、苗羊、竹枝交易市场。当地没有耕牛交易市场，欲参加牛市，则要赶到武进县的孟河、丹阳县的访仙等地。在集市贸易中，很多行业都有牙行代客买卖，向买卖方收取佣金，一般为5%~10%。

建国初期，通过组织物资交流，集市贸易日趋繁荣，西来桥仍按原规定集期逢集。1956年开放自由市场，集市贸易十分活跃。

1958年，集市被管死，贸易萧条。1960年11月，贯彻“治而不死”的原则，市场亦复苏繁荣。

“文化大革命”期间，农村“割资本主义尾巴”，集市贸易被取消，市场冷落，多年见不到豆腐担子、豆芽菜篮子上市。农民自制自售竹器亦被禁止，竹园也丈量入集体。有些商贩则转向隐蔽交易，黑市盛行。

中共十一届三中全会后，重新开放自由市场，允许长途贩运，不限经营方式，搞活了流通渠道，集市贸易蓬勃发展。1993年，西来桥政府在幸福南路西侧，专门划出3800平方米的场地，建起大型农贸市场，将沿街零设的小摊小贩全部集中到市场内，按行业分类分地区集中经营，共设210个固定摊位。

三、集镇管理

1.管理机构

解放前，集镇谋事都是由地方绅士名人聚之计议，街道环卫则由商铺牙行各扫“门前雪”。

新中国成立后，集镇建设发展由人民政府规划实施。集镇市场管理由工商行政部门负责。1958年，扬中县成立了市场管理委员会，1964年，各公社均成立了市场管理委员会。政府有领导分管，工商所分工到具体管理人员。以前，西来桥工商所分工管理市场的有1人，聘用专职管理人员4人，另用临时人员2~3人。

1990年10月，西来桥组建集镇管理所，为西来桥集镇管理的专门机构。集镇管理所受双重领导，市城管局为业务主管部门，镇政府为行政机制管理单位。至2006年，集镇管理所管理人员有4人（镇级定额干部），另有工商所在编的2名人员。清洁工6人，车辆管理人员3个，垃圾转运人员3个。

2.市场管理

1964年，公社成立市场管理委员会后，即明确2名挂属工商所的专职市场管理人员，后又聘用专管人员和临时人员。市场管理的工作重点根据不同的年代而确定。在打击投机贩卖物资的年代里，以抓管、教育投机商为重点。“文化大革命”期间，市场管理工作的重点则放在查处黑市交易上。市场放开后，市场管理工作中心则转向维持市场交易秩序上。

1994年，西来桥建成农贸市场后，集镇管理所工作则放在落实“菜篮子工程”，对农贸市场实行规范化、正常化管理。工作职责突出两大中心工作：一是市场秩序管理。市场内不得乱停自行车、电瓶车等车辆，保证各通道畅通。对农贸市场进出口严加管理，留出相应的消防安全通道，一旦遇到紧急情况，能迅速疏散人员，确保人员的安全撤离。摊主装运货物的车辆指定位置停放，对购物顾客的车辆指定位置且排放整齐，确保道路不堵塞。二是清除店外店、摊外摊，管理好流动摊点。

3.环卫管理

1990年，组建集镇管理所后，集镇环卫工作由管理所承担。随着小城镇建设的不断升级，集镇环卫任务越来越大。为适应新形势的发展需要，在镇政府的大力支持下，集镇环卫管理加大投入，实施设施配套。至2006年，集镇区域内置放垃圾桶、果壳箱107个，建垃圾房28处。集镇区域内3座公厕全部实施水冲式。建垃圾中转站1座，配置垃圾转运专用卡车1辆，租用运送垃圾中型拖拉机2辆。

集镇区域内街道、场所的清扫工作责任到人。集镇清扫地境有幸福路、人民路、为民路、港北路、港南路、育才路、园区大道、农贸市场。聘用专职清扫人员9人，负责集镇街道、农贸市场全天保洁清扫工作，对垃圾处理做到日产日清。

镇政府在创建镇江市新型示范小城镇、镇江市卫生镇、江苏省卫生镇过程中，还与集镇各机关团体、企事业单位、门市房及居民户签订卫生绿化责任区，明确责任人，并制定了管理目标及处罚细则，定期或不定期进行检查督促、评比整改。

第三节　农村建设

一、住宅

自清道光元年（1821），西来桥（中心沙）始可围圩时，大江南北邻近县的贫民便陆续到此围田垦殖。人们以耕作便利，就近圩岸河道而居，形成自然埭。随着繁衍生息，住房日益增多，圩埭不断扩展，横竖交错。贫困农户多为草屋，垡头或芦笆墙，竹椽上覆铺芦网，上盖稻、麦草，简或砖墙草顶，半楞摊瓦，基窄檐低，苟且栖身。清光绪至民国年间，一部分人家亦为砖木结构的平房，三开间，小瓦房顶，檐高2米左右，开间宽3.4~3.8米，进深5米左右。采用木质五柱桁架，空斗墙体、单壁隔墙。经济宽裕的农户，在正屋的一侧或两侧加厢房，大多用作灶间、磨坊。富裕人家则为7柱桁架，大门为四扇三开，内隔墙为木板，住宅格局形成四关厢院房。正屋一般为中堂宽，边房略窄，民间称“明堂、暗房、亮灶”。民间起房造屋俗重风水，都要请风水先生看地选向，多顺地势、埭势、圩势。此习俗在“文化大革命”期间曾一度被破除，仅有少数人家偷偷暗地操行。

新中国成立初期，农村住房只是一些农户除芦笆壁，改为土坯垡头墙，草屋面换新草等，没有多大变化。70年代起，农民翻建房屋户逐渐增多，普遍是七架梁，水泥桁条，杂木棍椽子，小瓦屋面（开始少数平瓦屋面），檐高3米左右。70年代末期，开始放开木材市场，农村拆旧建新的户数逐年递增。80 年代初，境内始有农户将平房改建楼房，住宅结构由原来的砖木结构发展为砖混结构，农宅布局多为正屋厢房 7 拐式，房屋明间普遍加宽至 4 米，进深 7~8 米为多，楼房以一层 4 米高，二层 3.6~3.8 米高为多。房屋基础多为钢骨混凝土。居室注重通风采光，窗户增多增大，房前屋后为挑台走廊。进入 90 年代，时兴套间蘑菇顶式楼房，外墙面讲究用洗花石或用贴面材料装饰。90 年代中后期开始出现别墅式住宅，并讲究室内装饰，建有漱洗设备日趋现代化的卫生间。至 2006 年底，全境已建楼房户达 6250 户，占全镇总户数的 95%。农宅造型、结构日趋新颖，越建越高档。

二、道路

西来桥镇四周受江阻隔，与外界无公路相通，境内道路也只有港岸、圩岸宽大一点，通向乡间圩埭的路多为溪径小道。20 世纪 70 年代中期，在调整境内水系时，新开挖的 7 条一级河，4 条二级渠两岸的道路直且宽，成为境内交通主干道。80 年代初，乡政府开始规划修筑境内公路，至 1983 年，修筑百胜村江堤至南旺桥的 4 米宽的砂石路面公路 6.2 公里。1984 年 10 月 1 日通车，由 1 辆汽车在境内来回行驶载客。1985 年 5 月 1 日，轮船港汽渡通航，汽车过汽渡直达三茅县城。嗣后境内公路又不断延伸扩展，至 1987 年，境内公路全长达 9.2 公里。同时另修筑 6 条土基大道，即川心港南、北两岸大道，直通两头江边，全长均为 3 公里；从东来桥起经过双三村至东进村的南江边大道，全长 4 公里；从新粮管所起经过新华村至南阳村大道，全长 4 公里；从西来桥北街至北胜村江边大道，全长 2 公里；从西来桥南街起经过南旺桥村至南江边大道，全长 4 公里。另外各自然埭上的路亦相应拓宽成机耕道，都能适应农机行驶。

进入 20 世纪 90 年代后，交通运输成为乡村企业发展必不可少的条件。原有主干大道、村道逐步拓宽改造成简易公路。1992 年 9 月 16 日，全镇人民自力更生在西南夹江上建造的幸福大桥胜利通车，结束了西来桥非船莫渡的历史，从而使西来桥与全国实地相连。1998 年，经上级批准的从幸福大桥至北江边的公路升级为省道 238，全程 2.4 公里，路宽 9 米，柏油路面。是年 9 月 2 日全面建成通车。此后，村级道路建设全面展开，质量不断提高。先是将原有大道整修拓宽铺成砂石路面，至 90 年代末，实现了村村通公路。2004 年，横跨北夹江上的扬中二桥建成通车，从幸福大桥至扬中二桥的公路延伸为省道 238 西来桥段，道路修筑为宽 12 米柏油路面的高质公路，全程 2.8 公里。穿通境域南北的市级公路庆丰线亦浇筑成 5~9 米宽的柏油路面。进入 2000 年后，西来桥镇把加快村级道路基础设施建设，作为推进农村基本现代化的基础工程来抓，至 2006 年底，全镇修筑的村级道路计 85 条，总长为 95.8 公里，其中水泥路总长为 66.04 公里，砂石路总长为 39.76 公里。

第七章　环境保护

西来桥镇是长江下游四面环水的一个小洲地。起初，滩面现水后，人们先在其上植芦、植柳固土；围圩定居后，人们在家前屋后栽树栽竹。经过一段时间后，境域堤外芦柳连成片，茂密昌盛；堤内绿树成荫，翠竹成林，河港交叉，清水映绿。至60年代末，自然环境基本良好，生态系统基本平衡。70年代起，由于农业上大量施用农药和化肥，加之乡村工业排污日多，环境污染渐趋严重。1979年9月《中华人民共和国环境保护法（试行)》公布后，政府重视环保工作。县成立环境保护机构，乡镇明确专职环保员，控制产生新的污染源，逐步治理老污染源，境域生态环境保护开始改善。

1980年，幸福乡环境保护工作由工业公司兼管，工业公司明确专职环境保护员。

2001年，西来桥镇政府设立环境保护办公室，由镇党委管工业的副书记分管，设一名科技环保助理员负责日常工作。

第一节　绿　化

西来桥镇陆地总面积为24150亩，森林面积为4334.8亩，全镇森林覆盖率为17.9%。

2006年西来桥镇森林覆盖率统计表

表7-1　　单位：亩

序号	单　位	土地面积	森林面积	覆盖率%
1	东来村	2995.5	698.2	23.3
2	三新村	4785.0	831.0	17.4
3	新程村	6310.5	1130.0	17.9
4	复兴村	3766.5	583.4	15.4
5	西来村	2422.5	400.5	16.5
6	北胜村	3225.0	451.2	14.0
7	幸福社区	645.0	240.5	37.2
	全　镇	24150.0	4334.8	17.9

全镇建成区道路10条，总长为8620米，绿化普及率达100%。

2006 年西来桥镇建成区主要道路绿化普及率统计表

表 7-2　　　　单位：米、株、平方米

道路名称	长度	宽度	总面积	行道路	绿化带长度	绿化普及率(%)
园区大道	1200	9	10800	600	2400	100
人民路	1300	18	23400	700	2600	100
为民路	620	18	11160	300	1830	100
幸福路	750	24	18000	240	1500	100
川心港南路	1200	3.5	4200	480	2400	100
川心港北路	1200	9	10800	650	2400	100
中心路	750	10	7500	120	750	100
南阳路	400	4	1600	150	600	100
省道 238	800	12	9600	260	1600	100
育才路	400	5	2000	160	800	100
合计	8620		99060	3660	16800	100

全镇建成区总人口 4936 人，公共绿地面积 69390 平方米，人均绿地面积 14.05 平方米。

2006 年西来桥镇建成区公共绿地面积统计表

表 7-3　　　　单位：平方米

名　称	地　址	绿地面积	备　注
幸福社区	社区广场	33000	
人民路绿化带	人民路	5200	
政府广场	幼儿园北侧	3500	
川心港南路	川心港南侧	8500	
川心港北路	川心港北侧	7200	
为民路绿化带	为民路	1240	
幸福路绿化带	幸福路	750	
育才路	政府东侧	10000	
合计		69390	

至 2006 年，西来桥镇江堤防护林计 1050 亩，四旁（庭院旁、河道旁、园地旁、路道旁）植树计 1208 亩，农田林网计 845 亩，竹园计 131.8 亩，道路绿化计 450 亩，果园计 532 亩，农田林网面积 8200 亩，农田林网化率 100%。

第二节 污染治理

在工业污染治理上，主要抓了工业“三废”的防治，包括新污染源的控制和老污染源的治理两个方面。1986 年至 2006 年，全镇工业新建、扩建、改造项目应实行防治污染设施的有 4 个。它们是：朝阳车业有限公司的磷化废水治理排放、北胜化工厂的废水排放和废气治理、荣昌化工有限公司的废气治理、海晟船用涂料有限公司的废气治理。

原来西来桥从事散户电镀业的有 24 家，废水污染严重。2003 年，由东进村村委会牵头，在北江边征地 100 余亩，将零散电镀从业户集中组建“胜利电镀城”，按环保标准集中处理电镀废水。

1997 年关闭了污染严重的扬子化工厂。

在农业污染治理上，主要抓好农用化肥的施用强度、禁用高毒农药、禁止秸秆焚烧等工作。全镇总耕地面积 8920 亩，化肥纯用量定位在 162.93 吨，农用化肥施用强度为 274.2 公斤/公顷。

全镇农作物面积 8200 亩，秸秆产生量为 8107.7 吨，综合利用量 7902.33 吨，农作物秸秆综合利用率 96.36%。

2006 年西来桥镇农田化肥施用强度情况表

表 7-4

序号	单　位	耕地面积(亩)	化肥纯用量(吨)	折亩施纯量(公斤/亩)	农用化肥施用(吨)
1	东来村	1072	19.67	18.35	275.25
2	三新村	1981	36.45	18.40	276
3	新程村	2341	42.68	18.23	273.45
4	复兴村	1219	22.13	18.16	272.4
5	西来村	890	16.10	18.10	271.5
6	北胜村	1007	18.45	18.32	274.8
7	幸福社区	410	7.45	18.40	276
	全　镇	8920	162.93	18.26	1869.4

2006 年西来桥镇农作物秸秆综合利用率统计表

表 7-5

单位	农作物面积（亩）	秸秆产生量（吨）	用于返田（吨）	用于燃料（吨）	用于其他（吨）	利用率（%）
东来村	1070	1069.5	374.20	641.70	16.04	96.49
三新村	1930	1928.3	675.50	1176.20	23.14	97.22
新程村	1970	1969.0	689.40	1181.40	25.59	96.31
复兴村	1100	1009.5	385.00	659.70	8.75	95.81
西来村	730	732.4	270.98	424.79	8.05	96.09
北胜村	990	989.5	336.43	593.70	12.86	95.30
幸福社区	410	409.5	155.72	237.68	5.50	97.34
全 镇	8200	8107.7	2887.23	4915.17	99.93	96.36

注：“用于其他”指用于加工草绳、培育食用菌等

农作物种植上被禁用的剧毒农药有甲铵磷（50%）、乐果（40%）、呋喃丹、1065、六六六等。

在生活污染治理上，主要是对生活垃圾的治理，集镇街道上设立固定垃圾箱，在农贸市场和环集镇主要道路旁设立垃圾房，由城管所负责，每天有专人清理所有垃圾箱和垃圾房。2006 年镇政府投资 30 多万元在园区大道西岔路口建造了垃圾中转站，还购买了垃圾专运车一辆，每天向镇域外垃圾场运送 20 吨左右的垃圾。

第三节　生态村与绿色家园创建

至 2006 年年底，西来桥镇所辖村均为省绿化达标村，复兴村被评为江苏省绿化示范村，幸福社区被评为扬中市“十佳绿色社区”，西来桥学校被评为省绿色学校。2005 年，江馨怡度假村被评定为国家 AA 级绿色旅游景区。自 2005 起，全镇广泛开展绿色家庭创建活动，镇、村分别进行定标准评定。由镇政府上报名单参加扬中市百家绿色庭院评选中，西来桥镇有 8 户获得“最佳绿色庭院”荣誉称号。

经 济 编

编　目

综　述

中华人民共和国成立前，西来桥域内素以农业生产为主，自然经济占主导地位，粮食平均亩产130~200公斤。全镇没有工厂企业，个体手工业者较多，如木匠、瓦匠、铁匠、篾匠、裁缝、织布匠等。1949年前，全镇有小型手工业作坊12个，私营商业60多户，并以小商贩居多。芦、柳、竹时称“三宝”，以竹器编织较多，产品亦以日常生活用品为主。牧业、渔业多为农户经营，数量不多，产量不高。西来桥诸沙洲四面环江，交通闭塞落后，运输全靠木船水运。地方经济以农业为主，财政收入靠田赋和各种附加税收。

中华人民共和国成立后，人民政府贯彻“发展经济、保障供给”的方针，领导和组织人民群众迅速发展经济。

1949—1957年，是三年恢复和第一个五年计划时期。1951年完成土地改革，消灭封建经济制度；1956年完成农业合作化，进行手工业和私营工商业的社会主义改造，基本实现生产资料公有制和按劳分配的社会主义分配原则，解放生产力，生产发展，经济逐步繁荣。

1958—1962年，第二个五年计划时期，成立幸福人民公社。实行政社合一，生产统一指挥，经济统一核算，农民吃食堂。在“大跃进”影响下，盲目追求“一大二公”，违背了经济发展规律，粮食产量连年下降。1962年，经过调整，生产得到发展，粮食产量逐步提升。

1966—1975年，是第三个五年计划至第四个五年计划时期，正值“文化大革命”，各业生产遭受干扰和破坏，商品供求矛盾突出，经济发展受挫。1978年12月，中共十一届三中全会后，实行改革、开放、搞活的政策。1982年，全镇推行农村家庭联产承包责任制，又一次解放了农村生产力，农民一面务农，一面进入乡镇企业务工或从事其他产业，集体经济得到壮大巩固。农业机械化、电气化水平进一步提高。对耕作制度进行改革，实行科学种田，确保农作物高产丰收。1986年全镇三麦亩产达330.5公斤，1998年水稻亩产629公斤。

西来桥镇的工业起步于1954年。首先成立铁木竹生产组（只有7人），1955年扩建为幸福铁木竹生产合作社，1958年更名为幸福农具厂。1957年组建幸福幛绒厂。1962—1985年间，公社和新民、新华、胜利、日新、合兴、新升、光明等大队相继兴办砂轮厂、柳器厂、鞭炮厂、眼镜厂、五金厂、毛纺厂等一批企业。一段时期，鞭炮、眼镜成为西来桥的特色产品，为发展镇村经济做出了贡献。由于鞭炮生产中发生过几起安全事故，1995年按照扬中市统一要求，关停全镇鞭炮厂及生产作坊。眼镜生产企业因市场销售等诸多原因，于1995年前陆续停产。

随着改革开放的深入，产品新陈代谢，全镇工业呈现快速发展的势头，个体工业大量涌现，1985年有镇村企业31家，个体小工业企业82家，完成产值3553.46万元，实现利润310.23万元，上缴税费115.22万元。1997年全镇企业进行产权制度改革，工业生产得到新的发展，各项经济指标逐年递增，2006年，全镇完成工业产值6.16亿元，销售收入4.74亿元，实现利税3110万元。

林、牧、副、渔等诸业生产，除“三年自然灾害”时期遭受过影响外，其余年份均稳步发展。2006 年，全镇共有林地 2600 余亩，树木 31.6 万株；生猪饲养量 6200 多头，山羊 2000 余只，家禽 14 万多羽；内河养鱼面积 1020 亩。

西来桥地区的商业发展也较迅速，1949 年 8 月兴办扬中县第一个股份制商业合作社。1956 年完成对私营工商业的社会主义改造。先后成立幸福供销合作社和西来商业公司，担负全镇的商品经营及部分农副产品收购任务。1979 年实行经济体制改革后，允许私人经商，商业店铺增多，商品丰富，市场繁荣。1985 年全镇社会消费品零售总额 500 多万元。2006 年全镇有商铺 200 多家，社会消费品零售总额 4776.15 万元。

交通、邮电事业也相应发展。西来桥镇的交通发展可简单概括为：渡口—码头—桥—路。渡口分设在镇域四面的江边港口。清嘉庆年间（1796—1820），岛内就设有惜字洲、南旺港、五圩沟、三岔港等渡口。码头出现标志着西来桥水陆交通和商品经济发展进入一个新的阶段，最早的客货码头有南旺港码头、惜字洲和三岔港码头，物埠码头有西来桥街水码头。因镇域四面环江，昔日的运输全靠船运，船运事业从清末开始至中华人民共和国成立后，船舶全为木船，数量也较多，此后逐渐减少。20 世纪 60 年代，又现船运高峰，木船改为机动船，且数量和吨位增加。1984 年，镇内修筑北胜至南旺桥的砂石公路，全长 5.2 公里，并于当年 10 月 1 日通车运行。1985 年，轮船港—北胜的汽渡开通，公路与县城连通，客货运输进一步发展。1992 年西来桥镇自筹资金 200 余万元，建成幸福大桥，连通了武进、常州和苏南及沪浙地区，结束了西来桥孤岛的历史，使经济发展步入了快车道。2004 年扬中长江二桥竣工通车，西来桥交通运输更为发达，客货运输车辆逐年增多，至 2006 年底，有各种运输车辆 264 辆。公路运输取代了水上运输。

邮电事业兴办于新中国成立后，20 世纪 50 年代初成立邮政代办所。1958 年铺设过江电缆，有了手摇电话机，同时开办了电话、电报业务，成立西来桥邮电支局。90 年代电信更为发达，有了移动电话和网络服务。1997 年在全市较早地实现了电话镇。

改革、开放、搞活的政策促进了经济发展，推动了社会主义现代化建设。西来桥镇的经济发展出现繁荣兴旺的新气象，2006 年全镇地区生产总值达 3.01 亿元。

第一章　农　业

西来桥镇农业以生产粮食为主。境内气候适宜，水源充足，对农业生产及种植有着优越条件。沿江地带耕地系漏沙土，保水保肥力较差，粮食产量偏低，中心地带耕地较为肥沃，水系配套较好，粮食产量较高。

自清道光元年（1821）起，中心沙（今西来桥镇，以下同）围圩种植，至新中国成立前，由于封建土地所有制的长期束缚，农业发展缓慢。农业生产方式落后，作物品种单一，耕地易涝易旱，粮食亩产常年在100~200公斤。

新中国成立后，人民政府迅即组织恢复发展生产。1951年通过土地改革，消灭封建剥削土地制度；1956年实现农业合作化，完成对农业的社会主义改造，变土地私有为农民集体所有，解放农业生产力。并不断增加农业投资，兴修水利，大搞农田基本建设，改善生产条件，推广优良品种和先进生产技术；农业机械化、电气化、水利化、化学化水平不断提高，粮食产量出现新的突破。

1959—1961年，遭受自然灾害，粮食严重歉收，农民口粮难以维持生计。1962年后，粮食生产又逐年上升。

中共十一届三中全会后，农村实行经济体制改革。1982年，全公社推行农村家庭联产承包责任制，农业生产发展迅速，粮食产量出现连年高产稳产。1987年全镇粮食总产990.95万公斤，比承包责任制前的1980年增产26.9%。1998年，水稻产量创历史新高，全镇10778亩水稻，平均亩产629公斤。2006年，全镇共有耕地14883.9亩，人口17298人，人均耕地0.68亩。

图1-1 丰产方田

农业经济体制改革后，农村富余劳动力转向工、商、运输、服务等行业，各类专业户、经济联合体大批涌现，西来桥镇的农业正逐步向专业化、现代化转变。

第一节　农业经济体制变革

一、土地私有制

新中国成立前，中心沙的土地有一半为地主富农占有，贫农、雇农占有土地很少，甚至身无立锥之地。多数贫苦农民靠租种耕地、做长工或短工（又叫忙工）维持生活。佃种租田的形式主要有两种：（1）佃种分收——佃农不交押金，所收粮食与田主五五分成或四六分成（主四佃六或主六佃四）；（2）押金租种——佃农交押金（抵押金额或租粮由双方约定），田主按夏秋两熟收取约定的租粮，如果粮食不足，则将押金抵算，田主还可执田另租。土地为私人所有，可以自由买卖，土地买卖有呆契、活契两种，呆契价高，活契价低。

在封建土地私有制下，域内相当多的贫苦农民，终年过着极端困苦的生活。据不完全统计，域内有354户靠讨饭为生，弃儿卖女364人，打短工、做长工的有1264人。

二、土地改革

1950年6月，中央人民政府颁布《中华人民共和国土地改革法》，明令实行土地改革。根据扬中县土地改革委员会的部署，福星区（今西来桥镇）人民政府成立乡农会组织，实行减租减息，开展反霸斗争，进行地籍登记，归户造册。人民政府对各阶层土地占有情况进行清查，组织农民学习有关划分阶级成分的文件精神，分清“敌我友”的界限，严格执行“依靠贫农、雇农，团结中农、中立富农，打击地主，有步骤、有分别地消灭封建剥削制度”的方针。政府以多种形式广泛宣传土地改革的目的意义，发动和组织农民向地主开展面对面的说理斗争，控诉和清算地主阶级残酷剥削农民的罪行，没收、征收地主的土地、财产，将其分配给农民。是年，全区共评出地主66户，没收和征收土地1650亩，房屋346间，农具783件，耕畜28头，整个运动历时4个月。1951年春，集中销毁没收和征收土地的各种契约，并由人民政府颁发“土地证”，农村中彻底消灭了封建土地制度，无地少地的贫苦农民分得了土地。农民从政治上、经济上真正得到了翻身解放。广大农民生产积极性空前高涨，粮食产量显著提高。

1952年北胜乡安平村土改前后各阶层占有土地情况表

表1-1

	户数（户）	人口（人）	土改前			土改后		
			占有土地（亩）	占总面积（%）	人均占有（亩/人）	占有土地（亩）	占总面积（%）	人均占有（亩/人）
地主	13	46	408	38.1	8.8	51	4.7	1.1
半地主	4	16	86	8.0	5.4	16	1.5	1.1
富农	1	10	37	3.5	3.7	37	3.5	3.7
工商业小土地出租	6	21	86	8.0	4.1	86	8.1	4.1
中贫	53	155	294	27.4	1.9	294	27.4	1.9
贫农	83	288	160	14.9	0.5	577	53.8	2.0
雇农	2	5	1	0.1	0.1	11	1.0	2.0

解放初期福星区土地情况表

表 1-2 单位：亩

乡别	村别（圩）	耕地面积	其中		芦滩	柳滩	乡别	村别（圩）	耕地面积	其中		芦滩	柳滩
			水田	高埂田						水田	高埂田		
东进	八匡	785.37	737.51	47.86			西来	小圩	722.28	590.99	131.29		
	西山	710.83	649.72	61.11				一四	316.80	289.80	27.00		
	盘头	574.34	500.06	74.28				义度	664.82	586.99	77.83		8.4
	武进	662.39	584.99	77.40	16.90			合兴	368.5	297.40	71.10		32.8
	东来	645.65	567.32	78.33	12.35			东星	443.72	421.19	22.53		
	东山	742.86	585.61	157.25				西来	523.93	315.13	208.00		
南阳	小桥	577.72	552.20	25.52				中坝	601.42	580.68	20.74		
	荷叶	502.85	476.36	26.49			北胜	安平	958.84	864.19	94.65		
	南星	370.80	350.97	19.83				东新	950.13	867.44	82.69		
	贫农	570.78	536.76	34.02				大新	939.89	752.05	187.84		
	滨江	578.66	529.41	49.25				三星	487.03	403.67	83.36	573.28	
	三阳	780.05	731.03	49.02				长春	606.84	523.86	82.98	28.00	54.0
	母子	881.59	797.05	84.54				芦沙	624.96	583.93	41.03		
	新乐	476.33	460.45	15.88									
	小星	473.94	417.55	56.39									
	永兴	470.35	417.96	52.39									

三、农业合作化

土地改革完成后，农民劳动积极性普遍高涨，渴望粮食丰收，改善生活。但以私有制为基础的小农经济生产规模小，不少农户因劳动力和资金不足，无力抵御自然灾害，农村开始出现贫富两极分化现象，少许贫苦农民无力维持生产，不得已出卖土地。当时区内卖田的已达几十户。人民政府为了防止两极分化，号召农民组织起来，走互助合作的道路，在农村开展互助合作运动。

1.互助组。1952 年秋，西来乡小圩村共产党员何尔扬组织农民办起全区第一个互助组。在其带动下，各乡、村普遍组织农民成立互助组，掀起互助合作运动的高潮。互助组的形式有常年的、季节性的、临时的三种。至 1954 年，全区共有常年互助组 306 个，参加农户 3356 户，12900 人，16200 亩土地。剩下的少数农户参加季节性互助组。

2.合作社。1953 年秋，小圩村互助组第一个带头转办初级农业合作社。初级社实行土地入股，统一经营，按土地、劳力比例分红，大型生产资料如耕牛、水车等，或入股分红，或作价入社转为投资付息。社员可拥有部分生产资料，如小型农具等。1954 年春，常年互助组全面转升为初级农业合作社，开始时共组成初级社 121 个，后经调整合并成 32 个。

1955 年，贯彻中共中央《关于整顿和巩固农业生产合作社的通知》精神，除继续巩固、发展互助组、初级社外，将有条件的初级社逐步转为高级农业生产合作社。高级社实行：土地归集体所有，取消土地报酬，收益按劳分配；生产资料折价入社，归集体公有；生产作业分组，实行包工、包本、包产、超产奖励的“三包一奖”制。1956 年春，新升初级社第一个转为高级社。是年 7 月，全区初级社全部转并为高级农业生产合作社（即新升、双三、胜利、新民、合兴、新华、日新、福星、曙光、光明、红星、双益 12 个）。入社农户 3224 户，成立 167 个生产组，全区实现了农业合作化，完成了对农业的社会主义改造。土地由农户私有转变为农民集体所有。土地集体所有，改变了生产关系和分配制度，克服了土地私有和统一经营的矛盾，促进了农业生产的发展，粮食大幅增产，平均亩产增收 300 公斤以上。

四、人民公社

1958 年 8 月，贯彻执行《中共中央关于在农村建立人民公社问题的决议》，经扬中县委部署把高级农业合作社合并，建立政社合一的人民公社。10 月，取消幸福乡建制，成立幸福人民公社。人民公社建立初期，农村普遍办食堂，“吃饭不要钱”，搞一平二调，无偿征用；同时开展大跃进运动，刮“浮夸风”，虚报产量、虚报成绩，严重损害农民利益，挫伤农民的生产积极性。1959—1961 年，又发生自然灾害，粮食减产，口粮紧缺。1962 年贯彻《农村人民公社工作条例（草案）》，实行队为基础，三级所有。停办农村公共食堂，纠正“五风”，调动农民的生产积极性，粮食产量逐年上升。1978 年，全公社粮食总产达 947.22 万公斤，是 1956 年的二倍。

五、家庭联产承包责任制

1982 年，农村经济体制改革，以户为单位实行农村家庭联产承包责任制。土地集体所有制不变，土地经营自主。“交了国家的，留了集体的，剩下都是自己的”，农民生产积极性高涨，农业生产发展迅速，粮食产量持续稳定增长。1984 年水稻单产超 500 公斤，1987 年全镇粮食总产达 9909 吨，比 1980 年增产 26.9%。1998 年，水稻产量创历史最高水平，全镇 10778 亩水稻，平均亩产 629 公斤。

同时，农村富余劳动力向其他行业转移，涌现出一批专业户、重点户，农、林、牧、副、渔业兴旺，镇、村及私营企业蓬勃发展。

第二节　耕作制度

一、传统耕作制度

20 世纪 60 年代前，西来桥地区农田耕作一直为麦、稻两熟制，夏熟以种三麦为主，秧田种秧草、蚕豆，元麦田夹种秧草（用作稻田肥料）；秋熟水田种植水稻，旱田种大豆、棉花或其他作物。

二、耕作制度改革

中华人民共和国成立以后，西来桥域内耕作制度演变可分为以下阶段：

1.早麦、中籼稻两熟制阶段（1949—1956年）。基本上延续传统耕作制度，夏熟主要是元麦、秧草混种，小麦种植较少；秋熟为早籼稻、中籼稻，产量较低。

2.早麦、中籼、中粳稻并存的两熟制阶段（1956—1963年）。1956年更换水稻品种，推广中粳稻。1963年试种农垦58号，中、晚粳稻种植面积逐步大于中籼稻。

3.晚麦、晚粳两熟制阶段（20世纪60年代中后期）。1964年普遍种植农垦58号粳稻，扩大小麦种植面积，改传统的元麦、绿肥混种为绿肥单种。

4.双、三熟制阶段（20世纪70年代）。双、三熟制的形式主要有：小麦—中粳稻（两熟制）、绿肥—稻—稻；油菜—稻—稻；麦—稻—稻（三熟制）。

1965年试种双季稻，产量出现过高产。70年代推行以双季稻为主的三熟制。由于人力负担过重，肥力不足，产量出现徘徊，70年代后期，三熟制面积逐年减少。

5.稻、麦两熟制（80年代初）。20世纪70年代末，双季稻种植面积减少，扩大杂交中稻和中粳、早熟晚粳等种植面积。实行农村家庭联产承包责任制后，全镇耕作制度全部恢复稻、麦两熟制。夏熟以小麦为主，逐步淘汰元麦。秋熟普遍为粳稻。实行两熟制后，农村劳动力得到解放，推动第二产业、第三产业发展。

第三节　作物栽培

中华人民共和国成立前，作物栽培方法落后。中华人民共和国成立后，提倡科学种田，精耕细作，栽培方法和栽培技术不断改进，栽培时间也根据作物品种和季节特点作合理安排。

一、水稻

1。水稻育秧。传统方法为秧田水育。三熟制时期，育秧技术多样化，早稻有场地旱育、尼龙薄膜育秧、通气式水育秧及抽行留寄、条寄、棵寄等方法。1993年推广水稻抛秧栽培，采取塑盘育秧。育秧过程中不断改进方法，主要有以下步骤。

种子处理：传统人工选种用清水、盐水、泥水淘或浸，后改为药剂处理，浸种催芽，然后播种。秧田每亩用种量一般为早稻80~100公斤，单季中、晚稻40~50公斤，杂交稻9~10公斤，粳稻45~60公斤。

精做秧田：传统做法粗放，秧田仅为翻土、斩碎、上水、平田做面子，然后撒种，田块不论大小均为一块，用脚踩出排（灌）水沟。20世纪50年代推广“合式秧田”，开沟分垅以利除草施肥。60年代中期推广通气式秧田，以落谷培育壮秧。90年代增施营养土，采用泥浆塌谷，确保出芽率。

科学管理：传统方法为长期保持水层，适当追肥除草。后改为立苗前晴天满沟水，阴雨天放干水，三叶期后不脱水，施肥撒药上满水。一叶一心施“断奶肥”，三叶期施“接力肥”，移栽前施“出嫁肥”。并定期进行病虫防治。

秧田基肥用秧草或其他绿肥，用脚踩入泥土中（叫踩秧草）自然沤制；也有用猪、羊灰及化肥的。追肥一般多用人粪（叫漉小秧）或化肥。

2.水稻种植。水稻种植有两种方法，一是育秧移栽，二是直播。秧苗移栽的方法主要是人工栽插，1980—1982 年，北胜、福星等大队先后购置插秧机，全公社有十七八台，因机插秧质量缺陷，未能推广应用。90 年代推广抛秧。21 世纪试行直播。直播又分旱直播和水直播两种。20 世纪 50 年代及以前，水稻栽插密度不高，每亩秧苗仅 1.5 万穴左右，株行距 6×6（单位：寸，以下同）或 5×6，最稀的是“横 7 竖 8”。50 年代末探索合理密植，单季粳稻一般栽插株行距为 4×4 或 3×6，每亩栽达 3~3.5 万穴秧苗。推广纵向拉绳栽秧，一绳一行，每行宽 1 米，栽 6 株，小株密植。双季稻栽插株行距为 2.3×5，每亩栽足 5 万穴，25 万基本苗，晚茬推广寄秧或秧田抽行留苗，70 年代，还搞过横向拉绳定点插秧。杂交稻的株行距为 4×8 或 5×7，每亩栽 1.8~2 万穴。90 年代以后粳稻面积不断扩大，株行距 5×6、4×7，每亩栽足 2~2.3 万穴，8~10 万基本苗。1993 年推广水稻抛秧，1996 年全镇的水稻抛秧面积 6000 多亩，2000 年达全镇水稻面积的 80%。2001 年，南旺村试行水直播，面积 100 余亩。2006 年引进水稻旱直播方法。这种方法既简单方便，又省工节本，很快在全镇推广。农民彻底告别脸朝黄土背朝天的人工插秧方式。

3.水肥管理。水稻田传统方式为自流灌溉，田内长期积水，不开沟不搁田，认为有水才能长稻。1956 年，学习陈永康的种稻经验，适时搁田（排干积水）。1964 年继续改进，提倡浅水栽秧，深水活棵，薄水分蘖，适时烤田，浅水勤灌，有水孕穗，干干湿湿长籽粒。70 年代提倡稻田挖沟，有利于水浆管理和抗倒防病。随着抛秧稻、旱播稻的出现，水管要求更为严格。施肥技术和肥料品种都在不断变化，做到根据不同品种和生长特点，因种施肥，做到五个结合：有机肥与化肥相结合，迟效肥与速效肥相结合，氮、磷、钾三要素肥相结合，土壤根施与叶面喷施相结合，深施与面施相结合。实行农村家庭联产承包责任制后，提倡秸秆还田，推广应用生物有机肥，以提高土壤的有机质含量。水稻除草有耘耥除草、人工拔草、化学除草等方法，在秧苗移栽后 20 天左右进行耥耙耘稻，一耥一耘，促进水稻早发分蘖，抑制杂草生长。在水稻生长成熟过程中，还需人工拔草数次。1982 年以后，除草采用化学除草和人工拔草相结合的方法，并逐步过渡到以化学除草为主。

二、三麦

元麦的传统耕作方法是与秧草混种。水稻收割后，田内划墒削缕，浇泥浆（将麦种、秧草籽按比例拌和在河泥浆中），多采用横塿浇法，每亩用元麦种 4~5 公斤、秧草籽 5 公斤左右。在冬前、开春还要中耕 2~3 次。小麦田做 4~5 尺宽的“包心垅”，人工翻耙，粗耕粗种，一般采用散种法，产量较低。

1965 年，元麦与秧草分种，小麦以做垅散播为主。70 年代初，改为阔垅深沟。垅宽 1 丈左右，排水沟深 1~1.5 尺，人工翻田，全层碎土，分层施肥，变粗耕粗种为精耕细种。70 年代中期后，翻田、碎土、条播、盖籽、压麦等均有机械操作，减轻劳动强度，确保秋播时间和质量。80 年代中期改深翻碎土为灭茬免耕机条播、免耕机散播两种方式，1984 年推广，1992 年覆盖全镇。1997 年推广全免耕，试行稻田套种麦，解决“时间差”。1999 年全镇推广。

为防止三麦水涝渍害，对麦田的排水沟系作了很大的调整。20 世纪 50 年代，三麦沟系以中耕捞墒为主，不开沟。60 年代，麦田开明沟，深 5~6 寸，同时在秧田与麦田、元麦田与小麦田的交界处加开隔水沟，降低地下水。后来逐年加深田内沟，沟深 1.2~1.5 尺，横头沟深 1.8~2 尺。

1974 年改明沟为暗沟，上层挖 7~8 寸深（宽 8~9 寸），下层深 1~1.2 尺（宽不超过 3 寸）。每块田 2~3 条，做到两头出水，三沟配套，条条通沟，沟沟通河，在解决麦田渍害的同时扩大种植面积，提高三麦产量。

三、油菜、大豆

20 世纪 70 年代，域内开始种植油菜。大田里种植极少，多数种植在自留地、小秧田、十边地和小挂脚田。栽培方法有育苗移栽和散种直播两种。

大豆在西来桥成洲后就有种植。域内高田及旱地近半数种植大豆，近千亩左右。大豆有早、晚两种，早豆品种为六月白，4 月中旬播种，7 月中旬收获，种植较少。晚豆在 6 月初播种，10 月份收获，主要品种有七月白、八月白、大青豆、丝瓜香等。栽种方法多为打塘穴播，穴深不超过 1.5 寸，株、行距 7~9 寸。每穴播种 3~5 粒。也有少数辟垈条播和散种的。大豆种植一般不施肥，后改施基肥，中耕除草两三次。21 世纪初，也采用药剂除草。

四、棉花

西来桥域内农民种植棉花多为家庭纺纱织布之用。一般利用高田旱地种植，数量不大。因品种低劣，栽培技术落后，产量很低，亩产皮棉 10~20 公斤。70 年代基本不种。1981 年引种“徐棉 142”和“泗阳 835”良种，推广营养钵育苗技术，按照高产规范栽培，元麦茬在 5 月上旬、小麦茬在 6 月上旬移栽，每亩栽 3000~3500 株。施肥重施花铃肥，立秋前施盖顶肥。注重管理，适时整枝、中耕除草、培土、排水防渍、防病治虫等。1982 年，全镇有 64 个生产队种植棉花，共计 1064 亩，亩产达 60~80 公斤。实行农村家庭联产承包责任制后，1984 年缩减到 200 亩，1985 年停止种植。

五、红薯（俗称山芋、番芋）

红薯在北胜村沙泥圩早有种植，20 世纪 60 年代普及全域，多在高田岸地和港堤内外栽种。藤叶喂猪，薯块食用。一般在三麦和油菜收获后栽插。栽培工序为：翻地、碎土、施基肥、做高垅、插苗、浇水活棵、追肥、剪藤或翻藤。山芋产量高，营养价值也高，栽种农户较多。

第四节　良种推广

品种是增产的内在因素，是促进粮食产量提高的首要环节。

一、水稻

20 世纪 50 年代及以前，种植的品种是土刚稻、洋籼稻，亩产 200 公斤左右。50 年代末至 60 年代初，改种芒刚麦细球之类的粳稻。1962 年引进“农垦 58 号”水稻良种，1964 年普遍种植，产量较高，米质也好，亩产在 500 公斤以上。1966 年后，耕作三熟制，双季稻品种逐年增多，前茬品种先后有：二九南 1、2、8 号，矮脚南特号，矮南早 1、39 号，不脱龙、二九青、圭陆矮、二幅早、青小金；再后是庆连 16、原丰早、竹子睛 26、竹连矮、丰早 30、广陆矮 4 号。后茬品种有：世培 43、沪选 19、东方红、农垦 57、小红糯、复虹糯 6 号、宇红 3 号、双丰 4 号；再后是武农早、葛粳 2 号、现粳 34、花寒早、桂花糯、桂糯 55。单季常规稻在农垦 58 号久种退化淘汰后，改为苏粳 1 号、宇红 3 号、矮落、武糯等品种。1977 年栽种杂交稻，品种先是南优 2 号、3 号，泗优 3 号，后改种籼优 3 号、籼优 63。1983 年和 1984 年，域内杂交稻以籼优 3 号当家。1985 年后，又以籼优 63 为主。常规稻引进盐粳 2 号、盐 20–1 等粳稻新品种，后又相继引进双城糯、紫金糯、香粳、香籼等品种。1994 年停止种植杂交稻，全面推广常规中粳稻武育 3 号为当家品种，辅以 8~92、武育粳 2 号、糯 8203（江洲糯）等。1996 年后，中粳改晚粳。2001 年，大面积推广种植早熟晚粳武运粳 7 号、9~92，与中粳稻相比，既高产又抗倒，亩产增加 50~60 公斤。2002 年和 2003 年，引进推广米质较优的武香粳 14 和食味俱佳的广陵香粳。2004—2006 年，大面积推广种植优质、高产、稳产的水稻新品种武粳 15。

二、三麦

20 世纪 50 年代及其以前，元麦品种多为三月黄、四月黄。60 年代改种立夏黄、扬中红、757、矮秆齐等。70 年代以后过渡到立新 1 号、2 号，海麦 1 号，后来一直以立新 1 号为主品种，因其成熟早，亩产多在 300 公斤以上。1986 年引进太兴 1 号元麦种。域内大麦种植较少，一般品种有：六棱头、二枝大麦、703、矮早三等。50 年代前后的小麦品种都是以本小麦为主，60 年代的品种有大黑芒、吉利、阿夫、万年 2 号、西农、山农 205 等，产量在 200 公斤左右。70 年代改种扬麦 1 号、武农 1 号。1978 年引进高产品种群众 42，亩产达到 400 公斤。1981 年因群众 42 品种退化，逐步改种宁麦 3 号、宁麦 5 号、扬麦 4 号等，辅有 7349、7630、宁麦 5 号、扬麦 4 号等，80 年代至 90 年代初，大面积推广扬麦 5 号。1994 年引进扬麦 158，成为 90 年代中后期小麦当家品种，同时还种有宁麦 8 号、苏麦 6 号等。1998—2003 年，小麦主要品种为扬麦 158、宁麦 8 号、9356、扬辐麦 2 号。2004—2006 年，小麦主要品种为扬辐麦 2 号、扬麦 11 号、扬麦 13 号。

三、油菜

20 世纪 60 年代末开始种油菜。初种时产量不高，品种为胜利油菜、沪油 23、年农 1 号。70 年代引进淮油 6 号。80 年代引进宁油 7 号，种植面积逐年增多。农村家庭联产承包责任制推广后，种植面积逐年减少，1985 年全镇仅种 31.63 亩，1986 年停种。1998 年农业结构调整，恢复油菜种植，品种以油研 7 号、油研 8 号、秦油 2 号为主。2006 年全面推广应用油研 8 号、秦油 7 号和镇油 2 号等双低（低芥酸、低硫）优质高产油菜品种。

1964—2006年西来桥镇（幸福公社）三麦、油菜良种推广情况表

表1-3

品名	品种	种性	引进年份	推广年份	当家时间	单产水平(公斤/亩)	淘汰年份	备注
扬中红	元麦	半冬	1964	1965	1965—1967	200左右	1968	
立夏黄	元麦	半冬	1965	1966	1966—1969	200左右	1970	
757	元麦	半冬	1969	1970	1970—1975	200左右	1976	
立新一号	元麦	半冬	1974	1975	1975	300~350	1976	
立新二号	元麦	半冬	1975	1976	1976—1978	300~350	1979	搭配种植
海麦一号	元麦	弱春	1978	1979	1979—1981	275~325	1981	搭配种植
吉利	小麦	春性	1962	1963	1963—1965	150~200	1966	
阿夫	小麦	春性	1962	1963	1963—1965	150~200	1966	
万年	小麦	春性	1964	1965	1965—1968	150~200	1969	
西农	小麦	春性	1965	1965	1965—1968	150~200	1969	
扬麦一号	小麦	春性	1969	1970	1970—1977	200~250	1978	种植时间较长
武麦一号	小麦	春性	1969	1970	1970—1977	200~250	1978	种植时间较长
群众42	小麦	春性	1977	1978	1978—1981	300~400	1982	
宁麦3号(701)	小麦	半冬	1979	1980	1980—1982	300~400	1982	搭配种植
宁麦5号(7208)	小麦	春性	1980	1981	1983—1985	250~350	1987	搭配种植
扬麦4号(91083)	小麦	春性	1982	1983	1983—1986	250~350	1988	搭配种植
扬麦5号	大麦	春性	1986	1987	1988—1995	300~350	1998	
扬麦158	小麦	春性	1993	1995	1996—2000	300~350	2004	
宁麦8号	小麦	春性	1998	1999	1999—2003	300~350	2004	
扬辐麦2号	小麦	春性	1998	1999	1999—2003	300~400		种植时间较长
扬麦11号	小麦	春性	2003	2004	2004—2006	300~400		
扬麦13号	小麦	春性	2003	2004	2004—2006	300~400		
淮油6号	油菜	春性	1979	1980	1980—1981	130~180		
宁油7号	油菜	春性	1981	1982	1982—1985	150~200		
油研7号	油菜	春性	1999	1992		180~200		
油研8号	油菜	春性	2000	2000		180~200		
秦油7号	油菜	春性	2005	2006	2006—	200~250		

1967—2006 年西来桥镇(幸福公社)水稻良种推广情况表

表 1-4

品种	品名	种性	引进年份	推广年份	当家时间	单产水平(公斤/亩)	淘汰年份	备注
早稻	二九青	早熟	1967	1968	1968—1981	330~380	1982	
早稻	广四	晚熟	1972	1973	1973—1979	350~400	1980	
中籼	南优二、三	晚熟	1976	1977	1977—1980	500~550	1980	
中籼	汕优 3 号		1978	1979	1979—1983	500~600	1983	
中籼	汕优 63		1981	1982	1982	500~630	1983	
中籼	BD910		1982	1983	1983—1984	500~630	1984	搭配种植
单晚	农垦 58	晚粳	1962	1963	1963—1966	450~550	1967	
单晚	矮乐	晚粳	1966	1967	1967—1969	450~500	1969	
单晚	扬粳 1 号	中粳	1971	1972	1972—1975	450~500	1976	
单晚	青林 9 号	中粳	1971	1972	1972—1975	450~500	1976	
单晚	盐粳 2 号	中粳	1983	1984	1984	475~550		
单晚	盐粳 20-1	中粳	1983	1984	1984	550~550	1976	
后茬稻	武农早	早熟晚粳	1971	1972	1972—1978	300~350	1979	
后茬稻	葛后 2 号	早熟晚粳	1977	1978	1978—1980	350~380	1981	
后茬稻	花寒早	早熟晚粳	1979	1980	1980—1982	330~380	1982	
后茬稻	布粳 34							
中籼	南优三号		1977	1978	1979—1983	550~600	1984	
中籼	汕优三号		1981	1983	1984	550~600	1985	
中籼	汕优 63		1984	1986	1988—1991	550~600	1996	
单晚	盐粳二号	早熟晚粳	1984	1985		450~550	1989	
单晚	武育粳 3 号 8169-22	早熟晚粳	1988	1990	1993—1996	500~550	1998	
单糯	紫金糯	中糯	1982	1984	1985	450~500	1986	
单糯	糯8203	中糯	1987	1988	1989	450~500	1996	
单糯	9106	中熟四糯	1994	1995		450~500		
单晚	9325	早熟晚粳	1996	1997		550~600		
单晚	9-92	早熟晚粳	1994	1994	1995—1997	550~600	1999	
单晚	武润粳 7 号 9522	早熟晚粳	1998	1998	1999—2001	600	2002	
单晚	9520	早熟晚粳	1999	1999		550		
单晚	9915	早熟晚粳	2000	2000		550~600		
单晚	武得粳 14	早熟晚粳	2002	2002	2002—2003	550~600		
单晚	广陵香粳	早熟晚粳	2002	2002	2002—2003	550~600		
单晚	武粳 15	早熟晚粳	2004	2004	2004—2006	550~600		

第五节 粮食作物产量

解放前，西来桥地区粮食产量很低。三麦以元麦为主，亩产40~50公斤，小麦亩产60~80公斤。水稻亩产120~200公斤，遇到水涝灾害产量更低。

解放后，由于生产关系和耕作制度的变革，大搞水利建设和农田基本建设，逐步采用现代科学技术和农业机械化，大力推广优良品种，粮食产量持续上升。1956年实现农业合作化后，全乡粮食总产达4736.10吨。1978年，全公社粮食总产达9479.65吨，是1956年的近2倍。实行家庭联产承包责任制后，粮食产量又有提增，小麦亩产超过300公斤，水稻亩产在500公斤以上。1987年全镇稻麦总产达9565.86吨，比承包前的1980年增产23%。1998年水稻产量创历史最高水平，全镇10778亩水稻，平均亩产629公斤，总产达6779.36吨。2006年全镇8725.8亩水稻，总产4537.40吨，亩产520公斤。

1965—2006年西来桥镇(幸福公社)粮食产量情况表

表1-5

年份	水稻			小麦		
	面积(亩)	总产(吨)	单产(公斤/亩)	面积(亩)	总产(吨)	单产(公斤/亩)
1965	12346.8	4420.15	358.0	10249.2	1301.65	127.0
1966	12264.4	5463.80	445.5	7755.7	1198.25	154.5
1967	12198.9	4257.40	349.0	9741.1	1578.05	162.0
1968	12226.9	4163.25	340.5	9871.4	1535.00	155.5
1969	12226.9	4163.25	340.5	10244.5	1392.25	136.0
1970	12300.3	3880.75	315.5	9659.0	1448.85	150.0
1971	12087.0	4593.10	380.0	9155.0	1737.46	189.5
1972		4422.50			1336.05	
1973	12073.0	5075.15	420.4	8598.3	1383.48	150.5
1974	12003.7	5797.00	399.6	8419.3	2231.10	265.0
1975	12062.6	4686.55	388.5	8490.1	1706.50	201.0
1976	11703.4	5774.40	493.4	7610.7	1925.50	253.0
1977	11585.3	5262.75	454.3	7425.0	965.25	130.0
1978	12133.3	6788.60	559.5	7559.1	2691.05	356.0
1979	12815.1	6291.55	532.5	7690.2	3068.40	399.0
1980	12762.2	4629.65	362.8	7546.0	3150.12	371.0
1981	16063.8	5053.31	314.6	7736.7	2386.27	308.5
1982	13221.0	4661.95	352.6	8615.3	2810.99	326.5

续表 1–5

年份	水稻			小麦		
	面积(亩)	总产(吨)	单产(公斤/亩)	面积(亩)	总产(吨)	单产(公斤/亩)
1983	12481.6	5716.55	458.0	9850.3	2467.30	251.5
1984	12354.4	6788.75	549.5	10838.0	3311.00	305.5
1985	12751.2	6872.90	539.0	10991.7	2780.90	253.0
1986	11667.4	6440.40	552.0	10972.7	3626.48	330.5
1987	11403.0	6602.34	579.0	10955.7	2963.52	270.5
1988	11376.0	6745.97	593.0	9963.2	3636.55	365.0
1989	11580.0	6780.00	585.5	9946.0	2695.37	271.0
1990	12029.0	5942.40	494.0	10481.5	3113.00	297.0
1991	11709.0	5942.78	536.4	10463.0	2276.75	217.6
1992	11084.0	5907.77	533.0	10356.0	3210.36	310.0
1993	11011.2	5912.99	537.0	10284.0	2930.94	285.0
1994	11240.0	6182.00	550.0	9231.0	2886.64	312.7
1995	11317.0	6473.22	572.0	9779.0	3168.39	324.0
1996	11142.0	6473.50	581.0	10119.4	3390.00	335.0
1997	10918.0	6060.00	555.0	10024.0	3238.80	323.0
1998	10778.0	6779.36	629.0	9857.0	1832.41	186.0
1999	10636.0	5805.00	546.0	9947.0	3281.90	330.0
2000	10372.0	5331.30	514.0	9685.0	2991.40	308.0
2001	9842.0	5636.00	573.0	8804.1	2494.00	283.0
2002	9964.9	5888.17	591.0	8577.0	2377.00	277.0
2003	8277.8	4272.62	516.0	8750.5	1905.00	217.0
2004	8425.2	4721.00	560.0	7423.0	2292.40	308.0
2005	8438.6	4860.66	576.0	7478.6	2591.30	347.0
2006	8725.8	4537.40	520.0	7813.5	2960.60	378.0

第六节 农作物植保

解放前，农民缺乏科学知识，对病虫危害农作物既无所知，也无农药和药械，只能听天由命，有的甚至相信迷信，求神拜佛。解放后，党和政府成立植保组织，贯彻“预防为主，综合防治”的植保方针，对农民宣传科学知识，推广农业科学技术，大搞研究试验，采取生物防治、人工防治、药剂防治三结合的方法，有效地防治农作物的病虫草害。

一、病虫害及防治

稻麦病虫害的发生与耕作制度、作物布局、品种更换和生长季节的变化有关，并有一定的规律。

1.水稻病虫害防治。20世纪60年代前，水稻主要品种是籼稻，主要虫害是三化螟，造成枯心苗、白穗；其次是稻叶蝉、稻灰飞虱、稻苞虫等。防治方法是采用拾稻根、点锈蛾灯、人工捉卵块等，同时也进行药剂防治。60年代中期后，大面积种植粳稻、双季稻、杂交稻，这一时期水稻的虫害主要有：稻蓟马、大螟、二化螟、三化螟、纵卷叶虫、稻飞虱等。防治方法：稻蓟马每亩用甲胺磷50~75克兑水喷雾；大螟每亩用甲胺磷100~150克加水泼浇或兑水喷粗雾；二化螟及三化螟、纵卷叶虫每亩用200~250杀虫双加水泼浇；稻飞虱用高效低毒的农药兑水泼浇或喷粗雾。80年代初，采取打总体战防治虫害，即从7月下旬至8月下旬采用综合防治，一药多用，连续治虫数次，这样既省工又省本，并能有效地控制病虫害发生。90年代，逐步减少使用高危毒农药（如乐果、甲胺磷等），推广应用高效低毒复配剂农药，如病虫净、杀噻井、虱纹清、螟纹灵等。

20世纪70年代，水稻病害主要有纹枯病、白叶枯病，还有胡麻斑病、稻瘟病、稻曲病、条纹叶枯病、千尖线虫病等。防治方法是：纹枯病每亩用5万单位的井岗霉素150~250克加水泼浇或喷粗雾。白叶枯病每亩用敌枯双50克加水喷细雾。稻瘟病和胡麻斑病每亩用稻瘟净100~150克加水喷细雾。条纹叶枯病为病毒传染，直到80年代后期尚无有效农药防治，只能采取在秧田里防治2~3次灰飞虱的方法，控制该病在大田里发生。90年代后，水稻出现生理病害，为恶苗病，只有通过种子处理，用药剂浸种防治。水稻实施旱直播，错开一些病毒的发生季节(如条纹叶枯病)，减少病害。

2.三麦病虫害防治。三麦虫害主要有粘虫、麦蚜虫两种。防治方法：粘虫每亩用2.5%的敌百虫粉2~2.5公斤拌干细土到傍晚有露水时撒药防治。20世纪70年代，还在麦田里插草把，放糖醋钵的人工方法进行诱杀。80年代中期每亩用80%的敌敌畏乳油150~200克加湿润细土拌匀后于晴天中午撒于田间薰蒸，效果较好。麦蚜虫每亩用乐果乳剂100克兑水喷细雾。

三麦病害主要是赤霉病、白粉病，90年代后出现小麦纹枯病。防治方法有：赤霉病每亩用多菌灵防霉宝（2000年后用百病清）200~250克兑水在扬花初期和盛期分别进行喷治。白粉病用20%的粉锈宁水剂25克兑水，在发病时防治。纹枯病每亩用5万单位井岗霉素200~300克兑水喷粗雾，在三麦拔节初连治2~3次。

3.油菜病虫害防治。油菜病害有：菌核病、白锈病、霜霉病等。防治方法：20世纪80年代前后，每亩用多菌灵 200~250 克，在初花期和盛花期防治。90 年代后用百病清 1 包加水在初、盛花期各治一次。虫害主要有蚜虫，在苗期和结角后用药剂防治。

二、田间杂草防治

田间杂草防治的传统方法主要是：麦田薅草，稻田拔草，都是用人工方法处置。20 世纪 70 年代开始使用药剂除草。

水稻主要杂草有稗草、牛毛草、三蔺关、鸭舌头等。秧田防治每亩用除草迷 400~500 克拌细土在落谷秧板结面后撒药，也可兑水喷细雾，治药 3 天内须保持秧板湿润，但不得积水。80 年代末，水稻大田除草用苄黄隆、新得力、丁苄合剂、抛秧净等稻田除草剂。实施旱直播后，在种子落谷后和三叶一心期各喷除草剂一次，效果甚佳。90 年代后，秧田除草用秧田净、秧田清、秧草一次净等新除草剂。

三麦的主要杂草有看麦娘、猪殃殃、大巢茱、凡缕等。治看麦娘的方法是每亩用绿麦隆 500 克，兑水在三麦播种后趁泥土潮湿时喷细雾，或二叶一心时喷药。猪殃殃、大巢茱、凡缕用二钾四六 200~250 克兑水，3 月中旬温度在 10℃以上的晴天进行喷药。80 年代后推广绿黄隆、骠绿合剂、麦草一次净、麦无草等，在麦苗三叶期内喷雾，对防治麦田单叶、双叶杂草效果显著。

第七节　肥　料

肥料分为有机肥料和无机肥料，又称自然肥料和化学肥料。20 世纪 50 年代及以前，种田用有机质肥料（自然肥料）。50 年代末开始使用化肥。此后化肥品种和使用数量逐步增多，由单一的氮肥发展到磷肥、钾肥和复合肥，且进一步发展到微量元素肥料。50 年代至 70 年代，有机肥、无机肥并用，以有机肥为主。80 年代后化肥用量越用越大，实行家庭联产承包责任制后，有机肥使用量进一步减少，大部分农田以化肥当家。

图 1–2 罱河泥(摄于 50 年代)

一、有机肥料（自然肥料）

传统的有机肥料有泥杂肥、家积肥、绿肥、饼肥。

1.泥杂肥。堆肥、草塘泥、河泥等。主要用作基肥。1958 年搞过熏土、千脚土、土化肥、刮冻土等充当肥料。

2.家积肥。猪窠灰（后为猪淌粪）、羊窠灰、人粪、禽畜粪等，既可用作基肥，也可用作追肥。养猪羊积肥历来是西来桥农民的传统习惯。90 年代后，养猪养羊农户逐年减少，导致家积肥数量减少。

3.绿肥。20 世纪 50 年代及以前，西来桥地区的绿肥主要是秧草，用作秧田和稻田的基肥。60 年代初期推广种植红花草。秧草、红花草还可食用或作饲料。1965 年引进“三水一萍”（即水葫芦、水浮莲、水花生)，用于沤制草塘泥，绿萍用于稻田“倒萍”，直接拌在泥土里作水稻基肥。70年代一度引进苕子、田菁，用其蔓、叶沤制草塘泥。1971—1973年是放养“三水一萍”的高峰期，后因越冬保种困难等原因，1975年以后不再放养利用。

4.饼肥。豆饼、菜籽饼和棉籽饼等。饼肥肥效长，可以作基肥，也可作水稻早期追肥。20世纪60年代后期至80年代初，有高田旱地的村组都种黄豆和油菜，用黄豆和油菜籽换饼垩田。实行家庭联产承包责任制后，猪、羊饲养户相对减少，部分农户肥源不足，增施饼肥的面积越来越大。

二、无机肥料（化学肥料）

化肥从20世纪50年代末开始用于稻麦作物，到60年代大面积施用。推行种植双、三熟制后，氮素化肥开始用作基肥，对碳酸氢铵采取穴施、球施、底施、根外追施等技术，施用量越来越大。氮素化肥有碳酸氢铵、硫酸铵、硫酸氢铵、氯化铵、硝酸铵、尿素、氨水、石灰氮等。磷素化肥有过磷酸钙、钙镁磷肥等。这些可用作稻麦田基肥。过磷酸钙可用于叶面喷施，钙镁磷肥用于三麦、绿肥拌种。另外还有氯化钾、硫酸钾、磷酸二氢钾等钾肥，均可作稻麦基肥，磷酸二氢钾用于叶面喷施。80年代后出现复合肥、微量元素肥和生物有机肥等化学肥料。2006年，各种农用化肥的施用量计有426.59吨，已成为农田的主要肥料。

第八节　农业科技

一、农业科技组织

1966年成立幸福公社农业技术推广站，只有1名农业技术员；1983年增至7人。公社农技站成立后，各大队、生产队都配有农技员，建立三级农科网。全公社有11名大队农技员，176名生产队农技员。1982年，实行家庭联产承包责任制后，全公社有36人担任村级联队农技员。1986年后，实行一村一人。农业技术推广站也于1983年改制为农业服务公司，2001年更名为农业服务中心。

1975年10月，全公社11个大队相继建立大队农科队。农科队在搞高产样板田、种子田、杂交稻制种和指导生产队作物栽培、病虫害防治方面起着带头和示范作用。农科队的土地由各生产队抽凑，大多是边远田块。人员从各队选抽，不足资金由所在大队补足。1984年，各村农科队解散。

二、农业技术推广

在农业技术推广方面，公社农技站主要工作是做好稻麦、油菜等作物优良品种的引进更换，对百亩丰产方活动进行布局和指导。对种子处理、作物栽培、植物保护、病虫害防治等工作做出统一安排，统一进行。特别是在育秧、栽插、抛秧、水管、施肥、防病治虫等重要环节，对大队（村）、生产队（组）农技员进行技术指导和培训。按时做好农药配置和供应发放工作，村村做到农技员送药上门服务，给农户讲解防治病虫害的药剂调配方法，以及使用时的注意事项。

有的农技员还应农户要求，到地头田块帮助查虫查病，一有发现，及时扑治。平时运用黑板报、广播讲座和印发资料把农业生产技术、作物优良品种介绍、防病治虫的时间及方法传送到每家每户。

改革开放后，西来桥镇在农业生产中取得的荣誉有：

1987 年，获江苏省“丰收杯”高产竞赛吨粮方项目第三名。

1989 年，获江苏省“丰收杯”杂交稻百亩丰产方项目三等奖。

在市级农业竞赛活动中，也多次获奖。

1966—2006 年西来桥镇（幸福公社）农业服务中心及负责人更迭情况表

表 1–6

机构名称	负责人姓名	任职年份	备　注
农业技术推广站	朱凤鸣	1966—1978	
农业技术推广站	施国圣	1979—1982	
农业服务公司	蒋模华	1982—1983	
农业服务公司	高晓明	1983—1986	与农业技术推广站同设
农业服务公司	黄贤龙	1987—1994	与农业技术推广站同设
农业服务公司	王杰华	1994—1996	与农业技术推广站同设
农业服务公司	吴金贵	1996—2001	与农业技术推广站同设
农业服务中心	吴金贵	2001—2006	与农业技术推广站同设

第二章　多种经营

解放前，中心沙（今西来桥镇）域内农户普遍养殖禽、畜、蚕、鱼，部分农户进行竹器、芦苇、蒲草编织，均为分户经营。

解放后，养殖和编织成为西来桥域内的多种经营项目。1957 年新兴柳器编织，产品远销欧美国际市场。20 世纪 70 年代为鼎盛时期，全乡产值近百万元。中共十一届三中全会后，发展多种经营越来越受到各级领导和群众的重视，出现许多经营专业户、养殖专业户和编织专业户，成为全镇提高农村经济发展的重要支柱。

1971—2006 年西来桥镇(幸福公社)多种经营收入情况表

表 2-1

年份	副业收入（万元）	占农副业总收入（%）	年份	副业收入（万元）	占农副业总收入（%）
1971	93.33	39.4	1989	672.09	40.2
1972	94.50	—	1990	712.25	43.6
1973	95.80	36.2	1991	918.32	44.6
1974	110.27	41.0	1992	1192.15	45.2
1975	117.89	45.6	1993	1430.31	47.5
1976	143.92	46.9	1994	1801.92	49.9
1977	171.43	57.0	1995	2120.86	51.2
1978	153.51	43.0	1996	2543.72	54.3
1979	131.54	27.4	1997	2960.61	56.6
1980	155.07	33.9	1998	3580.53	60.9
1981	132.28	31.2	1999	3898.96	63.4
1982	161.03	33.2	2000	4011.16	67.5
1983	180.02	35.3	2001	2175.00	49.7
1984	182.31	32.6	2002	2485.00	52.8
1985	213.21	36.1	2003	3061.48	59.7
1986	298.72	35.7	2004	1691.00	42.0
1987	362.05	39.6	2005	2480.48	50.0
1988	498.11	42.1	2006	1689.00	37.0

第一节 养殖业

一、养猪

至20世纪50年代，西来桥域内绝大部分农户都有养猪的传统，主要目的为积肥垩田。农村有句顺口溜：“养猪不赚钱，回头望望田。”猪品种为土种黑毛猪，生长缓慢，每年只能出栏两圈，出栏猪一般重50多公斤。1958年人民公社化后，不但私人饲养，还发展集体养猪。公社、大队都办有养猪场，有些生产队还有饲养组，全公社集体养猪685头。1962年为农户划分猪饲料地，社员养猪积极性提高，当年全公社饲养量达4825头。1975年，生猪圈存量7583头。农村实行家庭联产承包责任制后，个体经济发展迅猛，全镇农户的养猪圈存量稳定在六七千头。1996年，东来村18组村民谢纪章办起全镇第一家个体养猪场，引进二元杂交母猪，实行自繁自养，常年圈存300头，年上市肉猪800多头。后又引进三元杂交母猪，品种更加优良，具有生长快、体重大、抗病强等特点。1998年，新华村5组村民王纪龙办起全镇最大规模养猪场，有猪舍2500平方米，养良种母猪80头，配种公猪2头，基本做到仔猪自繁自养，常年圈存量达800头，出栏肉猪2500头，取得良好的经济效益。在他的带动下，先后有10多户村民成为养猪专业户，规模逐年扩大，每户养母猪10多头，肉猪圈存量常年在150~200头之间，该组成为全镇的养猪专业组，年圈存量近2000头，年出栏肉猪4500头之多。2004年6月，王纪龙的儿子王发军从江苏农林学院畜牧系毕业后，毅然放弃去上海等大城市发展的机会，回乡帮助父母及其乡亲发展养猪事业。他把所学的书本知识和实践结合，引进生猪新品种、新技术，并为其他养殖户提供防病防疫知识和信息，代购、代配饲料，进行养猪技术指导和服务。2006年，由王纪龙和王发军牵头，成立养猪专业合作社。是年，西来桥镇养猪专业户有30多户，生猪圈存量3800头，出栏6200多头。

二、养鱼

西来桥域内农户有养鱼的传统，房前屋后河塘都养鱼。一般年初投放鱼苗，年底捕鱼，每亩鱼塘产鱼50~100公斤左右。

域内也有渔民，到长江捕捞为生。1958年，公社成立捕捞站，有渔船10艘，主要在长江捕捞刀鱼、河豚、鲥鱼、鳗鱼等江鱼。1963年解散。

成立合作社以及人民公社后，域内河塘归集体所有，改私人养鱼为集体放养，面积较大的河塘由大队养殖。1956年，新民社开始漂养鱼花（鱼苗），开始时面积只有3亩，1958年发展到16亩。培育各类鱼苗10万余尾。同时还到长江搞漂鱼花，直到1978年终止。

新华与新民两个大队交界处有大渻，面积23.8亩。1981年，公社在此办起第一个养殖场——华民养殖场，由专人负责，实行精养，1984年上市鲜鱼5000公斤。

1983年水面普查，幸福乡（今西来桥镇）实有水面1803亩，其中适宜养殖水面1338亩，全部由村、组集体养鱼。继华民养殖场兴办后，有条件的村都兴办规模养鱼场。1984年，北胜村养殖场上市鲜鱼5000公斤；1985年，大兴村水产养殖场上市鲜鱼5万公斤。

20世纪90年代初，河塘年久积淤，部分河塘开始荒芜。又少数村民用电触鱼，侵犯养殖户利益，使养鱼业受到影响。此时，政府相关部门对电触鱼者进行教育甚至处罚，并结合环境整治，为河塘清淤，使养鱼事业出现新的生机。1994 年春，南旺村农户承包华新养殖场水面近 40 亩，不仅放养三大家鱼（青鱼、草鱼、鲢鱼），还放养鲈鱼。东来村有七八户农户先后承包精养水面 120 多亩，进行规模养殖。华民养殖场恢复承包，扩大养殖水面，实际养殖面积超过 40 亩。2000 年后，新程、东来、三新、复兴、北胜等村养鱼专业户近 200 户，其中养鱼大户 20 多户，每户精养面积达 20 亩。2006 年，全镇内河养鱼面积有 1020 亩。

三、养蚕

解放前，西来桥域内养蚕农户很少，蚕茧产量也低。解放后，政府十分重视发展养蚕事业，号召栽桑养蚕，养蚕农户逐年增多。农业集体化后，集体养蚕发展。1969 年供销社设立茧站，内置烘灶 1 副，负责全公社和周边地区的蚕茧收购。从 1984 年开始，西来桥蚕茧产量连续三年居扬中第一。蚕茧生产规模较大的有光明大队（今北胜村）、福星大队（今复兴村）、合兴大队（现并入新程村）。大兴大队和光明大队还建立养蚕专业组。养蚕最多最好的生产队是合兴 8 队，常年产茧 750 公斤。蚕品种有苏 16X、苏 17X、苏 5、苏 6 等，每张蚕种产茧 125~150 公斤。桑树品种有湖桑 7 号、湖桑 199，还有 2 号杂交桑树。常年可养春蚕、夏蚕、早秋、中秋、晚秋、晚晚秋等 6 个批次。1994—1995 年，桑园面积逐渐减少，养蚕户也少了。1999 年，全镇桑园砍伐殆尽，农户不再养蚕。

1958—1998 年西来桥镇（幸福公社）养蚕情况表

表 2-1

年　份	养蚕张数	蚕茧总产量(公斤)	年　份	养蚕张数	蚕茧总产量(公斤)
1958	130	2675.50	1979	309.5	5988.00
1959	183	2521.15	1980	344.0	8846.35
1960	260	2531.60	1981	405.0	1068.95
1961	136	1792.40	1982	524.0	13847.75
1962	111	1366.60	1983	549.5	13405.00
1963	117	1089.90	1984	548.5	15196.50
1964	119.3	2069.95	1985	470.3	13539.90
1965	168.0	3639.75	1986	380.3	11268.55
1966	173.3	3780.65	1987	197.9	8486.45
1967	274.8	5359.15	1988	209.3	6499.00
1968	425.0	9966.25	1989	224.5	7393.80
1969	407.5	10412.55	1990	241.5	6864.20
1970	297.5	6455.65	1991	210.0	6253.00
1971	263.5	5039.65	1992	179.0	5660.15
1972	225.6	5537.25	1993	158.3	4951.10
1973	188.0	4175.25	1994	60.7	2207.55
1974	154.0	317.50	1995	68.5	2485.30

续表 2-1

年 份	养蚕张数	蚕茧总产量(公斤)	年 份	养蚕张数	蚕茧总产量(公斤)
1975	120.0	2901.70	1996	10.5	310.90
1976	121.0	3477.00	1997	4.0	127.60
1977	142.6	3961.65	1998	4.0	96.80
1978	233.0	4803.60	—		

1983—1993 年西来桥镇部分村养蚕情况表

表 2-2

年份	村名	桑田面积(亩)	养蚕张数	产茧量(公斤)	收入金额(元)
1983	北胜村	98.69	168.75	4334.50	18549.34
	福星村	34.13	64.75	1611.15	6864.17
	南阳村	35.03	78.00	1720.75	7293.28
	大兴村	23.07	89.25	2093.75	8499.08
1984	北胜村	98.69	183.80	5040.75	20611.21
	南阳村	35.03	74.65	1640.20	690.48
	福星村	34.13	75.55	2356.10	10111.07
	大兴村	23.07	84.80	2508.65	10736.72
1985	北胜村	98.69	174.75	4878.95	21086.83
	南阳村	31.03	53.55	1380.40	5919.81
	福星村	34.13	80.25	2366.30	10672.62
	大兴村	23.07	74.55	2178.25	9178.03
1986	北胜村	98.69	154.65	4465.85	20708.77
	南阳村	27.03	36.00	969.05	4400.84
	福星村	34.13	68.75	2084.00	9880.46
	大兴村	23.07	53.60	1650.10	7634.65
1987	北胜村	89.58	125.15	3333.30	17996.30
	南阳村	31.08	60.15	1990.40	9016.66
	福星村	18.07	17.00	395.45	1654.94
	大兴村	23.07	53.75	1595.40	8409.07
1988	北胜村	44.24	73.55	2178.05	26160.81
	南阳村	2.07	9.50	322.35	3938.27
	福星村	26.08	48.25	1560.20	19379.31
	大兴村	18.07	39.50	1276.50	15028.00

续表 2-2

年份	村名	桑田面积(亩)	养蚕张数	产茧量(公斤)	收入金额(元)
1989	北胜村	44.24	71.35	2230.80	24468.09
	南阳村	5.07	8.75	315.45	3531.85
	福星村	26.08	57.15	1981.95	21837.00
	大兴村	18.07	48.00	1558.75	16894.19
1990	北胜村	42.71	76.70	2252.25	24878.19
	南阳村	5.07	11.00	301.10	4079.71
	福星村	24.68	67.10	1758.45	19424.12
	大兴村	18.07	50.25	1504.65	15279.00
1991	北胜村	39.71	65.00	1935.00	20511.00
	南阳村	5.07	11.00	420.90	4484.70
	福星村	23.18	51.60	1499.90	15798.44
	大兴村	18.07	45.25	1364.95	14267.82
1992	北胜村	32.71	31.80	1091.20	11485.97
	南阳村	5.07	9.60	333.35	3541.71
	福星村	21.40	57.45	1695.15	17921.12
	大兴村	18.07	40.00	1296.45	13770.48
1993	北胜村	—	30.00	929.80	8769.99
	南阳村	—	12.75	338.90	3500.27
	福星村	—	37.30	1204.60	13038.75
	大兴村	—	27.40	803.00	8002.82

四、家禽

从解放前至 20 世纪 50 年代，西来桥域内农户家家养有鸡、鸭、鹅，共约 2 万只。1960 年后，一度曾限养和禁养家禽，全公社仅存几百只，“文化大革命”期间出现好多“无鸡队”和“无鸡埭”。中共十一届三中全会后，大力发展农副业生产，家禽饲养发展迅速，引进新品种，并涌现出一批养殖专业户。1985 年春，东进村于圣昌办起孵坊，孵育苗鸡。之后又自办养鸡场饲养肉鸡。1988—1998 年，南旺村、西来村也有农户相继自办养鸡场，每户常年饲养肉鸡 500 只以上。1998 年，大兴村徐亚中办全镇第一个规模养鸡场，饲养罗曼蛋鸡 3500 只，每天产蛋 3300 个左右。后有北胜、双三村两农户自办较大规模的养鸡场，分别养有 2500~3500 只蛋鸡，每日取蛋数千。复兴村 13 组钱恒生兴办大型肉鸡养殖场，最多时养肉鸡 1.68 万只。

由于饲料价格上涨及病疫防治要求高等原因，有的养鸡专业户已经缩小规模或停养。2006 年，全镇饲养总数 14 万只。

五、其他养殖

养牛。20 世纪 60 年代及以前，域内养水牛和黄牛。水牛主要用于耕地、碾米，黄牛用于牵磨加工细粮。农业集体化前由私人饲养；集体化后集体饲养，专人负责。1960 年每个生产队都有 1~2 头。1965 年开始实现拖拉机耕作，粮食加工进入机电化，役牛逐渐被淘汰，直至消失。1981 年，北胜 1 队黄华年从上海引进奶牛 1 头，1985 年发展到 7 头，年产奶 2 万公斤。后连人带牛到扬中板沙农场经办奶牛场。

养羊。西来桥传统饲养本地种山羊，个子小也长得慢，1 年羊重至多 15~20 公斤，饲养方式是散养型，一般农户饲养量少，居住在江边的农户养得多些，最多也不过二三十只。1955 年从外地引进绵羊种羊 5 只，因不适宜当地养殖，1962 年被淘汰。2004 年，双三村五组施周华养羊最多时达 400 多只。2005 年，新程村 18 组农户严怀仁引进优良品种——波尔杂交羊，该种羊个头大，生长快，每只成羊出售时都在 60 公斤以上。在其带动下，陆续好几户也养波尔杂交羊，开始户养最多的有 100 余只，后来发展到 700 余只。2006 年，全镇合计养羊达 2000 余只。

图 2-1 规模养羊

养蚌育珠。1973 年，幸福公社（今西来桥镇）有 16 个生产队养蚌采珠。1975 年首卖珍珠 59 公斤，收入 5000 余元。1976 年因无人收购而中断。1980 年又开始发展，由公社副业办公室统一负责河蚌的采购与培育，北胜养鱼场、华民养殖场、大兴、东进等大队及其生产队都养过。

其他养殖。农村实行家庭联产承包责任制后，一度出现养殖蟹、虾、鹌鹑、鸽子、蜜蜂、地鳖虫专业户，也有专业户搞过漂鱼花。

六、病疫防治及良种繁育

解放前至 20 世纪 50 年代，西来桥域内农村亦有个体兽医，给猪、牛、羊、鸡、鸭、鹅等畜禽治病，有的还会阉割等小手术。家畜配种，也为个体经营。

1958 年组建幸福公社畜牧兽医站（简称兽医站）。具体工作为家畜家禽疫病防治。至 60 年代末，猪丹毒、猪肺疫、鸡新城疫、牛炭疽、口蹄疫等传染病得到有效控制。1964 年，兽医站办起家畜配种站，引进优型公猪，进行生猪品种改良。1978 年，改为人工授精繁育。

70 年代初，养猪事业大发展，集体、农户一起养猪，饲养量大增，生猪疫病防治任务加重。1973—1974 年，域内使用“猪瘟”“猪肺疫”“猪丹毒”疫苗注射 7000 多头，控制疫病。1997—2000 年，域内发生生猪口蹄疫，兽医站组织人员立即在全镇开展防疫检查，防疫生猪 4800 多头。

1989—1991 年，兽医站与省有关单位共同开展母山羊基础群繁育课题研究，获江苏省科技进步奖，镇江市科技进步一等奖。

兽医站运行多年，积极开展畜禽疫病防治工作，负责畜禽检疫防疫，常年防疫与突击防疫相结合。常年防疫家畜有 1 万多头，家禽 10 万羽左右。运用新科技人工授精方法进行配种繁育，每年人工授精母猪 400 多头，普及面 95%以上，母猪每胎平均产仔 15 头左右，产仔猪近万头。兽医站为农村的畜牧业生产服务，对全镇的畜牧业发展起着促进作用。

2006年，兽医站在编人员6名，其中有中级技术职称者（兽医师）3名，初级技术职称者2名，技术人员1名。先后任站长（负责人）的是：姚圣洪、钱太宏、宦德富、徐存荣、严怀仁。

第二节 林 业

中心沙等诸沙成洲之初，就有人植芦栽柳。人们在围田定居后，亦在房前屋后、沟头岸垴广栽树竹，至今已成为西来桥人的传统习惯，故域内绿色覆盖率较高。好多圩埭绿树成荫，走路不晒太阳。新中国成立后，在政府号召下，群众植树造林热情更为高涨。当地树竹一度被人们用作建房造屋的材料，有的成为纯农户家庭经济收入的重要来源。

日本侵略者侵占期间，筑碉堡打竹障，境内树竹被砍掉大半，大树基本砍光。解放后很快得到恢复和发展。1958年的“大炼钢铁”，燃煤不足，以树竹代替，境内树竹又被砍伐一批。1962年贯彻农业发展纲要60条，以队为基础核算，群众又积极植树栽竹，并加强管理。1976年，提出“割资本主义尾巴”，将树竹收归集体，群众不理解、不接受，出现偷砍现象，树竹发展受到挫折。中共十一届三中全会后，实行农业经济体制改革，林业重新得到较快发展。

一、芦柳竹

芦、柳、竹素称域内“三宝”。西来桥地区诸沙四面环江，滩涂面积有2500多亩，常年盛产芦材100多万公斤。农户以此为原料加工芦望、窝折、芦席等产品销往外地。20世纪60年代前，芦材还用来编芦笆作房屋墙壁。60年代后，柳器编织发展，有些生产队将芦滩翻耕后栽插杞柳，芦材滩地逐年减少，产量产值也随之下降。

杞柳栽种也是域内传统产业。20世纪60年代前有少量种植。60年代后，各生产队平整江滩洼塘或翻耕芦滩栽插杞柳，同时在堤内的水边洼地也有栽插。杞柳分为浑水柳和清水柳两种。江堤外滩长的是浑水柳，条长质柔。江堤内圩长的属清水柳。六七十年代，全公社有柳滩1200余亩，年产皮柳125万公斤左右。先后有光明、新升、胜利、新华、合兴、日新、双山等8个大队利用杞柳资源兴办柳器厂。改革开放后，工业经济发展迅猛，沿江滩涂被开发利用，芦、柳生长滩地被大量征用，种植面积越来越少。

竹子在域内种植也较长远。农村几乎家家都有或大或小的竹园，其品种以淡（篾）竹、燕竹为主，也有少许柱竹、刚竹。域内竹园面积近1500亩，年产竹子100万公斤。域内竹器编织遍及各村，其产品有各式菜篮、筲箕、笾子、箩筐、凉席、茧篮、猪篓子、泥箬、畚箕、盘篮等，除供域内自用外，多数销往大江南北各地，有的远销上海、南京、北京等大城市。很长一段时期内，竹子成为居民家庭副业收入的重要来源之一。

1993年，域内突降酸雨，淡（篾）竹连续三年遭遇竹篁锈病害，大面积死亡，濒临灭绝。2006年，全镇仅存竹园130多亩，品种也只存燕竹。竹器编织所用篾竹材料依靠从外地购入，生产量日趋减少。

二、树木

树木种植自古就有。品种一般以青杨（柳树）、枫杨、苦栎树为主。并栽有少量的榆树、榉树、槐树、椿树、银杏、桑树等，这些树材质好，但成材期较长。

新中国成立后，政府号召植树绿化，并注意树种更新。1958年引进法国梧桐，农户栽种极少。1962年引进白榆、刺槐，集体栽种较多。1970年引进泡桐。泡桐树生长快、成材早，材质细腻光滑，是打造家具的好材料。1972年开始引进水杉、香樟等树种，1975年又引进白杨、池杉、柳杉等。其中一度时间以水杉为当家品种，1976年后新开挖的一级河及二级渠堤岸上全部栽水杉。水杉生长速度快，抗风挡沙效果好，但其他用处不大。

1975年以前，林木大都生长在村庄周围、农户家前屋后或田头岸边、河边路旁等隙地。1976年大搞农田基本建设和河道水系整改后，新开挖的一、二级河渠两岸和江堤内坡成为植树造林的重点。2000年，一、二级河渠两岸有树木1.5万株，公路、道路两旁有树木0.8万株，江堤内坡有树木1.3万株。群众家前屋后、村头埭尾有树木28万株。

解放前，域内养蚕不多，故桑树栽种也少。解放后，政府十分重视发展养蚕业，号召栽桑养蚕。从20世纪50年代开始，桑树栽种面积不断扩大，桑树品种有湖桑7号、湖桑199、2号杂交桑等。至1985年，全镇有桑田近250亩，可养蚕300多张（蚕种）。养蚕技术要求高，风险大。80年代后期起，养蚕业逐步萎缩，桑园面积逐年减少。1999年，西来桥人不再养蚕，桑园也随之消失。

三、果树

域内有栽种果树的传统，几乎家家都有。传统的水果品种有梨、桃、枇杷、杏、李、枣、柿子、石榴等，还有银杏（白果），列入干果类。1959年起，先后将柑桔、葡萄、苹果、核桃、猕猴桃等果树引进域内。梨有木梨、黄香、雪梨、稻青；桃分梅桃、水蜜桃、甜桃和少量的蟠桃；枇杷有白沙与红沙两种。

民国年间至20世纪60年代，果树种植在域内较为兴盛，有梨园、桃园、枇杷园等果园多处，面积数百亩。农业集体化后，集体果园大发展，新华、南阳村靠江边的生产队，在江堤内坡（西江）栽有数千棵桃树、枇杷树，年产果实达5000公斤。每到春季，成片桃花成为一大景观。1972年农业学大寨运动后，大搞农田基本建设改造，兴修水利，有些果园被占用。实行农村联产承包责任制后，又有农户利用自留地和承包田，兴办葡萄园、桃园、桔园等果园。90年代农业经济结构调整，花木树苗种植等占用果园土地，农户在家前屋后和庭院中栽种的散生果树逐年增多，品种也较以前更新。2006年，全镇有各类果树5.5万多株，折合面积近530多亩。

四、绿化

新中国成立后，政府多次号召开展绿化造林运动，全镇居民积极响应号召，绿化家园，美化环境。域内各单位开展绿化达标活动，绿化的要求越来越高，品种越来越高档，花草树木搭配合理。有的单位和地块做到四季有绿，月月有花。结合绿化，全镇江堤栽植防护林木1050亩，农田林网化率达100%。

随着小城镇建设发展，集镇绿化有很大改观。主要街道建有绿化隔离带，计长1500多米；街道两旁栽有香樟、广玉兰等行道树。结合疏浚川心港工程，镇政府投资数十万元，在集镇港南路建造港边花园一处。2006年，整修港北路，建成从惠民桥至中来桥绿化长廊1500多米。集镇现有绿化面积2.8万平方米，公共绿地1.8万平方米。全镇建成区道路10条，植树3660余株，道路绿化普及率达100%。

全镇绿化，在镇党委、政府的领导和群众的支持配合下，结合生态环境整治和绿色创建，取得骄人成绩。至2006年，全镇所辖村均被评为省绿化达标村，复兴村被评为省绿化示范村，幸福社区被评为市十佳绿色社区，西来桥学校被评为省绿色学校。

第三节　蔬菜种植

西来桥镇实行农村联产承包责任制前，蔬菜种植全为农户利用房前屋后的自留地和十边地。蔬菜一般自食，多余的拿到市场零卖。品种也只是常规的青菜、萝卜、豇豆、茄子、韭菜、莴苣、南瓜、丝瓜、秧草等。实行承包责任制后，东来、新程、北胜等村有几户农户在自己承包的大田里种植蔬菜，蔬菜品种增加，单位面积产量提高。1984年，北胜村1组首先搞蔬菜大田种植，并在1986年开始，有10多户先后建起大棚进行蔬菜种植。大棚种菜缩短了生长期，增多了茬次，提高了经济效益。有的农户自己的承包田不够用，就转包别人的承包地，有的农户菜地面积达5亩。1988年，邻近北胜村1组的其他村组农户也陆续种植蔬菜，形成连片种植。2006年，西来桥域内蔬菜种植专业户有50多户，面积达70亩左右，年收入约150多万元。

图2-2 蔬菜大棚

在发展蔬菜种植的同时，西来村、复兴村、北胜村10多户农民，从1984年开始，利用房屋和田头开展平菇和食用菌种植，充实蔬菜市场，增加家庭收入。

第四节　编织业

自古以来，西来桥域内盛产芦、竹、柳，芦竹柳编织加工也早就有之。芦材编织品有芦望、窝折、芦席等；竹器编织品种较多，有箬箕、篮子、匾子、凉席、箩筐、面箩子等；早先的柳器编织只是用柳皮或柳条编些罗筐、包装箱之类的粗制品。另外还有用蒲草编织的蒲包和蒲席。

20世纪50年代末，公社宣传队及多数大队先后办起柳器厂，用柳条或柳皮编织花篮、箱包、宠物用具等产品，10多个品种为外贸产品，远销国外市场；还制作座椅、躺椅等家具，深受城乡居民喜爱。中共十一届三中全会后，柳器生产由集体组织逐步改变为个体户生产和经营。1983年，双三村400户，有近60%从事柳器编织，成为全镇柳器编织专业村。其中有编织大户 20 多户，最大的编织户常年皮柳用量 4 万多公斤。20 世纪 90 年代，柳器编织生产兴旺发达，全镇从事柳器编织的生产专业户达 800 多户，有生产人员 1300 余人。产品主要有内销的水果篮、花篮和外贸产品宠物用具、装饰品等。随着市场发展，产生出柳器营销经纪人。有的专业户不仅自己既搞编织生产，还兼搞营销经纪。2004 年，全镇编织营销大户 30 多户，经纪人有 25 人。2005 年，北胜村编织营销大户秦桂兰组织联系 100 多户，成立“扬中市秦桂兰柳编专业合作社”，发展生产，促进营销。

第三章 农机 农具

解放前至新中国成立初期，西来桥域内农业生产一直靠人力、畜力耕作。农具简陋，钉耙、锄头、镰刀、水车（龙骨车）、笆斗、稻床、连枷、木犁为农家主要生产工具，贫困农户则连水车、稻床亦置办不起，农忙季节只好借用。木犁更不是家家都有，只有专门从事耕田的农户才配置木犁。

20世纪60年代，遵照毛主席“农业的根本出路在于机械化”的指示，大力发展农业机械事业。1965年幸福公社通电，首先发展排灌机械，随后发展稻麦脱粒、粮食加工和耕作机械。1966年建立公社机电管理站，加强农机管理。实行联产承包责任制后，不少农户购买小型、中型拖拉机，不仅用于耕地，而且从事农村运输。90年代，新华村集体及双三村、南旺村、西来村的一些农户购置大型收割机，还有农户购置多功能新型农机具，为农业现代化奠定物质基础。

第一节 农机具种类

一、耕作机械

传统耕作农具最常用的是钉耙、锄头，用于翻地、整地、松土、碎土、锄草。耕地使用牛拉木犁，犁橼是用桑树或硬质杂木做成，犁壁、犁头均为铁制。做秧田时用前槽将土打碎，再用塥盖刮平田面，前槽和塥盖多为木制，也有少许前槽齿是铁制的，但都要靠牛或人拉才能操作。到大面积插秧时，全靠用钉耙在耕过的田块上碎土，平整田面，俗你排田。

1970年，合兴大队购置全公社第一台手扶拖拉机，采用机械耕作。1976年，全公社有拖拉机13台，实行机械耕作和人工耕作并举。随后各大队相继购置中小型拖拉机。1980年，全公社有各型号拖拉机62台，实现土地耕作机械化。

同时，与手扶拖拉机配套的农机具有双铧犁、旋耕犁、播种机、破垡盖籽机、压麦机、开沟机、拖车厢等。与中型拖拉机配套的机具有机引犁、旋耕机、开沟机、拖挂车4种。2006年，全镇共有拖拉机161台。其中手扶拖拉机68台，变型拖拉机58台，大中型拖拉机15台。

二、排灌机械

旧时排灌主要靠水车（龙骨车）、笆斗、水桶和自然排灌。笆斗、水桶只能用于秧田和小田块。遭受洪涝灾害时，全靠水车人工车水排涝。

1963年，新华村几个低洼圩水渍灾害严重，久排不泄，县政府及时调拨12吋水泵并匹配3115柴油机，在母子港建立公社第一座排灌机站。1965年在南旺港江边建造第二座机械排灌站，装18吋水泵1台，配120匹马力柴油机2台。1965年通电后，大兴村三岔港兴建电力排灌站，装18吋水泵1台，配80千瓦电动机2台。1967—1971年先后于福星村绝港、双三村张彤港、豁鼻子港、北胜村三圩港、芦蓟圩、西来村20圩、南阳村16圩、新升村7圩、南旺村13圩、东进村7框等处分别建立电力排灌站。1975年结合农田基本建设，进行水系调整，新开一、二级河渠12条，总长30.956公里。并将内河港用作控制进出水的老水通（木制）全部改建成涵闸。1975—1992年期间，根据水系变化和排灌需求，逐年对部分排灌站进行调整扩容、拆迁和新建。至2006年，全镇有电力排灌站17座，装机水泵28台，电动机28台，动力1169千瓦。江堤进出水涵闸35座，一、二级河渠涵闸111座。另外全镇168个村民小组都配置小型水泵2~4台，总计有480台。实现了机电化排灌，解决了农田的水旱涝渍，促进了农田旱涝保收、高产稳产。

三、收割 脱粒机械

镰刀历来是农民收割农作物的主要农具。至20世纪80年代末，收割仍以用镰刀人工收割为主。进入90年代后，一度由外地收割机到西来桥镇实施跨地区收割，后新华村、双三村、南旺桥村、西来村分别有农户购置稻麦收割机，共8台，使全镇的稻麦收割基本实现机械化。

60年代前，域内稻麦脱粒一直沿用稻床、连枷等旧式农具，人工掼稻、打麦（也有用门板掼稻麦的）。60年代后，开始使用人力脚踏脱粒机。1965年通电后，引进电动脱粒机和“小老虎”脱粒机。1970年，全公社有脱粒机80多台，1980年有脱粒机196台，各生产队都用上电动脱粒机。80年代后，许多生产队购置新型有风扬功能的脱粒机。至1983年，全镇有各种型号脱粒机420多台。家庭联产承包责任制后，许多农户个体或联合购置脱粒机械或联合收割机。2006年，全镇脱粒机有五六百台。由于联合收割机使稻麦收割、脱粒、扬筛一体化，脱粒机基本闲置不用，但连枷、镰刀等工具在收割零星地稻麦、油菜籽方面仍有使用的空间。

四、粮 油 饲料加工机械

西来桥有史以来至60年代初，粮食和饲料加工全靠碾坊、磨坊和舂臼。碾坊的磙碾、磨坊的石磨多用畜力（牛）牵引，石磨也有用人推的，舂臼则用人力手舂或脚踏。油料加工也靠人力和畜力用地龙榨油。碾坊、磨坊和油坊遍及全镇。解放后虽逐年减少，但每个高级合作社最少都有2~3家。50年代后期，油坊逐步关停。

1962年，扬中县政府架设通往幸福公社的过江电缆，公社粮管所办起单一轧米的粮食加工厂。1965年春，架空高压线通电后，首建新民粮食加工厂。1966年冬，兴建三岔港粮食加工厂。1969年冬，又建合兴、光明、新华3个粮食加工厂，全公社从此实现粮食加工机械化，彻底摆脱有史以来“吃米靠碾坊，吃麦靠磨坊”的现象。改革开放后，还有农户用小型拖拉机配置碾米机、粉碎机等设备上门加工。至1986年，全镇有轧米机18台，面粉机36台，饲料粉碎机2台，榨油机4台。90年代后，粮食加工专业户上门服务，随喊随到，极为方便。集体加工厂生意减少，先后关停好几家。至2006年，仅剩南旺、东来、北胜、农机站4家粮食加工厂。

五、播种　插秧机械

三麦历来是人工播种，有散播、条播、穴播等。1980 年使用条播机，1983 年引进盖籽机，至 1987 年。全镇有盖籽机 11 台。1992 年全镇三麦采用免耕机条播和散播。1999 年全镇种植稻田套种麦，除留少量免耕机外，其余机械基本停用。

1980—1982 年，北胜大队、福星大队等都购置有插秧机，1980 年全公社有 18 台，1981—1982 年，有 17 台。由于机械插秧缺陷较多，插秧质量不高，未能普遍推开应用，所有插秧机不久基本报废。

第二节　农机具维修与制造

20 世纪 60 年代，农机具均由公社农具厂负责维修。1971 年公社机电站建立机电修配车间，对柴油机、电动机、水泵等机械进行维修，并供应零配件。1976 年起，各大队农机组（队）先后办起维修农机具的“三库一间”（即机库、配件库、油库和修理间），基本做到农机具忙前检查维修，忙后清洗保养入库，做到小修不出村、中修不出乡、大修不出县。

解放前后，农具全靠手工生产，域内有私人铁匠铺、木匠铺 10 多家，生产钉耙、锄头、镰刀、铁锹、木犁、独轮车等。1954 年由马纪明等 7 人组织成立铁木竹生产组，1955 年扩大，成立幸福铁木竹生产合作社，生产小型农具和家具，1958 年更名为幸福农具厂。六七十年代，农具厂生产脚踏脱粒机、电动脱粒机、直流式小型水泵等农机具。1985 年，农具厂生产的镰刀被评为市优第一名，省优第二名。

1982 年，幸福农具厂改名镇江市铸造阀门厂，以生产阀门为主，少量生产农机具，直到停产。改革开放后，钉耙、锄头、镰刀等小型农具又为私人个体制造经营。

第四章 工 业

新中国成立前，中心沙（今西来桥镇）域内没有近代工业。农户中有很多人是手工业者（时称“手艺人”），其中以木匠、瓦匠、篾匠、裁缝、漆匠、机匠（织布）居多。匠人们一般是农忙务农，农闲做工。有的在当地做工，有的以手艺到外乡谋生。俗语说“荒年饿不死手艺人”，所以农家子弟把学会某种手艺看作是谋生的一种本领。域内有手工业者千余人。

手工业作坊最早出现于清代，集镇东街的刘国珍开帽子店，专做“西瓜皮”式帽子。嗣后手工业作坊逐渐兴起，有铁匠铺、木匠铺、豆腐坊、槽坊（酿酒、制酱醋）、染坊、油坊等，至1949年，全镇有各类手工业作坊计100多家。

新中国成立初，境内现代工业没有发展，百姓的生活用品和小型农具仍得靠各类作坊生产维持，或从外地购入。

1954年对个体工商业进行社会主义改造，首先成立铁木竹生产组（当时有7人），1955年扩大到20多人，正式建立幸福铁木竹生产合作社。

1956年，各农业高级合作社将所属的个体碾坊、磨坊组织合并，成立小型粮食加工点，全镇约有二三十处。

1957年，全乡组织40多名机、工匠，办起全乡第一家工厂——幸福幛绒厂（后被县收管，迁至长旺）。

1958年乡改为人民公社。幸福铁木竹生产合作社更名为幸福农具厂。此时，个体手工业作坊有的经合并改制为集体，有的自行停歇。

20世纪60年代初期，公社、大队相继办起砂轮、五金、玻璃仪器、鞭炮、柳器等工厂10余家。因为没有电力，新升大队孙有善带人在三茅镇办眼镜厂，主要生产眼镜和仪表，1969年仪表生产由县收管。眼镜生产人员回西来桥创办幸福眼镜厂。1962年由公社投资在武进小河创办电镀厂（1971年被县收管，并入县电镀厂）。1962年公社收管由新民、新华、胜利、日新等大队办的砂轮厂，合并成立幸福五金改制厂。至1966年，公社办厂只有农具厂（当时属县管）、五金厂两家。村办企业有光明、日新、南旺、新华等大队厂。

1969—1985年间，合兴、新升、日新、新华和福星大队相继创办鞭炮厂，鞭炮一时成为幸福公社的特色产品。由于先后发生了几起较大事故，1995年底鉴于安全考虑，按照扬中市统一要求，全镇所办鞭炮厂全部关停。

在这一时期内，新升、双三、东进、南阳、曙光等村陆续创办眼镜、自行车零配件、电镀、皮鞋服装等工厂14家。村办工业的产值约占全镇工业产值的50%，成为全镇经济的重要支柱。

社办企业从1974年后，也有新的发展。至1979年，先后兴办注射器厂、幛绒厂、电器配件厂、绣花服装厂、柳器厂等镇（社）办企业。

中共十一届三中全会后，全镇工业发展迅速，个体企业大量涌现，至1985年，共有镇村企业31家，个体小工业82家。主要产品有眼镜、机械制造、五金电器、电子、化工、鞭炮、汽车灯具配件、针织服装、工程塑料、建材、金属设备、拆船等。完成工业总产值（以上报企业计算）3553.46万元，实现利润310.23万元，上缴税115.22万元。

1985年前后，好多事业单位自筹资金办小工厂，解决经费不足的困难。自办工厂的单位有镇文化中心、中小学、医院、镇多种经营公司、兽医站、食品站，连镇机关也办过煤球厂。兴办的小工厂，有的虽然经营时间不长，但是为单位解决经费和提升经济做出过一定的贡献。

全镇的企业虽多，有些厂因设备简陋，技术落后，产品单一，经营衰败，自行歇业关闭。至1997年企业改制时，镇办企业有20家，村办企业有9家，私营工业6家。1999年，全镇集体企业改制结束。企业改制转型后，工业生产得到新一轮发展。

2006年，全镇各类企业79家。其中产值500万以上企业14家，定报企业41家。江苏荣昌化工有限公司进入扬中市“30强”工业企业。是年，全镇完成工业产值6.16亿元，营业收入5.45亿元，实行利润0.145亿元。

第一节　管理机构

1972年，成立幸福公社工副业办公室，负责管理全公社的工、副业生产。

1977年，工、副业分开，成立工业办公室，专门抓管公社、大队工业生产。

1983年体制改革，改工业办公室为幸福工业公司，设立三科一室一部，即生产科、财务科、供销科、经理室、小工业服务部。

1986年改供销科为供销经理部，撤除小工业服务部。成立人保科、配备正、副经理3名，科长5名，主办会计1名，工作人员6名。

1997年改名为西来桥镇乡镇企业管理服务站。

2001年改名为西来桥镇经济服务中心。

1972—2006年西来桥镇（幸福公社）乡镇企业管理机构设置与变革情况表

表3-1

年份	机构名称	负责人姓名	职务	任时间
1972	幸福公社工业办公室	秦发和	主任	1972—1975
		印永善	主任	1975—1979
		耿志贵	主任	1979—1983
1983	幸福公社工业公司	施正钧	经理	1983—1985
1985	西来桥镇工业公司	顾昌明	经理	1985—1989
		黄万荣	经理	1986—1991
		陈太华	经理	1992—1997
1997	西来桥镇乡镇企业管理站	陈太华	站长	1997—2001
2001	西来桥经济服务中心	陶洪	主任	2001—

1965—2006年西来桥镇(幸福公社)工业产值、利润表

表3-2　　　　单位:万元

年份	工业总产值	销售总收入	利税	年份	工业总产值	销售总收入	利税
1965	40		6	1986	3610	2860	285
1966	50		8	1987	3630	3448	305
1967	65		10	1988			
1968	39		1	1989	4712	3553	
1969	51		2	1990	4777	3602	
1970	79		13	1991	7438	5966.5	
1971	105		13	1992	8146	6534	
1972	143		27	1993	9100	7735	
1973	104		19	1994	13510	9562	
1974	113		15	1995			
1975	133		11	1996	15956	11293	629
1976	187		20	1997	14737	12758	889
1977	217		26	1998	12519	11477	753
1978	176		14	1999	14241	13029	1313
1979	185		18	2000	17732	14803	1051
1980	955		79	2001	22841	19539	1078
1981	986		74	2002	21407	18777	1234
1982	824		65	2003	24294	21232	1442
1983	1088		142	2004	30902	26884	1873
1984	1234		167	2005	43331	38261	2549
1985	3553		310	2006	53716	47427	3111

注:1.1997年前的数字系社办厂统计数,不含村办厂,农具厂属县管,也未统计在内;

2.1985年前的利税总额只指利润,税不在内

第二节　镇办工业

镇办工业的主要产品有机械、阀门、化工涂料、电子电器、织带、邮电器材等。

镇江市铸造阀门厂 创建于1955年，初名为幸福铁木竹合作社，1958年更名为幸福农具厂(属县大集体单位)，主要生产钉耙、锄头、镰刀、铁锹等农具和一些木制家具产品。家具产品产值低，全年不足30万元。1972年新增阀门制造，被列为主要产品，1982年经批准定名为镇江市铸造阀门厂，职工90多人，完成产值、销售达102万元。1986年生产的截止阀获江苏省省优产品，幸福牌管道阀门在2006年被评为江苏省名牌产品。该厂成为中国阀门协会会员单位，化工部定点生产企业，是一家集科研、设计、制造、销售服务为一体的阀门专业制造企业。

2004年、2005年，在复兴村新征土地，建造新厂区，上发酵设备开发新产品，并迅速投入市场。2005年全厂实现销售4718万元，2006年实现5518万元。

2006年，工厂占地面积63亩，建筑面积1.02万平方米。固定资产近千万元，拥有各种机床、铸件加工、热处理等设备200多台套。现有职工250多人，其中各类专业技术人员86人，企业多次获得“明星企业”“文明单位”“纳税先进单位”等称号。

1997年企业改制，铸造阀门厂在全镇首批实行体制改革，组建股份制企业，2001年进行二次改制，由私人全部买断，变为私营企业。

1986—2006年镇江市铸造阀门厂主要经济指标实绩表

表3-3　　　　单位：万元

年　度	工业总产值	产品销售收入	利税总额
1986	220	188	7
1987	230	203	1
1988	252	247	-23
1989	264	292	-4
1990	323	325	4
1991	444	439	10
1992	609	473	9
1993	708	842	2
1994	733	646	4
1995	829	830	1
1996	969	628	17

续表 3-3

年　度	工业总产值	产品销售收入	利税总额
1997	935	557	-47
1998	782	710	45
1999	866	760	86
2000	1108	1068	45
2001	1058	980	6
2002	1608	1526	71
2003	2058	2019	152
2004	2846	2626	219
2005	4818	4718	314
2006	5518	4919	430

镇江捷野集团公司　创办于 1963 年。其前身是幸福砂轮厂、幸福五金厂合并后的幸福五金厂。1975 年新增电容器产品，1982 年更名为扬中县电容器厂。厂房扩大到 100 多间，占地面积 6671 平方米，有干部职工 429 人。车、刨、磨、冲、钻床等生产设备齐全，测试仪器、测量工具、烘干、浸渍设备配套。产品有电容器、离合器、橡胶制品、标牌、木钻等，1982 年产值 300 多万元。1984 年企业整顿顺利通过合格验收。1992 年新建长江电器有限公司，主要生产电控风扇、咖啡壶、电加热器等产品。“长江牌”电器被全国百家企业评估调查组委会评为全国“最受消费者欢迎产品”，离合器也首批进入中汽总公司摩托车业重要零部件生产厂家目录，1991 年开发生产的 250 离合器总成通过省级鉴定，1992 年获江苏省科技成果三等奖。1994 年产值过千万，1995 年销售过千万，成为全镇率先突破千万直至 5000 万的骨干企业，并跻身于扬中市三十强企业。1996 年 125-LQH 离合器被国家科委评为优秀项目，1997 年被评为镇江市明星企业，第四届科技进步先进企业。

1998 年改组为镇江捷野集团公司，全公司有 6 个独立产品车间，1 个分厂，厂办研究所、物资经营公司和长江电器有限公司组成，职工达 450 人，有厂房 7500 平方米，占地面积扩大至 1 万多平方米，固定资产 1100 多万元，拥有各类生产设备、检测设备 300 多台（套），每年开发新品 3~5 个。1999 年通过 ISO9002 国际质量体系认证和江苏省清洁文明生产企业验收，捷野牌 XF125-LHQ 离合器获江苏省乡镇企业名牌产品称号，被省评为市场用户满意产品。1998 年集团由镇办集体企业改制为股份制企业。2001 年被评为镇江市连续十八年以上重合同守信用单位，通过省高新技术产品和高新技术企业认定。2002 年，GF125、152M 离合器被江苏省科技厅纳入国家级星火计划项目。2003年，获中国方圆委员会2000版ISO9001质量体系认证。2004年完成销售收入6129万元，实现利税532万元，为扬中市“三十强”企业。2006年产值3100万元，实现利税213万元。

1986—2006年捷野集团主要经济指标情况表

表3-4 单位:万元

年　度	产　值	销　售	利　税
1986	273	217	-4
1987	240	191	-10
1988	230	223	-24
1989	300	282	1
1990	394	370	
1991	859	777	1
1992	845	746	28
1993	825	721	2
1994	1115	735	
1995	1185	1087	-10
1996	2840	1721	
1997	2892	2535	206
1998	2516	1716	157
1999	4214	4030	346
2000	4621	3513	236
2001	4854	4612	360
2002	4978	4700	338
2003	5216	5089	552
2004	6345	6128	532
2005	4838	4627	389
2006	3100	2645	213

江苏新达能机械有限公司 最初是1969年3月成立的幸福眼镜厂。厂房是租借幸福农业中学的11间老校舍，只加工生产眼镜片，职工31人。1980年更名为扬中县眼镜厂，1983年下半年新增汽车配件项目，成立汽配分厂——扬中汽配三厂，1984年企业整顿验收合格。1985年通过项目技改，生产规模扩大，从镜片机磨到成镜配套一条龙。镜片有光学玻璃、水晶片、镀膜镜片；镜架有金属架、赛璐珞和塑料架；成品眼镜有老花镜、近视镜、有色镜、变色镜、平光镜等。全厂有职工378名，车间厂房100余间，占地面积5015平方米。1989年，"华晶"牌眼镜架获农业部优质产品称号。同年，眼镜厂开发研制微晶加热器产品，该产品一经投入市场，供不应求，1991年产值突破千万元，率先成为全镇第一家千万元企业。企业更名为镇江市华晶电热器厂。

1994年，该厂实行公有民营的承包经营方式，承包期3年，承包人生产"懒汉茶炉"产品。

1997年承包结束后，开展深层次的改制。经过评估，将厂房及机械设备一次性变卖给陈金荣，成立镇江新达能机械有限公司。专业生产汽车安全带系列产品，产品畅销国内市场，还出口美国。2003年产值达1200万元。2005年新增压力容器和汽车雨刮器两种产品，增加产值400余万。2006年10月，领取压力容器生产许可证。企业规模扩大，占地面积56亩，厂房建筑面积1.3万平方米，绿化面积7800平方米，固定资产2000余万元。

1986—2006年江苏新达能机械有限公司主要经济指标实绩表

表3-5 单位:万元

年 度	产 值	销 售	利 税
1986	488	415	36
1987	226	199	13
1988	271	286	32
1989	181	176	12
1990	512	498	45
1991	1245	1053	126
1992	1268	1020	122
1993	501	763	90
1994	381	261	2
1995	315	235	1
1996	122	84	—
1997	30	27	-6
1998	234	217	18
1999	301	265	15
2000	430	358	25
2001	216	174	10
2002	535	506	34
2003	792	809	49

续表 3-5

年　度	产　值	销　售	利　税
2004	1398	1138	62
2005	1932	1680	208
2006	2196	1910	228

扬中市电信器材厂　创办于 1988 年 4 月。成立时名为扬中县西来通讯器材厂，共有干部职工 20 人，主要生产电缆挂钩，产值不足 50 万元。

1988—1991 年，先后开发出电缆分线盒、分线箱等系列产品，年产值达 150 多万元。将厂名更名为扬中县邮电器材厂，兴建办公大楼和生产车间，后再次更名为扬中市电信器材厂。1995 年投入资金近百万元，添置剪、折、冲、车、刨等机器设备和绝缘电阻、接触电阻、耐压耐流测试仪器，引进开发交接箱、多媒体宽带箱和保安单元等产品。生产的三大产品通过省级鉴定，1996 年获得国家邮电部 ISO9002 质量体系认证。1998 年企业改制时，经扬中审计师事务所审计评估，净资产达 210 万元。1999 年该厂在西北电力研究院的帮助下，新组建扬中市华峰电力设备有限公司。开发生产硅橡胶增爬伞裙、无间隙氧气锌避雷器及动、静绝缘子等产品。

2003 年 4 月，该厂与江苏徐工集团达成生产工程机械传动轴的合作协议，组建扬中市荣昌车辆配件有限公司。2006 年实现产值 1026 万元。

扬中县电热材料厂　原名绣花服装厂，创办于 1979 年 12 月，职工 20 人，厂房先借在兽医站内，后搬至南街甘家，经营外贸绣花，产值不足 3 万元，厂名为幸福绣花厂。后来增加服装产品，更名为幸福绣花服装厂。1984 年新增电热管产品，又改名为扬中县电热材料厂，自建厂房 51 间，职工 245 人，年产值 100 多万元，固定资产 20 多万元。1985 年与上海医用核子仪器厂联营，成立上海医用核子仪器厂扬中分厂，产品有电热管、疗养车。疗养车曾出口古巴等国。1996 年生产橡塑制品和灯具，再次改厂名为镇江市灿明塑料灯具厂。企业改制后为私人企业，现有固定资产近百万元，年产值 200 余万元。

幸福工业陶瓷厂　1979 年，创办幸福公社柳器厂，1983 年 9 月亏损关停，留下厂房 13 间。乡政府出资 5 万元，出榜招贤，重办新厂。原毛纺厂供销员王桂生揭榜领职，组建工业陶瓷厂生产工业陶瓷，当年 9 月投产。1985 年完成产值 23.93 万元，实现利润 4.41 万元。1987 年新建厂房 8 间，增加镜架车间，生产各种眼镜架子，全厂职工 46 人，产值翻番。90 年代眼镜生产滑坡，镜架停产。

1997 年，该厂迁址到福星村 4 组，改制为私营企业，工业陶瓷为主要产品。至 2006 年，每年实现销售 200 余万元。

扬中县幸福塑料织造厂　为公社文艺宣传队办的乡文化工厂。创办于 1974 年，初办时附属于公社眼镜厂，有职工 14 人，主要生产汽车灯具和钢丝绳。1975 年从眼镜厂分出，自建厂房，转产注射器，定名为幸福注射器厂。1980 年注射器滞销停产，又转产塑料编织袋，厂名改为扬中县幸福塑料织造厂。工厂共有厂房 50 间，职工 230 人，固定资产 30 多万元，年产值 100 多万。1985 年后，由于产品市场行情的变化，产量、产值逐年减退，于 1999 年倒闭。

扬中第三毛纺厂 创办于1975年5月，初办时以手工织幛绒为主，故曾名幸福幛绒厂。资金是向北胜村厂借的2000元，厂房是租借的群众住房，织幛绒的工人师傅26名，是有此项技术的下放工人，幛绒机由工人自带。1975年7月增加服装产品，招工45名，生产劳保服装，并改厂名为幸福幛绒服装厂，当年实现利润2300元。1976年在曙光1队征地建房19间，1977年投产色织布，保留服装，又更名为幸福色织服装厂。1979年生产涤卡、针织、涤纶、中长隐条布、中长华达呢，又改厂名为扬中县化纤织造厂。1981年产品降价，亏损40多万元，转产毛纺，主要生产精纺26支晴纶针织绒。1982年又更名扬中县第三毛纺厂，1983年生产能力1200锭，年产量达250多吨。1985年，有职工136人，厂房100多间，占地13亩。工厂有固定资产70多万元。完成产值286.13万元，利润46.53万元。

1989年和1990年，第三毛纺厂分别上丝织产品和绢纺产品项目。1992年分家单独核算，分别取名扬中县华兴织带厂和扬中市绢纺织总厂。2000年前后绢纺织总厂歇业，2006年织带厂仍在生产经营。

镇江扬中拆船厂 办于双三村张彤港，1984年4月筹划，7月份第一艘船“宝拉号”远洋轮冲滩，1985年7月拆结束。经核算净产值计1440万元，实现利润51万元。第二艘远洋轮“顺风号”于1985年4月冲滩，年底基本拆完。嗣后，又连续拆船2艘，两年间共拆船4艘。1986年，拆船厂投资120万元，在集镇为民路东头创办扬中市第二工程塑料厂。1987年又在该厂内兴办温控器厂。后因拆船业进入低潮，于1990年停办拆船项目。

1992年恢复拆船厂，厂址移至东来村。下半年购进第一艘船就遇风险，沉没在长江南通港江中。1993年8月，购进的万吨轮在川心港东头南侧顺利冲滩。1994—1996年间又陆续引进船3艘，顺利拆完。1994年兴办轧钢车间，生产民用建筑钢材，为群众建房带来方便。最高年产值达3000万元左右，利润甚优，为集镇道路建设和自来水管道铺设做出贡献。1998年拆船厂关停歇业。

西来桥镇自来水厂 建于1982年4月，原址在川心港西头大闸北边，厂区面积1200平方米，共有干部职工10人，当年10月建成供水。初办时只有一座净水器，日产水量仅500吨，只能供应集镇区域和水厂周边少数地区。

20世纪80年代中期，在社会各界的支持下，镇、村、组三级投资338万元用于水管改建，铺设Φ100毫米以上的主管道32.8公里，二级管道26公里。1997年底日产水量3500吨，全镇居民用上自来水，普及率达100%。进入90年代后，水厂规模和设施不能适应发展需求，经请示镇江、扬中市政府同意整体搬迁，1999年12月正式开工。2000年12月28日建成供水，总投资608万元。新水厂日产水能力按1万吨设计，5000吨实施。至2002年，共计铺设Φ100~300毫米的供水主管道34公里，Φ50~70毫米的二级供水管道94公里。

西来桥镇物资站 20世纪80年代，西来桥物资购进和输出仍靠船装水运。许多国家计划供应的物资，因运输不方便，群众不能及时购买到。1985年，为方便群众及时购到计划物资，在县物资局的关心支持下，建立西来桥镇物资站。该站为县物资局的下属供应点。计划供应物资主要有：木材、钢材、煤炭（以民用煤炭为主）、柴油、机油、重油等。同时，站内还组织人员采购一些计划外物资，扩大经营业务。一般年份的销售额均在3000万元左右，最高年份达

6000万元。每年上交镇政府数十万元。1989年北胜小学建造教学楼，1991年改造南阳小学危房校舍，镇物资站都出资相助，支持农村基础教育发展。还连续多年为镇政府承付数名现役军人的优待金，支持“双拥”工作。

改革开放后，逐步取消物资计划供应，西来桥镇物资站与县物资局脱钩，于1990年改制为镇办集体单位，自己组织货源，货源也较以前充裕。随着市场经济开放，客户可以自行采购，物资站销售额逐年减少，经营项目只以煤炭为主，外带一些畅销物资。工作人员从原来的20多人渐渐缩减至几个人。2006年改制为个体私营企业。

西来桥镇排筏站 成立于1985年12月，属镇办集体单位，自主经营，独立核算。建站时，一无房屋二少资金，办公室是租用的民房。经营项目是联系木材作业港口，组织工人对木材进行尺码检测、人工扎排、分流运送，均为露天作业。按规定或签约收取劳务费。起初只有六七十个工人，后来扎排工人发展到126人，分成6个作业组，并设有科长、队长、组长负责管理。作业组常年劳动地址分别为：张家港、上海南汇、南京新河港口。

20世纪80年代，国内木材采购供应均需计划，好多工业、民用木材靠从国外进口的花旗松，进口时用大型货轮运至沿海沿江港口，经工人卸船后，进行人工扎排，分流水运至经销地点。因扎排是技术活，又是重活累活。排筏站招聘的工人大多数是原武进荫沙作业区扎过排的，西来桥籍的扎排工人只有十几个人。扎排工人的工资收入比较高，月工资一般在1000多元，常年工资超万元。排筏站每年有数十万元收入。收入分配方案是：一半用于发放工人工资，一半用于行管人员工资、各项费用开支和上交。该站第一年上交镇政府2.5万元，第二年上交3.6万元，逐年递增，1993年上交镇政府16万元。

1988年市场开放，排筏站还自己组织贷源，经销木材，以解决当地的部分需求，供应品种主要是花旗松，也有少量杉木。既有了劳务收入，又增添了销售收入。木材销售因多种因素，经营没几年时间就停止了。经过几年的运作，集体有了资金积累。1991年下半年，经镇政府同意，在新集镇建造办公用房240多平方米（6间两层楼），改变了长期租用民房办公的状况。

1992年扩大经营，兴办小工厂，厂名为星光节能电器厂，专业生产电子镇流器，与武进小河的一家灯管厂配套。镇政府还从五金厂调来赵维钧负责技术工作，随即站内派赵维钧一行四人到徐州矿业大学（现中国矿业大学）电子系学习。学习回来后即试制出产品，经检测产品质量不过关，后来又多次试制，还是不合格。因该产品当时为出口业务，虽经多次改进提高，能达到国家标准，但达不到国际标准，致使产品不能形成销售。购置设备、生产原器件的经费投资较大。为了能生产出合格的产品，后来又到上海找师傅，也未能使电子镇流器批量生产，始终未能形成销售。1995年下半年，工厂停产歇业。

1995年，原来基础较好的扎排分流劳务也逐步减少，1996年春季扎排分流劳务结束。镇政府随即关停排筏站，主要管理干部调离，收回办公用房。

西来桥建筑站 初名幸福建筑站，创建于1979年，职工为该公社五匠（手艺人统称）人员。当时主要以劳务建筑为主，组织施工队到常州等外地承包建筑工程，另有建筑队承接地方建设项目和农村民房建筑施工。1985年，依靠站内的技术人员及工人，组建建筑材料厂，专业生产水泥楼板、桁条等建筑材料预制，当年完成产值51.8万元，实现利润15.18万元。建造了办公室、食堂等用房，有一定规模的生产场地。最多时有职工 120 多人。

为适应经济发展需要，1994 年更名为西来桥建筑安装公司，经营业务不变。1999 年公司改制为个体企业，站名未改，法人代表孙全章。2002 年建材厂停产，专业承建房屋建筑、小型桥梁、道路建设等项目。

扬中县第二工程塑料厂 创办于 1986 年，主要业务为加工生产电视机外壳、录音机外壳、汽车面罩、冰箱菜盒子、塑料阀门等。

1986 年春，经镇党委、政府协调，由扬中县拆船厂（镇办企业）出资 120 万元，兴办扬中县第二工程塑料厂。随后便选址建造厂房车间，年底购进一台 4 公斤注塑机，经安装调试后投入生产，先为北京电视机厂扬中分厂加工生产东风牌电视机外壳，后又联系到镇江电视机厂牡丹牌电视机外壳的生产业务，除生产电视机外壳外，陆续增加的产品有丹阳界牌地区的汽车面罩、联合阀门厂的塑料阀门等产品。业务扩增，让企业生产稳步发展，也取得了较好的经济效益。厂内分设有注塑、喷涂、机模、包装等车间，同时健全财会、质检、仓库等管理科室及各项规章制度，全厂有职工 80 多人。

1989 年、1990 年，工厂先后购置 2.5 公斤、1 公斤、125 克注塑机 3 台和塑料粉碎机等设备。生产业务也有新的产品，盐城燕舞牌收录机外壳、安徽某冰箱厂的菜盒子全都在该企业加工生产。生产产值、利润收入逐年增加。90 年代初期，每年产值均能达到 600~700 万元，利税近 100 万元。1992 年新建一座四层办公综合楼，建筑面积为 900 多平方米。

1994 年企业完成首轮改制，实行公有民营承包制改革，由个人承包经营。这个时期的电视机外壳生产因扬中和镇江两家电视机厂停产转产而终止，主要产品只有收录机外壳、汽车面罩及一些零星加工业务，产值利润均受到影响。后随着收录机销路不畅，燕舞牌收录机外壳生产业务逐年减少，界牌的汽车面罩生产也渐渐回缩至丹阳当地，生产业务锐减，工厂生存困难。1997 年，第二工程塑料厂暂告停产。1998 年 4 月，镇党委和政府为发展经济，启动恢复第二工程塑料厂的生产，将该厂交由周伟民承包运作，因工厂自身没有主导产品，虽多方奔波联系业务单位，都未形成产品批量生产，经营近两年时间，终因业务匮乏、资金不足等原因，于 2000 年春节后再次关停。

第三节 村办工业

1958 年“大办工业”，幸福公社各大队（管理区）都兴办过“土化肥”“土农药”“小钢铁厂”等工厂，后在反“浮夸风”中相继关停。

20 世纪 60 年代，大队办工业真正兴起。初始主要产品有砂轮、眼镜、五金电器、柳器编织、鞭炮等，后来增加汽车灯具、化工、自行车零件、机械铸造、金属设备等产品。1961 年，因该地没有电力（当时未通电），新升大队孙有善带领一班人在三茅镇办起眼镜厂。1962 年，新华、新民、胜利、日新、福星 5 个大队先后创办砂轮改制厂，共计有工人 130 多人，产值有 150 多万元。60 年代中期，眼镜、鞭炮生产在队办工业中迅速发展。1965 年 7 月，日新大队（今西来村）创办西来眼镜厂，最多时有职工 150 多人。1969 年 3 月，胜利大队在眼镜生产车间的基础上，扩大生产规模，挂牌成立扬中县第二眼镜厂，时有工人200多人，产值近百万元。1969年6月，新升大队社员办在三茅镇的眼镜厂转址幸福公社，创立扬中县第三眼镜厂，有干部职工154人。产值也近百万元。从此，眼镜成为西来桥工业的支柱产品。1983—1988年，是眼镜生产的鼎盛时期，除镇办眼镜厂外，其余均为村办企业，兴旺时期生产人员有550多人，年产值3000多万元，占当时全镇工业产值的一半。

改革开放后，眼镜生产又有新的发展，全镇较有生产规模的眼镜个体户9家，新升（东来）村占有3家。好多生产眼镜的师傅和技术人员走出厂门自办企业，或到外地做大师傅（技术人员）。据不完全统计，新升村做眼镜、跑眼镜和在各地开眼镜专营店的占全镇从事眼镜行业人员的三分之二多，堪称西来桥镇的“眼镜村”。

由于西来桥镇当时的交通闭塞，眼镜生产没有统一的联合体，缺乏专营市场，销售出现滞软。随着周边地区的武进魏村、丹阳眼镜市场兴起，使全镇的眼镜生产越来越不景气，1990年逐渐停产，只有少数人从事镜片机磨加工，坚持了四五年时间，1995年后，就没有人做眼镜了，该产品在西来桥镇停止生产。

鞭炮是西来桥的传统产品。60年代中期，合兴、新升、新华等大队、生产队有鞭炮生产作坊七八处，每处只有生产人员七八人。产品畅销，资金周转快。1969年3月，合兴大队创办扬中县南阳鞭炮厂，有工人30多人。主要产品为爆竹、小鞭和高升。小鞭和高升生产，多半是将原材料给群众拿回家加工，然后再收回厂内灌药包装。当时做加工的人很多，单就合兴大队有几十户及100~200百人，故称合兴大队为“鞭炮村”。1979年征用土地12亩，建厂房扩大生产规模，从外地请来师傅（技术人员），生产低档小型烟花产品。1991年之后，由于销售兴旺，又增招生产人员，扩大生产，烟花产品逐步向高档产品发展，产值大幅提升，达60多万元。

1968年，日新大队、新升大队分别将生产队办的鞭炮组或鞭炮作坊收归大队，扩大成立鞭炮厂，销售形势很好。但因严重缺乏安全意识，新升大队鞭炮厂接连发生几次事故，20世纪70年代初停办。日新大队鞭炮厂也于1976年关停。

1984年，新华大队创建扬中县新华鞭炮厂，有工人近50人。1985年10月，福星大队创立扬中县福星鞭炮厂，工人近40人。两厂均以生产鞭炮为主。后来，新华鞭炮厂也开发烟花生产，亦能生产中小型烟花产品几十种。

由于在鞭炮生产中发生数次事故，造成人员伤亡，1995年底，按扬中市统一要求，全镇鞭炮厂一律关停。

除眼镜、鞭炮产品外，柳器编织产品也是幸福公社（西来桥镇）村（大队）办工业的传统特色产品。上世纪60—80年代初期，新升、双山、北胜、新华、合兴、日新、胜利等大队都办过柳器厂，有些产品远销国外，为发展农村集体经济做出过贡献。农村实行家庭联产承包责任制后，村民小组（生产队）的柳滩也分给个人承包，各大队柳器厂先后关停，生产工人全部回家自己做柳器。

1985 年西来桥镇(幸福公社)村(队)办企业情况表

表 3-6

村别	厂名	创建时间	1985 年工厂人员		生产项目及产品
			干部(人)	职工(人)	
新升	扬中县第三眼镜厂	1967.6	12	142	眼镜片、镜架
双三	扬中县自行车零件厂	1967.8	17	243	自行车零件、锉刀
	扬中县电讯电器厂	1985.1	5	55	变压器冲压件
东进	扬中县第二眼镜厂	1969.3	22	231	眼镜、锉刀
	幸福铸造电镀厂	1979.10	13	90	电镀
南阳	扬中县南阳精密铸造厂	1980.10	4	26	铸件
	扬中县南阳汽车配件皮鞋厂	1983.1	5	40	汽车配件、皮鞋
	扬中县漆包线厂	1985.4	6	42	漆包线
	扬中县南阳鞭炮厂	1969.3	4	26	鞭炮
南旺	扬中县南旺无线电配件厂	1965.10	4	49	标牌、服装、线路板
新华	扬中县新华医疗电器厂	1965.10	14	17	电热管
	扬中县新华鞭炮厂	1984	4	42	鞭炮、纸精
福星	扬中县毛纺针织联营厂	1985.4	11	75	针织、服务
	扬中县幸福电热电器厂	1983.1	6	27	电热管、汽车灯具
	扬中县福星鞭炮厂	1985.10	7	30	鞭炮
大兴	扬中县大新五金配件厂	1985.9	3	12	瓶塞
西来	扬中县西来眼镜厂	1965.7	18	138	眼镜、齿轮
北胜	扬中县汽车降温器厂	1965.7	12	83	汽车降温器、灯具、化工
曙光	扬中县仪表旋钮厂	1969.9	15	110	手套、锁、铜件

村办企业在产权制度改革前已关停不少，1997—2001 年参加改制的村办企业只有 7 家。通过改制，村办企业全部改为私营企业或集体股份企业。

1997—2001 年西来桥镇村办企业改制情况表

表 3-7

改制前厂名	改制后厂名	改制后企业性质
新医疗电器厂	扬中市国鹰电器有限公司	民(私)营
日新齿轮厂	扬中市荣盛液压件有限公司	民(私)营
北胜化工厂	扬中市合成化工厂	集体股份
双山自行车零件厂	扬中市兴达自行车零件厂	民(私)营
东进电镀厂	扬中市胜利电镀有限公司	集体股份

续表 3–7

改制前厂名	改制后厂名	改制后企业性质
南旺无线电配件厂	扬中市旺桥剑杆设备厂	民(私)营
南旺乳胶厂	扬中市银星乳胶有限公司	民(私)营

扬中市合成化工厂 北胜村村办厂，创办于1981年，主要生产2.4–二氟硝基笨、3.3–二氨基二笨砜、4.4–二氨基二笨砜、3.4–二氟三氟甲笨产品，广泛用于医药、农药、染料、树脂制造。该厂初期有固定资产500余万元，职工50多人，年产值近500万元。经过多年的发展和技术改造，生产能力逐年提高。1991年冬，生产的3–氯四氟笨胺、24–二氟笨胺、24–二氟硝笨胺获得国家免检产品称号，走出国门，远销日本、印度、美国、德国等国家。

1998年2月，企业改制为村级合作股份制企业，由专人负责企业运作，按股份合作协议每年上交村委会租金16万元。改制后，企业有了进一步发展。添置生产设备及产品检测仪器。制定“以人为本，生命至尊，落实责任，科学管理”的安全生产方针。工厂有自营出口权，享受出口免税退税优惠，产品50%左右销往日本等国。2006年完成产值1500万元。

第四节 校办企业

随着教育事业发展，学校规模不断扩大，教学设施不断更新。学校除了依靠国家、社会力量办学外，还自力更生勤工俭学，筹措资金维修校舍、增添设备，改善办学条件和教职工生活。

一、小学办厂

20世纪70年代初，幸福中心校（后称西来中心小学）组织人员，开办小工厂，主要为镇办企业糊制包装纸盒和烫制塑料包装袋。虽然产值不高，但成本小，开支少，利润比较丰厚。学校利用这笔资金维修校舍，添置教学用具，并拿出少部分用作教职工的年终福利。1979年，学校成立幸福中心校塑料灯具厂，投资数千元购回4台注塑机，生产各种服饰纽扣，同时还生产各种汽车灯具。学校从教师中培养管理人员和供销人员，解决产、供、销问题。工人多数是教师家属。年产值达100多万元。1986年，中心校又投资兴办扬中市文教电热元件厂，生产各种电加热管，该产品曾一度产销两旺，最高时年产值达300万元。为学校创造经济效益，解决学校经费困难和筹措教职工福利做出贡献。

在中心小学校办企业发展的同时，各村小因地制宜，开办小工厂。但生产的产品大体相同，加之规模小，资金少，在市场竞争中逐步陷入困境，有的仅靠国家税收优惠政策赖以生存。为了摆脱困境，加强管理，1996年，经中心校决定成立联办厂，并抽调一名村小校长和老师任厂长、会计，专职管理联办厂，取得过一定的效益。后来，由于国家对校办企业的税收优惠政策取消，市场竞争力加剧，以及国家对教育的管理越来越规范，1999年，中心小学校办厂进行改制、转让，学校不再参与工厂管理。2001年，联办厂所属各厂全部停办，学校派出参与工厂管理的教师全部返回到教育教学工作中。

1989年初，中心小学注册创办扬中市合成材料制品厂。1993年征用西来村4组农田，新建厂房近2000平方米，生产工程机械专用涂料，2000年产值超过亿元。同年组建江苏荣昌集团。

2001年，企业改制，成立江苏荣昌集团，为私营企业（参见本章第五节中“江苏荣昌集团）。

二、中学办厂

幸福中学（后称西来中学）校办厂同样起步于20世纪70年代初期。为了解决学生的学工活动，学校兴办“九二〇”（发酵工程）车间和元钉车间。后来又先后兴办眼镜厂、有机灯具厂等。校办企业发展，为学校校舍建设、围圩办农场、师生福利方面提供了资金保证。1984年起，学校征用土地，扩建校舍，添置教学设备，其资金来源是“四个一点”（教育局拨一点，政府拿一点，社会各界捐一点，学校筹一点），在“学校筹一点”中的大部分来自于校办企业和勤工俭学。

20世纪90年代，随着校办企业蓬勃兴起，学校将新华村的个体锉刀厂吸收为校办企业，注册名为扬中市文教工具厂。在市教育局和校办工业办公室的扶持下，企业发展迅速，年产值300多万元，累计上缴利润50万元，为改善办学条件和提高教职工福利做出了贡献。1998年根据上级有关要求，企业改制为股份制企业，校办厂性质不变，厂名未改，继续为学校做贡献。

第五节　民营企业

随着改革开放的深入发展，民营企业应运而生。加之1997年后的企业改制，乡镇企业及校办企业改制为民营企业。西来桥镇较具规模的民营企业有：

江苏荣昌集团　江苏荣昌集团前身是扬中市合成材料制品厂（西来桥中心小学校办厂），经改制成立的集团公司，由荣昌化工、荣昌机械、荣昌汽配三家分公司构成。主要生产油漆、四氟橡胶制品。长期以来，公司紧紧把握社会发展的大好形势，与中国化工建设总公司常州涂料研究院合作，于2001年成功研制出具有自主知识产权的高性能工程机械专用涂料，该产品通过江苏省科学技术厅鉴定。鉴定组一致认为各项技术、性能指标均居国内领先地位，填补了国内空白。并于同年推向市场，得到用户的好评。2002年获江苏省科技进步三等奖，被认定为江苏省高新技术产品，并列为省星火计划。企业亦被评为高新技术企业。

2002年，该企业与德国彭莱机械设备有限公司合资成立江苏荣昌化工公司，并于当年6月1日注册备案。为扩大企业发展，提高产品质量，公司在成立初从德国耐驰公司购入LMZ系列砂磨机，以及美国现代化包装线、通风设备一套，美国Q-P公司色差仪及盐雾机、老化仪等设备，从硬件上扩大企业产业链，提高产品质量。公司通过了ISO9001质量保证体系认证，而后又通过了ISO40001环境管理体系认证，从原料采购、生产、检测、销售、管理等方面入手，形成一整套适合该企业的管理体系。

2003年，公司投资组建成跨地区、跨行业的江苏荣昌机械制造集团有限公司。以生产工程机械专用玻璃机罩为主，同时生产各种橡胶制品。公司成立不久，便以其雄厚的技术开发能力，自行研制出新产品，获得7项国家专利，其中实用新型2项，外观设计5项。是年，荣昌化工有限公司又研制出新型环保性木器涂料，产品在同年底获江苏省科学技术厅专家组鉴定，鉴定会认为该产品居国际先进、国内领先水平。2004年被江苏省科技厅认定为高新技术产品，该产品已申请发明专利。

为适应企业发展的需要，2003年10月份公司投入资金4000多万元，新建现代化大型生产车间两座，办公楼、生活综合楼各一幢，分别于2004年8月与2005年3月投入使用。集团现拥有固定资产近5亿元，占地面积23万平方米。先后被认定为国家重点高新技术企业、江苏省高新技术企业、江苏省诚信企业。连续多年被评为镇江市重点化工企业，扬中市"三十强"工业企业。2006年完成产值1.61亿元，实现销售1.58亿元。

1998—2006年江苏荣昌集团主要经济指标情况表

表3-8　　单位:万元

年度	工业总产值	产品销售收入	利税总额
1998	829	789	126
1999	1290	1228	198
2000	1750	1586	256
2001	2724	2217	335
2002	3904	3194	363
2003	5196	5082	709
2004	5759	5454	806
2005	8616	8567	1032
2006	16100	15802	1486

镇江市江冠电器有限公司　该公司创办于1990年初。在一无资金二无土地厂房设备的情况下，借用镇自来水厂的3间房屋，生产单一的塑料防污罩产品，注册资金只有3.6万元，年产值不超过10万元。

1993年推行公有民营机制，企业经镇政府牵头租用集体企业厂房，每年上缴政府6万元。为了发展和生存，企业于当年投资，研制出新型五防闭锁和硅橡胶增爬伞裙新产品，实现年产值100余万元。

1995年利用自有积累资金买下原西来桥卫生院的所有土地及房屋，改建成厂房，当年完成整体搬迁，从此江冠电器有限公司有了自己的生产场所和办公用房。

1999年企业改制，成立镇江市江冠电器有限股份公司，属股份制企业。

2001年与台商合资，并在北京设立江冠电力设备销售中心，以拓展业务。

2006年，该公司有固定资产和流动资产近2000万元，年生产能力达5000余万元。企业员工45人，其中具有大专以上学历的6人，高级技术人员4人，中级技术员6人。是年产值1097万元，完全实现销售。

第五章 交通运输

新中国成立前，西来桥地区交通极为不便。由于四面环江，与岛外沟通，全靠橹帆木船。境内无公路，陆地运输靠人推独轮小车或肩挑人抬。

新中国成立后的一段时间内，虽有改观，但变化不大，只是对船只航行进行管理。1953年设立交通运输签证点，由县交通局派一名工作人员驻点工作。西来桥集镇组建搬运组，全组共有7人，主要从事船运货物的装卸工作，也是肩挑人抬。1972年公社成立运输站，1983年开始建造镇内公路（砂石路），从北胜村江边至南旺桥街，全长5.2公里，宽4米。1984年10月1日通车，只有一辆客车在境内来回行驶。1985年5月1日，轮船港至北胜江边汽渡通航，扬中县城到西来桥直通汽车。1987年12月28日，客车从南旺桥街延伸至南旺桥江边渡口，与武进魏村相衔接。

1988年3月，部分外地离退休回乡的老同志呼吁解决西来桥镇的交通难问题，镇党委、政府以及地方志士不断上书省、市有关部门，镇人大也提案上报申请，请求在西来桥镇与武进荫沙仅隔56米宽的小夹江（西江）上建桥。经过大家的共同要求，1990年11月22日，江苏省交通厅批准西来桥人民的建桥申请，1991年2月1日举行隆重的大桥奠基仪式，1992年9月16日，幸福大桥竣工通车，西来桥从此连通苏南及全国各地，大大有利于经济发展和群众的交通出行。2004年10月28日，扬中长江二桥建成通车，北胜江边至庆丰桥的公路进行改道，并被纳入省道238。

随着陆地交通的日益发展，水运交通逐步减少。2006年，全镇从事水上运输的船舶不足10艘。

第一节 水路运输

一、船舶

清嘉庆十年（1805），邑人姚炳荣等创设中心沙至武进惜字洲渡口，用木船1艘摆渡过往行人。清光绪年间（1875—1908），福兴洲至荫沙口设有义渡，有义渡船1艘，江岸建有义渡亭。另外，小泡子—大泡子—轮船沙（移沙）之间也曾有义渡船摆渡。

西来桥镇由于四面江流阻隔，出产的农副产品和人们所需的生活用品等物资全得靠用木帆船运进运出。1949年初（解放前夕），域内有大小船只数十艘。其中有货物运输船、过江摆渡船、渔船等。

1950年，水路运输逐步发展，运输木船增多。1953年，全区有自航木帆船32艘，总吨位325吨。1962年之后，水运事业发展较快，大队和生产队相继自购木帆船搞运输，仅新华大队就有运输木船11艘。20世纪70年代，有了水泥船和钢质船，吨位较大的船装上柴油机，改成机动（帆）船，吨位小的船装上机动挂浆机，改成挂浆船，自航木帆船基本淘汰。1986 年，全镇共有各类机动船 66 艘，总吨位 982 吨。

1986 年西来桥镇挂浆机船、机动船情况表

表 5-1　　单位：艘、吨

单位	船型	数量	总吨位	单位	船型	数量	总吨位
新华村	机　动	4	38	福星村	挂浆机	10	134
	挂浆机	7	110	北胜村	挂浆机	3	30
双三村	机　动	4	51	运输站	挂浆机	9	201
	挂浆机	1	15	供销社	挂浆机	3	38
东进村	挂浆机	3	124	农具厂	挂浆机	2	20
南阳村	挂浆机	7	164	五金厂	挂浆机	2	25
南旺村	挂浆机	2	24	机电站	机　船	1	12
西来村	挂浆机	7	84	毛纺厂	挂浆机	1	12

改革开放后，从事水路运输的个体船舶日渐增多。集体的船只逐渐转改为个体私营，不少的小船换置成大船，最大船吨位达 400 吨。90 年代初，有个体运输船舶 18 艘，合计吨位 1890 吨。分布状况为：西来村 5 艘，总吨位 710 吨；复兴村 8 艘，总吨位 840 吨；北胜村 1 艘，吨位 40 吨；南阳村 2 艘，总吨位 120 吨；东来村 1 艘，吨位 120 吨；双三村 1 艘，吨位 60 吨。

1994—2006 年，由于陆路运输发展，农村拖拉机、汽车运量增加，水路运输量逐年减少，装运货物的船舶存数不多。

二、航道

西来桥镇四面环江，沿江段均属长江航道，航道里程 16.5 公里，都可通航。境内河港纵横，通江港汊有 10 条，较大港道夏秋水涨时可航行 5~10 吨的船只，冬季水枯时，只有少数港道能行船。

解放后，为了抵御洪涝灾害，增强防洪能力，1957—1977 年间，先后在 10 条通江港口建涵造闸和机电排灌站。1975—1978 年“农业学大寨”运动中，大搞圩内河网化，调整原有水系，平填老港道 7 条。对川心港拓宽浚深，拿弯取直。1977 年冬，在川心港西头建造 5 米宽通行节制船闸，可终年通行 20 吨以上船舶，从此内港只有川心港能行船，1979 年，川心港仍被列为主要港道。

单位：公里

三岔港至三岔港

三岔港						
5.0	南旺桥					
7.0	2.0	八匡圩				
9.5	4.5	2.5	东来桥			
11.5	6.5	4.5	2.0	五圩沟		
13.5	8.5	6.5	4.0	2.0	大泡子	
16.5	11.5	9.5	7.0	5.0	3.0	三岔港

东来桥至三岔港

东来桥			
1.3	幸福电站		
1.5	0.2	西来桥	
3.0	1.7	1.5	三岔港

荫沙北至德胜河口

荫沙北		
1.5	新孟河口	
4.6	3.1	德胜河口

图 5-1 1986—2006 年西来桥镇环江里程、各港口里程示意图

西来桥镇沿江环行里程 16.5 公里，川心港长 3 公里，西南小夹江 4.6 公里

三、码头（渡口）

渡口俗称码头。西来桥因受四面环江困扰，人们出江办事、走亲访友、赶集买卖等都非船莫渡。境地在清嘉庆年间就设渡口多处，清代末期渡口有义渡、民渡之分。

义渡渡客免收渡费，经费靠捐资解决。也有官府拨给的。西来桥曾有义渡两处：一处是福兴洲义渡村通荫沙口（武进）；一处是小泡子经大泡子通轮船沙（太平洲）。

民渡均为私人经营，渡客、较大较重货物过渡均收费。最早设渡的在清嘉庆年间（1805—1820），有惜字洲码头、南旺桥码头、张三码头、三岔港码头等。至 1949 年，域内有渡口 10 处，渡船 12 艘。

新中国成立后，有几处渡口曾时摆时停。南旺桥渡口、三岔港渡口、大泡子渡口被县收管，人员船只由县渡船管理部门负责调配，渡费收入上缴，工资经费下拨。20 世纪 70 年代后，东来桥—天星桥（泰兴）、东来桥—开沙、大泡子—轮船沙等几处渡口相继停摆。1983 年，三岔港渡口因常扬线班轮停靠，政府出资建造候船室。1985 年，三岔港、南旺桥港口将木帆船更换为机动船，核定渡载人数，加强安全管理。随着轮船港汽渡通航和幸福大桥通车，多处渡口先后停渡。2006 年，西来桥镇只有北胜港至武进九圩港一处渡口摆渡运营。

各处渡口有固定的滩场和岸路，被用作水运货物的装卸码头，堆放物资。特别是建筑用的石头、石灰、砖瓦等材料，都得先卸货屯放，再运回家。集镇在西来桥南边西侧，建有供商铺及群众装卸物资的专用水运码头。60 年代在集镇港北，农具厂、供销社、粮管所等处建有水运专用码头。

20 世纪 30 年代至 80 年代西来桥地区渡口及渡运航线情况表

表 5-1

渡口名称	渡船数(艘)	吨位(吨)	渡工数(人)	对岸坐落地点	建渡年份	废弃年份
观音庙	1	8	4	泰兴县天星镇	1935	1969
东来桥	1	8	2	开沙	1935	
南旺港	1	5	4	武进魏村大沙	1935	
永兴港	1	5	2	武进惜字洲下框		
小新港	1	4	2	武进小河惜字洲	1935	
母字港	1	4	2	武进小河茅庵港	1935	
福星村	1	4	4	武进小河荫沙口	1935	1992
三岔港	1	4	4	武进小河大圩埭	1957	
北胜港	1	4	2	武进小河九圩港	1930	
大泡子	1	5	2	(轮船港)移沙	1935	
大泡子	1	15	2	轮船港	1930	
北胜厂	1	20	4	泰兴天星桥	1984	
大兴村	1	4	1	武进小河九圩港	1984	

第二节　陆路运输

西来桥成洲至新中国成立初期，陆路运输主要靠人推独轮小木车、双轮板车，或肩挑人抬。1970 年后，各大队陆续购进手扶拖拉机，共 73 辆，附有可载物 1 吨的车厢，合计吨位 73 吨。新开挖的河渠堤岸虽是土路，但都是较宽较直的大路，为货物运输带来很大方便。20 世纪 90 年代后，幸福大桥和扬中长江二桥相继建成通车，陆路运输更为方便快捷。

一、公路

1983 年开始修筑从北胜至南旺桥的砂石路，全长 5.2 公里。1987 年又从南旺桥延伸 3 公里至南江边渡口，同时修筑庆丰桥（惠明桥）到天门闸（川心港闸）的砂石公路，长约 1 公里，宽度均为 4 米。筑路经费系民办公助，乡筹资金 7.5 万元，国家拨款 15 万元。1985 年轮船港至北胜汽渡通航后，境内公路曾两次拓宽。从庆丰桥至南江边渡口段定名为庆丰线，路面改修成柏油路面，宽度 5~9 米。2004 年扬中长江二桥建造时，同时新筑二桥至幸福大桥的公路，全长 2.8 公里，柏油路面，路面宽 12 米。二桥通车后，此段公路被纳入省道 238。

西来桥境内除公路外，还有多条村道大路。川心港两边的港南路、港北路，全长 3 公里，连接东西两头江边，均可通行机动车辆。东来村经双三村至东进村的南江边大路，全长 4 公里，庆丰桥南经福星村、新华村至南阳加工厂大道，全长 4 公里。1987 年修筑成砂石路面。从西来桥集镇南街经南旺桥村至南阳村江边大道，全长4公里。从西来桥北街经西来村北部至北胜村江边，全长2公里。1999年，镇人大主席施正文和退休教师冯友文牵头，募捐集资38万元，将新华村利民桥至南旺桥的河堤土路及福星桥至南阳合兴河的大道，浇筑柏油路面，总长4.5公里。2000年后，加快村级道路基础设施建设，至2006年，全镇修筑村级道路85条，总长105.8公里，其中水泥路66.04公里，砂石路39.76公里。

二、桥梁

新中国成立前，西来桥地区计有木、石桥10座。桥梁都较短较窄，没有公路桥。

新中国成立后，结合兴修水利进行河道整治，新建部分永久性和半永久性桥梁，拆除旧桥7座。1965—1979年，川心港新建三五桥、学生桥、庆丰桥、红星桥、东来桥。1982年12月始建中来桥为公路桥。1985—2006年，全镇新建、改建桥梁40多座，其中有部分是江苏省农村小型公益项目投资。1992年9月建成由全镇人民自力更生建造的跨县夹江桥——幸福大桥。

1.古桥

西来桥境内原有古桥10座。最早的是老西来桥，始建于清道光十七年（1837），最初为木桥。后因年久木质朽烂，清光绪二十二年（1896），由地方绅士恽用康、郭文彬、梅先春、朱铭珊等人发起募捐，计收英洋壹仟壹佰壹拾元贰角，钱五十九仟伍佰文，改造成石桥，现还存有石碑铭文记载。古桥多数是先木后石，全为跨港架设的单节石板桥，两头桥墩基础层打木桩，然后用石块垒砌而成，用4块长条麻盘石（花岗石）并列组成桥面，两边有较矮的石栏杆，有的桥头和桥中间各有1对石狮子桥柱，以壮观瞻。石桥多为清光绪年间（1875—1908）建造，新中国成立至60年代存有古桥（石桥）西来桥、东来桥、中坝桥、张家桥、南旺桥、北兴桥、绝港桥（红土地庙桥）、胡家小桥等。北兴桥、中坝桥因年久失修、自行垮塌。其余古桥在1975年后，平整港汊，整治河道中被拆除，现已无有存在。

西来桥境内原有古桥建造情况一览表

表5–2

桥　名	坐落地址	结　构	建造时间	备　注
西来桥	街中心(南街—北街)	先木后石	1837(道光十七年)	
北兴桥	北胜—西来	先木后石	1875(光绪元年)	
红土地庙桥	新华—福星	石桥	1875(光绪元年)	又名安乐桥
中坝桥	曙光—西来	先木后石	1877(光绪三年)	
南旺桥	南旺—双山—东进		1878(光绪四年)	
东来桥	新升圩—武进圩	先木后石	1879(光绪五年)	
张家桥	三岔港港心西边南北向	先木后石	1902(光绪二十八年)	1934年改石桥
杨星林桥	三岔港港心东西向	木质	1904(光绪三十年)	
张克林桥	三岔港港心东边南北向	木质	1904(光绪三十年)	
傅胡家小桥	南旺—合兴	石桥	不详	

附录：

请示输捐重建西来桥碑志

钦加四品衔即补直隶州特授江苏省常州府武进县正堂吴为

给示晓谕事，據福兴洲各沙总董监生郭文彬、文生梅先春、耆董朱铭珊禀称：福兴洲毗连丹泰两邑，有西来桥一座，坐落中心港西街，为通洲三邑居民往来要道，从前以木架造，迄今年久朽坏，亟宜重修，刻经合洲公议，拟筹捐改木为石，请工估计约需工料钱壹仟餘千，虽多慷慨解囊之人，而一时筹集较难，若必欲筹款之后，再行办料，则冬令水涸，石料重载，势难进口，董等再三会商，幸有恽绅用康及施义成各願先输洋五十元，生文彬願捐洋壹佰元，餘有不敷，再为筹借，先将石料办成，趁此秋水方盈，乘潮驶进，择桥两岸，就近堆积，诹吉兴工，其借款俟将集捐归垫，第两面桥堍，本系官基，近年各搭有草屋，现当兴工修造，不但木石等料须地存頓，抑且紧靠桥堍，於工有碍，必得暂为拆讓，以备应用，将来工竣之日，儘听其另行搭盖。好在草屋工料每间不过二三千文，所费有限，况造桥亦属善举，应给示晓谕，俾使周知而免阻挠。再中心港为通洲大河，从前东西与两岸余滩，共有十余丈，逐渐被附近农民在滩栽种树竹，日形淤塞，以致河身宽狭不一，有碍行舟，若令各佃照址一律让还，未免工本尽废。董等酌中定议，拟以河宽四丈为度，如四丈内之树竹，是应一律伐去，四丈之外，仍听各户照旧栽种，惟不得再有僭越，俾使舟楫通行，不致阻碍，并求一体示谕。董等因公起见，为合联名环求俯准，给示晓谕，使尽周知，以全善举等情到县，据此，除批示外，合行给示晓谕。为此示仰该洲董耆、洲总、庄保、農佃、军民人等，一体知悉。须知西来桥为阖洲三邑農民往来要道，从前以木架造，迄今年久朽坏，现经该洲董等首倡输捐，改木为石，估工筹建，垂诸久远，洵属地方善举，自示之后，務各遵照，量力输捐，俾资集腋。第该桥两堍搭盖草屋，本系官基，必须堆积木石等料，於工有碍，急应拆讓，一俟竣工听其另行搭盖。至河面余滩，本極宽阔，现议以河宽四丈为度，如四丈内之树竹，自应一律伐去，四丈之外，仍听各户照旧栽种毋许再有僭越。倘有无知之徒，从中藉词阻挠，以及抗不拆让，僭占官基，有碍要工各项情事，准由该董等随时指名禀县，以憑立予提案究懲，不稍宽贷，所有建造收支各款，事竣榜示周知，各宜凛遵毋违，特示。

光绪贰拾贰年捌月　　日示

（输捐名录抄从略）

统共计收英洋壹仟壹佰拾元贰角

钱五十九仟五佰文

除收净虧壹佰叁拾壹元贰角陆分

又添石料洋六元四角

所虧之洋系　郭文彬　壹佰拾五元六角

恽用康　赔垫拾元贰角

施义成　拾元

主造　梅先春、恽用康、郭文彬、朱铭珊

经办　莊铭玉、施明齐、陸文龙　特白

勒　石　永　证

图 5-2　重建西来桥碑志

2.农桥

至2006年，全镇改建、新建农桥32座。其中改建石桥3座，木桥1座，新建桁架桥、砼平板桥28座，这些桥大多分架在新开挖的河渠上。川心港有公路桥、行人桥、农桥8座。团结河、向阳河有农桥18座。此外，还有村民用楼板架设的便桥及在门前铺设的楼板桥。2000年春，扬中市文教工具厂厂长冯桂宝个人出资，在团结河新华段建造“利民桥”，此善举被扬中市关工委《桥乡》一书载录。

1965—2006年西来桥镇川心港桥梁情况表

表5-2 单位:米

桥　名	长度	宽度	结构	建造时间	备　注
三五桥	28	2.2	砼质	1965.8	
学生桥	21.3	2.5	砼质	1966.8	已拆除
天门闸桥	6	5.5	砼质	1977.12	属公路桥类型
庆丰桥	24.2	4.9	砼质	1979.3	1987、1994年两次改建,现为公路桥
红星桥	30	2.2	砼质	1979.10	
西来桥	24.5	5.4	砼质	1980.7	2004年3月又改建
东来桥	27.5	3.6	砼质	1982.5	
中来桥	26	5.4	砼质	1982.12	公路桥已扩建
新西来桥	28	9.5	砼质	1985.10	可作公路桥

3.公路桥

1982年12月，西来桥境内建成第一座公路桥——中来桥，始建时全长26米，桥面宽5.4米。随着公路拓宽，中来桥也几经改造。扩建后桥长32米，宽12.8米。

惠明桥原名庆丰桥，是1979年3月建成的农桥，桥面宽不足5米，只可供手扶拖拉机和行人过往通行。1987—2006年，随着改革开放，交通运输快速发展，庆丰桥进行多次改建、扩建。轮船港汽渡通航，幸福大桥建成，扬中大道拓扩，庆丰桥成为北通扬中城区，南连常州的必经桥梁，途经车辆日益增多，不能适应通行要求。1994年由扬中交通公路部门投资，将拱形桥改建为宽8米的平板公路桥。扬中长江二桥通车，省道238与外埠接线联通，庆丰桥车辆流量逐年增大。在省道改扩工程中，该桥再次进行加固、加宽改造，使之成为省道上的标准公路桥，桥长28米，宽12米。2002年6月，为纪念1941年在抗日战争中被日伪军杀害在桥南侧的原中共扬中县委书记杨明和组织部长、代理县委书记赵惠东两位烈士，经中共扬中市委批准，西来桥镇人民政府将庆丰桥更名为惠明桥。

幸福大桥是20世纪初由西来桥镇政府和群众自筹资金，筹备4年时间建成的扬中第一座跨县夹江公路大桥。1991年2月1日，举行隆重的形式开工奠基仪式，参会群众万人之多。时任常州市领导、原扬中县委书记朱维中，扬中县县长陆朝银，武进县副县长陆惠良，武进县小河镇党委书记何小毛，西来桥镇党委书记赵根林分别在开工典礼大会上讲话。经过一年多的精心施工，大桥于1992年5月23日胜利安装合龙。同年9月15日通过省市质监部门的专家鉴定，认为大桥质量优良，遂于9月16日（农历八月二十）举行竣工通车典礼。江苏省交通厅党组成员、省公路管理局党委书记钱梅珍以及镇江市、武进县、扬中县领导出席庆祝大会并为通车剪彩。幸福大桥全长152米，桥面宽9.1米，桥高13.5米，桥下通航净高为12.2米。荷载汽车20吨、挂车100吨。

图5-3 幸福大桥(摄于1993年)

第三节　客　运

西来桥未通汽车前，客运全靠经过西来桥的班轮和地方客班船。1984年10月1日，镇内公路通车。起先仅有一辆客车在境内来回行驶。1985年5月1日，轮船港汽渡通航，客运班车从扬中县城通至西来桥。1992年9月，幸福大桥建成通车后，西来桥有了开通常州、镇江的始发班车。2004年，扬中长江二桥通车后，扬中汽车站开往苏南、上海、浙江等地的客运班车都从西来桥镇经过，并设有客运汽车站，境域客运更为方便快捷。

一、船运

清光绪二十八年（1902），上海内河招商局在武进荫沙设支局。经营常州至上海、小河至镇江、常州至沙家港等班轮。西来桥人远行，即可摆渡去荫沙乘班轮船。

清末民国初，荫沙开通至泰兴过船港、高港的客班船（三道帆大木船）停靠南旺桥江边码头，魏村港（大沙）驶往泰兴土桥、天星桥的客班船也停靠南旺桥码头，往泰兴江北方向去的旅客可在此上船直达。其间，船主朱惠文用10吨的木船，张条富用8吨的木船开通西来桥至丹徒姚家桥的客班船。船主林寿春用4吨多的木船开通西来桥至丹阳的客班船。后因班轮和公路交通发展，客班船营业渐淡，逐渐转为货运船。1946—1949年，新志轮船局曾开通武进奔牛至西来桥的班轮。

新中国成立后，常州轮船公司经营的常州至扬中栏杆桥、常州至泰兴高港班轮，均停靠西来桥三岔港码头。后因公路交通发展，常扬班轮于1984年3月停航。随后常高班轮也停航。1982—1983年，扬中相继开通轮船港至武进魏村、小河的机动客班船，沿途停靠境内四五个站点。大大方便了群众的出行及商贸买卖。由于客流量逐年减少，1986年停航。

二、车运

1984年10月1日，域内公路通车。县交通部门配发客车1辆，来回行驶在北胜江边至南旺桥的公路上，每天6~8班。1985年5月1日，轮船港汽渡通航，客运班车从扬中县城通至西来桥，每天上午3班，下午2班。1987年12月28日，客班车从南旺桥街延伸至南江边渡口，与武进魏村衔接，大大方便了南来北往的旅客。1992年幸福大桥建成后，于1993年春季，武进小河的一个体运输户开通从西来桥始发至常州的直通客班车。同年西来桥个体运输户于德才开通直达镇江的客运班车，起初都是1辆车跑，每天上午、下午各1班。1995年，北胜村村民郭礼龙同时买了2辆19座的客车经营个体客运，1辆跑常州，1辆跑镇江。于是，开往常州、镇江的客班车为2辆，每天班次增为4班，上午、下午各2班。后因长途客车营运线路整顿，开常州的客运班车停开，只有开镇江的客班车一直运行，车辆也换成较大的新型客车。1998年南阳村村民购进一辆19座中巴车，经营西来桥至三茅的客运。嗣后，又有四五户购置中巴车，加入西来桥至三茅的客运经营。扬中市汽车站只有1辆客车来回跑西来桥，其余客运车辆均为个体中巴车。1998年，还曾开通西来桥至南京火车站的小型客班车，因旅客流量少，2001年停开。

2004年，扬中长江二桥通车后，扬中县城汽车站开往苏南、上海、浙江等地的客班车一般都从西来桥镇经过，开始是定点招手停车上客，后来为安全管理，在省道238西来桥复兴段建起长途客运汽车站，旅客一律先买票再上车。

第四节 货 运

一、船运

西来桥的民间船运始于清道光年间，逐渐兴盛，并有好多船舶为专运船，如粮船、柴草船、树竹船、杂货船等。境内进出物资全靠木帆船运输。

1953年1月，福星区成立船民管理组织，实行船只定港，分区运输，统一调度。其时，全区有自航木帆船32艘，共计吨位325吨，年货运量近万吨。

1958年人民公社成立后，开始办集体运输。1962年，有生产队购船搞运输，经营者直接记工分或交钱记工分，参加农业分配。1972年公社成立运输站，将全公社船运纳入集体运输轨道。运输站除了管理、调度全公社的运输船只，还自有挂桨机船9艘，合计吨位201吨。中共十一届三中全会后，允许个人从事货物运输，全镇新增个体货运船舶19艘，合计吨位1890吨。最大船只400吨。

供销社、农具厂、五金厂、机电站、毛纺厂等单位都自备船只，运送自己单位的货物。20世纪90年代后，公路运输逐渐取代船舶运输。2006年，装运货物的船只在西来桥很少见到。

1976—1987年西来桥镇(幸福公社)水上运输货运量周转情况表

单位:万吨、吨/公里

年份	运量	周转量	备注	年份	运量	周转量	备注
1976	0.65	28.5		1982	0.82	33.5	
1977	0.65	27.2		1983	0.92	36.4	
1978	0.68	29.3		1984	0.75	27.5	
1979	0.71	30.5		1985	0.35	12.5	
1980	0.75	31.4		1986	0.40	14.5	
1981	0.78	33.5		1987	0.45	20.0	

二、车运

西来桥进出货物都靠木帆船时，人们在自然港汊的埭头村尾，用独轮小车、扁担箩子进行装卸货。1957年8月，西来桥成立搬运小组，有工人7人，工具是独轮车、小板车。1972年公社成立运输站，工人增至16人，实行交钱记工，工资收入自己留25%，供零用花费。20世纪70年代有了小型拖拉机运输后，效益快了几十倍。

1979年，改革开放带来个体运输发展，全公社购买大型拖拉机（自卸车）、货运汽车40多辆。1985年，轮船港汽渡通航后，各种大小机动车辆即可载货出入西来桥镇。1992年幸福大桥通车后，西来桥可以直通江南各地，车辆进出不受时间和天气的限制，货物运输方便快捷，个体运输和集体运输发展迅猛。西来桥运输站和其他12家工厂企业，先后购进大小货运汽车24辆，计载吨位118吨。个体货运车辆42辆，计载吨位150吨。2006年，全镇有运输车辆143辆，其中货运汽车72辆，大中型拖拉机54辆，客货两用车17辆，进出西来桥的货物运输主要靠公路车运。

是年，单位和家庭用轿车180多辆。

2006年西来桥镇各村(社区)机动车辆统计情况表

单位:辆

村(社区)名	大中型拖拉机	载重卡车	客货两用车	客车面包车	轿车	合计
北胜村	4	1	2	1	24	32
西来村	5	24	6	14	31	80
东来村	5	3		4	17	29
三新村	7	4	3	8	21	43
新程村	12	4		6	20	42
幸福社区	9	1	2	2	38	52
复兴村	12	1	4	10	19	46
合　计	54	38	17	45	170	324

三、联合运输

1973 年，公社工业公司开办联运业务，并派有专人负责，提高运输效率。各企业单位将包装好的产品或货物送到工业公司仓库，工业公司用船定期送至奔牛、常州火车站发往全国各地，专人代办，统一收费。

1992 年成立西来桥镇联运站，专业经营联合运输事项，为独立核算单位。联运方式与以前相似，主要为水路—铁路联运。由专人联系各企业单位，将其生产的产品或货物收集，用船运往附近地区的火车站，代办发运业务。当时铁路货车皮较为紧张，联运站还派出人员常驻奔牛等地火车站，联系车皮。随着幸福大桥通车，西来桥地区的公路交通运输得到发展，好多企业购置运输车辆，自行发运货物。此时的水运船舶也在逐年减少，联运站的货运量也越来越小，只能为一些没有车辆的和个体小企业发运货物。2000 年停止办理联运业务。虽经营业务停办，但机构仍然保留。先后任联运站负责人及站长的有：宋保圣、王宏飞、李健根、何宇福、李福章、印德富、何宇福。

第五节　交通运输机构设置

1953—1971 年，设幸福交通运输签证点，常驻工作人员一名，由县交通局调派。先后在此工作的有：张有德、伍会文、朱小余、唐长珠、石明坤。

1972 年成立幸福公社运输站，负责人的更迭情况是：

1972 年 2 月—1973 年 4 月，站长朱圣云、朱锦生。

1973 年 5 月—1978 年 2 月，站长严生贵。

1978 年 10 月—1982 年 12 月，站长陈加富

1983 年 1 月—1985 年 1 月，站长由严生贵兼任。

1985 年 2 月 1 日，遵照扬中县政府办公室〔1985〕25 号文件精神，对基层交通单位进行整顿，组建西来桥交通运输管理所，为县交通局派出机构，属事业单位，所长由孙长保担任。2002 年西来桥交管所合并到八桥，保留西来桥镇运输站，为镇属管理单位，由田荷生任站长。

第六章　邮政 通信 电力

西来桥镇的邮电通信，经历了从无到有、从小到大，从单一的信件收发到业务全面发展的过程。

解放前，先由开设“仁济堂”药店的股东丁开堂步行于西来桥集镇至武进奔牛之间收送信件。20世纪40年代的信件由武进小河邮政所带转，由宦老五每天下午到小河接邮包。当时仅代办信件往来。

解放后，由县接管邮政的南下干部徐斌负责，到西来桥筹办邮政。1950年秋，建立西来桥供销社，由供销社派一人专门负责邮政，同时开办汇款业务（邮件由政府交通员带运）。因西来桥行政隶属变动，一度时间内，一些写有“常州西来桥”和“武进西来桥”的信件仍由武进收理中转。1957年12月，供销社代办邮政改为国办机构。同时，西来桥邮政代办所扩展为国营邮电支局，职工从建所时的2人增加到7人，1985年为13人，1995年有职工22人。

1958年5月1日，架通县城至西来桥镇的越江电缆，西来桥邮电支局始设交换机，开始办理电信业务。1988年安装500门纵横自动交换机，实现微波通信。1994年10月开通1000门自动机房；1995年机房扩容至4000门，实装电话3500门；1997年在全市较早地实现了电话镇。1998年机房再度扩容达6000门，实装用户电话4500余门。如遇停电，邮电支局自备发电机组供电。

随着时代和形势的发展，邮政业务不断发展扩大，从50年代的单一收发信件到90年代的近百种业务项目。如函件、包裹、国际信函、电话、话传电报、报纸刊物发行、邮政储蓄、邮政快递、手机通信、保险项目等。

1998年底，由于体制改革，邮政和电信分开设置。西来桥邮电支局一分为二，一处为中国电信股份有限公司扬中分公司西来桥营业所（电信支局）。主要业务为电信业务、固定电话、宽带上网、网络电视等；另一处为扬中市西来桥邮政支局，主要业务为信函件、包裹、报刊发行、邮政快递、储蓄、保险等。

1965年，幸福公社从武进茅庵港至新华村母子港临空架设过江线通电，由常州供电局供电。高压线过江后分为两路：一路经新华通往新民加工厂，一路经新华通往三岔港至粮管所加工厂，线路全长不足10公里。随后，农村低压线路向各大队、生产队延伸，用电逐渐普及。

1985年，西来桥镇改为由镇江供电局供电，架设丹阳建山至西来桥红星过江线，并建幸福变电所，架设农村低压动力线路110余公里。1986年进行用电标准村建设。

1996—2000年，全镇进行电网改造，改造线路120公里。2002年，对集镇电网实行改造，改造线路6公里。

2006年，全镇有配电变压器128台，总容量26175千伏安。年用电量达1100余万千瓦时。

第一节 邮 政

邮政业务主要为传递信函、包裹物件，发行报刊和汇兑现金等。随着经济发展和人民生活水平提高，邮政业务量逐步增大。1987 年邮政业务计费总量 6.15 万元，为 1974 年 11.6 倍。2006 年邮政业务收入达 92.85 万元。

一、邮务

新中国成立初期，邮政项目主办信函、物件的收寄和传送业务。20 世纪 50 年代代销报刊。随着形势发展，邮务项目逐渐增加，邮政业务量不断上升。

1.函件。除平信、挂号信外，增有印刷品、明信片、保价信和特种挂号信。80 年代末增设邮政快件项目。自开办邮务以来，共送出平信、挂号信件计 180 余万件。2006 年函件收费有 1.35 万元。

2.包裹。分普通包裹和保价包裹两种，并办理快递小包，随信封发。数年来受理包裹达 10 余万件。

3.汇兑。1950 年冬，西来桥邮政开始办理汇兑业务。通汇业务分普汇和现金保价两种。1955 年后改为剪格汇票（按金额大小剪下汇寄）。1958 年改为专用汇套（二联复写式）。1962 年改为汇款通知单递寄，为现金保价、汇套并用。80 年代又开办账号汇款和电汇。进入 21 世纪，又有新的汇款方式，如密印汇款、商务汇款、手机银行、网上银行等。

4.发行。50 年代，邮局开始办理发行报纸刊物，报刊种类和发行量逐年增多。1958 年《人民日报》发行到大队，《新华日报》发行到生产队，还有《扬中报》。公社、大队、单位还订有《红旗》《群众》等刊物。“文化大革命”期间部分报刊发行量下降。1978 年后，报刊品种增多，发行量迅速增加。1987 年，全镇订阅各种报刊近 200 种，金额 300 余万元。2006 年，订阅报纸 210 种，杂志 196 种，报刊流转额 20.45 万元。

5.邮政储蓄及保险。邮政储蓄创办于 80 年代，代理保险业务开办于 90 年代。开始规模较小，后来逐渐扩大业务，并开办小额借贷。2006 年，邮政储蓄余额达 6500 多万元，代理保险金额达 380 余万元。

二、邮路

解放前，西来桥镇的邮路是从武进奔牛、小河接入。解放后因行政隶属变化，改从扬中县收发。1953 年设八字桥至西来桥邮路（邮件主要由政府交通员带运）。1960 年开始，西来桥邮件由“常扬”班轮船代运到三岔港直接交接。“常扬”班停航后，改为汽车运至轮船港，由邮局专人接包。1985 年轮船港汽渡通航后，县局的邮车可以直接送包到西来桥支局。快递、快件有专车递送。

农村邮路自 1956 年开始，有农业社邮递员向社队投递信件、包裹。1958 年，平信送至生产队，电报、挂号信、汇款单、包裹送到户。后来，镇邮电支局自办邮路，全镇分 3 路投递，有 3 名投递员上午、下午递送。

三、邮运工具

新中国成立前后，邮件均为肩挑背负或雇用独轮小车接送。投递员靠步行将信件、报刊等送到各户。1954年后，逐步改为自行车运送，20世纪90年代使用摩托车投送，后来市局配发邮政专用车。

第二节 通 信

1958年，幸福公社铺设越江电缆，设置电话交换机，办理电信业务。1959年，开办话传电报业务（利用电话将电报内容传至县局发报）。之后，又开通长途电话业务。1998年体制改革，邮电分开设置营业，成立中国电信股份有限公司扬中分公司西来桥电信（支局）营业所。

一、线路

1958年5月1日，过江电话线接通后，用单线木杆架设至西来桥集镇，线路近2.5公里长。因越江电缆为电话与广播合用，就用闸刀开关进行控制，一天3次广播时停止通电话。1958—1960年间，各大队用毛竹、树杆作杆柱，铁丝当电线，分别接向各自的地域，线路总长20多公里。1978年后逐步换上水泥杆，广播线与电话线分开架设，改铁丝为电线。80年代改为门线电缆线，90年代又扩改为多门电缆线，2000年以后改通光缆，全镇好几处地方架设电信接收塔。

二、设备

1958年始设交换机。20世纪80年代中期，西来桥邮电支局话务室有两台共120门的总机。东进村自装40门交换机，双三村自装60门交换机。1988年10月份扩建机房，安装500门纵横制自动交换机，12月份开通微波传送信号，全镇电话改为微波通信电话。1994年10月开通1000门自动交换机1台，安装电话760多部。1995年新邮电大楼机房扩容为4000门，安装用户电话3500多门，1997年在全市较早地实现电话镇。1998年机房再度扩容为6000门，安装电话4500余门。

随着形势的发展，西来桥邮电支局的经营地址也几次变迁。50年代初建时，在北街“仁济堂”药店对面租了两间旧瓦房；1965年由县局拨款选址，自建三间平房；1974年迁至粮管所西边，建平房四间。中共十一届三中全会后，邮电事业发展迅猛，于是迁址港北东路，建造五间三层的邮电大楼和七间附属平房。占地2.5亩，建筑面积625平方米。1993年4月，在幸福路征地7.8亩，新建邮电通信大楼，局部6层，有业务营业楼和职工生活楼及附属平房，1995年竣工，计有建筑面积3200平方米。

三、经营项目

1998年邮、电分置后，电信业务为全营性，但电报仍为话传电报。

电话有长途、市内、农话三种。2006年，全镇有固定电话总装户5477户。

电信手机业务，用户逐年增加，小灵通逐步升级更换。电信用户覆盖率达全镇50%之多。

宽带网络开通后，用户日益增多。2006年，上网户近1000户，开通网络电视200多户。

西来桥邮电支局历任负责人有徐斌、薛德明、陈志中、许吉义、陈廷富

第三节 电 力

1965年，幸福公社通电，由常州供电局供电。在武进茅庵港与新华村母子港间临空架设10千伏高压过江线，水泥电线杆高43米。高压线过江后分为两路：一路经新华通往新民加工厂（原新民大队），一路经新华通往三岔港至粮管所加工厂（集镇）。线路全长不足10公里。全公社有配电变电器5台。430千伏安。没有变电所，只在新华5队建造开关控制所一处。随后，农村低压路线向各大队、生产队延伸，逐渐普及用电。

1985年，西来桥镇改为镇江供电局供电，架设丹阳建山至西来桥镇35千伏线路16.5公里，过江线从红星江边竖铁塔通往境内，原过江线停用，并在镇政府北面建成35千伏幸福变电所，架设农村低压动力线路110余公里。1986年进行用电标准村建设，对部分线路进行整改。1987—1989年对高压线实行“2改3”改造，全镇架有10千伏高压线路4条，全长41.52公里，全线杆塔502基。配电变电器83台，总容量9615千伏安。1996—2000年，全镇进行第一次电网改造，改造线路120公里，投入资金400余万元。1997—2001年，结合农网改造，新建农村小型配电房31座。2002年，对集镇电网实行改造，改造线路6公里，投资金额50万元。

1965年通电后，建设农村电网。电力主要用于排灌和粮食加工，全年供电量不超过600万度。此后，随着工农业发展，用电量逐步上升。1978年后，乡（镇）村工业发展迅速，一段时期电力供应矛盾突出，电网经常拉闸停电，影响工业生产，一些企业先后自购发电机组，采用自发电来保证生产。当时全镇有较大型发电机组12台（小马力发电机组未统计在内），合计动力为1800匹马力，年发电量达万千瓦时以上。进入90年代至21世纪，国家电网不断扩容，保证地方电力供应。2006年，全镇有配电变压器128台，总容量26175千伏安。年用电量达1100余万千瓦时。

普及用电初期，群众缺乏安全用电知识，电力设备又不完全合格，发生过触电事故。1977年，全公社触电死亡4人。为此，在县政府统一要求下，1979年建立公社用电管理站，各大队及企业配备专职电工，一律经培训考试合格后持证上岗，各生产队也专人管电。订立安全用电管理制度，定期按时组织力量对线路、设备进行检修更新，采取多种形式开展安全用电宣传教育。1980年，在全镇用户中安装触电保安器，制定严格的运行管理制度，杜绝乱拉乱接，有效防止了触电事故。

西来桥用电管理站站长为封爱民。

第七章 商 业

解放前，西来桥商业发展缓慢。商铺主要集中在街上，店面较大的有“公顺字号”和“万兴昶”，经营京广杂货，并自制茶食糕点，货物较全。另还有恒泰、泰来等日杂货店数家，恒生堂等药店 3 家，茶馆、饭店 6 家，粮行、菜行、草行等牙行 8 家，还有染坊、客栈等。农村也有小商店，但为数不多。日杂商品大多来自苏南常州，食盐、豆油、豆饼、烧酒等来自苏北泰兴。

日伪盘驻时期，市场萧条，有些商店无法维持经营。公顺字号、万兴昶因被抢、被绑票而停业。抗日战争胜利后，国民党政府滥发纸币，关金券、金圆券充斥市场，物价一日数涨，各业凋敝不振。

1949 年解放以后，市场逐步繁荣。1950 年 4 月，县供销合作总社派奚章荣到福星区（含西来桥集镇、轮船沙、开沙）筹建供销合作社，区政府抽调人员，配合工作，发动群众入社参股，每股 8 角。至年底筹 1000 多股，共计股金 900 多元。1951 年 1 月 1 日正式开张营业。1956 年完成私营工商业社会主义改造，全区私营商户分别参加公私合营商店或合作商店，统称集体商业。

“大跃进”和“文化大革命”时期，商品流动领域“统”得过多，管得太死，供求矛盾突出，市场冷落。农副产品收购采取派购、预购、换购、奖售、加价收购和议价收购等办法，对紧俏商品采取限量计划供应、控制供应、高价供应等办法，以缓和矛盾。其间，1961 年贯彻“调整、巩固、充实、提高”的方针，商业购销一度有起色，发展，商业也随之繁荣。

中共十一届三中全会后，实行改革开放，允许私人经营，个体商业快速发展。商业网点发展迅速，经商人员增多，商品日益丰富，高档商品普及乡村，计划和票证逐步取消，市场繁荣兴旺。1985 年，全镇有商业店点 26 家，从业人员 150 多人，社会商品零售总额 500 多万元。1996 年有商铺 68 家，2000 年有 120 多家，2006 年有 200 多家。

第一节 商业体制

一、解放前的商业

新中国成立前，中心沙（今西来桥镇）的商业经营全为私营。虽没有大商店，可有店铺商贩三四十户，行业 10 多种。主要经营形式有：

坐商：是有字号、房屋、设备的店铺。规模不论大小有自己的店面，主要类型有独资、合股、连家店（前店后家）等。

行商：是牙行性质的商店，有苗猪行、粮食行、鱼行、柴草行、竹枝行、帮猪行等。行商经营方式多样，有有字号、房屋和资金的；有露天搭架设棚，专事代客买卖，收取行佣（佣金）的；还有逢集时摆斗挂秤，代客买卖，收取佣金的。

摊贩：无字号的小本经营。摆摊经营杂货、棉布、百货和小吃等。

货郎担：挑着货物沿街或沿村埭叫卖的小商贩。大多经营日用小商品。

集市场：逢集开市，四面八方的群众前来赶集，自由贸易。西来桥镇的集期日为农历每旬逢二、五、八日。

二、私营商业社会主义改造时期

新中国成立之初，生产恢复较慢，又受水灾影响，商业不太景气，部分商铺自动关停。党和政府对私营商业实行“利用、限制、改造”的政策，对私营商业进行社会主义改造。私营商业人员自觉接受改造，组成合作商店，个体小商贩也自愿组成鱼肉、豆腐制品、医药、饮食服务、茶食加工、南北杂货6个合作商店，实行统一经营、统一核算、自负盈亏。1956年底，全镇完成私营商业的社会主义改造。至此，全镇商业体制变为供销合作商业、集体商业（私营商业组织起来的合营商店和合作商店）并举。

三、人民公社时期

“大跃进”和“文化大革命”时期，由于“左”的影响两度将供销商业、集体商业和个体商贩全部并入国营商业，成为单一的国营经济。1962年将并入国营商业的合作、合营商店及个体商贩重新划出，仍按行业组成合作商店、合作小组，私营个体商业又转为集体商业体制，并于1984年成立商业公司。

四、改革开放后

中共十一届三中全会后，允许个体劳动者经营商业，私营个体商业重新出现，并不断发展。个体商业拾遗补缺，对活跃市场、繁荣经济起着积极作用，对供销社、集体商业的经营发展带来冲击。2002年6月，西来桥商业公司进行产权改革，保留一部分房屋资产出租给商户经营，其余均一次性拍卖给商户和职工。

20世纪70年代幸福公社合作商店经营范围情况表

表7-1

门市部及下伸点	性质	所在地	经营服务项目	流动资金（万元）	固定资产（万元）	人员（人）
地货日杂商店	集体	集镇	生活用品	2	0.5	5
中心商店	集体	集镇	百货、副食品	2.5	1	3
饭　店	集体	集镇	酒菜、饭食、面类	1.5	3	7
茶食店	集体	集镇	豆制品、糕点	0.5	0.3	4
旅　社	集体	集镇	住宿	0.3	0.8	3
理发店	集体	集镇	理发、烫发	0.2	0.2	6
小卖部	集体	集镇	百货、副食品	0.5	0.2	3
小吃店	集体	集镇	酒菜、饭食、面类	1.5	2.2	6
鱼肉店	集体	集镇	猪肉、鱼虾、水产	0.1	0.05	3
工商联营店	集体	双三村	五金、百货、副食品	1	0.3	4
东进下伸点	集体	盘头街	五金、百货、副食品	2	3.5	3

1985—2000年西来桥镇商业公司各项指标情况表

表7-2

年　份	营业收入（万元）	利　润（万元）	人　员（人）	工资总额（万元）	人均收入（元）
1985	69.43	0.915	42	2.96	704
1986	72.18	0.712	44	3.37	765
1987	66.43	0.081	44	3.50	796
1988	64.25	0.753	45	3.56	790
1989	62.43	0.950	48	3.47	724
1990	97.63	0.154	48	3.71	773
1991	78.55	0.400	48	2.71	601
1992	53.45	-8.390	45	4.40	1128
1993	43.22	-9.910	39	4.14	1429
1994	22.47	-4.080	24	5.10	2124
1995	18.39	-3.040	19	9.80	5160
1996	11.60	0.136	19	9.56	5034
1997	9.51	-0.002	17	11.26	6621
1998	14.08	-0.022	14	9.10	6500
1999	1.15	0.036	10	6.51	6512
2000	13.76	0.134	10	6.91	6912

第二节　供销合作商业

1949年8月，扬中县第六区区长于有成（中共党员）组织带领安民村大兴圩、山尖二圩、太平圩南圩、同心圩、西挂耳、和尚圩的100多户农民，以投钱投物入股，在太平圩南岸西头高田上，新建两间半五架梁草房，创办了扬中县的第一个商业合作社。店内经营的商品全是老百姓日常生活中的所用和所需物品，有上百种。由于是股份制合作社，货真价实，并做到公平交易，老少无欺，深得群众信任。经营了两三个月，顾客从100多户发展到400多户，大大减轻了地方政府的财政负担和百姓的生活压力。1949年冬至1950年春，福星区安民村“商业合作社”作为商业典型向参观者介绍。

1950年4月，扬中县供销合作总社派奚章荣到福星区（现西来桥镇）筹建供销合作社。区政府从东进乡、北胜乡抽调王仁镜、何尔模、吴正海3人配合工作，经过组织发动，发展社员数百人，筹股1000多股，每股8角钱，筹得股金900多元，随即进货，于1951年1月1日正式开张营业。营业部是租用北街印宏法家楼下的一间门面房，有20多平方米。经营的商品有火柴、肥皂、牙刷、牙膏、毛巾、袜子、枣子、红糖、碗、筷、草纸等，不足50种，还有100公斤特级面粉。营业员仅何尔模1人。营业是以存定销，每天扎账。同时，供销社边营业边扩股，收购农民投股的大米及废铜、废锡等。当年4月，门面房从一间扩至整个楼下三间，年底增加供应棉布和百货等商品，工作人员陆续增加到10多人。1952年又到轮船乡（当时属福星区）筹建供销社，开始门市设在同胜村季芝林家，后又搬迁到檀所，因为檀所的房子较多，地点也较适中，有利于经营。1953年底，随着股金增多和营业额增大，西来桥供销社在南街租赁民房增设棉布门市部和副食品门市部。

1954年发大水，鱼和螃蟹特多。为解决农民生活困难，供销社在西街头的空地上搭建芦菲棚子，大量收购螃蟹外销。随后又借用西街头俱乐部收购废品，接着收购生猪、芦柳、树竹等农副产品，发展成立采购站。1955年，新建南旺桥供应站。粮食统购统销时期，将供销社开办的北街门市部搬出，改建粮管所，经营粮食。1956年5月，撤区建乡，1958年成立人民公社。按上级要求，基层供销社改建为采购供应站，并入国营商业，成为全民所有制性质。1959年，采购供应站改名为公社供销部。1963年，按县社要求，幸福供销部改建为幸福中心供销社。1970年初，中心供销社改建为基层供销社，恢复集体所有制性质。1971年，供销社再次并入国营商业，又变为全民所有制。随着形势发展，幸福供销社设置生产资料等门市部，兴建营业性用房。1974年建成一幢两层共20间楼房，有800平方米，内设大型商场。采购站建造5间两层楼房324平方米。之后，陆陆续续扩建生产资料江边仓库12间，新建南旺供应站门市部及仓库12间，茧站12间，酱厂12间，南街棉、百门市部仓库21间，生产资料门市部7间。截至1984年，共计自建房屋5000多平方米，从此不再租用私房。1983年，根据中央1号文件精神，又恢复供销社合作商业体制，属集体所有制性质。

1986年新建西来桥集镇，供销社于年底建成综合商场、仓库66间，合计2500平方米，实现搬迁营业。经过多年的经营发展，至1990年，固定资产达100多万元，自有资金144万元，职工100多人。2002年6月实行产权制度改制，除保留少部分资产外，对大部分资产进行一次性置换，用置换收入偿还贷款和支付职工下岗费，所有商铺改制为个体经营。

供销社自1951年成立以来，面向农村，为农副业生产和人民生活服务。1975年，配备5名农村半脱产的副业辅导员，后来发展成专职人员，对农民进行植桑养蚕、柳器编织、水产养殖、畜牧饲养等方面的专业辅导，为发展副业生产发挥了积极作用。

供销社管理，开始是召开社员大会，选举产生理监事会，由理监事会管理日常工作。先后于1952年、1954年、1956年分别召开过一、二、三届社员代表大会。后来由于体制性质反复变化而停止，1983年又恢复集体所有制，并于当年四月召开第四届社员代表大会，重新选举产生理监事会，具体管理社务。另外，供销社内设有党支部书记、主任、主办会计。根据分工，负责各方面的管理工作。

1966—2000年部分年份西来桥（幸福）供销社主要农业生产资料供应情况表

表7-3

品名	单位	1966年	1976年	1986年	1990年	1995年	2000年
农药	公斤	1945	2418	13190	10770	7725	6160
碳氨	吨	1100	1100	800	800	500	350
尿素	吨	350	400	250	200	180	200

续表 7-3

品名	单位	1966 年	1976 年	1986 年	1990 年	1995 年	2000 年
磷肥	吨	100	120	50	50	—	80
竹制农具	件	2500	2000	1500	2000	1500	1000
毛竹	支	1200	2000	2500	3000	3000	1800
柴油	吨	75	80	90	—	—	—
煤炭	吨	312	350	300	—	—	—
农用薄膜	公斤	6500	5000	7500	2500	1500	1500

2000 年西来桥供销社所属门市经营情况表

表 7-4　　单位:万元、人

门市部类别	所在地	经营服务项目	拥有商品资金	工作人员
生产资料部	集镇	生产资料	30	8
服装门市部	集镇	服装	10	2
幸福大酒店	集镇	住宿、餐饮	20	8
批　发　站	集镇	日用品、副食品	40	6
超　　市	集镇	日用品、副食品	30	4
浴　　室	集镇	洗浴	10	6
综合商场	集镇	百货、日杂、生活用品	80	25
茶食加工厂	集镇	茶食、糕点	5	5
酱　　厂	集镇	酱油、酱品	5	2
农副产品收购站	集镇	农副产品、废品	15	5
茧　　站	集镇	蚕茧	10	3

1978—2001 年西来桥(幸福)供销社(商贸总公司)经营情况表

表 7-5　　单位:万元、人

年度	农副产品收购额	商品销售额	自有商品资金	自有固定资产	实现利润	上缴税金	职工人数
1978	19	230	35	13.4	6.5	6.6	70
1979	55	267	37.6	15.5	7.8	7.3	90
1980	68	373	38	19.6	9.18	9.5	96
1981	77	364	39	25	9.46	9.3	100
1982	98	390	39.5	30	8.5	8.9	100
1983	113	417	40	30	9	9.7	100
1984	76	389	41	33.7	9.6	10.0	100
1985	70	430	54	33.7	10.6	12.0	102

续表 7-5

年度	农副产品收购额	商品销售额	自有商品资金	自有固定资产	实现利润	上缴税金	职工人数
1986	46	498	60	36.6	3.6	9.3	102
1987	64	520	64	36.6	3.3	10.0	102
1988	67	531	70	47	2	9.0	102
1989	63	531	84	60	3	7.0	103
1990	36	566	144	85.1	2.4	1.5	101
1991	43	661	149	80.7	3.1	1.5	105
1992	24	690	204	76.3	2	2.5	105
1993	7	586	171	102	–8	3.0	104
1994	6	544	212	69.5	–10	4.8	102
1995	7	422	213	70	–16	6.0	99
1996	6	361	190	85	10	6.0	99
1997	—	299	113	147	–3.8	3.6	95
1998	—	181	90	162	–2	3.8	89
1999	—	324	30.7	167.7	1	2.6	80
2000	—	213	28	156	2	4.1	44
2001	—	—	—	—	—	—	35

1951—2006 年西来桥（幸福）供销社主要负责人更迭情况表

表 7-6

姓　名	任职时间	姓　名	任职时间
王敬廷	1951—1953	丁昌华	1976—1977
王广福	1953—1955	张公春	1977—1979
郭邦兴	1955—1957	陆廷栋	1979—1981
黄裕荣	1957—1959	张公春	1981—1982
陈荣华	1959—1960	包礼春	1982—1983
李长康	1961—1961	戴道尊	1983—1989
杨怀龙	1961—1963	李　波	1990—2006
张公春	1963—1976		

第三节　代购代销商店

农村代购代销商店，简称双代店，是供销社和合作商店（集体商业公司）与各村（大队）联办的经营网点，主要从事部分农副产品、废旧物资收购和部分日用消费品销售业务。

1958年秋，在"大跃进"运动中，为支持农业生产，扩大经营，方便群众，合作商店抽出人员，分别到离集镇较远的合兴（南阳）、胜利（东进）、双三大队设立商业销售网点，这些点的经营核算由各派出商店负责，故又称为下伸点。

1966年撤销下伸点，由幸福供销社在合兴、光明（北胜）、新升（东来）、新华等5个大队办起代购代销店。1982年经供销社同意，合作商店又在东进、双三恢复下伸点。双代店的资金由供销社按营业范围核定铺垫。商品由供销社批发，人员由各大队配备，5个双代店有双代员工13人。供销社按代销营业额的4%付给手续费，其中交大队管理费0.5%，双代店自留0.5%用于包装、设备添置和房屋维修，3%作双代员的报酬交生产队记工分配。1982年开始，供销社所发手续费不交生产队，除去双代店的必要开支外，其余为双代员的工资。2002年，随着供销合作社的产权制度改制，双代店变更为个体商店。

第四节　集市贸易

新中国成立前，西来桥集镇就有集市贸易，并有固定的集期，为农历每旬的逢二、五、八日，一月九集，并与邻近集镇（武进小河、魏村等）的集期错开。逢集时商贩摆摊设点营业，农民则肩挑手提，上集市出售农副产品，日出为市，日中散集。上市农副产品有粮油、竹枝、柴草、蔬菜、随季水果、家禽、饲料等，手工业产品有小农具、家机布、竹器、木器等，摊贩经营的棉布、百货、杂货、小吃等。每逢集日，还有苗猪、苗羊交易。在集市贸易中，很多行业都有牙行代客买卖，收取行佣（佣金），行佣有的高达10%。

解放初期，供销社组织物资交流会，繁荣市场贸易。农民和商家仍按集期规定日逢集。1956年开放自由市场，集市贸易十分活跃。1958年，集市被管死，贸易萧条。1960年11月，贯彻"治而不乱，管而不死"的原则，市场日趋繁荣，集市贸易恢复而且兴旺。

"文化大革命"时期，农村"割资本主义尾巴"，贩买贩卖被称为"投机倒把"，市场萧条。农民自产的树木竹枝被禁止出境外卖，有些自制手工产品甚至被没收。有些商贩只得转向隐蔽交易，被称为"黑市"买卖。

中共十一届三中全会后，重新开放自由市场，允许长途贩运，不限经营方式，搞活商品流通，集市贸易蓬勃发展。1993年，由镇政府投资，在幸福路中端西侧建立西来桥镇农贸市场，占地面积3800平方米，内有店面门市房屋建筑640平方米，按行业分类、分地段集中经营。共有摊位262个，2006年有210个摊位经营，有的已发展为全天营业，上市品种多达300种。

第五节　食品站

新中国成立初期，农副产品为自由买卖。1953 年，国家将农副产品分为三类：一类产品实行统购，二类产品实行计划收购和派购，三类产品实行协商议价收购。随着农村经济恢复发展，农副产品的收购量不断增加。西来桥镇农副产品收购工作由供销社采购站负责，主要收购生猪、山羊、家禽、鲜蛋、水产品等。

“大跃进”时期，限制农民搞副业生产，农副产品收购困难。20 世纪 60 年代为鼓励农民发展副业生产，国家用等价的化肥、食糖、卷烟和其他日用工业品换购农副产品。1962 年起实行奖售政策，收购生猪，每公斤奖售粮 0.5~1 公斤，每头猪奖布票 2 尺，还按比例规定返还肉票，比例为 10%~15%；1966 年后改为按钱奖售，每头猪卖价 120 元以内的，每 2 元奖售粮 1 公斤，三七糠 0.5 公斤，布票为每头 4 尺。收购鲜蛋 1 公斤，奖售香烟 8 包，或食糖 0.5 公斤，或粮食 1 公斤(任其选一)。收购山羊皮 1 张，奖售粮 2.5 公斤、布票 1 尺。1963 年后生产形势好转，农副产品收购均超计划完成。

1964 年，因发展需要，成立幸福食品站，为国营性质的独立核算单位。主要从事生猪的收购、调拨、圈存、屠宰及肉品销售。集镇设有固定猪肉售卖点两处，农村设有猪肉代销点 11 个。生猪调拨主要销往常州市食品公司，屠宰后的猪皮常年销往镇江制革厂。食品站的营业收入从开始的几十万元逐年递增至每年百万元左右，最高时年收入近 150 万元，利润率达 6%。1972 年，农副产品规定派购任务，每户需出售 1 头猪、1 只鸡、1.5 公斤鲜蛋。各大队农户都能较好地完成任务。1976 年后，副业生产发展迅速，收购量逐年上升。1979 年 3 月，调高生猪收购价格，农户养猪量增加，全公社生猪收购近万头。嗣后，农村经济日益发展，1983 年市场开放，农副产品收购货源充足，统购、派购、换购、奖售等办法相继废除。

1984 年，生猪收购放开，农村从事猪肉销售的小刀手日益增多，养猪户可以自养自卖，食品站的生猪收购量随之减少，直到停止收购。食品站的业务暂为替卖肉户宰猪、滚花，收取管理费。1997 年成立西来桥镇屠宰场，取代食品站，对生猪实行定点屠宰，集中检疫，分散经营，屠宰量常年近万头左右。

先后任食品站站长的有陈廷乔、薛德明、张云飞、马德海、曹大仁。

第八章 粮 油

解放前，中心沙（今西来桥镇）农民种粮榨油主要为自食。域内也有粮油买卖，一般由粮行经营。清同治九年（1870），开设粮行2家，未开几年停业。光绪六年（1880），苏北人王春林、丹阳人庄柏堂分别在东街开设“王公记”粮行和南街的“鼎新”粮行。该镇的王信朋也在东街头开设“王公兴”粮行。抗日战争时期，中街和西街又开2家粮行。国民党统治年代，顾万坤在南街头又开办一家粮行。粮行以代客买卖为主，从中拿取行佣，佣金多在2.25%左右，资本大的粮行也收进吐出。粮行亦称牙行，无本取利。

1951年，供销合作社成立，设点代购代销粮食，主要是控制粮油商品，稳定粮油价格。1954年，全面实行粮食统购统销，成立粮油管理所（简称粮管所）。从此，粮管所专业经营粮油收购及供应。并负责征收公粮入库。1982年后，实行农业家庭联产承包责任制，农田承包到户，农民收获的粮食按自愿向国家出售，延续30多年的粮食统购统销体制宣告结束。

第一节 购 销

解放后，私营粮行先后自动歇业，粮食经销由粮管所专一经营。1950—1953年，执行按田定产，依法计征公粮政策，将北街尼姑庵改建为粮库。1954年实行粮食统购统销，1955年对粮食实行“三定”政策，即定产、定购、定销。

一、统购 订购 议购

1953年11月实行粮食统购。农民所产粮食，按规定留下口粮、种子、饲料粮、缴纳公粮外，余粮的85%~90%卖给国家。1955年8月实行定产、定购、定销（简称“三定”）。

定产，指粮油种植面积及常年产量，归户结算；定购，全年总产除留口粮、种子、饲料粮外，余粮全部卖给国家，一定三年不变，增产不增购，平年照购，歉年减购。1956年农民参加农业合作社，“三定”到户改为以户归社，按队结算。1958年公社化，取消“三定”，所产粮食全数征购，再按需返销。在“浮夸风”的影响下，虚报产量，造成粮食紧缺，接着三年困难时期。国家征购大为减少。1965年根据毛主席“合理调整农民粮食负担，务必达到藏粮于民的目的”指示精神，继续实行粮食征购“一定三年”不变的政策，全公社年征购基数为54.88万公斤。1971年改为“一定五年”不变，征购基数调整为56.525万公斤。超产按比例超购，减产适当减购。1978年起粮食连年丰收，统购基数仍稳定在1971—1975年的基础上。1982—1984年，农业生产实行联产承包责任制，粮食征购实行大包干，以生产队为基础，包产包购，三年不变，并且征购任务调减。1986年实行“合同订购”，2001年全面放开粮食市场，实行市场议购，粮管所收购粮食也随行就市。

二、粮食供应

新中国成立前，域内粮食贸易主要由私营的粮行经营。解放初期，粮油仍可自由买卖。1953年底，实行粮油统购统销，私营粮行全部停止或转业，集镇居民及非农人口口粮均由粮食部门安排，规定统销供应标准和供应方法，全面实行计划供应，凭证到指定粮食供应处购买。具体分定量、定销、统销和补助四种。定量供应的对象主要是城镇居民及非农业人口。1955年，城镇居民口粮按人分等定量供应（供应标准见附表8–2），按户发证，凭证供应。机关团体学校按单位供应。工商行业用粮，按计划定量供应。统销供应的对象主要指粮食不能自给的生产队，原东进大队的15队和16队，双三大队的6队，西来大队的5队、16队、17队，北胜大队的1队、4队、5队、6队等生产队，因自产的粮食不能满足农民的口粮，不足部分由国家统销补足。粮食销售实行以证（粮证）为主，以票（粮票）为辅的供应原则。1955年9月21日起使用江苏省地方粮票，11月1日起使用全国通用粮票。食油供应，1959年以前是每人每月5两，1961年以后每人每月4两，1981年下半年又恢复到每人每月5两，农村人口基本不供应。

粮油补助是根据上级规定，在粮油计划外，按特殊情况进行补助。如市镇户口、企事业单位人员从事劳动、出差、召开较大会议、办学习训练班、水利民工口粮等。

1993年4月，粮食供应彻底改革，粮油流通放开，不再凭证券供应。

三、议购、议销

1963年起开始供应议价粮油。此项粮油以高于国家标价，低于集市贸易价格，协商收购生产队完成国家征购任务和留足口粮、种子、饲料粮后的余粮，至1985年，西来桥粮管所共议购粮食近100万公斤。

中共十一届三中全会后，允许农民在完成国家征购任务后，可以通过集市出售和议购议销少量粮食。1980年9月，粮管所开展粮油议购议销工作，按照“高进高出，应有利润”的原则由粮食部门统一经营。

议价粮油的主要来源，一是在安排好食用粮油和种子、饲料后的多余粮食；二是从外地购进；三是平价转议价。议价粮油主要供应饮食业、以粮油为原料的制作业及其他工商业之用粮，弥补城乡缺粮户的粮油不足。

1983年1月，国家出台新的规定，粮食议购、议销不再由粮食部门统一经营，允许多渠道经营，繁荣了粮油集市贸易市场。

1961—1983年幸福公社农业人口粮食安排情况表

表 8–1　　　　单位：人、万公斤、公斤

年份	社员口粮			年份	社员口粮		
	总人口	总口粮	人平均粮		总人口	总口粮	人平均粮
1961	12145	385.31	317	1973	16880	901.51	534
1962	13082	427.33	323	1974	17055	928.86	545
1963	13588	608.55	448	1975	17214	894.46	519.6
1964	13936	670.65	410	1976	17273	946.57	548
1965	14222	683.12	474	1977	17398	920.05	529
1966	14601	776.13	545	1978	17564	1073.66	611
1967	14942	814.62	544	1979	17585	1066.50	606
1968	15351	823.34	535	1980	17544	1037.54	591
1969	15788	829	525	1981	17561	1014.68	578
1970	16175	821	567.7	1982	17698	1017.52	574.9
1971	16534	885.27	535.4	1983	17711	1028.00	580.5
1972	16833	861.1	511.5	—			

1981年西来桥集镇居民粮食定量供应标准一览表

表 8–2

供应对象		供应标准(公斤/月)
一般居民	三周岁以下	3.5
	三周岁以上,不满十周岁	6.5
	六周岁以上,不满十周岁	10
	十周岁以上	12
大、中、专学生		15
退休干部、职工、教师、企事业人员、机关干部		14~14.5
轻体力劳动者		14~17
重体力劳动者		14~20
特重体力劳动者		21~24

1979 年和 1981 年幸福粮管所粮油原料、产品购销价格表

表 8-3　　单位：元/50 公斤

品　种	统购价		统销价	定销量议价	品　种	统购价		统销价	定销量议价
	1979 年	1981 年				1979 年	1981 年		
标一杂优米	14.90	17.90	13.20	23.00	杂交稻	9.90	11.90	8.70	—
标二杂优米	14.30	17.00	12.60	22.00	晚粳稻	11.40	13.60	10.20	—
标一元米	19.30	22.70	17.10	30.00	元　稻	13.50	15.50	11.60	—
标二元米	19.00	21.60	16.20	29.00	菜　籽	28.00	36.00	36.00	—
标三元米	19.70	21.20	15.90	—	大　豆	20.00	23.00	13.20	—
标一籼米	14.00	17.40	12.60	22.00	玉　米	9.60	11.70	11.70	—
标二籼米	13.70	16.60	12.00	21.00	蚕　豆	12.00	16.00	10.50	—
标一粳米	15.90	19.50	14.70	—	菜　油	83.00	106.00	78.00	—
标二粳米	15.60	18.60	14.00	24.00	豆　油	100.00	116.00	83.00	—
面粉	16.00	19.50	16.00	26.00	大槽麻油	100.00	120.00	90.00	—
75 面粉	18.00	23.00	18.30	29.00	小槽麻油	110.00	128	97.00	—
挂面	—	—	24.00	34.00	绿　豆	21.00	26.00	27.00	—
75 挂面	—	—	26.00	37.00	赤　豆	20.00	25.00	22.00	—
小麦	13.10	15.80	11.30	—	花生油	90.00	115.00	81.00	—
大麦	9.00	10.90	7.80	—	棉清油	67.00	84.00	70.00	—
早熟大麦	9.40	11.30	8.20	—	棉毛油	58.00	70.00	61.00	—
元　麦	11.00	12.80	10.00	—	花生仁	38.00	48.00	48.00	—
籼　稻	9.60	11.60	8.40	—	芝　麻	50.00	58.00	58.00	—

1979—1981 年幸福粮管所粮油副产品销售价格表

表 8-4　　单位：元/50 公斤

品　种	价　格	品　种	价　格	品　种	价　格	品　种	价　格
糠　饼	4.00	花生果		七五麸皮	6.30	掸袋面粉	14.00
糠　油	68.00	生仁饼	11.50	清　糠	5.20	糠　槽	2.00
毛糠油	50.00	棉籽饼	4.60	三七糠	2.90	酱　槽	1.30
热榨豆饼	8.10	芝麻饼	10.00	大　糠	0.70	豆　渣	1.00
冷榨豆饼	11.00	棉仁饼	7.80	纯统糠	1.80		
菜籽饼	10.00	麸　皮	5.00	地脚面粉	10.00		

第二节 储 运

一、仓库建设

20 世纪 50 年代初期，区供销合作社将北街尼姑庵的前后两进房屋改建成粮库，1955 年粮库并入粮管所。1969 年之后，建土圆仓 3 个，仓容 45 万公斤。至 1985 年，西来桥粮管所有仓库 28 间，设计仓容 225 万公斤，实际仓容 235 万公斤。2005 年，兴建惠明桥（庆丰桥）粮库，占地 600 平方米，设计仓容 300 万公斤，实际仓容 280 万公斤。西来桥粮库被指定为江苏省扬中地方粮食储备库。

二、粮油保管

解放后，西来桥建有粮库后，由区政府（福星区）等部门组成护粮委员会保护粮库。配置专门保卫人员，护仓保粮。1953 年根据上级布置，制定仓储管理、存粮检查、清仓消毒等制度，确保粮食安全储存。1955 年开展“四无”（无害虫、无鼠雀、无霉变、无事故）粮仓活动。1959 年采用药物熏蒸，防止粮食霉变和虫害。1963 年实行“五定”（定仓容、定器材、定人员、定费用、定损耗）仓储管理。1975 年推行“综合性”防治，运用“习性诱杀”害虫的方法，以防止使用化学药剂过多而造成残毒污染。

三、粮质检验

粮质检验起初靠手术感官鉴定。后来用手术小砻，准确度不高。1958 年开始使用除杂机、“51”式容重器等器械鉴定。20 世纪 60 年代开始使用电子快速测定仪、“61–71”型容重器等。80 年代使用电阻测糙机等先进器械。但这些器械未能在西来桥粮库普及推广，通常情况下还是应用“手术感官”方法鉴定。

四、粮油调运

调出粮食主要是稻谷、小麦。豆类油料本地出产甚少，供应靠调进。小麦、稻谷在夏秋两季征购入库，根据余缺情况，由县粮食局安排调度计划，调运流向和计划不定。以前多为船运(水运)，现在是公路运输。粮油调运的原则是：统一调拨，统一储存，统一加工，统一销售。

五、储备粮

为藏粮于民，储粮备荒，20 世纪 60 年代末开始留存储备粮。在一般年景和丰收年内，由县、公社两级政府核定储备数，生产队到粮管所交粮储存。遇到自然灾害和减产年份，经县粮食局批准，可动用储备粮，分配给社员作口粮，每年可从储备粮中开支一部分种子粮、饲料粮和困难户照顾粮。1971—1983 年，全公社共收储备粮 150.685 万公斤。1984 年收生产队储备粮食，转入超购粮，国家按超购价结算给生产队。此后粮管所不再收储。

1971—1983 年幸福公社各大队储备粮情况表

表 8-5　　单位：万公斤

年份＼数量＼大队	新升	双三	东进	南阳	新华	南旺	福星	大兴	北胜	曙光	西来	合计
1971	1.765	0.940	1.105	4.990	5.135	1.045	3.380	1.445	2.400	0.910	0.775	23.890
1972					5.400		0.290					5.690
1973	1.865	1.070	0.945	1.580	0.480	1.905	2.800	1.430	2.360	0.790	6.630	21.855
1974	1.665	0.415	0.920	1.465	2.670	1.280	1.575	1.205	1.425	0.690	10.470	23.780
1975		0.075		0.225	0.045	0.185		0.145	0.055	0.120	1.110	1.960
1976	0.775	0.100	0.700	0.685	0.365	0.805	0.040		0.605	0.005	2.020	6.100
1978	4.195	1.180	1.680	3.505	3.565	4.035	2.345	0.955	0.915	1.880	5.695	29.920
1979	1.100	0.605	0.460	2.075	0.275	1.375	0.515	2.910	0.445	2.020	5.030	16.810
1980	0.090	0.095	0.075	0.075	0.090	0.065	0.525	0.100	0.025	0.150	0.150	1.440
1981			0.050		0.040	0.345	0.015	0.150	0.080	0.025		0.705
1982	0.045	0.040	0.055	0.060		0.685		0.050	0.110	0.050	0.580	1.675
1983	1.675	2.165	2.800	0.280	1.025	1.700	2.635	1.220		1.900	1.130	16.53

1988—2006 年西来桥镇粮食购销情况表

表 8-6　　单位:万公斤

年　份	定购数	超购数	议购数	保护价收购	销售数
1988	61	30.2			28
1989	56	28			36
1990	59	30			42
1991	58	40.12			51
1992	37				35
1993	50				40
1994	61				110
1995	105				45.1
1996	36				28
1997	51				41

续表 8-6

年　份	定购数	超购数	议购数	保护价收购	销售数
1998	58				108
1999	45				42
2000	57.3				48.3
2001	76.1				20.5
2002			78		78
2003			100		100
2004			120		120
2005			130		130
2006			130		130

第三节　加　工

解放前，域内粮油加工主要靠私人开设的碾坊、磨坊、油坊进行。碾坊用牛拉石磨碾砣，将稻谷脱壳成米；磨坊为牛拉石磨或人推石磨，将米磨成米粉，麦子磨成面粉、麦麸等细粮。还有少数户自备舂臼，亦可作少量的粮食加工，主要将稻谷舂成米，以满足自家食用需要。油类加工，以大豆榨油为主，由私人开设的油坊经营。上述加工方式一直延续至 20 世纪 50 年代末。粮管所也曾利用县发电厂供应的微弱电力办过稻米加工厂（只加工稻谷)。

进入 60 年代，人们以柴油机为动力，牵引碾米机、面粉机进行粮食加工。1965 年通电后，首建新民粮食加工厂，接着陆续兴建三岔港以及合兴、光明、新华、新升、胜利等大队粮食加工厂，彻底解决粮食和饲料加工的难题，域内实现粮食加工电气化。大大提高了加工效率和粮食质量。90 年代，有用小型拖拉机装载粮食加工设备上门加工，使群众的粮食加工更为方便。

第九章　财政 税务 审计

自西来桥有史至民国年代，就有田赋及杂税。抗日战争时期，抗日民主政府在领导人民群众进行抗粮、抗税和减租减息斗争的同时，也设有征税机构，开征农业税、货物税和营业税。抗日区、乡政府配设征税员负责此项工作。扬中新六区税务干部何尔伦（西来村人）在长江中征税时被日伪反动派抓捕杀害。

解放前，地方财政收入主要是田赋及各种附加税费。苛捐杂科繁多，人民不堪忍受。1948年农历腊月初八，在中共地下党的组织领导下，域内数千群众听锣为号，不怕流血牺牲，涌向国民党反动区署，进行不屈不挠的抗丁抗税斗争。

新中国成立后，成立扬中县福星区政府，财政经费由上级划拨。财政为统收统支。区政府设有专职财粮助理，负责全区地方财政的上缴（收入）下拨（经费支出）和经费结算上报工作。1982年成立幸福乡财政管理所，为全乡的财政管理机构，负责乡政府的日常物资采购及有关事业单位的财政经费结算，乡财政从以前的供给型逐步转为经营管理型。

国家在税制、税种等方面多次进行调整改革，目的是兼顾国家、集体和个人利益，合理税赋负担，特别是减轻农民负担，力求社会公平。

第一节 财　政

解放前的旧财政主要靠收纳赋税，名目繁多，人民难以忍受，穷苦人家只能借高利贷生产、生活。

解放后，对旧财政体制进行改革，下放部分税收或比例分成作为地方财政的固定收入。各级地方政府成立财政管理机构及财政管理专门人员，负责各自地区的财政工作。1949年10月，福星区政府设有财经助理。1956年，幸福乡政府配设专职会计人员，负责政府的经费开支和地方财政的收支结算工作。1982年成立幸福乡财政管理所，设有所长、主办会计、出纳会计等工作人员数人，服务单位增多，业务范围扩大。1985年成立西来桥镇经营管理站，加强农村财务经济管理，为农村集体经济服务。

2000年，成立西来桥镇会计管理站，为镇财政所下属机构，负责对全镇事业单位的财务收支及核算。2002年上半年，经营管理站与会计站合并成立西来桥镇财会经营管理服务中心。该中心的主要职责是对农村经济进行管理。一是对农村农民专业合作社、土地股份合作社、社区股份合作社的管理，二是对农村土地承包的管理，三是对农村集体资产、资金、资源的管理，四是对减轻农民负担的监督管理。开展农民一事一议，帮助农村集体组织筹资筹劳，监督各项惠农政策落实。

1982—2006年西来桥镇财政所所长任职表

表9-1

姓　名	任职时间	备　注
徐炳成	1982 —1994.3	
毛海金	1994.3—1995.12	
郭宏其	1996.1—2000.1	
季泉清	2000.1—2006.2	
左绍阳	2006.3—	

1985—2006年西来桥镇经营管理站、会计站、财会经营管理中心负责人一览表

表9-2

单位名称	负责人姓名	任职时间	备　注
西来桥镇经营管理站	马国友	1985—2002	
西业桥镇会计站	季泉清	2000—2002	
西来桥镇财会经营管理中心	马国友	2002—	2002年“两站”合并

第二节　税　务

清代和民国时期，西来桥地区和其他地方农村一样，税务以田赋为主，随田赋附加各种苛税，名目较多。

抗日战争时期，抗日民主政府在域内开征农业税、货物税、营业税。汪伪政府沿袭国民政府税制，并有多种临时摊派，人民负担极重。

解放后，设立于西来桥的区、乡（公社）政府均有征税员，后来成立税务组，1982年成立税务所，负责西来桥域内的税收工作。业务工作由扬中市（县）税务局管理。

国家本着“取之于民，用之于民”的财务方针，对税务、税种进行多次调整和改革，较旧制税种减少种类，税率降低。1949—1953年，国家不断修正税制，调整税收，降低税率，合并简化税种，县税务部门在西来桥地区开征税收有7种。1962年，国家对工商税进行全面改革，规定有9种，扬中县开征4种。1980年10月，取消个体经济和合作商业税负重于集体经济的规定，适当降低税率，并从扶持乡镇企业出发，对农村税负作过多次调整。1983年1月1日开征增值税。

一、田赋

田赋为古老税种，一直沿用至新中国成立前。

新中国成立后，田赋改称农业税。1950年，农业税以户为单位交纳。农业合作化后，农业税改由农业社交纳。人民公社化时期，农业税改为生产队交纳。1959年采用历年制（即1月1日—12月31日），直至1981年未变。农村实行联产承包责任制之初，农业税仍由生产队统一交纳。1984年开始分户计算交纳。每年夏、秋各征一次，分别在当年的8月、12月入金库。农业税经过多次改革，执行兼顾国家、集体、个人三者利益的轻税方针和公平合理、鼓励增产的政策。2004年和2005年，农业税由市、镇两级财政代交，提高农民收入，减轻农民负担。2006年，国家取消征收农业税，从此农民种地再也不用交纳农业税。同时，政府还给种地农民一些照顾性的经济补贴，有粮食直接补贴、水稻种植良种补贴、农资增支综合补贴等，惠及农民，惠及农业。

二、工商税收

在清代，西来桥地区除收田赋外，还有厘金（又称统捐），盐税、牙税等。民国初沿袭清制。到国民党政府时增加不少契税和各项专税，税种税目繁多，人民负担也较沉重。

抗战时期，抗日民主政府只征收农业税、货物税、营业税3种。

1949年解放后，扬中县税务局在西来桥设立税务组，负责税务征收工作。20世纪70年代，社队工业蓬勃发展，税源增加，纳税人增多，税务组规模也逐步扩大，1982年成立西来桥税务所。工业发展导致税源增加，税收金额也不断增加，起初每年约为200多万元，后来达300多万元。年年都能完成任务，有时还能超额完成。自使用增值税专用发票后，税收就应收尽收了。税务所在征收税金的同时，还负责全镇的税务申报和发票认领等工作。

1992年，税务部门分设国家税和地方税两大块，西来桥镇相继成立“国税所”和“地税所”。按分类税种各自征收税金。“国税”主要是征收增值税、营业税等。“地税”主要征收所得税、城市建设基金、房产车船税、印花税和地方教育附加费等。地方税收是地方财政收入的来源之一，一般是应收尽收。但也对一些困难企业给予政策允许内的减免和照顾。国税部门也对南阳、大兴等贫困村进行税收扶贫。

1998年因机构整编合并，西来桥国税所撤并至八桥国税分局。2000年西来地税所也撤并至八桥地税分局。2006年，全镇有纳税人近180户。

第三节　审　计

西来桥审计办公室成立于2003年，现有专职审计人员2名，负责人郭宏明。

审计办公室成立以来，认真贯彻“依法审计，服务大局，围绕中心、突出重点，求真务实”的工作方针，紧紧围绕“加快发展，富民强镇”的中心主题，履行审计监督职能。对镇属行政企事业单位、行政村（社区）一切财政资金进行审计。在财政财务收支审计、领导干部经济责任审计、固定资产投资审计等方面做了大量的工作。对于严肃财经纪律，维护经济秩序，规范权力运作，推进廉政建设，促进经济发展起到重要作用。

第四节　会计培训

新中国成立后，区政府设有辅导会计。之后的乡镇（公社）政府也都设有辅导会计。先后任职的有黄康年、张长生、姚乐家、徐玉才、王森、杨怀进、戴风瑞。

农业合作化初期，由银行营业所牵头，组织农业、信用社、供销社建立三结合的农村会计辅导组，对农村社队会计进行会计知识和记账辅导。1966 年和 1973 年进行了两次记账方法的改革。1966 年由复式记账法改为单式记账法，1973 年改为以钱物结合的直收直付记账法。1982 年对生产队会计进行培训，解决联产计酬的财务处理和核算方法，为完善生产责任制起到促进作用。

工业系统自 20 世纪 70 年代后期开始，每年进行一次财会人员（主办会计、出纳）业务培训。1980 年以后分专业培训。1993 年，由镇工业公司和财政所联合举办工业企业财务会计培训班，配合财务制度改革。在全面实行增值税制后，又与税务部门联合举办新税制培训。2006 年，全镇工业系统有财会人员 103 人，均经考试合格，获得会计资格证书后持证上岗。

1960—1983 年幸福公社农业收入和群众分配情况表

表 9-3　　　　单位：万元、元、%

年度	总收入					社员分配			
	合计	其中				合计	占总收入比例	参加分配人数	人均收入
		农业	林牧副渔	工业	其他				
1960	101.81	87.12	12.44	—	2.25	62.23	61.12	11950	52.07
1961	83.67	72.55	7.01	—	4.11	49.92	59.66	12141	41.11
1962	75.05	70.75	4.30	—	—	37.63	50.14	13082	28.76
1963	101.65	92.27	7.75	—	1.63	56.82	55.90	13588	41.82
1964	110.23	92.28	13.56	—	4.39	53.66	49.68	13936	38.50
1965	159.52	133.40	23.88	—	2.24	82.90	51.97	14220	58.30
1966	192.97	162.21	27.76	—	3.00	97.79	50.67	14564	67.15
1967	186.97	145.42	28.55	—	13.00	89.39	47.92	14933	60.00
1968	184.74	138.53	43.21	—	3.00	95.89	51.90	15376	62.36
1969	207.38	134.93	68.44	—	4.01	106.98	51.59	15785	67.77
1970	206.63	126.76	75.87	—	4.00	94.52	45.74	16206	58.32
1971	236.88	143.40	93.33	—	0.15	116.47	49.17	16531	70.45
1972	227.76	131.77	91.99	—	4.00	109.09	47.90	16833	64.80
1973	242.83	149.30	93.43	—	0.10	119.14	49.06	16881	70.58
1974	271.17	158.72	50.31	59.96	2.18	139.01	51.26	17055	81.51
1975	261.53	140.60	51.66	66.24	3.03	116.01	44.20	17217	67.83
1976	310.95	162.40	58.11	85.81	4.63	143.59	46.20	17269	83.14
1977	307.79	129.13	74.31	97.12	7.23	145.52	47.27	17410	83.58
1978	365.16	203.71	69.41	84.09	7.95	176.64	48.67	17565	100.56
1979	385.32	221.13	71.54	78.15	14.50	179.14	46.49	17588	101.85

续表 9-3

年度	总收入					社员分配			
	合计	其中				合计	占总收入比例	参加分配人数	人均收入
		农业	林牧副渔	工业	其他				
1980	426.95	230.15	88.81	102.08	5.91	216.62	50.73	17547	123.45
1981	431.65	229.74	89.33	105.67	6.91	233.28	51.73	17567	127.10
1982	435.48	245.27	81.02	100.83	8.36	234.78	53.91	17700	132.64
1983	368.84	264.11	66.80	30.77	7.16	229.82	62.31	17725	129.66

1986—2006 年西来桥镇经济发展情况表

表 9-4

年份	行政区域陆地面积(平方公里)	人口(万人)	地区生产总值(GDP)(亿元)	其中(亿元)			人均 GDP(万元)	工业生产总值(亿元)	农业生产总值(亿元)	农民人均纯收入(万元)
				第一产业	第二产业	第三产业				
1986	16.1	1.80	—	—	—	—	—	0.346	0.075	0.067
1987	16.1	1.81	—	—	—	—	—	0.363	0.088	0.086
1988	16.1	1.81	—	—	—	—	—	0.486	0.092	0.095
1989	16.1	1.82	—	—	—	—	—	0.471	0.099	0.093
1990	16.1	1.83	—	—	—	—	—	0.487	0.199	0.100
1991	16.1	1.84	—	—	—	—	—	0.744	0.207	0.107
1992	16.1	1.84	—	—	—	—	—	0.815	0.228	0.123
1993	16.1	1.84	—	—	—	—	—	1.178	0.230	0.151
1994	16.1	1.82	0.77	0.22	0.42	0.13	0.42	1.415	0.279	0.182
1995	16.1	1.82	1.00	0.27	0.54	0.19	0.55	1.149	0.330	0.227
1996	16.1	1.82	1.07	0.30	0.43	0.34	0.59	1.515	0.374	0.260
1997	16.1	1.78	1.03	0.27	0.36	0.40	0.58	1.766	0.488	0.289
1998	16.1	1.76	1.08	0.26	0.39	0.43	0.62	1.604	0.451	0.323
1999	16.1	1.72	1.19	0.23	0.51	0.45	0.69	1.759	0.459	0.308
2000	16.1	1.70	1.27	0.22	0.55	0.50	0.75	2.034	0.431	0.282
2001	16.1	1.68	1.36	0.23	0.58	0.55	0.81	2.284	0.437	0.294
2002	16.1	1.68	1.55	0.24	0.72	0.59	0.92	2.536	0.451	0.304
2003	16.1	1.71	1.82	0.22	0.93	0.67	1.07	3.206	0.371	0.384
2004	16.1	1.71	2.16	0.23	1.16	0.77	1.26	4.023	0.403	0.419
2005	16.1	1.72	2.56	0.24	1.49	0.83	1.49	4.971	0.426	0.483
2006	16.1	1.73	3.01	0.26	1.83	0.92	1.74	6.157	0.456	0.569

第十章 金 融

解放前，西来桥域内没有钱庄、当铺之类的行业，也没有金融银行业。如有急需，民间以纠会互助，也有借高利贷济急解困的。

纠会，方法是议定会期，每人按期交纳一定的现金作为借款，行会将钱汇集，每期一人得会。纠会形式有至公会、标会等。至公会为与会者协商或拈阄轮流得会，按期计明利息。标会为每期得会人员不固定，利息也不固定，由当时各人投交金额决定，一般为投入金额最低者(实际付出利息最高）得会。

解放后，1950 年 4 月成立中国人民银行扬中县支行福星区营业所。1953 年 6 月，在银行的支持下，组建信用合作服务社。信用社实行股份制，由群众参股。银行和信用社相继建立，使域内金融事业逐步发展，支持地方经济建设。

中共十一届三中全会后，改革金融制度，信用社进行体制改革，金融业兴旺发达。1986 年全镇发放贷款 3396.97 万元，年末存款余额 1775.39 万元。随着改革开放深入，经济发展迅速，存贷款不断增加。2006 年末，贷款余额合计 1.395 亿元，存款余额合计 2.025 亿元；平均每户储蓄 3.08 万元，人均 1.125 万元。

第一节 银行营业所

1950 年 4 月，建立中国人民银行扬中县支行福星区营业所。其职能是恢复生产，支持工商业发展，积极组织农村闲散资金，扩大资金来源，支持当地建设。1956 年 8 月改为中国农业银行西来桥营业处，和信用社合署办公，开展各种金融业务，发放农业及商业生产贷款，吸取储蓄存款。1960 年与信用社分开营业，1964 年又合二为一。1967 年，社队工业兴起，银行贷款逐年增加。1984 年 12 月，再次与信用社分离，各自办理资金往来业务。

银行营业所自建立以后，随着发展需要，几次更换扩大办公经营地点。1998 年在新集镇建造营业大楼，建筑面积 1437 平方米，工作人员也比以前增多。长期以来，银行营业所（分理处）在支持西来桥地方经济建设和发展各业生产方面做出了很大贡献。

1985—2006 年扬中农行西来分理处年末存款、贷款余额情况表

表 10-1　　　　单位：万元

年份	储蓄存款			贷款			
	合计	其中		合计	其中		
		个人存款	集体存款		工业贷款	个人贷款	其他贷款
1985	1391	1351	40	—	—	—	—
1986	1465	1412	53	3064	2788	—	276
1987	1554	1483	71	2464	2445	19	—
1988	1591	1516	75	3925	3861	64	—
1989	1636	1547	89	3764	3735	29	—
1990	1743	1631	112	4847	4789	58	—
1991	1871	1745	126	5627	5562	65	—
1992	2039	1864	175	5140	5113	27	—
1993	2233	2032	201	4826	4742	84	—
1994	2410	2174	236	3827	3770	57	—
1995	2631	2316	315	3249	3222	27	—
1996	2853	2485	368	3629	3546	83	—
1997	3138	2726	412	4527	4458	69	—
1998	3494	2951	543	4625	4439	186	—
1999	3959	3175	784	3001	2767	234	—
2000	4383	3369	1014	2048	1981	67	—
2001	5469	4175	1294	3164	2083	81	—
2002	5660	4498	1162	2069	1736	136	—
2003	6118	4658	1460	5720	—	—	—
2004	6490	4980	1510	6100	—	—	—
2005	7020	5400	1620	6500	—	—	—
2006	9680	7850	1830	7156	—	—	—

第二节 信用合作社

1953年成立西来桥信用合作社（又称信用服务社）。福星区所辖5个乡（东进、西来、南阳、北胜、轮船）均设有信用社代办分处。具体办理群众存款和小额农业生产贷款，帮助农民解决生产、生活上的困难。

信用合作社的职能是：在人民银行的支持下，帮助群众摆脱高利贷剥削，向群众提供低息贷款，积极开展“自救自助”活动，支持农业生产，发展农村多种经营。帮助群众克服困难，战胜灾害。

信用合作社的资金来源是动员群众投股（每股2元）入注。建社初时，吸收投股资金2320元，经过数次扩股、增股，壮大股份资金，1977年共有股1.77万个。20世纪80年代中期，信用社共有积累10.274万元，固定资产22.97万元。

信用社自成立后，长期与银行营业所合署办公，业务经营也时分时合。1958年，信用社改称信用部，各管理区（后称大队）设信用分部，银行直接与信用分部发生业务往来。1962年，将信用社视为银行的基层机构，使之由民办转为官办，信用社可直接发放社员个人贷款。坚持以生产队为单位，试办信用小组，将生产队“以存转贷”的公益金存款作为社员贷款基金，并建立简易可行的借款还贷制度。80年代初，随着农村经济体制改革，信用小组停办。

1984年农业银行与信用社实行资金、业务再次分开，信用社与营业所分开经营。

1985—2006年农村合作银行西来分行（信用社）年末存贷、贷款余额情况表

表10-2　　单位：万元

年份	存款余额	贷款余额	年份	存款余额	贷款余额
1985	214.39	268.85	1996	2861.23	2597.91
1986	310.39	332.97	1997	3200.47	3013.54
1987	376.94	390.44	1998	4081.14	3553.10
1988	395.24	399.90	1999	4483.91	3833.59
1989	498.78	449.15	2000	4443.61	4068.64
1990	636.42	493.28	2001	5060.21	4511.52
1991	800.68	1037.94	2002	5557.00	4580.00
1992	919.06	981.51	2003	7483.00	5096.00
1993	1327.46	923.56	2004	7595.00	5627.00
1994	1687.82	1705.01	2005	8917.00	6470.00
1995	2227.24	2395.01	2006	10536.00	6796.00

第三节 农村合作基金会

1992年，各地组建农村合作基金会。是年8月，西来桥镇成立农村合作基金会。成立之初，对组织农村集体的闲散资金，吸取村民个人存款，支持镇村集体企业发展，壮大集体经济，起着一定的积极作用。

由于农村合作基金会经营不规范，存在高息揽存现象；个别领导不当干预，不良信贷率剧增，干扰了农村正常金融秩序。1994—1996年，国务院、农业部、中国人行、省委农工部、省人行分别或联合发出通知，指出农村合作基金会不是金融机构，不得办理存贷款业务；同时指出，农村合作基金会的债权债务关系，要在地方政府的领导下妥善处理，以保护农民利益。1997年11月，扬中人行下发《关于加强对农村合作基金会管理的通知》，要求农村合作基金会坚持办会宗旨，不得变相吸收公众存款，不得实行保息分红，开展资金互助的资金占用费不得高于银行基准利率，不得将资金用于非农业的基本建设投资。

1998年11月，镇江市政府金融整顿办公室、民政局和人民银行联合转发江苏省政府《关于对农村合作基金会进行清理整顿和复查登记的通知》。1999年7月，清理整顿农村合作基金会工作在扬中市展开。清理整顿工作既维护农村金融改革全局，又保护农民的合法权益。

1999年，西来桥镇贯彻省清理整顿农村合作基金会工作领导小组《关于清理整顿农村合作基金会，及时实行“三停”的紧急通知》，6月25日中午12时，合作基金会实行“三停”（停吸、停放、停兑），封账歇业。

2000年1月1日，西来桥镇农村信用社承接农村合作基金会的全部债权债务，金融秩序稳定，农民未受损失。

政 治 编

编　目

第一章 政 党

第一节 中国共产党

一、解放前的中共组织

1.组织机构及党员队伍

1938年秋，中国共产党领导的江南抗日义勇军挺进纵队进驻西来桥。该部一支队政治处委派魏剑义在西来桥地区负责群众工作。1939年春，中共武进县委派三区区委书记徐作宪到西来桥负责党的组织发展工作。至年底，发展印德西、石裕文、张圣中为中共党员。

1940年6月，西来桥划属扬中，成立新六区，黄万余任第一任区委书记。接着县委先后派施光前、柳肇珍、孙甫、束惠、殷菊、苏坚、陶筠霞、陶奋荣等人到西来桥地区开展工作。宣传革命真理，发动群众抗日救国，组织男女青年投身革命斗争。党的组织发展工作出现了好的态势。到1940年底，共发展党员109名。常春村建立了全区第一个党支部。后来因革命斗争形势需要，常春村党支部分扩为两个党支部，北胜、东进、南阳乡等地也先后建立了党的支部委员会。1940—1941年，扬中县委组织部长张日化、汪云龙、赵惠东（束春生）、陈定宏（洪天诚）先后到西来桥抓建党工作。至1941年年底，西来桥地区共有中共党员224人，建有24个党支部。为了加强领导，还以乡为单位组建党的中心支部（党总支），作为区委的派出机构，具体抓好各个党支部的工作。经过不断发展壮大，1942年年底全区共有党员248名，党支部26个（内有三名党员，直属区委单线领导）。

1943年春，日伪疯狂“清乡”，西来桥沦陷。中国共产党领导的军政人员进行战略转移，党的组织及党员转入隐蔽活动，部分党员奉命打入敌人内部，掌控乡、保政权，刺探敌伪情报。中共丹北中心县委为加强反“清乡”斗争的领导，决定将西来桥党组织交由武进县委领导。1945年5月17日，新四军苏中五分区特务一团，在扬中、武进警卫营配合下，一举拔掉盘距西来桥三个敌伪据点，解放了西来桥，恢复建立扬中新六区。11月15日（农历十月初一），新四军部队及党政领导人员奉命北撤。1946年5月，国民党占据西来桥，大肆搜捕中共留守人员，造成部分党员与组织脱节，除两人叛变革命外，绝大多数党员仍在基层支部领导下，继续开展地下活动，直到1949年4月22日扬中解放。

2.中共区委及地方党支部负责人

（1）区委书记及委员

1939—1946 年中共新六区区委书记任职情况表

表 1-1

姓　名	籍　贯	职　务	任职时间	备　注
徐作宪	武进西夏墅	区委书记	1939.5—1940.6	中共武进县三区
黄万余	长旺邻丰村	区委书记	1940.6—1940.7	中共扬中县新六区
姚茂生		区委书记	1940.7—1940.9	
鄂洪海	八桥同胜村	区委书记	1940.10—1941.12	
李寿南	北胜村 1 组	区委书记	1941.1—1941.5	
冯忠礼	新华村 2 组	区委书记	1941.5—1942.9	上任当天被捕
冯银生	新华村 7 组	区委书记	1941.9—1941.10	代　理
侯　伯	北胜村 16 组	区委书记	1942.10—1943.3	
张恒柏	长旺头墩子村	区委书记	1943.4—1946.5	北撤后留守

历任区委委员有张圣中、黄万良、石裕文、何尔伦、倪正凡、冯银生（冯慕农）、何兆银、冯南生、梅存珊、王天保、张六一、张莲生。

（2）中心党支部及党支部负责人

1939—1946 年中共新六区所属乡中心支部及村支部负责人情况表

表 1-2

<table>
<tr><th>中心支部</th><th>负责人</th><th>村支部</th><th>负责人</th><th>村支部</th><th>负责人</th></tr>
<tr><td rowspan="3">北胜乡
中心
党支部</td><td rowspan="3">张圣中
侯　伯
施正魁</td><td>常春村党支部</td><td>施正魁(兼)</td><td>大新村党支部</td><td>陆正杨</td></tr>
<tr><td>芦沙村党支部</td><td>黄万鹏</td><td>合盛圩党支部</td><td>侯荣盛</td></tr>
<tr><td></td><td>黄礼发</td><td>安平村党支部</td><td>朱仕明</td></tr>
<tr><td rowspan="3">西来乡
中心
党支部</td><td rowspan="3">黄万良
何尔林</td><td>义渡村党支部</td><td>曹大林</td><td>十圩埭党支部</td><td>钱其裕</td></tr>
<tr><td>小圩村北支部</td><td>黄万良(兼)</td><td>小圩村南支部</td><td>何福林</td></tr>
<tr><td>西街党支部</td><td>施光甲　陆纪根</td><td>朱家埭党支部</td><td>张克友 朱生荣</td></tr>
<tr><td rowspan="3">东进乡
中心
党支部</td><td rowspan="3">何兆银
吴振海</td><td>东来桥党支部</td><td>王仁镜</td><td>东三村党支部</td><td>李芝根</td></tr>
<tr><td>盘头街党支部</td><td>吴振海(兼)</td><td>西三村党支部</td><td>何兆银(兼)</td></tr>
<tr><td>开沙陆上党支部</td><td>王明泉</td><td>开沙陆海党支部</td><td>朱圣保</td></tr>
<tr><td rowspan="5">南阳乡
中心
党支部</td><td rowspan="5">倪正凡
韩茂永
冯南生</td><td>荷叶圩党支部</td><td>丁开林　冯忠礼
冯南生</td><td>小新村党支部</td><td>丁文龙 赵恒广
张正邦 樊纪庚</td></tr>
<tr><td>滨江村党支部</td><td>丁开坤　陈道章</td><td>小桥村党支部</td><td>崔广义</td></tr>
<tr><td>恽新村南支部</td><td>耿隆章</td><td>恽新村北党支部</td><td>张福胜</td></tr>
<tr><td>南星村党支部</td><td>季步清</td><td>新乐村党支部</td><td>唐锡章</td></tr>
<tr><td>母子村党支部</td><td colspan="3">冯银生　黄贤清　韩茂永　冯南生(兼)</td></tr>
</table>

二、解放后的中共组织

1.机构沿革

1949年4月22日，西来桥地域获得解放。10月成立中共福星区委，设书记1人，委员若干人。

1956年10月，成立幸福乡，建立乡党总支委员会，选出委员10人，副书记4人，由第一副书记主持工作。1957年10月，建立乡党委，设书记1人，副书记、组织委员、宣传委员等。1958年成立人民公社，改乡党委为公社党委。1966年，“文化大革命”开始，公社党委的正常工作受到冲击。1967年，公社党委实行“军管”。1969年，公社成立革命委员会，建立党的核心领导小组。1973年4月，召开中共幸福公社第五次代表大会，重新建立公社党委会。1983年7月，公社改乡，1984年7月建立中共幸福乡委员会。1986年撤乡建镇，中共幸福乡委员会改称中共西来桥镇委员会。

1991年设党的纪律检查委员会，设书记1人，委员数人。

2.历次党员、党代表大会简况

1939年西来桥建立党的组织，但一直至解放，党组织的会议及活动无资料记载，该志从解放后的首次党员大会起记事。

1956年10月8日，召开幸福乡首次党员大会，出席党员139人，选举产生中共幸福乡总支委员会。选出委员10名，秦长林为第一副书记，主持工作。施国荣、崔有文、戴风魁为副书记。蒋锦云、王福武、甘祥斌、张安明、范明根、王营为委员。

1958年3月18日，召开第二次党员大会，出席党员141名，选举产生中共幸福乡委员会。选出委员11名，王成贤任党委书记，林守祥、何美贵为副书记。委员有蒋锦云、王福武、施国荣、梅存栅（女）、殷炳星（兴化人）、黄裕荣（永胜德胜村人）、陈纪福、耿其祥（丹徒县人）。

1959年5月24日，召开幸福公社第三次党员代表大会，出席会议代表69名，选举产生中共幸福公社党委会。王成贤为书记，林守祥、何美贵为副书记。耿其祥、黄裕荣、梅存栅（女）、蒋锦云为常委，王福武、殷炳星、刘连生、施国荣、范明根、孙启法、陈纪福、崔有文为委员。

1962年12月26日，召开幸福公社第四次党代会。出席会议代表67名，选举季春煦为公社党委会书记，耿其祥、袁定喜、傅同良、王福武为副书记。梅存栅（女）、吴甫、吴坤银、王其洧、蒋锦云、施国荣、朱昌法为委员。

1963年5月至1966年“由中共镇江地委批准，扬中县委任命”的公社党委书记先后有刘恒才、顾昌保、唐根中。孙国成、兰勤任副书记。1972—1984年被任命的党委副书记还有祝瑞岳、季圣馀、张太顺、孙万和。

“文化大革命”开始后，党委的正常工作受到冲击，组织瘫痪，活动停止。1967年，公社党委的职权由“军管会”行使。1969年4月，公社成立党的核心领导小组。

1973年4月24日，召开幸福公社第五次党员代表大会，建立中共幸福公社委员会。徐子清任书记，苏永坤、郭纪明为副书记。蒋红、吴元云、王仲宝、何巧英、郭纪章、王中海为委员。

1982年4月2日，召开第六次党代会，出席会议代表97名，选举马德荣为公社党委书记，朱凤鸣、杨恒金为副书记。施光银、施正文、钱太华、曹德广为党委委员。

1984年7月17日，召开幸福乡第七次党代会，出席会议代表79名，部分离退休老同志列席会议。选举中共幸福乡委员会。选出杨恒金、陈廷龙、刘国平、施光银、钱太华、曹德广、宦道生、施正文为党委委员。杨恒金为书记，陈廷龙、刘国平为副书记。

1987 年 10 月 3—4 日，中共召开西来桥镇第八次代表大会。选举黄桐年、陈廷龙、黄振龙、蒋模华、于圣金、宦道生、施正文为党委委员。黄桐年任书记，陈廷龙、黄振龙为副书记。

1991 年 1 月 19 日，召开中共西来桥镇第九次党代会。赵根林当选为党委书记，黄振龙、蒋模华、宦道生任副书记。季广银、王纪根为委员。

1994 年 4 月 28 日，召开西来桥镇第十次党代会。孙厚章当选为镇党委书记，陶有宇、杨万祥、陈军当选为副书记。季广银、王纪根、曹祝平、刘如宏为委员。

1997 年 3 月 26 日，召开中共西来桥镇第十一次代表大会。陶有宇当选为党委书记。严福华、杨万祥、陈军为副书记。刘如宏、王纪根、曹祝平、姚红、陈为民为委员。

2000 年元月 22 日，召开中共西来桥镇第十二次代表大会。沈大银当选为书记，陈廷荣、唐圣龙、马国建为副书记。王笃平、王纪根、曹祝平、姚红、陈为民为委员。

2003 年 3 月 23 日，召开中共西来桥镇第十三次代表大会。选举陈廷荣为书记，张敏、杨友军、季广银、陈兵为副书记。姚红、黄步义、姚中庆、陈学兵为党委委员。

2006 年 3 月 25 日，召开中共西来桥镇第十四次党代会。选举陈泰鸿为党委书记，张华、陈兵、姚红为副书记。陈学兵、常加玲、翟骏、张建荣、曹德友为党委委员。

1949—2006 年西来桥镇（福星区、幸福公社、幸福乡）党委书记情况表

表 1-3

姓　名	性别	职　务	任职时间	备　注
徐正清	男	区党委书记	1949.4—1953.2	时为福星区
朱鹤富	男	区党委书记	1953.3—1953.12	
高文华	男	区党委书记	1954.1—1956.6	并入八桥区建立幸福乡
秦长林	男	乡总支副书记	1956.7—1957.6	幸福乡第一副书记主持工作
王成贤	男	乡(公社)党委书记	1957.7—1960.5	1958 年改为公社
季春煦	男	公社党委书记	1960.6—1961.11	
刘恒才	男	公社党委书记	1961.12—1965.2	
顾昌保	男	公社党委书记	1965.3—1966.1	
唐根中	男	公社党委书记	1966.2—1971.6	
徐子清	男	公社党委书记	1971.7—1976.9	
郭纪明	男	公社(乡)党委书记	1976.10—1981.7	
马德荣	男	公社党委书记	1981.8—1984.6	1983 年公社改乡
杨恒金	男	乡(镇)党委书记	1984.7—1987.9	1985 年乡改镇
黄桐年	男	镇党委书记	1987.10—1989.2	
赵根林	男	镇党委书记	1989.3—1991.8	

续表 1-3

姓　名	性别	职　务	任职时间	备　注
杜成阳	男	镇党委书记	1991.9—1994.1	
孙厚章	男	镇党委书记	1994.5—1995.10	
陶有宇	男	镇党委书记	1995.11—2000.1	
沈大银	男	镇党委书记	2000.1—2001.6	
陈廷荣	男	镇党委书记	2001.6—2004.3	
张万龙	男	镇党委书记	2004.4—2005.4	
陈泰鸿	男	镇党委书记	2005.5—	

3.基层党组织

乡（镇）党的基层组织主要是农村支部、机关事业单位支部和企业支部。

1949年10月建立中共福星区委后，建立了东进、南阳、西来、北胜四个乡党支部。1956年10月，并区撤乡，成立幸福乡。基层党支部以农村高级社为单位，组建12个支部。1958年，幸福中心小学、幸福中学、幸福公社医院合建文卫系统党支部。随后建立党支部的有供销社、公社农具厂等。1958年人民公社化后，公社下设管理区。1961年，管理区改称为生产大队，以大队为单位建立党支部。进入20世纪60年代，公社五金厂、公社眼镜厂相继建立党支部。“文化大革命”期间，党的基层组织受冲击。1970年党的基层组织恢复正常。到80年代末，各事业单位及规模企业均建立党支部，至2006年，全镇有基层党支部38个。共有党员897人。

1949—2006年西来桥镇(福星区、幸福公社、幸福乡)
农村中共党支部负责人情况表

表 1-4

乡村支部	支部书记或负责人姓名
东进乡	王　营、孙启法
南阳乡	林守祥、林志国、崔有文
西来乡	何尔银、施国荣、范明根
北胜乡	王广福、戴文富、倪正荣、蒋锦云
东进(胜利)	孙启法、耿志贵、季广桂、陈信芝、郭宏狮
双三	马安胜、吴荣林、杨中华、孙厚章、马国友、王立贵、吴祥根、周元明、陈宝文
东来(新升)	蒋义荣、郭纪章、程镇澜、聂有根、张金根、季广章
双益	杨中华、耿隆武、赵隆祥
南旺桥(新民)	陈正根、耿昌明、陈义贵、贾正章、林守祥、印永善、陈加富、印永华、郭宏明、杨中权、杨中良、奚连章、曹　银
南阳(合兴)	严维福、杨秀武、王中海、奚传惕、季正才

续表 1-4

乡村支部	支部书记或负责人姓名
新华	戴凤魁、丁香清、施正文、朱锦桂、唐林森、施中平、朱新文、冯友林、施正荣
福星	贾正章、方正林、耿隆武、吴荣林、薛安良(副)、施正林、何宇福、胡桂保、施为民
西来(日新)	徐君美、蒋义荣、甘祥斌、薛纪明、冯春生(代)、丁基珍(代)包智才(代)、于圣清、应龙民、冷纪荣、陈吕龙(代)、奚连章
曙光	郭纪章、印德富、郭金富、郭宏金、陈履胜
北胜	顾昌明、韦长根(副)、盛永洪、周顺寿、徐志坤(副)、李建根、盛习章
大兴(红星)	方正林、何广法、陈南山、陆惠林、朱建国、郭峰

注：1956 年前以乡成立党支部，1956 后以高级社建立党支部

1956—2006 年西来桥镇(幸福公社、幸福乡)
机关事业单位中共党支部负责人情况表

表 1-5

单位名称	负责人姓名
乡、镇机关党支部	王福武、张太顺、钱太华、宦道生、杨万祥、黄龙根、唐圣龙、杨友军、张　华、姚　红
工业公司党支部	印永善、施正钧、顾昌明、黄万荣、陈太华
农业公司党支部	鄂成根、黄贤龙、王杰华、吴金贵
副业公司党支部	施国圣、印永善
中学党支部	袁东明、刘国善、冯友文、戴伯章、陈纪章、沈连生
中心小学党支部	牛席珍、冯友文、丁俊生、徐建中、姚华东
文化中心党支部	戴伯章、白纪根、陆惠林、宋保锡、陈旭文
敬老院党支部	胡桂保、季正才、陈履胜(副支书,主持工作)
供电所党支部	封爱民
邮电局党支部	许吉义、陈廷富、蔡会生
供销社党支部	郭邦兴、王裕荣、陈荣华、李长康、张公春、丁昌华、陆廷栋、包礼春、戴道尊、李　波
粮管所党支部	葛兰芳、朱有成、吴中宽、朱锦松、孙华斌、何尔模、王永保、印宏法、朱玉亮、任书明、林成礼
银行党支部	陈志中、夏邦良、徐存美、蔡　飞、范选华、杨怀银、朱华兵、韦习根、戴友仁
卫生院党支部	施雨春、杨秀武、周祥顺、陈宝康
水利农机站党支部	鄂成根、徐子良、黄克荣
自来水厂党支部	程正澜、陈加富、应龙民
信用社党支部	徐存美、顾文辉、吴振林、蔡连章、张维中、陆昌富、翟笃军、王笃峰

三、组织建设

1.建党工作

新中国成立初期，按照扬中县委提出的建党要求，有条件地慎重地、发展党员。在广泛发动群众，群众组织初步建立的基础上，对原地下党组织进行清理，对在斗争中经过考验的，与群众有联系的、有威信的积极分子，采取谨慎态度，有领导有计划地发展，主要对象是工人、贫农、佃农和积极上进的知识分子，并为北撤后失去组织联系的党员重新办理了入党手续。全区（福星区）分别先后被县、区吸收重新入党的共有 19 人，多数原地下党员未能恢复组织关系。

1950—1956 年，区、乡党组织根据建党原则，紧密结合党的各项中心工作，大力考察培养积极分子，全区共发展党员 40 多名。1958 年成立人民公社，在“大跃进”运动中，全公社（幸福公社）发展党员 80 多名。1961—1965 年，根据在党中央暂时停止发展党员的指示，全公社仅吸收少数几个优秀分子入党。1966 年“文化大革命”开始后，公社党委的正常工作受到严重冲击，发展新党员的工作也暂时停止。1973 年 4 月，重新建立公社党委会，组织发展工作逐步恢复。1985 年发展党员 20 名。之后每年都把吸收优秀中青年知识分子和各行各业的积极分子作为发展党员的重点。1986—2006 年 12 月，共发展党员 366 人。

1939—2006 年西来桥地区部分年份中共党组织情况表

表 1-6

时间	党委数	支部数	党员数	其中		备注
				男	女	
1939—1945	1	26	248	234	14	
1949.12	1	5	136	131	5	
1956.12	1	12	128			
1958.12	1	15	141	132	9	
1966.12	1	21	222	205	17	
1976.12	1	24	373	347	26	
1980.12	1	25	471	446	25	
2003.12	1	38	849	767	82	
2006.12	1	38	897	787	110	

2.整党及党员教育

1950—1955 年，根据上级党委指示精神，开展整党整风。主要是结合“土改”、“三反”、过渡时期总路线教育、互助合作、粮食统购统销等运动，在党员、干部中展开批评与自我批评，通过学习文件，总结工作，提高党员干部的政治思想水平，克服党员干部中的以功自居、骄傲自满情绪以及官僚主义、命令主义作风，增强党内外的团结。

1960—1963 年的整党整风，是结合整风、整社和改造后进支部进行的，旨在整顿党员和党员干部的思想作风，克服部分党员领导干部中的官僚主义、主观主义、浮夸、强迫命令等脱离群众的不良作风。通过整党，对党员进行思想教育，改进工作方法，密切党群关系，纯洁党的组织和干部队伍，严肃党的纪律，提高党的战斗力。

1984—1985 年，县委根据中共中央及江苏省委有关整党文件精神，在全县分批开展整党工作。西来桥镇党委组织党员学习文件，提高认识，统一思想，整顿作风，加强纪律，纯洁组织。对 531 名党员进行重新登记，8 名缓登，1 名被开除。

通过整党整风，广大党员的思想觉悟和革命自觉性得到很大提高。他们勤奋努力工作，兢兢业业，无私奉献，涌现出不少的先进集体和优秀党员。从 80 年代初，镇（乡）党委每年召开表彰大会，表彰先进党支部、优秀党务工作者和优秀党员。据资料统计，1981—2006 年，先后受县市表彰的优秀党员 68 人，先进党支部 26 个，优秀党务工作者 32 人。受镇江市委表彰的有：模范党员标兵罗俊芳，1991—1993 年党员双带先进个人张威，优秀基层干部施正文。

有不少优秀党员被选为党代表，光荣地出席县市党代会。西来桥籍代表张威、张德伟、毛庆根出席县首次党代会（1956 年 4 月召开）。据不完全统计，1958—2006 年，西来桥镇出席历届县市党代会的代表达 60 余人，有的代表连任三四届。

1998 年镇党委成立西来桥镇党校。作为党员教育的培训基地，每年都对入党积极分子进行党的基本知识教育，进行党的性质、基本任务和奋斗目标教育，加深对党的改革开放方针的全面理解，增强党员、干部建设有中国特色社会主义的信念。镇党委每年利用冬闲季节举办一次党员干部冬训班，进行党的知识教育和时事政治教育。

2005 年 7 月—2006 年 6 月，全镇共产党员分批参加党员先进性教育。

四、纪律检查

党的纪律检查工作，主要依据党章和党纪围绕党的中心工作对党员进行纪律教育，协助党委整顿党风，检查和处理党员的违纪案件。

1949—1957 年，中共福星区党委、中共幸福乡党总支部分别有一名副书记或组织委员负责纪检工作。

1958—1966 年，公社党委设专职监察委员。“文化大革命”中，党的组织活动基本停止，党风党纪遭到严重损坏，中共十一届三中全会后，恢复党的纪律检查委员会，配备专职纪检干部。1991 年成立中国共产党西来桥镇纪律检查委员会，设有纪检书记一名和委员若干名。

1949—2006年西来桥镇(福星区、幸福公社、幸福乡) 纪检干部情况表

表1-7

机构名称	职务	姓名	任职时间
福星区党委	纪检干部	季春煦　何尔银	1949.4—1955.6
幸福乡党总支	纪检干部	施国荣	1955.6—1957.10
幸福乡党委	纪检干部	何美贵	1957.10—1958.9
幸福公社党委	纪检干部	王福武	1958.10—1966.11
幸福公社党的核心小组	纪检干部	吴坤银	1969.4—1973
幸福公社党委	纪检干部	张国政　钱太华	1973—1982
幸福乡党委	纪检干部	曹德广	1982—1985.11
西来桥镇党委	纪检干部	曹德广	1985—1990.12
西来桥镇党委	纪委书记	王纪根	1991.1—2001.3
西来桥镇党委	纪委书记	季广银	2001.4—2006.3
西来桥镇党委	纪委书记	常加玲	2006.3—

五、统一战线工作

在抗日战争和解放战争时期，统战工作由当时的区委、区政府负责，主要任务是团结各界爱国民主人士进行革命斗争。

1939年秋，新四军挺进纵队一大队进驻西来桥。地方绅士施少俊带头在西来乡西部搞减租减息，协助新四军开展工作，为民众拥护，被推举为镇参政员，参政会人员多为绅士名人，会长冯忠仁，副会长施少俊。参政会成立当天，施少俊提议中午不吃饭喝酒，带着食品到一大队与干部战士会餐，参政员们到营部看到战士们吃的菜是水煮黄豆芽，几乎没有油，心里感到很不好受。大队长李凯看到参政员们的不安神态，笑了笑说："这比我们在江南打仗时的条件好多了，打起仗来有时几天连续奔走，没有热饭吃，我们应该感谢西来桥的乡亲们对我们部队的帮助。"听了感谢的话，参政员们心中更为不安，几乎没有吃自己带来的菜和食品，主动吃战士们吃的饭菜。下午开会时，冯忠仁、陆炎、施少俊带头发起大户们在交足公粮之外，又合捐了400公斤军粮、5头猪、60只鸡和100公斤鱼。

抗日战争期间，抗日民主政府积极开展统战工作，对武进荫沙大地主郭荷生的妻子张月卿(苏鲁皖游击总指挥部、苏北汪伪十九师师长和汪伪第九军高参张松山的妹妹）进行统一抗战教育，张深明大义，表示愿为抗日出力。1941年9月2日，扬中县委书记杨明及新六区委书记冯忠礼在西来桥地区不幸被捕，被押至泰兴七圩港。张月卿利用自己的特殊身份，赶赴泰兴七圩港，找到伪军大队长戴选裕，批评他抓错了老实巴交的农民。戴满口认错，立即将冯忠礼放出，请张月卿带回中心沙。可惜县委书记杨明是外乡人，说话口音不同（一开口即暴露身份)，虽经交涉，未能保回。1942年初夏，驻七圩港的日军与驻泰兴县城的日军调防，走的走了，来的未来，七圩港据点只有伪军一个营的兵力守护。张月卿得知这一消息，立即报告抗日民主政府，并于当晚亲自为新四军51团和扬中警备营带路，去攻打七圩港据点。她还亲自喊话，敦促敌人缴械投降。经过短时间的战斗，很快攻克据点，新四军无一伤亡，缴获了伪军一个营的枪支弹药。

张月卿思想进步，支持革命，致使时任汪伪军高参的哥哥张松山深受影响，在新四军东进抗日和解放战争中为革命事业做了有益的工作。

新六区抗敌委员会副主任赵恒广，利用去小河饭馆请客吃饭的机会，与伪军结交朋友，做通伪军机枪手胡忠喜（内蒙古人）的工作，促使胡带轻机枪一挺、掷弹筒一支向抗日民主政府投诚。胡投诚后，经过教育，政治思想觉悟提高。作战勇敢，利用关系做驻西来桥伪军中队长张镇的策反工作（后因发生意外未成功）。

国民党时期永宁乡乡长温祥海，经中共地下党组织做工作，在其任职的三年内，参加革命的北撤人员家属没有一户被敲诈勒索，留守人员及往返江南、江北的情报人员没有一人被捕出事。在国民党反动派封锁长江、严查过往行人时，该乡设法为中共长江工委搞到 30 份区公所核发的国民身份证，还有 60 份空白介绍信，为中共军政人员来往苏南敌占区提供了方便。

解放后，党和人民政府十分重视统一战线工作，广泛邀请民主人士参政议政，有的民主人士还当选为镇、县人大代表。1981 年 4 月，自扬中县首届人民政协会议至 2006 年度的第七届政协会议，西来桥当选政协委员的党外人士有 30 多人次。

第二节　中国国民党

1926 年，西来桥镇域隶属武进县。国民党在小河设区分部，负责人由武进县党部常委张璞堂（又名张保华）兼任。西来桥地区的国民党员有李天佑（又名李义太）、陆炎、巢瑞徵等，由小河区分部组织管理。1928 年加入国民党的有：季诺千、李凡；之后李天佑相继介绍了赵良骥、施绍俊、王信朋，陆炎介绍了贾金和、冷爱亭（冷发友）、刘兴邦加入国民党。1946 年国民党小河区分部改选，巢瑞徵、李天佑、陆炎三人为西来桥地区代表出席会议，会上，陆炎当选为小河区分部书记，

1946—1948 年冬，西来桥镇域改属扬中，西来桥国民党组织也改由设在西来桥的国民党区公所负责，负责人是王渊祥（曾任油坊区长）、宋维田（中统特务）。1949 年解放后，境地即不存在国民党组织。

第二章　地方政权

清嘉庆五年（1800），4个财主争沙滩，诉至苏州府，经判定西来桥大部分地域属武进通江市管辖。光绪十一年（1885）始设洲董，下由几个圩合选圩长。

民国18年（1929）,实行新的“县组织法”。武进县通江市撤销，西来桥划属武进三区，成立福星镇，同时建立乡、保、甲。乡长一般由上级委任，保长民选，10户以埭成立甲，甲长由乡、保长指定。民国32年（1943）西来桥沦陷，日伪沿袭国民政府的乡、保、甲制度，西来桥共设21保。

民国28年（1939），中国共产党和抗日民主政府开辟西来桥抗日根据地，民国29年（1940）成立扬中县新六区，下设4个乡、32个行政村。民国36年（1947）又改为1镇4乡、28个保。民国37年（1948）冬，归属武进县，仍为武进三区福星镇。

1949年4月22日，西来桥获得解放。扬中县人民政府以西来桥镇为基础，成立福星区。1956年撤区并乡，组建幸福乡。1958年改建幸福人民公社，1983年7月又改为幸福乡，1985年11月改称西来桥镇，并一直沿袭至今。

第一节　民国前的政府机构

光绪十一年（1885），福兴洲（今西来桥镇）属武进通江市管辖。通江市设福兴洲董事，同时配属洲书、洲保，并由几个圩合选圩长。洲董事一职由地方有名望、有能力的乡绅担任，负责处理本地官方和民间的一应事务。洲书和洲保由洲董事聘任，洲书主管田赋财粮及账目往来，洲保负责维护地方安全管理等事宜。

1885—1927年，施明齐任福兴洲董事。中心沙、蒋家沙因地域不大，未有行政建制，托管于武进福兴洲。

1927年前先后担任圩长的有：西大圩倪佩玉、合兴大兴圩张泰来、小膀子沈德松、九圩吴加义、十五圩冷金万、十六圩张长太、四十圩赵茂荣，以及今南阳的许祥元、郭恒连、倪恒贵和胜利的闵纪魁等人。

第二节　民国时期的政府机构

1929年，实行新的“县组织法”，武进县撤销通江市。

民国18年（1929），福兴洲划属武进三区管辖，改福兴洲为福星镇，同时建立乡、保、甲制。

原属泰兴的中心沙与开沙合并，成立泰兴乡。原属丹阳的蒋家沙与轮船沙合并，成立蒋轮乡。大泡子为扬中齐家乡的一个保。

1929—1939 年，先后任福星镇镇长的有陆炎、李义泰、贾金和、赵良骥、施绍俊、王信鹏；先后任蒋轮乡乡长的有胡维孝、胡维悌。任泰兴乡乡长的为吴诚林。任大泡子保长的为吴坤恪。

1940 年，福星镇划属扬中，扬中县抗日民主政府在此建立扬中县新六区，下设东进、南阳、西来、北胜 4 个乡、32 个行政村。区、乡长多为抗日民主政府干部、地下党员或民主绅士担任。

1940—1945 年西来桥地区抗日民主政府区长、乡长更迭情况表

表 2–1

机构名称	职务	任职时间	姓名(按先后顺序)	说　明
新六区	区长	1940—1943	施光前、顾维衡、陈楚、虞有成、郦琴	时属扬中县
东进乡	乡长	1940—1945	吴城林、吴振海(副)、李芝根	
西来乡	乡长	1940—1945	黄万良	
南阳乡	乡长	1940—1945	顾维衡、赵恒广、胡天福、冯忠礼、冯桂生	
北胜乡	乡长	1940—1945	黄万鹏	北撤留守被杀害

1943 年西来桥沦陷，日伪沿袭国民党时期的地方建制，西来桥地区仍为福星镇，隶属武进，先后有朱会玉、陆锦源、周南、朱春和、李义泰任镇长。

1945 年 11 月 5 日（农历十月初一），中共党、政、军人员北撤，国民党占领西来桥。西来桥隶属武进三区，1947 年国民党为“剿共”，将西来桥改属扬中，成立六区。1948 年冬复归原制，仍为武进三区，乡镇长人选也随之变动。

1945—1948 年西来桥地区国民党区长、镇长更迭情况表

表 2–2

区域名称	时间	区长镇长姓名
武进县福星镇	1945.11—1947	朱会玉、李超华、吴学廉、施广敏、郭绍明(副)
扬中县六区	1947 年春—1948.6	王渊祥、傅公侠(解放后被镇压)
扬中县五沙区署	1948.7—1948.12	陆如理、吴学廉
武进县福星镇	1948.12—1949.4	姚纪法

第三节 中华人民共和国成立后的政府机构

西来桥解放后，政府机构名称数次变更，机构部门设置随着时代发展逐渐增多。

一、福星区、幸福乡人民政府（1949年4月—1958年9月）。1949年4月下旬，扬中县人民政府以西来桥地区为核心，成立福星区人民政府。区长下设文书、公安、民政、文教、财粮、生建等助理，负责相关工作，区党委、区政府设区妇女联合会、区中队、新民主主义青年团福星区委员会。

区辖东进、南阳、西来、北胜四个乡，乡设农会主任（兼中共支部书记）、乡长、妇女主任、民兵队长、行政村村长。1953年全国首次普选，行政村由选区取代。1956年农业合作化后，农业高级合作社取代选区的职能。

1956年撤区并乡，组建幸福乡人民政府，乡属机构与前变动不大。

1949—1958年福星区、幸福乡人民政府区长、乡长更迭情况表

表2-3

机构名称	区长、乡长姓名	任职时间
福星区政府	石裕文、高文华	1949—1956
东进乡政府	赵兴邦、何美贵、芦则洪、孙启发	1949—1956
南阳乡政府	戴风章、冯桂生、黄桂华、张安明、谭广龙	1949—1956
西来乡政府	黄万良、施光甲、范明根、施国荣	1949—1956
北胜乡政府	印世康、戴文富、蒋锦云	1949—1956
幸福乡政府	蒋锦云、陈廷乔、耿其祥	1956—1958

1949—1953年各村村长

东进乡 东来村：姚春新、包恒阳　　武进村：林培之
东山村：吴祥保、蔡发祥　　西山村：周祥生
盘头村：吴发友　　八框村：秦德荣
公益村：陈春林　　学益村：赵万德
南凌村：冯大龙

西来乡 中坝村：朱菊生、徐君美　　小圩村：陈恒达、何尔扬
西来村：徐福根、朱三小、蒋锡广　　一四村：丁德才、白小网
义渡村：范明根、卞元福　　合兴村：朱生荣
福星村：陈礼春、杨恒顺、谢再仁、陈正德

北胜乡 东新村：孙其友　　芦沙村：黄礼发
三星村：张士明　　安平村：李昌寿
长春村：马玉广　　大新村：罗秀华

南阳乡	新乐村：常登林、陈正根	三阳村：季爱堂、王启太
	母子村：戴凤魁	小新村：张正邦、周顺元
	荷叶村：陈守义	贫民村：黄桂华、印永年
	恽兴村：张纪章、王士章	南星村：严维德、陈廷元
	小桥村：崔有文、杨中银	滨江村：陈道章

1953—1956 年各选区主任代表

东进乡	东进选区：郭义隆	武进选区：蒋义荣
	东三选区：蔡发祥	西三选区：吴志龙
	盘头选区：吴法友、吴法明	八框选区：陈如寿、施跃南
	开沙选区：杨中华、栾永芝	
西来乡	一选区：徐存美	二选区：白小网
	三选区：陈正德	四选区：卞元福
	五选区：朱生荣	六选区：何尔扬
	七选区：朱三小	
北胜乡	一选区：郭荷章	二选区：黄礼发
	三选区：张士明	四选区：马玉广
	五选区：钱素珍	六选区：何尔进
南阳乡	新乐选区：陈正根、常登林	三阳选区：王启太
	母子选区：戴凤魁	小新选区：周顺元
	荷叶选区：丁昌富	贫民选区：印永年
	恽兴选区：王士章	南星选区：严维德
	小桥选区：杨中银	滨江选区：陈道章

1956—1958 年农业高级社社长

新升：石高余、季广生、孙有善	双三：吴志龙
胜利：施耀南	新民：陈义贵
合兴：刘祥保、严维福	新华：丁香清
日新：黄大祥、何尔扬、钱其友（副）	曙光：陈恒发
福星：贾正章、曹德才（副）	光明：石裕春
红星：杨天伦	双益：赵隆祥

1958 年 9 月成立幸福人民公社。原乡政府改为公社管理委员会，高级社改称为管理区，1961 年后称为大队。

二、幸福人民公社（1958 年 9 月—1983 年 7 月）。1958 年 9 月，幸福乡改为幸福人民公社，成立幸福公社管理委员会，乡长为主任。下设机构有：文秘办公室、人武部、财政所、文化站、广播站、电影放映队、统计站、农技服务站、计划生育办公室（由计生小分队转改）、工副业办公室（后分别改为工业公司、多种经营公司)、妇女联合会、共青团委等。并设有公安特派员、民政、计生、工业、村建、文卫助理、经济联合体等。公社下辖管理区，1961 年管理区改称生产大队。

1966 年，“文化大革命”开始，公社政权一度瘫痪，由公社人武部、各大队民兵营分别对公社和大队实行军管。1968 年春，公社、大队相继成立革命委员会。1981 年恢复公社管理委员会。1983 年体制改革，更名为幸福乡，设乡长、副乡长及各部门助理和有关服务机构。

三、幸福乡、西来桥镇人民政府（1983 年 7 月—）。1983 年体制改革，幸福公社改为幸福乡，乡政府所辖机构变动不大。1985 年 1 月，乡改镇，幸福乡更名为西来桥镇，成立西来桥镇人民政府。镇政府下设政府办公室、财政所、人武部、派出所、司法所、劳动保障服务所、国土管理所、城镇管理所、民政办公室、计划生育办公室、综合治理办公室、招商办公室、村镇建设办公室、经济服务中心、文化体育服务中心、农业服务中心、财会经营中心、广电服务中心、审计站、统计站、安全监督管理站。

1958—2006 年西来桥镇(幸福公社、幸福乡）政府负责人更迭情况表

表 2-4

机构名称	职务	任职时间	负责人姓名
幸福公社管理委员会	主任	1958—1968	耿其祥、孙晓光
幸福公社革命委员会	主任	1968.3—1981	朱昌法、徐子清
幸福公社管理委员会	主任	1968.3—1981	苏永坤、朱凤鸣
幸福乡	乡长	1983.7—1985.11	朱凤鸣、孙万和、陈廷龙
西来桥镇	镇长	1985.11—	陈廷龙、黄振龙、孙厚章、陶有宇、严福华、陈廷荣、张　敏、陈泰鸿、张　华

“文化大革命”前，公社管理委员会主任、副主任由上级任命，先后任公社管理委员会副主任的有朱炳生、唐根中、殷炳星、王济淆。1973—1978 年，通过任命为公社革命委员会副主任的有陆荣斌、王中保。

1958—1961 年底各大队（管理区）主任

新升：郭纪章　　日新：黄万荣

双三：马安胜、赵隆祥　　光明：盛永红、蒋锦坤

新华：印永善、陈义贵　　红福：杨天伦、贾正章

合兴：杨中银、朱纪明　　胜利：吴法明、孙启发

(注：当时双三与双益、新升与曙光、新民与新华、红星与福星合并为一管理区)

1962 年以队核算后各大队主任

新升：孙有善　　双三：马安胜　　双益：赵隆祥

新民：印永善　　曙光：陈恒发　　日新：黄万荣

新华：丁香清　　福星：耿隆武　　红星：杨天伦

光明：韦长根　合兴：朱纪明、崔兆斌　胜利：吴法明、孙启发

1968—1983 年各大队革委会主任

北胜：周顺寿、徐志坤

红星：方正林、何广发

曙光：郭纪章、赵云霞（副）

新升：程镇澜、聂有根

胜利：季广桂、陈信芝

合兴：杨秀武、王忠海

双三：杨中华、常戈章、彭少达

新民：印永善、陈义贵、陈加富、王根章、印永华

新华：戴凤魁、施正文、施中平、朱锦桂、施中平

福星：贾正章、陈廷富、薛安良、施正林

日新：薛纪明、施国圣、包智才、冯春生、何尔扬、于圣清

1983 年 7 月—2001 年各村民委员会主任

北胜：张广法、盛习章、吴金贵、宦龙生、盛尔杰

大兴：陈南山、徐凤英、朱建国、何为民

曙光：郭金富、陈吕盛

新升：张金根、周元良、季广章、蒋纪常

双三：孙厚章、陈永康、蔡振才、陈宝文

东进：吴荣才、秦安国、吴纪挽

南旺：王根章、朱宁芳、陈加华、陆廷稳、朱宁美

南阳：奚传惕、杨怀章（副）、孙全荣（副）、肖广银

新华：徐凤英、赵炳良

福星：应龙富、王立荣、姚祥彬、施为民、施正法

西来：张明云、奚连章、陈吕龙

2001 年 7 月，西来桥镇拆并了 4 个村，曙光村与新升村合并为东来村，福星村与大兴村合并为复兴村。2004 年 11 月，双三村与南旺村合并为三新村，新华村与南阳村合并为新程村，东进村并入幸福社区。截至 2006 年底，全镇有 6 个行政村及 1 个社区。即东来村、三新村、新程村、复兴村、西来村、北胜村、幸福社区。

2001—2004 年各村委会主任

北胜村：盛尔杰　　东来村：蒋继常

复兴村：何伟民　　西来村：陆红卫

双三村：蔡祥荣　　新华村：赵炳良

南旺桥村：李纪林　　南阳村：肖广银

东进村：吴纪挽

2004—2006年各村（社区）委会主任

北胜村：盛尔杰　　东来村：蒋继常、施正兵
三新村：吴坤荣　　新程村：肖广银
复兴村：何伟民、何广烈　　西来村：陆红卫
幸福社区：吴纪挽

第四节　乡、公社、镇人民代表大会

1953年8月9日，福星区东进、西来、南阳、北胜4个乡，分别召开首届人民代表大会，选举乡长和副乡长。何美贵当选东进乡乡长，芦则洪当选副乡长；施国荣当选西来乡乡长，范明根当选副乡长；谭广龙当选南阳乡乡长；蒋锦云当选北胜乡乡长，王福武当选副乡长。

1956年撤区并乡成立幸福乡，9月4日召开幸福乡第二届人民代表大会。选举蒋锦云为乡长，范明根、甘祥斌、季兰香为副乡长。

1958年3月28日，召开幸福乡第三届人民代表大会，选举耿其祥为乡长，蒋锦云为副乡长。

1961年12月31日，幸福公社召开第四届人民代表大会，出席代表123人，选举耿其祥为公社管理委员会主任，蒋锦云、季兰香为副主任，王成贤、黄裕荣、殷炳星等12人为管委会委员。

1963年7月27日，幸福公社召开第五届人民代表大会。出席代表93人，列席代表47人。选举耿其祥为主任，孙中义、施国荣为副主任。刘恒才、顾昌明、倪春英等13人为委员。王福武为监察委员会主任，朱昌法、杨中华等5人为监察委员。选举朱承和、周杏仙、耿其祥、孙中义、梅存珊、陈加生、姚恒顺、孙华斌、朱宝贵为县人代会代表。

1965年9月30日，召开幸福公社第六届人民代表大会，改选公社管理委员会成员。孙晓光为公社主任，朱阿坤、吴坤银为副主任。

1968年3月19日，县革命委员会召开全公社群众大会。宣布以“三结合”方式成立幸福公社革命委员会，任命朱昌法为主任，苏永坤、郭纪明、吴坤银为副主任。

1981年7月15日，幸福公社召开第七届人民代表大会，出席代表67人，选举朱凤鸣为公社管委会主任，杨恒金、王福武、施正文为副主任。罗俊芳、徐凤英、徐建中等7人为委员。同时选出吴振才、常登林、石肇英、丁国太、宦道荣、施德、王菊英、吴礼庭、王勇、陶金法、郭宏鸣为县人代会代表。

1984年4月27日，召开幸福乡第八届人民代表大会。实行体制改革，公社改称乡。出席代表133人，选举陈廷龙为乡长，施光银、蒋模华为副乡长。蒋模华兼任乡经联委主任，施正文为副主任。

1985年11月24日，召开八届三次人民代表大会，遵照国务院、江苏省人民政府撤乡建镇的指示精神，改幸福乡为西来桥镇。同时增选黄桐年为副镇长。

1987年4月3—4日，西来桥镇召开第九届人民代表大会。会议选举陈廷龙为镇长，蒋模华、于圣金、薛纪明为副镇长。选举洪佩龙、高荷英为人民陪审员。

1988年2月1日，西来桥镇召开九届人大二次会议，宣布撤销薛纪明副镇长职务（并开除

党籍)；补选孙厚章为副镇长。

1988年6月24日，西来桥镇第九届人民代表大会召开第四次会议，增选恽伯龙为副镇长。

1989年4月21—22日，西来桥镇召开第九届人民代表大会第五次会议，选举黄振龙为镇长。

1990年3月21—22日，西来桥镇召开第十届人民代表大会。黄振龙作《政府工作报告》，徐炳成作《财政预决算报告》，朱凤鸣作《议案审查报告》。选举朱凤鸣为人大主席，黄振龙为镇长，孙厚章、黄昌年、蒋模华为副镇长，洪佩龙为人民陪审员。

1990年8月10日，西来桥镇召开人大十届二次会议，会议决定镇卫生院迁址新建。

1991年3月29日，召开西来桥镇人大十届三次会议。黄振龙作《政府工作报告》，朱凤鸣作《人大主席团工作报告》，蒋模华作《搞好城镇规划，加强城镇建设和管理》的报告。

1992年3月24日，西来桥镇召开十届人大四次会议，黄振龙作《政府工作报告》，徐炳成作《财政预决算报告》。

1993年2月11—12日，西来桥镇召开第十一届人民代表大会。孙厚章作《政府工作报告》，朱凤鸣作《人大主席团工作报告》，徐炳成作《财政预决算报告》。选举朱凤鸣为人大主席团主席，孙厚章为镇长，黄昌年、施正文、季广银为副镇长。会议通过《西来桥镇土地利用总体规划》。

1994年3月28日，召开西来桥镇十一届人代会二次会议，选举陶有宇为镇长，增选徐炳成为副镇长。

1996年1月18—20日，西来桥镇召开第十二届人民代表大会，严福华作《政府工作报告》，施正文作《人大主席团工作报告》，郭宏其作《财政预决算报告》。选举施正文为人大主席，严福华为镇长，陈廷荣、王笃平、徐炳成、刘如宏为副镇长。

1999年1月10—12日，召开西来桥镇第十三届人民代表大会，选举陈廷荣为镇长，王笃平、徐炳成、马国建、郭超英、宦建明为副镇长。

图2-1 人民代表大会会场 摄于1990年

2000年7月10日，召开十三届三次人民代表大会，陈廷荣作《政府工作报告》，补选陈为民为副镇长。

2002年1月5—6日，召开第十四届人民代表大会，张敏作《政府工作报告》，徐炳成作《人大主席团工作报告》，季泉清作《财政预决算报告》。选举陈廷荣为人大主席，徐炳成为副主席。张敏为镇长，陈为民、陆学文、宦建明、姚红、兰云林为副镇长。

2003年3月2日，召开十四届二次人民代表大会，选举徐炳成为人大主席，闵烈英为人民陪审员。

2004年3月9日，召开十四届三次人民代表大会，张敏作《政府工作报告》，季泉清作《财政预决算报告》，陈为民作《修编镇居民点规划调整的建议》。

2004 年 8 月 26 日，召开十四届四次人民代表大会，撤销张敏的镇长职务（因铁本事件）。补选陈泰鸿为镇长，张华为副镇长。

2005 年 5 月 21 日，召开十四届五次人民代表大会，张华作《政府工作报告》，徐炳成作《人大主席团工作报告》，季泉清作《财政预决算报告》。补选张华为镇长，陈学兵、温小平为副镇长。

2006 年 3 月 30 日，召开十四届人代会第六次会议，张华作《政府工作报告》，左绍阳作《财政预决算报告》。选举季广银为人大主席，沈勤为副主席。

1949—2006 年西来桥镇(福星区、幸福公社、幸福乡）人民政府主要领导情况表

表 2-5

姓名	性别	职务	在职时间	备注
石裕文	男	区长	1949.4—1953.7	解放后成立福星区
高文华	男	区长	1953.8—1956.8	
蒋锦云	男	乡长	1956.9—1957.9	撤区建立幸福乡
陈廷乔	男	乡长	1957.10—1958.2	
耿其祥	男	主任	1958.3—1964.2	1958 年成立人民公社
孙晓光	男	主任	1964.3—1968.2	
朱昌法	男	主任	1968.3—1971.11	1968 年成立公社革委会
徐子清	男	主任	1971.12—1976.9	
郭纪明	男	主任	1976.10—1981.6	
朱凤鸣	男	主任	1981.7—1983.4	1983 年公社改制为乡
孙万和	男	乡长、镇长	1983.5—1987.9	1985 年撤乡设镇
陈廷龙	男	镇长	1987.10—1989.3	
黄振龙	男	镇长	1989.10—1993.1	
孙厚章	男	镇长	1993.2—1994.2	
陶有宇	男	镇长	1994.3—1995.10	
严福华	男	镇长	1996.1—1998.12	
陈廷荣	男	镇长	1999.1—2001.6	
张　敏	男	镇长	2001.6—2004.3	
陈泰鸿	男	镇长	2004.3—2005.4	
张　华	男	镇长	2005.4—	

1990—2006 年西来桥镇人大主席任职情况表

表 2-6

姓名	性别	职务	任职时间	备注
朱凤鸣	男	主　席	1990.3—1996.1	
施正文	男	主　席	1996.1—2002.12	
陈廷荣	男	主　席	2002.1—2003.3	镇党委书记兼人大主席
徐炳成	男	副主席	2002.1—2003.3	
徐炳成	男	主　席	2003.3—2006.3	
季广银	男	主　席	2006.3—	

附录：

扬中县幸福人民公社管理委员会乡规

（第七届人民代表大会第二次会议全体代表讨论通过）

（1982 年 3 月）

为了贯彻执行党中央关于政治上实行进一步安定团结，经济上实行进一步调整的方针，搞好两个文明建设，加强社会主义法制，维护社会秩序，保障公民的合法权益和全公社农、副、工生产的正常进行，特订立乡规如下：

（一）

全公社人民必须维护集体财产，爱护他人财物，保障生产和工作正常进行，有下列行为之一者处以 10~15 元以下的罚款。

第一条　有意损坏和人为造成的人畜糟蹋集体庄稼的。

第二条　强占、盗窃集体和社员农作物和一切物资的。

第三条　如在集体河塘和承包河塘钓鱼、捕鱼、利用渔具在集体河塘偷鱼、毒鱼的（情节严重的加倍处理）。

（二）

坚持“五讲四美三热爱”，严禁违法乱纪，打人骂人等，有下列行为之一者，处以罚款 15~20 元。

第四条　寻衅闹事，无理制造事端，破口骂人不听劝阻又殴打他人者。

第五条　造谣、诽谤、污辱他人人格，严重影响他人家庭和睦的。

第六条　到干部家中无理取闹，妨碍正常生产和干扰正常工作的。

第七条　违犯会场规则，在公共场所故意扰乱秩序者。

第八条　虐待老人，不扶养父母以及遗弃女儿的。

第九条　无理阻拦机动车辆，破坏公共设施不听劝告者。

（三）

严禁封建迷信活动，有以下行为之一者处20~25元罚款。

第十条 参加赌博、抽头取赌、贩卖赌具者。

第十一条 搞封建迷信活动，诈骗钱财者。

第十二条 利用婚丧喜事变相索取钱财的。

第十三条 不执行丧葬制度改革，坚持用吹子和木葬的。

第十四条 利用节日文娱活动变相向干部、群众收钱、收物者。

（四）

坚持民主理财，严禁财务管理上的混乱，有下列行为之一者，处以10~15元以下罚款。

第十五条 不坚持原则，不严格控制“三支一宕”、随便同意借款者（按1981年3月21日公社管委会转发幸福大队党支部生产财务管理制度的通知办事)。

第十六条 干部带头不执行制度，搞大吃大喝者。

第十七条 队干部和理财人员在理财中不负责任者。

第十八条 不执行承包合同，毁约赖账者。

（五）

坚持土地等生产资料公有制不变，严禁强占和抢种集体耕地，有下列行为之一者，罚款25~30元。

第十九条 强占、抢种集体耕地的。

第二十条 在集体的一、二级河、江港堤上栽种树木作物的。

第二十一条 抢占、冲扩集体土地砌造房屋者，每占扩一分，加罚50元。

（六）

认真搞好计划生育工作，切实贯彻中共中央关于计划生育的政策法令。

第二十二条 对违反幸福公社管委会〔1982〕18号文件中关于计划生育政策规定者，按规定的处罚条例处理。

凡触犯上述条款的一定按规定处理，并当场抓现金兑现。

本条约坚持以教育为主，对认错态度较好、决心悔改者，可以从宽直至免予处理。

第三章　社会团体

第一节　工　会

解放前，西来桥镇的工商业基础薄弱，全镇仅有商店、作坊近30家。没有现代工业，较大的作坊雇员也只有五六个人，未组建工会组织。

1949年解放后，随着扬中县总工会的成立，驻镇机关、中心小学及部分事业单位，先后成立工会组织。最早建立基层工会组织的有政府机关和小学，之后有供销社、粮管所、金融业、医院等单位。区乡政府未设立统一的工会领导机构，各单位的工会组织在县总工会和主管单位工会的领导下进行工作，在对职工进行思想教育，维护职工合法权益，解决减轻职工生活困难、保护职工身体健康、谋取职工福利等方面，都发挥了作用。

1966年“文化大革命”开始后，工会组织停止活动。1978年以后，恢复工会组织，恢复老会员的会籍，并发展新会员，发放工会会员证。各基层工会推行职工代表大会制度，建立职工之家，开展优秀工会小组评比，创建优秀工会组织。

2005年，西来桥镇成立总工会，首任主席为郭峰。总工会成立后，在全镇企业中（包括私营企业）陆续建立基层工会组织，至2006年底，全镇新建企业工会、联村社区工会基层组织19个。工会组织为职工的就业培训、工资报酬、社会保险、生活福利、劳动争议等方面做好服务工作。

第二节　农　会

抗日战争期间，在中国共产党的领导下，1939年，西来桥成立农民抗日协会（简称农抗会）。先后由施光前、于有成任主任，赵恒广任副主任。农抗会的主要任务是宣传抗日，减租减息，发展生产。在动员参军、组织支前、征收公粮、掩护地下党员开展革命斗争、护送革命同志转战大江南北等工作中发挥了重要作用。

1941年夏熟，麦子登场。南阳乡有个刘姓财主，共有租田130多亩，他拒不执行抗日民主政府提出的“二五”减租，还开口骂人，众佃户将其收租的车子、斛子砸掉，撕坏刘上身穿的纺绸褂子。刘不服，即找干部告状，区政府及农抗会为贫苦农民说话办事，对刘进行严厉的批评教育，坚决执行“二五”减租政策，刘只得照办。

1945年11月，新四军北撤后，农抗会基本停止活动。

1949年6月，西来桥地区以福星区及4个小乡成立农民协会（简称农会）。按照上级指示，发动会员和贫苦群众开展反霸斗争，清算地主剥削阶级的罪行。核实丈量田亩，做好土改准备。组织农会会员和广大农民逐户评出阶级成分，制定好分田分产方案，谁出田，出多少，谁进田，进多少，均由农会做主，并负责土地的丈量、交界、定桩。

在中国共产党的领导下，农民群众通过农会组织，摧毁几千年来的封建土地制度，实行“耕者有其田”。

土地改革后，广大农民又在农会的组织带领下，走组织起来的道路。1951 年开始成立季节性互助组，逐步转为常年互助组，并开始试办初级农业合作社。1954 年，为适应农村合作化运动发展的需要，农会组织撤销。

1949—1954 年福星区及各乡农会干部任职情况表

表 3-1

机构名称	主　任	副 主 任
福星区农会	石裕文	林守祥　梅存珊
东进乡农会	王　营	
西来乡农会	何尔银　芦则洪	
南阳乡农会	林守祥　林志国	
北胜乡农会	王广福	董桂小　罗秀华

1965 年，幸福公社成立贫下中农协会（简称贫协）。11 个大队相继成立贫下中农协会，167 个生产队成立贫下中农协会小组。在社会主义教育运动和“文化大革命”期间，公社和大队贫协成立贫下中农管理小组，参与管理公社医院、中小学及各大队农村学校。

1982 年，农村实行家庭联产承包责任制后，贫协组织随之撤销。

第三节　青少年团体

一、共青团

解放初，由渡江干部、新民主主义青年团团员郑明（兴化人）到西来桥秘密发展先进青年入团。1949 年 6 月，团组织公开，年底成立扬中县福星区团支部，由陈廷乔负责。

团组织在党的领导下，紧密配合党的中心任务，组织和发动青年积极参加反霸斗争、土地改革、镇压反革命及恢复生产等运动，发展优秀青年加入团组织。1950 年冬，建立福星区团委，先后以小乡、机关为单位，成立了 6 个团支部，有团员 50 多名。1951 年 3 月，陈廷乔调出，由毛庆根负责团委工作。1956 年 7 月撤区并乡，成立幸福乡团总支委员会，选出委员 5 名，崔有文负责团总支工作。

1957 年 5 月，党中央决定，新民主主义青年团改称共产主义青年团（以下简称共青团）。11 月 25 日，成立共青团幸福乡委员会，选举常务委员 7 人，吴浦任乡团委书记。

1958 年 11 月 15 日，召开团代会，乡团委改为公社团委。选出团委委员 5 人，王福武为书记，施正钧、朱昌法任副书记。

1962 年由陈书富负责团委工作。

1965 年 3 月 9 日，召开公社第六届团代会。参加会议代表 101 人，选出团委委员 11 人，袁克桂为团委书记，朱昌法为副书记。

1972 年由徐君道负责团委工作。下设 18 个团支部，共有团员 527 名。

1976 年 10 月，全公社团支部发展到 22 个，共有团员 797 名，幸福中学成立共青团总支委员会。

1980 年 5 月，召开公社第七届团代会。出席会议代表 113 名，选出团委委员 9 名，王杰华当选为团委书记。

1982 年 10 月，召开公社第八届团代会。参加会议代表 87 名，宦道生当选为团委书记，王渊祥为副书记。

1983 年 7 月 1 日，曹祝平调任团委副书记，主持全面工作。

1984 年 11 月 29 日，召开共青团第九届代表大会，参加会议代表 79 名，其中女代表 30 名，选出团委委员 9 名，曹祝平当选为书记，王渊祥、宦建明为副书记。

1987 年 4 月 6 日，召开共青团第十届代表大会。参加会议代表 69 名，选举曹祝平为书记，宦建明为副书记，委员 9 人。

1989 年 4 月 8 日，召开西来桥镇第十一届团代会，选出委员 8 人，曹祝平、宦建明分别当选正、副书记。

1991 年 4 月 15 日，召开西来桥镇第十二届团代会，选出委员 8 人，宦建明为书记，罗俊、施云虹为副书记。

1993 年 3 月 10 日，西来桥镇第十三届团代会召开。

1995 年 5 月 26 日，召开西来桥镇第十四届团代会。选出委员 9 人，施云虹、施芸、罗俊为镇团委副书记，施云虹主持工作。

1998 年 5 月 28 日，召开共青团西来桥镇第十五届代表大会，选出委员 7 人，郭峰为书记，施吉华、陈为民为副书记。

2001 年 1 月，耿志群任团委书记，主持工作。

2002 年，陈强兼任团委书记。

2003 年 7 月，瞿煜国任团委书记。

2005 年 7 月，缪志勇代理团委书记，主持工作。

二、中国少年先锋队

抗日战争期间，区、乡及各学校都成立了儿童抗日团（以下简称儿童团）。发动少年儿童认真学习文化，宣传抗日，张贴标语，站岗放哨，侦察敌情，传送情报等，为抗日救国做了很多的工作。当时任儿童团长的有：家住西来乡的原武进县公立福星洲初级小学的学生朱文涵（女，13 岁加入中国共产党）；北胜乡太平圩福星洲立福星小学的学生印德修；寄读于南阳乡南星庄南星小学的学生张平（扬中抗日民主政府县长王龙的儿子）等。1945 年 11 月，新四军北撤后，儿童团的活动暂时停止。

解放后，扬中县立西来桥小学于 1950 年春在全区首先建立少年儿童队。有队员 200 多人，组建 3 个中队，儿童队员以红领巾为标志，佩戴于胸前。随后，全区农村小学也陆续组建了少年儿童队。1953 年，中国少年儿童队改名为中国少年先锋队，简称少先队。

“文化大革命”期间，少先队停止活动，由“红小兵”组织取代。1978年恢复少先队。全乡（镇）在小学校中以校建队，根据队员的多少分别建立大队、中队。1984年全乡在校少年儿童1937人，入队人数1932人。组建8个少先队大队、72个中队。乡设少先队总部，配有总辅导员1人，由学校老师兼任，负责全乡的少先队工作。各大队、中队都配有辅导员，还聘请了校外辅导员。各少先大队结合学校教学工作，贯彻德、智、体全面发展的方针，对少年儿童进行共产主义品德教育、前途理想教育、“五爱”教育、革命传统教育。并开展春游、夏令营、智力竞赛、科技制作等具有思想性、趣味性、知识性的活动，以培养少年儿童良好的思想品质、行为习惯和作风。

1985年，西来桥中心小学少先队大队部参加全国少先队“创造杯”活动，获得创造杯奖。

1993年上半年，在江苏省“英雄中队”评选活动中，西来桥中心小学的六(1)中队被省少工委命名为省“十佳英雄中队”。随后，共青团扬中市委授予该中队“印士庸中队”队旗。

读书读报是西来中心校少先队的一大特色。自1997年起，西来中心小学连续六届被评为全国读队报“金奖学校”。为此，少先队大队被全国少工委授予“全国红旗大队”称号，2002年又被江苏省少工委授予“江苏省少先队红旗大队”称号。

第四节　妇女联合会

抗日战争期间，西来桥境地成立了妇女抗日会（以下简称妇抗会）。1940年底，中共扬中县工委曾派妇女干部柳肇珍、陶筠霞、束蕙、殷菊、苏坚到西来桥开展工作。妇抗会的工作和其他抗日组织一样搞得活跃出色。主要活动是宣传男女平等、妇女解放、反对封建买卖婚姻，发动妇女参加抗日救国、拥军支前等工作。1945年11月，抗日民主政府北撤后，妇女组织及活动转入地下，担任站岗放哨、传送情报、掩护留守人员等工作。

解放后，在建立区、乡政权的同时，成立了各级妇女组织。1951年秋，正式成立福星区民主妇女联合会。1956年撤区建乡后，成立幸福乡妇女联合会，1959年改称幸福公社妇女联合会。公社、大队配设妇女主任，生产队配有妇女队长。长期以来，各级妇女组织围绕党的中心任务开展妇女工作，在宣传执行《中华人民共和国婚姻法》、识字扫盲、生产劳动、计划生育、创业致富、维护妇女儿童合法权益等诸多方面，充分发挥妇女的“半边天”作用。

历次妇女代表大会简况：

1951年4月召开首次福星区妇女代表大会，出席会议205人，选出区妇女联合会委员7人。

1953年5月召开福星区第二次妇女代表大会，改选区妇女联合会。

1956年5月召开福星区第三次妇女代表大会。

1959年6月召开幸福公社第四次妇女代表大会。

1961年6月召开幸福公社第五次妇女代表大会。

1963年7月召开幸福公社第六次妇女代表大会。

1973年9月召开幸福公社第七次妇女代表大会。

1979年9月召开幸福公社第八次妇女代表大会，出席会议代表212人，选出公社妇联委员

9 人。

1983 年 12 月召开幸福乡第九次妇女代表大会，出席会议代表 181 人，选出乡妇联委员 9 人。

1988 年 4 月，召开西来桥镇第十次妇女代表大会，选举镇妇联委员和主任。

1995 年 10 月 10 日，召开西来桥镇第十一次妇女代表大会。

2001 年 11 月 16 日，召开西来桥镇第十二次妇女代表大会。

图 3-1 妇女代表大会合影 摄于 1998 年

2006 年，召开西来桥镇第十三次妇女代表大会。

1949—2006 年西来桥镇（福星区、幸福公社、幸福乡）妇女联合会主任更迭情况表

表 3-2

组织名称	职　务	姓名	任职时间
福星区民主妇女联合会	主　任	梅存珊	1949.4—1951
福星区民主妇女联合会	主　任	秦　云	1952—1953
福星区民主妇女联合会	主　任	王淑珍	1954—1955
幸福乡妇女联合会	主　任	季兰香	1956—1957
幸福公社妇女联合会	主　任	梅存珊	1958—1965.6
幸福公社妇女联合会	主　任	叶荷英	1965.7—1976
幸福公社妇女联合会	主　任	孙　勤	1977—1981.11
西来桥镇妇女联合会	主　任	王荷英	1981.12—1988.3
西来桥镇妇女联合会	主　任	姚　红	1988.4—1997
西来桥镇妇女联合会	主　任	张金华	1997—1999
西来桥镇妇女联合会	主　任	闵烈英	1999—2006

第五节　工商业联合会

1939 年，西来桥大小店铺的工商业者在中国共产党和抗日民主政府的领导下，成立西来桥商业抗敌委员会（以下简称商抗会），由童恒山和王志福任负责人。

商抗会的主要任务是向全体工商业者进行抗日救国教育，宣传抗日形势和党的政策，发动工商业者积极支持抗日斗争。抗战期间，镇、丹、武、扬（镇江、丹阳、武进、扬中）四县抗敌委员会财经科特派员吴俊（无锡东亭人）到西来桥地区征收税收和发行抗币（抗日民主政府发行的货币），商抗会积极支持配合。抗币有两种，一种是四县抗敌委员会发行的，可在四县范围内通用；另一种是地方性的，只在各自地区流通使用。通过发行抗币，有力地抵制了伪币。

北撤后，商抗会和其他抗日组织一样转入地下。

1950年春，福星区成立工商业联合会（以下简称工商联），会址设在东街毛老五家楼上。先后由朱国平、朱会祥、姚圣顺任主任，县工商联常委童恒山兼任副主任。工商业联合会成立后，发动工商业者积极参加土地改革、抗美援朝、镇压反革命等运动。1952年，组织工商业者投入“三反”“五反”运动，接受社会主义改造，做到守法经营。1953年，全区小摊贩集体加入工商联。1956年上半年，组织学习毛主席关于“认识社会发展规律，掌握自己命运”的讲话，接受社会主义教育。广大工商业者纷纷提出申请，要求实行公私合营或参加合作商店组织。在工商业联合会的组织领导下，全镇工商业者（除个别外）接受社会主义改造，走上集体化道路。工商联除做好日常的本职工作外，还协助税务部门做好评税、征税工作。工商联的负责人及工作人员，工作全系义务，从不拿工资或补贴，直到“文化大革命”开始后，工商业联合会停止活动。

1998年，恢复西来桥镇工商联合会，镇党委副书记兼任会长，姚红任副会长，负责日常工作。

2001年7月，组建扬中市西来桥镇商会。召开第一届会员代表大会，制定西来桥镇商会章程，选出顾爱华为会长。2006年8月16日，召开西来桥镇商会第二届会员代表大会，出席会议代表40人，选举产生执行委员会，王奎荣当选会长。

商会成立后，组织全体会员贯彻执行国家的方针政策，文明经营，推动会员之间亲密协作，建立良性竞争行规公约，扩大生产贸易，促进全镇经济健康快速发展。同时为会员提供必要的经济信息，协调政府与企业的关系，维护会员的合法权益，开展一些有益的活动。2006年，西来桥镇商会共有会员单位37家。

第六节　科学技术协会

解放后，科学技术一直在农业生产和工业生产及其他事业中广泛应用。

中共十一届三中全会以后，农业科学技术得到推广和应用，乡镇企业围绕提高产品质量大力进行科技创新和技术改造，学习科学技术和应用科学技术的活动在群众中普遍开展。

一、组织建设

1984年8月10日，成立幸福乡科学技术协会（以下简称科协）。选举产生理事会，理事长由乡党委副书记、乡长陈廷龙担任，副乡长蒋模华、乡经委副主任施正文任副理事长。科技协会下设农学、多种经营、工业、财经、医学、文学等组，分别由高晓明、朱孝一、闵正明、马国友、奚有章、徐建中负责。各大队和企业都有科协成员或技术人员，较大企业的成立技术科。各企业配有分管技术的副厂长或副经理。每个村由一名主任分管抓农业科技工作和农业科技队伍建设。中小学专设了青少年科技辅导员，在学生中成立科技兴趣小组。至2006年，全镇有各类科技人员374人。

二、科普宣传

科协成立以后，采用多种形式进行科学技术知识的普及和宣传。先后征集科技、教育等方面的论文 8 篇；举办科普讲座 20 多次，听讲人数达 15000 人次；组织科普知识和破除迷信图片展览 6 次，参加活动人员计 8500 多人。编印科技信息小报 90 多期，举办科技画廊、科普墙报、专栏数十期，出黑板报 50 余块。科普宣传的重点是科技知识在农业、工业、副业生产中的广泛应用。

三、科技培训

1984—2006 年，举办科技知识培训班 60 多期，累计 1200 多课时，受训人员 5000 多人次。培训内容有农业栽培及农业机械、企业管理、财务会计、统计、家禽养殖和防病治病、花木栽培等。还进行专业劳动技能的专题培训，如建筑、机械制图、电工、缝纫等培训。

四、科技成果

自 1984 年科学技术协会成立后，西来桥镇农、副业生产不断更新应用新科学、新技术，取得了较好的经济效益。至 2006 年工业企业投入技改资金 3.6 亿多元，有 20 多家企业进行了技术改造，技改项目累计达到 40 余项。

1989 年，扬中县眼镜厂生产的华晶牌眼镜架获农业部优质产品称号。1994 年，扬中市合成化工厂生产的 3-氯四氟苯胺、24-二氟苯胺、24-二氟硝苯胺获得国家免检产品称号。捷野集团开发生产的“250”离合器总成，1992 年获江苏省科技成果三等奖。1999 年，捷野牌 XF125-LHQ 离合器获江苏省乡镇企业名牌产品称号。江苏荣昌集团研制的高性能工程机械涂料，2002 年获江苏省科技进步三等奖，被认定为江苏省高新技术产品；研制的环保性木器涂料，2004 年经江苏省科学技术厅专家组鉴定，居国内领先国际先进水平，被认定为江苏省高新技术产品。

1991 年，镇兽医站与省有关单位共同完成山羊基础群繁育课题，获镇江市科技进步一等奖和江苏省科技进步奖。

1997 年西来桥镇被授予江苏省科普工作先进镇。2001 年、2002 年连续两年获得扬中市科学技术进步奖。

第七节　个体劳动者协会

1983 年 11 月 25 日，西来桥镇成立个体劳动者协会（以下简称个劳协）。在第一次会员大会上，选举应龙云为会长，甘友成为副会长，选出理事（委员）7 人，入会会员 40 多户。1987 年召开第二次会员大会，选举甘友成为会长，周发纪为副会长，委员 7 人，会员增加到 80 多户。2001 年协会改选，由吴宝兵任会长，会员增至 300 多户。随着个体经济的飞速发展，至 2006 年，全镇会员户近 500 户，从业人员近 6000 人，注册资金 1 亿多元。

个体劳动者协会在市个协和镇政府领导下，配合工商部门进行日常管理。1993 年集镇农贸市场建成后，对原沿街乱摆摊点的个体商贩，要求全部进场设摊经营，有效治理了集镇的脏乱现象。为增强自身经济实力，个劳协会于 80 年代末自办了商品批发站，后于 1996 年转给个体经营。

个体劳动者协会本着“自我服务、自我管理、自我教育”的准则，定期召开理事会，组织会员学习，让个体经营者遵纪守法，按章交纳税费。配合社会开展一些公益活动。每年的 3 月，和有关部门联合在集镇开展学雷锋做好事活动，为群众免费进行家用小型电器修理、理发、缝补衣服等服务。长期为失学儿童、孤寡老人提供赞助，帮助解决生活困难。为贫困受灾地区捐钱捐物，奉献爱心。为村镇道路建设、修筑江堤护坡和其他公益事业捐款，孟明贵是个协会员中累计捐款最多的人，曾受到过省级表彰，多次被评为先进个体工商户。

第八节　老年协会

1984 年，成立西来桥镇老年协会。老年协会在镇老龄工作委员会指导下开展工作。

镇老年协会成立后，全镇 11 个村陆续成立村老年协会。此后，还成立了镇老年体育协会。老年协会，在镇党委、政府的领导支持下，积极贯彻党的老龄工作方针，维护老年人的合法权益，对困难老人和贫困儿童开展扶贫助困。至 2006 年底，为近 300 名老年人解决了赡养、生活、健康等方面的困难，对 100 多个儿童、学生进行扶助。镇村两级老年协会都有学习日活动，并能做到持之以恒。镇老年协会的活动日为每月的 5、15、25 日，5 日是村协会会长学习汇报日；15 日为学习日，学习内容有党和政府颁发的方针政策、《老年人权益保障条例》等；25 日为走访交流日，通过对单位（村）等部门的走访交流，发动老年人写一些调研性文章，对改进政府工作提一些好的建议。老年协会还组织村与村之间开展文体联谊活动，交流开展老年工作的具体做法和经验。有一段时期，镇老年协会还出版过小报《夕阳简讯》，后因人员变动停刊。

老年协会每年还组织部分老年人外出参观旅游，配合医疗卫生部门为老年人免费体检。组织老年人开展一些体育活动，如棋类、乒乓球、健身运动等。连续多年配合镇文体中心举办迎春象棋比赛，参赛人员 80%以上的为老年人。发动爱好字画的老年人写字画画，举办书法展示。广泛开展诗词创作，许多作品被诗词专刊收集、发表。

2000 年，在西来桥镇文体中心的组织发动下，开展全民健身活动，镇村老年协会积极配合，许多老年人踊跃参加，各村（社区）老年协会组建了舞蹈队、秧歌队、晨（晚）练队等活动队伍，健身热潮空前高涨。全镇有晨（晚）练健身活动点 15 个，社会体育指导员 65 人。

西来桥镇老年协会自组建以来，已进行了多次换届选举。

1984 年 11 月 10 日召开第一次会议，选举印德西为主任，秦德贵、张威为副主任，委员有甘祥和、贾红征、彭维垣、林守祥、曹大林、蒋锦云、印德南、朱自卿、何尔模、王广福、陆继圣、王太华、童恒山、冯桂生、耿章英、陈才权、吴振海、陈云卿、姚圣洪、秦长林。

1989 年 9 月 1 日召开第二次会议，选举印德西为主任，王福武、何尔模为副主任，委员 18 人。

1992 年 11 月 2 日召开第三届会议，选举王福武为主任，何尔模、吴振海为副主任，委员 21 人。

1995 年 10 月 31 日召开第四届会议，选举王福武为名誉会长，何尔模为会长，孙芳林、王半农为副会长，委员 11 人。

1998 年 3 月 25 日召开第五届会议，选举王福武为名誉会长，何尔模为会长，孙芳林为副会长，委员 7 人。

2001 年 12 月 5 日召开第六届会议，选举施正文为会长，孙芳林为副会长，名誉会长王福武，委员 7 人。

2002 年 11 月 20 日召开第七届会议，选举徐品山为会长，王福武为名誉会长，孙芳林为副会长，委员 13 人。

第九节 关心下一代工作委员会

1992 年 9 月，成立西来桥镇关心下一代工作委员会（简称关工委）。主任宦道生，副主任朱凤鸣、黄昌年、曹祝平、王福武、张威，委员有季广银、王纪根、张金华、宦建明、姚红、徐品山、季广法、印士康、冯友文、周育三、印宏振、徐建中、吴昌文、陆昌明、陈旭文、许裕龙、吴宝康、戴正平。委员会下设办公室，曹祝平兼任主任，宦建明、王福武兼任副主任。

同时，镇辖 11 个行政村，中、小学以及 11 家镇办企业成立了关心下一代工作领导小组。组长为各村和企事业单位的党支部书记或主要负责人。

1999 年 11 月，镇党委调整关工委组成人员。主任唐圣龙，副主任徐炳成、姚红、孙芳林，委员有：曹祝平、王纪根、张建荣、郭峰、闵烈英、戴鼎祥、何宏圣、冯友文、何尔模、王福武、张威、陈纪章、姚华东、曹德才、施治和、陈旭文、许裕龙、张加根、戴正平。姚红兼任办公室主任，何宏圣、孙芳林任办公室副主任，孙芳林负责日常坐办。

关工委是党委领导下，以离退休老同志为主体，有在职领导参加的群众性工作组织。主要工作是加强对青少年的思想教育、关心下一代健康成长。与学校和社会密切配合，对儿童、少年进行爱国主义等各类教育，开展有益于下一代身心健康的各类活动，为下一代做好事、办实事，关心孤儿、特困生的学习和生活，使他们在党的哺育下健康成长，成为“有理想、有道德、有文化、有纪律”的新一代。

2000 年，镇关工委、团委及学校联合倡导，在全镇筹建“家庭小书房”，并制定小书房的合格标准，3 月底，命名了首批 46 个合格家庭小书房。小书房不断提升档次，从合格书房到评选星级书房，从低到高分为 1~5 星级。家庭小书房的建立，助推了亲子共读、文化家园的建设。

在中国共产党诞生 80 周年之际，镇关工委配合中小学校关心下一代工作领导小组，在中小学生中广泛开展读书活动，了解党的光辉历程。组织老干部报告团进行宣讲，歌颂共产党，歌颂社会主义，歌颂改革开放。对中小学生进行爱国主义、集体主义、社会主义和艰苦奋斗的教育。在中小学生中进行科学宣传，开展科普科技活动，培养创新意识和实践能力。

2002 年后，镇关工委以建立校外辅导站为中心工作，将学校教育和社会教育结合起来，让中小学生在学校和社会的关心下健康成长。至 2006 年，全镇各村及社区都先后建立了校外辅导站。

第十节　残疾人联合会

1993年，西来桥镇成立残疾人联合会（以下简称残联），并召开西来桥镇第一届残疾人代表大会，副镇长黄昌年兼任残联主席，徐品山为理事长，主持日常工作。同期成立了盲人、聋哑人、肢残人、智力亲友、精神亲友协会等残联分支组织，各协会选有负责人。

2002年12月6日，召开西来桥镇第二届残疾人代表大会，选举张敏为主席，杨友军、陆学文为副主席，戴鼎祥任理事长。各分支协会也进行了负责人改选。

2006年12月20日，召开西来桥镇第三届残疾人代表大会，选举张华为主席，姚红、倪军为副主席。戴鼎祥继任理事长。同时选出各分支协会负责人。

残疾人联合会成立后，首先对残疾人员进行登记统计，配合有关部门进行残疾定级，发放残疾证，帮助残疾人解决生活困难，配合福利企业介绍就业，尽量为残疾人提供多元化服务。

第四章 民 政

第一节 机构设置

解放前，国民党政府设有民政机构，指定区政府设助理 1 人，掌理民政工作。各乡、保则由副乡长、保长兼管。

1940 年 6 月，扬中县抗日民主政府在西来桥成立新六区，由行政助理兼掌民政工作，各乡由乡长或财经委员兼管民政事务。

1945—1949 年，国民党区政府设有民政股。

解放后，福星区政府设民政股，先后任股长的有朱连山（兴化人）、高文华（丰裕人）、王广福（曙光村人）。1956 年撤区并乡，幸福乡政府设民政助理，由蒋锦云兼任民政助理。1958 年 9 月成立幸福人民公社，先后兼管民政工作的干部有王福武、林守祥，后配备专职民政干部张发金（八桥红光村人）。1984 年由徐品山任民政助理。1985 年，西来桥镇人民政府设立民政工作办公室，戴鼎祥任镇政府民政助理，并配设专职民政会计 1 人。

第二节 婚姻登记

1950 年 5 月 1 日，中央人民政府公布《中华人民共和国婚姻法》，西来桥地区跟全国一样，宣传贯彻《中华人民共和国婚姻法》，废除包办婚姻，实行自由婚恋。

1951 年 11 月，实行婚姻登记。1955 年 6 月 1 日，县政府民政科健全婚姻登记制度，由各区人民政府文书负责办理登记事项。1958 年成立人民公社后，结婚登记由公社秘书负责办理。1966—1976 年婚姻登记工作间断，1977 年恢复登记。1980 年，中央公布修改后的《中华人民共和国婚姻法》，对婚姻登记办法作了相应修改，进一步完善了婚姻登记制度。1985 年结婚登记改由镇民政部门办理，2005 年婚姻登记统一到市民政局办理。

第三节 优 抚

解放初期，凡家住农村缺少劳力的烈军属、革命残废军人和带病复员退伍军人，由所在地区的农村群众给予优待，进行代耕。这是优抚工作长期坚持的一项重要制度，也是西来桥人民拥军优属的光荣传统。

合作化后，给予经济和物质的优抚。给参军者一份自留地，让家属种植。人民公社成立后，各大队按规定给烈军属优待一定的劳动日（工分），其标准为保持优抚对象的生活水平不低于或略高于当地群众的生活水平。1980 年全公社平均每户优待劳动工日 100 个，合计劳动工日折合人民币15000多元，优待粮食近万斤。1981年起，对烈属、伤残复员军人发放优抚金。农村实行联产承包责任制以后，对烈军属的优抚改劳动日为现金支付，现役军人的家属优待按人均收入的50%~70%计算，1995年后按100%优待。

80年代初期，国家拨款由民政部门对烈属，参加抗日战争和解放战争、抗美援朝战争的复员军人进行优抚定补，后来改为按月发放直到现在。对解放前为革命做过贡献，而目前生产、生活比较困难的人员，则给予适当补助。

此外，国家财政每年拨给民政部门的社会救济款，其中一部分也用于帮助优抚对象解决临时困难。

至2003年底，全镇共有各种优抚对象621人。其中有享受优抚的烈属15人，复员伤残军人30人、现役军属66人、退伍军人510人。

第四节 安 置

1951年12月，扬中县成立转业建设委员会，区、乡也相应建立退伍安置领导小组。具体办理复员、退伍、转业军人的安置工作。

1951—1957年，福星区、幸福乡政府配合县安置办公室，先后安置退役军人20多人到机关、学校、供销合作社及相关事业单位工作，多数人则回乡参加农业生产。1955年实行义务兵役制，1958年后的复员退伍军人逐年增多，本着“从哪里来回哪里去”的安置原则，将安置的重点放在了农村。只有1964年12名退复军人先后被县、公社安置在机关事业单位。他们中有陶金法、顾顺林、钱太恒、周祥春、石纪根、姚圣亮等人。

1958—1985年，全镇退伍军人只有少许人安置在事业单位，多数人安置在社办企业，还有一部分人任职村（大队）、组（生产队）干部。1985年至今，主要由市县安置办公室负责，多数人还是哪里来哪里去，回乡后自谋职业。

多年来，安置工作以县（市）为主体。乡镇除了配合县（市）民政部门做好对复员退伍军人的安置工作之外，还做好对知识青年、下放工人及其他相关人员的安置工作。

第五节 社会福利

一、福利工厂

1983年，幸福乡开始兴办福利工厂，全乡、镇先后共办福利厂3家。福利厂的残疾人员必须达生产人员总数的规定比例，才能享受国家的政策优惠。残疾人员占生产人员总数10%以上的减免1/2所得税；占35%以上的免征所得税，占50%以上的全免所得税。残疾人其从事劳务、修理、服务性业务的所得收入免征营业税，生产销售的产品如发生亏损或利润低微，可免征产品税或增值税。

据2006年不完全统计，全镇进入福利企业的残疾人员有186人。福利企业对残疾工人给予优待，其报酬实行下须保底，保证基本生活费。对上班劳动者上不封顶，实行多劳多得。

福利工厂还在利润中提取一部分用于社会福利事业。

二、残疾人工作

自 1979 年以后，境域对“四残”人员多次进行调查，1985 年 8 月，全镇共有聋哑、盲、肢残、智残人员 460 人。除进入福利工厂的残疾人以外，镇政府、村委会每年都给予生活困难者发放救济金或补助金。

1993 年，西来桥镇成立残疾人联合会。残疾人联合会配合镇民政办公室对残疾人员做好登记核实工作，并配合相关部门进行体检定级，发放残疾证。一、二级重残人员每月可领取生活补助金，其标准为农村人员每月 330 元，城镇人员每月 380 元。2006 年，全镇计有残疾人 202 人（其中农村 180 人，城镇 22 人）。

三、敬老院

1980 年 10 月，幸福公社在集镇新桥北东首建造瓦屋平房 9 间，创办敬老院，收养孤寡老人和五保户 21 人。敬老院配有院长、炊事员、服务员各 1 名。敬老院的兴办，使孤寡、五保老人的生活有了依靠，过上了安居无虑的生活。

1999 年 9 月，镇政府在原福星村征地 10 亩，新建西来桥镇敬老院暨老年公寓。工程于 2000 年 10 月 27 日竣工，总投资 2000 余万元。建筑面积 2100 平方米，水泥道路面积 650 平方米。有房间 24 间，床位 48 张。房间内卫生洁具齐全，有电视机、自来水，能 24 小时全天候供应太阳能热水。翌年，集中供养老人 33 人，占全镇应养五保户的 91.6%。为方便老年人，室外装有彩灯、路灯、草坪灯，宽敞的食堂餐厅能开展有益老年人身心健康的娱乐活动。敬老院的兴建，让老年人享受到老有所养、老有所乐的幸福，体会到社会主义大家庭的温暖。

在日常管理中，敬老院根据上级的相关规定和要求，建立健全了一整套的岗位管理制度，并不断改进工作，接受供养老人和社会的监督。至 2006 年，敬老院有入住老人 39 人，管理工作人员 9 人。

先后任敬老院院长的有彭少达、周元良、梅芳才、季正才、吴祥萍、曹银。

第六节　社会救济

解放后，民政救济工作贯彻执行依靠群众、依靠集体生产自救，辅以国家必要救济的方针，认真做好救灾、救济工作，切实解决受灾民众、五保户和困难户生产、生活上的困难。

农村的社会救济，主要是对五保户、困难户的救济和对贫困户的扶持。主要由县（市）民政局给予赈济，并辅以群众互助互济。

1949 年和 1954 年，西来桥地区遭受较大水灾，倒圩十多处，大片耕地被淹，农作物受损，人民生活困难。地方政府除组织灾民生产自救外，及时发放救济款、救济粮和生活物资。组织群众兴修水利，发放以工代赈粮食补助。

农业合作化时期，以集体补助为主，国家救济为辅。全镇五保户由集体按人均口粮供应，少数农业社分配水平较低的，则由民政部门给予适当照顾。1982年后，农村实行联产承包责任制，镇政府对五保人员的赡养尤为重视，1985年全镇有21人入住敬老院，过着安定的生活。有的虽住在农村，口粮、烧草仍由集体供给，并发给每人每月的零花钱。

1981年，经过全面调查，全镇常年困难户和家庭贫困户有300多户。镇政府和县民政局在对其进行生活救济的同时，还进行生产扶持，支持其发展农、副、工生产。国家、集体每年投放扶贫款6万多元。有的困难户由集体单位挂钩帮扶。全镇共有帮扶对象39户，通过集体帮扶，绝大部分困难户都先后脱贫，有近半数走上致富道路，有100多户修建了新房。至2006年，西来桥镇共投入扶贫金额200余万元。

1996年，全镇仍有54户困难户，镇政府每年从地方财政中拿出1万多元对其进行生活保障补助。1998年7月，按照国家规定，实施城镇、农村最低生活保障。对困难家庭人员发放居民最低生活保障金制度。2006年，全镇共有“低保”家庭220户、473人。其中农村家庭180户、375人，城镇家庭40户、98人；全年共发放“低保”金79万余元。

第七节　殡葬改革

解放前后，西来桥地区的丧葬习俗为木棺土葬。乡村有义冢地，专葬死婴与客死他乡外籍人。随着时间的推移，境域坟地日益增多，占用耕地的现象越来越严重。

1973年后实行殡葬改革，改土葬为火化。开始不被人们理解接受，加上交通不便，遗体火化（葬）率不是很高。一段时期内，县民政局及殡仪馆对西来桥地区实行多项优惠，火葬率随之提高。死者遗体火化后，有的人家在自留地上垒坟埋葬骨灰盒，有的还立碑砌造墓室。乡人民政府又一次提倡不建坟墓，深埋骨灰盒。1988年，镇政府在原南旺村选址建造安息堂，免费让群众存放骨灰盒。骨灰盒存放室有房屋8间，骨灰盒存放量2000余个，镇政府设有专职管理人员1名，每逢清明节、七月半，群众前往祭祀。至2006年，境域遗体火化率达100%。但近几年，仍有少数人家偷埋死者骨灰盒的现象。

第八节　移民和支援边疆

解放初期，境域北江边（原北胜乡）坍江较为严重，地方政府及时组织受灾群众向圩内迁居。

进入20世纪60年代，开沙（原双益大队）洗坍迅速，北部江边的江滩土地，没有几年就坍没了。公社党委、政府在县委、县政府的支持下，在双山大队和胜利大队的东江边围圩造田，安置双益大队的搬迁群众。

1959年8月，扬中县组织一批群众去新疆定居，公社积极配合工作，组织动员，发动报名，经过审核批准后，全公社有56人奔赴新疆木垒县，支援边疆地区建设。其中有几户是举家搬迁。1963—1964年，仍有少量人员进疆。1980年以后，部分支边人员返回原籍，乡、村都给予妥善安置。

第五章　社会治安

第一节　治　安

一、机构设置

清乾隆年间（1736—1795），境域分属武进、丹阳、泰兴、太平洲（扬中）四县（地）管辖。

光绪十一年（1885），由武进县通江市管辖的福兴洲，地方治安由洲董、地保管理，地保属分管县的巡官管辖。

1920年，泰兴县派哨船一艘，由一名预备巡官带领10余名警察，配备10余支枪及一门土炮，驻在六匡（今东进村）。巡官后为张松山，前后共驻10余年。查缉私盐，维护治安。

1925年，武进县在西来桥街观音庵设立警察分局。巡官吴国珊（涟水县人），有10余人枪。

1928—1939年，由当地富人出钱买枪，成立西来桥保卫团，有10余人，七八条枪，驻东街大庙。1937年，武进县派一个排的保安队驻惜字洲码头，以维持地方治安。

解放后，新成立的福星区人民政府设有治安股，首任股长何坚（宝应县人），1949年底调任东新港水上派出所所长后，由帅士钦（三茅镇人）任股长。各小乡都配置专职民兵连长抓社会治安。

1956年前先后任区治安股长的有：刘万余（宝应县人）、张安清（西来桥新华村人）。成立高级农业合作社时，每个高级社内设有治安主任一名。

1958年成立幸福人民公社，公社设公安特派员，先后任公安特派员的有：吴元云（油坊良善村人）、张安清、朱自卿（福星村人）、朱启凤（八桥庆丰村人）、钱国政（八桥镇八桥村人）、宦道范（西来桥北胜村人）。同时，各管辖区（大队）、机关企事业单位普遍建立治保委员会。

1984年11月2日，成立扬中县公安局幸福乡派出所，宦道范任所长。1988年孙荣华任所长。1991年吴宝康任所长，宦道范任政治指导员。1996年陆纪权（八桥新农村人）任所长，吴宝康任指导员。1998年张加根（长旺镇人）任所长，杨全荣（八桥新农村人）任指导员。2000年派出所所长魏仁春、政治教导员蔡纪龙（二人为丰裕镇人）。2002年陆学文兼任派出所所长。2005年温小平兼任派出所所长。

二、治保工作

解放后，在区、乡、公社政权中陆续建立治安保卫组织，配设治保专职干部和人员，组织民兵，为稳定社会秩序、巩固新生政权发挥作用。

1953年全区四个乡均建立治保委员会。围绕党的中心工作，依靠群众，为完成土地改革、镇压反革命、抗美援朝运动、农业合作化运动开展工作。1958年乡改设为公社后，建立治安调解委员会，在管好治保工作的同时，开展民事调解工作。1963年治调组织分设为治安、调解两块。“文化大革命”期间，治调组织被废弃，治安工作濒临停顿，直到1975年才恢复。中共十一届三中全会以后，法治建设逐步加强，公社经常举办法治教育培训班，运用典型案例，对广大干部群众进行普法教育，促进社会风气的好转。1984 年，全面开展综合治理工作，落实综合治理岗位责任制，进行“四防”（防火、防特、防盗、防毒）安全教育，组建公社治安联防队。2006 年，由公安派出所组建的专职联防队有队员 16 人，由各村组建的义务联防队有队员 36 人。

1992 年 10 月，幸福大桥通车后不久，镇派出所在桥头北侧设立治安卡口，开始只是晚上值班设卡，2005 年，卡口民警和联防队员 24 小时日夜值班，查获小偷多名，破获案件数起，保护了地方平安。

三、消防工作

解放前，每到寒冬水浅之季，都以圩埭组织民众值夜打更，防火防盗。有些圩埭采取摊派方法，备置土水龙（用人压水）、铁搭钩、笆斗等简易的救火用具，组建民间消防组、会。一旦发生火情，以敲锣为号，群众自带灭火用具从四面八方赶赴火场，奋力抢救。过去，民房多为草屋，火灾常有发生。

解放后，人民政府组织群众开展以防火为中心的“四防”活动。1951 年起，将“四防”纳入治保组织的专管内容，采取多种防范措施，预防火灾发生。1958 年成立幸福乡消防委员会，开展群众性安全月活动。机关、各事业单位及工厂均备有太平桶、太平缸、黄砂箱、灭火器等消防用具。

1960 年，贯彻江苏省消防会议精神，各单位和农村各大队均添置消防器具，整修民间土水龙，建立义务消防队。公安派出所成立后，消防工作由镇政府和公安派出所同抓共管，消防工作有布置、有检查、有落实，并由派出所牵头，组建镇义务消防队。2006 年，西来桥镇有义务消防队员 8 人，小型消防车 1 辆，及全套消防装备器材。

第二节　司法调解

解放前，西来桥地区没有司法人员和律师。民间发生矛盾纠纷，由族长、乡董或地方绅士评理说和。

解放后，人民政府十分重视调解工作。1952 年，建立乡人民调解委员会。1958 年，治保、调解两组织合并，成立治保调解委员会。1963 年，治保、调解组织分设。“文化大革命”中，调解组织一度瘫痪，1970 年后，逐步恢复。2005 年，西来桥镇整合社会资源，成立西来桥镇社会矛盾纠纷调处服务中心。2004 年之后，征地拆迁的纠纷矛盾较多，经过调解，都能较好解决。2004—2006 年，共处理和调解民事纠纷近千起。

一、民事（人民）调解

1952 年，配合“土改”复查，福星区（今西来桥镇）各乡建立人民调解委员会，村组建调解小组，负责该乡、村的民事纠纷调解。

1957 年撤区并乡，组建幸福乡。乡成立调解委员会，高级社组建调解小组。负责处理民事、婚姻纠纷和产权、界址等纠纷。

1958 年成立人民公社后，按县委、县政府统一要求，治保、调解两组织合并。公社、大队分别成立治保调解委员会和治保调解小组。1963 年又分开设置。“文化大革命”初期，调解组织瘫痪。1970 年建立治调、消防、民兵“三位一体”的组织。1974 年，公社、大队恢复建立调解委员会，全公社共有调解委员会 25 个，调解人员 102 人。167 个生产队均建有调解小组。中共十一届三中全会后，乡、村调解组织得到进一步的充实，村和生产队配备了调解员。多年来，镇村调解组织和工作人员做了大量工作，杜绝了一些不良事件的发生。

二、司法调解

1982 年，乡政府配设司法助理。主要工作是民事调解和法制宣传。

1987 年成立西来桥镇司法所，所长由司法助理兼任。同时，还成立了法律服务所，聘用了两名工作人员。两所合署办公，主要工作除了调解各类民事纠纷，还代理民事诉讼，进行民事代理、法律咨询，代理公证、宣传法制法规等。并做到司法调解与人民调解对接，与行政调解互通。对于重大民事纠纷，镇党委和政府主要领导参与调解，各职能部门协调配合，共同调处，让群众满意。

2005 年，成立西来桥镇社会矛盾纠纷调处服务中心，负责各项调解工作。

1987—2006 年西来桥镇司法所负责人更迭情况表

表 4-1

姓　名	职　务	任职时间	备注
许裕龙	所　长	1987—2004	镇政府司法助理
陆廷贯	所　长	2004—2005	2001 年任政府司法助理
王　宏	所　长	2006—	镇政府司法助理

第三节　综合治理

一、组织机构及网络

西来桥镇综合治理办公室（简称综治办）成立于 1991 年，负责人为戴正平，专职负责全镇社会综合治理工作。镇综治办成立后，各村（社区）、乡镇企事业单位也随之设立综合治理小组，全镇有综治小组 30 个，人员 101 人。

2004 年，各村（社区）及企事业单位成立了护村队、护厂队、护校队、护院队。

为预防青少年违法犯罪，于 2000 年 4 月成立西来桥镇青少年民主法制教育工作领导小组和预防青少年犯罪工作领导小组，成员有镇党委、政府领导，派出所、司法所、学校、综治办负责人。

为搞好社会治安，结合综治工作，同期成立刑释解教人员安置帮教工作领导小组。各村及企事业单位成立安置帮教小组、设立帮教工作站，招募帮教志愿者，发动老党员、老干部、老工人等人员参与帮教活动，形成帮教网络，对劳教服刑人员、刑释解教人员进行帮教。

二、综合治理工作

做好宣传工作 利用黑板报、宣传栏、横幅、标语、广播和电视节目上的滚动字幕进行宣传。同时还举办各种普法讲座。2006 年 6 月，派出所马正春到学校对师生进行“预防毒品”宣讲。同年 9 月 5 日，司法所陆廷贯到学校对学生进行“力行十戒，预防犯罪”的知识讲座。

开展平安建设活动 1999 年在全镇开展创“三安”活动。“三安”即安全文明小区、安全文明村组、安全文明单位。2006 年 5 月，西来桥镇颁发了“平安建设系列活动标准”，即平安单位、平安学校、平安医院、平安工地、平安场所、平安系统等八大标准。创建单位年初与镇政府签订综合治理责任状，年底按细则标准考核验收。

加大社会治安、综合治理力度 在维护社会平安上做到“四到位、四不减”，即组织到位，人员不减；目标到位，责任不减；督察到位，力度不减；保障到位，经费不减。发动群众，参加群治群防契约化保险，有条件的安装家庭报警器。2006 年，全镇参加契约化保险的农户有 2754 户，21 户安装了家庭报警器。

充分发挥基层民调组织作用 1997—1999 年，共调处各类民事纠纷矛盾 179 起，调处成功率达 100%。三年内未发生一起因纠纷引起的群众上访事件或惊扰民心的治安案件。2000—2006 年，由于发生“铁本项目”违规征地拆迁事件，增加较多的民事纠纷矛盾，并引发拆迁群众到北京上访事件。七年里，共调处各类纠纷矛盾 301 起，调处成功率达 100%，结上访群众进行耐心的劝解，平息了风波，达成理智、和平解决问题的共识。

第四节　事故及重大案件

一、事故

溺水事故 解放前后，小孩溺水死亡事故常有发生，据不完全统计，至 2006 年，全镇有 300 多个小孩和少数成年人落水溺亡，给家庭留下痛苦和永远的遗憾。

火灾事故 据老人回忆和部分资料记载，至 2006 年，全镇共计发生火灾 500 多起（包括解放前），造成经济损失数十万元，还有人被烧死。1964 年秋天，东进村 13 组一夜有 4 户遭火灾，全村前后有 18 户被烧毁。1985 年 1 月 28 日，镇眼镜厂镜架车间开料组违章操作，引发火灾，虽及时扑灭，仍造成数千元损失。

触电 1966 年幸福公社通电以后，先后发生触电事故 12 起，死亡 11 人。

航行事故 解放前，几乎每年都发生翻船死人的事故。解放后注重安全，极少发生事故。1970 年夏天，新华 4 队的 1 农船从泰兴天星桥返回，在长江中突遇风浪，船翻货没，3 名船工，1 人获救，2 人尸体未曾找到。

安全事故 至 2006 年，境域共发生工伤安全事故 10 多起，多数是思想麻痹、违规操作造成。1968 年新升大队鞭炮厂，违章将火药与荧光粉拌和闷在仓库内，造成自然爆炸，厂房被炸毁，炸死 2 人，炸伤 5 人。1969 年夏，西来村鞭炮组，因操作时违规吸烟引起爆炸，造成 1 死 4 伤。1991 年 9 月 27 日，南阳鞭炮厂因违规操作发生爆炸，烧毁草房两间，工人胡克成被炸死。

1994 年 1 月 1 日，西来村 9 组郭信海与其妹郭兰英在家私自生产鞭炮，不慎引起爆炸，郭信海被掀出窗外，从三楼坠落，头颅摔破，在送往医院抢救途中身亡。其妹郭兰英从废墟中扒出，扒出后，经医治落下终身残疾。1995 年 9 月 26 日，福星鞭炮组因工人操作时吸烟，引起强烈爆炸，当场死亡 2 人，5 人送常州医院抢救，均因抢救无效死亡。2001 年，北胜化工厂在设备维修时，因操作失误，造成一名工人死亡。

意外事故 1985 年夏季，农具厂一工人拖板车下坡，仅用一只手抓住车柄，负重的板车快速下冲，将人压倒，车轮从其身上碾过，该工人腿骨被轧断，造成终身残疾。

1998 年 11 月 13 日上午，北胜村 11 组村民何光法、杨云芳因生活琐事发生口角，杨一气之下喝了农药，口吐白沫，何见状后深感后悔，亦喝下农药，两人双双死亡。

2001 年 5 月 12 日，个体承建人肖广灯属下人员陈宝银，从建房脚手架高处坠地造成重伤，经抢救无效死亡。

2006 年 5 月 29 日，北胜 19 组村民叶何珠骑自行车从武进小河回家，在幸福加油站门前与三新村周姓村民相撞，叶受重伤送往市人民医院抢救，无效死亡。

二、重大案件

1985 年，东进村陈大红家 7000 元现金被盗，公安部门通过侦查，认定嫌疑人。经搜查，从稻草捆里如数查出，群众对公安人员的迅速破案表示敬佩。

1993 年夏秋，在刚通车不久的幸福大桥，连续发生夜间拦路伤人之事，西来桥派出所在武进小河地区群众的支持配合下，很快将作恶的犯罪团伙查清，并将主犯逮捕归案。

1995 年 4 月 30 日，原大兴村村民施大坤与徐君芳因做煤炭生意发生矛盾而结怨仇。施于半夜潜入徐宅，杀死熟睡中的徐君芳和何福娣夫妇，刺伤其 15 岁的女儿后外逃，公安部门通过排查，锁定目标，将外逃的施大坤抓捕归案，判处死刑。

2002 年 5 月 25 日夜，泰兴市北新镇叶利村 10 组村民叶海林，在南阳村 20 组一家小店抢劫，店主王明法惨遭杀害。公安部门接到报案后，立即组织警力侦查，仅用 9 个小时就将案犯捉拿归案。

第六章　军　事

中心沙（西来桥镇）地处扬子江中，过去是非船莫渡。建置前为武进、丹阳、泰兴、太平洲四县（地）分管。自1920年始，泰兴、武进县为维持地方治安，先后派有小股警察及保安团队驻于境内。北伐战争时期，曾有孙传芳部的败兵残匪流窜小岛，抢物扰民。

西来桥虽无山川密林隐身，但水路四通八达，江边芦滩绵延，圩内树竹茂盛，为中国共产党领导的新四军和地方武装开展武装斗争提供了有利的隐蔽条件。抗日战争初期，管文蔚领导的江南抗日队伍经常到此驻扎。1939年春，中共武进县委派人到中心沙发展党的组织，领导群众进行抗日斗争，开辟抗日根据地。中共苏南区委、丹北中心县委，武进县、扬中县的抗日民主政府，分区主力部队及武进、扬中两县的警卫营经常在这里驻屯整训。新四军主要领导人陈毅、粟裕、谭震林等曾在此留下足迹，陈丕显、陈光、陈西光等地方党政领导也在这里作过短期停留或治病休养。1941年7月1日，中共苏南区委在杨家小圩（今南旺村13组）召开中国共产党诞生20周年庆祝大会，区委书记陈丕显在大会上赞誉西来桥是“苏南小莫斯科”。随着抗日斗争形势的发展，西来桥的区域地位愈显重要，成了“根据地的安全岛”和连接大江南北的“江中跳板”。

不论是在抗日战争，还是解放战争，英勇的西来桥人民在共产党的领导下，同国内外敌人进行了艰苦卓绝的斗争。他们为军政机关、《前进报》印刷所及各种会议站岗放哨，遇有敌情，接力式地快速传报，确保安全；为革命参军参战、传送情报、掩护伤病员和军政人员及家属，扶养烈士遗孤；组建水上秘密交通线，运送党政干部、军政人员及军需物资。

1945年5月17日，扬中、武进两县警卫营配合军分区特务一团，攻克盘踞在中心沙的三个日伪据点，解放了中心沙。同年11月，为顾全大局，避免内战，中共党政军人员奉命北撤转移，国民党反动派卷土重来，又一次造成白色恐怖。但是英勇的西来桥人民没有被吓倒，他们支持配合留守党员、民兵干部与敌人开展机智顽强的斗争。1948年12月8日，中心沙发生了席卷全岛的抗丁暴动，数千名群众听锣为号，手持钉耙锄头、鱼叉、木棍，冲向国民党扬中县西来桥区公所，与区反动自卫队展开搏斗，青年农民卞元振英勇献身。愤怒的人们砸烂了区公所的办公用具，烧毁了壮丁名册和田亩捐税款，扒毁了区公所。区长陆如理闻风而逃，自卫队土崩瓦解。此次农民暴动，迫使国民党扬中县县长卢甲三答应了群众提出的部分要求。

第一节　驻　军

民国9年（1920）泰兴县派巡哨船一艘，由一名巡官带领10余名警察，配有枪支及一门土炮，长驻六匡（今东进村）10余年。

1925年，武进县在西来桥东观音庵设立警察分局，有10多人、10余支枪。

1927 年 3 月 30 日，五省联军司令、军阀孙传芳被北伐军打败。所部白宝山、曾君毅两个旅的败兵，撤往苏北时路过西来桥，驻满了大多数的圩埭，四五天的时间，奸淫抢掠，无恶不作，群众损失惨重。

1933 年，中坝桥人（今西来村）李义泰以保卫地方治安为名，纠集 10 余人枪，成立保卫团，驻东街大庙。

1937 年，“8·13”淞沪抗战后，田锦章（山东人，兵痞）、陆锦成等搜罗和抢夺 20 余条枪，纠集门徒，编成保卫团，归忠义救国军张少华辖制。

1938 年，小河仇家村人仇国定、夏厚功率 40 多人的便衣队窜至西来桥，敲诈勒索，前后作恶近半年。

1938 年秋冬起，中国共产党领导的新四军江南抗日挺进纵队的老二团（团长郭猛）、五十一团（团长韦永义）以及武进县、扬中县警备营经常驻扎西来桥地区。

1939 年，新四军挺进纵队一大队驻西来桥，数日后去苏北开辟抗日根据地。

1941 年秋，驻泰兴的伪 19 师第一大队长董瑞龙率部黑夜入侵西来桥，驻于东街大庙，勒令乡、保、甲长每天派民工为其修筑工事。

1943 年 2 月 18 日，驻武进的日军小队长镰户率日伪军 100 多人入侵西来桥地区，在东街庙场、南泡子、北泡子修筑碉堡，并强行砍伐树竹，在江边修了一条 5 公里多长的竹篱笆。后日军调走，留下伪军一个中队驻守。

1947 年，时属扬中县的国民党区长傅公侠带来 60 多人枪，编成区中队，驻东街复兴洲小学内，后驻北街陆如通粮行旧址。

1948 年 12 月 26 日，国民党战区司令汤恩伯妄图控制长江天堑，调来 51 军 338 团三个连，有大炮及炮兵，在大江边分三处设防。一处在今东进村六匡，一处在东来桥江边观音庙，一处在今曙光村东北角的五圩沟，团部设在北街陆炎家。

1949 年 5 月，扬中县福星区人民政府配置区中队，不久归编县中队。1951 年设区人民武装部。

第二节　主要战事

一、痛击大刀会

1940 年 8 月上旬，中心沙黄旗会会长张玉槐与驻泰兴的伪 19 师勾结，聚集百余会员进行反革命暴乱，捕杀革命者。扬中县抗日民主政府副县长王言率县警卫营和民兵给以回击。缴获大刀百余把，活捉张玉槐及秘书等 4 人，押至武进惜字洲公审处决。

二、打击敌伪顽

1941 年 9 月 16 日，伪警察大队长周广发率部二三百人至黑木桥、菂沙口等地，企图袭击驻中心沙的扬中县抗日民主政府和县警卫营。苏中五分区司令员韦永义率新四军 51 团、54 团和苏南第四保安处特务大队部分战士，在扬中、武进两县警卫营配合下，一举歼灭周广发部，缴获机枪1挺，长短枪100余支。周广发被活捉，经公审后枪决。

1941年11月30日夜间，省保安四旅及分区51团在熟悉内情的向导带领下，一举打垮12天前侵驻西来桥观音庵、东街大庙的日伪19师董瑞龙大队，收复了西来桥。伪军伤亡惨重，大刀会人员全部被俘。保安四旅二连指导员毕宝成（浙江诸暨人）在战斗中英勇牺牲。为防止日伪军再来骚扰报复，抗日民主政府发动群众平毁工事，拆毁大庙大殿。第三天，在大庙广场上，公审处决了反动大刀会头目。

三、攻克据点

1945年5月17日，新四军苏中五分区司令员韦永义指挥特务团部分战士，在扬中、武进两县警卫营及地方武装民兵配合下，攻克北泡子、南泡子、西来桥三处伪据点。

战斗指挥部设在西来桥街镇附近，韦永义司令员任总指挥，武进、扬中两县领导陈寒、顾维衡、陈定宏、施光前等参加指挥。战前进行了缜密的军事部署及分工，扬中警卫营百余人和民兵数十人由副营长印世庸率领围攻北泡子据点；分区特务团政治处主任胡文杰、营教导员常喜生率特务团一连（连长程光）、二连攻打西来桥据点（该据点有西、北两个碉堡）；分区作战参谋严肃率特务团三连（连长周建民）和武进警卫营部分战士及武装民兵数十人攻打南泡子据点。

凌晨战斗打响，北泡子据点驻有伪军一个排，20多人，一挺机枪。新四军先打排枪，继发土炮，敌人依仗工事坚固，负隅顽抗。地下党的同志找来伪军排长贺某的妻子喊话，进行政治攻势。贺妻高喊贺某“不要再打了，满街都是新四军，他们优待俘虏，打死了白白的，赶快投降吧”。伪军排长感到大势已去，加之听到西来桥和南泡子的枪声一阵紧似一阵，便下令缴械投降。

西来桥据点有两个炮楼，一个在西，一个在北，分别由伪军连长张镇和副连长张大麻子带兵把守。新四军曾欲计擒伪连长张镇，便在前一天由地方人士诱他出来赌钱，并备晚宴招待，伺机抓捕他。可这家伙十分狡猾，没吃晚饭就回了据点，他见街上行人稀少，感觉异常，晚饭时，看到机枪手王侉子（已被中共争取）借故擦枪，拆下靶子钩，张又加疑惧，并下令王装好靶子钩，同时命令在家住宿的班排长全部到据点过夜。入夜则胡乱打枪，壮胆吓人。分区特务团一连、二连在胡文杰、常喜生率领下埋伏在据点四周，在北泡子枪响，发起猛烈进攻。伪军顽强抵抗，战士们冒着枪林弹雨，向敌人逼近，同时发动政治攻势，瓦解敌人。此时，被中共争取过来的机枪手王侉子果断撤下炮楼，掉转枪口，向伪军猛烈扫射，新四军指战员乘势冲进档子，直捣匪巢。伪军纷纷举手投降，除伪军正、副连长化装逃跑外，其余全部被俘。

南泡子据点筑在三角形的南尖上，三面临江，只有北面的200多米处有一条岸埂可作掩体，既难围攻，也难近打。分区作战参谋严肃、特务一团三连长周健民率领参战人员在16日夜间十时向据点开火，并伴以政治喊话。伪军排长王某凭借有利地形，负隅顽抗。战斗持续到次日凌晨。东方渐白，碉堡依稀可见，新四军用机枪封锁碉堡枪眼，发起正面冲锋，敌人用机枪猛烈还击，新四军五人受伤。指战员们以不怕牺牲的英雄气概，剩着弥漫的硝烟，匍匐前进，七时许逼近碉堡，伪军惊恐万分。伪排长带头泅水逃跑，不少伪军缴枪投降，少数伪军钻进芦材滩，也被战士们搜捕抓获。

为阻击增援的敌人，指挥部令武进警卫营连长恽纪明带领部分战士和武进、扬中两县的民兵百余人。于17日晚在小河至荫沙的要冲地段，埋好地雷，布下伏击圈，严阵以待。果然半夜时分，从小河方向出动增援的日伪军近百人进入伏击圈，新四军指挥员一声令下，步枪、机枪、手榴弹一齐开火，敌人混乱一团，妄图抢占有利地形，又踩上地雷，死的死，伤的伤，拼命突围向小河方向逃窜。阻击战中，新四军有4名战士英勇牺牲。

据战后统计，此次战斗共击毙伪军10余人，生俘100多人，缴获机枪4挺、长短枪数10支、掷弹筒1杆、子弹2000余发。并捣毁了3个据点的全部工事，搜索残敌数人，西来桥获得了解放。

1945年11月，中共党政军主要领导和武装部队奉命北撤，但派有留守人员负责地方工作，留守人员一般转入地下活动，为保存革命力量，以政治斗争为主，不搞军事上的打击。

四、扒毁区公所

1948年农历腊月初八，在中共江南工委和长江工委的领导部署下，地下党留守干部发动群众数千人，听锣为号，手持钉耙、锄头、鱼叉、木棍，涌向位于西来桥北的区公所，进行抗丁抗税斗争。反动区长陆如理、吴学廉吓得逃之夭夭，愤怒的群众烧毁文书档案及壮丁名册，一举扒掉了区公所。

第三节 抗日战争时期的人民革命斗争

1937年7月7日，日本侵略者在卢沟桥悍然挑起全面侵华战争。一直处于半封闭的江中沙洲西来桥的民众亦十分震惊，地方进步士绅们表现出沉重的忧国之情。其时，国民政府正派员在中心沙进行壮丁训练，作为后备兵源，有志青年个个摩拳擦掌，决心学好军事本领投身抗日。

"8·13"事变上海沦陷，在上海当工人和做生意的人纷纷逃回避难。接着江阴失守、常州等城市丢失，一时间，江中小沙洲成了避风港。其时，西来桥亦已处在日军随时可攻击的范围内，日本人的炮舰经常吼叫着经过西来桥所处江面，弹丸小镇上的居民终日惶恐不安。国民党的散兵游勇、地痞流氓和土匪势力横行乡里，鱼肉人民，乡民们生活在水深火热之中。境内田锦章(山东流窜来的兵痞)、陆锦成等搜罗和抢夺了20余支枪，编成保卫团，以维持地方治安为名，强收保安费，（富人之家6~8斗米，一般人家3~6斗，贫民户至少1斗），暗地投靠"武进县民众自卫总队"总队长张少华部。团丁们"绑票"、"打水鸭子"、敲诈勒索，无恶不作。陆锦成在端午节那天绑了北街杂货店王老板，并纵火烧了杂货店，境内民众更加恐慌不安。张少华收"二锦"为门生，利用其为自己占领西来桥打前站。

1938年，小河仇家村的仇国定、夏厚功率40多名便衣队进入西来桥，卸了"二锦"的枪，控制了保安团。田锦章投靠了张少华，陆锦城则投靠魏村坝上的"忠救军"肖金根。仇部占领西来桥后即敲诈勒索，明火执仗地抢劫，搞得西来桥乌烟瘴气。

其时，境地有识之士清楚地看到，各帮势力都是"匪"，他们的后台都是日军。印权、冯忠仁等人从自己的亲身经历中认识一个道理："救国先救心，教育为本，希望在青年。"于是，他们决定迅速恢复“武进通江市福星洲第一小学”的教学，并将之办成完全小学。同年在上海工学团——艺友师范班读书的常革非（又名常登茂），奉校长张劲夫之命回乡做敌后宣教工作。是年正月，他腾出自家五间草屋作校舍，创办“贫民学校”，并以自家73亩租田作为办学基金，学生的学杂费、书费一律全免。通过深入细致的宣传，贫民学生陆续报名入学，学生最多时达150多人。该校语文、政治学科使用自编教材，让学生在学习文化知识的同时接受抗日救亡革命思想的教育。

1940年，中共武进县地下党组织派陈克天（解放后曾担任江苏省副省长）化名邢先生到福星洲初级小学任教，他以教书为名，积极配合地下党组织开展抗日对敌斗争，秘密开展抗日革命活动；执行党的抗日统一战线方针，发展地方进步势力，争取中间势力，孤立顽固势力。地方进步士绅印权、冯忠仁等积极支持抗日主张，设法利用镇公所控制地方自卫队，使自卫队不再侵扰地方百姓，广受民众赞誉。与印权一脉师承的仇国定（武进小河仇家村人），受其“师父”（南京某匪首）指令，与同伙夏厚公、地痞戴福和等，于当年除夕以请年夜饭为借口，诱骗印权在事先写成的严禁在西来桥进行一切抗日活动和抗日宣传为内容的声明上签字。印权拍案而起，严词拒绝，并与仇之流展开枪战，终因寡不敌众被捕。被捕后，他坚贞不屈，后被五花大绑投入东江。冯银生等得知消息设法营救未及。印权遭受杀害的消息传出后，点燃西来桥各界人士团结抗日的激情。坚持抗战，起来反对汉奸卖国行为的呼声一浪高过一浪。

魏村“忠救军”司令肖金根是印权的学生，得知印权被惨杀后，发誓为师父报仇雪恨。冯银生等从中迎合、利用，提供袭击方案。不几天，肖率部夜渡西来桥，成功偷袭了仇国定部，生擒了夏厚公、夏国良等，并将一人头割下挂在西来桥南桥头示众，仇国定漏网逃回小河（后被共产党争取悔过自新，参加抗日，1944年被伪匪张少华诱捕，被日军杀害于常州西郊）。

1938年7月，共产党领导的以管文蔚为司令的江南抗日义勇军挺进纵队开辟西来桥根据地，在太平圩（今北胜村18、19组）驻扎数日，并派一支队政治处魏剑义在西来桥开展抗日宣传，组织发动群众扶持、帮助、改编地方武装，团结各方面人士共同抗日。境域进步青年积极参加地方武装，学习军事知识，苦练杀敌本领。合胜圩（今北胜15队）进步青年梅岑（存珠）与太平洲的陈寒、王言等考入苏鲁皖边区游击总指挥张公任办的抗日宣传队学习，参加了新四军抗日挺进纵队战地服务团。

农历八月十五日（中秋节）上午9点多钟，驻丹阳家山的国民党炮兵击中一架日机，坠落在当时轮船沙与八桥之间的夹江滩涂水中，两名日机飞行员爬出机舱后便逃上岸钻进坍江边“龙王庙”中。西来桥自卫队闻讯后，印士庸等10多名自卫队员随即渡江前往包抄，经过激烈的枪战，两名日机飞行员受伤被俘，自卫队员周德发（浙江余姚人）壮烈牺牲，被俘日机飞行员当晚即押送至武进西夏墅三区区公所。

江南抗日义勇军挺进纵队进驻西来桥后，管文蔚司令等军中要员经仔细察看地形，认为西来桥夹江江面狭小，水上四通八达，四周江滩芦苇绵延繁茂，是不可多得的水乡秘密隐兵之地，且东侧临江紧邻开沙，亦是通往苏北根据地的“江中跳板”。

为了加强西来桥地区的群众思想工作，发展共产党组织，1939年春，中共武进县委派三区区委书记徐作宪到西来桥做物色、培养、发展党员工作。由于挺纵一支队政治处魏剑义之前在西来桥已做大量工作，当年秋天即发展了印德西、张圣中、石裕文3名党员。此后，中共党组织即成为西来桥人民开展抗日斗争的核心力量，把提高广大群众思想认识作为建立抗日革命根据地的重点工作任务，通过树典型、培训骨干、采取“滚雪球”等办法，积极组织建立起农抗会、青抗会、妇抗会、船抗会、儿童团等群众团体。这些群众团体在地方党组织的领导下，大力开展抗日革命思想的宣传，常为抗日部队及抗日民主政府的领导干部站岗放哨、递送情报，掩护、运送抗日部队及通信联络人员。遵照新四军一支队司令部、政治部的减租减息布告及中共苏南特委制定的二十一条具体执行办法，积极开展减租减息等工作，并注意团结开明绅士及各方面的力量共同抗日。涌现出印士庸、耿龙富、冯银生、冯南生、梅耐寒、印德修、戴素珍、印惠珍、梅小英等一大批男女爱国青年，他们中不少人参加了新四军和地方主力部队。

1940年1月11日，日本侵略军首次进攻西来桥，夜里刚到西来桥短屯的新四军挺进纵队某连接到情报后，根据上级指示，由中心沙北泡子渡船连夜渡运转移，船员徐玉根被日军枪击致死，年仅11岁的船员帮手王福武身穿的棉袄被子弹掀了一个大洞，幸免伤亡。

1940年8月7日，根据抗战形势，丹北中心县委决定将原属武进的中心沙、大沙、下昆沙和属泰兴的开沙及属丹阳的移沙统一划属扬中，成立扬中新六区，建立了抗日区、乡政权。区、乡抗日政权加强民兵组织，建设区成立民兵大队，东进乡、南阳乡、西来乡、北胜乡均成立民兵中队。农历七月初四，武进、扬中两县抗日民主政府领导人顾维衡、施光前等在南阳乡（今南旺桥村）王光红家共商抗敌事宜，因奸细通风，武进小河据点里的一股日伪军从荫沙过江，向这里扑来，地方民兵岗哨火急报告敌情，两县领导人及警卫人员及时转移。敌人扑了空后，便猖狂地挨家搜查，抓了当地近百名群众，逐个审问，最后留下陈启发等14人，敌人用蜡烛火熏烫他们的肚皮，尽管他们被熏烫得从肚脐一直红肿到脖子，挂满水泡，但最终敌人没能从他们口中得到任何情况。

是年秋冬，为开展声势浩大的抗日救亡宣传教育运动，扬中抗日民主政府广泛开展大唱抗日歌曲和大宣大讲抗日救亡重大意义的活动，境域群众踊跃参加，涌现出一批积极分子，其中许多人经党组织考察吸收为中共党员，当年发展党员计109名，先后建立了小圩村一支部、二支部，接着建立了北胜、东进、南阳等乡党支部。

1940年下半年，日伪加剧对西来桥的“进攻扫荡”。12月14日夜，驻扎太平洲的日伪军到西来桥“扫荡”，放火烧掉丁开馀、施少篪、施少俊、王信鹏四家房屋。1941年1月16日，驻八桥日伪军到西来桥实施“扫荡”，打死正在田里锄草的北胜五组贫民印世生。

1941年3月16日，驻扎武进小河、魏村的日伪军到西来桥“扫荡”时，枪击了福星早起蹲在茅坑上的农民田大虎、绝港（今西来村14组）在田内施肥的陈大林，杀害南街躲藏在家的郭长明，打伤14圩（今西来13组）郭温氏，放火烧掉了赵南阳的三间校舍。

皖南事变后，为打击日伪反共气焰，巩固抗日根据地，中共扬中县抗日民主政府采取果断措施，发动群众开展锄奸运动，先后锄掉了西来桥境内的反共坏分子十多人。是年4月4日，扬中抗日民主政府在西来桥召开全体师生大会，县长王龙到会讲话，号召广大师生团结一致，积极投身抗日斗争，做好“抗日伪”、反“清乡”的宣传工作。6月，中共扬中县抗日民主政府先后在南旺桥大十圩、南阳恽新圩开办党训班，分批轮训干部，县委书记杨明亲自宣讲党纲、党章及当前抗日形势和任务。中共扬中县委历任组织部长张日化、汪云龙、赵惠东、洪天成都先后在西来桥亲自抓党建工作，使西来桥党组织迅速发展，至1941年底，西来桥地区的党员人数已发展到224名，支部增建到24个。

1941年7月1日，中共苏南区党委在西来桥杨家小圩（今南旺桥村13、14组）召开庆祝中国共产党诞生20周年大会，时任中共苏南区区党委书记的陈丕显到会作报告，部队首长管寒涛和武进县县长张志强在会上讲话，陈丕显在报告中称赞西来桥为“苏南小莫斯科”。

1941年8月的一天，驻扎苏北的伪19师特务营戴选玉率部伙同开沙“黄旗会”百余人，黑夜偷渡东江，从南旺、东来、张彤港三个港口登陆，一路包剿，见人就抓，中共扬中县委书记杨明在三岔港不幸被捕，后牺牲于泰兴医院。9月16日，伪警察大队长周广发率部二三百人至黑木桥、荫沙等地，企图袭击驻中心沙的扬中县抗日民主政府干部和警卫营。苏中5分区司令员韦永义率新四军51团、54团和苏南第4保安处特务大队成员，在扬中、武进两县警卫营配合下，一举全歼周广发部，伪首周广发被活捉，公审后枪决。

是年11月18日，驻泰兴汪伪19师董瑞龙部到西来桥修碉堡驻扎，大肆捕杀共产党人，扬中县抗日民主政府县长施光前不幸被捕，地下党想方设法，利用伪19师师长张松山的妹妹张月卿做工作，将施光前救出。11月15日，中共扬中县委组织部长赵惠东（丹阳人，曾任中共山北县委书记）在惜字洲被捕，后在中心沙三岔港（今惠明桥）南头东约80米处（今新粮管所东北角檐墙脚下）遭杀害。11月23日，省保安旅及分区部队进军西来桥，一举打垮董瑞龙部，摧毁了敌碉堡。战斗中，省保安四旅二连指导员毕宝成（浙江诸暨人）光荣牺牲。为防日、伪军反扑报复，抗日民主政府发动群众，将伪军的驻地东街大庙大殿烧毁。

当时，武进大沙有一帮土匪横行于魏村、圩塘、西来桥地带，作恶多端。1942年大年初一，扬中抗日民主政府县、区干部印士庸、耿龙富、孙祖怀、张茂华等，乔装舞大狮子的到大沙匪首倪恒明家去舞，趁倪不备，将其击毙。是年春，新四军某部渡过西夹江，屯驻西来桥，分驻几个圩，其中住宿在太平圩（今北胜17、18、19组）的部队全为挎短枪的，驻住两天后便开往苏北。部队走后传出消息，陈毅、粟裕、谭正林等新四军高级干部亦在这支队伍中。

是年初夏，根据秘工人员情报，泰兴七圩港日军调防出现“空档”（踞七圩港的调走，接防的未到）。根据这一情报，苏中五分区遂派分区团参谋长胡品山率一个连协同扬中警备营，由张月卿带路，从西来桥出发，过江直奔七圩，出其不备歼灭苏北汪伪19师一个营，缴获大量枪支弹药。由于西来桥地境抗日救亡宣传搞得好，群众觉悟高，日伪军多次在此受到沉重打击，令其不敢轻易进入境地。驻扎荫沙的日军将中心沙划为“赤区”。9月18日，日军向西来桥连发五枚炮弹进行轰炸。第一炮落在东街毛长根家西厢房上，其大女儿被断梁压伤致死；第二炮落在南街杨福保家厢房上，梁断瓦碎；第三炮落在东街王信鹏家门前，一过路的苏北人（时在朱菊生家抬轿）被流弹飞片击中，死于非命；第四炮落在五圩沟（今曙光村）埭头；第五炮落在腰沟（今福星村）埭上梅兰锡家门前，其27岁的大儿子梅金海和23岁的二儿子梅金寿均被炸死，梅兰锡的腿被炸伤，终身致残。

9月19日，新六区区委委员、区税务所负责人何尔伦在轮船沙江边收税时，登上日伪伴装的过路“商船”，落入虎口，受尽酷刑，坚贞不屈，第二天在泰兴天星桥被日伪军杀成五块抛入江中。

为进一步提高西来桥民众的思想觉悟，是年秋，扬中抗日民主政府在西来桥东街创办高级小学，进步青年纷纷报名入学。民主政府还在太平圩（今北胜19组）召开群众大会，宣传抗日救国思想，县、区话剧团演出了“木兰从军”“送郎参军”等剧目。分区部队51团官兵全部参加。上级党政军领导陈光、管文蔚、韦永义、管寒涛等到会。西来桥高级小学话剧团演出的节目受到全场观众的好评。

1943年2月28日，驻常州武进的日伪军到西来桥“清乡”，分别在东街大庙处、南江边和北泡子筑起碉堡，疯砍群众树竹无数，沿东江打起竹障10余里，以封锁共产党新四军与苏北根据地的联系，西来桥第二次沦陷，全境被白色恐怖笼罩。但敌人的疯狂行径并没有吓倒西来桥人民，在地下党组织的领导下，他们机智勇敢地开展反“清乡”斗争。地下党紧紧依靠群众，布设隐蔽点，巧妙地与日伪开展多种形式的斗争。地方民兵用稻草扎成人像，趁夜挂到竹障上，再用绳子扣在竹障上隐蔽起来拉，将竹障拉得“哗哗”作响，敌人用探照灯照看，误以为有人在爬竹障，便开枪扫射；有时民兵们将小鞭炮装在铁皮箱中点燃放，吓得敌人紧急集合，盲目地开枪扫射，就这样搅得敌人不得安宁。

敌人封锁期间，一天也没影响西来桥地区的水上秘密交通。五圩沟渡口是从西来桥通向苏北的重要秘密渡口。敌人在打竹障时，地下党暗地安排人将渡口处巧施活动的缺口，将竹支挪开即是一个通道口。暗渡人员先藏身附近，伺机偷渡，地下党即在敌人碉堡前印郭氏家设下联络点。平时，由印郭氏挎花生篮子去卖花生时有意地从碉堡口走，常施花生给岗哨吃，诱骗麻痹敌人，敌人亦放松了对她家的警惕，就这样，印郭氏家的秘密联络点一直未曾被发觉。

是年3月初，为有利于加强反“清乡”斗争的领导，中共丹北中心县委决定，将中心沙、大沙、下昆沙又划给武进。5月的一天，扬中县抗日民主政府六区区长郦琴到中心沙东来桥了解敌情，当天晚上，他在越过竹障偷渡轮船沙时，不幸被捕。时为乡妇抗会主任的陈金尧即到镇上找到有声望的窦仕贵、毛长根、李筛子等疏通日军翻译桑金根，由周大兴粮行拿出30多(担）米钱，很快将郦琴赎出。北碉堡里的伪司务长（姓金），经常出来奸污妇女，作恶乡邻。一天晚上，地下党员施正魁、陶成荣将其五花大绑摔到西江中。此后，碉堡里的日伪军再也不敢出来作恶。新四军的《前进报》地下印刷所曾设在南江边（今南阳村8组）郭荷生家的庄房中，负责印刷所看风放哨的都是当地民兵，从印刷所布岗一直到西夹江，如有敌情，岗哨们接力式地飞跑报信，印刷所得到消息立即迅速将石板等印刷部件转移到南江边芦材滩中。《前进报》印刷所在西来桥第二次沦陷时转移。日伪统治西来桥后，许多原来家境稍宽裕的人家常被敲诈勒索。日伪军常派便衣队搞“绑票”，先抓人，然后勒令拿钱赎身，不少人家都被搞得倾家荡产。

1944年，中共武进县委为瓦解敌人，春节期间，派胡忠喜（内蒙古人，伪投诚人员，后在武进小新桥战斗中牺牲）到西来桥做伪军中队长张镇的工作，劝其投降，张镇接受了劝降，定于正月十五日率部起义。不巧，带领接受部队的蒋卓英（解放后50年代中期曾任扬中县副县长）刚进街就被陆锦城（后被武进县抗日民主政府锄除）认出，陆随即报告日伪军实行了戒严，致使起义落空。

1944年底至1945年春，在抗日战争进入局部反攻的形势下，西来桥地下党组织加强群众工作，为新四军打鬼子拔据点做好各方面准备，提供有利条件。1945年4月18日夜晚，新四军苏中五分区司令员韦永义指挥一团，在武进、扬中警备营和地方武装民兵的紧密配合下，同时向西来桥大庙和南、北泡子三个敌据点发起进攻，北泡子和大庙据点的伪军在新四军强大的火力攻势和政治攻势下，很快缴枪投降。南泡子驻守伪军很顽固，战斗持续一整夜，直到次日早晨七时许才结束战斗。驻小河的日伪军闻讯后，出动了近百人赶来增援，但当他们行军至小河一荫沙的要冲地段时，被早已埋伏在这里的武进县警卫营和武进、扬中百余名武装民兵阻击，被迫逃退小河。整个战斗击毙伪小队长以上头目10余人，生俘伪军100多人，缴获机枪4挺，长短枪数十支，掷弹筒1杆，子弹2000余发。不久，西夏墅和小河的日伪军进行了突袭报复，杀害了西来乡民兵干部施光庆，抓走了几十名群众。当年夏，残杀区委成员、税务所长何尔伦的凶手葛小海章被抗日民主政府抓获，在西来桥召开了群众公审大会后被处决。

1945年8月15日，日本侵略军宣布无条件投降。西来桥人民在中国共产党的领导下，经过顽强抗敌斗争，浴血奋战，终于和全国人民一道，赢得了抗日战争的最后胜利。

第四节　解放战争时期的人民革命斗争

抗战胜利后，国共两党举行谈判，中共代表团为了争取和平民主建国方针的实现，决定忍让出8块解放区。中共中央于1945年9月19日提出“向北发展、向南防御”的战略方针，决定将苏南、浙江、皖南等8块解放区的党政机关和武装部队撤至江北。9月下旬，中共苏中五地委和苏南一地委分别召开地委扩大会议，专门研究和部署了北撤事宜，武进、扬中的北撤时间为10月上旬至11月上旬。

中共党政军人员北撤后，留守坚持人员根据上级指示，认真做好新四军北撤的善后工作，积极宣传北撤的重大意义和党的和平建国政治主张，赢得各界人士的理解和支持。11月18日，还乡团朱会玉、李超华带国民党反动军队进入西来桥，推行旧建制，西来桥隶属武进三区，仍称福星镇。随之，建立反动地方政权及一些反动组织，对中共北撤后的留守坚持人员疯狂“清剿”，中共党组织和革命群众遭到严重的摧残和迫害。12月23日，地方恶棍赵隆盛、倪思桂、姚老三带武进坝上的“忠义救国军”将参加抗日的东进乡民兵大队长常长登、南阳乡民兵大队长丁开坤、留守民兵干部蒋云生杀害于北街陆家坟园。12月6日，北胜乡留守抗日乡长黄万鹏被反动乡长朱会玉杀害于武进荫沙。1946年1月22日，抗日民主政府税务干部冯友之被朱会玉杀害于北街陆家坟园。西来桥人民群众又重新陷入白色恐怖之中。

1946年春，国民党反动派大肆搜捕中共党政军留守人员，数十名无辜群众被抓，受到敲诈勒索、残酷迫害。3月31日，中共扬中新六区原代理区委书记冯慕农（冯银生）被国民党还乡团李超华杀害于冯氏祠堂门前（今新华村11组)。针对国民党的疯狂肆虐，6月，中共华中分局根据江南的实际斗争情况，发出《对目前江南工作的指示信》。信中指出：“江南今后斗争的方针是以武装斗争为主，要适当地开展游击战争，甚至建立游击根据地。”随后，西来桥留守组织在武进、扬中留守武装的配合下，开展分散灵活的游击斗争，并进行锄奸活动，镇压了一些与人民为敌的反动分子，狠狠打击国民党的嚣张气焰，使留守坚持干部逐步站稳脚跟。

1947年春，扬中县被国民党江苏省政府封为“剿共模范县”，县长孟治被封为省“剿共模范”。时因中心沙（西来桥)、大沙、下昆沙一带中共地下武装活动频繁，国民党江苏省政府为扩大“剿共”，即宣布将原属武进县的中心沙、大沙、下昆沙暂划扬中，成立新六区，傅公侠任区长，将“福星镇”改名为“兰陵镇”，下辖五乡一镇，即北为永治乡，西南为永宁乡，南为明治乡，东为江陵乡，将轮船沙、开沙、大沙、下昆沙合并为安乐乡。中共苏中十地委得悉此讯，随即指示，要求地方党组织充分利用地方名人、士绅的声望，向国民党省政府请愿交涉，同时发动群众进行斗争。为此，乡、保、甲长（皆倾心于共产党的“两边派”）一律辞职，老百姓提出不完粮、不缴税、不做工。国民党政府不得不多次声明“是为了剿共，临时暂划”。是年春，国民党政府分别建立了国民党及三青团分部、中统联络站等组织。反动党、团、特务组织建立以后，疯狂地开展“全面剿共”，强迫自新自首，在北撤人员家庭的门上钉上“奸匪家属”的牌子，大搞“联保切结”。敌人的疯狂并未吓倒西来桥人民，党、政、军留守坚持人员紧紧依靠群众，更加秘密，更加有效的开展对敌斗争。他们散发传单，宣传解放战争胜利形势，鼓舞人民群众斗志。巧妙设立安全联络点，充分发挥“江心跳板”的作用，千方百计、不惧危险、不惜流血，保证苏南、苏北情报联络不断线，人员渡送不停班。是年冬，国民党扬中县政府将扬中新六区更名为“扬中五沙区署”，此举立即受到“五沙”（大沙、中心沙、下昆沙、开沙、轮船沙）群众的竭力反对，也引起了各界强烈反响；武进县政府亦对所属大沙、下昆沙、中心沙迟迟不办移交意见很大。国民党内部的权力之争和权益之争日渐加剧。中共苏中十地委抓住这一有利时机，指示地下留守坚持人员发动群众，开展斗争。

1948 年春夏，“五沙”隶属之争进入高潮，一方面各沙代表通过上层关系，往镇江、丹阳、武进、泰兴游说，争得各县纷纷向省呈报交涉；一方面发动群众集会请愿。当国民党江苏省政府派参议员陈根尧到“五沙”考察时，“五沙”5000 多民众头顶香火，集中在西来桥东街大庙广场进行请愿活动。《武进新闻》还及时披露实况。国民党江苏省政府目睹“五沙”隶属大势所趋，人心所向，省民政厅 104 次会议作出决定，将“五沙”归还原治。但扬中县政府无视省里决定，迟迟不予执行，广大人民群众深恶痛绝。

是年夏后，国民党军队节节败退，妄图利用长江天堑作垂死挣扎。11 月，汤恩伯调动 51 军的三个连（内有炮兵）驻扎到西来桥，在东江边的南泡子、东观音庵和五圩沟筑工事，立炮位布防。年底，敌我力量起了根本变化，人民解放军已处于压倒优势。国民党军队由于损兵严重，急于补充兵源，但群众不肯让子女去当炮灰，处处闹“抗征”，西来桥境域先后被抓去 30 多人。为避拉壮丁，年轻男子不敢食宿在家，四处躲藏。对国民党的倒行逆施，境内民众痛恨之极。加之境地在隶属上关系，扬中县政府迟迟不肯办移交，人们本来就极为气愤。仇恨交加，怒不可遏，一触即发。经中共江南工委及苏北长江工委部署，西来桥留守干部发动，农历腊月初八，爆发了席卷西来桥，声震扬中、武进的“抗丁风暴”。是日清晨，首先在东南角敲响锣声，并伴“反对拖壮丁，打倒陆如理”的口号声。一处敲锣，到处呼应。顷刻，数千名群众如同潮水一般，从东、南、西三面涌向西来桥街。当人群冲上桥，奔向伪区公所时，区长陆如理指令勤务兵向群众开枪，福星村时年 24 岁的青年卞元振当即中弹身亡。愤怒的群众临危不惧，举着肉案子拦挡枪弹，冲过桥去，一举扒掉了反动区公所，陆如理带着几个勤务兵仓皇逃跑。翌日，国民党扬中县县长卢甲三带着一帮荷枪实弹的警匪来西来桥，宣布废区建乡，由地方上自选乡长。

农历十二月中旬，国民党扬中县政府出于无奈，到西来桥召开群众大会，公布江苏省政府“五沙”隶属决定，撤销“五沙区署”，现场向武进县政府办出移交，中心沙（西来桥）恢复为武进县福星镇。

1949 春，中国人民解放军百万大军已集结于长江北岸。为渡江南下，解放军秘工人员先期渡江潜入西来桥，在西来桥地下党的配合下，搜集敌情资料，绘成国民党军队江防图，送至苏北解放军部队，为解放军胜利渡江提供可靠情报。4 月 22 日，中国人民解放军胜利渡过长江，西来桥全境获得解放。

第五节 民兵建设

一、民兵组织

民兵是不脱离生产的群众武装组织，是中国人民解放军的助手和后备力量。

民兵的任务是：①参加社会主义现代化建设；②执行战备勤务，参加防卫作战，抵抗侵略，保卫祖国；③为现役部队补充兵员；④协助维护社会秩序，参加抢险救灾。

兵役法规定凡 18 周岁至 35 周岁符合服兵役条件的男性公民，经所在地人民政府兵役机关确定编入民兵组织的，应当参加民兵组织。

根据需要，可以吸收 18 周岁以上的女性公民，35 周岁以上的男性公民参加民兵组织。

民兵组织分为基干民兵和普通民兵组织。基干民兵组织工作是民兵组织的骨干力量。

西来桥镇的民兵有着光荣的革命传统，组建于抗日战争时期。1940 年建有区民兵大队，由上级配备专职的大队长，大队长王天宝八桥镇人。民兵大队下辖四个乡中队（也称乡大队）东进乡中队长常长登，南阳乡中队长丁开坤，西来乡中队长甘祥和，北胜乡中队长朱达道、陶成荣。民兵组织中，有基干队和游击小组，配合主力部队和地方武装与日伪军进行斗争。1945 年 11 月，党、政、军进行战略北撤后，民兵转入地下活动。

在斗争中牺牲和惨遭敌人杀害的民兵大队长有常长登、丁开坤、蒋云生、施光庆等人。

1949 年 4 月 22 日，西来桥地区获得解放。新成立的福星区人民政府，组建了民兵中队。1951 年成立区人民武装部（简称人武部），各乡组建民兵中队。

1958 年组建幸福人民公社人武部，设部长。各大队成立民兵营，设营长。生产队成立民兵排，设排长。公社人武部负责领导、部署各民兵营的工作。

1975 年 7 月，公社成立武装基干民兵营，全公社有基干民兵 1008 人，营长蒋红，副营长张贤春、郭瑞文，教导员徐子清。

1976 年 5 月，成立幸福公社民兵指挥部，徐子清任指挥，蒋红任副指挥。

1977 年 10 月，成立幸福公社民兵团，团长蒋红，副团长郭瑞文，政委郭纪明。

1981 年 12 月，成立幸福公社武装民兵营，施光银（永胜乡人）任营长，郭瑞文任副营长，马德荣（公社书记）为教导员。

1982 年公社改乡，改武装民兵营为基干民兵营。营长施光银，副营长季广银，教导员杨恒金。

1986 年 7 月，季广银任基干民兵营营长，教导员为黄桐年。1988 年后教导员变换次数较多。1995 年 11 月陈为民任营长，2000 年 6 月黄步义任营长，2003 年 4 月曹德友任营长。

2000 年，全镇民兵营 13 个，其中村民兵营 11 个，企业民兵营 2 个。村民兵营为西来、曙光、新升、福星、大兴、北胜、南旺桥、东进、双三、新华、南阳民兵营。企业民兵营为：电信器材厂、铸造阀门厂民兵营。

2001 年 7 月，因行政村合并，全镇民兵营为 9 个，村民兵营 7 个，工厂 2 个。2006 年全镇普通民兵 320 人，基干民兵 129 人，组建了应急、抗洪抢险、抢险储备、军械维修、通信保障等专业小分队。

1958—2006 年西来桥镇（幸福公社、幸福乡）人武部长任职情况表

表 6-1

姓　名	职　务	任职时间	备　注
殷炳星	部　长	1958—1959	
徐谦让	部　长	1960—1961	
朱昌法	部　长	1962—1970.6	
徐子清	部　长	1970.7—1971	1976 年任民兵指挥部指挥
蒋　红	部　长	1972—1978.4	兼任武装基干民兵营长
施光银	部　长	1978.5—1986.6	兼任武装基干民兵营长
季广银	部　长	1986.7—1995.11	兼任武装基干民兵营长
陈为民	部　长	1995.12—2001.4	兼任武装基干民兵营长
黄步义	部　长	2001.4—2003.4	兼任武装基干民兵营长
曹德友	部　长	2003.4—	兼任武装基干民兵营长

二、民兵训练

抗日战争和解放战争期间，限于当时的客观条件，民兵训练只能是结合战斗实践进行，平时训练主要是战前准备，战时配合，战后处理及情报通信、岗哨监视等。

解放后，民兵训练贯彻政治思想教育与军事技术相结合、劳动与武装训练相结合、分散与集中相结合的原则，开展官教兵、兵教官、兵教兵的群众练兵运动。农村每年冬春农闲季节采取集中分散的形式对武装基干民兵进行训练，全镇（公社、乡）每年受训的民兵有 130 人左右。训练内容有政治思想教育、军事常识和军事技战术要领（如队列、瞄准、射击、投弹、爆破、拼刺等），以及轻型武器的性能作用、使用方法与实战运用和保养知识。

70 年代，西来桥民兵进行过武装泅渡，水上浮动靶实弹射击，水雷、土地雷爆炸试验等训练科目。

三、民兵活动

抗日战争时期，全镇（区）民兵在保卫地方治安、配合新四军主力部队和地方抗日武装打击、歼灭日伪军方面，发挥了较大的作用。

1941年春，泰兴及开沙的黄旗会（又称大刀会）从大沙码头登陆进攻西来桥。扬中县抗日武装和西来桥民兵，进行了强有力的回击，活捉了反动道会首领张玉槐、朱圣才、孟太元。缴获大刀100多把。

1941—1942年，西来桥民兵和群众，在抗日干部带领下，数次去武进水闸口、小河等地扒毁公路，阻止日伪军的清乡扫荡。

图6-1 镇武装机干民兵集练(摄于2001年)

1942年大年初一，西来桥民兵锄奸队在县、区干部印世庸、耿龙富带领下，化装成舞狮子的，去江南大沙击毙了常来西来桥行凶作恶的忠义救国军头目倪恒民（倪老四）。

1943—1944年，民兵和群众多次拆毁敌人据点的竹障，并利用竹障在夜间骚扰敌人。

1944年春，北胜乡民兵队长陶成荣带领民兵蔡德润、朱达道用计勒毙北泡子据点作恶多端的伪军司务长金某。

1945年5月17日，武装民兵配合苏中五分区特务团和武进、扬中警卫营攻克北泡子、西来桥大庙、南泡子三处日伪据点。

1948年腊月初八，广大民兵和群众在地下党领导发动下，数千人涌向国民党区公所，进行抗丁抗税斗争，一举扒毁反动区署。

解放初期，全区（镇）民兵积极参加剿匪肃特、土地改革、抗美援朝等运动。在农业合作化、兴修水利、“农业学大寨”等运动中，民兵均起到了骨干带头作用。中共十一届三中全会后，民兵建设工作出现新局面，全镇（公社、乡）民兵在抗洪抢险、应急处突、反恐维稳、以及重点目标守护等工作中均发挥了积极作用。

第六节　兵　役

1936年，国民党政府颁布《征兵令》，将旧时的募兵制改为征兵制。武进荫沙的国民党员、教练官毛竞先，被派到西来桥，在东观音庵举办壮丁训练班，18~25岁的男子全部参加，作为后备兵源。西来桥、荫沙两地共有126人参加训练，集训时间一个月。1947—1948年间，国民党反动派为急于补充兵源，采用强制性的“抓壮丁”方法，完成征兵任务。全镇先后被“抓壮丁”当兵的有30多人。南阳村的陈道余被抓走后，至今生死不明。

抗日战争爆发后，许多有志青年出于爱国热情，志愿投身革命。全镇有98名爱国青年先后参加新四军主力部队，另有一批青年参加地方武装，积极参加抗日斗争。

解放战争时期，全镇有33名青年自愿参加中国人民解放军。

新中国成立后的1949—1955年，仍为志愿兵役制，全镇计有60多名青年志愿参加中国人民解放军。在“抗美援朝，保家卫国”运动中，全区有24名青年被批准参加中国人民志愿军赴朝作战。

1955年，国家实行义务兵役制，凡适龄男女青年，都有报名参军的义务和权利。据不完全统计，1980—2006年，经过部队严格挑选，被批准入伍的有360多人。其中女性5人，飞行员1人。1987年，全镇有17名适龄青年光荣参军，是实行义务兵役制后入伍最多的一年。

西来桥镇党委、政府每年将征兵工作作为重点工作来抓，严把政审关、体检关及文化素质要求关，保证兵员质量。2006年，镇人武部部长曹德友被评为镇江市、镇江军分区征兵工作先进个人，西来桥镇连续六年被扬中市人民政府表彰为征兵先进单位。

第七节　预备役

1954年，国家颁布《中华人民共和国兵役法（修正案）》，明确提出人民预备役制度，1955年开始实行。1956年6月，首次进行一、二类预备役人员登记。凡年龄在18~35岁的地方青壮年，一律填写预备役卡入档。1957年7月，停止对二类预备人员进行登记。1958年1月，全面停止预备役工作，并以民兵建设代替预备役制度。1981年3月，中央军委通令恢复预备役制，全面开展调整、登记工作。凡年满18至28岁的基干民兵为一类预备役，年满18~35岁的男性普通民兵为二类预备役。军队转业军官、退伍军人（年龄为28岁以下）也以基干民兵身份转为一类预备役人员。1985年，西来桥镇人武部按国家有关民兵、预备役工作指示精神，以“突出重点，打好基础”为中心，开展民兵素质的提高工作。1996年从一类预备役人员（基干民兵）中挑选129人组成应急分队，并组织军训，提高其实战能力，以适应国防动员体制要求。

预备役士兵的训练，在现役部队、预备役部队、民兵组织进行，或者采取其他组织形式进行。西来桥镇（幸福公社、幸福乡）编入基干民兵组织的预备役士兵，每年均参加军训，在18~24周岁期间，均达到30~40日的军事训练要求。

附录一

水上秘密交通

西来桥镇四面环江。抗日战争期间，驻居过好多党政军事机关，为秘密接送党的干部及部队武装、传递文件情报、运送军需物资，抗日民主政府在此设立秘密交通渡口两处。

一、南阳乡渡口　负责人冯银生、林守祥。交通地段是中心沙（今西来桥镇）、荫沙口至泰兴龙梢港南北的交通。该渡口被列为重要渡口之一。

二、开沙乡渡口　负责人王明泉、张绍志、陆元龙。交通地段是负责泰兴的七圩、六圩、四圩港的摆渡任务。

附录二

日伪残暴罪行

1937年10月，常州、镇江、扬州相继沦陷后，西来桥经常遭到日本侵略军队飞机、军舰的空袭和扫射。1939年冬，武进小河、孟河、扬中、泰兴七圩等地的日伪军，经常轮番来西来桥“清乡”“扫荡”，人民深受其害。据不完全统计：日伪在西来桥杀害抗日志士、无辜群众21人，烧毁房屋40多间，奸淫妇女19人，抢劫50多起，受害40多户，造成财物损失合大米300余石，至于苛捐杂税、敲诈勒索更无法统计。现录数例：

一、炮轰西来桥 1942年农历八月初八，日军从葫沙碉堡炮击西来桥，连发迫击炮弹五发，第一发落在东街毛长根家西厢屋上，毛长根的大女儿被断梁压伤致死。第二发落在南街杨福保家厢屋上，两间房屋梁断瓦碎，室内物品损坏殆半。第三发落在东街王信鹏家门前，将街头的圈栏门炸断，过路的苏北人刘园丫头（在朱菊生家抬轿的）被炸弹飞片击中身亡。第四发落在五圩沟(今曙光村）埭头。第五发落在腰沟（今福星村）埭上梅兰锡家门前，27岁的大儿子梅金海、23岁的二儿子梅金寿均被炸死，梅兰锡的腿被炸伤，终身残废。

二、杀人放火 1940年农历十一月十六日，从扬中来的日寇放火烧掉丁开馀、施少池、施少俊、王信鹏等四家。腊月十九日，驻八桥的日伪军到中心沙扫荡，在田里锄草的印世生（今北胜5组人）被无辜打死。

1941年农历二月十九日，武进小河、魏村的日伪军窜犯西来桥，打死起早蹲坑的福星农民田大虎和绝港（今西来村14组）在田内施肥的陈庆林，到南街杀害了躲藏在家的郭长明，在14圩埭打伤郭温氏，回到绝港又放火烧掉赵南阳先生的三间私塾校舍。

农历七月十一日，泰兴伪19师特务营戴选玉率部和开沙“黄旗会”百余人，黑夜从东江偷渡入侵，分别从南旺港、东来桥、张彤港港口登陆，三路包剿，见人就抓，见大户就搜索，大肆敲诈勒索。并在三岔港（今惠明桥南西侧）抓捕了中共扬中县委书记杨明（后牺牲于泰兴医院)。10月，伪19师又进行扫荡，在武进惜字洲抓捕了中共扬中县委组织部部长、代理县委书记赵惠东，并押至西来桥关在北街尼姑庵，两天后将其杀害于西街乱葬坑（现惠明桥南东侧粮管所仓库北墙角处)。1943年2月，戴选玉派便衣队在各码头等候搜捕家境富裕的过客，一边又派便衣队夜渡西来桥进行绑票，东进的吴振海、赵兴邦、高礼福、包兰保，南阳的印德桂、冯某，西来的施光晶，北胜的印宏道等都被抓到天星桥，关押在伪军连部，勒令拿钱赎人。不少人被搞得冲家败产。

三、砍伐树竹 1943年农历正月二十四日，驻武进的日伪军一百余人占领西来桥，在东街庙场和南北氾子筑起三个碉堡，把东江边和北江边作为禁区，严加封锁，并夹起了一道10余华里长的既高又密的竹篱笆障，把农民家前屋后成用的树竹几乎砍光。

四、土匪劫财害命 南旺桥开小杂货店的丹阳籍张立昌，遇土匪劫财，因交不出金银，被捆绑悬吊烧死。东进乡蔡寿明的妻子被土匪将衣服剥光，火薰下身，烧伤卧床半年多。北胜乡张茂春，1938年冬天被敲诈、抢劫两次，原来的一个富裕之家，变为经济困难户。东进乡的王智余、南阳乡的吴达志家住江边，每年几乎都要被盗匪洗劫一、二次，弄得衣食不周。在当时的社会，贫困人家缺吃少穿，借贷无门，日子固属难过，而殷实之家，被敲挨抢，东躲西藏，日子也很不好过。

国民党顽固派倒行逆施 1945年农历冬月十七日，“忠义救国军”大队长肖桂生联络当地人赵隆盛袭击西来桥，杀害东进乡、南阳乡民兵大队长常长登、丁开坤及税务干部蒋云生。腊月廿日，国民党反动乡长朱会玉，杀害中共党员、民兵队长冯友芝。1946年农历二月十八日，国民党反动乡长李超华杀害中共代理区委书记冯银生。

据不完全统计，1945年11月中共党政人员北撤后，中心沙先后有参加抗日斗争的56名基层干部、民兵、进步人士被国民党反动派逮捕，遭受严刑拷打，被强迫“自新自首”。

附录三

群众革命斗争故事

1.夜渡新四军指战员过江

徐玉根，1898年4月出生于西来桥镇北胜村一个贫苦农民家庭，以帮工为生。1940年1月被敌人残害。

王福武，1928年10月出生于西来桥镇北胜村一个贫苦农民家庭，务农兼摆渡。

1940年1月的一天夜里，新四军挺进纵队某连从武进荫沙渡夹江到中心沙太平圩 (现西来桥镇北胜村)。当天深夜，突然得到日寇将在第二天凌晨侵犯扬中的情报。上级命令该连队连夜渡江撤至苏北，由中心沙北泡子渡船和武进荫沙处7号义渡船担任渡送任务。当时中心沙北泡子渡船船主王盛广生了眼病，就请了本村徐玉根弄船摆渡，并派自己11岁的儿子王福武帮忙。四更天时分，徐玉根、王福武将全连新四军战士安全地渡送到对岸小泡子，待新四军战士登上7号义渡船后，将船停在小泡子码头，待天亮再摆渡回头。

第二天黎明，一艘日寇兵舰经过这里时，发现了渡船，便举枪扫射，渡船多处被子弹击穿。船上的王福武机灵地趴在前舱，可背上的棉袄还是被子弹掀了一个洞。蹲在后舱的徐玉根被子弹击伤，顿时鲜血直流，昏倒在船舱里。敌人的兵舰一边疯狂地扫射，一边向渡船靠近，接近渡船时，几个日寇端着枪跳了上去，搜查一番后，便强令王福武把船绳扣到兵舰上，渡船被拖到头墩子 (现长旺镇西江码头)。后来日寇查不出王福武家船装运新四军的证据，只好将徐玉根、王福武放回家。

渡船返回后，徐玉根由于伤势过重，不久就去世了。

2.热心革命的赵恒广

赵恒广，1921年出生于西来桥镇新华村一个贫苦农民家庭。1940年加入中国共产党，历任六区抗日民主政府南阳乡乡长、区抗敌委员会副主任。1945年11月新四军北撤后与党组织失去联系。1981年任县政协委员。1992年病故。

抚育烈士遗孤

1940年春的一天，扬中县抗日干部高松在阳太村的范玉福家谈工作。因走漏风声，日伪军包围了范玉福家，高松在突围中不幸被捕，被关押在三茅敌狱中。敌人施用各种酷刑，高松英勇不屈，与敌人进行顽强斗争，后被敌人活埋，遗下8岁独子高国忠要饭度日 (其母生下他6个月去世)。抗日民主政府县长李培根得知后，立即派人找到了高国忠，叫爱人李杏群将高国忠领到中心沙 (现西来桥镇) 赵恒广家。李杏群对赵恒广和他妻子胡三莲说:“这个孤儿是烈士的后裔，请你们收养，好吗?”赵恒广说:“高松为打鬼子献出了生命，谁无家室儿女?这孤儿应当养!”就这样，高国忠改名赵国忠，在赵恒广家落户了。赵恒广家经济上非常困难，自己的两个小孩穿衣吃饭和上学都难以维持，加上赵国忠吃穿上学和治病费用的开支，只好经常向亲朋好友借贷解决。赵恒广夫妇对待赵国忠跟对自己两个孩子一样，没有亲疏，衣服坏了一样补，做新衣各人一件，吃饭

3个碗一起舀，随便端。

赵恒广家养了几只羊，平常不叫孩子割草，只有到夏秋大忙，才叫孩子去割，赵国忠也要跟着去。赵恒广、胡三莲总是对大儿子说："国忠瘦弱，背一篮子草不容易，你要多吃点苦，不要劳累他。"

1945年冬，新四军北撤后，国民党特务宋维田经常查问共产党、新四军的情况，为使赵国忠的身份不被暴露，赵恒广将赵国忠送到武进县陈银河村亲戚家暂住。

1949年4月，扬中解放后，赵国忠才从武进回到赵恒广家。

帮助根据地找医生

1947年中秋节后的一个傍晚，赵恒广的表弟戴凤章从苏北来到他家，悄声告诉赵恒广："靖江独立团参谋长贾剑平，要我们为苏中一分区部队寻找医生。我请你帮忙到武进县永祥河一带，设法找到打埋伏行医的秀珍（贾剑平爱人）、张绮、江蘅，一起到你家会合，从荫沙乘轮船去苏北。"

赵恒广乐意地接受了任务。

第二天，赵恒广到武进魏村大沙他妹夫周小银家，由周小银陪同到永祥河南边的朱八婶家中，找到了秀珍。赵恒广把秀珍母亲写的信给她看，接着说："你爱人贾剑平叫我来找你，请你做好准备，并通知张绮、江蘅一起走，第三天派人来接你们。"第三天，由周小银的女儿周红英将秀珍、张绮、江蘅接到赵恒广家。后来，他们由赵恒广在前面带路，应付敌人的盘查，顺利地从荫沙乘轮船去了苏北。

不料，此事走漏了风声，敌人将赵恒广抓到西来桥南街朱三林家，吊打审讯，说赵恒广私通共产党，放走新四军。赵恒广矢口否认，咬定送的是亲戚。敌人查无证据，但仍把赵恒广关在据点里。后经家人通过关系，花了钱才把赵恒广保释回家。

3.马元红魔掌中救出众乡民

马元红，1898年出生于西来桥镇南旺村一个贫苦农民家庭，自幼一只脚残废，漆匠。1987年病故。

1940年10月的一天午后，武进小河据点里的20多个日寇从荫沙过江，窜到中心沙，企图搜捕武进县抗日民主政府干部顾维衡。敌人扑空后，就抓了当地近百名群众，逐个审问，最后扣留了陈启发等14人，用绳子串绑在郭小个子庄房后的天井里。为营救他们，马元红一拐一拐地来到郭小个子庄房。日寇见马元红是个拐子，不但未引起怀疑，还叫马元红去借被子。送被子时，马元红特意给日寇和翻译送鸡子、鸡蛋等，日寇大为高兴，对马元红进进出出就不加过问。当天色渐渐暗下来，日寇都去吃晚饭时，马元红趁机跑到后院，用剪刀将绑人的绳子剪断，指点他们悄悄地翻过后院竹障离去。而后，马元红也伺机离开，安全脱险。

4.机智勇敢的顾正伦

顾正伦，1917年10月出生于西来桥镇南阳村一个贫苦农民家庭，务农。1939年参加民兵组织。

1941年6月的一天，顾正伦接到一项任务:将一份情报送到隐蔽在武进县魏村街的中共扬中县委妇女部长殷菊手里。

日寇在魏村街头设有岗哨，对过往行人搜查非常严。顾正伦想了个办法，他买了两刀纸钱和一扎锡箔，在锡箔中间划一个洞，将情报藏在里面，再重新扎好，拎在手里。通过敌哨卡时，他装出一副奔丧的痛苦样子。果然，日寇检查时，看了看顾正伦的“良民证”，没有检查拎的纸钱和锡箔，就放行了。顾正伦顺利地到达魏村，把情报送给了殷菊。

1942 年 5 月，盘踞武进大沙的一股“忠义救国军”侵占了开沙。为了摸清这股敌人的情况，村民兵分队长派顾正伦去开沙侦察。

一天早饭后，顾正伦挑着竹篮，手拿弯刀，装扮成割草的样子，只身乘船去开沙。上岸后，顾正伦就去敌人据点旁一边割草，一边侦探敌情。经过仔细察看，发现敌人只有 30 余人。顾正伦刚要离开时被敌人发觉，敌人把他押进据点。敌人用刺刀架在他的脖子上，逼问他是干什么的，顾正伦一口咬定自己是农民，来开沙割草的。敌人既搜身又拷问，什么也没有得到。

当晚，顾正伦趁敌人吃晚饭时脱离虎口，乘船返回中心沙，向上级组织报告了敌情。

5.唐锡章掩护干部家眷

唐锡章，1919 年 5 月出生于西来桥镇南阳村一个贫苦农民家庭，务农。1994 年病故。

唐锡章家靠近南江边，比较隐蔽。1941 年夏，中共江都樊川区委书记王亚平的妻子张相珍怀孕临产。扬中县抗日民主政府县长王龙，派警卫员把弟媳张相珍、妻子张玉梅送到西来桥唐锡章家中。唐锡章把三间厢屋腾出来，打扫得干干净净，给张相珍、张玉梅居住，还专门请有经验的陆奶奶替张相珍接生。6 月 11 日，张相珍生下了一男婴，取名王冬生。唐锡章为了保护张相珍、张玉梅和小孩的安全，在她们居住在唐家的 4 个多月里，经常以割草为名察看周围动静，发现敌情，就及时将她们隐蔽起来。8 月的一天夜里，伪军突然闯进村子，唐锡章立即用船将张相珍、张玉梅及婴儿蹚过小港，藏到自己的亲戚家中，躲过了敌人的搜查。

6.王中才十万火急报敌情

王中才，1929 年 2 月出生于西来桥镇北胜村一个贫苦农民家庭，务农。1941 年参加儿童团，1954 年加入中国共产党。

1941 年 9 月的一天下午，中共扬中县委书记陈西光、抗日民主政府县长施光前等 5 人，在中心沙北胜乡印德南家开会，北胜小学儿童团员王中才负责在北江边望风。王中才身背草篮和弯刀在北泡子港口边割草边观察动静。大约 4 点多钟，长江里突然传来了马达声，王中才循声望去，看到有一条冒着黑烟的机器船从东江向这边驶来。王中才急忙躲到里坡探望，只见船上插着“太阳旗”，正朝着港口开来。他赶紧背起草篮拼命地跑到北胜乡，向正在开会的县领导汇报情况。陈西光、施光前等领导随即安全转移。

7.王石金等智藏枪支

王石金，1906 年 5 月出生于西来桥镇南旺桥村一个贫苦农民家庭，务农。1941 年参加抗日活动。1944 年 12 月病故。

王光红，1901 年 2 月出生于西来桥镇南旺桥村一个贫苦农民家庭，以捕鱼为生。1979 年 2 月病故。

1941年10月的一天，武进、扬中两县抗日民主政府的领导人顾维衡、施光前等4人，在王光红家共商抗敌事宜，突然得到情报，武进小河据点里一股日伪军已从荫沙过江，向这里扑来。他们决定立即撤离隐蔽，但有一挺轻机枪、两支长枪不便携带，便交给王石金和王光红暂时隐藏。他俩将枪支藏进王光红家的一个老芋头塘里，一人拿一副簦子，从王光红家的猪圈里扒猪灰往芋头塘里倒。当日伪军进村子时，芋头塘已填满了猪灰。敌人进村后，挨家挨户搜查，还抓走了一些群众，却没有搜到枪支。几天后，施县长派人来取走了完好的枪支。

8.张圣中带领学生夜贴标语

张圣中，1921年7月出生于西来桥镇北胜村一个富裕农民家庭，小学教师。1939年秋加入中国共产党，曾任中共扬中县六区区委委员。1965年病故。

抗战初期，在西来小学任教的张圣中参加抗日活动，发动学生白天上街演节目、讲故事，宣传抗日道理，夜里张贴标语、散发抗日传单。1941年11月的一个晚上，张圣中写了3张“日本鬼子滚出中国去!”的标语，带着朱文涵、戴洵等学生到西来桥大街上用浆糊贴好。第二天一大早，伪乡长朱会玉发现标语后，怀疑是学校里的人所写，于是便闯进西来小学观察动静。正在宣讲抗日课本的张圣中发现了朱会玉，立即吩咐学生换课本。自己三步并作两步，佯装失迎窘态，借故与朱会玉周旋。朱会玉未发现任何疑点，只好灰溜溜地走了。

9.张德仁血洒交通船

张德仁，1901年出生于西来桥镇南阳村一个普通农民家庭，以种田、撑船为生。因排行第四，人称张四。1940年加入中国共产党。1941年12月牺牲。

1941年12月18日，武进、扬中两县警卫营及新四军部分主力部队在武进魏村等地活动，遭遇日寇“扫荡”部队。张四听到枪声，随即招呼在码头的船只过江去接部队转移到西来桥。刚刚渡完部队，又听到对岸有焦急的喊声，原来又来了7名区乡干部要渡江。此时，日寇已快到江边。在这危急时刻，张德仁挺身而出，将身上穿的棉袍脱下朝滩上一摔，跳上船就拼命地朝对岸摇去。没等船靠稳，7名同志飞身上船，张德仁立即掉转船头，向西来桥方向急驶。当船回渡到大半个长江面时，日寇冲到了江边，机枪、步枪一齐集中向船扫射，一颗子弹击中了张德仁的左手膀，鲜血顺着手腕流到橹上，继而又是一发子弹击中他的左腿。他一个趔趄，随即又站稳继续使劲地摇橹。躲在船舱里的人，见鲜血从他裤管里朝下直淌，个个心急如焚。区警卫员陈川小起身跳上甲板要换下张德仁下舱隐蔽。可张德仁却说:“不要管我!”说着一把就将陈川小推下船舱。这位刚强的汉子不顾剧烈伤痛，一个劲地拼命摇橹。日伪军的扫射更加凶猛，张德仁不幸胸部连中数弹。张德仁见船将靠岸，便使出了浑身的力气将锚链朝江里一抛，自己捧着橹倒在了船头，鲜血染红了船橹。

10.丁开坤为乡民锄恶霸

丁开坤，1901年12月出生于西来桥镇南阳村一个贫苦农民家庭，务农。1940年任南阳乡民兵大队长，1944年加入中国共产党。1945年11月在中心沙被敌杀害。解放后被追认为烈士。

南阳乡有个恶霸叫姚圣洪，他投靠日伪，勾结土匪敲诈勒索，破坏民众抗日活动，残害抗日干部和家属，强奸民女，干尽了坏事。扬中县六区抗日民主政府决定除掉这个恶霸，并把这一任务交给了南阳乡民兵大队长丁开坤。

1941 年 12 月的一天傍晚，丁开坤得知姚圣洪在童荣庆家赌博，便叫民兵分队长倪治邦在屋外监视，自己则带着几个民兵分别从前后门闯进室内，一下子围住姚圣洪。姚圣洪拼命反抗，企图逃走。丁开坤和几个民兵将姚圣洪打倒在地，用麻绳捆绑好，押往江边处决。

11.锄霸杀敌英雄耿龙富

耿龙富，1916 年 2 月出生于西来桥镇福星村一个贫苦农民家庭。1940 年夏参加新四军，同年 6 月加入中国共产党。1940 年 7 月被调到新四军第二纵队二团当警卫员，1941 年秋回扬中西来桥家乡养伤，后经组织批准留在扬中县警卫班当战士。1944 年春任县抗日民主政府短枪班班长，1945 年 10 月任武工队长。1949 年 3 月 21日壮烈牺牲。

机智勇敢锄恶霸

1941 年冬的一天，耿龙富接到上级命令，要他设法锄掉大沙岛恶霸倪恒明。耿龙富与印世庸商量，决定利用过春节舞狮子、唱麒麟、送财神的时机锄掉倪恒明。这年阴历腊月卅，由何尔钧借来了狮子皮等道具，第二天一早（正月初一）由印世庸舞狮子头，耿龙富舞狮子尾，孙祖怀敲大锣，张茂华挑箩筐，4 人身带短枪打扮成舞狮子队，到一村舞一村。舞过 2 个村庄后，走到倪恒明所住的村，当走到倪恒明家门口时，耿龙富、印世庸从狮子皮下面见到倪恒明头上戴着礼帽，鼻梁上架着金丝眼镜，手提拐杖，站在门口和家人看热闹。耿龙富、印世庸等人乘倪恒明不备，开枪击中他的胸膛，倪恒明立即倒地身亡，得到应有的下场。

1945 年 10 月新四军北撤，组织决定耿龙富留在扬中坚持斗争，任武工队队长。同年 12 月，耿龙富奉县长施光前之命，从泰兴到扬中西来桥镇侦察敌情。耿龙富、吴中等人了解到西来桥镇义渡村恶霸、特工队长何美章，作恶多端，对地方危害极大。耿龙富将这一情况向施光前汇报后，施光前决定将何美章锄掉。耿龙富立即了解何美章的行动规律，寻机下手。一天，他得知何美章从常州回到家里，便布置其弟耿龙贵约何美章赌钱。当何美章赌兴正浓时，耿龙富等人冲进赌场，当场将他处死。

宁死不屈战众敌

1948 年夏天，耿龙富由丹北调到路南。中共茅山工委书记康迪安排他在丹阳的陈巷、黄陵、水湖一带活动。1949 年 3 月 19 日，耿龙富带领何福源、蒋成林到后河阳村提取粮款，当晚在一个群众家中投宿。次日早晨，耿龙富在门口刷牙，不料被国民党情报员夏洪源窥见。当夜被盘踞在三桥的国民党反动军队包围。21 日拂晓，敌人对耿龙富住地进行疯狂扫射。耿龙富等人数次突围未成，就爬到楼上，居高临下，与敌人展开了长达 10 多个小时的交战。敌人喊话，企图诱骗耿龙富下楼，耿龙富宁死不屈，英勇顽强抵抗。但终因弹尽无援，在受重伤的情况下，为不使党的文件和资金落入敌手，在打完最后一颗子弹后，忍着剧痛，撕毁钞票，烧毁文件，折散枪支，最后壮烈牺牲。

12.陆继春虎口脱险

陆继春，1898年出生于西来桥镇大兴村一个普通农民家庭，以开竹行为业。1940年参加抗日活动，曾是新六区干部。1943年病故。

1942年秋的一天，日伪军将陆继春抓去，对他进行严刑拷打，逼他交待共产党和新四军的活动情况。陆继春被打得遍体鳞伤，但始终只字未吐。敌人无计可施，就把他押到西来街，关进了敌据点的后院。这个后院东西两侧是围墙，南面是河，宽10余米，河边夹了竹障，竹障旁有个大草堆。夜幕降临，陆继春趁敌人不注意，悄悄地钻进草堆，欲扒竹障离去。不料，敌哨兵发现被抓的陆继春不见了，大声叫喊起来，十几个日、伪兵立即在院子里四处搜查，有个伪军还用刺刀向草堆里乱刺，陆继春脚上被刺了一刀，但他忍住巨痛，不吭一声。敌人以为他已逃走，便上街搜查，陆继春得知敌人走了，就拼命将竹障扒开一个口子，钻了出去，一个猛子扎到河对岸，躲进稻田，这才虎口脱险。

13.忠心革命的陈金尧

陈金尧，女，1898年冬出生于湖南的一个贫苦农民家庭。1930年嫁到西来桥镇东来村，务农。1941年加入中国共产党，任乡妇女抗敌委员会主任。1973年8月去世。

1942年9月，苏北伪军19师董瑞龙带兵到西来镇筑碉堡，并大肆搜捕抗日军政人员。东来村一位因病在家治疗的新四军战士季芝湘不幸被捕。敌人将他绑在树上，狠狠毒打。陈金尧得知后，同丈夫商量，把经营猪肉赚来的数石米钱，送给董瑞龙，才将季芝湘保释。

1943年春的一天，扬中县六区抗日民主政府区长郦琴到东来村陈金尧家了解敌情。当天晚上，郦琴去江边越过竹障偷渡轮船沙时，不幸被巡逻的伪军抓去。陈金尧随即向中共六区区委书记侯伯作了汇报。侯伯指示:想一切办法营救。陈金尧立即到西来桥镇找有声望的绅士童恒山和茶馆的大老板毛长根出面作保，因伪军不知道郦琴真实身份，郦琴很快得救。

1945年冬，新四军北撤后，国民党反动派将新四军战士印世康、秦长林的家属抓去，对她们进行严刑拷打，逼迫她们说出丈夫的下落，并扬言3天内不说出来就活埋。陈金尧得知这消息后，心急如焚，她一方面请人疏通关系;另一方面将自家仅有的3石米和借来的1石米，送给敌人，敌人这才将她们放回。

1946年春，新四军战士秦长林妻子分娩，家里困难重重，既无钱用，又无劳力耕种，陈金尧在经济上慷慨相助，大忙期间，把自己农活停下来，先帮秦长林家收割麦子，平田插秧，保证了秋后的收获。

14.何尔伦遭铁钉钉手脚宁死不屈

何尔伦，1915年9月出生于西来桥镇西来村一个贫苦农民家庭，务农。1940年春参加民兵组织，同年6月加入中国共产党。曾任西来地区第二党支部组织委员、西来乡民兵大队长、中共新六区区委委员、青抗会和区税务所负责人。1942年9月12日牺牲。

1942年9月11日上午9时许，何尔伦在轮船沙尾（现八桥镇同胜村）执行收税任务时，忽然从江面上驶来了一艘大木船。木船靠码头后，有一个人佯称要缴税。何尔伦一上船，该船即向江中急驶。事先埋伏在船舱内的小海章的一排伪军蜂拥而上，何尔伦不幸落入敌手。敌人将他押到泰兴天星桥，先是利诱，企图骗他说出共产党、新四军的秘密。但他不为所动，痛斥汪伪汉奸的卖国罪行。敌人利诱失败，便施以酷刑，用铁钉钉何尔伦的手脚，但他始终未吐一字。第二天，敌人将何尔伦杀害。

15.施正魁等为民除害

施正魁，1909 年 6 月出生于西来桥镇北胜村一个贫苦农民家庭，务农兼弄船。1940 年 5 月加入中国共产党，抗战初期曾任长春村支部书记、水上交通员。1966 年病故。

陶成荣，1925 年 2 月出生于西来桥镇北胜村一个贫苦农民家庭。1940 年 3 月加入中国共产党，抗战初期担任北胜乡民兵大队长，1945 年 10 月随军北撤。1990 年 5 月病故。

1943 年春，日伪军在中心沙长春村头北泡子筑了碉堡，有一个班的日寇和一个排的伪军盘踞在据点里。其中有个司务长金某，经常带日伪军到村子里捉鸡、敲竹杠、奸污妇女，群众恨之入骨。长春村党支部书记施正魁召集党员商量，决定除掉这个汉奸，并制定了一个锄奸方案报三区抗日民主政府批准。

几天后的一个晚上，事先埋伏在附近的民兵发现金某从碉堡里出来，立即向施正魁汇报，施正魁等人尾随其后。金某窜进村里一户人家后，施正魁、陶成荣先带领蔡德润等民兵迅速将前后门封住，然后再敲门。刚刚进屋的金某听到敲门声，知道不妙，狡猾地从仙棵夹成的笆壁中挤出，越过后坎头，拼命逃跑。陶成荣和两个民兵箭步追上，将金某打倒在地，施正魁等人马上用绳子将其绑好，拖到江边处决。

16.黄万良设法征收粮款

黄万良，1921 年 7 月出生于西来桥镇西来村一个贫苦农民家庭。1939 年参加抗日活动，1940 年加入中国共产党。1943 年任中共三区区委委员。

1943 年 7 月的一天，黄万良接到中共武进县委的指示 (当时西来桥划给武进管辖)，要求在中心沙征公粮一百担，以解决抗日活动经费。黄万良接到这一指示后，随即与打入伪镇公所的中共区委委员张圣中商量如何完成任务。商量的结果，一是将征收公粮改征收粮款，便于送缴;二是以伪镇公所名义召开部分支持抗日的保长会议，布置落实征收任务，限 3 天完成。当晚，由黄万良、张圣中召集保长会议，布置任务，突击收缴公粮款。3 天后，任务超额完成。黄万良、张圣中将收集的公粮款包扎成食品包，贴上西来镇童恒春店的标签，然后装在箩筐里，上面用棉花盖好，由黄万良指派共产党员甘祥和、民兵张茂富挑着箩筐从惜字洲码头过江，交给了武进县委负责人陈忠廉。

17.刘金良打入敌巢取情报

刘金良，1922 年出生于西来桥镇双三村一个贫苦农民家庭。1942 年春加入中国共产党，从事党的秘密工作，1942 年冬任东进乡西三村党支部宣传委员。1992 年病故。

1944 年夏，中共武进县委领导蒋建乔、扬中县抗日民主政府县长施光前，指示东进乡西三村党支部书记何兆银，设法派人打入盘踞在林岗村 (现武进市龙江村) 据点的伪军连长肖桂生部，从敌人手里夺取枪支弹药，武装抗日队伍。何兆银随即将党支部委员刘金良找来商量，要刘金良乘肖桂生大收学生之时，写好帖子，备好重礼，以拜肖桂生“先生”为名打入敌人内部。刘金良说:“这个办法好。”第二天，何兆银陪刘金良一起去肖桂生据点。果不出所料，肖桂生一见重礼，得意忘形，喜笑颜开。刘金良趁机说:“请先生帮忙，留学生在你部下当兵。”肖桂生当场答应。从此，刘金良打入敌人内部，当上一名“伪军”。半年后，刘金良以请假回家探亲为由，回到家乡，向县、区党组织汇报敌情。县、区领导研究了刘金良提供的敌情后，决定用里应外合的方法，乘刘金良站岗之时，突袭敌据点，并约定联络暗号和接头的具体办法。这年12月的一天中午，负责值班站岗的刘金良按事先约定好的办法，以毛巾放在窗口为号，证实敌人在午休。武进、扬中两县的警卫营战士装扮成伪军，大摇大摆地走进据点。警卫营战士在刘金良带领下直奔伪军住所，枪口对准午休的敌人，大声喊道:“不许动，缴枪不杀!”尚在迷糊状态的敌人未及反应过来，就乖乖地当了俘虏。这次奇袭，共缴获了26支长枪，一挺轻机枪和部分弹药，刘金良随部队一起凯旋而归。

18.施光庆为革命献青春

施光庆，1924年出生于西来桥镇福星村一个贫苦农民家庭，务农，1944年参加民兵组织，1945年6月被日寇杀害。解放后被追认为烈士。

西来乡的姚茂林是个作恶多端的地痞。日寇侵占扬中后，他投靠日伪当汉奸，向敌人提供情报，抓捕革命干部，破坏抗日活动，欺压百姓，无恶不作。武进县抗日民主政府领导干部蒋建乔到西来活动，姚茂林向敌人告密，使蒋建乔险落敌手。上级决定锄掉姚茂林。

1944年5月的一天，西来乡民兵大队长曹大林接到锄奸任务，便让施光庆摸清姚茂林的下落。施光庆通过多方了解，证实姚茂林住在家里。当夜10时许，民兵大队长曹大林带领锄奸队包围了姚茂林家，姚茂林听到动静，知道不妙，慌忙躲到床底下。施光庆等人破门而入，从床底下把姚茂林拖出来，五花大绑押至东江边。施光庆举起磨得雪亮锋利的长刀，愤怒地将姚茂林处死。随后奸细向日伪军告密，说是施光庆带民兵处决姚茂林的。敌人多次到福星村搜捕施光庆，都因他隐蔽及时而扑了空。1945年6月的一天早晨，施光庆在屋后水坝头磨长刀，被装作乞丐的汉奸发现，随即向日寇告密。第二天清晨，武进荫沙据点里的20多个日伪军突然袭击中心沙，将施光庆抓到西来桥南街的小猪行，一个日寇抽出军刀对着施光庆就砍。施光庆倒在血泊之中，壮烈牺牲。

19.马国良机智过敌哨卡

马国良，1922年12月出生于西来桥镇双三村一个贫苦农民家庭，务农。1938年任东三村民兵分队长，2001年5月病故。

1944年冬季的一天，东进乡民兵大队长常长登派马国良送一封向泰兴宫殿乡筹借枪支的密信，交给该乡指导员贾康。当时通往苏北的南泡子码头，设有日伪军的哨卡，过往行人上下船都需有通行证。马国良搞到的通行证早已过期，如被敌查出，即暴露行踪。为完成任务，马国良还是决定冒险闯关。

第二天早晨，马国良选乘了旅客较多的二班船。到了渡口，他挤入上船的人群中，眼睛瞄着敌哨卡处，趁哨卡敌兵不注意时挤了过去。晚船回头时，马国良身上还带着贾康的回信。船刚靠上码头，哨卡敌兵就大声吼，要各人把通行证拿在手里。马国良看到这一情况，灵机一动，掏出过期的通行证，在背后打开，手指捏住写日期的地方，趁人多时挤向哨卡，嘴里故意喊道："先生，请看。"哨卡敌兵还未及验看，马国良已挤出敌哨卡了。

20.朱文涵给部队带路攻打伪据点

朱文涵，女，1929年2月出生于西来桥镇西来村一个普通农民家庭，务农。1942年参加抗日活动，同年5月加入中国共产党。

1945年5月17日，武进、扬中两县抗日民主政府决定请朱文涵带路，拔掉设在大庙的西来桥伪军据点。朱文涵爽快地接受了任务。这天深夜，她领着武进、扬中两县的警卫营悄悄地来到大庙，将敌据点包围起来。经过一场激战，敌据点很快被摧毁了。第二天，盘踞在一江之隔的武进县小河镇的伪军，赶到西来桥（西来桥一度属武进县管辖），进行疯狂报复，到处抓人。因奸细告密，朱文涵不幸遭捕，被押往小河。敌人先是诱骗，要她说出新四军和当地民兵攻打大庙的活动情况，朱文涵闭口不言。哄骗不行，敌人就用竹板打她，用泔水灌她，她强忍疼痛，一口咬定自己是个学生，什么也不知道，这是有人故意对她栽赃陷害。敌人无计可施，又抓不到任何把柄，只得放掉她。

21.何邦才等活捉汉奸小海章

何邦才，1921年12月出生于武进市小河镇惜字洲一个船民家庭，以弄船摆渡为生。1944年到扬中西来桥定居，同年参加革命活动。1996年病故。

1945年夏，县抗日民主政府得知伪军排长小海章最近要从泰兴县天星桥乘船逃往武进荫沙口，就将活捉小海章的任务交给中摆渡口税所，由税所主任张长进和船老大何邦才负责，县警卫营派排长朱奎生带领几名战士协助抓捕。

一天，武进县的义渡二号船从泰兴县天星桥开到中摆渡口。不巧，认识小海章的朱奎生有事外出，只好由张长进、何邦才上船检查，查过两遍都未发现疑点。最后，何邦才、张长进到野鸡梢上（船后面），发现一对夫妻，男的50多岁，穿着一身藏青土布褂裤，手上拎着个土布包袱，还抓着根拐杖；身旁倚着个女的，粗头大脚，头上顶着一块黑毛巾，身穿蓝色土布褂裤。说来也巧，张长进经过"她"身边时，无意中碰落了"她"头上的毛巾，发现这西装头不像女的，追问道："你是男的为什么装女的？"这人脸色刷地变成铁青色，答不上来。张长进和何邦才虽然没有见过小海章的面，但对这对"夫妻"有所怀疑，就把他们带到税所里。检查男人拎的包袱，发现里面有一副铰丝金镯子、一根金表链、二只金戒指。经过进一步查问，这个男人承认自己是小海章。小海章本想从魏村逃走，因熟人多，所以乘他自己准备的木船到天星桥，再乘船往荫沙，准备去太湖投靠张少华，东山再起。途中，他抓来一位农民，男扮女装。这对装扮的假夫妻，终被何邦才、张长进识破，当场抓获。随即，何邦才、张长进将小海章解交县抗日民主政府。县抗日民主政府经过审讯，将小海章押到中心沙，召开万人公审大会，当场将地处决。

22.吴彩庭带头参军

吴彩庭，1919年出生于西来桥镇东进村一个富裕农民家庭，私塾先生。1943年加入中国共产党，1945年8月参加县独立团。

1945年8月中旬的一天，中共扬中县委向各区、乡党组织下达了征兵任务。东进乡政府立即召开了征兵动员大会，吴彩庭在会上向乡指导员吴振海表态说:“我是共产党员，响应党的号召，要求参军。”吴振海当场表示同意。由于吴彩庭在会上第一个报了名，在青年中产生了很大的影响，不少青年认为吴彩庭家庭比较富裕，本人又是教师，他都积极报名去当兵，我们也要去。一下子，全乡有20多名青年争相报名参军。乡政府给被选中的吴彩庭等11人戴上大红花，敲锣打鼓，把他们送到县抗日民主政府。

23.印郭氏冒险护亲人

印郭氏，1887年2月出生于西来桥镇曙光村一个贫苦农民家庭，做小生意谋生。1946年参加革命活动，任秘密联络员。1959年病故。

印郭氏家的二间小茅屋靠近中心沙的五圩沟渡口处，离屋后几十米远处就是国民党反动派的碉堡。由于印郭氏年近六旬，又是一人独住的寡妇，敌人也就不大注意她家。

1946年春，留守人员石裕文、印世杰、梅存珊经考察决定在她家设立秘密联络点，印郭氏满口答应。为麻痹敌人，她故意天天挎着花生篮子从敌人岗哨前经过，并抓几把花生给敌哨兵。时间一长，她就跟一些敌兵混熟了。印郭氏还主动腾出房子，让被国民党反动派抓来轮流值夜的老百姓住宿，以此来掩护留守人员。一天晚上，石裕文等人正住在她家，查夜的国民党反动派士兵来敲门问:“花生奶奶，你家住的是什么人?”印郭氏连门也不开，没好声地回道:“什么人，都是你们弄来看夜的。要不，就叫他们睡到你们碉堡里去，省得吵得我睡不着。”查夜的敌人听了后，一声不吭地走了。

印郭氏家的秘密联络站一直到解放，都未被敌人发觉。许多共产党员、革命干部都曾在这里隐蔽，并安全地渡江。

24.韩根福舍命掩护曹大林

韩根福，1916年出生于西来桥镇福星村一个贫苦农民家庭，务农。1947年被敌人摧残致死。

1947年1月的一天，中共西来桥镇义渡村党支部书记曹大林返家去宜兴路过常州时，天色已晚，为了住宿，曹大林找到了同乡的韩根福家 (当时随父暂住常州)。不料，走漏风声，被国民党特务头子吴桢祥知道了，就派人前往韩根福家监视。这时，韩根福发现周围多了几个形迹可疑的人，随即从边门翻墙将曹大林送到怀德桥南面的好友施老七家。当晚9时许，一批反动警察将韩根福家围得水泄不通，一些人破门而入，翻箱倒柜，反复搜查，未抓到曹大林，就以“通匪”罪名，将韩根福抓去。敌人严刑拷打，追问曹大林的下落，韩根福咬紧牙关，未吐实情。敌人就对韩根福施酷刑，先“吊老鸹飞”“坐老虎凳”，后用火油、辣椒水灌胃肠，使其呛咳不止，嘴里尽喷血沫，生命垂危，但韩根福仍坚持说“我不知道”。后来，敌人无计可施，敲诈了韩根福大米数拾石，才同意放人。韩根福由于伤势过重，回家后没几天就去世了。

25.韩茂永赤胆忠心保机密

韩茂永，1911年2月出生于西来桥镇新华村一个贫苦农民家庭，务农。1940年加入中国共产党，同年任南阳乡党支部书记，北撤时奉命留守坚持斗争。1948年12月被敌人摧残而死。

1947 年秋的一天，因叛徒周楠（原扬中县民主政府秘书，后投敌叛变）的告密，留守干部韩茂永被敌人逮捕。敌人把韩茂永抓到国民党反动派武进县政府。一开始敌人来软的，妄图骗他招出中心沙地下党组织的情况，韩茂永闭口不说。敌人就来硬的，施以“灌肚肺”“吊老鸹飞”，并将韩茂永的右边肋骨一根根地敲断。韩茂永被折磨得死去活来，但他丝毫没有动摇革命意志，始终紧咬牙关，未透露半点机密。敌人无法，就将他关进牢房。

1948 年 7 月，已经奄奄一息的韩茂永被家人想方设法保释出狱。但因他惨遭敌人的毒刑摧残，回家后一直卧床不起，医治无效，仅 4 个月便离开人世。

26.王渊成率子抗丁

王渊成，1908 年 10 月出生于西来桥镇南阳村一个贫苦农民家庭，务农。1953 年病故。

1948 年 9 月 7 日夜间，国民党反动乡长王雨生带领反动区长陆如理的警卫高保华和乡丁，前去王渊成家敲门，借查户口为名抓壮丁。王渊成听到急促的敲门声，心里万分焦急，担心两个儿子被抓。他慢慢从床上爬起，故意拖延时间，以便想计策对付。大门一开，王渊成的大儿子王明亮已起床坐在马桶上，假装解手。敌人问：“你叫王明亮吗？”王明亮一边穿衣，一边回答：“是的，你们找我有什么事？”高保华说：“跟我到区公所走一趟。”边说边伸手拉人。王渊成站在房门口，又气又急地说：“你们要抓人，我们全家人一起跟你们走。”高保华举枪威吓道：“哪个敢罗嗦，就对他不客气！”王渊成毫不畏惧地拍着胸脯，气愤地说：“你们黑夜抓人，见不得人，有种，就朝我开枪。”高保华命令身边的乡丁用麻绳捆绑王明亮。王渊成转身到门外察看，发现只有两个敌人，心想可以对付。当王明亮被扭到大门外时，王渊成向儿子打了个暗语说：“夹子。”（意思是说外面只有两个敌人）身强体壮的王明亮心领神会，使尽全身力气，转身对高保华猛力一推，将他甩倒在地，自己拔腿就跑。狗急跳墙的敌人，拎起枪就打，“砰”的一响，子弹打中了王明亮的左臂，他忍着伤痛向屋后飞跑，钻进果树丛中，又躲进了稻田，终于脱险。

敌人抓不到王明亮，回过头来再抓他的弟弟。可是，在敌人抓王明亮时，王渊成已带领二儿子躲藏到别处。敌人扑了个空，就将王渊成的妻子抓到敌乡公所拷打，逼她交出儿子的下落。王渊成的妻子挖苦敌人说：“你们向我要人，真是笑话，人被你们放掉了，怪我什么事？”敌人审来审去没有从她口中得到一个字，只好将其放回。

27.卞元振为抗丁英勇献身

卞元振，1929 年 10 月出生于西来桥镇福星村一个贫苦农民家庭，务农。1948 年 12 月因英勇抗丁惨遭国民党反动派杀害。

解放前夕，国民党反动派作垂死挣扎，到处抓壮丁，反动乡保长借收壮丁捐敲诈勒索，群众抗丁情绪越来越高涨。在中共长江工委的领导下，中心沙人民有组织地开展抗丁斗争。

1949 年 1 月 6 日清晨 7 点多钟，中心沙的东、南、西三面同时响起锣声，群众以锣声为号令，各人手拿钉耙、锄头、斧头、镰刀、鱼叉、木棍、扁担赶到预定地点集中。8 时许，群众包围了反动区公所，敌人鸣枪威吓，妄图封锁南桥头，固守桥北。几千名群众挤满了街道，敌我双方隔桥对峙，形势十分紧张。愤怒的群众用砖头、石头雨点般地朝桥北边的反动自卫队砸去，敌人打排枪企图阻止群众前进。在这紧张时刻，卞元振不顾个人的安危，从别人手里夺过一面锣，敲着锣高喊:“跟我上，冲啊!”勇敢地第一个冲到桥心。在他的带领下，几个身强力壮的小伙子急中生智，合力搬起了尺把厚的大肉案板作掩护，紧跟着他冲上了石桥口，敌人吓破了胆，慌忙后撤，寻找退路。但这时，躲在桥下面的反动区长陆如理的勤务兵高保定，开暗枪打中了卞元振的胸膛，卞元振当即倒下，鲜血流淌到桥上，洒落到港心。卞元振抗丁献身的英勇行为，更加激起了人民群众的义愤，大家毫不畏惧地冲过桥，直捣反动区公所，焚烧了区公所的壮丁花名册、田亩捐税册，砸烂了区公所的办公桌椅。中心沙人民团结战斗，取得了抗丁斗争的胜利。

(以上故事摘自《江苏人民革命斗争群英谱》)

文 化 编

编　　目

第一章 教 育

清道光年间（1821—1850），西来桥境域即有私塾传学。初由秀才梅先春设塾，后由其学生续办私学，且越办越多。至清末时期，私塾遍及全境，以至各圩埭几乎均有塾馆。教授内容为《三字经》《百家姓》《千字文》《孟子》《大学》《中庸》《论语》等古文。

民国初开始官办新学，但因经费、师资及习惯势力等影响，新学发展十分缓慢。直至民国16年（1927），西来桥境域才由地方名人自筹资金创办起第一所施教新学的学校——“武进通江市福星洲第一小学校”。翌年，经有识之士向武进县申请备案，获准创办“武进县福星洲公立初级小学”。是年，接受新学教育的学生有200多人。民国26年（1937），抗日战争爆发，抗日民主政府倡办学校，并积极倡导私塾改良。地方有识之士纷纷筹办学校，以至每乡都有小学。抗战期间，境内教育遭受日伪严重破坏，学校被迫停办，私塾恢复。解放战争时期，境内学校教育有所发展，但至解放时，尚存私塾教学。

解放后，党和人民政府高度重视教育，群众支持办学，教育事业蓬勃发展。1958年，幼儿教育开始起步，1960年因经济困难，全境托儿所（组）先后停办。1974年恢复幼儿教育，各大队先后办起了幼儿班，入班儿童达536人。

解放初，公办小学的学龄儿童入学率约35%，至1982年，小学教育达到了国家规定的普及要求，学龄儿童入学率为99.9%。1958年创办幸福初级中学，首届招收初一学生1个班58人，至1966年，增扩到6个班，学生数达300人。1970年又增设高中部，成为全市第三所完全中学。1989年创建了西来桥镇成人教育中心校。1999年，西来桥镇通过江苏省教育现代化乡镇验收。

境域教育事业的蓬勃发展，提高了人民群众的文化程度，为地方经济建设培养了一大批合格人才，也为各级各类学校输送了2000多名合格学生。据统计，至2006年，从西来桥学校考出去的学生中，获博士生学位的近20名，博士生导师1名，大学教授5名、高级工程师3名、音乐作曲家1名、空军飞行员1名、党政军处级以上干部29名、中学高级教师18名。此外，还有设计师、工程师、会计师、经济师等各类人才20余名。

第一节 私 塾

西来桥境域内私塾传学，始于清道光年间（1821—1850）。初由秀才梅先春在其家中（今北胜村）设塾，从学者较多，名声颇大。其学生朱晓春继先生之后，在光绪年间（1875—1908）赴泰兴考取秀才，即在修补二圩（今西来村）设塾传学。后来，他们的学生相继分布设塾，境域内私塾亦越办越多，至清末时期，境内私塾传学几乎遍及各圩埭。

解放前中心沙(今西来桥镇)域内部分私塾学校情况表

表 1-1

村名	私塾名	塾　　师
东　进	八匡圩学塾	于万和、闵荣富、施周南、金筱侯
	盘头街学塾	吴彩庭、吴振海
	六匡九圩学塾	徐志林
双　三	东三县圩学塾	王泰华
	西三县圩学塾	王震东、俞东升
东　来	武进圩学塾	林佩蓝
	丹阳圩学塾	林培芝
	东大圩学塾	林大本、范朝栋
南旺桥	南旺桥学塾	顾万甲
	印家小埭学塾	印德林
新　华	荷叶圩学塾	徐志国
	小新圩学塾	侯登茂、印永凤、冯义隆、冯义明
	绝港桥学塾	姚锦元、姚茂前
	母子圩学塾	姚金元
	38 圩学塾	陈长根
南　阳	胡家小桥学塾	王渊明
	恽新圩学塾	许茂银
	蒋家沙学塾	倪正番、李超华
西　来	修补圩学塾	朱晓春
	中坝桥学塾	范邦桢
	十四圩学塾	赵良翼
	十圩学塾	陆锦源、陆锦盛
福　星	福星学塾	陈伯年、施光伟
	大新圩学塾	徐芳春、张圣坤
	大兴学塾	何尔玉、陆正阳、于明亮
北　胜	北兴桥学塾	杨绍全
	芦蓟圩学塾	王　政、张圣中
	北泡子学塾	丁文美、李建寿
	太平圩学塾	朱会芳、朱锦监、周　楠、吴　俊、侯　伯、印　操
开　沙	(四家)学塾	姚文斌、吴诚宝、王承仲、阅成文
轮船沙	(三家)学塾	倪正刚、丁良斌、丁文武

第二节　幼儿教育

解放前至建国初，西来桥境内无幼儿园（班）。

1958—1959年，幼儿教育大发展，农村大队生产队普遍建立托儿所（组）。托儿所（组）设备简陋，无正式教师，大多数是由弱劳力妇女看管幼儿。1960年，因经济困难全境托儿所（组）先后停办。

1974年，应广大群众迫切要求，各大队先后办起幼儿班，全公社入学儿童536人，幼儿教师12名（各大队自选）。起初，幼儿班大多设在群众家中和大队小学里，教学条件简陋，课桌凳全是小朋友自家带，学生坐小板凳伏在大板凳上上课。

中共十一届三中全会后，幼儿教育得到社会重视。境域中，各大队亦设法改善幼儿班教学条件，为幼儿班购置标准桌椅，添置教学玩具，一些大队还配置了脚踏风琴。乡中心小学配有幼儿教育辅导员，负责教学管理和幼师培训等工作。幼儿班的教学内容，1977年后即恢复省规定的课程，设故事、唱歌、游戏、图画、手工、识数、生活常识等课，但限于农村师资水平，一般偏重于识字、计算。1982年后，县、乡两级加强幼儿教育的辅导工作，根据全国教学大纲要求，开设语言、数学、常识、音乐、体育、美术、游戏等课程，注重开发智力，培养能力，教养并重。

1978年后，人口出生率逐年下降，幼儿班生源也随之减少，村幼儿园根据区域实施撤并。1990年9月曙光幼儿班最早撤并到中心小学幼儿园，至2002年，其他村幼儿班也陆续撤并到镇中心幼儿园。1999年，在实施教育现代化工程中，镇中心幼儿园成为独立建制的全民事业单位。

为适应幼儿教育的不断发展，1999年，西来桥镇政府决定筹建一所中心幼儿园。征地6.8亩作园地，采取政府投入加社会集资的方法，解决建园资金。整个工程投入资金为130多万元，其中镇江市政府拨款12万元，扬中市教育局支持资金3.5万元，教职员工集资75万元。当年9月动工，次年3月竣工建成。中心幼儿园建筑面积2300平方米，绿化面积1530平方米。教室、办公室、资料室、电脑房、仓库、厨房、操场、游乐场等设施齐全。至2006年，中心幼儿园有大、中、小班共10个，在园幼儿380人，教职工29人，其中保健员1人、保育员2人。

西来桥镇中心幼儿园本着“为了一切孩子”的办园宗旨，不断完善制度管理，注重提高教师整体素质，鼓励教职员工参加业务进修。在职教师中，至2006年，具有本科学历的教师8人、大专学历的教师6人、小学一级教师6人、园级骨干教师4人。中心幼儿园积极开展教育教学创新教研活动。2006年承担镇江市“区域游戏中幼儿交往能力的培养”的课题研究，开展“七巧科技”特色教育。

2002年，西来桥镇中心幼儿园被评为“镇江市级巾帼示范岗”；有10名幼儿在扬中市科协举办的七巧科技竞赛中获得一等奖和二等奖；7名教师在镇江市教育科学研究所举行的优秀案例评比中获三等奖；5名教师在江苏省教师培训中心举行的“蓝天杯”论文评比中获一个二等奖、四个三等奖；1名教师在扬中市教育局举行的教师基本功大赛中获二等奖。

第三节 小学教育

一、发展概况

民国时期 民国16年（1927）地方名人冯忠仁将冯氏宗祠改作校舍（今新华村11组），创办“武进通江市福星洲第一小学校”。此为境域第一所私立小学，亦为境域创办的第一所施教新学的新式小学校，时群众称新式小学为“洋学堂”。该学校分初小、高小两班，全部使用新学教材。翌年，由陈景泰（武进西夏墅人）、包志清（曾任武进西夏墅派出所所长）二人向武进县申请备案，获准创办“武进县福星洲公立初级小学”。此为西来桥境内第一所公立小学，设两个复式班，后来，地方上许多热心教育的人士亦不断创办学校。

1934年左右，印权与地方人士筹款，创办“武进福星洲立福星小学”，校址设在太平圩（今北胜村18组）。

1938年，常革非从上海工学团回到家乡创办“贫民学校”，校舍为自家五间草屋（现西来村小膀子），学生最多时达150余人。学校向学生宣传抗日救亡革命思想。1944年冬，因奸细告密，校舍被纵火烧毁。1946年常又借郭小个子家的敞厅（今南旺桥村11组）为校舍，办起“企行学校”。1948年，常被国民党拘捕，学校停办。

1942年，扬中抗日民主政府在西来桥东街港北尼姑庵内，办起“大众小学”，设立小学高年级班。

1946年，张步前在六匡（现东进8组）创办私立小学，学生最多时80人左右。

1946年，“武进县福星洲公立小学”校舍被国民党军队占据而被迫停办，施德把学校移办到自己家中（今复兴村）。原办学经费断源，由施德自家筹款搭建五间草房为校舍，开设两个复式班。

1948年，由温家（今新华村）牵头募捐集资，新建三间瓦房，创办“母子学校”，校址设在淘涝圩（今新华村8组）。

新中国成立后 1949年解放初，人民政府接管了全部学校与私塾，贯彻“维持与改造”“向工农开放”的方针，恢复和发展教育事业。当年，办在大庙的“扬中县立西来桥小学校”正式挂牌建立。东进的私塾与六匡的私立小学合并，正式命名为“东进小学”。对大兴村“大兴学堂”进行改良，取名“大兴小学”。丹阳圩建一小学，取名为“丹阳小学”。东大圩办一小学，取名“东来小学”。38圩的南阳村私塾也改良为“南兴小学”。1950年，创办“小新小学”和“义渡小学”。1951年，将办在双三村内东三县圩和西三县圩的私塾合并，建立“双三小学”。至1952年春，私塾全部撤并于附近小学。至此，全境结束私塾教学。

1953—1956年，政府拨款，地方集资，新建、扩建小学校舍，重点发展完全小学，建立、健全中心小学辅导区。这一时期，虽发生1954年的大水灾，学校受灾严重，但在党和政府正确领导下，依靠群众克服困难，维持了正常学额和教学秩序。全境小学教育仍然稳步发展。1953年，创办公办完小“南阳小学”（南旺小学）。将北胜村境内的“平安小学”与“三新小学”合并，建立“北胜小学”。

1958—1959年，执行“两条腿走路”的办学方针，加速小学教育发展，学龄儿童入学率达

90%左右。

1962年，因开沙坍塌，扬中县政府将西来桥东南滩面围成新圩，安置开沙移民，原办在开沙的双益小学亦移校至西来桥。1963 年，为方便群众，将中心校曙光低年级学生分流，办起“曙光小学”。

三年困难时期，小学入学率降至 57%，农村学龄儿童大量辍学，流生达 15%。根据农村实际情况，幸福公社办起了半日制耕读小学（亦称简易学校）11 所。其中东进大队 3 所、双三大队 2 所、新升（东来）大队 1 所、南阳大队 1 所、新华大队 2 所、北胜大队 1 所、福星大队 1 所。选用耕读教师（各大队自选）11 人。至 1968 年，耕读小学全部并入所在大队学校。

“文化大革命”期间，小学一度处于混乱停顿状态。1968 年，小学下放给大队办，教师绝大多数被调回该公社大队任教。

1978 年后，重视抓学龄儿童的入学率和入学后的巩固率、合格率，增设复式班级，加速小学教育的普及。自 1982 年起，连续几年经上级检查验收，全境小学教育均已达到教育部规定的要求，1985 年入学率达 99.9%，巩固率 99.2%，毕业率 98%，普及率 99.2%。

随着人口出生率的逐年降低，学校生源亦相对逐年减少，各村小学从 1989 年开始，逐步撤班，并入中心小学，至 2002 年，各村小学悉数撤完。

为适应小学教育教学的需要，中心小学于 1990 年 7 月动工兴建第一幢教学大楼。该幢楼为整体三层，建筑面积为 1200 平方米，可安排 9 个教学班、3 个单间教师办公室，大大改善了办学条件。

1994 年 9 月，中心小学拆除平房十多间，建起一幢综合教学楼。该楼主体为三层，局部四层，安排校党政办公室、微机房、校史室、教工之家、教师会议室、少先队室、书法美术室、语音室、舞蹈房、党支部活动室、图书阅览室、科技自然活动室等。是年，图书阅览室藏书量达两万多册。同时还置办了录像带、录音带、光盘等教学用具。

1999 年 4 月，在实施教育现代化工程中，中心小学拆除了校内所有平房，建造了总面积为 2685.8 平方米的第三幢教学大楼，新增教室、办公室 19 个，对原有的室、家进行了扩充补缺，添置了电脑、投影仪等现代化教学设备。

2006 年 9 月，经过新一轮学校布局调整，中心小学和西来中学合并为“扬中市西来桥学校”，成为九年一贯制义务教育学校。

二、学制与课程设置

学制 新学开办之初，学习年限多自行设计。清光绪年间（1875—1908），小学分初等教育 5 年、高等教育 4 年两个阶段，儿童 7 岁入学，男女分校。宣统年间（1909—1911），初等小学学习期限改为 4 年。民国初，颁行《壬子、癸子学制》，实行“四·三制”，初等小学 4 年，高等小学 3 年。初等小学男女合校。民国 12 年（1923），开始按《壬戌学制》实施“四·二制”，6 周岁入学。前 4 年为初级，属义务教育，后 2 年为高级。

新中国成立初期，沿用“四·二制”，称之为初小（4 年）、高小（2 年），6 周岁入学。1961 年经济困难时期，高小实行半日制。1964 年办耕读小学，缩短寒暑假，延长农忙假，实行农闲多学，农忙少学。“文化大革命”期间，小学教育改为五年一贯制。1982 年开始恢复六年制。

课程设置 民国11年（1922）颁行《壬戌学制》后，学校授课时间以分钟计。每周至少上课时间初级前2年1080分钟，后2年1260分钟，高级1440分钟，各科的授课时间按占每周授课总时间的百分比计算。

解放初期，学校课程设置除改社会课为政治常识课外，其他沿用旧制。1951年施行华东区“四·二制”小学教学计划。1954年施行国家公布的《小学“四·二制”教学计划（试行）》，增加全学期上课时间和集体活动时间。1955年，规定全学年课时为34周，各年级增设农业常识课。1958年起，高年级增设政治课，并把手工劳动与农业常识并为生产劳动课。20世纪60年代，学校教学计划屡有变动。1963年调整每周教学时间，低年级增至28节，中年级增至30节，高年级增到32节。四年级以上每年劳动半个月，可分散安排，也可在农忙集中安排。对新办的耕读小学只要求上好周会、语文、算术、生产常识等课，有的仅上语文、算术课。

“文化大革命”开始后，一度无课程设置。学生在校一是学《毛主席语录》，二是写大字报，批判“牛鬼蛇神”，三是劳动。1972年初，逐步恢复“文化大革命”前的课程设置。

1978年取消劳动课，增加语文教学课时。1981年开设思想品德课。1985年恢复六年制后，四年级开设自然课，五年级设地理，六年级设历史，并把劳动列入正课。实行“双休日”制度后，小学每天上课6节，每节为40分钟，上午4节，下午2节。各年级增设“综合实践活动”课1节，用于健康、环保、国防、交通安全等教育。2002年，3~6年级开设英语课，每周2节课，并增设微机课，每周1节课。2006年中小学合并后，小学早操改为课间操。

三、部分小学校简介

武进通江市福星洲第一小学校

民国16年（1927），地方名人冯忠仁先生受其挚友武进通江市总董马伯番兴办学校的影响，相约地方同仁朱晓春、印宏海等人，自筹资金，将冯氏宗祠（今新华村11组）6间正屋和2间厢房改作校舍，创办西来桥境域内第一所私立学校——武进通江市福星洲第一小学校。聘请当地毕业于南京一中的印权为校长，聘请毕业于清华附中的印皇和有英语特长的李白弟为教师。共收学生130多名，分初小、高小两班，全部使用新学教材，并开设英语课。

武进县福星公立初级小学

民国17年（1928），由陈景泰（武进西夏墅人）、包志清（曾任武进西夏墅派出所所长）二人向武进县申请备案，获准创办“武进县福星洲公立初级小学”。此为西来桥境内第一所公立小学。校址设在西来桥镇东街南侧。校舍为包天成（林成）嫁到上海去的女儿包老六留在西来桥的祖产房屋。正房前后两进6间，侧厢5间（解放后曾改作大会堂）。据1987年《武进县教育志》第四章“小学教育”中“公立初级小学概况”续表8第七学区栏记载：“福星洲初级小学，校长李蕃，两个复式班，四个教员，学生93人，全年经费635元，校舍11间。”抗战前，中共武进地下党组织派陈克天（解放后曾担任江苏省副省长）化名邢先生到校任教。他以教书为名，积极配合地下党组织开展抗日斗争，对师生进行抗日爱国教育，传播革命火种。抗战时期，在该校任教的印德西、张圣中、冯兰生、戴洵均被发展为中共党员。学校还办起话剧团，大力宣传抗日救亡思想。儿童团团长吴文涵多次在县级开展的抗日宣传会演中获演讲竞赛第一名，年仅13岁即光荣加入共产党组织。被称作中国保尔吴运铎的爱人陆平（翟小凤）亦为当时该校学生。

贫民学校和企行学校

1938年，在陶行知先生创办的上海工学团——艺友师范班上学的常革非，奉校长张劲夫之命，回到家乡中心沙创办“贫民学校”。校舍为自家的5间草屋（现西来村小膀子）。常以自家73亩租田作为办学基金，学生的学杂、书费实行全免，学生最多时达150余人，分为5个班。课程设置分正副科，语文、政治使用自编教材，宣传抗日救亡革命思想。

1944年冬，因奸细告密，校舍被纵火烧毁，学校惨遭夭折。

1946年，常革非矢志遵循陶行知先生的教育思想，借南阳郭小个子（现南旺桥村11组）家的楼房敞厅为校舍，又办起一所“贫民学校”，校名为“企行学校”。1947年春学校开办，共4个班，6个年级。1948年因常革非被国民党拘捕，学校停办。

西来中心小学

西来中心小学前身为“武进县福星洲公立初级小学”。1946年，国民党管辖中心沙时，军队驻扎在学校里，强占了校舍，学校被迫停课。嗣后，老师施德（施光熹）将学校迁到自己家中(现复兴村)。境地解放后，1949年秋迁址集镇东街原大庙处（现址），正式挂牌为“扬中县立西来桥小学校”。1951年更名为“扬中县西来中心小学校”。1959年9月更名为“扬中县幸福中心小学”。1988年9月更名为“扬中县西来中心小学”。2006年7月与西来中学合并为“扬中市西来桥学校”。1990年7月建造第一幢教学楼，1994年又建起综合教学楼，1999年建造第三幢教学楼。至2006年7月，学校占地面积18400平方米，建筑面积6405平方米，绿化面积5000平方米。学校有电脑39台、多媒体教室2个、29英寸彩电28台、投影仪25台，设有电脑房、语音室、舞蹈房、自然实验室、科学标本室等。学生阅览室、教师阅览室共藏书3万多册。

2006年上半年，学校有21个教学班、学生837人、教职员工75人。专职教师48人，其中本科学历5人、大专学历40人，小学高级教师28人、扬中市骨干教师2人。

学校积极开展“少先队员与好书交朋友”活动，引导学生大量订阅各种报刊杂志，拓展视野，以建立合格小书房、创建星级小书房等形式，不断彰显读书读报特色。1984—2006年，学生参加全国读书读报竞赛，学生获奖千余人次，学校获组织奖、集体奖60多次，3次被全国少工委、《中国少年报》评为“全国读书读报金奖学校”，先后有7名学生被评为全国“好少年、好儿童”。小篮球是学校的体育传统项目，20世纪70年代至2006年，先后25次获扬中市小篮球比赛冠军，多次代表扬中市参加镇江市比赛，均获得好成绩。学校先后被评为“镇江市模范学校”“镇江市体育传统项目学校”“镇江市绿色学校”“镇江市园林式单位”“镇江市社会治安综合治理基层安全创建五十佳”等。

西来中心小学男、女篮球队获奖情况

1991 年扬中县十二届运动会农村部小学生篮球比赛获男子、女子组第一名。

1992 年扬中市小学生篮球比赛获男子、女子组第一名。

1993 年扬中市中小学生篮球比赛获男子组第一名。

1994 年扬中市小学生篮球比赛获男子团体第一名。

1995 年扬中市十三届全运会小学生篮球比赛获男子、女子组第一名。

1996 年扬中市小学生篮球比赛获女子组团体第一名。

1997 年镇江市小学生篮球比赛获男子组第三名、女子组第五名。

1997 年扬中市小学生篮球比赛获男子、女子组第一名。

1999 年扬中市中小学生篮球比赛获男子组第一名。

2001 年扬中市中小学生篮球比赛获女子组第一名。

2002 年扬中市中小学生篮球比赛获男子组第三名、女子组第二名。

2003 年扬中市中小学生篮球比赛获小学男子甲级队第一名。

2003 年扬中市中小学生篮球比赛获传统校小学男子组第一名。

2004 年镇江市第十三届全运会青少部篮球比赛获男子丙组第一名。

1928—2006年西来桥地区中心小学行政人员情况表

表1-2

起讫时间		校长	副校长	支部书记	教导主任
解放前	1928—1935	陈景泰 包志清 李　蕃			
	1936—1945	陈克天 印　权 冯银生 冯兰生 印德西			
	1946—1948	施　德			
解放后	1949—1958	施　德			
	1958—1959	陆廷松		陆廷松	
	1959—1962	牛席珍		牛席珍	冯友文
	1962—1982	冯友文	李正梁　徐建中	冯友文	王永高
	1982—1983	丁俊生	徐建中	丁俊生	杨永林
	1983—1992	徐建中	杨永林　张风琴	徐建中	印永才　于守其
	1992—1995	徐建中	印永才　姚华东　于守其	徐建中	何光银　王　斌
	1995—1997	徐建中	印永才　姚华东　于守其	徐建中	何光银　周　芸
	1997—1999	徐建中	印永才　姚华东　周　芸	姚华东	何光银　施云虹
	1999—2003	姚华东	印永才　周　芸　于守其	姚华东	何光银　施云虹　王晓兵
	2003—2006	周　芸	印永才　于守其	姚华东	何光银　姚九兵

1949—2006年部分年份西来桥镇(福星区、幸福公社、幸福乡)中心小学办学情况表

表1-3

年　度	班　级(个)	学生数(人)
1949	4	120
1957	8	400
1965	12	450
1976	14	500
1981	15	540
1985	17	576
1986	13	555
1987	12	577
1988	12	597

续表 1-3

年　度	班　级(个)	学生数(人)
1989	16	699
1990	15	695
1991	15	693
1992	14	321
1993	13	561
1994	9	422
1995	11	510
1996	12	660
1997	12	813
1998	15	853
1999	22	1030
2000	23	1112
2001	24	1090
2002	25	1144
2003	25	1044
2004	23	956
2005	21	753
2006	32	1249

四、村小的发展与布局调整

1969 年，农村公办小学下放大队办，把学校办到家门口，让农民子女就近入学。全县教师大调动，绝大部分教师被调回各自公社大队任教。幸福公社先后办起的大队小分别为：北胜小学、东来小学、双三小学、东进小学、南旺小学、新华小学、南阳小学、福星小学、大兴小学、曙光小学、双益小学。其中双益小学、大兴小学、曙光小学为初级小学。1971 年 10 月上旬，各公社建立“教育革命委员会”（以下简称“教革会”），负责管理全公社教育，以大队建立“教育革命领导小组”，领导和管理所属小学。幸福中心小学亦下放属日新大队（现西来村）管辖，并改名为日新小学。1978 年底，中共十一届三中全会召开以后，撤销各公社教革会，恢复中心小学，日新大队小学更名为西来中心小学，负责管理全公社完小和初小。

1969—1983 年，因公办小学下放大队办，小学盲目发展，校舍建筑质量普遍较差，很多校舍成为危房，课桌凳缺少。全镇小学在全县统一部署下，不断修建校舍，添置更换桌凳。1983 年底，境域各小学实现“一无两有”（无危房，有桌凳、有课本）。1990 年起，境内村办小学实施布局调整，开始是在相关的村小分别按“一、三、五”年级和“二、四、六”年级开班，后来将靠近集镇的村小撤并到西来中心小学，由近及远，逐步推进，至 2002 年暑期，境内村小先后全部撤并到西来中心小学。

北胜小学

北胜小学地处北胜村18组（旧名泡子档），是由原北胜境内的平安小学和三新小学合并而成。1953年建成南北向和东西向的平房校舍13间。第一任校长是姚树寿，教师有王永武、宋清波（女）、蔡义生、祝明书、张超等。有3个复式班（低、中、高各一个班）90人左右。1976年，学校更名为光明小学。1987年又随村名的恢复称北胜小学。1989年，经多方筹资学校建起两层共18间的教学楼，成为全境小学中最早有楼房的学校。2002年撤并到中心小学。

先后在该校担任校长的有：姚树寿、冯友文、蔡仁本、顾祯、李天贵、朱永康、张维成、盛华康、贾正铭、王永高。

先后任教老师有：蔡国生、印宏章、张华锦、贾玲芳、张春桃、印世平、王菊凤、常荣生、罗珍美、苏菊芬、郭美芳、张凤琴等。

新华小学

新华小学的前身是小新小学。小新小学创建于1950年2月，校址在新华村4组，校舍为5间草屋，开设2个复式班（一、二、三）年级和（四、五、六）年级各一个班、共60多人。教师为杨永才（负责人）和冯义明。1953年，原合兴大队的永兴小学合并到小新小学。学生多了，教室紧张，时任校长巢梦如与新华、合兴两个大队商量，填平两个大队交界处的水通塘，经平整的土地约有4亩多，建成11间新校舍，学校进行整体搬迁。1955年6月的一天，校舍被狂风刮倒，时值忙假，幸无人伤亡。后在上级部门的支持下，重建7间砖木结构的校舍。

1969年，公办小学下放到大队办，小新小学的学生分别回新华小学和合兴小学。新建的新华小学校址在新华4队、9队、11队交汇处的一块荒地上，初建11间校舍，1974年又新建砖混平瓦房4间。1975年暑假后成为“戴帽子”学校之一，新开设初一、初二两个班，又新建两间教室。1983年，校舍受白蚁侵害，造成部分校舍倒塌，后在上级拨款和大队工厂出资支持下，扩建了标准教室。校舍房屋总数达20间。

1999年暑假后，学校被撤并，学生转入到南旺小学和中心小学。

曾任校长：杨永才、冯义明、巢梦如、夏鼎志、范广才、宗学伦、马德荣、范贤德、冯友文、陈廷荣、孙芳林、印永平、盛华康、黄万明、曹九娣、曹必鹤。

任教老师有：曹洪寿、徐进生、冯巧莲、恽静莲、许善荣、姚圣高、朱萍、司马章、何邦银、印兰英、祝启琴、王明华、耿其阳（已故）、吉德才（已故）等。

南阳小学

南阳小学校址在新程村24组（原南阳村10组），1949年校名为南星小学，由1943年开办在38圩的私塾改良而成，开始设两个复式班（一、二）年级、（三、四）年级各一个班，校长为陈长根（武进银河人）。1969年公办小学下放大队办，学校规模扩大，校名亦跟大队名更改为合兴小学。1987年在恢复原地名时更名为南阳小学。1991年学校新建两层20间教学楼，不仅解决了校舍紧张问题，也使校园环境得到较大改观。

2001年学校被撤并，学生转向南旺小学和中心小学。

曾任校长为：陈长根、王明法（已故）、江国荣、黄万明、孙芳林、贾正铭、盛华康、耿昌华、于守其。

任教老师有：倪治明、沈诚太、唐福林、唐福泉、何邦贵、何邦生、徐广法、何邦银、姚圣鹤、耿昌平、耿其阳（已故）等。

东进小学

东进小学的前身是张步前于1946年在东进六匡创办的私立小学。1949年解放后，东进私立小学和东进的私塾合并，命名为东进小学，校址在六匡埭中。1969年公办小学下放大队办时更名为胜利小学，1987年恢复为东进小学。1986年，学校实行整体搬迁，新校址选在原大队眼镜厂南面的高田上，征用农户自留地6亩多，新建标准校舍20间，四周打起围墙，学校功能齐全，校园环境优美。

2000年，在村小布局调整中，东进小学撤并到了南旺小学。

曾任校长为：徐志林、黄礼贤、姚树寿、丁锡武、宗学伦、朱席珍、周海根、盛华康、孙芳林、周沛良、袁文鑑、黄万明、陈廷荣、朱樨堂、耿昌华。

任教老师有：施正纪、印士平、葛文生（已故）、黄明善、韩裕文（已故）、孙刚、徐国洪、季正贵、景剑秋、于守其、石峰、印宏章等。

大兴小学

大兴小学的前身为大兴学堂，校址在大兴圩，由于明亮（八桥人）、周楠两个塾师任教，学生40多人。1949年解放后，大兴学堂接受改良，取名大兴小学。1969年，小学下放到大队办时，改名红星小学，一直为初级小学。1976年，因学生增多，新建砖瓦平房4间。1978年校名恢复为大兴小学。1994年，在布局调整中，学校被撤并到西来中心小学。

曾任校长为：于明亮、郭纪振、钟有鹤、恽静莲、苏菊芬、何帮富、袁文鉴、于圣全

任教老师有：于明亮、周楠、钟有鹤（苏北泰兴人）、陈进芝、恽静莲、黄莲英、张秉荣、曹兴华、印宏章、苏菊芬、罗珍美等。

福星小学

福星小学初名为义渡小学，校址在义渡村（现复兴村7组），创建于1950年，两个教师、40多名学生，校舍为3间平瓦房。1969年，小学下放到大队办时，校名更改为福星小学，新建四间砖瓦平房，有学生近百人。随着学生的增多，1970年又新建6间砖瓦平房。1983年，老校舍被拆除，新建9间钢架结构的砖瓦平房。1997年9月福星小学撤并到西来中心小学。

曾任校长有：冷瑞、李正梁、张维成、印永平、黄万明、袁文鉴、于圣全、曹兴华、潘大龙。

任教老师有：冷瑞、冯森林、曹玉芳、秦红芳、应龙海

双三小学

双三小学创建于1951年，是由双三东三县圩和西三县圩的两个私塾合并而成。开始学校设在校长王震东（王渊海）家中，1956年移至王广和家房屋中。1964年，校址迁到中匡，6间教

室，100 多名学生。1968 年，公办小学下放到大队办，校名未变。1977 年 9 月增设一个初中班(戴帽子)，1978 年并入南阳中学和幸福中学。1981 年，学校重建，坐北朝南前，后两排教室共 16 间，东西均打围墙，形成合院。1998 年学校撤销，学生转入南旺小学和中心小学。

历任校长为：王震东（王渊海）、孙芳林、陈进芝、周海根、韩纪凤、王彬、曹兴华。

任教老师有：钱文斌、俞东升、陈桂芳、徐志美、姚圣鹤、王晓彬、奚华林等。

东来小学

1949 年解放后，东来桥地域内同时在丹阳圩、东大圩分别办起“丹阳小学”“东来小学”，两所小学都只有三四十名学生，课桌凳由学生自带。

1962 年，两所小学合并，校址设在东来桥南面武进圩，沿用东来小学校名，校舍 3 间，2 个班级，80 多个学生。1968 年公办小学下放到大队办，校名更改为新升小学，学生数增加，新建校舍 10 间。1979 年，学校房屋翻建，兴建校舍 12 间，学生达 138 名。1986 年是东来小学鼎盛时期，学生达 191 人，教师也由 5 人增加至 9 人。

1995 年，东来小学撤并到中心校。

历任校长为：司马其、杨尊喜、陈彭年（已故）、倪治中、姚华东、石宝龙。

任教老师有：倪志中、石宝龙、朱昌梅、李明荣、奚华林、施正中、姜万寿等。

曙光小学

1956 年初建时，校舍为农户（今东来村 17 组）石广学（已故）的一间草房，学生 6 名，杜瑞璜任教。1963 年，学生增到 30 多人，但教师仍为 1 人。1968 年，公办小学下放到大队办，学校增加到 2 个复式班，教师 3 人。1977—1980 年是学校鼎盛时期，学生数多达 138 人，学校迁址至西河外，4 个教师，校舍不够，即借用学校附近的农户家房屋做教室。

1988 年 9 月，曙光小学并入中心小学。

历任校长为：杜瑞璜、杨仁保、曹桂凤、顾根宝、李明荣、石宝龙。

任教老师有：张兰英、杨仁保、曹桂凤、顾根宝、倪治中、陈兰英、周美英、印世平等。

双益小学

原是开沙办的一所小学，后因开沙坍塌而移至西来桥。1962 年，扬中县政府在中心沙东南面将芦滩围成新圩，以安置开沙移民，双益小学亦随同搬迁至西来桥新圩。起始由石广法借民房做教室任教，后来由老百姓集资建造 3 间房子做教室，由石峰任教。1980 年发展到 4 个年级，40 个学生，大复式教学，仍由石峰一人任教。1982 年，撤并到双三小学。

南旺小学

1949 年解放后，南旺桥境域内的私塾接受改良，人民政府在该村内开办起 1 所公立小学，校名为南阳小学。校址选在原大地主童登章家的住宅地（现三新村 21 组），初建 10 间敞步檐式校舍，教室前是平坦的操场（后建成篮球场）。1969 年公办学校下放大队办时，学校更名为新民小学，1987 年随恢复老地名更改为南旺小学。20 世纪 70 年代初，随着生源的增加，校舍紧缺，经大队安排，征用印永善家前（现三新村 25 组）1 亩农田，新建 5 间教室，将一、二两个年级搬进新校舍。1987年，县教育局在检查校舍时，发现南旺小学原校舍有白蚁，确定为危房，学校即在新校区扩建，新建22间，学校实行整体搬迁。1998年在境内小学布局调整中，南旺小学又整体搬迁到南阳中学校内（南阳中学于1996年撤并到西来中学)。此时南旺小学接受了东进、双三、新华、南阳4个村小学的学生，学生达300多人，老师近20人。

2001年，南旺小学全部撤并到西来中心小学。

曾任校长为：王明秀、周海根、黄万明、常荣生（已故)、陈廷荣、曹玉华、潘士荣、张维成（已故)、张家龙、曹必鹤等。

任教老师有：戴贞兰、张君桃、施大洋、雷德藩、刘春富、许建芬、胡佩芬、陈桂芳、朱月珍、韩九红、张云祥、徐广法、杨怀其、何士凤、何邦生、何邦贵、何邦银、祝启琴、吴纪红、朱萍等。

第四节 中学教育

一、普通中学

1.发展概况

西来桥境域中学教育始于1952年。1951年前，境域小学毕业生大多数辍学在家，除一部分是因家庭无经济条件供学外，大部分还想继续上学，但境内无中学，上初中就要出江去八桥或武进孟河，不少人因交通不便而被迫辍学。为了能让更多的西来桥孩子读到初中，1952年，西来桥中心小学校决定在校内增加初中补习班。起初，校内缺少教室，就借学校附近平房3间的礼教堂（现西来村18组）作临时教室。开设语文、算术、植物、历史、音乐等课程，由中心小学校部分老师兼教。补习班的学生还可以考到外地继续上学。这在当时满足了不少孩子上中学的欲望。后因缺乏教师，补习班于1953年并入八桥中学。

1958年，幸福公社在县教育部门的支持下，创办幸福初级中学。学校选址在幸福中心小学校的西南面，占地20亩左右，多为高田坟地，小部分为低田。建校资金为县、公社两级政府财政拨款。是年秋季，“幸福初级中学”招收了首届初一新生58人。

创建之初，正处于三年困难时期，经费短缺，物资匮乏。为节约开支，师生们自己平整土地，到街上抬石头，到西江边割运芦材，到北江边大泡子窑瓦厂搬运砖头，到港边搬运建筑材料。在师生们的齐心协力下，在社会各界仁人志士的大力支持下，建校工程进展顺利，当年底，首建6间平房校舍竣工并投入使用。

1960年，幸福初级中学已发展到5个教学班的规模，共有学生250名左右。

1961—1962年均招一个班。1962年时，全校共4个班级。其中初三两个班，初一、初二均为一个班。

“文化大革命”期间，学校停课闹革命，中学两年未招新生。

1968年，学校恢复上课，新生数猛增，加之初中招生比例提高，幸福初级中学难容纳。当年即在南旺桥（现南旺村9组）创办“南阳初级中学”。将幸福河南边的双三、胜利、合兴、新民、新华5个大队划为其施教区范围。

1970年9月，幸福初级中学增设了高中部，首届招收新生一个班66人。成为全县第三个有高中部的学校，亦为第一个有高中班的乡级中学，学校更名为“扬中县幸福中学”。

1973—1979 年，是初中生源高峰期，为分解中学学生超量压力，经县文教局同意，在大队完全小学中增设“戴帽子”初中。先后办起“戴帽子”七年制学校的有光明小学（今北胜，1969.3—1974.7）；新华小学（1976.9—1978.7）；双三小学（1977.9—1978.7）。后因初中办班点多，导致师资严重缺乏，有些学科无法正常开课。从 1975 年起，小学“戴帽子”初中班又逐步并入幸福中学和南阳初级中学。至 1979 年，境内小学戴帽子初中全部撤并。

1975 年，全国教育系统提出学习“朝农经验”，幸福中学也在西夹江江堤外将 30 亩左右的芦柳滩（时为红星大队滩段）挑筑起新江堤围成小圩作学农基地，并在此设立了分校。

中共十一届三中全会后，学校教育教学逐渐走上正轨，1979 年，幸福中学也将学农基地和分校校舍无偿给了红星大队。

1979—1989 年，幸福中学高中部增设文理科高考补习班。文科补习班录取高校率最高时达 70%，在全市颇有影响。文科补习班人数多时达 60 多人。后上级提出规范高中办学，高补班停办。

1994 年 12 月，西来中学通过镇江市九年义务教育的合格验收。

1996 年 9 月，由于生源自然减少，按照市教育局初中布局调整方案，南阳初级中学撤并至西来中学。

为加快教育发展的步伐，1996 年，市委、市政府在全面巩固提高九年义务教育成果的基础上，制定并下发《扬中教育现代化工程实施方案》，西来中学根据上级要求制定规划，并付诸实施。

1999 年 12 月，西来中学通过镇江市教育现代化先进乡镇的创建评估验收。2000 年，又顺利通过了镇江市教育现代化创建先进乡镇的合格验收。

2000 年，扬中市又提出丰富教育现代化的内涵，全面提高教育现代化水平和层次，积极实施创建省教育现代化达标工程的要求。2002 年暑期，西来中学投资 18.5 万元，改造部分教学、生活用房，新建 2 块多功能标准球场。后又与西来中心小学共同投资 100 多万元，新建师生餐厅楼，扩大绿化面积，美化学校环境。

2006 年，政府加大对教育的投入，添置了大量的体育设施和理、化、生实验器材设备，使办学硬件上了一个新的台阶。

2006 年暑期，西来中学和西来中心小学合并为“西来桥学校”。校园布局再次调整。整合后的校园总面积为 28000 平方米（约 42 亩），建筑面积 5776 平方米，运动场面积 7080 平方米，绿化面积 1380 平方米，图书馆藏书 2.6 万册。校园面貌和教学条件发生了全新的变化。

2.学制 课程 教材

学制

民国 11 年（1922），民国政府颁布《学校系统改革草令》，规定了新学制，亦称“辛酉壬戌学制”，规定初级中学学制为三年制。

1949 年秋至 1951 年，扬中初级中学实行三年制。

1951—1968 年，扬中县普通中学执行 1951 年中央人民政府政务院《关于改革学制的决定》，中学分初中、高中，修业年限各为 3 年，幸福中学起初为初级中学，设初一、初二、初三年级。

1969—1979年，按照江苏省革命委员会1969年通令，中学修业年限为初中2年、高中2年。1970年，幸福初级中学增设高中部，执行初、高中各2年制的规定。

1979年，根据扬中县文教局统一部署，将初中学制改为3年，当年秋学期入学的初中一年级新生全部实行3年制。是年，扬中县中学仍从初二年级学生中择优录取高中一年级新生2个班，未被县中录取的初二年级学生，全部升入初三年级。

20世纪80年代初，高中学制改为3年，1982年9月幸福中学入学的高一年级学生全部为3年制。

课程

1958年，幸福初级中学开办后，所设课程为：语文、数学、历史、社会主义教育、地理、生物、物理、化学、生产劳动、体育、音乐、图画。

1963—1966年上半年，初中课程执行中共中央《全日制中学暂行工作条例（草案)》（简称《条例（草案)》)，设置语文、数学、政治、外语、历史、地理、物理、化学、生物、体育、劳动等课程，每节课为50分钟。生物学科的安排是：初一年级植物学，初二年级上学期动物学，下学期生理卫生。历史学科的安排是：初中二、三年级中国历史。地理学科的安排是：初中一年级中国地理。

“文化大革命”时期，中学课程设置紊乱，除继续开设语文、数学、外语课程外，以毛泽东思想课程作为政治课程，取消物理、化学课程，改设以电动机、柴油机、拖拉机和水泵（简称“三机一泵”）的结构与使用为内容的“工业基础知识”课程；取消生物课程，改设以农业“八字宪法”为授课内容的“农业基础知识”课程。另外开设“军体”课程，取代体育课程；开设“革命文艺”课程，取代音乐、美术课程；开设劳动课程，以便“学工”“学农”。外语课程为英语。

1977年秋，中学取消工业基础知识、农业基础知识、军体、革命文艺课程，恢复物理、化学、体育课程，初中恢复音乐、美术课程。

1982年秋学期，根据县文教局《关于进一步贯彻执行〈全日制六年制重点中学教学计划试行草案〉的通知》，扬中县各中学“高中一年级以及部分完中（县中、新坝、八桥）的六年制高中二年级，执行部分《全日制六年制重点中学教学计划》。五年制高中二年级，仍执行《全日制五年制中学教学计划》”。

1982 年扬中县全日制中学教学计划表

表 1-4　　单位:课时/周

科目＼周课时＼年级	初中 一	初中 二	初中 三	高中 一	高中 二	总课时数
政　治	2	2	2	2	2	320
语　文	6	6	6	5	4	872
数　学	5	6	6	3	6	926
外　语	5	5	5	4	5	768
物　理	—	2	3	4	5	432
化　学	—	—	3	3	4	304
历　史	3	2	—	3	—	266
地　理	3	2	—	2	—	234
生　物	2	2	—	—	2	192
生理卫生	—	—	2	—	—	64
体　育	2	2	3	2	2	320
音　乐	1	1	1	—	—	100
美　术	1	1	1	—	—	100
每周上课时数	30	31	31	31	30	4898
劳动技术	2 周			4 周		432

1991 年初，普通高中一年级开始执行国家教委下发的《现行普通高中教学计划的调整意见》。调整后的课程结构由学科课程和活动课程两部组成。学科课程采取必修课和选修课两种形式；活动课程包括课外活动和社会实践活动。

1991年扬中县普通高中教学计划一览表

表1–5

科目＼周课时＼年级	高一	高二	高三	授课总时数
政　治	2	2	2	184
语　文	4	4	5	399
数　学	5	4	5	430
外　语	5	4	—	276
物　理	3	3	—	184
化　学	3	3	—	184
生　物	—	3	—	92
历　史	4	—	—	123
地　理	—	3	—	92
体　育	2	2	2	184
劳动技术	每学年4周	每学年4周	每学年4周	432
社会实践活动	每学年安排2周,在劳动技术课、课外活动课或学科教学活动时间内进行			
每周必修总课时数	28	28	14	2149
选修课	3	4	16	706
课外活动	6(体育锻炼3、其他3)	同高一年级	同高一年级	—
每周活动总量	37	38	36	—

1993年秋学期，扬中县各级中学起始年级实行新的课程方案，幸福中学、南阳中学均按此方案安排课程。

1993年扬中县全日制初级中学教学计划一览表

表1–6

科目＼周课时＼年级		初中			初中总课时数
		一	二	三	
学科类课程	思想政治	2	2	2	200
	语文	6	6	5	563
	数学	5	5	5	570
	外语	4	4	4	400
	历史	2	3	2	234
	地理	3	2	—	170

续表 1-6

科目 \ 周课时 \ 年级		初中 一	初中 二	初中 三	初中总课时数
	物理	—	2	3	164
	化学	—	—	3	96
	生物	3	2	—	170
	体育	3	3	3	300
	音乐	1	1	1	100
	美术	1	1	1	100
	劳动技术	2	2	2	200
	周学科时	32	33	27	3074
活动类课程	晨会(夕会)	每 天 10 分 钟			
活动类课程	班团队活动	1	1	1	100
活动类课程	体育锻炼	3	3	3	300
活动类课程	周课时活动	4	4	4	400
地方安排课程		5			
周课总量		36	36	36	3634

1994 年 9 月起，中学执行新工时制（每周工作 44 小时），根据国家教委通知精神和镇江市下发的初中教学计划课时调整表和调整后的高中教学计划表安排教学。

1995 年 9 月，实行全日制普通中学每周工作 40 小时的标准工作制度。初中继续调减课时数，各年级学科教学每周最高时数为 29 课时。普通高中按扬中市教育局所发《普通高中教学计划表》安排教学。

2002 年 8 月 22 日，扬中市教育局印发《扬中市义务教育课程设置实施方案》，规定设学科课程、综合实践活动课程和地方课程。2003 年起，初级中学执行新的周课时计划。

教材

20 世纪 50 年代初期至 21 世纪初，除“文化大革命”时期，中学学科采用人民教育出版社（简称人教版）教科书。

“文化大革命”时期，人教版教材被批判，停止使用，中学采改用镇江地区、扬中县或者学校编写（印）的教材。1973 年起中学使用省中小学教材编写组编印的教材。

1978 年秋学期起，中学从初中一年级、高中一年级开始使用人教版教材，并逐步停止使用江苏省中小学教材编写组编写的教材。1980 年秋学期，中学所有年级全部使用人教版教材。

1984 年 10 月，中学使用扬中县地理教学中心组编写的《扬中乡土地理》。

1991 年，初一、初二年级使用乡土教材《扬中历史》。1992 年，根据扬中县教育局统一要求，中学初二年级物理学科开始使用上海科技出版社出版（简称沪科版）的教科书。1993 年秋，中学初中一年级数学学科开始使用江苏教育出版社出版（简称苏教版）的教科书。1995 年，使用乡土教材《扬中》。

1993—2003 年，初中使用沪科版物理课本。1995—2003 年，初中使用苏教版数学课本。2003 年秋，初二年级物理学科开始使用江苏科技出版社出版的教科书，初一年级各学科分别使用不同出版社出版的教科书。

西来中学男、女篮球队获奖情况

1990 年在扬中市中学生篮球比赛中分别获男子、女子组第二名。

1991 年在县第 12 届运动会农村部中学生篮球比赛中获男子组第三名。

1992 年中学篮球比赛中分别获男子、女子组第二名。

1993 年市中学生篮球比赛中分别获男子、女子组第一名。

1994 年获中学生篮球比赛男子组团体第一名。

1995 年在市第 13 届运动会中学生篮球比赛中，获男子、女子组第一名。

1996 年在市中学生篮球比赛中分获男子、女子组第一名。

1997 年 4 月在市中学生篮球比赛中分获男子、女子组第一名。

1997 年 7 月在市中学生篮球比赛中获女子组团体第一名。

1997 年 7 月中学生篮球比赛中获女子团体第三名、女子、男子组第四名。

1998 年市中学生篮球比赛中分获女子组第一名、男子组第二名。

1998 年在镇江市中学生篮球比赛中获女子组团体第二名。

2000 年在市第三届教职工篮球比赛中获第六名。

2001 年在市中学生篮球比赛中分获女子组第一名、男子组第二。

2002 年在市中学生篮球比赛中分获女子组第一名、男子组第二。

2003 年在市中学生篮球比赛中分获女子组第一名、男子组第二名。

2004 年 5 月在镇江市第 12 届运动会青少部篮球比赛中获男子丙组第四名。

2005 年被镇江市体育局、教育局授予 2005—2008 年度镇江市体育传统项目学校。

1958—2006年西来(幸福)中学办学情况表

表1-5

学年	班级数(个)			学生人数(人)			专任教师数(人)		
	初中	高中	合计	初中	高中	合计	初中	高中	合计
1958	1		1	58		58	3		3
1959	3		3	166		166	7		7
1960	5		5	274		274	11		11
1961	5		5	250		250	13		13
1962	4		4	200		200	12		12
1963	3		3	150		150	12		12
1964	4		4	200		150	12		12
1965	5		5	250		250	12		12
1966	6		6	300		250	12		12
1967	6		6	300		300	12		12
1968	6		6	300		300	12		12
1969	6		6	300		300	18		18
1970	8	1	9	400	50	450	18	4	22
1971	8	2	10	400	100	500	32	8	40
1972	8	3	11	400	150	550	36	8	44
1973	8	3	11	400	150	550	36	10	46
1974	10	4	14	500	200	700	36	10	46
1975	10	4	14	500	200	700	37	10	47
1976	13	4	17	720	200	920	40	10	50
1977	13	3	16	754	150	904	40	10	50
1978	13	3	16	754	150	904	41	10	51
1979	12	3	15	720	150	870	45	10	55
1980	12	3	15	730	150	880	45	10	55
1981	12	2	14	720	100	820	46	10	56
1982	10	2	12	548	100	648	46	8	54
1983	11	3	14	613	150	763	46	8	54
1984	12	3	15	656	150	806	46	10	56
1985	11	3	14	581	150	731	50	10	60
1986	11	3	14	540	150	690	50	15	65
1987	9	3	12	409	150	559	50	15	65

续表 1-5

学年	班级数(个)			学生人数(人)			专任教师数(人)		
	初中	高中	合计	初中	高中	合计	初中	高中	合计
1988	9	3	12	421	150	571	50	15	65
1989	10	3	13	481	150	631	50	15	65
1990	12	4	16	468	175	643	59	19	78
1991	12	3	15	510	165	675	61	19	80
1992	12	3	15	503	173	676	56	21	77
1993	12	3	15	494	166	660	55	20	75
1994	12	3	15	503	179	682	56	19	75
1995	13	3	16	657	122	779	57	18	75
1996	13	3	16	675	129	804			75
1997	11	3	14	500	99	599			72
1998	11	3	14	484	99	583			76
1999	12	3	15	590	112	702			70
2000	14	3	17	660	96	702			67
2001	14	3	17	709	84	793			55
2002	14	3	17	724	87	811			52
2003	14	3	17	702	86	788			65
2004	14	3	17	667	81	748			65
2005 2006	13	3	16	589	82	671			64

1958—2006 年西来（幸福）中学行政人员情况表

表 1-7

任职时间	校　长	副校长	党支部书记
1958.8—1962.7	许金棣	章明志	
1962.8—1969.7	章明志		
1969.8—1976.7	袁东明	陆廷松　王正国	袁东明
1976.8—1978.7	刘国善	王正国	刘国善
1978.8—1979.7	冯友文	石肇英	冯友文
1979.8—1982.7	戴伯章	石肇英　季建中	戴伯章
1982.8—1990.7	冯友文	季建中　印宏振　陈纪章	冯友文
1990.8—1997.7	印宏振	于守洪　朱秀林	陈纪章
1997.8—2001.7	陈纪章	朱秀林　印兴春　沈连生	
2001.8—2006.7	沈连生	朱秀林　施正文　印兴春　姚恒林	沈连生

1968—1996 年南阳初级中学办学情况表

表 1-8

学年	班级数(个)	学生人数(人)	专任教师数(人)	教职工数(人)
1968	4	200	6	10
1969	6	300	12	16
1970	6	300	16	20
1971	7	360	16	20
1972	7	364	16	20
1973	8	450	16	20
1974	8	450	16	20
1975	4	456	16	20
1976	8	458	16	20
1977	8	458	16	20
1978	8	463	16	20
1979	8	460	20	24
1980	6	360	20	24
1981	7	402	20	24
1982	7	390	20	24
1983	7	385	20	24
1984	6	340	20	24
1985	6	300	24	30
1986	7	350	24	30
1987	7	350	24	30
1988	8	404	24	30
1989	8	420	24	30
1990	7	303	24	30
1991	7	280	24	30
1992	6	283	24	28
1993	6	273	24	29
1994	6	270	24	29
1995—1996	6	280	24	29

1968—1996年南阳初级中学历任校长情况表

表1-8

姓　名	任职时间
王正国	1968.8—1974.7
王洪森	1974.8—1978.7
倪正宏	1978.8—1984.7
陈纪章	1984.8—1986.7
印兴春	1986.8—1996.7

二、农业中学

1958年，贯彻“两条腿走路”的方针，县教育局要求在办好普通中学的同时办好农业中学。是年，幸福公社在创办幸福初级中学的同时，创办了“幸福农业初级中学”。幸福农业初级中学的校址在西来桥中心小学校操场的东侧，占地5亩左右，均为高田。11间平房校舍，当年春动工兴建，秋季竣工即招收首届一个班学生30人入室就学。

当时，农业中学的办学模式为半天上课、半天劳动。学校自有16亩农田，还饲养了十几只羊。一度时间，学生集体食宿在校。在短短时间内，幸福初级农业中学办学成绩显著，颇有影响，时任校长郭殿国还参加了全国各条战线先进表彰会。

1962年，贯彻“调整、巩固、充实、提高”的方针，幸福农业初级中学被撤并到幸福初级中学。

1959年8月，境内又创办了“南阳农业中学”（今南旺村），后在“文化大革命”期间停办。

第五节　成人教育

民国时期，农民文化教育称民众教育。

据《扬中县志》记载：“民国15年（1926），创建‘农民教育馆’。馆址在龙王庙，至民国23年（1934），改名‘中心民众学校’，直至民国26年（1937）抗日战争爆发时停办。”另据《武进县志》记载：“民国16年（1927），县城各县立学校开办民众学校，农村试办4所，课程开设国语、常识、算术3门，1个月毕业，一年办2期，一概免费。”

民国24—25年（1935—1936），扬中县县长洪康燮积极推行成人识字教育，全县各公立小学及改良私塾，都设“强迫识字班”，编教《三民主义千字课本》。规定16—35岁不识字者都要参加学习，考试及格发毕业证书。在这一时期里，西来桥境内兴起了妇女入学读书之风，好多妇女通过学习脱了文盲帽子。

1940年，扬中县抗日民主政府组织农民（特别是中青年妇女）识字明理，县文教科长赵良斌（今兴隆镇红专村人，时住西来桥南旺村11组）曾编印识字课本。如“火火火，日本鬼子放的火”“大村小村，大村人多，小村人少”“好铁要打钉，好男要当兵”“吃菜要吃白心菜，当兵要当新四军和八路军”，既用来教文识字，又用来鼓舞人民抗日救国。

全国解放后，人民政府十分重视农民文化教育，大办冬学民校等，在大力扫除文盲的同时，努力提高农民的政治思想和文化知识水平。1950 年，西来桥境内各村、埭普遍办有冬学，除聘请学校老师兼教外，还发动村中有文化的积极分子予以辅导。后又在冬学的基础上创办了几十所常年民校。

1958 年，开展突击扫盲运动，当年扫盲率达 36%，幸福乡被评为省、地、县的扫盲先进单位。当时红星大队的女社员黄桂英，是远近闻名的学习积极分子。江苏青年报以一个版面刊登了她“火烧眉毛的故事”，并在头版头条发表了《只要功夫深，铁棒磨成针》的评论文章。《中国青年》《中国青年报》《新华日报》《文化新闻》《江苏扫盲通讯》《扫盲简报》等报刊都相继报道了有关黄桂英的专访、通讯文章。《扬中文艺》还刊登了歌唱黄桂英的歌曲。

1962 年后，各大队都建起业余学校。“文化大革命”开始后，全部停顿。1971 年后逐步恢复。1979 年，创办业余高小班，并在新华、新民、西来、双三、胜利等大队试办初中班和农技班。当时，全公社有业余高小班 11 个，扫盲班 8 个，农技班 12 个，参加学习的有 1480 余人。

1983 年 11 月 17 日，建立乡成人教育中心校，由乡政府分管乡长任校长，文教助理任副校长，专职业余教育人员任常务副校长，主持日常工作。是年，乡成人教育中心校培养了 146 名教学办学骨干。

1984 年春，经上级验收，认定幸福乡较好地完成了村扫盲任务，非文盲率达 94%。

1989 年，县文教局下拨 6 万余元，建造一幢成人教育大楼，建筑面积 330 平方米，占地 1.33 亩，绿化面积 260 平方米。

1992 年，经县编委会批准，西来桥镇成人教育中心校成为独立建制的人民事业单位。1993 年，成人教育中心校与镇江市警官学校合办了为期三年的机电中专班，学员多为地方企业单位的委培生。警官学校认定经考试合格学生的中专学历。

1996 年，成人教育中心校创办电脑培训班，2001 年，又牵手江苏省会计函授中心，联合举办一期函授教学中专财会班。

2002 年后，成人教育中心校每年均举办各类技能培训班，如车钳工、电焊工、电脑、服装培训班等，并创建农科教示范基地，帮助农民发家致富。

1950—2006年西来桥镇(福星区、幸福公社、幸福乡)
成人教育专职辅导员情况表

表1-7

行政区域名称	年　份	专职辅导员
福星区	1950—1953	陈志刚　崔会文
	1954—1955	华中坤　聂刚直
幸福乡	1956—1957	许炳章　吴昌文
幸福公社	1958—1962	吴昌文　袁明礼
	1963—1967	周育三　吴昌文
	1968—1973	施大章
	1974—1976	印兴春
	1977—1978	方兴清
	1979—1982	吴昌文
幸福乡	1982—1984	吴昌文
西来桥镇	1985—1992	吴昌文
	1992—1996	曹德才
	1997—1999	曹德才　于守其
	1999—2004	曹德才　梅方良
	2005—	印永才　梅方良

第二章 科 技

解放初期，扬中大力推广农业科学技术，西来桥境内进行耕作制度改革、作物品种改良、施肥技术改进及植物生长保护等，粮食产量得到提高。

“文化大革命”中，社办工业基于自身生存和发展需要，从外地引进科学技术，同时在生产过程中加之研究实践，取得了一些成果。

中共十一届三中全会以后，随着家庭联产承包责任制的落实和乡镇企业的蓬勃发展，人们愈来愈感悟到科学技术是重要生产力，学科学、用科学积极性高涨。乡村农业、企业与大专院校、科研单位、大工厂横向联系趋于密切，科技情报网络日臻健全，科研队伍扩展，科普宣传频繁，科技成果逐年增多，经济效益显著。

第一节 管理机构

1984 年 8 月 10 日，成立幸福乡科技协会，选举产生了理事会，理事会下设农业、多经、工业、财政、医学、文化等组。

1995 年 8 月，成立西来桥镇科学技术委员会，下设办公室，专职人员 1 人。镇科学技术委员会的主要工作任务为：在镇党委、政府的领导和上级主管部门的指导下，认真实施“科教兴镇”战略，积极开展工业、农业以及各项社会事业的科技宣传、服务活动，努力提高全镇的科技发展水平。

第二节 科研队伍

1984 年后，境域科研队伍日益壮大，至 2006 年，科技人员达 250 余人。这些人才，来源于国家分配、招聘引进、定向培养和自学成才四个方面，分布在工业、农业、卫生等各个系统。

工农业系统科技人员共 211 人。其中具备高级工程师职称的 9 人，工程师、农艺师、兽医师等中级职称的 46 人，助理工程师、助理农艺师、助理兽医师等初级职称的 156 人。

卫生院科技人员共 39 人。其中副主任医师、主治医师 18 人，主管护师、护师、护士 15 人，中药师、西药士 3 人，主管检验师、检验师 2 人，卫生管理师 1 人。

1984 年成立乡科学技术协会后，各村委会明确村主任主管农业科技的职责，配备稳定的农技员队伍。各企业都配备分管科技的专、兼职副厂长或副经理。规模骨干企业均专设技术科。学校设有“青少年科技辅导员”岗位。

第三节　科普活动

一、科普宣传

1984年至2006年，共征集科技、教育论文15篇，举办科普讲座20次，听讲座15268人次。举办科普和破除迷信图片展览6次；科普专栏、黑板报54块，出刊30期。西来中心校12个科技兴趣小组常年开展“小发明、小论文”活动。

二、科技培训班

1984年至2006年，举办农、副业知识培训班66期，累计达1200多课时、5000多人次。内容为：三麦免耕法、抛秧、机插秧、化学除草、病虫害防治、迷雾器使用、家禽防病治病、鱼类养殖、蘑菇繁殖等。

举办企业管理培训6期，参训人员254人次；建筑知识培训班3期，参训人员120人次；机械制图班2期，参训人员40人次；电工知识培训班2期，参训人员50人次。

举办缝纫技术培训班3期，学员84人；财会培训班1期，学员68人；统计培训班1期，学员36人。

第四节　工业科研成果　农业技术推广

一、工业研究成果

2000年，镇江江洲蓄电池隔离板有限公司研制的铅酸蓄电池微孔聚乙稀隔离板被列为国家级重点新产品。

2001年，捷野GF125、152米摩托车离合器总成被认定为江苏省高新技术产品。

2002年，江苏荣昌化工有限公司的高性能工程机械专用涂料和水性涂料、镇江市铸造阀门厂的DS-Y型智能微生物液态反应器、镇江江冠电器有限公司的10千伏硅橡胶冷收缩电缆终端中间接头、扬中市新沸电讯有限公司的太阳能广告电话亭均被列为江苏省星火计划项目。

二、农业技术推广

新中国成立后，党和人民政府十分重视农业技术的推广工作。随着对毛主席“农业八字宪法”（土、肥、水、种、密、保、管、工）的深入宣传，农业技术的推广扩展到农业生产的各个环节。

20世纪50年代初偏重于发展水利、合理用水和耕作制度的改革、新品种的推广，以及相关种植技术的应用。中后期注重栽培和田间管理的技术改良。

60年代初注重对土壤增肥改良，大积大造有机肥的同时，施用少量化学肥料和农药。逐步推广农业机械，1963年在母子港建成公社第一座排灌机站，1965年在三岔港建起第一座电力排灌站，至60年代末，农村普及电水泵打水。70年代中期实现机械耕作，无耕牛耕作。80年代初基本实现耕种、收割、脱粒机械化。80年代中期，大面积使用化学除草剂。90年代基本实现农业电气化、化学化。

三熟制种植技术 20世纪60年代中期，境域推行三熟制种植（麦、稻、稻），重点推广“双季稻”种植技术。

杂优稻种子培育技术

20世纪70年代中期，境域推行杂优稻栽植，但杂优稻种子需要杂交培育，公社农技站先派员到海南学习，然后回到各大队农科队进行集中培育，满足全境农田栽植需求。

“三水一萍”繁养技术

在提高农田肥力中，境地在20世纪60年代中期推广“三水一萍”（水浮莲、水花生、水葫芦和绿萍）繁养技术，公社有专职技术指导员，各大队都有专养员，水面养殖普及各生产小队。

食用菌培育技术

20世纪60年代末70年代初期，境域引进木耳（白木耳、黑木耳）、蘑菇培育技术，新华大队办起小型培育场，众多农户家庭亦零散培育。80年代初又引进平菇培育技术，公社办培植技术培训班，农户家庭培育。

防治螟虫害技术

20世纪50年代初，冲破迷信思想阻力，采用人工捉卵、点诱蛾灯、拔枯心苗，掘、烧稻根等方法，辅以药物，扑灭螟虫。50年代中期，根据螟虫生长规律，采取更换水稻品种，实行茬口避螟。以后，随着农药的增多，改为农药防治为主。

机电灌溉技术

1965年建成第一座电力排灌站——三岔港电力排灌站，60年代末境内普及电力灌溉。

稻田养鱼技术

20世纪60年代末，境内引进稻田养鱼（鱼苗）技术，新民、合兴、新升等大队均有几十亩基地。

稻鸭共养技术

20世纪70年代中期，引进稻鸭共养技术，新华大队建立基地，稻田不施农药，稻苗避免虫害，鸭子成长较快。

抛秧技术

秧苗移栽一直为人工栽插。20世纪90年代初推广抛秧，重点是在用秧盘培育秧苗上，此技术推开后，境内家家户户均采用抛秧移栽方法。

水稻直播技术

21世纪初年试行直播，直播分水直播和旱直播，农户根据圩势水系而选用，至2006年普及率达100%，农民彻底告别面朝黄土背朝天的插秧方式。

水稻水管技术

过去，稻田一般为自流灌溉，田内长期积水。1956年，学习陈永康经验，适时搁田，1964年改进水浆管理，提倡浅水栽秧，深（寸）水活棵，薄水分蘖，适时烤田，有水孕穗，干干湿湿长籽粒。70年代提倡稻田扒沟，有利于水浆管理，有利抗倒防病。随着抛秧和水旱直播的推行，水管要求更高。

药剂除草技术

20 世纪 70 年代初，推广药剂除草。此技术重在适时、适量的把握上。此后，麦田一般不薅草，水稻田亦大面积使用药剂除草。

蔬菜地膜覆盖、小棚栽培技术

20 世纪 70 年代中期，引进地膜覆盖技术，以增温保苗，80 年代初应用于蔬菜生产，北胜村蔬菜基地最早发展为小棚栽培。该技术一般可使蔬菜早上市 10~18 天，增产 10%~50%，增值 20%~110%。

第三章　文化艺术

西来桥境内居民，大多为积沙成洲时从大江南北前来垦殖的移民，习俗各异，自然形成多元文化，民间文艺活动形式多样，较为活跃。旧时逢年过节，大户人家自设场子，搭台唱戏，贫民则自由组合进行歌舞演唱，颇为热闹。舞龙灯、玩花船、要狮子、跑马灯、唱麒麟等均为传统的民间文艺活动形式。

解放前，境内无文化机构，亦无政府组建的文艺团体。抗日战争时期，所开展的大唱抗日革命歌曲、演话剧等，多为学校组织开展。

1949 年 4 月解放后，党和人民政府十分注重文化事业建设，境内先后办起了俱乐部、文化站、广播站、文化中心、业余文艺宣传队、电影放映队等，群众的文化生活日益丰富。

第一节　机构及设施

一、文化站、文化中心

西来桥文化站　解放初，西来桥地域为福星区。区建有俱乐部。1956 年，幸福乡划归八桥区，俱乐部亦随之撤并。

1957 年，县撤销区级设置，实行县乡两级制。是年 2 月，幸福乡建立民办文化站。

1958 年 9 月，乡民办文化站转为民办文化馆。1961 年，幸福文化馆又更名为幸福文化站，并转为全民性质，所任文化站长亦为国家干部。

1984 年，西来桥新建集镇，文化站在新街划地建造文化大楼，占地面积为 2.7 亩，建筑面积为 240 平方米。至此，西来桥文化站有了独立的文化阵地，开设了图书馆、阅览室、乒乓室、弈棋室、电视放映室、老年活动室等。

1985 年，在撤乡建镇中，幸福乡文化站更名为西来桥镇文化站。

1996 年，西来桥文化站运用借鸡生蛋的方法，吸纳民资，开办了舞厅、台球娱乐馆、音乐茶座，使阵地活动项目增添到 10 项之多，并建成了“万册图书馆”，室内活动面积达 770 平方米，是年，晋级为镇江市二级文化站。

幸福文化站属于民办性质时，由于群众文化活动较活跃，1958 年秋，镇江地委宣传部曾到此召开现场会，省委宣传部领导亦至此考察。

20 世纪 80 年代里，幸福文化站“以工养文”搞得很有特色，市县曾大力推广，并得到省文化厅的充分肯定，站长周育三受到省表彰。

20 世纪 90 年代中期，农村文化开展创建活动，西来桥一举创建成“江苏省先进文化镇”，站长陈旭文受到市文化局嘉奖，并被评为镇江市社会文化工作先进个人。2005 年，西来桥镇被评为“镇江市特色文化乡镇”。

1957—2006 年西来桥镇(幸福公社、幸福乡)文化站站长情况表

表 3-1

时　　间	名　　称	站　长
1957.2—1958.12	幸福乡文化站(馆)(民办)	吴昌文
1959.1—1962.3	幸福公社文化站(全民)	于有芳
1962.3—1985.6	幸福公社文化站	周育三
1985.6—1989.2	西来桥镇文化站	周育三
1989.2—1992.2	西来桥镇文化站	秦恒春
1992.8—	西来桥镇文化站	陈旭文

西来桥文化中心 1981 年 10 月，成立"幸福乡文化中心"。文化中心领导小组由政府分管镇长、宣传干事、文化站长、人武干事、妇联主席等组成。办公室设在文化站。文化中心在文化站原有设施的基础上，扩大和增辟了电视放映室、成人教育教室、篮球场等，文化站阵地建成为全镇的文化娱乐中心。

1983 年底，文化中心房屋借作他用，部分活动停业。

90 年代后，文化中心以文化站为主体开展相关工作。

二、图书馆

解放前，西来桥境内无公益图书馆。

50 年代初，西来桥为福星区，区建俱乐部时，始有少量书刊供区政府内部人员借阅。

1957 年 2 月，幸福乡建立民办文化站，筹集了几十本图书，有 10 多种报刊供群众借阅。1961 年，文化站转为国办性质，图书借阅成为文化站阵地的主体项目。至 60 年代末，文化站图书室已筹集到近千册图书、10 多种报刊供群众借阅。各大队亦相继设立流动书站，由大队团支部代管。

20 世纪 70—80 年代，公社文化站图书室存书量逐年增加，至 80 年代末，文化站图书室藏书总量已达 5000 多册，报刊 20 余种。图书室、阅览室面积有 60 多平方米，并聘用 1 名专职图书管理员。1979 年后，县图书馆多次对农村基层图书管理员进行培训，图书室藏书、借书实行规范管理，对读者发放借书证。至 1985 年，幸福文化站图书室发放借书证 200 多份。

1996 年，西来桥镇在创建省先进文化镇时，同时创建成了镇"万册图书馆"。图书馆依然设在镇文化站，藏书室、阅览室总面积达 120 多平方米，拥有书橱 22 顶，30 多个座位。2000 年增辟少儿阅读专柜，有少年读物 1500 余册。2001 年，图书馆又增辟"民兵之家"园地。至 2006 年，西来桥镇图书馆发放借书证 400 多份，年阅读达 13000 多人次。

2004 年，全市各村开始创建"农家书屋"，书屋面积不小于 20 平方米，藏书量最低不少于 500 册，报刊不少于 10 种。至 2006 年，西来桥 6 村 1 社区全部创建了"农家书屋"，在全市率先实现村村都建成"农家书屋"的目标。其中，福星村藏书量达千册，西来村藏书量达 2000 余册。全镇各村"农家书屋"全部建立了管理制度，每天向村民开放。

三、电影放映及演出场所

电影放映 50 年代和 60 年代里，均由扬中县电影放映队使用 16 毫米的放映机到境地放映。县放映队到西来桥放映时，电影放映机、放映片都是用独轮车自上而下推送到各乡放映处。由于路途较远，运输不便，故电影队到西来桥放映次数较少。

1970 年，根据偏远地区群众看电影难的实际情况，镇江影剧公司优先分配给幸福公社一台 8.75 毫米的电影放映机，放映机由公社广播站负责管理，并安排兼职放映人员。1971 年，公社建立放映队，配备专职放映人员。当时电影队专制两只木箱，下乡放映时机、片一担挑，电影机虽小，但深得群众欢迎。有新片上映时，放映队先在公社大会堂卖票放映，其余时间几乎每天巡回在各大队放映。有时好片上映时，还向外境借调放映机跑片放映。

1979 年，公社放映队购置了 16 毫米的电影放映机，不仅在大会堂放映，同时也用车拉到各大队巡放外场。1985 年底，镇放映队又购置了 35 毫米的电影放映机，主要在镇影剧院座机放映。

1970—2006 年西来桥镇(幸福公社、幸福乡)电影队负责人更迭情况表

表 3-2

时　间	负责人	时　间	负责人
1970—1971	杨韶华(兼)	1974—1979	印永公
1971—1972	丁基宏	1980—2006	宋保锡
1972—1974	曹德才		

公社大会堂 解放初期，境内社会文化人发起筹资，将原建在东街中段南侧的“武进县福星洲公立初级小学”校舍修缮改造为能容纳 300 多观众的剧院。70 年代初期，政府出资，将其扩大改造为简易大会堂。会堂能演正规大戏，并兼营电影放映业务，能容纳 600 多观众。

南旺影剧院 1982 年，农村实行家庭联产责任制，南旺桥村 8 组便将集体仓库改建成剧场，水泥舞台能供正规剧团演出，丹阳锡剧团亦曾到此演出。能容纳 500 个观众。亦能兼营电影放映业务。

双三影剧院 1984 年，双三村根据正规剧院制图建造。房屋为钢骨水泥结构，舞台为木质台面，左右宽 22 米，前后深 18 米，高 12 米，能供正规大型剧团布置全景演出，并供 35 毫米放映机座机放映。观众厅为两层，下层安装 700 张固定座椅，二楼安装 120 张固定座位。剧场另设票房、门厅、饭堂及宿舍。90 年代中期，影剧市场萧条，双三影剧院停业改作厂房。

第二节 群众文艺队伍

一、文工团

1958 年，创办幸福公社文工团，各管理区（生产大队前身）亦建起文工团，开展大创作、大演出活动。创作节目以人民翻身做主人为主线，多以当地现实材料为基础，感染力强，教育意义大。如《施大根翻身》《血海深仇》《天壤之别》《赤胆忠心》等。

三年困难时期，公社、大队文工团基本处于停顿状态。

1963 年，公社文化站重新组建“幸福公社文工团”。共有 30 多人，短时间即排演了《红嫂》《三世仇》《三月三》等大型节目，曾在全县轰动一时。县里开会，经常指定幸福文工团参加演出。此外，文工团还应邀赴武进、丹阳邻近乡镇演出。为解决经费问题，公社文工团还办起了“幸福砂轮厂”“幸福柳器厂”，文工团人员亦文亦工。

1966 年，公社文工团改称毛泽东思想文艺宣传队。

二、文艺宣传队

“文化大革命”开始后，公社文工团改称毛泽东思想宣传队，各大队（时为 11 个大队）都成立了文艺宣传队，一般都在 20 人左右。开始以唱红歌为主，兼排演一些快板、三句半、表演唱之类的短小节目。后来则发展到以排演“样板戏”为主。公社宣传队能演《红灯记》《沙家浜》《红色娘子军》等多场样板戏。演员、文武场实力较强的几个大队的文艺宣传队也排出了全场。新民大队、红星大队、新升大队排演了《沙家浜》全场，胜利大队排演了《红灯记》全场，日新大队排演了歌剧《白毛女》全场。其中歌剧《白毛女》曾参加扬中县和镇江地区文艺调演，其精湛的演出享誉江洲上下。

1971 年 9 月，公社又重新以招考的形式从各大队选拔了一批年轻演员充实公社文艺宣传队，宣传队员为三级证明工，先是附属在社办厂中。队员集中食宿，白天上班，晚上集中学习排练，早晨练功。新老队员共 30 多人。主要以演出自编、自创节目为主，常年到各大队巡回演出。这一时期，各大队宣传队基本停锣。

1976 年，文化站独立办厂，由公社委派厂长，工人全为宣传队员。先后办起了“工具厂”“注射器厂”“汽车配件厂”等。幸福公社文化站当时“以工养文”很具特色，以致在县、市、省推广。这一时段里，演员实力强，创作实力也较强，先后创作了《常春河畔》《喜看新貌》《还有十八天》《火中真情》《杏花二月》《皮匠新传》等 30 多个优秀小戏和《老崔的报告》等 10 多个小品。其中《火中真情》获扬中县 1983 年文艺会演创作、演出一等奖；《杏花二月》获 1984 年扬中县创作、演出一等奖，镇江专区创作、演出二等奖，江苏省创作评比三等奖。

到 80 年代末，随着社会经济转型，政府不再集中办宣传队。原站办工厂中的文艺宣传队员也自找门路，各有流向。

第三节　群众文化活动

清末至民国初期，西来桥境域文化活动均为民间自发组织。逢年、逢会、过节，地方大户人家摆场子搭台唱戏，有时一下子连唱十多本。春节期间，民间文艺活动颇为热闹，其形式有舞龙灯、玩花船、要狮子、跑马灯、挑花担、踩高跷、唱凤凰等。集镇几家茶馆都设了书场，不定期邀请艺人到此说唱表演。

抗日战争期间，抗日民主政府重视群众文化活动。县、区、乡学校都成立话剧团，时常搞演出活动，并组织群众大唱革命歌曲，大力宣传抗日救国思想。

解放后，几乎各村各埭都建立了文艺活动场所（大都以各民校为阵地），每个小乡都有剧团。西来桥旅沪同乡会为支持家乡，给各剧团赠送了布幕、器乐及戏装道具等。各剧团配合政府大力宣传《中华人民共和国婚姻法》和互助合作化运动，排练演出《梁祝》《走上新路》《两兄弟》《刘介梅忘本回头》《雨过天晴》等优秀新剧目，在全乡巡回演出。

农业合作化期间，又以初级社、高级社为单位，成立业余剧团，大力开展宣传演出活动，促进了农业集体化运动的迅猛发展。

1958 年，幸福公社办起脱产文工团，各生产大队也都有小剧团，有的生产小队、家庭也能单独搞演出。合兴大队第九生产小队唐家书一家五口齐登台，演出《合家争取上北京》的小剧目。当时，“奶奶歌唱队”“老老歌唱队”也相继出现。合兴大队 83 岁的老社员葛金山夫妇登台演唱《人民公社好》等歌曲，被选送参加县文艺演出，县广播站还给予实况转播。此后，全公社办起了几十个老年人歌唱队。江苏《文艺新闻》《文化革命》报均予以报道。

“文化大革命”至 20 世纪 70 年代末，兴起大唱“红歌”、大演“样板戏”的热潮，公社文艺宣传队有 40 多人，能演多场全本“样板戏”，轮番到各大队挑起的土台上巡回演出。各大队都有宣传队，较有实力的日新、新民、胜利、红星、新升都排练了全本“样板戏”。不仅参加公社会演，各大队之间还进行交流演出。不少生产队组织了演出小分队，新民大队第八生产小队演出小分队的小队员们还能翻空心筋头。公社还举行了生产队演出小分队会演。在此时段里，乘凉晚会、故事会、赛诗会普及到各生产队的场头、田头。

20 世纪 80 年代中期至 90 年代初，农村经济转型，文化整体“滑坡”。大队文艺宣传队停锣息鼓。公社文艺宣传队则以自办企业为依托，每年排练几十分钟节目应付县市会演。

20 世纪 90 年代中期，文化活动主要由文化站组织开展。在大气候影响下，境地兴起跳舞风，政府要求机关干部带头跳，文化站亦经常举办交际舞培训班，还组织人员到镇规模企业进行培教，学舞、举行舞会成了当时文化活动主要形式。继之，卡拉 OK 演唱走热，群众参与者颇多，境内先后办起文化站、银都酒楼 2 家舞厅。文化站组织开展活动，亦采用卡拉 OK 演唱形式。在这一时段里的歌舞文艺活动主要依靠企业赞助，设立“××杯”演唱大赛或演唱会。1998 年后，随着对舞厅不良现象的整治，舞厅日处冷落，境内 2 家舞厅亦相继停业。

进入 21 世纪以后，广场文化兴起。镇文化站不断地组织该镇、市级优秀文艺节目进行广场文艺演出，观众多、声势大。村级文化活动重点以各村俱乐部（文化室）为阵地，开展一些自娱自乐活动。西来村率先建立起中老年秧歌队，多次在镇级舞台上亮相，还多次参加市级秧歌大赛。至 2006 年，各村和镇规模企业都建立了秧歌舞蹈队，政府经常组织开展比赛和展示活动。

第四节　民间文艺

一、民间文艺演唱

唱滩簧　旧时，农民于农闲时往往唱些山歌小调以自娱，有时一边劳动一边唱；船民则唱船歌。所唱内容、曲调有先辈流传的，有从道情、唱春、宣卷或南词蜕变而成的。开始是民间艺人在喜庆、届会、节场表演荡湖船、跑马灯等，边表演边唱小调。久而久之逐渐形成了江南一带别具风韵的民间小调——滩簧。当时唱滩簧不用化妆，也不搭台。一般是两人对唱，多为清唱，时而伴以简单器乐。后来滩簧演变成锡剧。

唱春 民间艺人所唱一种江南小调。一般为单人所唱。手提一响铜小锣，有节奏地敲打伴奏，以渲染气氛。

唱花船 始为玩花船人之间对唱，多属调情小调。抗日战争时期及解放后，发展为一群姑娘合唱，玩花船人搭腔。唱民间小调，歌词赋新，多为宣传党的方针政策和表现时代精神的内容。

唱花担 由一女演员挑着花担，晃晃悠悠边唱边前行或在原地跑四方步。另配两角色与之对唱，载歌载舞。

唱凤凰（又称唱麒麟）。一般 5 人为一表演队。演唱时一人掮凤凰，余以锣鼓打击乐器配合，敲大锣者领唱，其他人应和。

二、民间娱乐活动

舞龙灯 用竹篾扎成节节圆笼，每节支一根竹（木）棍，一般为 7~13 节，以画有龙鳞彩布饰为龙形，每节能点灯。一人执舞一节，另有一人执长柄彩珠球，龙随彩珠球翻腾飞转。舞姿有站、跪、仰数种。传统舞法有“盘宝塔”“舞四门”“穿龙门”“龙翻身”“龙打招”等。以锣鼓助威。

舞狮子 分 3 种形式：一为“九狮图”。九人各舞狮子一只，一人执球，伴锣鼓，并配武功能手，舞蹈动作变化多，技艺高超，场面精彩。此形式传于扬中永胜乡，西来桥境域亦引进表演。二为“舞大狮子”。用篾扎成狮子头、尾，饰以剪纸彩毛，缀以七八尺长的彩布作狮身，各由一人分执头尾，舞出“摆头”“伏步”“立步”“翻身”等多种动作，舞时只配合一面大锣。三为“舞小狮子”。用篾、纸、布等制成长约 1 米长的彩色小狮，头尾各支一小棍，由一人两手分执。舞时一般为两狮对舞，动作多变化，亦较热闹精彩。以敲锣鼓助威。

舞花船 花船为竹扎纸糊，周身饰以彩图和纸花的小船。舱内一女子（有时男扮女装）舞弄花船，船外有化妆两演员，一在船旁划浆（或一女子撑篙），一在船头引船，他（她）们与舱中女子唱和问答。旧时演唱多属调情小调，抗日战争期间及解放后，多为宣传党的方针政策和表现劳动人民生产、生活的娱乐活动。

挑花担 由一女子肩挑花篮（人工制作），用各种技巧，表演出劳动人民挑担的美妙身姿。技巧在晃（扁担波浪）、转（换肩连续旋转）、步（秧歌步、云步、折步等多步法）等动作。歌唱内容和花船一样，新旧时期迥然不同。现在表演形式已发展到男女对挑，说唱相和，内容更加丰富多彩。

跑马灯 一群儿童，各人腰系竹制纸（或布）糊的马体形灯，手持马鞭，表现牧马生活，有穿梭跑、滑连叉、学马叫等动作。

踩高跷 用两根木棍装上脚踏，两脚踏上，手扶棍头行走。此为古代的一种体育活动，解放初，雨雪天道路泥泞，常有人不穿胶鞋，用高跷短距离行路。

舞歪歪精 由一化妆的河蚌姑娘和一渔夫双人表演。蚌壳用篾扎纸（布）糊成。姑娘身裹蚌壳，表演闪躲、追逐、嬉戏等动作。

舞大刀 舞者穿彩服。打击乐器伴奏。动作分伸刀、盘颈、剜心、飞脚、拍腿、踢开槛、黄龙脱壳、旋风等9套。

三、民间手工艺

1.柳编

柳编是我国有着悠久历史传统的手工艺品，它以其洁白、柔细、美观深得人们的喜爱。其原料主要为柳条，还包括桑条、藤条和红荆条等。经加工技术处理，有的还染色，采用多种编织手法，制成各种日用品及工艺品。

西来桥境地江堤外有2500余亩滩地，盛产杞柳。20世纪60年代初，公社文工团开办柳器厂，起初，派员到扬中柳器厂学习柳编技术，学习人员回厂后根据市场行情，设计编织出多种柳编日用品及工艺品。其中挂篮、面包篮、旅行箱包等曾一举打入广交会（中国商品进出交易会简称），一度成为国外商人的抢手货。70年代，胜利、合兴、新华、红星、光明、新升、双三等沿江几个大队亦办起柳器厂。不仅使柳编产业得到了发展，取得了可观的经济效益，同时柳编技艺亦得到提高，柳编产品亦得到创新开发。柳制狗窝、水果盘、彩色花篮等亦进入广交会，换回外汇。进入新世纪后，柳编花篮、水果篮内销走热，西来桥作为“镇江市柳编之乡”，成为全国柳编制品主要产地之一。

柳编的基本程序及编织技法为：

采柳 12月下旬，将柳割下，挖2~3米深的方塘，塘底开槽，便于流水，用芦材把子或稻草把子铺于塘底，将柳条堆放其上，每天浇水以保柳条湿度。待翌年清明节前后，柳条发芽后出塘除皮。

刮柳 根据柳条长短、粗细进行分类。然后用专制工具（刮子）将柳条上的青皮刮除。

抽皮 把较粗的白柳条用特制抽刀抽出柳皮，用于编织。

浸柳 编织前将选好的柳条、白柳皮浸入水中（一般为半小时），使柳条、柳皮变得柔韧。

打底 依木模编制产品底盘或骨架形体。

编织 一般以经纬相编，但也有花编。

扎口 一般采用“四扎口”，但也用“辫子口”“别口”等扎口法。

上把 对篮类用具上把。为使把子牢固，可在把子上用柳条编织，并与篮体相连接。

修边 用剪子将各处接口或接头地方的柳条头子剪去，以使柳制品整齐、美观。

2.面塑

面塑 俗称“花圆子”，是民间在小孩生日、老人祝寿、新房上梁等喜庆活动中，寄予某种特定意愿的传统工艺品。

据文献记载，汉代早已有了面塑，江南一带流传也有了数百年的历史。其工艺大多出自农村乡镇、城市街道妇女之手，多以面粉、米粉制作而成，其形成、用途、色彩都与当地民风民俗习惯、风情紧密联系。民国19年（1930）左右，面塑工艺流入境内。起初，境域面塑作品是在米粉团上压一些简单图案，以示喜庆或纪念之意。至民国22年（1933）左右，境内南旺桥处

(今南旺8组)陈于氏和陈春香姑嫂俩，将其改进为分体制作法。先用米粉揉成桃形团体，然后在面粉中掺和各种颜料，捏成花样，贴于其上。创作了喜鹊看梅、太公钓鱼、双龙戏珠、凤凰戏牡丹、名花献媚、鲤鱼跃龙门等艺术作品。其形象生动，传神逼真，线条丰满流畅，造型玲珑大方、具有古朴、雅拙之美感，广为人们称道喜爱。后又有邻家陈金莲学成手艺，其三人成为境域内面塑绝技巧手，远近闻名，不仅忙于应请境域农家制作，亦常为周边武进、丹阳、丹徒、泰兴等地居民特邀制作，甚至远地的到无锡、苏州、上海、南京等大城市也有人请其制作。她们给境内外应约人家制作概不收费，开始相约人家用“花圆子”酬谢，后亦增加一些食用礼品敬酬。

20世纪70年代末期，境内新华村11组中年男子姚圣法看到面塑艺师陈于氏、陈春香、陈金莲在邻居家制作“花圆子”，尤感兴趣。具有一定捏人人像基础的他经向艺师们请教，加之自己实践摸索，学成制作技法。80年代中期，双三村2组青年黄金龙在其奶奶的影响下，又多次看到陈于氏等面塑艺师制作，亦学会基本技法，后凭其捏制灵感，创作出更具立体感的新工艺。八仙过海、龙凤呈祥等作品栩栩如生，更具直观美感。

进入新世纪，面塑这一民间手工艺被政府珍视为优秀的非物质文化遗产。2001年在扬中市首届农民艺术节面塑作品大赛中，黄金龙、姚圣法创作的面塑作品均获金奖，并入选江苏省民间艺术展览会。2004年春节前，中央电视台军事农业频道农俗文化采风组一行到黄金龙家，现场拍摄了面塑全程制作流程技艺，并向社会播放。

面塑工艺流程及技法：

和面（米粉） 按“三七掺”比例（3份糯米，7份籼米）配制成的米粉倒入盆中，用开水调匀。取其中的1/4揉成团，放入锅内，煮10分钟左右，待其浮出水面，捞起再放入盆中，与原来面团掺和一起，反复进行揉搓。

捏底子 根据构思，用手捏制面塑主体部分。

制作装饰件 先在面粉中掺颜料调和，然后用手捏制各艺术附件。

连接 将艺术装饰件按构思拼制艺术图案，贴附在主体之上。

四、民间歌谣

西来桥境内旧时流入很多歌谣、小调、劳动号子等，抗日战争时期民间歌谣创作尤为丰富，表现了热爱祖国、热爱生活、热爱劳动的思想感情，因无书面记载，故多数失传。

1.抗战歌谣

当兵要当新四军

好铁要打钉，好人要当兵；吃菜要吃白菜心，当兵要当新四军。新四军，半夜敲门不惊人。军民鱼水情，抗战为人民。

杀敌雪国耻

快醒！快醒！起来！起来！前进！前进！说什么公理，讲什么和平，唯有铁与血，可使我依凭。靠什么联盟，听什么公平，敌人已近身，将把我们吞。起来，抖擞你的精神。起来，瞄准你的敌人。牺牲我一切，牺牲我生命，为国沙场死，做鬼也留名。洒我们的血，把我们国耻洗清；断我们的头，不让我们国土受侵。前进！前进！杀尽残暴的敌兵。冲锋前进，踏血清耻辱，抵抗暴力侵。

抗敌救国逞英豪

中华锦绣河山，谁是主人翁——我四万万同胞。强虏日寇逞凶暴，快快一致努力，抵抗将仇报。家可破，国必保；身可杀，志不挠。同心同德团结牢，抗敌救国逞英豪。

反扫荡

反扫荡，反扫荡！面临大敌，怒火高万丈。革命战士，热血满胸膛。反扫荡，反扫荡！踏着血迹，气壮眼睛亮。四万万同胞，发扬民族荣光。

反清乡

清呀清，东设驻点西扎兵，南劫财宝北抽丁。同胞们，鸡鸭牛羊他们都要清。清呀清，要清什么人？东设驻点西扎兵，南劫财宝北抽丁。同胞们，男女老少他们都要清。清呀清，清不尽中国人。四万万同胞一条心，万众一心，斗争最要紧。同胞们，同胞们！要把他们消灭干干净！

2.民间小调

八段景调

祸根德国已完蛋，盟国的军队马上就登岸。形势虽然好，还要自己干，中国人民才能把身翻，奋发求上进，改掉老习惯，想靠别人不算是好汉。

乌云退出马上出太阳，城镇同胞也要有主张，想过好日子，要靠共产党，快快起来努力求解放，组织人民军，团结有力量，齐心协力赶走小东洋。

梳妆台调

提起新政府，从来没有过，想主意，帮百姓，处处讲民主，省吃俭用为什么，不忍看老百姓日子过得苦。

再说新四军，来自老百姓，有种的出来干，从来不抽丁，讲情讲理的是打鬼子，打走了鬼子兵，大家享太平。

四季游春

春天到了万物才发青啊一刻值千金
桃红柳绿蝴蝶头上飞啊明媚在眼前
思想嘛小妹妹啊年间花一放啊二人会一会（重复）
春天到了梅花香啊好想我的郎
百草发芽地上又发青啊我郎好知心一直到如今
你啊应该早回来啊二人谈谈心（重复）
夏天到了一年四季晚来独自眠
妹子记得去年过夏天啊手拿扇子扇
乐坏了啊小妹子啊二人绵一绵（重复）
记得去年二人在一块啊
你我多恩爱莫想开呀牌啊
早上去啊晚上来啊二人开心怀（重复）
秋天到了秋风阵阵凉
妹子身穿多少好衣裳啊走路叮当响
见多少啊美姑娘啊没得你像样（重复）
妹子身穿五色绫罗衣啊合身又合意啊纹装来做起
妹子手套金戒金镯子啊嘴装金牙子啊细皮白肉子
思啊想起我同你啊恩爱好夫妻（重复）
冬天到了大雪花儿飘啊
东北风儿刮刮叫
冻坏了啊小妹子啊把我来丢掉
睡到五更天天又明亮啊
金鸡来报晓
叫醒了我才郎啊披衣快点跑（重复）

3.新婚仪式歌

铺床

新人今日喜洋洋，主家请我来铺床；
两头铺的灵芝草，中间又铺子孙堂。

挂帐子

锦帐本是丝织成，里面照见外面人；一对鸳鸯交头宿，还比嫦娥美十分。
新挂帐子四角方，根根纱线配成双；白绫帐挂金钩上，早生贵子状元郎。
新挂帐子四角齐，好比当年郭子仪；生下五男并二女，郎在朝中保登基。

摊席子、布被

新摊席子四四方，条条篾子配成双；我今摊在牙床上，早生贵子伴君王。
红绫被里粉花香，主家请我摊在床；和合二人初相会，百子千孙福寿长。
红绫锦被七尺长，我今摊在牙床上，牙床里面生贵子，子子孙孙状元郎。
今日府上喜洋洋，我拿布被摊在床；今日娶了新娘子，来年生下状元郎。

放枕头

新放枕头二尺长，上面绣的是鸳鸯；我今取来分左右，好像织女会牛郎。
新放枕头圆又圆，君子淑女配凤凰；如鼓琴瑟和合好，早生贵子中状元。

挂帐钩

一见牙床四四方，我将金钩挂两旁；罗帐挂在金钩上，早生贵子作栋梁。
兰房帐上挂金钩，恭喜新人美少年；面带桃花似仙粉，恭喜新人做贵人。
新挂帐钩八尺长，黑漆地板红漆床；红绫板带飘荡荡，早生贵子状元郎。

挂线须

一见牙床喜洋洋，红绿线须挂两旁；
我今挂在牙床上，早生贵子伴君王。

挂帐沿

新挂帐沿六尺长，上面绣的郭汾阳；
金毛狮子分左右，文王八卦在中央。

挂八卦

新人今日喜洋洋，文王八卦挂当中；
金钩线须分左右，早生贵子在朝中。

挂门帘

青布门帘着地拖，上面绣的绿鹦哥；
我将门帘高挂起，早生贵子早登科。
远望青山隐隐，近看紫气腾腾，
左边桃花放，右边杏花开；
门帘高挂起，诸君请进来。
青布门帘着地拖，上绣凤凰在对歌；
千年媳妇万年婆，万年婆婆子孙多。

卷门帘

卷起门帘入洞房，金童玉女立两旁；今宵凤凰成婚配，观音送进状元郎。
上八仙、下八仙，主家请我卷门帘；门帘卷在金钩上，早生贵子伴君王。

敬天地酒起首歌

诸公不必太过谦，我来放肆请先贤；倘有言语不到位，诸公不可当面言。

敬天地酒

此酒斟来喜连连，小子虔诚先敬天；时沾雨露恩非浅，风调雨顺乐安然。
此酒斟来笑嘻嘻，小子虔诚后敬地；太平世界百姓安，国泰民安家又齐。

敬家堂门神

此酒斟来喜洋洋，斟在杯中敬家堂；家堂饮我此杯酒，千载荣华万代昌。
此酒斟来满满斟，斟在杯中敬家神；家神饮了此杯酒，万福临门迎新春。

敬灶君

此酒斟来绿沉沉，斟在杯中敬灶君；灶君饮了杯中酒，保佑主家永太平。

敬父亲母亲

为人最重是父亲，扶养成人费尽心；今将喜酒来奉上，报答昊天浩荡恩；
父亲饮酒笑盈盈，我今前来把酒斟；今宵饮了杯中酒，富贵荣华万代春。
我有一言劝新人，母亲恩情似海深；今将喜酒来奉上，报答提携养育恩；
母亲饮酒笑开颜，我今前来把酒筛；今宵饮了杯中酒，千代儿孙乐满怀。

敬太公太婆

此酒斟来喜洋洋，我今斟酒敬太公；太公饮我此杯酒，寿此南山不老松；
此酒斟来笑呵呵，我今斟酒敬太婆；太婆饮我此杯酒，富贵荣华福寿多。
新人今日喜冲冲，喜酒双双敬太公；太公饮我此杯酒，子子孙孙受皇封。
新人今日喜气多，双双美酒敬太婆；太婆饮我此杯酒，子孙发达似甘罗。

敬公婆酒

此杯酒来敬公公，海上蟠桃季季红；枝枝多发达，个个总兴隆。
此杯酒来敬婆婆，月内丹桂子孙多；人人俱有福，个个总高科。

又敬公公婆婆

今日喜冲冲，捧酒敬公公；福如东海长流水，寿比南山不老松。

今日喜气多，捧酒敬婆婆；桃花鹤笄三千岁，榴献龙杯百子图。
杯中喜酒暖烘烘，斟下酒来敬公公；公公饮下此杯酒，好比当年姜太公。
杯中喜酒暖和和，斟下酒为敬婆婆；婆婆饮下此杯酒，好比当年老令婆。
一杯酒敬公公，赛过当年姜太公；行年八十登阁位，选上金殿保主公。
一杯酒敬婆婆，好比天官西王母；玉壶斟下长庚酒，后来荣寿八百多。

敬伯公伯婆

此酒名为喜相逢，我今斟酒敬伯公；伯公饮了杯中酒，代代儿孙受皇封。
此酒名为竹叶青，我今斟酒敬伯婆；伯婆饮了杯中酒，金玉满堂福寿多。

又敬伯公伯婆

我将喜酒敬伯公，笑在眉头喜在容；侄儿侄媳成双对，千朵桃花片片红。
我将喜酒敬伯婆，喜的新人早登科；享荣华来享福寿，福寿荣华保公婆。
伯公伯婆请上升，花酒金卮酒满樽；二老饮了蟠桃酒，富贵荣华发万春。

敬叔公叔婆

此酒斟来敬叔公，如柏如松，宜兄宜弟，万福攸同。
此酒斟来敬叔婆，如山如河，夫妻偕老，福寿恒多。

敬舅公舅婆

此酒名为桂花酒，舅公年老在高堂；今日饮了杯中酒，夫妇双全福寿长。
此酒名为竹叶青，高年舅婆在高庭；今日饮了杯中酒，子子孙孙发万金。
此杯酒来敬舅公，舅公今日喜气冲；福寿双全民甚悦，能保满堂万年春。
此杯酒来敬舅婆，舅婆今日笑呵呵；寿比南山不必说，能保子孙福寿多。

敬姨父姨娘

人生大事休自夸，恭而有礼敬姨父；逢春桃花犹未落，桃李逢春又开花。
世上姨母似亲娘，斟下酒来敬姨娘；姨娘饮我杯中酒，子子孙孙享荣华。

敬姑父姑母

至至诚诚把酒壶，礼貌周全敬姑父；又来贵来又有富，富贵双全天下无。
天上日月走如梭，重整衣冠敬姑母；清风明月朝朝有，有福有寿第一个。

敬先生师娘

杯中喜酒满满斟，至至诚诚敬先生；十年寒窗灯下苦，金榜题名天下闻。

杯中美酒菊花黄，至至诚诚敬师娘；师娘饮我此杯酒，子子孙孙掌朝纲。

敬长兄长嫂

今日喜冲冲，捧酒敬长兄；长兄饮我此杯酒，儿孙发达似甘罗。

今日喜气好，捧酒敬长嫂；长嫂饮我此杯酒，代代儿孙做阁老。

此杯酒，敬长兄，万福来朝运气通；此杯酒，敬长嫂，富贵荣华直到老。

敬姑爷姑娘

此酒名为福寿齐，我今斟酒敬姑爷；姑爷饮了杯中酒，寿如彭祖赛刘基。

此酒名为菊花黄，我今斟酒敬姑娘；姑娘饮了杯中酒，生下儿孙状元郎。

此杯酒敬姑爷，姑爷今日笑嘻嘻；青春年少生贵子，子子孙孙保登基。

此酒斟来喜洋洋，我来斟酒敬姑娘；姑娘饮我此杯酒，子子孙孙掌朝纲。

敬大爷大娘

竹叶青来竹叶稀，我今斟酒敬大爷；大爷饮我杯中酒，早生贵子去登基。

竹叶青来竹叶黄，我今斟酒敬大娘；大娘饮了杯中酒，生下儿孙状元郎。

敬兄弟妯娌

我有一言劝你听，兄弟几个要同心；妻子有言休听信，不可伤了手足情。

手捧喜酒笑嘻嘻，天大缘分敬妯娌；合家大小要和好，同心合意人到老。

满树桃花片片红，亲亲热热敬弟兄；人生三万六千日，财源茂盛又兴隆。

日出东来月出西，欢欢喜喜敬妯娌；从今以后要和好，心同意同福到老。

敬厨上师傅

此酒斟来喜洋洋，我今斟酒敬厨上；厨上饮我此杯酒，早生贵子状元郎。

此杯酒来赛兰香，我今斟酒敬厨上；一人巧作千人食，五味调和百味香。

敬搀新娘子奶奶

此酒生来清又清，搀带新娘费尽心；我今敬你双杯酒，方表主家一片心。

一对银烛照满堂，诸亲六眷贺新娘；诸亲吃过喜庆酒，早送新人进香房。

敬伴婆

此酒斟来笑盈盈，服侍新娘费尽心；我今敬你一杯酒，方表主家一片心。

敬诸亲诸公

杯中喜酒绿茵茵，一团和气敬诸亲；诸亲饮我杯中酒，代代儿孙发万金。

此酒名为竹叶青，我今斟酒敬诸亲；诸亲饮我此杯酒，富贵荣华万代兴。
满杯喜酒先斟上，诸亲邻友在高堂；同来吃杯欢喜酒，大家进房贺新娘。
此酒名为状元红，我今前来奉诸公；诸公饮我此杯酒，又富又贵又兴隆。
此杯酒来意正浓，捧杯喜酒敬诸公；怠慢诸公不过意，再斟满杯饮一盅。
此杯酒来红又红，诸公吃酒乐融融；我今奉敬三杯酒，好比当年老仙翁。
诸公吃酒莫过谦，耽搁工夫许多天；奉请再饮这杯酒，各家回府发万年。

捧广盘

手捧银盘步金阶，喜的龙门正大开；五色珠帘高挂起，相亲相爱进房来。
手捧银盘步步高，盘中宝玉有光耀；诸亲六眷分左右，同进香房看鹊桥。

执酒壶

手执银壶喜气多，新郎今夜会嫦娥；
盘玉枝，掷金梳，三元及第，五子登科。
手执银壶进香房，欢天喜地百花香；
红妆女，绿衣郎，天长地久，地久天长。

执米麦蛋碗

手执米麦进香房，天生玉女配贤郎；胸贴胸来多快乐，千金难买好时光。
手执蛋碗喜洋洋，命我前来送进房；我今送到香房内，好等诸亲贺新郎。

执烛台

手执银烛亮堂堂，紫星高照主人常；日照五湖并四海，夜照儿孙状元郎。
一对银烛我来拿，两条金龙往里钻；贺喜新郎新娘子，早生贵子中状元。

执八盘

手执一盘雪片糕，恭喜新人乐今宵；风流一夕非常比，云情雨意腾九霄。
手执一盘是桂圆，文质彬彬喜团圆；君子未有不如此，早生贵子中状元。
手执一盘是京果，新郎今夜会嫦娥；嫦娥同结风流果，早生贵子似甘罗。
手执一盘是黑枣，天生二人巧凑巧；巧笑倩兮爱厥妃，早生贵子做阁老。
手执一盘是瓜子，今日喜得新娘子；多福多寿多男子，子子孙孙生贵子。
手执挑酥喜洋洋，命我前来送进房；今日送进香房内，早生贵子状元郎。
手执一盘是花生，天生二美配成婚；婚姻喜事今夜过，和合二人好同枕。

执大帽子

果品诸物总收空，还有大帽在堂中；我今送到香房内，整起衣冠对海宫。

请新郎官进房

新人今日莫徘徊，早取风流早发财；诸亲有事总找我，我请新郎进房来。

来到房中喜洋洋，面朝客来背朝床；心中只想如意事，但看织女会牛郎。

敬新郎新娘酒

此酒斟来敬新郎，两行花烛百年长；郎才女貌鸳鸯枕，四德兼全白玉堂。

此酒斟来敬新娘，福寿双全百事康；早生贵子登金榜，七子八婿伴君王。

送房起首歌

良辰吉日，洞房花烛；手执银灯，先看新娘。

女是昭君，男是潘郎；左边仙女，右边牛郎。

锦绣帐，挂在金钩上；红绫被，摊在牙床上。

箱橱盆镜，摆立两旁；绫罗缎匹，满柜满箱。

小登科，赛天堂；诸亲六眷，请来贺新郎。

粗言几句，莫作慌；自幼欠读，略表儿章。

喜蛋满碗，米麦成仓；果品诸色，个个成双；今宵良辰，撒帐贺新郎。

争蛋

我今到此贺婚，主家喜蛋我来争；若是主家做不到，大家陪伴到五更。

撒帐已二更，我来把蛋争；非是我会要，实已不够分。

诸公本是看新人，教我再争不成文；少添几个哈哈笑，早送新人早安身。

4.儿歌

巴巴掌

巴巴掌，打个正月正，家家人家挂红灯。人家红灯没得我家好，我家的红灯赛金宝。

巴巴掌，打个二月二，家家人家带女儿。能带女儿发财户，不带女儿穷鬼儿。

巴巴掌，打个三月三，野菜花儿赛牡丹。摘朵花儿头上戴，唱支歌儿心里甜。

巴巴掌，打个四月四，元麦芒，好挑刺。田里粮食收成好，合家大小笑嘻嘻。

巴巴掌，打个五月五，裹粽子，过端午。尝了五红雄黄酒，门插蕲艾和菖蒲。

巴巴掌，打个六月六，家家人家晒红绿。我家没得红绿晒，箱笼橱柜光秃秃。

巴巴掌，打个七月七，买只西瓜桥头上吃。你一口，他一口，抢吃西瓜不怕丑。

巴巴掌，打个八月八，夏布衣服穿得不是法。蚊子大得像只鸭，打它三扁担，嘴还哑三哑(jüê)。

巴巴掌，打个九月九，采菊花，浸烧酒。欢欢喜喜庆重九。

巴巴掌，打个十月朝，糯米饭，肉汤浇。嘴里吃，心里笑。

巴巴掌，打个冬月冬，麻布裤子好遮风。伢儿冬天怕冷，太阳底下暖烘烘。

巴巴掌，打个腊月腊，腊梅花，金灿灿。吃了腊八粥，又吃豆豆饭，家家准备过新年。

麻雀子

麻雀子，沿路滚，只怪哥哥不买粉；买了粉不会搽，只怪哥哥不买麻；买了麻，不会绩，只怪哥哥不买笔；买了笔，不会画，只怪哥哥不买马；买了马，不会骑，只怪哥哥不买犁；买了犁，不会耕，只怪哥哥不买针；买了针，不会捞，只怪哥哥不买锁，买了锁，不会开，只怪哥哥不上街；上了街，死卖呆，看见一口大棺材。

农谣

郭哥郭哥（布谷鸟叫声），麦黄草枯；弯刀割麦，笋子搞肉（指用竹笋、肉一起煮，味道鲜美好吃）。

民谣

说说真急人，有事要请人，事情成不成，先办四洋盆。

5.曲谱

送房曲谱

1=E 3/4　　陈旭文 记谱

| 2 2 5 5. | 232 1 1. | 3 2 2 1. | 6 63 5 5 |

| 556 1 1. | 1 56 65 3. | 216 5 6. | 653 5 5. |

凤凰唱

1=F 2/4　　陈旭文 记谱

【锣鼓】（金金 哐|金金 哐|金金 哐|哐金 哐0）|2 2 2 6|
锣鼓 一打

2 16 6 | 3 3 5 2| 2 16 6 | 2 2 1 2 | 3 1 2 2|
响昌 昌， 岳飞 枪挑 小梁 王， 武松 手托 千斤石（啊），

2 2 6 2| 2 16 6|【锣鼓】（1/4）（哐0） | 3 3 5 2 |
太公 八十 遇文 王。 太公 八 十

2 1 6 6 |
遇 文 王！

劳动号子

2/4　　1 =（由劳动者自己定调）　　　　陈旭文　记谱

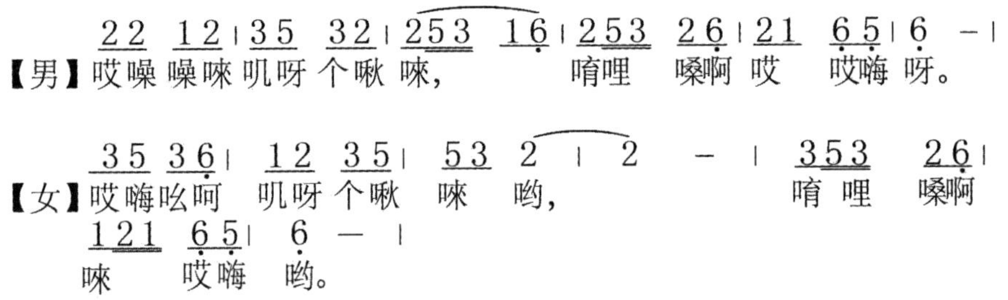

第四章 体 育

解放前，西来桥境地无体育管理机构，私立学塾亦不设体育课程。但民间以强身和自卫为目的各种武术活动较为盛行，师徒相承，衍续不断。游泳、踢毽、棋类等传统项目历久不衰。

解放后，党和人民政府重视体育事业，学校体育提到了培养合格人才的重要位置。场地器材逐年增加，不断更新，师资水平不断提高，定期举行学校运动会，选拔运动员参加县市比赛，为中等和高等学校体育专业输送优秀新苗。境域中、小学均形成体育传统项目学校。社会体育事业蓬勃发展。随着境域乡镇工业的迅速发展，农村经济渐趋繁荣，农民生活日渐宽裕，公益体育设施不断增加，体育活动更趋普及，全民健身蔚然成风。

第一节 学校体育

1949 年，“扬中县立西来中心小学校”建立后，即辟有操场，并建起篮球场。学校设早操、体育课，配备专职和兼职体育教师，并逐年增加体育设施。

1958 年“幸福中学”建校后亦辟有体育场地，按教育部门课程设置规定，开设体育课，并设两操（早操或课间操、眼保健操）。

新中国成立初期，西来桥中心小学校根据教育部门统一部署，积极推广第一套广播体操，并列为体育课课程内容。学校每天一次集中全校师生做广播体操。

1960—1962 年，贯彻劳逸结合的原则，学校适当控制活动量大的体育活动和竞赛活动，但球类活动未间断。1963 年后，中小学每年举行校运动会，选拔运动员集训，参加县青少年田径运动会，并组队参加篮球、乒乓球、排球等单项比赛。

“文化大革命”初，学校教学秩序混乱，一些体育器材遭到损坏，体育活动亦暂停止。1970 年后，学校恢复体育课，县、校运动会每年举行。

1977 年后，中小学逐步推行《国家体育锻炼标准》。学校体育工作以体育达标为目标。1980 年镇江地区对辖地中小学学生进行了达标检查评比，境地学生达标率仅为 29%。1985 年达标率增至 74.5%。

1979 年，中小学贯彻中央两部一委（教育部、卫生部、国家体委）《中小学体育工作暂行规定（试行草案）》，各学校实行“两课两操”（每周两节体育课，两次体育活动，每天两次广播操）活动。1981 年，推行国家体委公布的第六套广播体操。1983 年，又推行第六套儿童广播体操。

1990 年后，学校体育工作一是抓常规，二是上条件，三是创特色。

自 20 世纪 70 年代初期，南旺小学男子小篮球队即获得扬中县小篮球赛冠军，以后西来中心小学的男子小篮球蝉联扬中冠军队近 20 年，多年代表扬中参加镇江市小篮球比赛。中学篮球男女代表队亦在1992—1997年获得“六连冠”。其时，学校体育设施差，小学、中学冠军队都是在泥巴地上拍打出来的。

1996年，西来中学自筹资金，建成学校第一块多功能水泥篮球场。

1997年暑期，西来中心小学建成两个标准水泥篮球场。同年，中小学合建了6米×300米的标准田径运动场。

2002年，镇江市体育局、教育局授予西来桥学校为篮球传统项目学校。

1980—2006年间，西来中心小学共向县体校、镇江师范体育班、镇江南徐中学、镇江体育运动学校输送优秀体育人才近50名；西来中学初中部、高中部考入体育学校、体育学院、师范学校体育专业的学生亦近50名。

第二节　群众体育

民国前，境内群众体育活动主要是以强身、自卫、娱乐为目的的武术交流表演。遇节日、逢集会，舞龙灯、狮子、剑、刀和玩石锁、石担的人为数不少，武术传教、团练活跃民间。

民国初期，群众中自发的球类、棋类等现代体育活动逐渐兴起。民国37年（1948），建立“中心沙江涛篮球队”。同年12月29日“江涛篮球队”邀请太平洲正德乡（今三跃乡）“发扬篮球队”在中心沙举行篮球比赛。

解放后，群众体育活动蓬勃发展。50年代初，篮球、乒乓球最为活跃，境内除建有“江涛篮球队”，又新成立“教工篮球队”，不仅两队间经常开展比赛活动，还与常州、泰兴、丹徒等县的乡镇篮球队举行友谊比赛。教师中的乒乓球队也经常举行境内、外的友谊比赛。

1951年5月，幸福乡组团参加扬中县首届人民体育运动会，运动员毛庆中获得男子跳高、跳远两项冠军，毛庆根获得五公里长跑第一名。

1952年10月，幸福乡女子龙灯队参加苏南区第一届民族形式体育表演大会，得到观众的好评。

1957年，成立幸福乡体育协会。

“文化大革命”开始，群众体育活动处于自发状态。军管时期，篮球、乒乓球等活动一度活跃。1966年，毛泽东主席畅游长江消息发布后，男女下江河游泳的人数大增，一时形成热潮。1967年，镇江军分区在幸福公社定点搞民兵武装泅渡长江、水上设雷爆破、水上打靶等军事体育培训操练活动。1977年7月16日，参加亚洲地区游泳赛的中国游泳队江苏队员到幸福公社新民大队（今南旺村）大倒塘举行汇报表演。

1980年2月20日，农民运动员（原公社眼镜厂工人）杨小东，获镇江地区田径运动会男子1500米长跑铜牌。

1984年8月28日，幸福邮电支局职工韩春福，获镇江专区职工50公里自行车比赛金牌。

70年代末至80年代中期，全公社各大队都有一个篮球场，各大队都建有一支篮球队。每年公社都要组织开展境域篮球比赛活动，各大队篮球队之间亦经常开展友谊比赛。公社农民篮球队，是从各大队篮球队中抽选的精兵良将，自1987年起，连续五年蝉联扬中县农民篮球赛冠军。1990 年和 1997 年，代表扬中参加镇江市农民篮球赛。象棋选手朱为民 1986 年曾参加扬中市代表队赴省比赛。

图 4-1 首届农民运动会(摄于 1985 年)

1985 年后，镇全民运动会每四年举行一次，与市全民运动会相衔接。在市历届运动会上，西来桥镇代表团均取得好成绩。

1995—1996 年，相继成立镇象棋协会、乒乓球俱乐部、篮球俱乐部，群众性体育活动更为正常，更为活跃。在 1996 年扬中市第十四届全民运动会上，捷野集团女职工祝娟红，夺得女子乒乓球单打冠军（后蝉联十年）。

1996 年底，西来桥镇创建成“江苏省先进体育（乡）镇”。

1998 年，西来桥镇被评为“全国亿万农民健身活动先进镇”。

2000 年 4 月 26 日，镇政府在全民健身月启动仪式上，组织开展了由各村（社区）、集镇各企事业单位组队参加的声势浩大的“迎‘五一’千人健步走”活动，将全镇群众性健身活动推向新的高潮。此后，各村和社区都成立了文化体育俱乐部，集镇规模企业也成立了工人俱乐部，形成了以镇全民健身领导小组为龙头的镇村两级组织网络，并做到年初有计划，年终有总结。至 2006 年，全镇已建立了 15 个晨（晚）练点，发展社会体育指导员已达 65 名。全镇经常参加体育活动的人数占总人口的 45%。“六村一区”均建成全民健身工程点，推动了全镇全民健身活动的普遍开展。2005 年，西来桥镇被评为“扬中市群众体育先进单位”；2006 年被评为“江苏省全民健身体系‘八个一’工程先进单位”“江苏省体育强镇（乡）”。

第五章　卫　生

西来桥境域自人们围圩定居后，较长时间内仅有少数过路郎中（民间医生）走村串户行诊。至清光绪二十六年（1900），境内唯有一名为赵兰芳的中草药医生。自光绪三十二年（1906）起，温益三、王少卿等武进孟河医派门生相继到西来桥药店坐堂待诊。诊金、药费均以米计，一次少则五升，多则数斗。日本侵略者统治时期，一支盘尼西林（即青霉素）要两石米，一针奎宁也要两斗米。故众多贫者只得带病苟延时日。伤寒、霍乱、天花疟疾、白喉和脑膜炎等时而流行。由于无钱求医，又缺乏科学知识，人们往往求神拜佛，贻误许多人性命。小儿麻痹症死亡高率达50%左右。1939年秋天，52圩横埭（今南阳村7组）发生霍乱病，三天不到晚即死去5人。境地血吸虫病危害更大。1941年，北胜乡长春圩（今北胜村11—14村民小组）死于血吸虫病的就有100多人，成为出名的“72个半寡妇村”。据解放后卫生防疫统计，全境患血吸虫病累计达5213人，死于血吸虫病的计414人。

解放后，中国共产党和人民政府重视医疗卫生工作。依靠国家、集体两方面的力量逐步建立乡镇医疗卫生机构，改善医疗、防疫设施，培训医务人员，在地方政府和医务人员的共同努力下，贯彻“预防为主”的方针，在全境范围内广泛开展爱国卫生运动，扎实做好妇幼保健、卫生防疫等工作。先后消灭了天花、霍乱。疟疾等疾病的发病率亦大大降低，人民健康水平有了较大提高。人口死亡率由1949年的28.36%下降至2006年的0.78%。2006年，境内有卫生院1所，村、社区卫生室4家，职工66人，其中卫生技术人员51人。2004年，农村实行合作医疗保险，至2006年，全镇农村居民参保率已达98%。

第一节　医　疗

一、医疗单位

解放前，境内中医多在各药店坐堂待诊，或待约门诊；西医为私人开设诊所。

1952年，境内几个民间医生组成个体诊所。1956年春，个体诊所改为联合诊所。1958年9月，联合诊所改为幸福公社医院。

幸福公社医院，时由境内联合诊所、中西药合作商店、福星区血吸虫病防治组三个单位合并而成。起初在集镇东街租用6间民房作医疗用房，12名职工。

1965年3月，幸福医院在集镇西街头原福星大队3队征地700平方米新建医院。为筹措建房经费，全院职工同意停发5个月工资支持医院建房，1966年8月建成使用。1968年2月扩征800平方米，增建房屋205平方米。全院职工人数增加到24名。其中有医学院毕业的专科生3名，中专生1名，其余门诊医生为民间老中医和经政府组织短期培训的医务人员。分设中医科、西医内科、西医外科、牙科、妇产科等5个医疗科室；有手术室、化验室2个医技科室和中西药房，有病床 20 张。1977 年又征地 1500 平方米建起职工生活区。1985 年改名为西来桥镇卫生院。

1990 年，镇政府在新集镇（今幸福北路）无偿划地 6600 平方米，新建初具规模、医疗设施较齐全的卫生院。省政府、镇江市政府、扬中市政府拨款 40 余万元，医院自筹资金 30 余万元。1992 年 9 月 28 日，卫生院整体搬迁。搬入新院区后，病床增至 25 张，职工人数也增至 37 人。其中新分配中专生 6 名，以委培、继续教育形式培养的大专生 3 名。1994 年，西来桥镇卫生院又相继建起了医技楼和职工宿舍楼，陆续添置更新了医疗设备，形成医防一体、防治结合的综合性卫生院。至 2006 年，西来桥卫生院共有员工 54 人，其中副主任医师、主治医师等卫生技术人员 18 人；主管护师、护士等护理人员 15 人；中药师、西药士 3 人；主管检验师、检验师 2 人；卫生管理师 1 人；非卫生技术人员 15 人。

1965 年开始建立农村医疗服务站点，至 1986 年，全镇 11 个行政村都建有卫生室，每个卫生室有 1~2 名卫生保健员（赤脚医生）。90 年代中后期，市卫生局对赤脚医生进行业务培训考试，发证上岗，编入乡镇医院统一管理。

1972—2006 年西来桥镇卫生院(幸福医院)历任党支部书记情况表

表 5-1

机构名称	姓　名	职　务	任职时间
中共幸福公社(乡)医院党支部 中共西来桥镇卫生院党支部	杨秀武	书　记	1972.7—1993.7
	周祥顺	书　记	1993.7—2000.7
	陈宝康	书　记	2000.7—2005.7
	侯月琴	书　记	2005.7—

1958—2006 年西来桥镇卫生院(幸福医院)历任院长、副院长情况表

表 5-2

机构名称	姓　名	职　务	任职时间
幸福公社(乡)医院 西来桥镇卫生院	朱造云	院　长	1958.7—1963.2
	琚化明	院　长	1963.2—1963.5
	袁文哉	代院长	1963.5—1964.1
	施雨春	副院长	1964.1—1980.5
	鄂有龙	院　长	1979.7—1984.3
	奚有章	院　长	1984.3—1995.5

续表 5-2

机构名称	姓　名	职　务	任职时间
西来桥镇卫生院	周祥顺	副院长	1989.9—1993.7
	周祥顺	院　长	1993.7—2000.7
	王春鸿	副院长	1995.6—1997.7
	侯月琴	副院长	1995.6—1998.8
	陈宝康	副院长	1997.9—2000.7
	苍　靖	副院长	1998.8—2000.7
	陈宝康	院　长	2000.7—2005.7
	侯月琴	院　长	2005.7—
	李德才	副院长	1998.7—

二、医疗设备

民国初期至解放初年，境内个体医生诊所设备简陋。联合诊所建立时，仅有一个出诊箱，装有听诊器、体温计、注射器等简单器具。1958 年，公社医院建立后，逐年增加了一些最普通的医疗检查及治疗设备。

20 世纪 70—80 年代初，卫生主管部门针对乡（镇）卫生院普遍存在设备简陋，难以胜任诊治工作需要的实际情况，组织专项资金，采取多种渠道，装备乡（镇）卫生院医疗设备。幸福公社医院采取向上争取资金与自筹资金相结合的办法，加大设备添置的力度，迅速添置和更新医疗设备。

70 年代，幸福医院陆续购置了手术床、无影灯、器械台、氧气瓶、空气麻醉机、上下腹部手术刀包及化验室所需的光电比色计、恒温烤箱、恒温水溶箱、电冰箱等。

1983 年，购置了 1 台 200 毫安 X 光线机，同时更新了部分手术、化验、口腔科设施。

90 年代中期至 21 世纪初年，西来桥卫生院不断添置一些大型、先进、高档的仪器设备。1992 年，添置国产海鹰 B 超机 1 台、日产尿分析仪 1 台。并相适应地装备手术室和更新中、西药房。1995 年，新添置 XH 型血红蛋白检测仪 1 台，对院内医疗设备进行全方位的配置。1998—1999 年，陆续添置了婚检仪器 1 台、自动洗胃机、万能手术床、胃镜、QBC 血球仪一套、口腔科治疗椅、空调和冰箱等。2000 年，添置了牙用打磨机、洁齿机、综合治疗仪各 1 台。2001 年，购置血糖仪 1 台。

三、医疗技术

1958 年幸福医院建立前，境内中医一直以传统的接脉察舌、辨证论治方法诊治普通常见病。

境内医院建立后，随着规模扩大，医务技术人员的充实，加之医疗设备的添置更新，医疗技术水平亦不断提高。1977 年起，外科已能进行脾、胃、胆囊、肠梗阻切除手术和肠套叠位手术。内科能较正确地诊断和治疗各种常见的呼吸、消化、泌尿等疾病和传染病。口腔科能医治常见的口腔疾病，能拔牙、治牙病、安装假牙。

经过多年的努力，放射科和妇产科形成特色专科。

放射科做的胃肠钡透、摄片检查清晰度好，诊断准确率较高，加之认真的工作态度，热情服务，吸引了众多周边地区的病人前来就诊检查。

妇产科高尚的医德医风深得群众赞许。对常见的妇科病的检查医疗治愈率高；对孕产妇顺产接生安全成功率高，吸引不少外地产妇慕名前来住院分娩。妇产科亦能进行剖腹产、宫外孕、刮宫产等手术。

第二节 保 健

一、公费医疗

中华人民共和国成立后，国家机关、全民事业单位的干部、职工均享受公费医疗。由县公费医疗实施管理委员会具体管理执行公费医疗有关规定和制度，经费由国家及地方财政支付。

中华人民共和国成立初期，公费医疗按每人全年定额指标管理。1957 年开始，每人全年定额 18 元指标被突破，医疗经费出现超支。从 1958 年 1 月开始，一律执行扬中县医疗单位统一收费标准。

1959 年 3 月，县公费医疗管理委员会重申，凡不经医生处方而自行购买的药品一律不予报销。每人每月医疗费控制在 2~5 元以内，超过 5 元以上者，须经医生出具证明、部门负责人审核、县公费医疗管理委员会审核批报。

1966 年开始，公费医疗经费实行地区包干。县按每人全年 18 元定额拨给各地区公费医疗管理委员会，并继续执行划区医疗超支不补的规定。

1973 年，整顿医疗经费管理。凡享受公费医疗的人员必须凭公费医疗证明到指定医院就医。如需赴外地治疗（限南京、上海），须由县人民医院医师签发诊断证明，报县公费医疗办公室批准。

1981 年 9 月，改革传统的管理办法，实行分系统分单位包干。并执行省卫生厅《关于滋补营养、饮料等保健品不准作为公费医疗报销的通知》精神。

1985 年 3 月，换发公费医疗证，实行分级管理、分级包干。每人全年定额 48 元，年终结清，超支不补，并根据地区划定就诊医院。

1988—1989 年，在职人员每人定额标准 90 元，离、退、残人员每人每年定额 120 元。

1990 年，实施分级管理、定额包干、单位核算、积余留用、超支适当补助的办法，一直沿至 1994 年。

1994 年 11 月，成立扬中市职工医疗保险中心管理委员会和职工医疗保险基金管理中心，翌年 1 月，正式实施社会医疗保险制度。从此，公费医疗制度改为社会医疗保险制度。

二、合作医疗

1969 年，农村人民公社普遍办起合作医疗，西来桥境内 11 个大队先后办起合作医疗站，配备赤脚医生 1~2 名，全公社共 18 名。初期的办医形式为村办社管。各大队合作医疗站点由大队确定，房屋由各大队自备，赤脚医生亦由各大队自选。县组织上岗培训。公社成立合作医疗管理委员会，配备专管员。

1976年，合作医疗实行社队联办。各大队均有2名赤脚医生，实现小病不出大队的目标。是年，又搞起“开门办医”，由医院医生与赤脚医生短期轮换。在首次轮换中，有一名赤脚医生与公社医院一名医生轮换。

1978年，社会上出现合作医疗是“左”的产物的非议，一度管理混乱，大队应筹集的资金收不上来。有的大队村合作医疗站出现了合医不合药或有医无药的状况，有的赤脚医生自背药箱单干。1979年，合作医疗时起时落，办办停停。至1985年，村卫生室全部转为个体行医。明里到镇卫生所进些药，暗里通过非正常渠道购药。

1986年起，镇合作医疗管理委员会在市政府的部署下，对全镇村卫生室进行整顿，落实乡村保健医生的岗位责任制。1988年4—5月份，市镇医疗组织机构对村卫生室进行全面检查，全镇各村卫生室全部恢复，并完善各有关管理制度。1989年，全镇约有6000余人参加合作医疗。1991年，镇成立初级卫生保健委员会，各村也同时成立相应组织，落实扬中市2000年人人享有卫生保健的战略目标。在实施初级卫生保健工作初期，村卫生室恢复了集体办医。镇卫生院落实村卫生室专管员，制定包括工作质量、收费标准在内的6项规章制度和乡村保健医生工作职责。1994年和1999年，市卫生局两次对乡村医生（原赤脚医生）进行培训考核，为合格人员实行评定专业技术职称，纳入全市卫技人员管理范畴。从1994年起，乡村医生不再从社会上吸收培养，由镇卫生院医务人员补充。

自1995年起，在村卫生室管理方面，市卫生局推出了“六统一，二分开”的管理模式，即村卫生室医生由镇卫生院统一调配，药物由镇卫生院统一代购，财务由镇卫生院统一建账，各项工作和考核由镇卫生院统一布置，所有医疗保健业务收入由镇卫生院统一管理，各项制度由镇卫生院监督执行；镇卫生院和村卫生室财务分开核算，乡村医生与医院职工的养老保险分开办理。

2004年，农村实行合作医疗保险，实施政府、集体、个人共同筹资的合作医疗保险基金征缴办法，按镇江市政府补助5元、扬中市政府补助10元、镇政府补助5元和个人补助50元的比例筹资。截至2006年底，全镇农村居民参保率已达70%以上。

三、妇幼保健

（一）妇女保健

1.母婴保健

旧时民间有少数接生婆沿用老法接生，然临产不请接生婆者甚多，难产、产后大出血、新生儿破伤风现象严重，产妇、婴儿死亡率很高。

解放后，党和人民政府十分关心妇幼保健工作。20世纪50年代初，建立妇幼保健机构，宣传妇幼保健卫生知识，推广普及新法接生，实施孕产妇系统管理，建立三级预防保健网。县级由妇幼保健所具体负责全市妇幼保健工作，乡级由各公社医院妇保医生负责，村级由女医生或妇女主任负责。50年代末，基本普及了新法接生。

1980年，开始实行科学接生，住院分娩，同时推广“三五四”（怀孕三月建卡，产前检查五次，产后访视四次）孕产妇系统管理办法。至1984年，住院分娩率达75%。1958年，公社卫生院设立妇产科，添置简易产床，后又逐步更新设备，产妇顺产率高，不少外地产妇亦慕名前来住院分娩。医生能做剖腹产、宫外孕等手术。1995年，西来桥镇医院卫生院被评为镇江市先进集体。1996年，被国家卫生部、联合国儿童基金会、世界卫生组织授予“爱婴卫生院”称号。

2.妇女病防治

20世纪50年代初，各级妇幼保健组织除全力推广新法接生外，还参与妇女病的一般防治工作，保护妇女劳动力的健康。1959年，在对妇女劳力检查中，发现子宫脱垂者较多，全镇患者数十人，及时予以治疗。1962年，全镇病例增多，影响生产，影响生活。县卫生科采取以公社为单位划片设点安排治疗，对部分Ⅰ°、Ⅱ°病人兼以手术治疗，全镇投医者均恢复健康。

1978年以后，妇女病的查治由突击性转为常规性，全镇妇女受检率一般都在80%以上，对查出的疾病跟踪治疗率达95%以上。推行四期保护（月经期、孕期、产期、哺乳期）。进入21世纪以后，随着医疗科技的不断进步，全镇妇女中一些子宫肌瘤患者，均在早期查出，得到及时治疗，恢复健康。全镇妇女通过每年的普查普治，做到无病早防，有病早治，提高了身心健康水平。

（二）儿童保健

从20世纪70年代起，西来桥镇（时称幸福公社）医院就组成防保组，配有两名专职预防保健人员，每年对儿童预防接种，接种疫苗有卡介苗、百日破、麻苗、流脑苗等。对传染病预防接种的药物主要有药丸、甲乙疫苗等。

20世纪80年代，健全了防保领导机构和防保组织。预防接种、防病防疫工作有了一整套的管理体系和制度。档案材料有专人保管，分类存档。每年“六一”儿童节前后对儿童进行的健康检查扩大到0~7岁的儿童，受查率每年都在98%以上。对查出的疾病及时进行矫治，对体弱儿童普遍实行专案管理。

第三节　卫生防疫

一、爱国卫生运动

据《武进县志》记载，民国期间，武进境域曾设立民间卫生组织，开展卫生宣传，唤起民众讲究卫生。此举措一度曾传至西来桥境域。

另据《扬中县志》记载，民国26年（1937），扬中县国民政府在三茅镇召开700余人的卫生动员大会。县长洪康燮发表演说，宣传人人讲卫生，全民健康，国家自然强盛的道理。会后他带领机关人员打扫三茅镇。全县曾一度出现爱清洁讲卫生的好风气。西来桥境域亦受影响。因缺少专门机构领导和策划未能形成风气。但是，西来桥境域历来有五月消毒杀虫，腊月掸尘除屑的卫生习俗。

中华人民共和国成立后，人民政府领导群众改变不良卫生习惯，与疫病作斗争。50年代，以清洁卫生为重点开展了几次大的活动，如清扫垃圾、挖蝇蛹、捕杀老鼠等，成绩显著。

60年代初，农村结合积肥造肥，清除家前屋后杂草，积肥数十万担。

1965年，爱国卫生运动的中心任务是水管、粪管、灭蝇、灭蛆（时称“两管两灭”），对集镇公厕（包括学校厕所）每周由固定人员喷药消毒一次。

70年代，以改水为中心任务。境内结合农田水利设施建设，改造旧水系，条条主干港河通江。又在全境推行打水井。因井水含砷量和其他几项理化指标超过国家饮水卫生标准，全部停用。后又制定境内普及自来水规划。

1982年，公社自来水厂建成供水。当年集镇地带全部用上自来水，后迅速向农村延伸普及。

1986年，在创建“无鼠害县”中，镇建立领导小组和技术指导小组，配置1000多公斤毒饵，分发到境域6000多户居民家，实施全方位捕灭。是年，全境投放毒饵两次，共灭鼠4万余只。

1994—1995年，开展灭蟑活动。在市灭蟑工作领导小组的统一布置下，在市卫生防疫站技术指导下，开展两次“突击灭蟑周”活动。采取环境整治、药物喷洒和物理杀灭相结合的防治方法。据自查，集镇区单位、居民户的蟑螂侵害率分别由灭蟑前的6.4%和5.4%各下降到1.8%和1.7%。

1994年开始，全市食品卫生管理按“六化”要求进行。即监测方法标准化、监督检查程序化、常规监督监测规范化、违章处罚法制化、宣传培训经常化、档案资料系统化。在宣传执行《中华人民共和国食品卫生法》中，对食品经营单位经常进行检查，对不合卫生要求者，吊销其卫生许可证，食品从业人员中的传染病患者则立即劝其离岗。

2003年以后，市食品安全工作委员会每年都要对镇级食品安全工作进行考核评比。西来桥镇历年的食品安全工作考核评比成绩前列。

2005年，西来桥镇被镇江市评为“食品安全示范镇”。

二、传染病、地方病防治

血吸虫病 血吸虫病俗称“大肚子病”，历史上西来桥曾为重染区域，严重危害人民的健康和生命。1941年，北胜乡长春村（今北胜村11~14村民小组）共90多户，357人中，有100多人死于血吸虫病，有20多户全家死光，72个青年妇女被血吸虫夺去丈夫性命，成为出了名的72个半寡妇村。据统计，全境有414人死于血吸虫病。

解放后，党和人民政府十分重视消灭血吸虫病的工作，组织人员查螺、查病。1956年，全公社组织培训了200多名查螺员，对全境堤外江滩普遍查螺，对境内河港逐条过堂查螺，对江堤邻近水田实行逐块查螺。西来桥四周江滩均查到钉螺，圩内沿江大队境地亦查到钉螺。查出钉螺，采用土埋、施药、火焚等灭螺方法。

1970年以后，每年春秋两季，以春季为主，社队两级都要组织查螺小分队查找钉螺。1991年起，将江滩列为查螺重点，内境按有螺年限分别采用普查、考核查、监测查的形式查螺。2002年以后，又将江滩查螺环境分为上年有螺江滩重点查和多年无螺情抽样查这两种类型。发现钉螺实施捕捉。内境与有螺江滩相连的通江港道、河道为普查重点。

在查治血吸虫病的方面，50年代以大便沉淀镜检找虫卵。60年代取沉渣进行毛蚴孵化。粪检工作均由血防专业人员进行，以大队设立组，工作人员吃住在大队。全境查出血吸虫病人累计为5213人，按病情分别由大队、公社、县防疫站三级治疗。

80 年代，查病工作进入病情清理阶段。90 年代，每年有计划地开展综合查病，对疑似肝病患者检查，查出血吸虫病人 3 例。同时，对历史遗留血吸虫病人进行一次保护性复治。

丝虫病 俗称橡皮腿、粗腿病。境域为低度流行区。在 1958—1960 年的普查中仅有少量病例，治疗。以后在 70—80 年代的几次抽查中，均未发现丝虫病患者。

钩虫病 全境钩虫病流行较严重。新中国成立后历年查治，发病率均在 10%~20%左右，至 90 年代，下降到 2%左右。

天花、霍乱 历史上境域曾一度流行，严重危害人们的健康和生命。1939 年秋天，境内 52 圩横埭（今南阳 7 组）发生霍乱，三天不到晚死去 5 人。天花亦无情夺走多条小生命，幸存者好多留下终生残疾。解放后，境内广泛开展爱国卫生运动，各种传染病得到控制，天花、霍乱均在建国初期绝迹。

疟疾 俗称"打摆子"，历史上曾在境域肆虐，严重危害人民健康。1960 年，境内有数千人发生间日疟。卫生防疫单位采取治疗预防措施，使疟疾发病率大幅度下降。1987 年发病率降至 1/万以下，1999 年后基本消灭。

麻风病 欲称"大麻风"。1971 年、1972 年、1973 年、1980 年四次麻风病普查中，境域查出 3 名麻风病人，均采取住院治疗的方法，由国家免费治疗。

麻疹 1959—1965 年，境域流行过三次。每次发病都有数十人，并有人死亡。1979 年开始接种麻疹疫苗，发病率得到有效控制，至今无一人死于此病。

病毒性肝炎 1978 年，境域甲肝流行，常州传染病医院组织了 8 名医务人员到西来桥，专门为病人检查治疗。后经 10 多年的综合防治，发病率明显下降，至 2006 年，发病率仅在万分之九左右。

肺结核病 民间俗称"痨病"。1975—1976 年，扬中全县进行肺结核病普查。西来桥境域查出 10 多个病人。1979 年对普查出的病人进行复查时，发现有 2 例病亡。1989 年起，镇卫生院明确了兼职防痨医生。2003 年起，实行市、镇、村三级分类督查制度。肺结核病人直接由村医生每日督查，市、镇两级医疗单位定期访视。

三、预防接种

20 世纪 40 年代中期，境域为武进辖地时，即出现民间"包花"郎中收费种痘，但因收费很贵，种痘人很少，未能控制疫病流行。

解放后，党和人民政府对危害人民健康的传染病重视防治，实施免费预防接种。随着预防科学的发展和各种生物制品的问世，预防接种的质量不断提高，有效地控制了各类传染病的发生和流行。

1.牛痘苗接种

解放后，每年除新生儿接种牛痘苗外，还对 6 岁、12 岁、18 岁三个年龄组的儿童和青少年接种牛痘苗。1952 年、1965 年、1977 年分别进行牛痘苗普种。1980 年世界卫生组织宣布"全球消灭天花"，于 1981 年停止接种牛痘苗。

2.鼠疫菌苗注射

1952 年，对境内居民普遍注射鼠疫菌苗。

3.霍乱菌苗注射

1950—1952 年间，每年对重点人群注射霍乱菌苗。1963 年为预防副霍乱流行，全境普遍进行预防注射。1964—1979 年，每年均对重点人群进行预防注射。

4.白喉类毒素和“百白破”混合苗注射

从 1952 年开始，注射白喉类毒素。1956 年开始，注射百日咳菌苗。1957 年，注射“百白”混合苗。1959 年开始，注射破伤风类毒素。1967 年开始，注射“百白破”三联苗。1979 年开始，将此类疫苗列为计划免疫“四苗”之一。

5.卡介苗注射

1975 年起，对儿童实行卡介苗接种，开始时，采用皮下划痕接种法，1982 年改为皮肉注射。1987 年，对小学一年级和初中一年级学生进行普遍接种。从是年开始，将新生儿卡介苗接种列入医院妇产科常规工作内容并实行月报制度。

6.流行性乙型脑炎疫苗注射

1977 年开始使用“脊灰”糖丸口服，1992 年开始，列入计划免疫“四苗”之一。

1992 年 12 月开始，按照全国消灭脊灰强化服苗统一部署，5—6 月开展第一轮第一次强化服苗活动；次年 1 月 5—8 日，开展第一轮第二次强化服苗活动，服苗对象为 0~4 岁儿童，服苗率达 98.81%

7.乙肝疫苗注射

1989 年开展新生儿、学龄前儿童血源乙肝疫苗的接种工作。2003 年，按国家统一要求将乙肝疫苗接种纳入新生儿计划免疫，实行免费接种。

从 1998 年开始，每年都对 4、8、12 岁的儿童实施乙肝疫苗加强接种工作。

第六章　广播 电视

第一节　有线广播

一、机构及设备

1953年4月，县成立收音站，并建立了全县收音网，发给福星区俱乐部收音机1台。

1958年10月，扬中县有线广播站借用县邮电局架设在西来桥北端夹江水下电缆向西来桥输送广播信号。境内亦利用邮电局的电话线将广播信号传送到各大队。各大队装置交换闸刀，有广播时切断电话信号。起初，先是大队干部和部分生产队长家安装广播，全公社共装73个。

1965年6月，建立幸福公社广播放大站，站址设在西来桥北公社院内小木楼底层约14平方米的房内。由县广播站配置1台CY550瓦扩音机，站里新购置一台电唱机。是年，广播站用毛竹、树杆架设广播专线，实现队队通广播，至年底，全公社安装广播总数达2000个，1968年发展到3000多个。

1971年，公社机关迁址至新桥北办公。1973年，公社广播放大站亦随之迁至公社院内前排西侧两间平房内。1974年，添置沪产L601型录音机1台、206型唱机1台。是年，对公社至大队的主干线进行改造，除用购买的5米芦筋混合方杆取代毛竹、树杆外，还将通向集镇及西来、大兴、北胜、新华、福星等大队的专线附挂在电力杆上；将通向南阳、东进、双三、南旺等大队的专线附挂在电话线杆上。

1982年，公社至大队、生产队的广播杆先后全部换成水泥杆。公社广播放大站已拥有2台录音机、1台载波机、1台50瓦的扩大机等设备，配备了4名工作人员。

1987年，水下过江电话线被过往行船拉断，县广播站输送给西来桥的广播信号也随之中断。为此，市广播站给西来桥镇广播放大站配备了2台海燕835调频接收机，接受市台发射的调频广播信号。

1993年10月，镇广播站进行机房改造，改造后机房功率达3千瓦，设备指标达部颁甲级。是年，每个行政村均配备1台扩音机。

1997年4月，镇广播站整体搬迁至新建广电大楼，设施装备标准化。2006年6月，投资20多万元，改造全镇有线电视主干线。

二、广播自办节目

1968年起，镇广播站配合党委、政府中心工作和夏秋大忙，不定期地开办临时性节目，宣传报道农业生产进度、科技生产知识和农忙中的好人好事。稿件大多来自各村通讯员。1989年10月正式开通“幸福之声”固定性广播节目，每周一档，每档10~15分钟。设有“本镇新闻”“为你服务”“周末话题”“生活小知识”等栏目。周六晚在市电台广播结束后，以男女对播形式录音播出，星期日早晨开播前重播。播出内容由专人采集编播，并经镇党委审阅。1993年起，广播自办节目由每周一档改为每周两档。每档15~18分钟。一档为综合内容，一档为专题节目。播出时间在周二、五县台节目结束后和周三、六县台节目开播前。为适应自办节目需求，1998年购置1台手持日本小型采访机，用于采访录制节目。1998年，按标准装饰一间15平方米的录音室，添置了1台JVC式录音机和1台专业盘式录音机，并安排专人负责采编和播音。1993年、1995年，“幸福之声”广播自办节目分别被镇江广播电视局评为二等奖和一等奖。1994年5月被省广播电视厅评为三等奖。

第二节　有线电视

1995年，西来桥镇有线广播电视系统总体规划技术方案经镇江、扬中两级广播电视局论证通过，并办理了批准手续。是年底有线电视开播。有线电视机房设在镇用电站老站东侧平房内，面积40平方米左右。自设小前端，使用设备为两副3.5米卫星天线、东芝C4接受机、意大利乐华调制器等。开始只在集镇周围布设了部分有线电视支干线路，当年安装有线电视800多户。1996年添置1台成都东方技术研究所产D600型彩色电脑字幕机，传输12套电视节目。是年，架设有线电视主干线路10公里，新安装有线电视400多户。1997年，镇广播电视站整体搬迁到新建的广播电视大楼后，有线电视机房与广播机房同设在三楼上。至2006年，有线电视入户率达70%。

1998年，西来桥广播电视站被镇江市局授予“红旗站”称号。2000年，被镇江市局授予“广播电视系统优秀乡镇广播电视站”称号。

1965—2006年西来桥镇(幸福公社、幸福乡)广播电视站负责人情况表

表6-1

名　　称	负责人	职　务	任职时间
幸福公社广播放大站	杨韶华	负责人	1965—1968
幸福公社(乡)广播放大站 西来桥镇广播站	杨韶华	站　长	1968—1989
西来桥镇广播站	季广法	代站长	1989—1992
西来桥镇广播电视站	施治和	站　长	1992—

1968—2006 年西来桥镇(幸福公社、幸福乡)广播电视站工作人员情况表

表 6-2

姓　名	性　别	职　务	任　期
潘美英	女	值机员	1968—1970
施大章	男	值机员	1970—1973
常恩泽	男	报道员	1971—1978
闵烈英	女	值机员	1973—1996
张金华	女	报道员	1978—1986
陆昌明	男	报道员	1986—2000
杨玉华	男	线务员	1989—2000
钱玉娟	女	值机员、播音员	2001—2003
王　瑾	女	值机员	1997—
赵君峰	男	报道员	1998—

人 物 编

编　目

第一章 人物传略

第一节 名人传略

此章列名（以生年为序）共8人

梅先春、施明齐、温益山、常革非、顾维衡、赵逸芝（女）、胡文辉、冯骏

梅先春

梅先春（1851—1915），家住中心沙合盛圩（今北胜村15组）。是中心沙（西来桥）的第一个秀才。

清咸丰年间（1851—1861），梅与太平洲的施湘、戴秀廷等人同赴泰兴考试，获第九名。当时泰兴地带文人甚多，能在该地考取前十名秀才，确非易事。故梅秀才名闻遐迩，颇受人们敬慕。

考取秀才不久，他在家开设起中心沙第一家私塾学堂，授课传学。大江南北慕名从学者百余人之多，成才者甚多，遍布桃李。他的家境贫寒，一生勤劳俭朴。早晚和课闲之时，都要帮助做家务及农事杂活。他好爱雕葫芦和放风筝，每当冬春，常和学生一起放风筝，当自扎的风筝在高空摇摆，自雕的葫芦附在风筝之上发出“嗡嗡”鸣响时，即仰天大笑，与学生一起自赏其乐。

他对地方公益事业也很关心，集镇川心港上横贯南北的木桥腐朽倾坏，他主动协同地方士绅、沙董一面向常州府武进县衙呈报备案，一面发起劝募认捐，历时半年，募得银洋350.8元，备料动工，建成一座四拼三节的石桥，题名为“西来桥”。

不幸的是他中年丧妻，一人抚养着二子四女，为父又为母，理内又理外，历经艰辛。但他从未丧失追求美好生活的信心。他在自家的大门对联上写道：创业难、守业难，知难即易；农务苦、学务苦，无苦非甘。

施明齐

施明齐（1855—1934），出生于永胜施家长埭。儿时由于家底薄，兄弟多，成人后迁中心沙母子圩（今复兴村3组）住居。清末年间被推任五沙董事。

平时他身穿粗布衣，口含旱烟袋，不喝酒不赌钱。群众找他评事说理，只坐茶馆，不进酒店，处理双方满意，他也高兴回家。如有一方不服，他自己掏钱支付茶钱和帖子钱（通知当事人及某些公正人士参加，叫送帖子）。

他乐善好施。修建街上西来桥，新砌东街大庙等公益事项，均由他领头操办，有时出钱，有时出力，也有出钱又出力的。贫困人家死了人买不起棺材，他花钱买给人家（叫施舍义材）。有些人想做生意但又缺乏本钱，只要生意正经，找他会私下支持。

他处事公道，勇于负责，肯与人解困分忧。1891年，西大圩发生张士魁杀老子（父亲）的

事。群众非常气愤，按当时的律法，如果报案，左邻右舍要被剜耳割舌，惊恐的人们请求施明齐作主，他考虑再三决定私了。出殡时将凶手儿子为其父垫葬棺材底，这样做既平民愤，教育群众，又免四邻受累，一举两得。群众称赞二先生（施排行老二）有胆有识。

1912年，西来桥地方的另几个头面人物郭仕颜、温瑞卿、包某，借办学为名肆意收捐，连粪桶、纺棉花的纺车都要缴捐，激起民众义愤。某日晚，群众听锣为号，携带钉耙、锄头、火种，打算扒倒郭、温、包三家的房屋，并放火烧毁。当场有人替三家求情，群众不依，说要有二先生的亲口答复。施明齐得知这一情况，立即赶到现场，通过协商答应了群众的要求，平息了事态。谁知不讲仁义的三家，非但不见人情，反到武进县衙告施明齐聚众闹事，施接到传讯后，经过反复考虑决定去县衙应诉，到了法庭，办案人员深知施的为人，不追究他，但责成他彻查究竟，交出为首的闹事者，要按法治罪。他思前想后，不能伤害百姓。于是自己花钱上下疏通，拖了一段时间此案不了了之。

还有一次，他在街上公顺记商店里玩。夜晚店里盘点营业收入，发现堆放在靠墙桌子上50个一包的银圆少了一包。查点来人，唯有施明齐来过，大家都说他不会拿。第二天早上二先生路过该店门口时，账房先生将昨晚少钱的事婉转地告诉他。哪知他一口承认，随即回家叫人送来50个银元了结此事，不让店员为难。时隔几天，店里打扫清洁，发现那包银圆掉在桌子下面坏了的地板缝里，真相大白，店里的雇员无不深受感动。

1926年春，孙传芳的联军被打败后窜驻西来桥，军官强行索钱要粮，士兵到处抢劫掳掠，暴虐民众，施明齐也被打伤至永胜老家治伤调理，谁知伤情较重无法医治，后又患病，不久便离世而去。百姓深表悲痛，曾有挽联句云：当董事眉目为万众福星……，具菩萨心肠作一方生佛……。

温益山

温益山（1884—1945），字瑞连。清光绪十年（1884）出生于太平洲沙家港，后迁至中心沙淘涝圩（今西来桥镇新华村8组）住居。18岁师从武进孟河巢克承学习中医。他刻苦求学，潜心钻研，三年学成后回到西来桥独自在药店坐堂门诊，擅治伤痛，兼治男女杂症，其开药方灵验，名闻遐迩。武进小河、魏村、丹阳新桥、界牌、扬中八桥、油坊及泰兴七圩等地的病者亦慕名前来求诊。

他医德高尚，怜恤病人。一生求精于医术，从不计较诊金，凡遇贫苦病者，不仅免收诊金，有时还济以药费。他为人正直，善辨正义清白，在群众中颇有威望，民间发生纠纷，多有请他断事评理的，经其耐心疏导，许多矛盾纠纷得以顺利化解。

他思想进步，积极支持抗战。在日伪统治的白色恐怖中，他不顾个人安危，为抗日志士医治伤病，既精心治疗，又十分注意保密。1944年，中共武进三区区委领导汤则彬（陈忠廉）患了伤寒，高烧不退，他即将其暗地里接到自己家中，负责治疗、护理，直至康复。温的家就在荫沙日伪碉堡的斜对面，只隔不足100米宽的小夹江，可谓鸡犬之声即相闻，由于温的保密工作做得好，始终未遇一点危险。

1945年，温益山因患肺浓症不幸逝世。

常革非

常革非（1907—1986），西来桥镇曙光村人。1934—1937年求学于上海山海工学团——艺友师范班。该校是伟大人民教育家陶行知先生于民国21年（1932年）创办，校长是原国务委员张劲夫。

“8·13”前夕，奉校长张劲夫之命，结束学习生活，回乡做敌后宣教工作。当时，地方上兵荒马乱，学校、私塾均已停课，学生失学。于是他决定自办学校。他以自家原来开糟坊的收入作为办学基金，将开糟坊的五间草房改为教室，砍倒自家的大树，打做成可坐8人的简易桌凳。缺少黑板就在马粪纸上涂上墨汁代用，没有粉笔就把石膏敲碎和石灰调成糊状灌进竹管，阴干后剥出使用。学校于民国27年（1938）2月开学，定名“贫民学校”。学校主要招收贫苦农民子女，学费书本费全免，一切办学费用全是他自己负担。学校课程开设齐全，并注重政治思想教育，特别加强抗日救国的爱国主义思想教育。由于常事事关心，群众支持，学校办得兴旺。日伪反动派对这一进步学校恨之入骨，民国33年（1944）冬一夜，地方上一些坏人纵火烧毁全部教学设备和校舍，学校被迫停办。

1945年，陶行知先生去世，常决心在家乡继续办学。经积极筹备，借得南阳郭纪华的几间楼房敞厅作教室，于1947年春季开学，有6个年级4个班，定名“企行学校”。意为企盼发扬光大陶行知先生的爱国精神和教育思想，表示要为普及教育奋斗终身。学校仍按贫民学校的方式办。1948年反动区长傅公侠将常拘捕，说他是共产党员，严刑逼供，一无收获。事后，常偷渡去苏北找新四军联络，学校停办。“贫民学校”和“企行学校”虽都被反动势力扼杀，但陶行知先生的平民教育思想已在当地深入人心。

土改时，常被错评为地主分子。1983年5月，扬中县人民政府发文对其一生热心教育，同情、支持革命的行为予以肯定，并为他改正了个人成分。

顾维衡

顾维衡（1913.7—1989.4），曾用名顾里荣，1913年7月出生，西来桥镇南旺村17组人。1938年参加革命，1940年5月加入中国共产党。带领群众打游击，抗击日寇，出生入死，英勇顽强。历任扬中县抗日民主政府六区区长兼南阳乡乡长，二区区长、县民政科长、武进县县长。解放战争时期，先后任苏北建专学校副校长，邵伯市委书记兼市长，江都县副县长、县长，独立团团长、政委等职。1948年12月，率地方部队解放扬州，并积极组织人民群众为中国人民解放军横渡长江推翻国民党反动统治建立人民政权做出了重要贡献。1949年4月23日，率地方部队渡过长江，解放并接管丹阳，任丹阳县长，县委副书记、书记，领导丹阳人民进行土地改革、镇压反革命、“三反”“五反”运动，修建珥陵水利灌溉工程，为发展丹阳经济做出了积极贡献。1952—1953年，任镇江市市长、市委书记。1954年后，历任沈阳重型机器厂党委第一书记，沈阳市机械工业局局长，沈阳市第一轻工业局党委书记兼局长。粉碎“江青反革命集团”后，任沈阳市日用机械工业公司党委副书记、副主任，沈阳市农机汽车工业局党委书记、局长，沈阳市顾问委员会委员。为沈阳的轻工、农机及汽车工业的发展做出了很大的贡献。1982年离职休养，定居镇江，因患癌症医治无效，于1989年4月1日逝世。

赵逸芝

赵逸芝（1914—2006.11），女，兴隆镇红专村人。1935年与丈夫赵良斌结婚后迁居西来桥大十圩（今南旺村12组）。1938年赵良斌投笔从戎，参加抗击日本侵略者的斗争，她随丈夫辗转于镇江、丹徒、扬中等地，支持革命。1944年，党组织派赵良斌（时任苏南第四行署文教科长）到上海开展地下工作，但一到上海即被叛徒出卖遭日军宪兵逮捕。为了营救丈夫，冒着生命危险10次往返于上海、扬中两地，多方筹资救人，但均遭汉奸欺骗愚弄，最后人财两空，赵良斌惨遭日军极刑杀害。不久，她和赵良斌唯一的儿子因病夭折。她强忍悲痛，坚强地一面种田为生，一面继续为革命工作，掩护地下工作者，为他们传递情报。解放时，她一人仍然住在幸福乡（今西来桥镇）新民大队12队务农。

1958年被安排到县城三茅兴办福利制鞋厂，任厂长。厂里工人全是烈军属和伤残军人，一无资金，二无技术，三无销路。她全身心扑在办厂上，带领全厂职工艰苦创业，使福利制鞋厂越办越红火，经济效益越来越好，后来转为地方国营厂。她关心职工的思想、工作、生活，受到职工们的尊敬。1958年，她加入了中国共产党，1959年出席了全国烈军属、残疾、复员、退伍、转业军人社会主义建设积极分子代表大会，被评为全国社会主义建设积极分子。1979年退休离厂。1981年被选为扬中县政协第一届委员会委员。2006年11月病逝。

胡文辉

胡文辉（1918.10—2004.7），原名戴德仁，西来桥镇东进村3组人。1918年10月出生，1938年5月参加革命，1939年10月加入中国共产党。抗日战争时期，曾任挺进纵队警卫员、排长、政治指导员、建阳敌工部副部长、华中军区第四军特务团政治处教导员、政治部主任等职，为打败日本侵略者多次打入敌人内部，深入虎穴，除汉奸，活捉日军，为抗日战争胜利立下了赫赫战功。解放战争时期，曾任33军68师202团政治处主任，参加了苏中、鲁南、莱芜、孟良崮、淮海、渡江等著名战役。在各个战役中，胡出生入死，为打败国民党，解放全中国做出了很大贡献。

中华人民共和国成立后，胡任第23军68师203团副政治委员，步兵第一预备师政治部副主任，1955年10月被授予独立自由勋章、解放勋章各一枚。1958年随部队集体转业，开垦北大荒，时任合江农垦总局办公室主任。1959年因工作需要，调任南京交通高等专业学校党委书记（副厅级）。他全身心地投入教育工作，关心教师和学生的思想、学习和生活，与师生打成一片，培养了一批批优秀的人才。

1982年12月，胡离职休养。2004年7月30日因病逝世。

冯 骏

冯骏（1933—1985），原名冯柏年，曾用名范飞鸿，西来桥镇东进村8组人。自幼在家乡读私塾、小学。1945年，随在上海纱厂做工的姐姐在上海中纺公司第四员工子弟小学读书，后考入上海育才中学。求学期间，受进步思想的影响，追求革命。1948年秋秘密赴苏北华中工委，分配到华中大学学习。

华中大学毕业后，在松江地委秘书室工作，1950年10月在嘉定县加入中国共产党。后历任县委宣传部干事、区委副书记、地委办公室秘书、江苏省委组织部秘书、华东局组织部秘书等。“文化大革命”前夕调到安徽工作，任全椒县委副书记。1970年后，历任全椒县革委会副主任、滁县地区革委会政工组组长、滁县县委书记、滁县地区行署副专员、地委委员，后调任安徽省第二轻工业厅厅长、省工业厅厅长。

1983年7月，任蚌埠市委书记，蚌埠军分区第一政委。上任之初，就在全市开展为期两年的“严厉打击严重刑事犯罪分子斗争”，开始实行改革开放。在全省较早试行厂长经理负责制，经济承包制，大胆改革人事制度，使蚌埠市于1985年2月被国家列为甲类开放城市，全国城市综合改革试点城市。任职期间，大力发展外向型经济，积极与多个国家进行经济技术合作。

1985年2月，当选为中共安徽省第四届委员会委员。他具有较高的政策理论水平，丰富的党务、经济工作经验，较强的组织领导能力，扎实的工作作风，清廉的政治品格。

1985年初，他被发现患有癌症。病重期间，仍以革命的乐观主义精神，一边工作，一边同疾病作斗争，鞠躬尽瘁，直至生命最后一息，给蚌埠市领导干部和人民群众留下深刻印象。是年6月22日不幸逝世，终年52岁。

第二节 烈士传略

（以牺牲时间先后为序）

李培根、杨明、赵惠东、何尔伦、赵良斌、梅岑、印世庸、耿龙富共8人。

李培根

李培根（1910—1941），名荣明，又名小春，1910年4月25日出生于扬中县德云乡李家埭（今兴隆镇和合村）。1950年春，举家搬至中心沙母子圩（今复兴3组）。父早逝，家贫，读书聪明，能文善诗。少年应试“存粹文社”，撰论文《漂母饭韩信》，内有“秦汉之世，侠风甚炽，安知此母非侠而隐于漂者乎”等精辟之句，阅卷者评谓“立志不凡”。

1931年至沪学商，因徒友受店主虐待而出面抗争，遭店主报复，李愤然返扬做私塾教师。

1936年夏，国民党江苏省政府在扬州举办公民训练师资养成所（又称扬州军校），招训教官。李即和左光华、冷瑞麟等塾师好友前往报考。受训3个月后结业回扬中，他先后担任区中心民校的教官、校长，积极训练壮丁，练武打靶。“八一三”淞沪抗战失败后，国民党扬中县县长洪康燮奉命解散民校，收回枪支，李义愤填膺，拒交枪支。

1938年2月6日，汉奸郭葆鑫引领镇江日军中岛部队，袭击县城三茅镇。洪康燮挂印去上海租界避难。扬中处于无政府状态。李与冷瑞麟、王明高、赵良斌等人在泰兴县城一家小客栈秘密成立苏南抗日同盟会，秘密进行抗日活动。同年夏天，李参加江南抗日义勇军挺进纵队，任一支队秘书、民运股长。1938年11月，加入中国共产党。1939年5月，任挺进纵队战地服务团团长。

1940年2月扬中县抗敌委员会成立，李任主任委员。4月抗敌委员会改称扬中县抗日民主政府，李任县长。李在任期间，率领军民挫敌寇，曾截击日伪运粮队，迫使敌人弃车逃跑；在石家埭与敌交战，击毙日伪军十余人。

李执法如山，大义灭亲，对为害乡民的堂弟亦毫不姑息，坚决镇压。

1940年8月，李带领扬中县抗日武装力量全歼叛军第一别动大队薛德裕部。

1940年冬李调任镇江县抗日民主政府秘书长，代行县长职权。

1941年1月24日（腊月二十八日），李与警卫员投宿于镇江县五区伏元乡富贵墩子一中医家，因汉奸告密，凌晨被驻姚家桥的伪军偷袭包围，李奋力抗击，终因身负重伤无法突围，为免落魔掌，他将最后一粒子弹留给了自己，壮烈牺牲。

杨　明

杨明（1917—1941），原名钱伏曦，浙江省人。早年在上海读过中学，当过工人。1937年参加革命，同年入党。

1940年8月任中共澄西县委书记。

1941年6月调任中共扬中县委书记。

1941年9月4日，扬中县抗日民主政府驻中心沙（西来桥）南阳乡52圩（今新程村6组）上。当日夜，杨明到北胜乡参加中心沙区委改组会议，一直开到凌晨3点多。会议刚刚结束，突然听到东南方向“啪啪”两声枪响，接着天空升起信号弹。大家根据枪声判断是苏北的敌伪偷袭中心沙来了。杨明当机立断，自己必须回南阳乡去，因为那里驻守县政府的只有两个排的兵力，其中一个排是新兵，他们只有大刀和手榴弹，战斗力弱，保管全县档案的只有一个女同志，而时任县长的施光前又去江阴开会去了，政府没有指挥人员，一定要回。新任区委书记冯忠礼便护送同去。为避敌人眼线，杨明和冯忠礼都扮成割草的农民，身背草篮，手拿镰刀，赤着脚，沿港岸一直向南快奔。过了三岔港小木桥，朦胧中发现一群日伪军迎面而来，两人忙下到稻田假装割草，敌人发现了他们，便冲到田中将他们抓住，先押到大庙，后又押到七圩港（江北泰兴）伪军营房，将他们分开审讯。杨明在敌人的严刑拷打下，始终不语。晚上，他趁敌人掷骰子赌兴正浓时，用嘴咬开敌人挂在床边的手榴弹盖，轰隆一声巨响，两个敌人就地丧命，杨明自己腰间也炸开了一个窟窿，鲜血直流。后被敌人押送到泰兴医救，他拒不接收治疗，并绝食。在医院，他向医护人员宣传抗日救国的道理，还争取到一人投奔了解放区。在泰兴医院的第二天（9月11日），他趁敌人不备，抢起一张木椅就砸，一个敌伪军应声倒地，其他几个慌忙开枪，杨明光荣牺牲，时年24岁。

赵惠东

赵惠东（1918—1941），原名束春生，又名莫中，丹阳县陵口留墅束家村人。1938 年 2 月参加革命，1939 年 3 月加入中国共产党，1940 年 1 月，任河南区（丹阳）区委书记，同年 6、7 月间调任八区区委书记，11 月受命中共山北县委书记，1941 年 5 月调任中共扬中县委组织部长。11 月 21 日，在西来桥（中心沙）对面的武进县惜字洲遭反动“大刀会”逮捕，被关押到西来桥。

赵惠东被关押期间，在匪徒的严刑拷打面前，宁死不屈。他还巧妙地掩护一名被抓的共产党员脱离虎口。匪徒看对赵惠东用刑无效，就将其五花大绑，吼叫威吓要处死他，同时又假惺惺地诱骗：“你这小小年纪，还有得活呢，死了多可惜啊！”赵惠东面对凶残奸诈的匪徒大声斥责：“死有什么稀罕，我从加入共产党那天起，就已将我的一切交给了党！”匪徒再也无计可施，凶残恶煞地将他押赴刑场施行枪杀。

在被押往刑场时，赵惠东一路高呼“打倒日本帝国主义”“打倒汉奸卖国贼”口号，高唱“东进、东进，我们是铁的新四军……”

1941 年农历十月初五下午，赵惠东被大刀会匪徒杀害在中心沙（西来桥）三岔港桥南（今惠明桥南往东 80 米处），时年仅 23 岁。

何尔伦

何尔伦（1915—1942），西来桥镇西来村 7 组人，1915 年 7 月 26 日出生于贫苦农民家庭。1940 年初参加抗日，同年 4 月加入中国共产党。历任西来地区第二个党支部组织委员、乡民兵大队长、区“青抗会”和区税所负责人、中共六区区委委员。

何尔伦立场坚定、作风正派，一身正气、斗争性强，工作细致，不折不扣完成党组织交给的各项任务。

1942 年 9 月 11 日，苏北汪伪 19 师一个排的伪军，用一艘大木船伪装成运输船，在北泡子江中主动停靠报税，诱捕了何尔伦，押往泰兴天星桥后，敌人先是利诱，后施以酷刑，但何坚守党的秘密，并痛斥日伪罪行。敌人无计可施，最后将已折磨得奄奄一息的何尔伦倒拖至长江边剁成五块，投尸长江。党组织委以泰兴天星桥地下党协助打捞，未曾捞到。何时年仅 28 岁。

赵良斌

赵良斌（1910—1943），扬中县兴隆镇红专村人。1938 年与赵逸芝结婚后迁居西来桥镇大十圩（今南旺村 12 组）。

赵幼读私塾，1929 年考取镇江县立黄墟师范学校。1931 年转入江苏省立黄渡师范学校。民国 22 年（1933）以第一名的成绩毕业。毕业后任丹徒县大港小学教师，镇江磨刀巷中心民校校长，《江苏省民众教育》月刊编辑。

民国 26 年（1937）冬，日军侵占镇江，赵返回家乡，与李培根、朱永山等共同发起组织“扬中青年抗日团”，任副团长。1939 年 3 月参加江南抗日义勇军挺进纵队战地服务团，同年4月加入中国共产党，任《群众导报》（后改成《前进报》）编辑。1940年2月、4月，先后任扬中县抗敌委员会委员，扬中县抗日民主政府文教科长。1942年调苏南第四行政专署任文教科长。赵平易近人，生活艰苦，任专署文教科长时，虽备有通讯员，但他总是自背背包，自洗衣服。他学习刻苦，有较高的文学修养，所编抗战教材，简明通俗，寓意深刻。所撰《为皖南事变告人民书》，语言生动，感情真挚，富有感染力，群众竞相传诵。

1943年春，日伪军在苏南“清乡”，赵身体虚弱，不适宜在恶劣环境中与敌周旋，党组织安排他到上海隐蔽，到上海后，因叛徒出卖，遭敌人逮捕。敌人威胁利诱，严刑拷打，无所不用其极，赵坚贞不屈，视死如归。同年7月22日被敌人枪杀于上海江湾，遗体被敌人投入硝酸缸中。

梅岑

梅岑（1919—1945.4），原名梅存珠，字苑。北胜村16组人，1936年考入苏北罗首师范学校。1937年“七七”卢沟桥事变后，学校解散。

梅岑对日军的侵略行径愤怒万分，毅然与王炎、王祥等爱国青年参加江南抗日义勇军挺进纵队战地服务团。1938年加入中国共产党。后调任新四军二师五旅13团任营政治教导员，1945年4月任二师五旅13团政治处组织股长兼团部党总支书记。

梅岑始终把国家和民族利益看成高于一切，个人坚决服从革命的需要，家中择定1941年10月10日为他完婚，可他表示“不打败日本侵略者不结婚”。

他在部队中是一位军政双全的优秀干部，作战英勇、身先士卒，党性强，善于团结别人；工作高度负责，对同志诚恳热忱，在干部战士中享有很高的威信。他爱好京戏，会拉胡琴，是部队文娱活动的积极分子。

1945年4月中旬，在淮南根据地安徽肥西县黄疃庙对国民党反动派的一次“反摩擦”战斗中，他为了对部队进行战场政治鼓动，勇登前沿指挥位置的一个土丘上，不幸头部中弹，英勇献身，年仅26岁。

印世庸

印世庸（1915—1948），小名庸子，又名姚平，1915年1月21日出生，住中心沙北泡子（今北胜村9组）。11岁入塾读书，19岁辍学从耕。1938年底，武进党组织派地下党员来中心沙（今西来桥镇）开展抗日活动，宣传党的抗日主张，讲述新四军、游击队抗击日军的英勇事迹。印世庸听后，一定要参加共产党，参加新四军，将抗战进行到底。

1939年春，印世庸参加了扬中青年抗日团，1940年4月加入中国共产党，先后担任扬中抗日民主政府六区军事助理、二区区长、县军事科科长、县警卫营副营长、县独立团参谋长、丹北县副特派员等职。他积极从事革命活动，足智多谋，英勇善战，出生入死，屡建战功。

1942年2月15日（农历大年初一），他率领地方武装突击队，扮成舞狮子的，到武进大沙，亲自舞狮子头，机智击毙常带队到中心沙为非作歹的土匪恶霸、伪军中队长倪恒明。

1942年4月，印带领丁文美和几个民兵，利用玉皇庙的土匪头子郑茂高为小孩大办满月酒的时候，突然袭击。冲进屋内抓捕了到处抢劫掳掠，且出没无常，行动诡秘的郑茂高，押至头桥江边镇压。

1945年农历三月初八日，苏中五分区决定拔掉敌人驻西来桥的全部据点。印率县警卫营受命攻打北泡子据点。战前他派人作了周密侦察，制定了“以武力为主、辅以政治攻势”的作战计划一举拿下了据点。

同年5月下旬的一天，印化装成伪和平军高级指挥官，率领化装成和平军的警卫营一个排的战士，围歼盘踞在武进圩塘、魏村一带的国民党“忠救军”肖贵生部，缴获轻机枪一挺，长枪十余支，子弹数百发。

1945年6月28日，县警卫营和五分区主力部队同时宿营在八桥团沙地区，与前来骚扰的七八十名日军发生遭遇战。印世庸当机立断，率部抢占公济桥，连续击退敌人的多次冲锋，牢牢地扼守住桥头，后在分区部队增援下，打得敌人丢盔弃甲，狼狈逃窜。印又组织部队乘胜追击，歼敌于唐家桥。

1945年11月5日（农历十月初一，俗称“十月朝”），印奉命率独立团北撤。1946年春，回丹北地区坚持斗争，化名姚平。1948年初，任山北县副特派员，协助特派员戎政工作。他深入群众，访贫问苦，认真做好争取乡保长的工作，了解分析敌情，灵活机智地开展对敌斗争。

1948年4月17日晚，印士庸和戎政等人一起去丁岗（今丹徒区）倪龙保家开会，住宿丁家村道士庙东厢屋。因奸细告密，次日拂晓，一连敌人把丁家村团团包围，敌人冲进道士庙搜查，印世庸等人冲出门外，分散突围。戎政等三人向丁家村方向奔跑，甩掉敌人，安全转移。印一人沿着山间小路向小刘家村急奔，因是下坡路，始终暴露在敌人的视野里，不幸中弹受伤，负伤后他埋伏在麦田里，等待敌人靠近，敌人叫喊着向他包抄过来，他竭尽全力，突然猛烈射击，打得敌人“哇哇”直叫，不敢前进。敌人奈何不得，就用机枪、步枪一齐扫射……

印士庸牺牲后，惨无人道的敌人把他的头颅割下来，挂在埤城的旗杆上示众三天，还杀害了道士庙的道士。事后，戎政镇压了告密的保长倪和尚，为印世庸报仇雪恨。

印世庸用自己革命的一生谱写了一曲“生当作人杰，死亦为鬼雄”的壮丽诗篇。

耿龙富

耿龙富（1916—1949），西来桥镇福星村7组人，1916年2月出生于佃农家庭，生活贫苦。儿时读了一年半的书，就随父亲放牛寻草，18岁学木匠。1940年夏参加管文蔚领导的江南抗日游击队，同年6月加入中国共产党。他立场坚定，爱憎分明，团结同志，作战勇敢，具有较高的政治觉悟。1940年7月被调到新四军第二纵队二团当警卫员，后任警卫班长。1941年秋回扬中西来桥家乡养伤，后经组织批准留在扬中县警卫班当战士。1942年2月15日（农历大年初一），他与张茂华等人在印世庸带领下，组成锄奸队，装扮成舞狮子的，到武进大沙去土匪恶霸、伪军中队长倪恒明家“拜年”，乘机将其击毙，人民拍手称快。1944年春任扬中县抗日民主政府短枪班班长。1945年10月，地方党政军干部北撤，组织决定耿龙富留守扬中坚持斗争，任县武工队长。1947年1月，华中十地委组织武装南下，扬中县留守处和武工队随部队南返，耿奉命率武工队在姚家桥等地隐蔽坚持。1948年夏天，耿龙富由丹北调到路南茅山工委，中共茅山工委书记康迪安排他到丹阳的陈巷、黄陵、水湖一带组织和发动群众，筹集钱粮，为迎接大军渡江南下作准备。

1949年3月19日，时任丹阳县委组织部长的耿龙富带领何福源、蒋成林到后河阳村提取粮款，当晚在一群众家投宿，次日早晨在门口刷牙时，不料被国民党情报员夏洪源窥见。当夜被盘踞在三桥的国民党军队包围。21日拂晓，敌人对耿龙富住地进行疯狂扫射，耿龙富等人数次突围未成，就爬到楼上，居高临下，与敌人展开长达10多小时的战斗。敌人喊话企图诱降，耿龙富宁死不屈，英勇顽强抵抗。在身受重伤、弹尽无援的情况下，为不使党的文件和粮款落入敌手，在打完最后一颗子弹后，忍着剧痛烧毁文件，撕毁钞票，拆散枪支，最后壮烈牺牲。

第二章 社会闻人

第一节 知名人士简介

陆平、戴洵、范小凤、朱文涵、冯南生、倪志民。

陆 平

陆平，女，1924年出生于西来桥镇大兴村，原名翟小凤。1933年在福星洲初级小学读书，受到革命思想的熏陶。1942年冬参加新四军，1946年经组织介绍与时任新四军司令部修械所所长吴运铎（中国的保尔）结成伉俪。婚后，她跟随吴运铎从皖南到苏北，再到淮南，转战淮阴、沂蒙山等地。后又渡海到大连，创办军工厂，研发、生产战场上急需的各种武器弹药。为抗日战争、解放战争的胜利做出了巨大贡献。

解放后，和丈夫一起继续从事军工事业，为新中国的军工发展呕心沥血、鞠躬尽瘁。在国家第一机械工业部科学研究所工作至离休，为处级干部。晚年的她和吴运铎合著了《和青少年交朋友，是我们的心愿》《人生絮语》，以自己的亲身经历教育引导青少年健康成长。

戴 洵

戴洵，女，1925年11月出生于西来桥镇北街（西来村15组）。1931年秋天，就读于福星洲初级小学。四年后转入常州市纺机学校读高小，1937年“七七事变”后，学校停办，辍学回家，在西来桥学校就读，1940年考上常州群英中学，由于经济困难、时局动荡等原因，没有上成。1941年4月，经梅耐寒推荐，到西来桥小学任教，6月，加入中国共产党。暑假被党派往丹北地区参加小学教师训练班，受到马克思主义的启蒙教育。

1942年6月，持扬中县委介绍信到新四军参军，分在丹北战地服务团，服务团在同年冬季解散，被分配到丹北铁道委员会工作，1943年冬调新四军16旅学习；1944年到苏浙皖边区广德县工作；1945年10月随新四军1师撤至山东临沂，在师后勤审计科工作；1946年调新四军政治部联络部秘书科工作；1946年冬调中国人民解放军10纵队后勤部修械所任指导员，参加了济南战役、淮海战役。1949年被调到卫生部新创立的卫生学校任指导员，参加了渡江战役、解放上海、解放福州战役，当时部队为28军84师，任师干部科干事。1951年春，调海防250团，任团政治处青年股长，1953年任师部青少年科助理员。

1953年9月，转业到福建省建筑公司任宣传科科长。1955年秋，调江苏省委，任党群机关党委副书记。1957年调南京大学任中文系党总支书记。1960年2月，调广州华南师范学院任中文系党总支书记，学院党委委员、纪委委员，1964年被选为党委常委。

“文化大革命”中被隔离审查，1972年逐步恢复工作，先后任广州中山医科大学眼科医院革命委员会副主任、党总支副书记。湖南中医学院附属二院革命委员会副主任、党总支副书记、院长。1979年9月任北京师范大学历史系党总支书记、校党委委员，兼任学校社会科学处处长，1983年离休。

离休之后，习学笔耕，撰写了《真诚岁月》《西来桥》等书籍，表达了对党的事业无限忠诚和对家乡西来桥的无比眷恋。

范小凤

范小凤，女，原姓冯（名不详），1931年生，东进村8组人，青少年时代去上海纺织厂做工，1938年加入中国共产党。曾任上海沪西地区地下党负责人，在领导申新九厂工人大罢工中暴露身份，受敌追捕，追逃中受伤，被一姓范人家收养，伤好后继续参加革命工作。为报救养之恩，改名范小凤。

解放后，任上海市纺织工会主席，后调入中华全国总工会工作，任委员、劳动部部长。1949年被特邀参加全国首届政治协商会议。并先后出访苏联、日本、澳大利亚等国，现已离休，居住北京。

朱文涵

朱文涵，女，1929年出生，本姓吴，叫吴文涵，西来村人。1937年入福星洲初级小学读书，在地下党员教师的引导下，接受了革命思想教育。1942年5月，年仅13岁就秘密加入中国共产党，成为西来桥地区最年轻的地下党员。

入党后，她利用小学生的身份，到街头茶馆、农村地头进行演讲，宣传抗日道理，告诉群众，新四军是共产党领导的抗日队伍，只有共产党才能救中国，她的演讲生动活泼，深受群众喜欢。1943年日伪统治时期，不能公开进行抗日宣传活动，她遵照组织安排，冒着生命危险，经常夜里去张贴标语，有时将标语贴到敌人的碉堡周围。1945年4月18日，新四军主力部队和地方武装决定消灭盘踞在西来桥的日伪军。她早就摸清了大庙据点的地形，机灵地带领战士们顺利攻克敌据点。敌人不甘心失败，从常州小河调来日军、伪军到西来桥扫荡，由于汉奸告密，朱文涵不幸被捕。日伪军把她抓到小河镇，关在猪圈里。她想好对策，沉着机智地应对敌人的审讯，敌人毒打她，强迫她喝泔水，任凭敌人软硬兼施，始终不暴露自己的身份，不说出一点党组织的情况，敌人认为她是小孩，问不出有价值的情报，就把她放了。

1947年5月，国民党大肆搜捕杀害共产党员。朱文涵在同学刘巧英帮助下逃出险境，隐居在江西玉山做铁路工人的姑父家，改姓朱，名文涵。对外称是姑父的女儿，并考入铁路员工子弟中学，继续上学。1950年7月，考取上海同济医学院医事检验专业。1952年毕业分配到上海纺织工业局第二纺织医院工作，1958年又到上海第二医学夜大学高级检验系学习，1962年毕业。曾多次下基层锻炼，任医疗队队长、指导员。1958年10月，在纺织第二医院重新入党，1987年

11 月，中共上海纺工局党委批复朱文涵党龄连接，入党时间从 1942 年 5 月算起，党龄从 1947 年 1 月（18 足岁）算起。

1979 年 3 月，开始研究人类染色体遗传性疾病，任实验室负责人。1985 年出席全国儿科染色体疾病专题讨论会。1986 年调上海市区新生儿 Doun 综合症普查协作组工作。所著论文《婴儿早期发现 Klineqeltea 综合症一例报告》《胎盘培养基的总氮和糖含量测定及时细菌成长之观察》先后发表在《中华儿科杂志》《临床检验》上。

冯南生

冯南生，曾用名冯兰生、徐纪华。1919 年 4 月出生，西来桥镇新华村 3 组人。1940 年 6 月加入中国共产党，1940 年 8 月至 1949 年 4 月历任乡党支部书记、县委单线特派员、联络员，南京地下工作政治交通员，区委书记兼区队政委。在险恶的环境中坚持斗争，出生入死，为夺取抗日战争、解放战争的胜利做出了积极贡献。

1949 年 4 月至 1977 年 12 月，历任扬中县民运部部长、组织部部长、镇江地委宣传部副部长、部长，丹阳中学党支部书记兼任校长，丹阳县体委副主任。1978 年 1 月至 1980 年 3 月任镇江农机学院政工组负责人。1980 年 3 月至 1982 年 12 月任镇江农机学院基建处处长。1983 年 6 月离休。

倪志民

倪志民，1933 年 1 月出生，原南阳村 14 组人，中共党员。1951 年走出学校后在家务农，1953 年任南阳乡干部，一年后又从教，1955 年扬中县委调干，走进机关大门，任县委农村合作部文书、秘书。后调县委办公室任秘书、办公室副主任兼新闻秘书，县委宣传部副部长、部长，市政协副主席。1992 年任市关心下一代工作委员会常务副主任，负责日常工作。

他喜爱写作，曾先后编写和主编的书籍有《扬中革命斗争故事选》、《晚霞辉映朝霞红》、《关工之声》一和二辑、《桥乡》、《扬中民间文化珍遗》、《改革开放三十年巨大变化》等。多年来，向有关报刊积极投稿，被先后录用的有几十篇，曾获《关心下一代周报》一、二等奖，向《中国火炬》投写的《具有理论与实践作用》一文，获有关单位一等奖。

第二节　西来桥籍副厅、师级人物简介

陆赵平、印德修、张维德、张克敏、孙厚军、崔有宏。

陆赵平

陆赵平，1917 年 4 月出生于西来桥镇太平圩（今北胜村 18 组），中共党员。1941 年参加革命工作，时任区财经科科长。1945 年北撤，曾任军部服装厂厂长。1949 年参加渡江战役，后被组织选派赴苏联学习，因另有任务未去成，至哈尔滨时返回，返回后调入第二野战军，随部队解放大西南，任西南服务团干部。

解放西南后，转业至地方工作，任西南森林工业管理局干部，1974年任四川省林业厅党组书记。离休后居住四川宜宾市。

印德修

印德修，1926年8月出生，西来桥镇北胜村18组（原太平圩）人。自幼读书，青少年时代即参加地方抗日活动，1942年2月加入中国共产党，6月，与戴洵、梅小英、李寿南等一同参加新四军丹北战地服务团。1942—1945年任中共扬中县委、武进县委、苏中五地委交通联络员。1945年9月奉命北撤后，任中共兴化县平旺区政府会计。1947年5月，加入中国人民解放军，任兴化县独立团情报站内勤，1947年10月调任中共苏中二分区情报站党支部书记。1948年1月调任中共苏中二分区独立营侦察通讯连党支部书记、连指导员。1949年4月，参加渡江战役。1949年6月—1951年6月，任扬中县独立支队一连指导员，华东警备10旅30团1营2连指导员，无锡警备区（公安总队）政治处组织干事。1951年7月，任苏南志愿军康复医院政治指导员。1953年5月，任苏南保健医院政治协理员、无锡市公费医疗总门诊所所长。

1954年转业至地方工作，任无锡市卫生局秘书、无锡市卫生局党委委员、无锡市第一人民医院党支部书记、副院长。1959年10月—1963年2月，任无锡市爱国卫生运动委员会组织宣传部部长。1963年至1970年7月，任无锡丝绸印染厂党总支书记。8月因文化大革命靠边。1976年10月恢复工作，任无锡丝织二厂党委书记。1980年1月任无锡市丝绸公司党委书记、经理。1986年8月离休，享受地（厅）级干部待遇，居住无锡。

张维德

张维德，1938年9月生，西来桥镇西来村7组人，中共党员，高级总工程师。1961年毕业于北京大学，被选入国防科委某部工作至退休。长期从事导弹方面的专业研究，是第一批享受国务院颁发的特殊津贴人员，2003年被授予副军级。

张克敏

张克敏，1944年9月出生，西来桥镇原大兴村人，中共党员，高级经济师。1964年参加社教工作，1968年10月任镇江报社记者，编辑组长。

1971年8月调入镇江地委、行署办公室，先后任秘书、副科长。1980年5月任行署办公室副主任。1983年10月调任镇江市京口区委副书记兼组织部部长。1985年3月起先后任镇江市政协副秘书长、办公室党组副书记、市城管办主任，接待处党组书记。1991年1月任京口区委书记兼人大党委会主任，人武部政委。1993年3月任镇江市委常委，市纪律检查委员会书记。1998年1月任镇江市委副书记兼市纪委书记。1998年1月任镇江市委副书记、市政府常务副市长。2001年2月起任镇江市政协副主席、党组副书记。

孙厚军

孙厚军，1954年生，西来桥镇原双三村2组人，中共党员。1974年应征入伍。在部队提干后入军校学习，毕业后被选调到国防科工委工作两年。之后又回部队工作，曾任浙江杭州军分区司令员。转业到地方工作后，历任浙江省人民政府办公厅副主任、浙江省委副秘书长。

崔有宏

崔有宏，1954 年 10 月生，西来桥镇原新民大队 4 队人。1972 年 12 月高中毕业后应征入伍，1974 年 8 月加入中国共产党。1972 年至 1975 年 10 月任兰州军区守备师一团一营一连战士、卫生员，1975 年 11 月提干任三营卫生所助理军医，后考入兰州军区军医学校（军医专业），1979 年毕业后，任军医学校生物化学教研室连职、营职教员。1983—1986 年参加兰州医学院军区提高班（工农兵大学生复训）学习结业，1988 年任解放军兰州医学高等专科学校生物化学教研室讲师，1993 年评为副教授。1992 年至 1995 年在第四军医大学就读硕士研究生，获得医学硕士学位。1996 年任教研室主任，1998 年评为教授。2000 年 5 月—2001 年 11 月任美国国家肿瘤研究所访问学者。2001 年享受国务院特殊津贴，授大校军衔，正师级。荣立三等功 2 次。曾 2 次被评为学校优秀教员、兰州军区优秀科技工作者和兰州区军“科技之星”。获得军队和省部级科技进步奖二等奖 3 项，三等奖 6 项。教学成果军队级二等奖 1 项和院校级一等奖 7 项。参编国家卫生部规划教材 1 部，主编和副编出版学术著作各 1 部，在国内外学术刊物发表学术论文 70 余篇。

2006 年因裁军，单位撤销而提前退休，退休后曾任中国科学院营养科学研究所特聘研究员、汕头大学医学院特聘教授。现被聘任第三军医大学病理学研究所免疫病理所研究主任、教授。

第三节 西来桥镇籍高级专业人员简介

李太贵、刘文富、刘新春、曹必宏、于守富。

李太贵

李太贵，1937 年 9 月出生，福星村 1 组人。1962 年北京大学生物系植物生理专业毕业，到中国农业科学院作物所工作，从事水稻育种研究。1964 年参加“四清”工作。“文化大革命”期间在河南、四川、江西、湖南等省进行科技服务。1978 年调至作物品种资源研究所工作，同年晋升为助理研究员。1978—1980 年去菲律宾国际水稻研究所学习和工作。回国后参加中国水稻研究所的筹建。1983 年初调至中国水稻研究所（设在浙江杭州）工作，进行水稻抗冷性研究。1986—1987 年去美国康奈尔大学进修一年。1987 年晋升副研究员，参加主持的课题共有 14 个，获全国科学大会奖、农业部三等奖 1 个，农业科学院奖、获得鉴定的成果多个，在国内外发表论文 50 余篇。

他制定的水稻抗冷和抗热鉴定方法在国内外应用。早籼稻腹白形成研究，作为国家“九五”科技成果。抗性动力学研究，在全国植物生理学会议上受到重视，得到较高的评价。他提出的植物三级生长的新思路，受到多方的关注。

1997 年退休后，定居杭州。继续从事论文专著，2004 年由中国农业出版社出版了《植物三级生长》等两本著作。

刘文富

刘文富，1954年出生，西来村6组人，中共党员。1973年高中毕业，考入中国人民解放军外语学院，毕业后分配到中国人民解放军总参谋部工作，任参谋。后转业至华东船舶工业学院工作，任院长办公室副主任。后又到上海复旦大学就读，获博士学位。回校后任江苏科技大学国际合作中心主任，1999年被评为教授职称，硕士生导师。2004年到上海电视大学工作，任上海电视大学教务处处长，现任上海电视大学继续教育学院院长，教育部高职高专教学指导委员会委员。

刘新春

刘新春，1962年4月出生，西来桥镇福星村3组人，中共党员，教授级中学高级教师。

1981年毕业于镇江师范专科学校，分配到扬中兴隆中学任教。1990年8月，调进省扬中高级中学。1995年被中共中央组织部和教育部授予全国优秀教师称号。2004年被江苏省委组织部和人事厅确定为江苏省“333工程”培养对象（省科学技术带头人），2005年被江苏省政府评为江苏省特级教师。2006年被省人事厅评为教授级中学高级教师。现任省扬中高级中学党委副书记、副校长。长期坚持研究数学学法，以提高课堂教学质量为主要课题，并致力于培养拔尖人才和差生转化工作，成绩显著，逐步形成“激趣启智、导学求是”的教学特色，提出育德使人聪明、教育是一把双刃剑、度——教育的最高境界、数学的魅力在于激发智能，使人聪明等教育教学理念，其论文在《数学通报》《光明日报》《扬子晚报》等报刊上发表，对省内外骨干教师及学生作学术讲座40余场次。

曹必宏

曹必宏，1963年8月出生，原新华村5组人，中共党员。1984年毕业于南京师范大学，获历史学硕士学位。分配到南京中国第二历史档案馆工作。历任研究馆员、《民国档案》季刊主编、中国第二历史档案馆副馆长。兼任南京大学中华民国史研究中心客座研究员、浙江大学人文学院蒋介石与近现代中国研究中心客座教授、中国档案学会档案文献编纂委员会副主任等职。被选为江苏省“333高层次人才培养工程”中青年科学技术带头人之一。主持完成了国家社会科学基金会、中国社会科学院关于中日历史的研究。长期从事民国档案史料的编纂与研究。主持编纂了《馆藏民国台湾档案汇编》、《中华民国历史图片档案》、《日本侵华教育全史》第三卷（华东华中华南卷）等大型民国档案史料和图片集十余部，发表民国史研究论文近30篇。

于守富

于守富，1963年10月生，西来桥镇东进村9组人，中共党员。1984年上海华东理工大学本科毕业，获学士学位。同年分配至南京玻璃纤维研究设计院工作，曾获国家优秀工程设计金奖1项，国家优秀工程设计银奖1项，省部级科技进步奖和优秀工程设计奖8项。发表论文6篇。

2002年被国家经贸委评为教授级高级工程师，2004年获中国材料科工集团劳动模范称号，2006年获国务院政府特殊津贴。现任南京玻璃纤维研究设计院副总工程师兼院工程公司总经理。

2006年西来桥籍高级专业人员简介表

表2-1

姓名	性别	出生年	原籍住址	工作单位或离退休前所在单位	职务	职称
印德民	男	1926	北胜村19组	上海市城市建设局	总工程师	高级工程师
王蓉生	男	1929	西来桥村20组	江苏省机械研究所		高级工程师
杨永法	男	1930	西来桥12组	安徽省外贸厅商品检验处	处长	高级检验师
朱成太	男	1936	西来桥村7组	广西梧州锅炉厂	总工程师	高级工程师
冯永芳	男	1937	新程村7组	无锡超声设备研究所	所长	高级工程师
李太贵	男	1937	复兴村1组	杭州中国水稻研究所	研究员	副教授
王太安	男	1938	西来村6组	中国农业银行扬中市支行	行长	高级经济师
冯友勤	男	1939	新程村3组	南京新联机械厂第一研究所	所长 总工程师	高级工程师
童纪生	男	1940	西来村12组	扬州曙光仪器厂		高级工程师
王有文	男	1945	三新村2组	马鞍山钢铁厂炼钢车间	主任	高级工程师
施正平	男	1945	复兴村4组	南京水文自动化研究所	研究员	高级工程师
王惠生	男	1947	西来村15弄	南京体育学院中文系		教授
顾晓丹	男	1949	三新村36组	辽宁省音乐协会	主席	儿童作曲家
刘文富	男	1954	西来村6组	上海电视大学继续教育学院	院长	教授
刘新春	男	1962	复兴村4组	扬中市高级中学	副校长	教授级 特级教师
谭正喜	男	1962	原南阳村16组	美国地质调查局陆地资源勘测中心	首席 研究员	
耿兴荣	男	1962	复兴村7组	扬中县人民医院外科	主任	主任医师
曹必宏	男	1963	新程村5组	南京中国第二历史档案馆	副馆长	教授级 研究员
于守富	男	1963	东进村9组	南京玻璃纤维研究设计院工程公司	总经理	教授级 高级工程师
郭春华	女	1963	西来村13组	南京农业大学		副教授
王晓武	男	1963	西来村16组	南京财经大学		副教授
甘纪军	男	1963	西来村12组	扬州大学		副教授
陈桂华	女	1963	三新村32组	江苏财经学院		副教授
王中林	男	1964	三新村22组	南京中医药大学针灸推拿教研室	主任	教授

续表 2–1

姓名	性别	出生年	原籍住址	工作单位或离退休前所在单位	职务	职称
张美华	女	1964	西来村 7 组	浙江财经学院资产管理处	处长	教授级 高级会计师
钱恒荣	男	1964	三新村 23 组	无锡柴油机厂	厂长	高级工程师
许晗芝	男	1965	新程村 21 组	太湖水利规划设计院	总工程师	
曹德贵	男	1965	复兴村 12 组	美国气象局	研究员	
印兴娣	女	1965	东来村 4 组	常州工学院人文社科学院		副教授
陈南江	男	1968	复兴村 6 组	广东省旅游发展研究中心	法人代表	总规划师
陈　蔚	女	1969	新程村 12 组	江苏省委党校		副教授

第四节　西来桥籍在外乡贤

续表 2–2

姓名	性别	出生年	原籍住址	工作单位或 离退休前工作单位	职务
唐纪章	男	1921	南旺村 4 组	常州干休所	所长(正团级)
孟瑞林	男	1921	原双益大队	仪征市人武部	部长
徐　枫	男	1922	南旺村 12 组	贵阳机械厂	党委书记
印士杰	男	1922	北胜村 9 组	海安县商业局	局长
张步云	男	1926	北胜村 18 组	东海舰队总医院	副院长
耿太岳	男	1927	双山村 18 组	上海外贸检验局	局长
吴志明	男	1929	双三村 18 组	上海自行车四厂	厂长
张　威	男	1929	北胜村 19 组	扬中县农业局	局长
钱其根	男	1931	西来村 15 组	解放军 152 医院	科主任(正团级)
王明生	男	1934	南阳村 20 组	云南省委党校	负责人
沈正华	男	1934	西来村 1 组	上海吴径化工厂	党办主任
何尔谦	男	1934	复兴村 8 组	上海市第二工业局	纪检书记
冯　凌	男	1935	东进村 8 组	安徽滁县地区外贸局	局长
印锡珍	男	1936	北胜村 19 组	北京市公安局人事管理处	处长
顾顺林	男	1937	东来村 8 组	扬中市多种经营管理局	局长
顾炳和	男	1937	南旺村 17 组	南京军校	教务主任
印民生	男	1938	北胜村 9 组	南京铁路烟草专卖局	局长
陶金发	男	1938	曙光村 6 组	扬中市物资局	正局级
耿龙寿	男	1945	南旺村 13 组	泰州市粮食局	局长
常恩泽	男	1948	新华村 9 组	扬中市委农村工作部	部长
丁基宏	男	1948	西来村 11 组	扬中市教育局	局长
范　然	男	1950	复兴村 5 组	镇江市建委	副主任

续表 2–2

姓名	性别	出生年	原籍住址	工作单位或 离退休前工作单位	职务
郭登贵	男	1951	东进村 8 组	扬中市文体局	正局级
刘鹏翔	男	1952	南阳村 2 组	解放军 5477 部队	团职干部
孙厚章	男	1952	双三村 2 组	扬中市粮食局	局长
韦习林	男	1955	北胜村 10 组	浙江省桐庐县统战部工商联	副部长、主席
卞熙法	男	1955	复兴村 7 组	镇江市化工局	党委书记
施大春	男	1955	复兴村 6 组	浙江大学后勤处	处长
梅仁华	男	1956	复兴村 20 组	上海电信客服中心	副总经理
宦道生	男	1956	北胜村 7 组	扬中市纪律检查委员会	副书记
吴永健	男	1960	双三村 7 组	常熟市公安局	政　委
朱伟定	男	1962	双三村 10 组	国家审计署机关党委	组织部长
陈　斌	男	1962	双三村 10 组	福州国际航空有限公司	总经理、 党委副书记
沈大银	男	1962	西来村 1 组	扬中市人民政府	副市长
刘如宏	男	1962	西来村 8 组	八桥镇人大主席团	主　席
朱一中	男	1962	南旺村 5 组	江苏省第二监狱	副监狱长
缪志国	男	1962	西来村 3 组	常州市建设招标办公室	主　任
孙　松	男	1962	东进村 3 组	大仓港口管委会发展服务局	局　长
吴国彬	男	1962	复兴村 8 组	扬中市政法委员会	副书记
杨恒平	男	1963	南阳村 17 组	国家开发银行营运中心	处　长
贾　谦	男	1963	复兴村 5 组	深圳市公安局蛇口分局	局　长
于德道	男	1963	西来村 10 组	镇江市劳动社会保障局	纪检书记
祝瑞红	男	1963	西来村 6 组	连云港化工矿山设计院	院　长
姚恒明	男	1964	双三村 10 组	中国华融资产管理公司江苏分公司	经　理
王渊龙	男	1964	北胜村 13 组	杭州华人集团	董事长
杨晓琴	女	1964	东来村 1 组	镇江市城管局	副局长
张纪成	男	1965	北胜村 19 组	镇江市丹徒区	常务副区长
何广胜	男	1965	复兴村 8 组	南京公安局治安支队	队　长
郭宏龙	男	1965	南旺村 5 组	江苏省监狱管理局法制处	副处长
印宏进	男	1966	复兴村 8 组	镇江市人民保险公司	经　理
冯润明	男	1966	东来村 7 组	上海财经大学学生处	处　长

续表 2-2

姓名	性别	出生年	原籍住址	工作单位或 离退休前工作单位	职务
张安林	男	1966	东进村 13 组	青岛宝迪家纺有限公司	总经理
施正中	男	1968	北胜村 1 组	镇江市人民政府办公室	副主任
薛幸中	男	1968	复兴村 1 组	海军航空兵 9 师司令部	气象主任(团职)
温德育	男	1968	新华村 8 组	连云港化工学院	党办主任
肖大祥	男	1969	西来村 2 组	江苏省有色金属华东地勘局矿山工程公司	总经理
陈祥斌	男	1970	南旺村 8 组	常州富都经济发展有限公司	总经理
杨国华	男	1970	北胜村 13 组	北京军区空军防空混成旅政治部	主　任
王建国	男	1975	南阳村 7 组	广州军区司令部	参　谋
徐心田	男	1976	西来村 17 组	镇江市润洲区七里镇	镇长、 党委副书记
甘友年	男	1976	西来村 17 组	江苏省组织部干部一科	科　长

第三章 人物名录

第一节 市级党代会、人代会代表

表 3-1

姓 名	性别	工作单位	职务	出席会议时间	届次	当选职务
施正文	男	幸福人民公社	副主任	1976.3	第五届	省人大代表
王奎荣	男	江苏荣昌化工有限公司	董事长	2002	第五届	镇江市人大代表

第二节 模范先进人物

1983—2006 年西来桥镇受国家部委表彰的先进个人

表 3-2

姓 名	性别	受表彰时间	荣誉称号	授予单位
朱祥新	男	1983	优秀工会积极分子	中华全国总工会
刘新春	男	1995	全国教育系统劳动模范	国家教委、人事部
姚华东	男	1998	全国体育传统项目学校先进工作者	国家体育总局 国家教育部
徐建中	男	2001	全国“两基”工作先进个人	国家教育部 财政部、国家计委

1989—2005 年西来桥镇受省委、省政府表彰的先进人物

表 3-3

姓 名	性别	工作单位	受表彰时间	荣誉称号	授予单位
周育三	男	西来桥镇文化站	1989	群众文化先进工作者	江苏省人民政府
徐建中	男	西来桥镇中心小学	1997	教育先进个人	江苏省人民政府
刘新春	男	江苏省扬中高级中学	2005	江苏省中学数学特级教师	江苏省人民政府

1988—2005 年西来桥镇获镇江市扬中市劳动模范一览表

表 3-4

姓　名	性别	时间	模范称号	工作单位及职务	备注
徐建中	男	1988	镇江市劳动模范	幸福中心学校党支部书记	
季正龙	男	1988	镇江市劳动模范	西来桥镇农具修造厂锻工	
孙荣华	男	1988	镇江市劳动模范	西来桥派出所副指导员	
罗俊芳	女	1991	镇江市劳动模范	西来桥镇卫生院医生	
徐子良	男	1999	镇江市劳动模范	西来桥镇水利农机站站长	
陈廷荣	男	2003	镇江市劳动模范	西来桥镇党委书记	
秦桂兰	女	2005	扬中市劳动模范	西来桥镇北胜村 1 组农民经纪人	

第三节　革命烈士英名录

(以牺牲时间先后为序)共 58 人

表 3-5

姓名	性别	家庭住址	出生年份	参加革命年份	牺牲时所在单位职务	牺牲时间、地点及原因
奚文德	男	西来村 3 组	1917	1938	地下工作者	1938 年在江阴县阴阳桥牺牲
张德荣	男	新程村 5 组	1907	1937	扬中县常备队战士	1939 年在扬中县思议港因战牺牲
姚喜高	男	北胜村 4 组	1915	1939	新四军某部战士	1940 年在江阴县焦溪因战牺牲
胡学江	男	东来村 4 组	1914	1940	扬中县警卫营战士	1940 年在扬中县西来桥因战牺牲
宋明康	男	北胜村 4 组	1914	1940	新四军某部战士	1940 年在东台县因战牺牲
李培根	男	原居兴隆镇和合村后迁居复兴村 4 组	1910	1938	镇江县抗日民主政府秘书长、代县长	1941 年 1 月在丹徒县谏壁牺牲
张四(张德仁)	男	原南阳村 7 组现新程村 19 组	1898	1939	扬中农抗会成员	1941 年 11 月在扬中县西来桥牺牲
毛兴春	男	东来村 18 组	1923	1938	新四军某部战士	1942 年在武进县小河因战牺牲
姚茂春	男	原南阳村 3 组现新程村 17 组	1921	1941	新四军某部战士	1943 年 9 月在泰兴县黄桥因战牺牲
何尔伦	男	西来桥村 8 组	1915	1940	扬中县西来乡民兵大队长	1943 年在泰兴县天星桥牺牲
何尔林	男	西来桥村 6 组	1912	1941	扬中县二区区长	1943 年在武进县西墅牺牲
赵良斌	男	原居兴隆红专村后迁居南旺村 12 组	1910	1939	苏南第四行政专署文教科科长	1943 年 7 月在上海被捕牺牲

续表 3-5

姓名	性别	家庭住址	出生年份	参加革命年份	牺牲时所在单位职务	牺牲时间、地点及原因
李昌府	男	北胜村 17 组	1920	1940	新四军某部战士	1944 年在武进县夏溪因战牺牲
许天保	男	西来村 14 组	1922	1940	新四军 51 团 1 营通讯员	1944 年在溧阳县牺牲
姚纪珍	男	西来村 1 组	1926	1943	新四军某部战士	1944 年在苏南因战牺牲
吴万寿	男	南旺村 4 组	1917	1939	新四军某部战士	1945 年在丹阳县界牌因战牺牲
施光庆	男	复兴村 6 组	1924	1944	扬中县六区民兵大队长	1945 年在扬中县西来桥牺牲
王国发	男	复兴村 1 组	1920	1938	新四军某部战士	1945 年在扬中县三江营牺牲
梅存珠	男	北胜村 15 组	1919	1938	新四军二师五旅 13 团政治处组织股长	1945 年在淮南黄疃庙因战牺牲
袁根章	男	东进村 6 组	1924	1945	新四军某部战士	1945 年在阜宁县因战牺牲
陈太贵	男	三新村 16 组	1924	1942	新四军某部战士	1945 年在安徽省牺牲
倪正龙	男	东来村 17 组	1925	1942	新四军某团司务长	1945 年在溧水县因战牺牲
瞿福寿	男	西来桥村 4 组	1928	1944	新四军某部战士	1945 年在泰兴县黄桥因战牺牲
包和圣	男	东来村 15 组	1928	1944	新四军某部战士	1945 年在丹阳县因战牺牲
丁开坤	男	原南阳村 13 组 现幸福区社	1901	1944	扬中县南阳乡民兵大队长	1945 年在扬中县西来桥牺牲
黄万鹏	男	北胜村 1 组	1905	1939	扬中县北胜乡乡长	1945 年在武进县小河牺牲
冯有之	男	西来村 16 组	1915	1943	地下工作者	1945 年在扬中县西来桥牺牲
蒋云生	男	三新村 9 组	1914	1944	扬中县东进乡民兵大队长	1945 年在扬中县西来桥牺牲
常长登	男	三新村 5 组	1918	1940	扬中县东进乡民兵大队长	1945 年在扬中县西来桥因战牺牲
冯银生	男	新程村 7 组	1916	1940	地下工作者	1946 年在扬中县西来桥南阳乡牺牲
马安山	男	西来桥村 2 组	1911	1941	泰兴县蒋道乡乡长	1946 年在泰兴县牺牲
蔡文贵	男	西来村 2 组	1922	1943	解放军某部战士	1946 年在泰兴县黄桥因战牺牲
于国成	男	三新村 15 组	1920	1944	解放军某部战士	1946 年在东台县张舍因战牺牲
高礼福	男	东进村 5 组	1922	1944	解放军某部战士	1946 年在苏北吕四港因战牺牲
朱昌坤	男	西来村 15 组	1923	1938	解放军某部排长	1948 年在淮海战役中因战牺牲

续表 3-5

姓名	性别	家庭住址	出生年份	参加革命年份	牺牲时所在单位职务	牺牲时间、地点及原因
金元胜	男		1931	1946	解放军某部战士	1948 年在淮海战役中因战牺牲
何建余	男	三新村 9 组	1923	1940	解放军某部战士	1948 年在山东省因战牺牲
王明泉	男	三新村 22 组	1923	1944	扬中县开沙乡乡长	1948 年在扬中县西来桥牺牲
印世庸	男	北胜村 9 组	1914	1940	中共丹北县委副特派员	1948 睥在丹徒县丁岗牺牲
陈金保	男	东进村 10 组	1925	1942	地下工作者	1948 年在扬中县三茅镇牺牲
蒋龙兵	男	北胜村 9 组	1923	1943	解放军某部战士	1948 年在丹阳县因战牺牲
黄万祥	男	原八桥同胜村 现北胜村 16 组	1921	1940	华中军区卫生部工作	1948 年在安徽大别山牺牲
耿龙富	男	复兴村 7 组	1916	1939	中共丹阳县委组织部长	1949 年 3 月在丹阳县河阳镇牺牲
王永福	男	复兴村 5 组	1919	1945	解放军某部战勤人员	1949 年在丹阳县因战牺牲
张加本	男	北胜村 11 组	1918	1942	新四军某部战士	在苏南因战牺牲
钱太根	男	三新村 23 组	1924	1938	志愿军某师侦察参谋	1950 年在朝鲜因战牺牲
孙广富	男	东来桥 9 组	1932	1949	志愿军某部战士	1951 年在朝鲜因战牺牲
包智文	男	东来村 9 组	1932	1950	志愿军某连担架员	1952 年在朝鲜因战牺牲
夏　萍	男	北胜村 17 组	1922	1943		1952 年在浙江省杭州病故
束所珍	男	西来桥 12 组	1925	1949	志愿军某部战士	1953 年在朝鲜因战牺牲
王国富	男	复兴村 26 圩	1924	1939	解放军某部坦克四校教研室主任	1970 年因公牺牲
秦恒高	男	东进村 9 组	1921	1945	解放军某部副班长	1971 年在无锡疗养院病故
印宏伟	男	北胜村 5 组	1965	1984	解放军某部战士	1984 年在对越自卫还击战中牺牲
唐友龙	男	原南阳村 9 组 现新程村 23 组	1964	1984	解放军某部战士	1984 年在对越自卫还击战中牺牲
李国民	男		1910	1942	新四军某部	1942 年失踪,1984 年 8 月追认为烈士
李福民	男		1920	1938	管山部队	1943 年失踪,1984 年 8 月追认为烈士
石玉前	男	原曙光村 6 组 现东来村 19 组	1919	1939	新四军某部	1945 年北撤时失踪 1984 年 8 月追认为烈士
王顶芝	男	西来村 12 组	1920	1940	扬中县独立团	1948 年失踪,1984 年 8 月追认为烈士

注:(1)李培根、赵良斌烈士是扬中兴隆镇人,但因其家属及子女于解放后住居于西来桥镇。

(2)杨明、赵惠东烈士是外地人,是在西来桥镇开展革命工作被捕和牺牲在西来桥镇的

社 会 编

编　　目

第一章　人　口

清嘉庆五年（1800），西来桥雏地滩面现水时，便有人捷足植芦，至道光元年（1821），南北邻近县众多贫民陆续来沙洲垦殖。清咸丰十年（1860），太平天国五路大军攻入常州，清军及乡团练与太平军在武进县境内战斗激烈，西来桥为江中洲地，幸免战事，故武进县衙迁至西来桥，建造营房以作留守（今西来村1组）。其时，为避战乱前来沙洲居住者亦甚多。

解放前，境地早婚、早育、多生现象比较严重，人口出生率高，但由于生活贫困，疾病流行，天灾战祸频生，故人口死亡率亦高，人口增长缓慢，甚至出现人口减少的现象。

解放后，随着生活、医疗卫生条件的改善，加之生育无计划，一段时期人口增长很快。解放初，西来桥计有人口10640人，1958年人口增至12931人，增长率高达21.53%，至1964年人口总数达13914人。1970年后加强计划生育工作，人口出生率逐年降低。1972年，人口出生率为2.25%，自然增长率为1.54%。至1986年，人口出生率降至1.39%，自然增长率为0.64%。1998年，人口自然增长率出现了负增长，2006年全镇人口为17298人。

第一节 数 量

民国时期，西来桥隶属多变，人口资料在武进史料中未见文迹；《扬中县志》第580页人口资料明表记载："民国35年（1946）扬中县的施政计划报告载，扬中县52乡，345保，3575甲，69678户，男89442人，女87492人，合计176934人（不包括幸福乡人）"。1949年起，西来桥人口的出生、死亡方有统计（亦有年份失落）。1949年，西来桥共有3080户，10640人。1953年全国第一次人口普查时，全乡共3247户、12651人。1958年，全公社共3365户、12931人。1964年全国第二次人口普查时，全公社3752户、13914人。1982年第三次全国人口普查时，全公社4658户、16684人。2006年末统计，全镇计有6572户、17298人，其中男8592人、女8706人，平均每户2.6人，平均每平方公里1074人（按总面积算）。

第二节　变　动

一、自然变动

自1949年西来桥人口的出生、死亡始有统计。至2006年，人口的自然变动大致分四个阶段：1949年到1958年为高出生、高死亡、高增长阶段。由于解放后社会逐渐安定，经济恢复，人民生活水平提高，医疗卫生条件有了改善，加上社会鼓励多子女，奖励"光荣妈妈"，故促使了人口迅速增长。1959年至1961年为低出生、高死亡，低增长阶段。国内国民经济遭到严重困难，人民生活水平和健康水平明显下降。1962年至1972年为高出生、低死亡，高增长阶段。由于贯彻了“调整、巩固、充实、提高”的八字方针，国民经济开始恢复和发展，人民生活得到改善，人口出生大幅度回升，出现了又一个生育高峰。1973 年后，计划生育成绩显著，出生率开始下降，少生优生形成社会风气，人口自然增长率一直控制在 10‰以下，1998 年起境域人口出现负增长。

二、社会变动

1.迁出

西来桥为清乾隆年间（1736—1795）长江泥沙冲积而成的水中洲地。来此垦殖者均为外地移民。随着可耕地的扩大，迁入者越来越多，至民国 16 年（1927）建制时，地境基本定型，来此定居者亦处稳定状态。

1949 年至 2006 年，迁入人数在 9900 人左右，除婚迁外，一部分为外地调入的干部、职工及其家属；一部分为外地农业人口。其间 1961 年至 1962 年、1969 年至 1970 年迁入数最多，主要为外地下放的城镇居民、职工、干部和插队知识青年及“大跃进”时进城务工的农民。

2.迁出

1954 年起，开沙（时为双益）因坍江移民，移居溧阳、金坛、武进等县。1958 年 8 月，又有 56 人响应政府号召，到新疆维吾尔自治区木垒县支援建设。自 1960 年至 2006 年，境内人口外迁均为大、中院校录取，新兵应征入伍及婚嫁等正常迁移，迁出人口计有 10731 人。

1949—2006年西来桥地区人口数情况表

表1-1

年度	总户数（户）	总人口数(人)			非农人口（人）	人口变动（人）			
		合计	男	女		出生	死亡	迁入	迁出
1949	3080	10640							
1950	3095	10860							
1951	3112	11276							
1952	3187	11988							
1953	3247	12651							
1954	3253	12267	5864	6403		627	262	319	637
1955	3224	12538	6138	6400		332	164	402	569
1959	3481	13229	6508	6721			335		
1960	3419	12217	5580	66372		245	457	106	271
1961	3960	12620	6001	6619	466	167	227	547	84
1962	3628	13452	6317	7135	305	684	138	431	124
1963	3557	13589	6148	7441	282	304	132	102	66
1964	3752	13914	6857	7084	244	207	93	99	141
1971	3801	16789	8296	8493	209	515	123	85	85
1972	3974	16992	8371	8621	216	383	121	57	116
1973	3967	17120	8433	8687	639	294	121	117	164
1974	3961	17294	8488	8806	278	279	112	127	137
1975	3999	17456	8507	8949	260	315	132	83	99
1976	4070	17525	8642	8883	284	211	116	188	215
1977	4220	17643	8673	8970	282	267	122	92	131
1978	4315	17806	8757	9049	289	276	117	108	104
1979	4681	17856	8661	9195	305	268	121	142	237
1980	4697	17852	8692	9160	397	178	125	132	199
1981	4790	17872	8839	9033	369	272	125	283	254
1982	4892	18057	8951	9106	431	257	101	333	316
1983	5004	18138	9030	9108	438	181	97	228	240
1984	5005	18065	9037	9028	577	129	113	65	140
1985	4747	17960	8976	8984	742	156	113	64	157
1986	4882	18011	9012	8999	396	251	135	196	264

续表 1-1

年度	总户数(户)	总人口数(人)			非农人口(人)	人口变动(人)			
		合计	男	女		出生	死亡	迁入	迁出
1987	4999	18115	9125	8990	443	307	137	187	245
1988	5150	18144	9164	8980	597	256	147	42	119
1989	5145	18213	9221	8992	642	285	99	171	275
1990	5302	18257	9201	9058	669	271	138	256	304
1991	5403	18392	9253	9139	691	255	110	168	239
1992	5413	18442	9304	9138	704	256	138	133	181
1993	5381	18364	9223	9141	704	226	160	125	276
1994	5382	18236	9163	9037	698	197	172	153	306
1995	5159	18180	9149	8986	689	205	185	217	398
1996	4882	18193	9146	9047	730	173	172	171	354
1997	5138	17788	9001	8787	800	138	136	57	464
1998	5177	17563	8921	8642	794	264	166	178	483
1999	5088	17188	5719	8649	978	189	137	132	559
2000	5155	19961	8601	8360	983	148	102	125	398
2001	6111	16791	8506	8285	1012	195	149	113	329
2002	6287	16794	8517	8277	3326	277	135	64	203
2003	6335	17051	8540	8511	3456	378	161	339	299
2004	6536	17138	8551	8587	3625	141	145	209	118
2005	6588	17205	8548	8657	3660	287	150	150	220
2006	6572	17298	8592	8706	3653	162	126	171	114

注：1956—1958、1965—1970 未查到统计资料

第三节 结 构

一、人口来源

西来桥镇人口绝大多数为1820年涨滩开始围圩时，陆续由泰兴、丹阳、丹徒、武进及扬中（太平洲）等地到此开垦定居的移民，也有少数来自外省。

二、民族

西来桥镇人口绝大多数为汉族，据2006年统计，全镇人口为17498人，少数民族仅21人。其中彝族2人、土家族4人、壮族4人、侗族7人、苗族1人、布依族1人、满族1人、蒙古族

1人。

三、性别

人口性别比例较平衡，民国20年（1931），境内人口性别比例为110.74（女性为100），后因战事关系，男性减少，解放初期性别比例为82.2。解放初至1986年，男性一直少于女性，但差额只为几十人。1986—2006年间交替差额亦只为几十人。2006年统计，全镇人口中，男性为8592人，女性为8906人。

四、年龄

随着人民生活水平的提高，医疗卫生条件的不断改善，以及人们的保健意识的不断增强，人的寿命延长。2006年统计，全镇60岁以上的人口数为3403人，占总人口的19.4%，人口趋向老年化，长寿老人增多；全镇90岁以上的长寿老人有80人，其中百岁老人有4人，最高寿为104岁。

五、文化程度

清道光年间（1821—1850），西来桥境域即有私塾传学。境地仅出了2个秀才。一般居民中，男孩连续数年读私塾者较多，女孩甚少。民国16年（1927）开办小学。民国37年（1948），全境小学、私塾在读学生500余人，全境居民大多数为文盲、半文盲。

解放后，西来桥文化教育事业迅速发展，全境人民文化程度逐步提高。据1964年、1982年与2000年人口普查资料反映，文化人口比例呈大幅度增长，文盲、半文盲比例呈显著下降态势。1984年，经上级验收认定幸福乡非文盲率达94%。2000年第五次全国人口普查中，全镇具有小学毕业以上文化程度人口为12827人，其中具有高中、中专学历人口为1389人，平均每千人中拥有94.36人；具有大专以上学历的有184人，平均每千人中有12.5人。据1984年人口普查统计，在有文化的人口中，男性多于女性，小学差别较小，学历愈高差别愈大。1985年后差别逐渐缩小，据2000年人口普查统计和2006年全镇人口情况统计，具有大、中专以上学历的人数中，女性约占40%。

第四节　计划生育

一、晚婚晚育

清代、民国期间，西来桥青年多为早婚，婚龄一般男性为18~20岁，女性为16~18岁，还有不少的童养媳。早婚、多生现象较为普遍。

解放后，1950年5月1日，《中华人民共和国婚姻法》公布，境内男女青年一般能按法定年龄（男20周岁，女18周岁）结婚，但早婚多生现象仍然存在。

20世纪60年代，提倡晚婚晚育，青年结婚年龄较婚姻法规定年龄推迟1~2岁。

20世纪70年代，晚婚渐成风尚，男25岁以上，女23岁以上结婚者渐多。1981年，根据扬中县革命委员会提出的晚婚年龄，境内亦提出男25周岁以上、女22周岁以上。1982年，根据扬中县革命委员会意见，又提出按1980年公布的新婚姻法规定的年龄推迟三年以上，即男25周岁、女23周岁以上结婚为晚婚，女24周岁以上生第一胎为晚育，并对晚婚晚育者给予奖励。经广泛宣传，群众逐渐认识到晚婚晚育的好处，晚婚晚育率亦逐渐提高。

二、计划生育

1.工作网络

1971年，西来桥（时为幸福公社）开始贯彻国务院〔1971〕51号文件精神，全面开展计划生育工作。1974年，公社设立计划生育领导小组，由一名党委副书记兼任组长，建立一支由3名专职人员组成的计划生育工作小分队。各大队设立计划生育小组，由大队党支部书记兼任组长，大队妇女主任具体负责计划生育工作，各生产队妇女代表为计划生育信息员。此后，全镇形成通连千家万户的计划生育工作网络。

1981年，公社成立计划生育协会，由公社党委一名副书记兼任会长，设一名专职常务副会长。计划生育协会主要任务是加强计划生育政策法规的宣传，对公社、大队计划生育工作进行监督。

1985年，镇政府设立计划生育办公室，配有一名专职计划生育干部（计生助理），撤销计划生育工作小分队。

1997年，镇建立计划生育指导站（2008年改名为西来桥镇世代服务中心），建有专门阵地，设有宣传教育、政策法规、规划统计、科技服务等科室，并配有3名专职工作人员。

2.计划生育技术队伍

西来桥镇计划生育技术人员主要集中在两块：一是镇计划生育指导站（世代服务中心），配有专职人员，提供计划生育的宣传教育、政策法规、规划统计、科技服务等方面的业务服务；二是镇卫生院，配有妇产科医生、助产士、妇幼保健员。

3.计划生育实施办法

20世纪70年代初，政府提倡每对夫妇最好生一个孩子，接着政府又在计划生育上采取了一些措施，明确要求，育龄妇女生育必须符合有关计划生育政策规定，符合条件的方可安排生育计划，领取准生证方可生育；对独生子女实行奖励。这些措施推动了计划生育工作，人口出生率不断下降。至2006年，人口出生率已降到5.24%，人口自然增长率出现负增长。

1978—2006年西来桥镇(幸福公社、幸福乡)人口增长情况表

表1–2

年份＼类别	年初人口(人)	出生人数(人)	出生率(%)	死亡人数(人)	死亡率(%)	自然增长人数(人)	增长率(%)
1978	17865	276	15.47	117	6.56	159	8.90
1979	17806	268	15.02	121	6.79	147	8.24
1980	17856	178	9.95	125	4.20	53	2.96
1981	17854	261	14.61	124	6.94	137	7.66
1982	17872	257	14.23	101	5.59	156	8.64
1983	18057	181	10.10	97	5.36	84	4.64
1984	18138	129	7.13	113	6.24	16	0.88
1985	18065	156	8.66	113	6.27	43	2.39
1986	17960	251	13.96	135	7.51	116	6.45
1987	18011	307	17.00	137	7.58	170	9.40
1988	18115	256	14.12	147	8.11	109	6.01
1989	18144	285	15.68	99	5.45	186	10.23
1990	18213	271	14.86	139	7.62	132	7.24
1991	18205	255	13.92	104	5.68	151	8.24
1992	18429	156	13.86	140	7.58	116	6.28
1993	18520	225	12.12	160	8.62	65	3.50
1994	18601	198	10.80	199	8.98	28	1.50
1995	18767	208	11.04	185	9.82	23	1.22
1996	18833	148	7.85	130	6.89	19	0.95
1997	18894	131	9.62	130	7.82	21	1.20
1998	18848	96	5.11	170	9.05	–74	–3.94
1999	18706	116	5.53	147	7.90	–31	–1.67
2000	18524	103	5.57	102	5.51	1	0.06
2001	18472	102	5.61	162	8.91	–60	–3.3
2002	17873	105	5.96	139	7.89	–34	1.93
2003	17352	124	7.11	168	9.63	–44	–2.52
2004	17525	146	8.26	143	8.09	3	0.17
2005	17823	287	7.94	150	8.89	–17	–0.95
2006	17953	162	5.24	126	7.19	–35	–1.95

1978—1985 年西来桥镇(幸福公社、幸福乡)计生工作有关情况统计表

表 1-3　　单位：人

年份＼类别	初婚人数	出生人数	计划内人数			计划外人数			已生一个孩子的育龄妇女数	备注
			一胎	二胎	合计	一胎	二胎	合计		
1978	139	276			214	40	22	62		
1979	106	268			213	37	18	55	567	
1980	124	178	127	17	144	25	9	34	686	
1981	206	261	183	4	187	59	15	74	721	
1982	187	257	183	4	187	61	9	70	886	
1983	204	181	143	3	146	29	6	35	1031	
1984	87	129	115	6	121	7	1	8	1180	
1985	111	156	140	16	156				1216	

2001—2006 年西来桥镇计生工作有关情况表

表 1-4　　单位：人

年份＼类别	初婚人数	出生人数	计划内人数			计划外人数			已生一个孩子的育龄妇女数	备注
			一胎	二胎	合计	一胎	二胎	合计		
2001	121	102	87	14	101				3396	1 个多生孩
2002	105		93	11	104		1	1	3382	
2003	128	124	106	17	123	1		1	3398	
2004	127	146	124	19	143	1		1	3405	2 个多生孩
2005	84	142	128	12	142				3427	
2006	76	94	82	12	94				3413	

第二章 人民生活

西来桥镇虽有鱼米之乡之美誉，但解放前在旧的社会制度下，生产落后，加之天灾人祸，人民生活却十分贫苦。起初入境垦殖者多为佃农，脚无立锥之地，所种租田，除去赋税地租，所剩无几。地境有农谣："打把麦子吃不到栽秧，打把稻子吃不到下霜。"大部分农民过着"糠菜半年粮"的困苦生活。荒年则以芦根和"观音土"（江南高乡一种黑黏土）充饥，甚至逃荒讨饭。据统计，1949年西来桥全境约2600户，靠讨饭为生的有354户，打短工、扛长工的有1264人，卖儿卖女的有314人。全境有楼房7户12间，平瓦房152户478间，大多为集镇商家，农村地主、富农之家；住草房的2446户，均为贫苦农民，占全境总户数80%以上。

解放后，贫苦农民翻了身，在中国共产党领导下，农村经济发展，农民收入增加，生活消费水平随之提升。从新中国成立至1978年（除20世纪60年代三年困难时期外），农民家庭基本上已能维持温饱。中共十一届三中全会后，农村经济发展更为迅速，农民收入大幅增加，至2006年，全镇居民人均纯收入5543.41元。居民的消费由低级讲"实用"向高级讲"享受"发展，家庭储蓄大幅增加，生活向讲"质量"转型。

第一节 居民收入

境域实行农业合作化后，农村建立了集体经济，生产逐步发展，农民的经济收入亦不断增加。1957年农民纯收入51.76元，1970年上升到65元，1982年增加到132.64元，比1957年增长156%。中共十一届三中全会后，农村实行联产承包制，农村大量劳动力进入乡镇企业，一部分从事商业、建筑业等行业，收入大增。1985年，农民收入由1982年的平均100.83元增加到321.20元，1987年人均分配收入达865元。1992年9月16日，幸福大桥建成通车，昔日孤岛与苏南沟通，外出务工人员剧增，经济收入亦猛增。1999年，全镇国民生产总产值1.19亿元，人均7127元，居民纯收入达3076元。2006年，全镇经济总收入为5.37亿元，农民人均纯收入达5543.41元。

第二节 消费支出

解放后，境内居民收入不断增加，生活消费水平亦随之上升。20世纪50年代初至70年代，农民家庭基本上处于维持温饱状况，很少讲究吃、穿、用，家庭支出大头多用在住房的维修和翻建上。常年用于吃的生活支出一般只占30%左右，人们以吃粮食、蔬菜为主，荤食很少。人们衣着款式、色泽单一，一般年份购买衣着的支出人均12元左右，购买用品注重廉价实用。"三转一响"（自行车、缝纫机、手表、收音机）为70年代农民家庭"富有"的象征。用于住房的支出一般都占60%以上。解放前，境域农户大多数户都是树、竹、芦柴、稻麦草结构的矮小草房，不经风吹，难经雨打，居住条件差。解放后，多数人家都对住房进行了修建和翻建。至70年代末，全境建成的平瓦房户占80%以上。80年代初，境内始有农户将平瓦房翻建楼房，中后期日渐兴盛，90年代起已成普遍现象。至2006年，全境已建楼房户625户，占全镇总户数的95%，基本实现了50年代人们追求的“楼上楼下，电灯电话”的理想生活。

进入新世纪，生活富裕了的农民家庭，消费结构又有了显著变化。食品消费由“吃饱”向“吃好”方向转变，副食品支出增加，注重营养搭配。住房消费支出进一步加大，楼房户有90%以上进行装潢。据统计，至2006年，全镇有600多户人家在境外城市、集镇购买商品房。穿着消费支出大幅度增加，一般都是到商场买成品服装，且讲究品牌、追新款式，常年购买衣着的支出人均达500元左右。农民家庭耐用消费品大量增加，且向高级讲“享受”发展，人们出行代步由自行车发展为电动自行车，摩托车亦不为高档，越来越多的小汽车开进农家院，至2006年，全镇拥有小汽车228辆。全镇固定电话装机数为6396部，移动电话拥有数为7125部。全镇农户装空调数已达3000台以上，宽带网络电脑1100多台。电视机、洗衣机、电冰箱已全镇普及。农民家庭文化娱乐用品费用支出也大幅度增加，1985年人均16元左右，2006年增加到120元左右，农民文化生活日益丰富。

第三节　民资储蓄

居民经济收入增加后，银行农户储蓄额亦不断增加，特别是中共十一届三中全会后，农户银行储蓄额大幅度增加。1985年，全镇居民个人储蓄额为1479万元，人均833.5元。1995年增至3786万元，人均2082.5元。2006年，全镇居民个人储蓄额为14698.4万元，人均8498元，是1985年的10倍。

1960—1983年幸福公社(乡)农民收入分配情况表

表2-1

年度	总收入(万元)				社员分配(万元)			
	合计收入	其中			合计	占总收入%	人数	人均(元)
		农业收入	林牧副渔收入	工业收入				
1960	101.81	87.12	12.44		62.23	61.13	11950	52.07
1961	83.67	72.55	7.01		49.92	59.66	12141	41.11
1962	72.25	70.75	4.30		37.63	52.08	13082	28.76
1963	101.65	92.27	7.75		56.82	55.90	13588	41.82
1964	110.23	92.28	13.56		53.66	49.68	13936	38.50
1965	159.52	133.40	23.88		82.90	51.97	14220	58.30
1966	192.97	162.21	27.76		97.79	50.67	14564	67.15
1967	186.97	145.42	28.55		89.39	47.92	14933	60.00
1968	184.74	138.53	43.21		95.89	51.90	15376	62.36
1969	207.38	134.93	68.44		106.98	51.59	15785	67.77
1970	206.63	126.76	75.87		94.52	45.74	16206	58.32
1971	236.88	143.4	93.33		116.47	49.17	16531	70.45
1972	227.76	131.77	91.99		109.09	47.90	16833	64.80
1973	242.83	149.30	93.43		119.14	49.06	16881	70.58
1974	271.17	158.72	50.31	59.96	139.11	51.26	17055	81.51
1975	261.53	140.60	51.66	66.24	116.01	44.20	17217	67.83
1976	310.95	162.40	58.11	85.81	143.59	46.20	17269	83.14
1977	307.79	129.13	74.31	97.12	145.52	47.27	17410	83.58
1978	365.16	203.71	69.41	84.09	176.64	48.67	17565	100.56
1979	385.32	221.13	71.54	78.15	179.14	46.49	17588	101.85
1980	426.95	230.15	88.81	102.08	216.62	50.73	17547	123.45
1981	431.65	229.74	89.33	105.67	233.28	51.73	17567	127.10
1982	435.48	245.27	81.02	100.83	234.78	53.91	17700	132.64
1983	368.84	264.11	66.80	30.77	229.82	62.31	17725	129.66

第三章 风俗 民情

"穷奔沙滩富奔城。"西来桥镇的居民原来都是来自大江南北的移民，多因生活困难而来此江中沙滩垦荒谋生，故民风比较淳朴，全镇人民具有勤劳节俭的传统美德。

解放前，四面环江的西来桥与外界联系甚少，人们出入为难，处于半封闭状态，故封建的思想道德观念、民间习俗长时间因循不变。其境西南两面与武进只有小夹江相隔，人们多往武进小河、魏村赶集，加之解放前很长时间属武进辖地，故境内风俗民情受江南沿江地带影响较大。

第一节 岁时习俗

中国自民国1年（1912）起采用公历，但地方民俗时节仍沿用农历。

正月初一，俗称"过年"，现称"春节"，是新年的开始。晨起，爆竹声声，男女老少穿戴一新，家人对长辈送果子茶祝福。全家人吃过红枣茶后再吃早饭（团子、米糕等）。早饭后，邻里相互拜年，互致祝词，如"恭喜发财""儿孙满堂""万事如意"等。旧时，拜年亦有磕头、作揖等礼节，民国时期渐少，解放后即废除。旧时大年初一这一天禁忌甚多，早晨要由男的开大门、煮早饭，刷牙、洗脸的水不能倒到外面，一天不能扫地，不能说"我不吃了"。这一天忌挑水、下地干活，忌借火种，忌讨债，忌购物，忌杀生，忌啼哭，忌说一切不吉利的话，凡"破""坏""光""鬼""输""穷""完""病"等一些字要避讳，晚上不能点灯（说是老鼠嫁丫头）等。解放前过年时，贫苦百姓常借唱麒麟、送苍龙、送福字、舞龙灯、舞狮子、玩花船等到富户门前讨钱财。解放后，乡村则利用这些民间文娱活动形式，组织文艺宣传队，由乡村干部率领，年初一到烈、军属家拜年慰问，春节间到村组场头表演，开展"送文艺下乡"活动。

正月初二起，出门走亲戚拜年，主要是小辈向长辈拜年。拜年活动最迟延续到正月十六，俗言"拜年拜到十五六，新鲜豆腐新鲜肉"。

正月初五，俗称财神日，敬财神。旧时富家半夜就起身敬神，图"早发利市"，用"六只眼睛"（猪头、公鸡、鱼）相敬，大香高烛，大鸣鞭炮，恳求财神菩萨保佑。一般农户早起亦敬菩萨，燃放鞭炮，求神求吉。现在敬菩萨者较前少，但早上仍放鞭炮。正月初五亦称"破五"，商店开门，市场开始贸易。解放后，西来桥境内花船、龙灯、狮子、凤凰等每年借初五开市之日至集镇举行会师表演。20世纪60年代起，公社文化站亦在初五组织各大队文艺队到集镇举行广场文娱表演活动。现在全镇花船、龙灯、凤凰、狮子等仍有在每年的正月初五之日到街上会师表演之习俗。

正月十三至十八为灯节，俗称"灯科"。十三日"交灯"，晚上家家吃圆子，十八日"落灯”，晚上吃面条。俗言“交灯圆子落灯面，吃了肚里望明年”。旧时，在此期间，群众在当地土地庙前树旗杆，扎灯挂彩，拜神娱乐，小孩子玩兔子灯、马灯等。20世纪50年代中期，各地土地庙被全部捣毁，庙前旗杆挂灯活动随之消失，小孩玩灯活动亦渐少。

正月十五，上元节，即元宵节。西来桥境地旧时曾有闹花灯习俗，民国期间渐淡，解放后至现在此习俗消失。

二月初二“龙抬头”，小孩子这天要剃头（理发），以讨吉利。

二月初八吃馄饨，菜馅要用十样菜，俗话说“吃了馄饨十样菜，一年无病又无灾”。人们常以“韭菜”代表九样菜（取谐音），另再加一样菜就行。

二月十二是“花朝”（又称百花生日）。这天，家家用红纸挂在果树上表示庆祝，以期“果实累累，欣欣向荣”，现在境域此习俗渐淡。

清明节，家家扫墓，修坟祭祀祖先。清明前一天，家家户户都整修祖坟，称“修宝塔”，给祖坟培添新土，换坟帽子，同时在坟帽子上压上红、绿、黄飘衫纸，插上杨柳枝。清明节这一天中午，家中祭祀祖宗桌上有特意用蒿草捣碎出汁拌在糯米粉里做成的米团子，敬香烧纸，一般人家还到坟上烧纸。此习俗“文化大革命”中曾被作为迷信陋习革除，中断一段时间。80年代起又得以恢复起来。党和政府也借清明这一传统节日，组织机关、学校、团体祭扫革命烈士墓，介绍烈士生前事迹，进行革命传统教育。

农历五月初五，“端午节”，亦称“端阳节”。家家用芦叶裹粽子，并将鸡蛋、鸭蛋、鹅蛋放在粽子锅里一起煮。门前插艾、菖蒲，以表镇邪除恶之意，中午饮雄黄酒，正午时分用煮粽子的水或雄黄酒洒于家中各处及家前屋后，以袪除虫害。在小孩的手脚上扣上五彩丝线，称“百脚线”，旨在驱邪避水。

六月初六，天贶节，吃馄饨。当地有六月六吃了馄饨养大猪的传说。如当日天气晴朗，人们则将衣被等晾出暴晒，以防霉蛀，俗语有“六月六，晒红绿”之说。

七月十五，俗称“七月半”，中元节，又称“鬼节”。家家烧纸敬祖宗。晚上在住屋四周道路、场边、厕所、坝头烧纸，俗称“施孤”，布施孤魂野鬼。许多人家还特意烙茄饼，有七月半吃茄饼能醒目明眼之说。

八月十五，中秋节，俗称“八月半”，又称“团圆节”，家家吃月饼、麻饼，还有自家用米粉或面粉做成的糖馅饼、芝麻饼。晚上用这些饼在户外场地上烧香敬“月宫娘娘”。合家人边吃菱米汤、月饼、圆饼边赏月。节前，小辈还要向长辈赠送月饼等中秋礼品。

九月初九，重阳节，旧时有登高的习俗，但只唯少数文人有此雅兴。有不少人家吃“重阳糕”，“糕”与“高”谐音，有登高之意。重阳节后百工始做夜作，做手艺的有“救命团子送命糕”之说。

十月初一，俗称“十月朝”，家家吃“糍粑”。“糍粑”是用糯米饭团外面滚上糖拌芝麻碎屑而成。

冬至，俗称“过冬”，家家祭祖。西来桥地区沿传“大冬”“小冬”之别，“小冬”即冬至前一日。境内有的姓氏在“大冬”祀祖，有的姓氏在“小冬”祀祖。冬至祭祖之风今仍存在。

腊月初八，俗称“腊八”，中午家家吃“腊八粥”。粥为菜粥，除米菜外，还要放南瓜、芋头（或芋头干）、萝卜、花生米、赤豆、蚕豆、杂豆、白果、豆腐、百页等，不少于八样。

腊月二十四送灶，俗称“廿四夜”。烧纸马、敬香，设供品，礼送“灶神”上天，祈求“灶神”“上天言好事，下界保平安”，家家吃赤豆饭。解放后，送“灶神”之俗已废，是日起表示旧岁将去，新年届临，家家户户开始“掸尘”（大扫除），忙“年事”。

腊月三十（小年腊月二十九），除夕，俗称“三十夜”。上午家家户户贴春联、金纸、年画，中午祭祖。晚饭称“年夜饭”，合家团圆，喝利市酒，吃馄饨。晚饭后，当家人净面洗手，换上新衣虔诚敬神，一般敬家堂、住宅神、财神，敬完后全家人燃放鞭炮，长辈给晚辈压岁钱，点香守岁（围炉而坐），欢聚一堂，回顾已逝的日子，展望未来好景。自1984年中央电视台创办第一届春节联欢晚会以来，人们在电视节目中辞旧迎新，给迎年守岁赋予了新的内容。

第二节　婚丧喜庆习俗

一、婚姻礼俗

旧社会，在封建婚姻制度下，西来桥境域男女婚姻皆由父母包办，男女婚姻须凭“父母之命，媒妁之言”。联姻程序分议婚、定婚、结婚三个阶段。先由媒人介绍，双方父母认为门当户对，由女方家长开出女儿的生辰八字，写在红纸帖上，俗称“庚帖”，由媒人将“庚帖”送往男方，男方将此帖放在家中“灶老爷”面前的香炉底下，三天内如家里太平无事，再请算命先生排男女双方的“八字”，称为“合帖子”，不犯忌者方可成为配偶。双方父母同意结亲后，即请算命先生择日订亲（俗称“拎糕”“押样”）。结婚前，男方择定吉日，由媒人送“日帖”给女方，女方即通过媒人向男方索要“彩礼”（礼金、衣料、饰物、鱼、肉、香烟、糖等），同时男方还需先“谢媒”（送钱物给媒人）。结婚之日，男方先派人到女方拿嫁妆，傍晚时分新娘起驾。一般人家用独轮车迎亲，富裕人家则抬花轿“迎亲”，请吹鼓手奏乐，鸣放鞭炮。新娘迎至新郎家后，由搀新娘的奶奶（上了年纪、夫妇双全、有子有财）搀扶着新娘下轿（车）走到堂厅，新人双双拜天、拜地、拜祖宗，称“拜堂”。继而进入洞房，男左女右并列坐在一张凳子上吃团子，称“坐富贵”。然后即大开房门，诸亲邻友涌进房内“闹新房”。结婚日，男方家摆酒席宴请亲友，亲友皆送礼祝贺。结婚第三天，新郎随新娘“回门”，岳家设宴招待，俗称“待女婿”“待新亲”。新婚满月时“会亲”，婿家宴请女方至亲，表示从此认亲来往。

解放后，国家颁布《中华人民共和国婚姻法》，废除封建婚姻制度，男女婚姻自主，倡导新婚新办。70年代后，选择春节、“五一”、国庆节、元旦等节日结婚渐成风气。婚礼亦简化，坐独轮车、坐轿、送房、坐富贵等旧习已革除。但央媒说合、拎糕、送年庚、合八字、索“彩礼”、抬嫁妆、迎亲等传统做法仍普遍存在。

中共十一届三中全会后，人们生活条件提高，部分人家办婚事讲体面、讲排场，“彩礼”数额亦较大，且以“8”字为吉利数，如礼金要1888元、18888元不等，俗说要得发，不离“8”。陪嫁亦越来越高档，不少人家陪上了小汽车。迎亲用装扮后的小汽车，少则两辆，多则6~10辆的车队。酒宴规格亦愈办愈高，酒宴菜肴冷盘热菜多达20余道。很多人家讲排场，将新婚酒宴放到大酒店办，多达几十桌，还要请婚庆礼仪公司现场举行仪式，载歌载舞，并全程拍照和摄像。

旧时，西来桥境地在婚姻嫁娶上还存在着下列陋习：

1.抢亲。原由两姓男女自幼定婚，后女方悔婚，男方则聚众劫持未婚妻至家，强行结婚。亦有未婚大男看中某女，女方不愿意婚嫁，男方蓄意抢亲的；有的为男方家贫，无力迎娶，只好对有婚约的未婚妻通过抢亲成婚的（先得到女方默允）。

2.冲喜。旧时迷信，在男方病重时办喜事，意借喜事冲去不祥，以求患者病愈。

3.纳妾。封建社会时一夫多妻，辛亥革命后实行一夫一妻制，政府明令禁止重婚，但地方达官贵人或有妻不生子的，则公然纳妾，西来桥地境内亦有少数纳妾的。

4.童养媳。童女家贫，不得已到男家生活，亦有买卖现象的，待长大成人后与男方成亲。凡做童养媳的妇女，一般地位很低，常受公婆、丈夫虐待。童养媳俗称“小媳妇”。西来桥境地旧时领童养媳的较多。

5.守寡。妇女丧夫，须终身守寡。寡妇再嫁，须经族中尊长许可，改嫁时要“抱树”，以祛除不祥。

6.早婚。旧时，西来桥境地青年普遍早婚，一般男18~20岁，女16~18岁结婚。

解放后，贯彻执行《中华人民共和国婚姻法》，人民政府明令禁止纳妾、领童养媳，抢亲、换亲、冲喜等现象亦渐杜绝。男女自由恋爱结婚已成新风，父母包办婚姻已属少见，寡妇可自由改嫁，政府提倡男到女家落户，生下孩子的姓氏由双方商定。

二、丧葬习俗

西来桥地境死者丧葬旧习为木棺土葬。丧葬习俗较为烦琐，一般过程为：

1.设灵堂。病人垂危即去其床帐，俗称“落帐子”。既卒，设灵堂其家中堂屋，将死者遗体置于棺材盖板（或门板、木板），头南脚北。若死者为家中长者，则搁于堂屋东侧靠墙处，若死者上还有老，则要离墙尺余搁着，点起“材头火”，谓为死者照亮黄泉路。

2.铺路、烧“千张纸”。家人齐围跪堂厅烧“千张纸”，然后将烧着的散把稻草，从家门口一直延燃至路口，再加烧上纸钱，谓为亡魂开路。

3.向亲友报丧。亲友须请报丧者吃鸡蛋。现在则直接抓几个鸡蛋给报丧者。

4.入敛。将死者尸体置放棺材，俗称“下材”。妇女之丧须先报知其娘家而后入敛。

5.发孝。俗称“破孝”。按辈份、男女、嫡庶、血统亲疏之别。孝服分“斩衰”“齐衰”“大功”“小功”“缌麻”五种，统称“五服”。西来桥地境旧俗，死者儿子、媳妇头戴麻布帽，身披麻布、鞋上蒙麻布；女儿、女婿戴白帽，扎白额布，披白大褂；晚辈亲友也戴白帽、扎白额布；孙辈则在白帽前额点上红；曾孙（孙之子）戴红帽；玄孙（曾孙之子）戴绿帽子。

6.开吊。旧时，稍富裕家庭要举行公祭，亲友送“纸”、送礼吊唁，请吹鼓手奏哀乐唱挽歌。有的开吊还印发讣文，请和尚放焰口、做佛事，以超度亡魂。死者女儿用豆油为死者点“七星灯”，丧家请吊唁亲友吃“豆腐饭”。

7.告庙。邻里敲小锣、钹、木盆引死者亲属至土地庙设祭并围走三圈，拜告土地神。

8.出殡。俗称“出棺”“出田”。一般都要请阴阳先生看风水，选择吉地吉时。出殡前“亮材”（即打开棺材盖让死者亲属告别遗容），出殡时丧属及亲友相送。儿子、媳妇腰箍稻草绳，手持孝竹棒，家人及嫡系亲属亦手持孝竹棒，走在棺材前送葬，其长孙扛“幡子”（小竹子留稍端竹林，挂着飘衫纸）走在最前头，长媳随后一路散“纸钱”（毛章纸剪成铜钱状），称“买路”；棺材抬至坑边时，孝子先下到坑内跪拜四角，继后，送葬的人下到坑内走一圈，在四角上蹬一蹬。此时抬棺材的人（一般为村上邻居）用被单拉成网状等在那里，送葬的人上来后都得随手丢钱，多少不限，俗称“张网”。送葬的人丢完钱便原路快跑返回家，谓称“跑得快，发得快”，切忌回头看。出殡回家，送葬者要跨过稻草烧的火堆，然后回到家门前照一下镜子，梳一下头，吃一点饭米或糕片。

9.回丧、点净。安葬后，孝子将墓坑中的一块土兜回家中踹平，叫“兜宝”。请僧道在家中用竹叶把蘸洒清水、念经，以驱恶神，消晦气，谓之“点净”。

10.赶煞。谓出殡日亡魂由“无常”鬼带回家，必须赶出。

11.铺堂。死者亲属到寺庙设供，烧纸钱，祈求阎王赦免死者生前罪过，免去阴司刑罚。

12.烧七。家人每七天祭奠死者一次，共祭七次。“头七”要吃馄饨，“三七”要用女儿讨乞来的“三七米”做饭，“六七”全由女儿准备祭品。

13.脱孝。戴孝满三年，举行祭奠仪式，除去孝服，如下年闰年，须在闰年前脱孝。祭奠时除烧“纸”、烧“元宝”（用锡箔折成）外，还要扎“库”（用芦材扎架，以纸糊贴成的房屋、用具式样）焚烧，意谓给亡者在阴间居住使用。

解放后，人民政府破除迷信，提倡移风易俗，推行殡葬改革，1969 年起提倡遗体火化，至 1984 年，遗体火化率达 100%，废除了木棺土葬。西来桥镇在南旺村原农科队（渞匡）建造了“安息堂”，之后，将骨灰盒入土埋葬建坟者渐少。

丧葬礼仪中，旧时的告庙、赶煞、铺堂、放焰口、做佛事超度等活动，新中国成立初期政府即已提倡废止，在“文化大革命”期间破“四旧”中被彻底革除。70 年代起，原来丧事中的“开吊”改为开追悼会。80 年代中期始，丧事旧俗又渐恢复，请“吹班”，做“佛事”，亦成普遍现象。

三、生育习俗

孕妇临产前，娘家送桂圆、鸡蛋、红枣、红筷子、草纸（卫生纸）等至婿家，谓之“催生”。“枣子”（红枣）意即早生子，“筷子”意即快生子，取谐音。婴儿出生后，女婿送红蛋给岳父母及其他亲友“报喜”。娘家为婴儿赶制新衣，并带鸡蛋、红糖、陈酒之类和婴儿尿布等到婿家，叫“分三朝”，亲友送“月子礼”。婴儿出生一个月，外婆送摇篮、布被、蚊帐、披风来吃满月酒，舅舅替婴儿剃去胎发，产妇归守。婴儿出生百天，外婆送婴车（又叫坐车）和烧饼（有的用糯米做）给婴儿“箍腰”。婴儿一岁生日称“抓周”，舅舅须送儿童衣帽鞋袜给外甥。

四、寿庆礼俗

西来桥地域有适 10 岁过作生日（小庆）之习俗，谓之“过整生日”。正日，亲戚邻友送礼祝贺，主家设中面（中午吃面条）、夜酒，款待宾客。有“做 3 不做 4”之说，即 30 岁时作庆，40 岁时不行庆（因“4”与“死”谐音，不吉利）。人逢 50 岁开始做寿，即 50 大寿，60 大寿，依次类推。寿庆前一夜，亲友前来送礼，放鞭炮，称“暖寿”。寿庆礼品一般为寿面、寿糕、鱼、肉、衣料、鞭炮等，还有送寿幛、寿联的。女儿为父母做寿还要做寿桃（米粉或面粉做成的“面塑”），蒸馒头，裹粽子，送衣服、鞋帽等。

五、上梁礼俗

新建房屋在上装堂屋正梁时俗称“上梁”。民宅上梁都要请阴阳先生选择吉日吉时。上梁有“暖梁”“祭梁”“抛梁”等仪式。“暖梁”仪式是在上梁日前的夜晚举行。将要上梁的正梁用板凳横搁堂屋正中，梁中央贴上三个大“福”字（一般为“福”“福”“福”），在大方中央贴“太公在此百无禁忌”，仝柱上贴“竖柱正逢黄道日，上梁巧遇紫微星”的吉语，在大门、后门、房门上张贴喜庆对联。梁前置两张八仙桌，桌上放满主妇娘家、媳妇娘家、出嫁的女儿家恭贺的花圆子（面塑）、馒头、粽子、茶食（糖果）等。地上置一大盆，装满稻麦壳或木锯屑，盆中生火烟，意谓“暖梁”。“暖梁”仪式时敲锣打鼓、鸣放鞭炮，木瓦匠师傅手执酒壶边说喜话边以酒（水）浇梁。第二天清晨，按既定的时辰“祭梁”“上梁”。“祭梁”时用“六个眼睛”（通常为猪头、鲤鱼、活公鸡），全家人敬香点烛祭拜。继后“上梁”，木瓦匠师傅各执梁一端，用青布带将其系到位。木瓦匠师傅在登梯、系梁、上装梁时均要说喜话，主家奉上“喜钱”，亦敲锣打鼓放鞭炮。待正梁上装到位后，即举行“抛梁”仪式，由上装梁的木瓦匠师傅将恭贺的馒头、粽子从正梁上往下抛（只抛几个见意即止）。

解放后，民宅上梁仍沿用旧习，但在造楼房时因工期较长，故不少人家在房屋竣工或基本竣工后才举行“上梁”仪式，“抛梁”仪式也渐趋淡化。

第三节 生活习俗

一、饮食

西来桥境域居民的主粮以大米为主，佐以面食。人们习惯一日三餐，农忙和夏日，上午加一餐“二顿早饭”，下午加一餐“晚茶”。主食有米饭、面条、白粥（大米煮成）、觌粥（米粥中加元麦粉）、菜粥（大米粥中掺入瓜、菜、豆、芋头等杂粮，以菜、杂粮为主，俗称“咸的”、“酸觌粥”），还有加工而成的馄饨、馒头、包子、烧饼、圆子、油条、粽子、米糕（俗称水糕）等。副食有瓜、菜、芋头、山芋、豆（以及黄豆制作的豆腐、百叶）、鱼、猪肉、羊肉、禽、蛋等。

解放前，一般农户常年每天吃米饭者很少，大多吃粥、菜粥，贫者更以瓜菜代粮，平时很少吃荤食。如遇荒年，贫苦群众有吃“锅巴草”“观音土”的。

解放后，人民生活改善，食品结构变化很大，瓜菜代粮的渐少，20世纪70年代出现许多人家每天吃饭的。80年代有晚餐也吃米饭的，吃粥的渐少，副食品荤食增加。

佐餐的菜肴花色不一。婚事、寿庆、生日、上梁等喜宴席至上世纪70年代末一般为六大碗、八大碗。80年代以后，则以炒菜为主，一般为16盆、18盆，另加2个汤。办丧事，以前多用素菜，少不了豆腐，俗称“豆腐饭”。80年代后，多用“三荤”“三素”或更丰盛些，90年代后，甚而把“开吊”日的“豆腐饭”改办成酒席。

烹调属于苏式。重用糖、酒、酱、醋，少腥辣。方法有炒、烧、炖、煨。肉类、鱼类均有红烧、汤浇法。刀鱼、鲥鱼、河豚为地方特色名菜，称“长江三鲜”。煮烧刀鱼时，一般加竹笋，其味鲜美，一般人家常做“刀鱼烧秧草”，吃起来别具风味。鲥鱼肥而鲜，煮烧时不刮鳞片，味更佳。河豚的血、生殖腺、卵巢、眼睛有剧毒，不能食用，必须由行家杀、拣、洗，煮时加入竹笋、河蚌味更鲜美，脍炙人口，亦可与秧草混烧，其味独特。

二、穿着

1.帽子。清末民国初，男子戴毡帽、西瓜皮帽。瓜皮帽顶缀各色丝绦顶，珠顶为饰。老年妇女戴帽箍，中年妇女扎头巾，称“首捏子”。30年代，男子戴解放帽、工人帽的居多，仍有戴绒线帽的。“文化大革命”期间，男女兴戴黄色军帽。至80年代，男女帽式多种多样，质地亦越来越好。

2.服式。清末民国初，男子单衣为对襟短褂，长衫为大襟长袍，有的外罩马褂，并有阔带束腰。女子穿大襟短袄短褂，俗称“大袂头“。冬天，男女均加穿套裤。20世纪20年代起，女子穿旗袍的渐多。30年代，学校学生及社会知识青年改穿中山装、衬衫的渐多。解放后，男子风行穿列宁装、青年装、学生装和中式棉衣，多为蓝色和灰色。女子一般仍穿中装，青年女子亦有穿翻领西装、女式衬衫的。80年代，服装式样变化较大，男女穿西装蔚然成风。进入新世纪，男子穿夹克衫、拉链衫、两用衫、滑雪衫、西装裤、牛仔裤，女子穿连衣裙、旗袍裙、摺裙、筒裙、西装裙、喇叭裤等，款式新颖，色彩多样。

衣料质地亦不断提高。解放前，大多用自纺自织的“家机布”“夏布”。解放后，家机布、夏布渐为棉布和化纤纺织品所取代。80年代，家机布、夏布已无人生产，丝绸、毛料、绒线衣服增多，90年代羊毛衫走俏。

3.鞋袜。清末、民国时期，人们大多穿布鞋，形式有鲇鱼头、大圆口、小圆口、尖口、方口等。棉鞋有两节头、“两片瓦”等。妇女穿绣花鞋。民国时期只有少数人穿皮鞋。70年代穿皮鞋的渐普遍。塑料鞋、胶底鞋亦多起来。80年代至今鞋子款式不断更新，旅游鞋、运动鞋等流行。旧时，雨天多穿“钉鞋”（布制，上涂桐油防水，底再加圆头铁钉防滑）。20年代后渐为橡胶套鞋所取代，至80年代后高帮橡胶套鞋（谓“高靴子”）取代了低帮橡胶套鞋。

袜子原均为自制布袜，20年代渐穿“洋袜”（线织成）。至70年代，兴穿丝袜、尼龙袜，女袜有短筒、长筒等样式。

三、居住

1.草棚。称“滚铺楼”，以芦材、竹子搭架，“根根椽子到地”，成三角形，“山头”开扉门。

2.草屋。以树木、竹子为骨架，四周围以芦笆或砌土垡为墙，屋顶苫盖稻草或麦草。大多为三架梁或五架梁，檐高五六尺不等，常需换草苫盖。

3.楞摊瓦房。以树木为梁、柱，树棍或竹子（燕竹）为椽，芦笆、土垡为壁，屋面薄盖小瓦，大多为五架梁，檐高六七尺不等。

4.瓦房。杉木、杂树为梁、柱、椽，砖头砌墙，屋面薄盖小瓦，亦有椽子上铺望砖再盖瓦的。富裕考究者室内四周墙上均附有木板，隔墙亦用木板。有五架梁、七架梁之分，檐高6~9尺不等。西来桥地域多造“锁壳式”房形（旧式锁形），居中一间有敞步檐走廊。有的正屋两边建有厢房，称“两龙爪”。

房屋有横排成的自然埭，有竖排着的自然埭。横埭一般屋前有小块场地，菜园、道路、河塘，屋后为竹园、河塘。竖埭一般屋前有小块场地、菜园，右边或左边为竹园、河塘、道路。一般居民家的菜园中还栽植桃、梨、杏、李、枇杷等果树。房屋一般三间一栋，左、右、前、后人家均不相连。如兄弟二人析居，则为“哥东弟西”，各居一间，中间堂屋合用，父母多居厢屋。若兄弟分户建房，则为“哥东弟西”或“哥南弟北”。

解放后，50年代草棚基本绝迹，以后草房逐渐改建为瓦房，70年代瓦房檐高有9尺、1丈至1丈以上的，正屋两侧山墙多立风墙。70年代中后期至80年代初期兴起建房热，新瓦房鳞次栉比。80年代初始有农户建楼房，中期建楼房户渐多（大多为二层楼），建平瓦房户日渐减少。90年代起建楼房已成普遍现象，至2006年，全镇已建楼房户6242户，占全镇总户数的95%。

四、发型、首饰

清代，男的后半头留发编辫，拖于背上；女的长发在头后梳成鬏，以各式簪、钗束发为饰，簪钗质地有金、银、铜、木之分。女子戴耳环，也有戴手镯的。民国初年，政府限令男子剪辫。男子或剃光头（称“和尚头”），或剪平顶，或留“西装头”；女的除老妇仍梳鬏外，多结辫或剪齐耳短发（称“耳朵毛”），以各式发夹夹发，兼作装饰，青年女子额上为齐眉短发，名为“刘海”。

解放后，青年男子剃光头的很少，大多剪“西装头”“飞机头”，亦有一部分人剪平顶。女子剪短发或结辫，仍以各式发夹为饰。70年代起开始有烫发的，80年代女子烫发成风，发型花式繁多，男子亦有烫发的。老年男子大多仍剪高平顶和旧式“西装头”，青年男子时兴留长发，少数还留上·“小胡子”。进入新世纪，男女发型花式更多。

五、家具

旧时，富户多为雕花家具，少数是红木家具，一般人家为硬木家具。较富裕人家通常有方形八仙桌、四仙桌，堂后有香几。凳有长凳（条凳）、骨牌凳（方凳）、小板凳及靠背椅。床多数是木板床或竹床，少数是棕床。旧式大床都有雕花板，草花、龙凤、人物图案逼真精致。男用夜壶，女用马桶。藏衣用的是木制大橱、木箱、木柜。储粮用的是芦材编织的窝折或稻草编的草囤。灶台为两眼或三眼的砖灶或土灶。至80年代，西式床、五斗橱、床头柜、写字台等新式家具普及农家。不少人家还有沙发、沙发床（称“席梦思”）、钢折椅、玻璃橱等。电风扇、电视机、收录机、洗衣机、电冰箱等家用电器设备普及农户。90年代以后，煤气灶、太阳能走进千家万户，购置音响、空调、电脑等高档电器的农户亦日渐增多。

第四节　姓氏与宗祠

起初，到西来桥垦殖者，多为大江南北邻近县贫民，后因为避战乱前来居住者亦甚多，故境内居民姓氏较多，姓氏来源大致如下：

来自泰兴的有：叶、潘、丁、常、蒋、毛、许、吉、韩、曹、韦、沈、印、季、梅、孙、赵、钱、戴、刘……

来自丹徒的有：张、王、李、姚、田、徐、姜……

来自丹阳的有：谢、袁、柳、甘、陆……

来自武进的有：程、耿、应、陈、巢、吴……

来自扬中（太平洲）的有：肖、薛、苏、朱、倪、缪、温、方、王、顾、于、何、黄、马、范、秦、杨、蔡、冯、冷、童、施……

其他有来自兴化的“仇”姓、泰州的“郭”姓、徐州的“白”姓、镇江的“宦”姓等。

还有来自安徽省的“陶”姓和湖南省的“周”姓。

解放前，男女姓氏有随婚嫁而更易的。女方嫁到男方，其姓改为男方姓氏，如女方没有名字，婚后即在自己姓氏前面加上男方的姓，如“赵（男姓）王（女姓）氏”“李（男姓）赵（女姓）氏”。男性入赘，男方亦随女方而改姓，所生子女则用女方姓。

各姓子孙繁衍，逐渐分居而演变扩大为村、埭，其村、埭、圩的地名亦往往以姓氏命名。如：恽新圩、印家小埭、陆家小圩等。

又因各姓子孙多聚族而居，故在姓氏集中处建有宗祠，宗祠内供奉始祖和各房祖先的牌位，一般于清明节或商定日期开祠祭祖、拜祖。宗祠设族长，管理祭祀、族产、编纂谱牒等族事，并处理族中纠纷。境内荷叶圩冯姓在母子圩（今新程村11组）建冯氏宗祠一座。民国16年(1927)，该宗祠用作“武进通江市福星洲第一小学校”校舍。有些从其他地方迁来的，虽几代繁衍，但宗祠却仍在外地。

解放后，冯氏宗祠被地方政府另作他用，今已拆除。

第五节 庙 会

观音禅寺在每年的农历正月十九、九月十九做观音会，虔诚赶会者于庙中念经拜佛。农历十月初三举行庙会，又称“猛将会”，遇到大旱灾难临头、蝗灾之年，还临时迎神出会，规模盛大，马弁开路，要戏、要会、要香火。其时，则在庙前搭台唱大戏，并扮演戏文游行。农历七月初七出眼香会，眼病患者，虔诚信徒到庙中烧香，舀竹叶水洗眼睛，求神保佑不害眼病。

此外，境内还有农历正月二十三、六月二十三、十月二十三的太平会；农历二月初二、七月初二、十月初二的土地会；农历五月十三、九月十三、十月十三的关帝会；农历七月十五的盂藏会；农历七月三十的更深会等。这些习俗，解放后除观音会等佛教活动的庙会保留外，大部分难觅踪影。

第四章　宗　教

第一节　庙　宇

1.观音禅寺

境地人称“大庙”，坐落在西来桥集镇东街（今西来中心校所在地）。清咸丰年间（1851—1861）始建。起初建面南前后两进砖瓦房，各五间，正中为观音禅寺，东为“东殿”，西为“猛将殿”。东西两侧亦各建五间。1930年，住持僧陆如玺外出募化，建大雄宝殿，内塑儒、释、道三尊大佛；西塑海岛（上海某名医姨太太），由包老六资助。1935年，住持僧徐坤玉经募化再建六间房屋，将中天皇、即猛将菩萨移至北屋中，并有眼皇菩萨。寺中住持僧先为月巧，后为大定大林，继有浦老银、陆如玺、徐坤玉。僧侣二十多人，平时在庙中诵经拜佛，有时亦应邀外出念经、放焰口。

2.尼姑庵

此庵建在集镇川心港北，西来桥以东（今粮管所东仓库外），其为陆姓的家庙，仅有三、四个尼姑。抗日战争开始被汪伪军和大刀会毁坏。1942年，扬中抗日民主政府利用庵内房屋，办起“大众小学”。

3.大仙堂

该庙堂建在东大圩（今东来村13组）。1937年，东大圩连续有几家农户失火，房屋被烧。王伯达的妻子王张氏借机装神弄鬼，说是狐大仙要庙堂，要香火。村民乃集资先搭建起一间草棚，后建成三间平瓦房。为迷惑人心，其人暗地从江南大圩埭土地祠内弄来一株空心桑树，在洞底浇上火油，放数十根火柴，塞进整把点着的线香，导致发生熊熊烟火，便以此到处宣称“大仙显灵，求财得财，求子得子，逢凶化吉，能治百病……”，大江南北方圆百余里前来求神许愿者甚多。众多病人因用“仙方”（香灰）贻误就医而丧命。解放后被人民政府废止。

4.土地庙

土地庙分布境内多处，一般为半间屋左右的庙房，其中较大范围的为绝港桥的土地庙，有三间平瓦房且有罩墙，每年农历正月十三至十八灯科中，每夜挂灯，竖高杆挂宝塔灯、走马灯等。“文化大革命”期间，境内大小土地庙全部被拆毁。改革开放后，先后有几处偷建土地庙，亦被人民政府拆毁。

5.观音庙

民国初，北江边水流湍急，江滩严重坍塌，人们一时无策。1930年，有一郭姓之人在江边攀鱼，发现一处滩地上冒热气，掘出泥土有黏性，则认为是“观音土”，人们遂在此处造庙塑像，祈求止坍。到解放时，该庙已临近坍江边。1958年被拆除。

第二节 佛 教

解放前，西来桥人多信佛教，境内建有“观音禅寺”一座，人们称之为“大庙”，僧侣由常州天宁寺属管，最盛时有和尚二十余人；另建有一所“尼姑庵”，有三四个尼姑。僧尼常诵的经有《金刚经》《弥陀经》《心经》《高王经》《血盆经》《地藏经》等；常念的咒有《大悲咒》《楞殷咒》等。

解放初，“观音禅寺”改建为学校后，境内僧侣及部分信徒即在自己家中供奉佛祖。常供奉的有释迦牟尼佛、如来佛、弥勒佛、观世音、财神爷等。一般农户家供奉观音菩萨、财神爷。“文化大革命”期间，仅剩少许佛教信徒暗里进行供奉活动。改革开放后，境内原先6个僧侣及后增加的4个半道蓄发“和尚”又公开为“祝寿”人家及丧户做起佛事。

第三节 基督教

1985年，来自上海的一位基督教徒在西来桥以家庭聚会形式传教，自此基督教（耶稣）始传入扬中。至2006年，境内信教徒有40余人，分别在北胜村18组一农户及西来村3组一农户家中聚会“做礼拜”，并不定期参加常州、扬中基督教堂的聚会活动。

第五章 道会门

第一节 一贯道

一贯道系封建反动组织，抗战时叛国附逆，在日、汪伪势力扶植下，到处设坛扶乩，宣传“大东亚共荣圈”，欺骗麻痹人民。抗战胜利后，一贯道涂颜改貌为慈善会门，表面上办理慈善事业，实质上进行反共活动。1947年，一贯道传入西来桥境内，在西来桥、南旺桥等设堂扶乩，发展信徒100余人。1952年2月，县人民政府宣布取缔该会，捕办了该会头目，对骨干分子进行教育，令其自新，一般道徒则责其声明退道。

第二节 黄旗会

黄旗会简称“黄会”，又称“大刀会”，原属同善社武会中的黄会。亦称黄阳道、八德循环道。中心沙黄旗会会徒有40多人。民国29年（1940）春，中心沙黄旗会头目张某某勾结武进黄旗会头目朱某某、丁某某等率领的五六十名道徒，会同汪伪和平军在西来桥袭击新四军，终被击溃。次年，又在开沙杀害多位革命同志。1941年8月上旬，泰兴黄旗会与开沙、中心沙的黄旗会组织反革命爆动，扬中县抗日民主政府副县长王言率部镇压，在中心沙（西来桥）民兵的配合下，全歼黄旗会反革命爆动分子，活捉了张某某等黄旗会头目。

第六章　方　言

西来桥原先的居民多来自大江南北，与太平洲一样同操江滩方言。其方言能区分 n、l，但没有浊音声母。境内除部分开沙移住居民（约占总人口的 10%）带江北泰兴口音外，其余均操本土口音，即为典型的扬中方言。故该章语音内容基本引录《扬中县志》所纂内容。

在长期的生活交往中，西来桥形成了许多具有地方特色的熟语（俗语、谚语、歇后语），其虽不能按照一般的构词方法来分析，但整个应用起来，则能表达一个意思，说明一个道理，成为既富有哲理又具有浓郁生活气息的简约乡土文学语言。

解放以后，特别是改革开放以来，随着工农业发展，交往频繁，境内方言受普通话影响，尤其是年轻人的口音起了一定的变化。该章引录及记述的扬中方言（境内方言）均以老年人口音为依据。

第一节　语　音

一、声母（21 个）

b 北步　p 泼平　m 末忙　f 服飞　V 物文

d 得洞　t 脱同　n 纳难　l 勒来

z 资坐　c 雌搓　s 司梳　r 人容

j 鸡夹　q 欺千　x 希先

g 葛家　k 克康　ng 颜昂　h 黑好

∅ 哀英

扬中方言没有翘舌音声母 zh、ch、sh。声母表中的 r 不读翘舌音。而是 s 同部位的浊擦音，国际音标写作 [z]。为了跟拼音字母 z 区别开来，则把 [z] 写作 r。

扬中方言有舌根鼻音声母，即国际音标的 [ŋ]，为印刷方便，改写成 ng。

二、韵母（46 个）

ï 支事①　i 批基　u 父姑　ü 朱虚

a 巴沙　ia 佳夏　ua 瓜华　üa 抓靴

e 波哥蔬　ie 秋有

ai 排才　iai 阶且　uai 乖坏　üai 踩帅

ei 杯口　uei 规回　üei 追睡

ao 包高　iao 飘跃

an 班三　ian 天仙　uan 关万

注：①ï 韵母表示 z、c、s 后边的舌尖元音，拼写时写作 i，如“资”zi、“雌”ci、“司”si。

en 奔灯　in 林印　uen 昆昏　üen 君允

ɑng 邦方　iɑng 将想　uɑng 光汪　üɑng 床
ong 风哄
ɑ 托角　iɑ 脚削　uɑ 郭霍　üɑ 捉戳
o 百国　üo 决说
e 不黑　ieʔ历毕　ueʔ骨忽　üeʔ 出术
êʔ八黑　uêʔ刮豁　üêʔ刷
说明：e、ie 韵中的 e 比普通话 e 舌位靠前、靠央，接近国际音标的 [æ]。
ian 韵的实际音值为 [iL]，因为考虑到跟踪 ɑn、uɑn 韵相配，所以标成 iɑn。
入声韵收音时都有明显的喉塞音，用国际音标 [ʔ] 来表示。
ɑʔ、iɑʔ、uɑʔ中的 ɑʔ，舌位偏后，相当于国际音标的 [a]。
eʔ、ieʔ、ueʔ、üeʔ、中的 eʔ 舌位靠央。相当于国际音标的 [ə]。
êʔ、uêʔ、üêʔ 中的 êʔ 舌位偏低。相当于国际音标的 [æ]。

三、声调（扬中方言有 6 个声调）

扬中方言声调表

表 6–1

调　类	调　值	代　号	例　字
阴平	21	1	刚、天、安
阳平	45	2	陈、穷、才
上声	214	3	水、扁、马
去声	33	4	变、大、利
阴入	3	5	笔、跌、各
阳入	5	6	别、笛、叶

说明：阴入、阳入收音时有喉塞音，都读短音。阳入收音时稍稍上扬，调值为 45。为了印刷方便，标音的声调符号一律改用阿拉伯字母代号，标在音节的右上角。喉塞音 [ʔ] 也一律省略。例如：

天 $tian^{1}$　甜 $tian^{2}$　舔 $tian^{3}$　掭 $tian^{4}$　笔 bie^{5}　别 bie^{6}

四、同音字表

ï 韵

z①支肢枝资姿滋咨之芝知蜘；③纸脂紫旨止趾芷仔子
④志痣至字智翅置治昃
c①痴嗤雌疵兹；②瓷池词辞慈糍磁饲驰迟持；③齿此耻；④次刺赐滞

s①丝斯撕厮私司思施师狮似尸诗；②时鲥；③死屎史使始驶
④四肆试侍氏俟嗣祀示视士市矢恃嗜事是

i 韵

b①屄；③比彼；④币闭毙蔽庇痹鄙泌
p①批披；②皮疲脾啤瑟；③痞；④屁
m②糜靡迷弥谜；③米
d①低；②底抵；④帝地第弟递
t②提题啼蹄提；③体；④替涕剃
n②泥尼；④腻
l②梨犁黎离篱璃；③礼李里理鲤狸；④例厉励丽隶荔痢吏
j①基机讥鸡叽肌稽；③几挤己；④寄际计继冀纪记忌既祭济技系（~带子）
q①欺妻凄期栖溪蛆企岂；②奇骑歧祁其棋旗祈；③启起；④汽弃气器砌契去
x①希稀熙嘻牺兮犀西尿；③喜洗玺蟢徙；④细戏系
∅①衣依医伊蚁；②宜仪沂；③倚椅以已；④意艺义议易异忆毅勚

u 韵

b①铺（~开）孵；③补；④布部薄步埠
P①铺（翻~）；②菩蒲（蒲草）；③谱普脯圃捕甫；④铺（床~）
f①呼父夫敷傅；②浮扶湖胡壶弧狐糊蝴芙；③腐虎斧辅俯抚浒府釜；④妇户附富负讣赋付符赴副护沪互
d①嘟；③赌睹堵肚；④踱度渡杜
t②涂途屠图徒；③土吐；④兔
l①攎；②卢芦炉庐颅；③鲁卤乳汝；④路露赂
g①姑孤箍辜菇；③鼓股古估；④顾故
k①枯骷；③苦；④库裤
∅①乌呜污诬；②吴无；③舞武午伍五侮鹉；④误悟吾雾务焐

ü 韵

j①居矩租朱猪珠铢蛛诸；③组主煮；④具俱巨拒踞炬惧句锯据注驻铸住聚
q①区躯粗趋；②徐除渠厨储；③鼠；④去趣处醋
x①虚墟嘘须需苏酥书舒枢；③许数；④绪序叙胥婿素诉塑庶竖恕漱戌树数
n③女
∅①淤；②于余鱼予娱虞愉渔喻；③雨宇羽禹语；④誉御豫预寓愈遇

ɑ 韵

b①巴疤笆耙；③把靶；④爸罢坝霸

P①趴耙；②扒爬耙琶杷；④怕

m①妈；②麻蟆；③马码玛蚂；④骂

d①大 $_1$；③打；④大 $_2$

t①他她它

n②拿；③哪 1；④那

l①拉；③哪 2

z①渣遮；④炸

c①叉差杈车；②查茶搽；③扯；④岔茬

s①沙 $_1$ 莎纱痧砂；②蛇；③撒洒傻；④沙 $_2$（~喉咙）

g①家加枷；④架 $_1$ 解（~货）

k③卡

h①哈；②还；④下

ng③我

iɑ 韵

d①爹；③嗲

n③你

j①加 $_1$ 嘉佳枷稼；③假姐；④借嫁价架 $_2$

q②斜邪茄

x①虾些；②霞；③写；④谢夏下泻卸

∅①呀鸦；②衙涯蚜牙；③也 $_1$ 雅野；④夜亚

uɑ 韵

g⑤部

k⑤扩

h⑤霍（打人巴掌）

∅⑤握

üɑ 韵

j①抓；②爪

q②瘸

x①靴；③耍

e 韵

b①玻播波菠

p①颇；②婆；④破

m②磨 $_1$ 谋魔摩模馍；③亩某母；④茂磨 $_2$

d①多③躲都（~去）；④惰

t①拖②驼③妥椭；④毻（鸡~毛）

n③橹；④怒糯懦

l①罗（~个，~开）②锣箩罗螺骡；③虏裸；④摞

z①邹；③左走；④做座坐助奏骤

c①搓初；②锄；③丑；④错锉凑

s①搜飕馊梳蔬蓑梭唆；③锁；④瘦授绶售嗽叟

r②柔揉

g①哥锅；③果裹；④过个

k①科窠棵颗；③可；④课

h②和禾河；③火伙；④货祸

ng②蛾讹；③我 2；④饿

∅①屙窝;④卧

iu 韵

j①究鸠纠赳阄鬏舟周州洲；③九酒久玖韭帚；④救旧就舅咎臼纣昼邹咒

q①秋丘邱蚯抽；②求球俅囚裘绸稠筹仇酬；③揪；④臭

x①休修羞收受；③朽手首守；④秀绣袖兽寿

∅①悠优幽；②邮游油由犹尤；③有友莠酉；④又幼诱右佑柚

ɑi 韵

b①掰；③摆；④拜败稗

p②排牌；④派呸

m②埋；③买；④卖迈

d①呆 $_1$；②歹逮；④代戴带黛殆怠袋待贷

t①胎；②台抬；③大 $_3$；④太泰钛态

n③乃奶；④奈耐

l②来莱；④赖癞

z①栽灾斋；③宰载者；④债在再寨

c①猜；②才财裁豺柴材；③睬彩采　；④菜蔡

s①筛腮；④社舍晒赛射

g①该街秸；③改；④盖概丐溉

k①开揩；③凯慨楷;

h①嘿；②孩鞋；③海解；④害骇亥
ng②捱癌挨呆$_2$；③矮；④艾爱
∅①哀唉埃；④霭艾爱隘

iai 韵

j①阶；③解$_1$（~放）
q③且
∅③也$_2$

uai 韵

g①乖；③拐；④怪
k③挎；④快筷块
h②怀槐淮；④坏
∅①歪；④喂

üai 韵

j④坠
q③踩；④揣
x①衰摔；③甩；④帅率

ei 韵

b①杯卑碑悲；④倍辈背备
p①胚坯；②培陪赔裴；④配佩
m②梅枚媒煤眉霉媚；③每美；④妹昧寐
f①非飞妃；②肥；③匪吠；④肺废费
v②危维惟微圩；③尾伟伪委；④为味卫位未魏巍胃谓畏慰
d①兜堆；③斗$_1$抖陡；④斗$_2$（~争）豆逗队
t①偷推；②头投；③腿；④透退蜕
n③你 2；④内
l②楼流刘留榴硫琉雷；③搂楼柳儡旅吕铝；④漏陋溜累泪虑滤
c①抽②愁②丑
s④瘦
g①勾钩沟；③狗苟；④够构购彀
k①抠眍；③口；④叩扣寇
h②侯喉猴；③吼；④后厚
ng②牛③藕偶（配~）纽扭；④偶（~然）
∅①欧；③呕；④沤

uei 韵

g①龟规归圭闺；③鬼诡轨；④贵桂刽跪柜

k①亏窥盔；②魁奎逵葵傀癸；④溃愧

h①灰恢挥徽辉；②回茴蛔；③悔毁；④会惠汇慧卉烩秽讳

üei 韵

j①追锥；③嘴；④罪最缀坠赘醉

q①吹炊崔催；②锤捶棰槌随；③取娶；④脆

x①虽②随谁髓隋垂；③水；④税岁睡瑞碎隧

∅④锐

ao 韵

b①包胞；③保堡宝饱　；④报爆暴豹瀑抱刨

p①泡（水~）抛；②袍跑；④炮泡

m①毪；②毛矛锚猫；③卯铆；④貌帽冒

d①叨刀；③倒（打~）岛捣导蹈祷；④到道盗稻倒（~水）

t①滔掏；②淘逃桃陶萄；③讨；④套

n①闹；②挠；③脑恼；④闹

l②捞劳牢痨；③老；④涝

z①招糟朝（~夕）昭遭诏；③早找蚤澡爪；④躁燥皂造罩照诏如赵兆

c①抄操超；②巢曹槽螬潮朝；③草吵炒；④糙

s①烧骚臊捎稍梢；②韶；③少扫嫂；④绍邵

r②饶；③绕$_1$（~道）；④绕$_2$（~圈子）

g①高羔糕膏教；③搞稿搅；④告酵窖校$_1$（~秤）觉（睡~）

k③考烤；④铐靠犒

h①薅哈（~麻味）；②豪毫嚎壕；③好郝；④耗浩好号

ng①奥澳噢；②敖熬；③咬袄；④傲拗

∅②儿；③耳；④二

iao 韵

b①标膘镖彪；③表裱

p①飘漂（~流）；②瓢嫖；④票漂（~白）

m②苗描瞄；③秒渺藐；④妙庙

d①刁雕貂叼；③屌；④调（~动）掉钓悼碉

t①挑；②条调（~解）笤；④跳

l②聊撩燎嘹缭辽疗瞭；③了；④廖料撂

j①交蕉焦郊浇椒娇骄皎矫佼；③绞搅缴较侥；④觉教叫轿

q①锹；②桥瞧乔侨荞；③巧；④跷撬翘俏

x①宵硝箫萧逍销霄；②淆；③小晓④啸笑效孝校

∅①夭妖腰要（~求）邀；②摇遥谣姚尧；③杳舀；④跃耀要（重~）

O 韵

b①搬；④半拌伴

p①潘；②盘；④叛判

m②瞒馒；③满

d①端；③短；④段锻断缎

t①贪②团坛

n②男南楠；③暖

l③卵；④乱

g①官干肝冠（鸡~）棺观；③管敢馆；④灌贯罐

k①宽看；③款坎；④看

h①欢；②寒含韩桓；③缓；④换焕唤焊旱翰汗

∅①豌岸安按鞍庵；②完丸；③碗宛婉腕皖；④暗案岸换（交~）

io 韵

j①专钻砖捐娟；③卷；④眷券

q①穿川氽圈；②传船椽全权痊泉拳颧蚕；③犬喘；④劝串窜纂篡

x①酸宣喧；②悬玄旋；③选；④算蒜楦

∅①冤鸳渊；②园圆缘源元袁猿援辕；③软阮远；④院怨愿

ɑn 韵

b①班斑般瘢颁扳；③板版坂；④办扮

p①攀；④盼绊

m②蛮；③马（~上）；④漫幔

f①番翻蕃；②凡烦繁矾樊帆；③反返；④饭范泛乏犯贩

v①弯湾；②玩；③晚挽；④万

d①丹单担（~任）耽；③掸胆；④旦但淡蛋诞石担

t①贪滩坍摊瘫；②谈痰檀弹潭谭；③毯坦袒；④炭叹坍探

n②难（困~）；④难（患~）

l②兰拦栏阑篮蓝；③揽懒览；④烂

z③斩；④赞站暂栈

c①搀参；②残惭潺谗馋；③惨产铲；④颤灿餐

s①三删参衫杉山珊；③散伞；④散（~会）

g①甘柑竿间；③敢感橄赶；④干

k①堪刊铅看（~守）；③砍坎舰刊；④嵌勘

h①酣憨；②咸函邯含；③喊；④旱₂捍焊₂汉₂汗₂翰₂撼罕

j①艰奸；③碱减；④监鉴

ng①淹；②颜；③眼；④晏雁

iɑn

b①鞭编边蝙煸；③贬扁匾；④辨辩辫变便遍卞

p①篇偏；②便（便宜）；④片遍（一~）

m②眠棉绵；③免勉娩；④面缅

d①掂颠；③点典；④店殿奠佃垫踮

t①天添；②甜田填滇；③舔腆；④掭

n①拈；②粘年严；③研碾；④念砚

l②连莲联廉镰帘怜；③敛脸；④练炼

j①尖煎肩坚兼；③简剪；④剑箭践件贱饯键建见健腱荐犖

q①千迁谦牵；②钳钱乾虔前；③浅遣潜；④欠歉

x①仙鲜掀先锨；②贤弦；③癣显险；④线献扇现善膳

∅①烟腌；②炎言盐阎檐延筵然燃；③掩演；④厌艳燕焰验谚宴堰

uɑn 韵

g①关；④惯掼贯

k②环

h②还；④宦患

en 韵

b①奔锛；③本苯；④笨

p①喷；②盆；④喷（香~~）

m②门们扪明；④闷焖

f①分芬纷吩；②坟；③粉焚；④愤粪奋忿份

v①温瘟；②文纹蚊闻；③吻刎稳；④问

d①登瞪灯墩蹲；③等戥；④凳顿盾遁邓钝扽

t①吞；②疼腾誊藤豚臀；③氽；

n②能；④嫩

l①楞；②论（~语）仑伦沦轮；③冷；④论（讨~）

z①真贞争侦针珍蒸臻斟征罾；③整怎拯枕疹诊；④正政镇振震阵证

c①撑称（~呼）村；②成诚辰晨丞承臣程呈城橙澄层逞陈；④称（相~）剩趁衬
s①生申伸牲甥升声参（人~）身深绅；②神绳什；③省沈审婶；④盛圣胜渗肾慎
g①根跟耕更今；③埂梗耿羹；④更$_2$（~加）
k①坑吭；③肯啃恳垦；④揹
h①享哼；②痕恒衡；③狠很；④恨
ng①恩；④硬

in 韵

b①兵宾槟彬斌冰殡鬓；③丙饼禀秉；④柄病并
p①姘拼；②贫频平凭坪瓶屏萍；③品评；④聘
m②民闽鸣明 2 名铭；③闵悯敏抿皿；④命
d①丁钉疔叮；③顶鼎；④定锭订钉
t①厅汀；②亭停廷庭蜓；③艇挺；④听
n②宁$_1$凝；④宁$_2$（~可）
l②邻鳞磷麟灵零铃伶翎琳玲林；③领岭；④令赁吝
j①津巾斤筋京金鲸精晶经睛；③紧井仅景颈谨警锦；④近劲竞竟境镜兢静进晋径净靖禁浸
q①亲青清轻卿晴氢；②秦勤芹情晴琴擒寻；③请寝倾；④庆馨揿
x①心芯辛新薪欣兴（~旺）星腥；②形型刑行；③醒省（反~）笋；④衅幸性姓信兴
∅①因姻泅殷应莺鹦樱英瑛缨荫；②银寅迎盈赢萤营莹；③引隐；④印映应（~付）

uen 韵

g③滚磙绲；④棍
k①昆鲲坤；③捆；④困
h①婚婚荤；②浑魂；④混

üen 韵

j①君尊遵均军钧；③准；④菌俊竣
q①春皲逡；②群裙存；③蠢；④寸
x①熏孙；②旬循巡纯；③损榫（~头）④训汛顺讯舜殉逊
∅②云芸匀耘；③允永；④熨酝韵孕运闰晕

ɑng 韵

b①邦帮；③榜绑膀；④磅蚌谤棒傍
p①②旁螃庞滂；④胖
m②忙芒茫盲氓；③莽蟒
f①方芳坊；②房防床；③访纺仿；④放

d①当裆；②挡党档；④荡宕当（~铺）

t①汤；②唐塘糖堂棠搪膛；③淌躺倘；④烫趟蹚

n②囊

l①啷；②狼郎廊；③朗；④浪

z①张章脏赃；③长（~辈）涨掌；④帐胀障丈仗葬

c①昌猖娼仓舱；②长（~短）肠场常嫦藏；③厂敞；④畅唱倡

s①伤丧桑商墒；②尝偿；③搡嗓；④上裳

r③嚷壤；④让

g①纲刚钢缸肛；③港岗讲；④杠

k①康糠；②扛；③慷；④炕抗园

h①夯；②行绗航杭；④项巷

ng②昂

iang 韵

n②娘；③仰

l②凉量梁粱粮良；③辆两；④亮谅量

j①江将浆疆姜僵；③讲奖蒋；④酱降匠犟象

q①枪腔呛；②强墙详祥；③抢；④戗

x①香乡相箱；②翔；③响想享饷；④象$_2$相像橡向

∅①央泱秧殃鸯；②羊洋扬杨阳；③痒养；④恙漾样

uang 韵

g①光；③广；④逛

k①匡筐诓框眶；②狂；④况旷矿

h①荒慌；③谎幌；④晃

∅①汪；②亡王黄皇煌簧；③网；④枉望

üang 韵

j①庄桩装妆；③壮（粗的意思）；④状壮撞幢

q①疮窗；②床$_2$；③闯；④创

x①双霜；③爽；④摤

ong 韵

b①崩绷；④蹦

p②朋棚蓬篷鹏硼彭膨；③捧；④碰

m①蒙朦萌盟；③猛锰；④梦孟

f①风疯枫丰封峰烽蜂锋；②逢缝冯；③讽；④奉俸

d①东冬咚；③董懂；④冻栋动洞

t①通捅；②铜同童瞳侗桐；③桶统；④痛

n②农脓浓；④弄

l②龙聋隆；③拢笼；④弄 $_2$

z①中衷盅宗鬃踪终综；③总种（~子）肿；④众纵种（~麦）

c①冲聪匆葱；②虫从崇重（~复）丛穷；③宠

s①松嵩凶胸汹；②雄熊；③㧐；④送宋颂讼诵

r②绒戎茸融容熔雄；③冗勇

g①公工功宫弓恭；③汞拱巩；④共供贡

k①空；③孔恐；④控空（~闲）

h①烘轰；②红洪鸿宏；③哄 $_1$；④哄 $_2$（起~）

∅①翁嗡

ɑʔ韵

b⑤驳剥；⑥薄

m⑥膜摸幕

d⑤ 沰（~雨）

t⑤托

l⑥落乐（快乐）

z⑤作着斫；⑥着（~火）

s⑤索；⑥勺（斜）

r⑥弱

g⑤角各咯阁

k⑤壳

h⑥鹤

ng⑤恶

iɑʔ韵

j⑤脚觉（~悟）甲；⑥爵嚼

q⑤确

x⑤削；⑥学

∅⑤约乐；⑥药

uɑʔ韵

g⑤郭

k⑤扩

h⑤霍（打人嘴巴）

∅⑤握

o?韵

b⑤百北柏拨；⑥白

p⑤拍扑

m⑥默木脉麦目

f⑤福辐幅；⑥伏

v⑥活$_2$（活计）

d⑤督笃；⑥毒读渎

t⑤秃

l⑥陆录六绿

z⑤足粥竹菊逐；⑥轴局族簇

c⑤触畜曲

s⑤速肃缩蓄塾；⑥熟赎

r⑤欲育玉；⑥肉辱

g⑤国啯谷

k⑤哭酷

üɑ?韵

j⑤决绝撅

q⑤缺阙掘屈撮

x⑤血说

∅⑥月悦越役域

e?韵

b⑤不；⑥□（制作食品时避免彼此黏结用的粉）

p⑤渤勃

m⑥没

f⑤弗拂沸；⑥佛

v⑥物

d⑤得德；⑥特凸

t⑥突

l⑥勒肋

z⑤摘这；⑥贼只直

c⑤尺赤

s⑤湿；⑥十什（什锦）石拾

g⑤革隔格蛇；

k⑤咳克刻

h⑤黑；⑥核

ng⑤扼；⑥额杌

ieʔ韵

b⑤憋鳖逼壁璧笔毕辟哔臂必；⑥别鼻

p⑤劈撇

m⑤觅；⑥密蜜灭

d⑤滴跌的；⑥笛

t⑤踢剔铁

n⑥捏孽

l⑤历立粒栗列；⑥力裂

j⑤急接即揭疾及折；⑥极（~子~孙）

q⑤切彻吃七漆

x⑤析泄息熄吸雪习；⑥席

∅⑤一壹乙缢邑绎抑翼亦逸；⑥叶日热

ueʔ韵

g⑤骨

k⑤窟

h⑤忽

üeʔ韵

J⑤□（跳跳□□）

q⑤出

x⑤术

êʔ韵

b⑤八；⑥拨

m⑥抹

f⑤发法；⑥罚伐阀筏

v⑤挖；⑥滑袜

d⑤答搭瘩；⑥达踏

t⑤塌塔榻獭；⑥遢

n⑥纳

l⑥癞辣蜡腊

z⑤扎眨；⑥闸杂铡

c⑤插察擦

s⑤杀煞萨刹

g⑤夹挟；⑥轧

k⑤掐

h⑤瞎

ng⑤鸭压押

uêʔ韵

g⑤刮括；⑥垈

h⑤豁

üêʔ韵

j⑤□（咂的意思）；⑥□（□得很）

x⑤刷唰

第二节　词　汇

1.该节以记录方言词汇为主，有些字虽在《说文解字》《广韵》中有记载，但较生僻，一般人不易接受，则以同音字替代，个别字连同音字也没有的就用“□”代替，加上注音。

2.注释中“~”表示所注的字。如：磨，~刀。

3.字下加“～～～”表示写的是同音字；字右上角加“*”表示该字读音特殊。

4.该节共收词条词组500余条，词和词组字音的读法不再标音，可以在《同音字表》中查到。词和词组大体上按意义分类排列。

亮月子：月亮

亮星夜：有月亮的夜晚

暗（黑）星夜：没有月亮的夜晚

打霍闪（显）：闪电

响雷：打雷

出鲎：出彩虹

时梅天：梅雨季节

毒晒（脚）黄天：大晴天

变天：阴天

天作变：晴转阴雨

冻凌奔：冰凌
上暗光：天快夜
杠潮天：汛期的阴天
结冷汛*：寒流到来
阴毒天：寒冷的阴天
今（庚）朝（刀）：今天
后朝：后天
老早：很久以前
昔子：前天
开头：一开始，指前一个时期
昨咯：昨天
一眼紧：一刻儿
哪什板、多什板：什么时候
和劳、和头：停一会儿
沿了：原来
打春：立春
杲昃：东西
洋名广：名堂
骚羊：公羊
脚猪：配种的公猪
仔猪：未阉割的小母猪
壮猪：肉猪
笋鸡：童子鸡
鬼头雀子：猫头鹰
丫雀：喜鹊
老鸹：乌鸦
斑鸡：斑鸠
郭哥（咕）雀子：布谷鸟
黄泥宝宝：黄莺
土狗子：蝼蛄
壁虎子：蝎虎、旧称守宫
蜈蜂：黄蜂
假溜：蝉，知了
绿蝈蝈：浅绿色的蝉，因发出“知吁”的叫声，也称“知吁”
禾蟮：蚯蚓
星星：蜻蜓

百脚：蜈蚣

畚屎郎：蜣螂

蛇蚤：跳蚤

灶鸡子：蟑螂

蓑衣虫

蠓壳子：细小的飞虫

蛀虫

油油虫：蛞蝓

杨毛辣子：射工

花鱼：鲤鱼

甲鱼：鳖

鲟婆子：鳜鱼

鲫壳*头子：鲫鱼

死王屁：鳑鲏鱼

鱼癣：鱼鳞

歪歪：河蚌

老宫姐*（ji）姐*：长形小蚌

水獭猫：水獭

青骨郎：青蛙、花鸡

癞壳宝、癞宝：蟾蜍

偷瓜精：刺猬

臭屄讨汉：天名精（一种药草名）

番芋、山芋：红薯

番瓜：南瓜

毕细：荸荠

秧草：金花菜

高瓜：茭白

壳树：楮树

白果树：银杏树

鬼头杨：枫杨

青杨：杨柳树

爹爹、老子：父亲

亲爹爹：寄父、继父、叔父、伯父

阿*妈、姆妈：母亲、妈妈

亲妈妈：寄母、继母、伯母、叔母

大*大*：伯父

大＊妈：伯母

大爷：大叔叔

小爷：小叔叔

小姨子：妻妹

老老：爷爷、祖父

太太：曾祖父、母

奶奶：祖母

婶婶：婶娘

姨爹：姨父

姨娘＊：姨母

姑爹：姑父

姑、姑姑、娘娘＊：姑母

公公：外祖父

婆婆：外祖母

男（no^2）匠：妻子的丈夫

马马、女匠：已婚女人，也指妻子

舅大爷：妻兄弟

小伙：男孩

丫头：女孩

小伢、小把戏：小孩

乖乖、宝宝：对儿女的爱称

新妇：儿媳妇

讨债鬼、捺□（kan^2）子：对儿女的辱骂或爱称

磕煞鬼、磕沙泥：谩骂语

讨汉、婊子：对妇女的辱骂

活气数、半剥㞞：讥讽人无能

捂头：为自己的孩子护短

骚（sao^2）事：一般讽刺成年妇女不正经

勺哒、贱：指妇女没有修养

贱货：讽刺妇女没有骨气

作贱：故意逆行撒娇

捣头：贬指吃

㞞：①骂人（什的~）；②精液

憨筋：指没性子的人

恶狼头：出头干坏事的人

野鸡头：对养子的辱骂

绝屁股：骂无子孙的人

黄泥膀：对人赘男子的贬称

闷声鬼、阴煞猴：平时不多说话的人

廿九郎、少年亡：咒人早死

急煞鬼：指性急的人

衣脬：无能的人

无二鬼：不学好的人

惑神：大炮式的人物，也指上蹿下跳，到处挑事者

阴间秀才：善施阴谋诡计者

鬼贬眼：诡计多的人

大好佬：贬称或爱称

龟落头：妻有姘夫、外遇者

秋千：困难、不易

起讹腔、起雀头：找借口、挑衅

嚼舌头、说白话：胡说

嚎嗓子：哭

嘞秋：高声叫喊

镇：①用力排出；②坚持

哇咕：懊恼

犟皮、钉刀的：无赖

汪忙、汪忙色浅：横蛮

楞子：口吃

摸晒：磨洋工、工作疲沓、不紧张

扁食：馄饨

二告粥：早饭与午饭之间的一顿简易饭

晚茶：午饭与晚饭之间一顿简易饭

酸粥、咸的：菜粥

觑粥：元麦粉糊粥

踖粥：大米粉稀稠粥

白粥：大米稀饭

圆子：元宵、汤团之类

水糕：米粉调烂发酵蒸成的糕饼

粑粑、烧饼：大饼

刴肉、狮子头：肉圆

红板鸭：红萝卜干

恶水：泔水

水车：龙骨车

斗板：水车上囤水的板子

鹤子：水车上连接斗板的木制零件

洋龙：抽水机

锄耙*：锄头

弯刀：镰刀

薄刀：菜刀

料勺：粪勺

怀长：槌衣的木棒

窝折：囤粮用的芦苇编制品

晒垫：晒谷的长而大的篾席

搨扒：翻晒谷物的木制用具

笊篼：划草或扒翻秸秆物的农具

蒲锹：挖土用的工具

揽布：抹布

挑罾：方形渔网

脚踏车：自行车

芒子：纸捻子

缸锅腔：通常指只安放一只铁锅的简易灶

茅缸：粪缸

马子：马桶、便桶

汤罐：锅旁的小铁罐

斗六：斗

筛六：筛

小车子：两边可以坐人的木制独轮车

小狗头：独轮车前面用于穿过路面缺口的小独轮装置

腰门：后门

后壁头：堂屋靠近后沿墙的部分

猪窠披：猪棚

锅门口：灶堂烧火的地方

崩头崩脑：偏僻处

坟茔滩：荒僻的坟茔地

猪汤粪：猪粪

羊窠灰：羊圈厩肥

沟头岸坎：沟岸边

绑身：紧身衬衣

腰裙：三十年代以前妇女的裙子

绑腿：穿在小腿上保暖的棉脚筒

兜包：兜肚

枷枷袋：小孩穿在前胸的罩衣

铆腰：系腰的宽布带

丈巾：系腰的丝织带

酒塘：酒窝

奶子：乳房

麻雀子、鸡巴：男生殖器

鬏：旧时女子留于脑后的发鬏

顺手：右手

纪手：左手

下巴壳子：下额

罗、畚箕：指纹的一种

肋身骨：肋骨

泥肚子：脚膀肚子

腋崩：腹股沟处

裤六裆：裤裆

拱脓：化脓

没得力：相当疲倦、生病的前兆

疰夏：苦夏

讲究：毛病

小肠气、大卵泡：疝气

起痧：中暑

鼠疮：淋巴结核

埭：村落单位。如张家~、李家~

圩：水田分块的单位，沙滩围田的单位

溍：较大的河塘

墩：相当于埭的村落单位，一般小于埭

垡头：泥块

揪*：干

斫稻：割稻

掼麦、掼稻：农民用双手紧握麦、稻把子在特置的家具上使劲摔打脱粒

摘麦：扯麦

撬：撒（~灰、~种）

薅草：锄草

寻草：割草

尿尿：小便

屙巴：大便

扯秧：拔小秧移栽

垩田：施肥

跑游秧：把浮游秧重新栽插好

搂（lei3）：搅拌，如~河泥浆

跳：短时间炒，~小菜

餐：餐白粥，即煮较稠的大米粥

憨：软，不脆，或指人没性子

园：藏

污处：肮脏

耍子：玩

�の燥：天气闷热

揉：~齐，动词

爹：张开

母：泡沫（母腊滋滋）

跐：~豁子（用脚）

摵：来回移动，如~蟹洞

挠：砍，~树枝

抠：掏、挖，~洞

掭：~笔，~灯草

扽：拉，~直

搋：推

敨：展开

戗：~起来

啬□：吝啬

花头精：花招

摞：叠

搉：摔，~担子

牮：把歪屋牮正

劃：磨损

迟鱼：除去鱼鳞和鱼肚肠等

搡：猛力一抓，~黄鳝

擄：~到口袋里

撮方子：通常指打中药

拗磨：用石磨加工粮食时向磨眼里添加粮食

嚚：~书，即读书时翻页码

绲：~鞋口

汏：~衣裳

壅：以土覆根部，如~芋头

猛：密

虔：缝

瘤堆、卯手：棘手、失手

勒里勒得：脑子迟钝，不灵巧

富胎：胖

瘦精马骨：瘦

痴笨愣敦：呆傻

窝比搭浅：说话不周全

毛脸丫头、毛头小伙：指缺乏经验的青年男女

鬼fml屄屄：小气、吝啬

做爱：孩子间吵闹、打架

起早：狗发情、找配偶

叫性：牲畜发情

毛手毛脚：小偷小摸，也指做事不细心

把细：小心谨慎

半个光脸半个毛脸：喜怒无堂，翻脸不认人

烧火老头子：指同儿媳有两性关系者

神眼神孔：神乎其神

就便就作：不费神地就近作业

海该、一塌括子、一塌咕噜：全部

黑漆抹括：不白净、肮脏，也指晚上很黑，没有一丝光亮

神之无知、伢里八怪：不稳重、轻浮

六里六笃：笨拙的样子

夯里夯气

傻里傻气

呆头哈浅

昏头六充

朦里朦咚

鸡巴啰嗦：说废话

干屁眼：收拾残局

不识相：不识时务

满落的：到处

万把钩：指私心重的人

百搭：跟任何人都可以好

糟糟八：怎么得了，以后怎么办

甩、□（jüai^2）：逞能、出风头

邪（qia^2）：老人健壮，或指蛮不讲理

斜（qia^1）*：死

庹：两臂伸直，一~长

□（sa^6）：不正（歪头~脑）

做什的：做什么

哪开：哪里

怎丫的：怎么的

罗个、罗开：那个、那里

我（nga^3）：我家

你（nia^3）：你家

佼：表示复数，如我~、你~、他~

过喏：难道不是吗、对不对

也：是的

第三节　俗　语

从小一看，到老一半

拳不离手，曲不离口

有借有还，再借不难

嘴里念佛，心里作贼

人是衣妆，佛是金妆

嘴上无毛，办事不牢

小洞不补，大洞吃苦

打了春，赤脚奔

春雨贵如油

春冷冻老牛

清明要明不得明，谷雨要雨不得雨

三月三，冻得把眼翻

三月沟底白，青草变成麦

八九的雪，样样瘪

立春下雨到清明，一日落，一日晴

惊蛰头上一个雷，地白雨来催
立夏东风晓夜晴，时天西风暂时雨
时天（黄梅天）无雨大荒年
时梅天，蓑衣斗篷不离肩
吃了端午粽，就把棉衣送
小暑头上一个漏，拔掉黄秧种绿豆
处暑难逢十日阴，白露难逢十日晴
秋天怕夜晴
重阳无雨看十三，十三无雨一冬干
八月十五云遮月，正月十五雪打灯
两春夹一冬，麻布裤子好遮风
腊月初三晴一晴，滴滴嗒嗒到清明
上看初二三，下看十五六
东南风，雨祖宗
未雨先风，有雨不凶
大风三，小风四
西风腰里硬，西风夜歇
西风连夜扫，明天不动草
旱刮东风不下雨，涝刮西风不晴天
早西风，夜东风，天天好天空
南风吹到底，北风来还礼
四九南风六月干
逆风涨，落一丈
初三前，十八后，二十还有一个大纰漏
不听老人言，吃苦在眼前
出门看天色，进门看脸色
嘴有两层皮，说话有改移
精啊精，马褂子改背心
在家靠父母，出外靠朋友
要得好，老包小
邻居好，赛金宝
刀子嘴，豆腐心
人比人气死人，人笑人不如人
饱汉不知饿汉饥
只有高子多穿布，没有矮子多跑路
家有黄金外有秤

家门口的河，深浅最清楚

吃得好说得好，筷子一丢就拉倒

吃了人家的嘴软，拿了人家的手短

人逢喜事精神爽

一人做事一人当，嫂子不能替姑娘

上梁不正下梁歪，沿梁不正倒下来

这山望着那山高，不知哪山柴好烧

穿不穷吃不穷，算计不到一世穷

癞蛤蟆蹬蹬坐，一世不挨饿

青骨郎跳一丈，嘴都糊不上

手冷要还债，脚冷死得快

宁在世上挨，不朝土里埋

马无夜草不肥，人无横财不发

众人拾柴火焰高

文官动动嘴，武官跑断腿

大哥不要说二哥，比比都是差不多

不是一家人，不进一家门

篱笆扎得紧，野狗钻不进

母狗摇摇尾，公狗跟着走

女人三十一枝花，过了四十丑巴巴，到了五十豆腐渣

一颗黄豆三个屁，三个女人一台戏

一斤山芋三斤屎，转过身看看还不止

龙生龙凤生凤，生个老鼠会打洞

拿弓把箭

硬梆实铁

两不抢光

滴溜滚圆

板板六十四

牵老牛下井

烘篮罩屁

墙倒众人推

叶落归根

麦要抢稻要养

麦上场稻进仓，黄豆挑在肩膀上

家有万担谷，不吃鱼搭粥

养猪不赚钱，回头看看田

添人不杀鸡，筷子摆摆稀

一人省一口，养个大肥狗

人是铁饭是钢，一顿不吃饿得慌

三早抵一工

春要焐秋要露

十月小阳春

十月萝卜赛人参

冬吃萝卜夏吃姜，少劳医生开药方

饭后百步走，活到九十九

敲锣子换糖，各管一行

老店新开，重挂招牌

不怕不识货，就怕货比货

大眼瞪小眼，伙计看老板

叫人不蚀本，舌头打个滚

眼睛一挤，无法说起

眼睛一眨，老母鸡变成鸭

又是龙灯又是会，又是奶奶八十岁

七不出八不归，初九初十往家溜

第四节 谚 语

三百六十行，行行出状元

三个臭皮匠，抵个诸葛亮

世上无难事，只怕有心人

不当家不知柴米贵，不养儿不知报娘恩

为人不做亏心事，半夜敲门不吃惊

狼走千里要吃人，狗走千里要吃屎

人穷被人欺，狗咬穿破衣

一个篱笆三根桩，一个好汉三个帮

车到山前必有路，船到桥头自然直

火到猪头烂，功到自然成

百日笛子千日箫，小小二胡拉断腰

前人栽树，后人乘凉

十年树木，百年树人

害人之心不可有，防人之心不可无

有理走遍天下，无理寸步难行

有志不在年高，无志空长百岁
吃的盐和米，讲的情和理
人无千日好，花无百日红
十网打鱼九网空，捞到一网就成功
家有千金，不如薄技在身
穷没得穷根，富没得富苗
没有翻不过的山，没有过不了的河
浇花要浇根，教人要教心
和气能生财，忍气家不败
宁添一斗，莫添一口
端人家的碗，受人家管
秤砣虽小，能压千斤
树怕一条线，人怕三对面
远水难救近火，远亲不抵近邻
多个朋友多条路，多个冤家多堵墙
针鼻大的缝，牛头大的风
秀才不出门，能知天下事
放屁的脸红，做贼的胆虚
有理走遍天下，无理寸步难行
十月怀胎背座山，一朝分娩鬼门关
打铁须得自身硬
桑树条枝从小搣
贪小便宜吃大亏
办法总比困难多
瘦死的骆驼比马大
田鸡要命蛇要饱
好一个人千难万易，恼一个三言两句
人情似纸张张薄，世事如棋局局新
天上钩钩云，地上雨淋淋
天上鲤鱼斑，明天晒稻不要翻
早有乌云盖，无雨风也来
霜后暖，雪后寒
霜后东风一日晴，霜后西风遍地干
春雾雨，夏雾热，秋雾凉风冬雾雪
早雾晴，晚雾阴
久晴大雾雨，久雨大雾晴

大雾不过三，过三连着干
黄梅迷雾，雨在半路
落得早，不湿草
雨前蒙蒙没大雨，雨后蒙蒙没晴天
春寒多有雨，夏寒着地干
日出胭脂红，没雨也有风
日落胭脂红，半夜雨蒙蒙
真晴四面亮，假晴头顶光
好太阳不现中，好媳妇不偷公
早霞不出门，晚霞行千里
东鲎日头西鲎雨，南鲎北鲎干海底
东霍霍，西霍霍，明天还是干剥剥（霍霍，指打闪）
未雨先雷雨不大，已雨响雷雨更大
雷轰轰，雨不凶；雷哼哼，大雨生
南闪火门开，北闪大雨来
明星照烂地，天亮落不及
蚂蚁打坝，大雨要下
蜘蛛放网，天要晴朗
鱼向北面跳，大雨就要到
燕子低飞蛇过道，大雨就要到
蜜蜂迟归，雨来风吹
蚊子聚堂中，明天戴斗篷
蛇向树上游，一定有洪流（洪水）
狗猫上下翻，暴雨把田淹
猪衔草，寒潮到
盐罐还潮，大雨难逃
灶灰结成块，定有大雨来
水缸冒汗，雨大船翻
瓜瓠茄子有个种，有了好种产量丰
好树结好桃，好种出好苗
栽竹养鱼千倍利，种芦栽柳家家富
清明到，麦叫叫（麦拔节）
清明断薅，谷雨断浇（施肥）
寸麦怕尺雨，尺麦怕寸雨
麦有穿山之力，只怕烂泥盖顶
蚕老麦黄一复时

人怕老来穷，麦怕老来风（热风）

芒种刀下无老少（青黄一齐收割）

浅水浑水好栽秧，清水深水不发旺

要吃稻，时雨涝

种田老汉不要夸，七月初三淹稻花（防汛）

宁种晏麦，不种湿麦

不怕天寒地冻，就怕手脚不动

不怕慢，只怕站

不怕穷，只怕天天睡到太阳红

三勤夹一懒，不勤也要勤；三懒夹一勤，勤的变懒精

勤是摇钱树，俭是聚宝盆

冷是冷的风，穷是穷的债

娘有爷有，不抵自有

一钱逼死英雄汉

巧媳妇难做无米饭，巧裁缝难缝无布衣

家无主，扫帚舞

亲兄弟，明算账

好男不吃分家饭，好女不穿嫁来衣

宁愿上人讨饭，不让下代瞎眼

一天省一把，十年买匹马

画龙画虎难画骨，知人知面不知心

酒肉朋友朝朝有，急难之中半个无

把戏人人会做，各有巧妙不同

病从口入，祸从口出

种田人不离田头，撑船人不离船头

油多菜不坏，礼多人不怪

栽秧要趁早，教儿要趁小

人去留名，雁去留声

第五节　歇后语

季疤子倒（dao^1）塘——没底（南旺桥村4组的季疤子倒塘素来排不干，抽不空，故说无底）

青菜烧豆腐——清清白白

羊子攻竹窠——乱转

四两棉花八把弓——细弹（谈）细弹（谈）

吊死鬼搽粉——死要面子

外甥点灯笼——照舅（旧）
瞎子吃馄饨——心中有数
哑巴吃黄连——有苦说不出
两个哑巴睡一头——没话说
王婆卖瓜——自卖自夸
三月里的桃花——一时红
屋脊上番瓜——随滚
嘴上涂石灰——白说
酒端子量米——升（身）子有柄（病）
驼子跌跟头——两头不着实
碾坊里的尿勺——等屎（死）
屁股里夹大斧——斫屎（作死）
叫花子吃喜糖——坐等
癞光头打伞——无发无天
星星（蜻蜓）吃尾巴——自吃自
高山上倒马桶——臭名远扬
猪鼻子里插大葱——装象
黄豆田里磨豆腐——就地取材
石头上掼乌龟——硬碰硬
城头上出棺材——转魂
棺材里伸手——死要钱
黄鼠狼给鸡拜年——没安好心
黄鼠狼拖鸡——越拖越稀
黄瓜敲锣——越敲越短
老鼠钻风箱——两头受气
歪嘴吹喇叭——邪调
寿星唱曲子——老调
烂泥菩萨过河——自身难保
十五个吊桶打水——七上八下
三个铜板放两处——一是一，二是二
箩里放笆斗——稳了又稳
二癞子的辫子——险了又险
癞子头上的虱子——明摆着
乡下人吃海参——头一回
猪八戒照镜子——里外不是人
癞壳宝跳在戥盘里——自称自贵

算盘上的珠珠——不拨不动

骑在牛背上看书——走着瞧

茶壶里煮饺子——有货倒不出

竹篮打水——一场空

孔夫子搬家——都是输（书）

关公卖豆腐——人硬货不硬

刘备卖草鞋——本行

张飞穿针——大眼瞪小眼

梁山上的军事——吴（无）用

猪八戒的绝招——倒打一耙

孔夫子放屁——文气冲天

孔夫子卵脬——纹（文）绉绉

姜太公钓鱼——愿者上钩

包公断案——铁面无私

朱洪武扫地——各登原位

小和尚念经——有口无心

看戏卖麻团——不当交易做

出了山门打师傅——恩将仇报

王小二过年——一年不如一年

大姑娘坐花轿——头一回

牛过河拔尾巴——晚了

老虎的屁股——摸不得

老虎不吃人——熊形难看

羊子钻篱笆——进退两难

猴子戴草帽——不像人形

鸡子不撒尿——各有各的出处

老母猪耕田——全凭嘴拱（功）

第六节　谜　语

1.说牛像牛不是牛，会耕田来能拉货，只是从来不吃草，一生只爱喝点油。

（打一农业机械　谜底：拖拉机）

2.小小一间房，弟兄一大帮，谁要划破头，立即就发光。

（打一日常用品　谜底：火柴）

3.官大尾巴翘，追风逐时髦，啥事都不干，专爱唱高调。

（打一家禽　谜底：公鸡）

4.尖头坛，塌头盖，里头装的肉小菜，又好吃，又好卖。

（打一水生动物　谜底：螺蛳）

5.拿起钢叉，吹起喇叭，上边黑天，下边红霞。

（打炊事用具　谜底：火叉、吹火筒、铁锅、灶膛）

第七节　避讳语

寿器：旧时许多人生前置好棺材，为避免“棺材”一词，称之为“寿器”，带有庆祝高寿之意。

老了人、过世、百老归天、天年以后：都是“死”的避讳词。

跑掉了、走掉了：婴儿、小孩夭折，避讳“死”的说法。

财人：春节期间叫化子上门总要说“恭喜”“发财”之类的吉利话。后借指叫化子为“财人”，以取吉利。

担啊身子：怀孕。

身上脏啊、身上来了：月经期。

第八节　吉　言

一、木工用语（暖梁、上梁）

1.暖梁:脚踏富贵地，直奔紫金梁。手执银壶亮堂堂，主家赠酒我浇梁。一接天门开，二接地龙来。左得金，右得银，主人赠我一对瓶，我赠主家多富贵，富贵荣华万万年。

酒、酒、酒、壶中有，此酒不是凡人造，杜康造酒我来浇。一杯酒敬天，天长地久；二杯酒敬地，地久天长；三杯酒敬家堂门神，保安康；四杯酒敬太公在此，百无禁忌；五杯酒敬师傅，你们吃了苦；六杯酒敬亲戚朋友、邻里乡亲来帮忙，感谢你们永不忘。

木龙、木龙听我言，我问你长在哪座名山、什么山头？你生长在湖广荆州，凤凰山头。青枝绿叶，大风一吹，摇头摆尾。头戴纱帽，身穿龙袍，脚穿花鞋。什么人请你下得山来？遇到一班伐木工本姓赵，头戴花帽，身穿工服，脚着草鞋，一步一趋走上山来。把你砍下，由篾匠劈篾，绞成篾缆，编成木排。待到五月十三，王母娘娘发下大水，经过万里长江，来到本洲码头，大木头来了千千万，小木头来了万万千。东家老板，计划造房，请来木工和亲友，把你请到场地，木工丈杆一丈，五尺杆一量。锯了一锯，檀木真香；木斗一拉，沙沙作响。长刨子先刨，短刨子再光。福字贴上，豪气堂堂，把你做成紫禁大梁。

酒浇梁头，文官称相，武官拜侯；酒浇梁腰，蟒袍玉带飘飘；酒浇梁尾，代代为官，廉政清如水。浇去浇来，恭喜主家添福添寿又添财；浇来又浇去，胜似当年郭子仪。此酒一杯，恭喜主人来年再造高楼。（小浇梁在此基础上简单些）

2.插金花:手捧金花亮堂堂，金花插在紫金梁。恭喜主家代代出个状元郎。再恭喜主家添富贵，富贵荣华万万年。

3.上梯子:脚踏梯子步步高，八仙过海浪滔滔。我问八仙哪里去?黄道吉日已来到。脚踩梯子头，恭喜主家造高楼。

4.系梁:手拿长纱长又长，长纱绕在紫金梁。左绕三道生贵子，右绕三道状元郎。

5.挂红:喜挂红布喜连连，添福添财又添寿，恭喜主家多富贵，丁财两旺寿无边。

6.装大门:新装大门八字开，八大神仙走进来。我问神仙哪里去?说给东家送喜来。

7.抛梁:一把馒头抛东方，日出东方亮堂堂，照得东家生贵子，又照北边紫禁梁；一把馒头抛南方，南海观音贺新房，送来珍珠无价宝，又送北边紫金梁；一把馒头抛西方，西方佛祖贺新房，送来七十二娇生子，个个朝中伴君王；一把馒头抛北方，北极仙翁坐上方，上有金鸡拱北斗，下有玉兔配凤凰。

二、瓦工用语

1.浇梁:与木工基本相似。

2.上梯:脚踏梯子步步高，王母娘娘把手招。要问王母招什么?招来南海寿星老，招来北海水长流。

3.插金花:手捧金花亮堂堂，金花插上紫禁梁，今年砌屋三间正，明年再造四关厢。

4.盖梁:一面绫罗一面纱，撒到前面生贵子，撒到后面状元郎。

5.系梁:摇摇摆摆像金龙，要问金龙哪里去？一心直奔紫禁宫。

第七章 传说 故事 异闻

第一节 传 说

西来桥的来历

相传很久很久以前，观音菩萨去西方圣地拜见佛主如来，回到神州后，沿长江而下，时值春二三月，恰逢水乡江南柳绿桃红，佳卉娱目，胜景怡情。观音菩萨行至此处，情不自禁在浪尖上滞足瞬间，悦赏美景后飘然离去。旋即，在观音菩萨所停之处便涌出一片沙洲，接近南岸。古水乡人有把近水突出处称为桥的习俗，又因为观音菩萨是由西而来，故有西来桥之说。

又相传范蠡在为越王勾践出谋划策，彻底打败吴王夫差后，认为越王心地陕小，奸诈阴险，不可与其长共事，便不辞而别，隐姓埋名，携带青梅竹马的情人西施去游五湖。在途经这片四面环水的小沙洲时，见其风景独特，便停船小住数日。来往经此的渔民见美如天仙的西施，便皆驾舟靠近，搭讪地问她的娇名。范蠡不便直言，见旁边有棵杨树，便灵机一动答道：“内人叫西乔”。待他俩泛舟远去后，渔民们仍然念念不忘，便合计把这里叫作“西乔”。因他们是从洞庭湖那边由西向东而来，所以又称此地为“西来乔”。经人们长久传念，不知怎地就变成了“西来桥”了。

坍破瓜洲城塞满扬子江

很早以前，武进小河高乡以东，都是涌浪滚滚的大江。相传瓜洲坍破后，江中水流减缓，泥沙淤积，渐次成滩，先后长出阴沙、大沙、下昆沙、中心沙、轮船沙等沙群。故有“坍破瓜洲城，塞满扬子江”之说。

荷叶圩的得名

光绪二十七年（1901）六月十六日夜，狂风大作，骤雨如注，江潮陡涨。次日清晨，中心沙倒圩成灾，境域变成泽国。庄稼全部被淹，民宅内水深过漆，锅灶不好生火，人畜无处栖身，衣粮等物尽皆泡入水中，难民大哭小号，乱成一团。

此时，乡绅纷纷向县衙报荒。时任武进之正堂坐轿下来察看灾情。到了小河便无路可走，就攀登黄山远眺，只见中心沙处一片汪洋，唯独有一点深沉绿色，好似一片绿色荷叶漂浮于水面。他顿生好奇心，便雇一橹船摇往看个究竟。原来此处为中心沙的23圩，因圩岸高宽结实而免遭水淹，圩内树竹、稻苗、房屋皆安然无恙。从此荷叶圩便出了名。

恽新圩

在西来桥的西南部小星圩与南星庄之间，有个南北走向的长形里外圩，始起名为“恽家新圩”，后传称为“恽新圩”，是以恽之姓氏命名的。相传为革命先驱恽代英的祖辈在此辟沙围造的田。

清光绪二十九年（1903），隶属武进的福星洲沙滩始可围圩。原籍武进小河举人身份的恽玉波即到此划滩围田。当时围成了里外两个圩田，计1000余亩。田主恽玉波相传是恽代英的曾祖父，此人曾任过浙江长兴县正堂，后迁至常州城里周线巷。其子为恽伯盛，孙名为恽乐庆。在恽家衰落时，将里圩500多亩地转卖给常州大资本家卢金堂。

张彤港

清咸丰时，一个善舞剑耍刀的北方武官叫张彤的人来到太平洲，在镇海庵水师营做了头目。当他年守“知命”后即告退到中心沙（今西来桥）进行围圩造田，计围田70余亩，同时在圩外开了港，疏通水系。人们即将其围成的圩称为张彤圩（今双三村东三圩前，四匡后处），将其圩外开的港称之为张彤港（今团结河东头）。

浑水长江

当初，世上没有江河湖泊。人间没有水怎么生活呢？王母娘娘就想为人间造些江河湖泊。她头上的簪子是个宝物，只要拔下来点个点子世上就有了湖，划上一杠，世上就有了江，圈上一圈，世上就有了海。

王母娘娘头上一共有三把簪子：一把金簪，一把银簪，还有一把是玉簪。金簪一划呢，水是黄的，也就是浑的；银簪一划呢，水是碧清碧清的；玉簪一划呢，水就是绿色的。

王母娘娘划长江时，本想拔玉簪，哪晓得她正要拔簪子时，七仙女来喊王母娘娘，说是父王请她赴宴。王母娘娘一回头，顺手从头上拔下了个金簪子随手划上一杠。这金簪子是黄的，所以长江里的水就是黄的浑水了。

小渔船不容易翻

过去，有条小渔船常年在江边上打鱼。有一天，渔夫望见江面上漂来一段大树，他当时不知是什么树，就把它捞起来，晒晒干，劈开来当柴火烧水煮饭。

哪晓得这柴禾烧起来味道特别香，香味一直飘到天上。玉皇大帝闻到这股香味，就叫太白金星下来查看。太白金星下来查来看去，突然看到那个小渔船上正在烧柏树，散发出冲天浓香味，他的心里明白了。于是上天禀报玉皇大帝，说是小渔船在烧天香。

玉皇大帝听了很开心，就说：“小渔船上烧天香心诚，今后不管遇到什么风浪，永远不翻小渔船。”

第二节　故　事

扒沙姑娘

很早以前，中心沙的西江边长出了好大的一块沙滩。一位姓印的乡绅把这个滩围成了一个新圩。由于这个圩的形状酷似一个和尚头，就给其取名叫和尚圩。不少无地少地的农民纷纷前来租种和尚圩的田地。

说来真怪，不几年光景，和尚圩西北角的滩，不但不向外涨，反而向里坍塌，坍得最凶时，一年要向里坍掉十几丈。田主和租种地的农民不甘心眼睁睁地看着圩堤塌下江，决心修圩。可是，今年刚修好，明年又塌掉了，年年修，年年塌。人们弄不清原因，搞得人心惶惶，生怕外圩倒了，再塌到内圩来，那就要有更多的人家倾家荡产、流离失所，过着住碾坊、宿破庙的苦日子了。就在这时，社会上传说有个扒沙姑娘在这里扒沙呢。于是人们就烧香拜佛，祈求神灵保佑。和尚圩的农民为了求生存，就初一烧香，月半上供，头上都磕出血泡来。

这天，正是人们上供的时候，只见江边站着一个像风水先生的人，手拿罗盘，左摆摆，右放放，两眼东张西望，不知他在做什么。一会儿来了不少围观的人。一位快嘴嫂子问："先生是看风水的吧，看看我们这块地方风水可好？"那位风水先生也就爽爽快快地回答说："要说这地方，是块奇地，宝地。北有泡子档，南下八九匡，三角之势通八方。上江水，下江水，夹江水，三江汇合泄东洋。这水不是一般的水，它威力无穷，能使江水翻腾，波涛翻滚，发风布雨，所以说这三合档的水有股子灵气。这里水势、水系，形似一只元宝，本该是出金产银的宝地、使本地人享用不尽……"风水先生见大家专心听他讲，又更神秘地说："东海龙王有个三姑娘，现在就在这里。因她从小娇生惯养，惯出一身坏脾气，撒娇、使泼、任性、刁蛮，爱带一班贴身侍女、虾兵蟹将到大江大海玩耍。一天她兴风作浪要到泡子档，见到这里的地形水势与众不同，特别感兴趣，就命令虾兵蟹将在从江南黄山脚延伸到东江边的岩石下造了一座行宫，每年春夏之际必来居住休闲。后来又发现这里的鱼类鲜美无比，与海鱼相比有着天壤之别，特别是河豚、刀鱼、鲥鱼等美味更是长江之最。三姑娘虽然刁蛮，但对父王母后倒也孝顺，每年都要捕捉一批带回东海龙宫殿献给父母品尝。就这样，每年来去都从这和尚圩绕过泡子档，经大江入海。她嫌和尚圩突出的这一段挡住她的通道，就兴风作浪，想扫除障碍。"这时有人插嘴："天下还有这样的怪事？"风水先生正儿八经教训道："小伙子，你没看到中心沙的北泡子和东江中的开沙，每年不也塌江几十甚至上百亩地吗？不久就要塌光了，都是为了给她让道的呀，这地方还要遭受更大的灾难呢。"众人被吓得不敢乱说。

光阴似箭，日月如梭，不知不觉到了1953年的夏天。一天中午，天气特别闷热，和尚圩里有个叫吴坤元的，他跟几个人看见圩中间的田里无缘无故多了块黑乎乎的土墩子，感到奇怪，走近一看，嘿嘿，这个土墩子足有磨盘大，再仔细看看，原来是个癞鼋，正懒洋洋地躺在地上晒太阳呢。它的四只脚，就像四把钉耙，厉害得吓人。看的人只敢远远地高声大喊，谁也不敢靠近它。癞鼋听到人的声音，便慌慌忙忙往江里逃，那四条腿扒起的泥土足有杨树那么高，落下来像下暴雨似的。在家歇暑的人们听到外面的喊声，随即拿起钉耙、锄头、草叉等，从四面涌来把这个癞鼋围了起来，你一钉耙，他一锄，把它给打死了。传说杀癞鼋流下的血滴到哪个地方，那个地方就要塌，说是它的同类们要替它报仇。怎么办呢？最后人们想了个主意，把癞鼋抬到船上，把船摇到江心，在船上把它剖开，流干净血，然后将其抬到岸上煨了吃。

从这以后，和尚圩不再塌了，已塌的地方也不再长。盛传几十年的扒沙姑娘，原来只是一只癞鼋在作怪。

黑沙的来历

清朝末年，从安徽九龙山来了三个强人，一个叫一桥，一个叫万虎，一个叫赵侉子。他们都是犯了法，在当地蹲不住了，逃到中心沙这样一个偏僻的江中小沙洲上来避风藏身的。起先他们找不到住处，只得在西来桥东首观音禅寺里各搁一张床，暂作休息之所。

当时三个人都年轻力壮，武艺高强，气力过人。一桥一撮身能上大殿屋梁，两手抓住椽子转一个来回才落地，150多公斤重的香炉，他能从庙场上搬到大殿，又从大殿搬回原处。万虎在地奔跑三个来回，气功运到头上，能把垂在背后的发辫翘起来像钢叉一样。赵侉子爱漂亮，夏天都要穿鞋袜，不肯露脚面。有一年大伏天快到了，他们闲得无聊，就到南星庄曹正荣家去玩。到了曹家，赵侉子随手将带去的一把阳伞放在大门口。中饭后，曹正荣要领雇工到田里耙草，顺便就将那阳伞带上。他和赵侉子开玩笑说："要伞请到田里拿。"意思是想逼赵侉子脱了鞋袜赤脚。哪知赵侉子偏就不这样做，他使出轻功，两脚悬空提劲，一下从稻叶子上跑到田中间，将那阳伞接到手，道一声再见，便扬长而去。

他们三人虽常住在一起，但各人的意愿和归宿却不相同。一桥削发修行，入了空门，一心诵经拜佛，不问俗事。万虎在中心沙找了老婆成了家，从此改邪归正，一心务农，走上了正道。独有赵侉子游手好闲，不务正业，凭着全身武艺，当起了强盗。有一天夜里，他单身一人到清廷财务大臣张謇的南通老家作案，在翻墙落地时碰倒了板凳，惊动了护院的衙役，他正想逃走，恰巧此时，一个六岁左右的男孩子（张謇的孙子）起床小便，脖子上套着一个亮灿灿的金项圈，他想，到手的财气不能放过。于是他一把揪住小男孩，想从其脖子上勒下那个金项圈，可怎么勒也勒不下。没法子，他只好从靴子中抽出刀子，"忽嚓"一下，那小孩头颈就分了家，赵侉子拾起项圈揣进怀里，飞快地逃走了。

消息传到京城，张謇闻知后，悲愤交加，火冒三丈，立即行文到瓜洲，责令江苏道台徐老五迅速缉拿严办。徐老五接到京城公文，亲自带领一伙人，深入乡村，侦探捉拿。没过六七天，案子终于侦破，为什么这样快呢？原来赵侉子在逃跑时，张府十几个护院的衙役穷追不舍，要求好汉留下名姓，赵侉子经不起众人的激将，终于说出了自己的住地和身份，根据这个线索，徐老五才晓得这个强盗常出入长江边的小沙洲上。从此，这个长江水中的小沙洲除称"中心沙"外，又多了一个外号"黑沙"。

赵侉子第一次被捉拿时，哨船正停在东江边豁鼻子港口。上了船后，他被绑在桅杆上，身上用铁链子锁着。徐老五以为万事大吉，和手下人一起饮酒庆功。不曾想到，赵侉子将气功运足，竟把铁链崩断，叫声"徐老五再见"，纵身一跳，便往水里一钻，几个猛子一扎，便无影无踪了。第二次捉住赵侉子，将其反穿"皮马棍"抬上船。到了瓜洲，赵侉子被判在泰兴县天星桥斩首。行刑时，他看到大刀落下，就把气运到头上，尽管他伸得很长，连砍了三刀，但竟然一点皮也没破。刽子手出于无奈，只得向赵侉子磕头求情，最后才将头砍了下来。

季疤子倒塘

在西来桥境域流传着一个地方歇后语："季疤子倒塘——没底。" 这个倒塘真的没有底吗？不然。但这个塘确实很深，面积也很大，有六十余亩。以前，塘的四周无规则地长着五六十棵高大杨树，远看，乌蒙蒙的一片；近看，阴森森的让人害怕。行人走到这里，就是在炎热的夏天也会感到凉丝丝的。冬天则感到格外的寒冷。风雨交加时，在塘的上方仿佛有一种怪兽的吼叫声，让人闻而恐惧，恨不得一步就能离开这个地方。

说是叫季疤子倒塘，可塘的周围住着的却找不到姓季的疤子，姓钱的倒不少，故后来也有称钱家大倒塘。传说这个塘里有一条黑鱼精，它化成人在苏州开店，生意兴隆，兴旺发达。但每年正月店里生意再忙，黑鱼精总要回老家探望一次亲人。这个塘的水，素来打也打不干，抽也抽不空。塘的中央始终保持着几丈深的水位，水性再好的人也没有哪个敢游到塘中央。如果有人冒险游到那里，就会涌出巨大的水流，令人生畏。据说这是黑鱼精家看门的发出的信号，一旦有人敢游到这里触犯了它，就会立刻被卷入水底。

在抗战时期，一个元宵节的前后，一对老夫妇睡到半夜，听到床底下有水流声，掌灯细找，又看不到任何动静。翌日早晨，老俩口终于在离住处四丈开外的一棵树底下，发现一个筛子大的洞，里面藏着一百多条黑鱼。老夫妇俩把这些黑鱼捕捉上来，拿到街上去卖。由于鱼多价廉，人们都争着购买。买到的哈哈大笑，买不到的起哄骂娘。突然，有位长者高声大喊："这鱼不能吃，吃了有大灾大难。你们看，这些鱼的鼻孔梁子上都长着'王'字呢！"后来，这些黑鱼又被送到原来的塘里放生了。

这个传说流传很久，连大江南北来到西来桥的人，都会问一问季疤子倒塘在哪里，想去看个实景。

第三节 异 闻

1.王广和倒看报纸

双三村王家墩子有个叫王广和的（解放后被镇压），是个木匠，他没上一天学，却能说会道，口齿伶俐。兵荒马乱时，他弃去木匠手艺，逞强称霸，自开山门收徒弟，成了显赫一时的恶士绅。他每天一趟街，大都在东街毛长庚家茶馆店里落脚。有一天，他正在端坐品茗，邮差送来了报纸，放在茶桌的中央。王广和即假装斯文地将报纸拿过来摊开过目阅看。哪知坐在对面的外地客见状说："你这位先生怎么将报纸倒在面前看呢？"他知道露馅了，立即应答道："噢，主要是给你看的，我老眼昏花，细字看不见，只要看几个大字便罢了。"那人不知底细，还信以为真。在场的当地茶客听了直是暗笑，后被传为笑柄。

2.戴福和"刀开放脓""铜勺炒锅"

新华村淘涝圩的戴福和（1941年被处决抛入东江），大字虽不识一个，但交际能力过人。民国初年，曾做过几年的地保。后在西来桥南街开了爿茶馆。卢沟桥事变，抗日战争爆发后，他乘局势混乱，勾结外地土匪在地方上为非作歹，称王霸道。其时，他的儿子戴凤山学医回来，由于学医初回故里，很少有人就诊。为要扩大影响，招揽生意，戴凤山就凭借父亲戴福和的权势，暗中疏通了十余个亲邻故旧为他奉上金字匾。这天他满送请柬，大摆酒宴。中午匾额在锣鼓声中迎到堂上，戴福和轻声问戴凤山上面写的几个什么字，戴凤山告诉他是"道契义农"，他听了连声夸赞说："刀开放脓，写得好。你学的是外科，刀一开，脓一放，再敷一点好的药，病患自然就好了。"戴凤山知道他胡说离了题，在应酬忙乱中也未向他多做解释。哪知隔垣有耳，虽说是轻言细语，皆被在旁的一位老学究听得一清二楚，之后一传开，便成茶余酒后的笑料。

还有一次，有家兄弟俩为口角争吵，闹到他家茶馆来评理，当时印镄老先生在场，劝其兄弟和好，谈话中引用了一句文言成语，叫他们不要“同室操戈”。戴福和在旁边听见了，觉得这句话新颖文雅，而且出于学者之口，一定有古典，于是牢记在胸。正巧，没过几天，又有一家兄弟因矛盾闹分家来请他公断，茶馆里座无虚席，他就套用印镄老先生的话进行劝解。他说：“你们都是同胞手足，今天虽然分了家，往后还应该和好起来，你们不要‘铜勺炒锅’了。”这时，印镄老先生正在为他们写分家书，听了禁不住咯咯笑了起来。后亦被人们传为趣闻。

3.聂纪根念书三年没效果

民国时，西大圩埭（原曙光村）的聂纪根求学于范邦桢塾师门下。聂纪根的养母由于未生男孩，平时对其非常溺爱。范邦桢先生对学生一向要求严格，每天教的书，第二天都要能熟背默写。聂纪根性喜调皮贪玩，有一天，又由于应背的书没能背出，更加默写不出，范先生便在他的屁股上打了两下子。其养母得悉儿子在校被打，很不忍心，就找到范先生说了很多捂头话。此后，范邦桢先生对其改变了教学方法，每天认真负责地教，学好学丑听其自便。结果学了三年，还是读的启蒙时的《大学》《中庸》。很多晓得内幕的人都说：“严是爱，松是害，惯子害子啊！”后来人们就把“聂纪根念书，三年没效果”作为劝学戒语。

4.陈守富被拘留——西来桥第一个

民国时，大膀子上（今东来村1组）有个叫陈守富的，整天不想做事，游手好闲，并经常抓牌搓麻将。其父苦口婆心，耐心教育。然其置若罔闻，丝毫无悔改之意。有一次，其父当着众人的面对其进行教育，他反恼羞成怒，跟父亲顶嘴回舌，当其父亲发火追赶欲打他时，他拿起一块劈柴扔向父亲的脑部，其父脑部被劈柴砸破，顿时血流如注。其父捂着伤口急往驻在东街大庙的保卫团报案。当时保安团的巡官吴国珊（又名吴正祥，苏北涟水人），听罢将手猛拍台子说：“儿子打老子，反过来了，还得了!”立即派手下人将陈守富抓来关了起来。此后，在西来桥民间就一直流传着：“陈守富被拘留——西来桥第一个”这样的歇后语。

5.“黑沙”盗伙

继赵侉子后，“黑沙”（中心沙）又出现了一伙强盗。为首的是包劲松、张玉祥和常老五，喽罗近百人。三个为首者都是当地人。外传包劲松能飞檐走壁，张玉祥一滚打三枪，常老五一张芦席能过江。这其实是吹嘘，为使人闻而生畏，不敢与之较量。这帮盗伙立有：患难与共、赃物先交公再平分、百里之内不作恶、不上百万家产不下手的盗规。他们外出作案，都要先到观音禅寺集会，在关帝像前点燃香烛，敬供三牲，齐跪磕头，许愿发誓，饮齐心酒，吃团圆饭，然后荷刀配铳，明火执仗，整队出发，一年只抢一二次。

一次，盗伙从南旺码头乘九匡韦信仁的两根桅杆的风帆船过江，到泰兴黄桥某大户抢劫。刚破门即遇两保镖，众盗解决两保镖后便蜂拥入室。在主屋里翻箱倒柜一番后，未找到贵重物品。后摸到一加了重锁的库房，取杠轰开门后，砰然爆炸，盗众多人受伤，仍傲噪冲进库内，发现存放的都是金银细软，随即掳掠一空。站队点数少掉一人，搜找一阵后，终发现其人被炸成重伤躺在库门旁，不省人事，乃用担架抬回。

另一次是去江西某官僚家抢劫，摸到库房后，即将库门冲开，掳掠尽库中所有银元、银币及古玩首饰，满载而归。择定在南旺桥郭大个子家分赃，计分两天，最后尚乘三具刘、关、张铸像，重9公斤多，黑漆抹乌的，众盗都认为是生铁所铸，便送郭玩赏。郭以木盒供在楼上，顶礼膜拜，藏存近80年。“大跃进”期间，郭大个子侄孙郭大毛，取出向换糖的货郎换了两个糖饼。后来该货郎将三个铸像出售给常州废品公司时，验收员发觉乃是乌金。因其来源失正，被上缴国库。

自去江西抢劫后，未隔几年，盗首二号张玉祥，被八桥抚民府知事林剥皮逮捕，盗伙得知后趁夜幕降临，齐奔八桥劫盗，结果既劫出了张玉祥，还抢了抚民府的大印，并纵火烧了县衙门。

林剥皮火急呈文上报，江苏都督程德金立刻调兵追捕。由于兵至突然，盗伙未来得及集中，只有包劲松等几个头目对抗了一阵，便退到了泡子裆，钻进了芦滩内。省调来的官兵遂将芦滩包围了起来。约一个星期后，实行排滩（以人海战术进行拉网式搜查），一举将包劲松等捕获，判处死刑，枭首抚民府前。

专　记

幸福大桥

编　　目

专 记

西来桥"12·8"抗丁事件专记（1948）

1945年农历十月初一，根据国共"双十协定"，中国共产党和民主政府奉命北撤，五沙（大沙、下昆沙、中心沙、开沙、轮船沙（移沙））仍按抗战前的隶属进行分治。

新四军北撤后，国民扬中县县长孟治，对扬中县进行血腥统治，大肆捕杀中共地下党员、留守干部，强迫抗日军民自首自新，大搞什么"感化""联保切结"。因此，于1946年获得国民江苏省政府的嘉奖，国民扬中县被封为"剿共模范县"。国民江苏省政府出于加强控制，加速"剿共"的罪恶目的，于当年冬天，决定将五沙划属扬中，引起各界强烈反响，武进、丹阳、泰兴三县也迟迟不办移交。国民党内部出于权力之争及某些利益集团权益之争，致使几县长期争夺西来桥不休。国民扬中县政府，为争夺西来桥所持的理由是：①五沙属武进，鞭长莫及，每次捐税，经手人向人民实足征收，向政府却只缴一、二成，其余统统中饱私囊；②大户可以隐粮，政府以地区辽阔不能顾及，因沙田涨坍无常，上瞒国税，下欺人民；③假名敛财，以争隶属名义，向人民征收一切费用，企图中饱；④属扬中后则可建立专管区署，随时监督，则彼等无机可乘。

国民武进县政府亦向省提出他们的根据：省政府始言将五沙暂划属扬中，系军事需要，其理由不足。后又说永远划归扬中，从交通、历史、地理、风俗、习惯、文化、军事种种都不适宜。以历史言，二百余年来，五沙久属武进；以地理言，五沙紧靠武进；以政府威信言，省政府一再申令，系军事上临时性质，短期归还原治；以民意言，五沙人民誓死不愿；今若永久划属扬中，有失政府对人民之信诺。

为了加剧国民党在武扬隶属问题上的矛盾，削弱国民党反共力量，中共地下党掌握有利时机，暗中进行活动。1947年春，新四军留守干部，立即到江南路北办事处进行汇报，康迪同志当即作出指示，布置各沙代表，分赴镇、丹、武、泰及省，请愿交涉。其理由和内容为：一、分别管理历史已久；二、镇、丹、武、泰当局深知五沙人民疾苦，以往各种负担较轻，深得人民敬仰；三、五沙归扬中，并非扬中当局为了军政统一，而是派别权力之争；四、如果划属扬中，乡长、保长、甲长一律辞职，不完粮、不缴税、不做工；五、老百姓一致不愿属扬中。(以上武、扬两县国民政府及共产党向国民江苏省政府提的理由和请愿内容，摘自国民江苏省政府档案，全宗1002，卷宗1363，复制件存扬中档案馆)

1947年春夏，五沙隶属之争进入高潮。各沙代表一方面通过上层关系，到时镇江、丹阳、武进、泰兴游说，争得各县纷纷向省呈报交涉；一方面发动群众进行请愿。当国民江苏省政府派省参议员陈根尧到五沙考察时，五沙5000多民众，集中在西来桥东街大庙广场上进行请愿活动。头顶香火对天发誓："宁为武进犬，不为扬中人。"《武进新闻》还及时作了披露。（摘自民国三十六年八月十六日《武进新闻》)。

国民江苏省政府，目睹五沙隶属已大势所趋，人心所向，不到半月，由国民江苏省民政厅104次会议作出决定——将五沙归还原治。省里决定后，但县间仍纠缠不休，迟迟不予执行，广大人民群众深恶痛绝。在此情况下，中共地下党决定发动群众进行斗争，以求解决。中共长江工委派人将地方绅士张松山等邀去苏北，具体研究对策。张等回苏南后，一方面利用西来桥国民党中的亲武派朱会芳等进行联络；一方面又找其妻弟的姻弟，驻军炮兵连长张仲华，要他私下支持。

五沙划属扬中后，国民扬中县政府在中心沙西来桥北堍，设立五沙公署。1947年，国民党政权在美帝国主义支持下，挑起反共反人民的全面内战，国民党前线部队连吃败仗。为了补充兵力，国民五沙公署在西来桥大肆强抽壮丁。先是三子抽一、二子抽一，以后就不论多子单丁、身体强弱一律强征乱抓。从15岁到50岁都划为壮丁。抽丁时，抽到丁的给米20~25担，由没有抽到壮丁户分摊。发展到后来征粮、征税肆无忌惮，想征就征，想加就加。一些乡保长还乘机敲诈勒索。伪区政府人员白天抓粮，晚上抓丁。一时间，闹得全岛青壮年四处躲藏。开始时，青壮年男子白天躲出去，晚上回家住。后来，国民党区政府组织狗腿子晚上突袭抓丁，弄得青壮年们日夜躲藏在芦滩、仙棵丛里。被抓的青年，有的磕折腿，有的砍断手指，宁愿终生残疾，也不甘为反动派卖命。弄得整个岛内百姓整天惶恐不安，痛恨之极。

在此情况下，中共地下党留守人员暗中做工作，发动群众组织起来，各乡串连，签订“减租、抗丁”民约，在全境掀起“减租、抗丁”斗争热潮。趁此有利形势，地方绅士张松山也暗中助力。

1948年农历腊月初八早晨6时，中心沙东南角六框的青年陈太明、于小富、杨大才等十余人，首先敲响锣声，发起暴动。他们一边敲锣，一边高呼“反对拖壮丁，打倒陆如理”的口号。一处敲锣，到处呼应。一时间，数千名群众手执锄头、钉耙、木棍如同潮水般从东、南、西三面涌向五沙区公署。

面对声势浩大的抗丁示威群众，国民五沙区区长陆如理，吓得赶紧下令区自卫队用机枪封锁桥头，固守桥北。

当抗丁群众涌至桥南头时，区公署自卫队开始鸣枪示威，抗丁群众一时间被迫停止在南桥头。

就在敌我双方对峙之时，人群中一位名叫卞元振的青年冲到最前面，敲着铜锣，高喊“跟我冲啊”，直冲向桥北。当其冲到桥中心段时，区自卫队下令开枪，卞元振被陆如理的狗腿子（勤务兵）高保定（解放后被镇压）开枪击中，壮烈牺牲。此时，群情更加激昂，怒不可遏，众人将肉案子举在前头，向伪区公所冲去。反动区长陆如理、吴学廉见此状况，早已吓得逃之夭夭。愤怒的人们砸毁“亲扬派”送给陆如理的匾，焚毁区公所的文书档案，一举扒掉反动区署。

第二天，国民扬中县政府县长芦甲三，带着县荷枪实弹的保安队来到西来桥，宣布废区建乡，叫地方民众自选乡长。

腊月中旬，国民扬中县政府县长芦甲三一行到西来桥召开群众大会，宣布西来桥归属武进，国民武进县县长孙丹忱（解放后被镇压）出席大会，履行移交接管手续。

幸福大桥专记

（一）幸福大桥建造始末

西来桥（中心沙）四面环水，孤悬江中。近二百年间与外界相往全靠舟楫，交通极为不便，长期制约着邑地生产的发展，境内百姓出岛难、进岛难，苦不堪言。清末前，西来桥在武进、丹阳泰兴及太平洲交界虽有固定码头和船只摆渡过江，但航船是辰开申息，并无定时。如遇大风大雨、迷雾骤雪等灾害性天气，往往连续几天封航停渡。这时如有难产的妇女和急病患者只得听天由命，偶尔有急事需过江亦只得望江兴叹。据了解，历史上邑地曾有80多名难产妇女和急病患者因得不到及时抢救而死。饱受孤岛之苦的西来桥人民，多少年来，世世代代都希望西来桥能真的从西面来座桥，实现脚踏实地，一步出江的愿望。

解放后，西来桥历届党委、政府急为地方百姓所急，想方设法改善西来桥交通条件，多次呈文上级政府帮助解决西来桥的交通难问题，此类提案皆因隶属、经费等诸多原因而作罢。中共十一届三中全会后，党和政府的工作重点转移到以经济建设为中心上，大搞商品生产、市场经济，西来桥人民更感到欲发展生产、增加收入、改善生活必须“走出去”。“要兴旺必过江”“要致富必先建桥筑路”几乎成了西来桥所有男女老幼的迫切呼声。

1988年3月8日，从县机关退休的张威和从武进教师岗位上退休的原武进县人大代表、政协委员印德南以《襄昔革命根据地，如今依然穷孤岛》为题，致函中共江苏省委、镇江市委及扬中县委和省、市、县人民政府。同时将相关内容抄投有关媒体，并报送全国人大原副委员长陈丕显，请媒体帮西来桥发出呼吁，请陈副委员长支持革命老区建设，向江苏领导介绍西来桥。张威又经朱维中介绍，致函时任新华社香港分社社长的许家屯，印德南致函在广州东方公司工作的陈华中。张威、蒋模华登门拜访省人大代表、常州市政协常委、民建党主委余加堤和常州市人大代表、政协委员、工商联主委原洪生，请他们共同做香港染厂查济民、刘碧如夫妇的工作，给西来桥造桥给予捐款或借贷。印德南、张威还多次在请示镇党政领导同意后，广泛致函给西来桥籍在外地和外地曾在西来桥工作的同志，请他们为西来桥建桥慷慨解囊捐助。在这一时段中，西来桥党政领导也分头四出奔波，请上级领导想西来桥人民所想，急西来桥人民所急，解西来桥人民之所困，尽快批准西来桥在夹江建桥。

扬中县人民政府收到西来桥老干部们的信后，便很快做出反应，于1988年4月19日，正式向镇江市呈报关于西来桥要求建桥的请示。中共武进县委、县政府经了解，西来桥人有以坝代桥的设想，如果真在支江筑坝会对武进农业生产造成很大不利。于是武进县人民政府、县水利局、交通局、小河镇随即主动联系扬中县人民政府、水利局、交通局和西来桥镇政府为建桥事宜向省政府联合提出申请。镇江市政府于1988年12月30日，对西来桥要求在夹江建桥专门召开办公会议进行专题研究，认为无论从交通、防汛、群众生活、经济发展都有必要，要求全市各部门积极支持。西来桥镇党委书记赵根林、退休干部张威、副镇长蒋模华于1989年2月11日再次上书江苏省党政领导。4月18日退休干部冯友文、张威、印德南得知陈焕友新当选江苏省省长的消息后，立即写信向他祝贺，同时请他深体民情，帮助西来桥革命老区解决交通难问题。陈省长很快要省交通厅信访办作出答复：对西来桥要求造桥深表同情，但因属乡镇公路，只同意作民办公助处理，交通厅也只能给予适当补助。

就在要求上级拨款希望不大，恳请香港资本家捐款借贷无望，要求慈善单位救助也不可能，众人皆感困难重重时，1990 年春节期间，时任中共武进县委书记的薛锋向张威提供了一个可靠的信息：中央党史办要陈丕显副委员长撰写如何坚持苏南抗日斗争、创建抗日根据地的材料，陈建议从江苏调一同志去帮忙。江苏省决定从省党史办调施光前的儿子施正东去。张威立即将此讯息向镇领导作了汇报，遂于 3 月 25 日重新写了一封给陈丕显的信寄给施光前，请他将此信转寄给他的儿子并请嘱其一定要面呈陈丕显，代西来桥人民婉转陈词，以冀玉成。自从该信寄出后，大家心中总算有了踏实感，认为陈丕显肯定能收到信了。大家都耐着性子，静等陈陈丕显的复示。一份耕耘一份收获，全镇人民盼望已久的喜讯终于在当年农历十月初六日传来了，西来桥人民造桥的请求被批准了！时日下午三时许，江苏省交通厅副厅长孙厚祉在镇江市委副书记王赢海和扬中县长陆朝银的陪同下亲赴荫沙江边，孙副厅长转告扬中县政府、西来桥镇政府，根据中央首长的建议、江苏省领导的批示，批准扬中西来桥镇在与武进交界的长江支流上建造公路桥。随即于现场就幸福大桥进行选址，对水口土质进行认真调查研究，对有关技术问题的可行性论证和规划设计作了指示。对建桥经费的问题通过磋商，当即宣布分级负担，其中省负担 50%，镇江市、扬中县、西来桥镇共计负担 50%。

图 1 幸福大桥奠基仪式场景(摄于 1991 年)

中央首长的讲话、省政府批准西来桥建桥的喜讯，很快传遍了西来桥千家万户及武进扬中两县的接壤地区，西来桥人世代梦寐以求的夙愿终于能实现了。通过武汉、镇江水利工程设计院的联合设计，桥长 145 米，宽 8.5 米，造价 245 万元。西来桥镇政府经招投标，决定大桥由镇江市路桥公司进行承建。1991 年 2 月 1 日，扬中县人民政府在大桥建造现场召开了声势浩大的开工典礼，常州市常务副市长朱维中、武进县副县长陆惠良到大会祝贺并与扬中县领导一起为大桥奠基。正在省委参加扩大会议的扬中县委书记康正平、武进县委书记薛锋、镇江市京口区书记张克敏亦都同时发来贺电。

为建造幸福大桥，西来桥镇广大干群提出“大桥开通幸福线，我为大桥做贡献”的口号。全镇老百姓捐款 26.5640 万元，外地单位和同志捐款 16.5384 万元。全镇干群出力出汗挑好大桥的引桥路基，保证了幸福大桥如期保质的完成。

横跨长江支流上连接武扬两县的幸福大桥经一年四个月的精心施工，于 1992 年 5 月 23 日胜利合龙。同年 9 月 15 日通过省市专家鉴定，一致认为桥的建造质量堪属优良。遂于 9 月 16 日（农历八月二十日）举行竣工通车典礼。省交通厅、省公路管理局、镇江市、武进县、扬中县的领导到大会祝贺并为通车剪彩。武进扬中两县数万群众与会观光，人山人海，欢呼雀跃，鼓乐齐鸣，爆竹喧天。其声势浩大为西来桥历史上前所未有。

幸福大桥通车后出现了新的问题，即大桥至常镇公路相接的 3.85 公里路况十分糟糕，严重影响交通。这段路原系砂石路面。一是路面狭窄，最宽处不足4米，狭窄段仅2米多，行车无法交会，通车后连续多次出现翻车事故；二是路基不实，经长时间超负荷运营，路面遭到严重破坏，一遇下雨，路面即形成一个个的水汪塘，车子被陷，得靠人力推行。公路与桥不相配套的矛盾凸现，大桥的优越性远远不能发挥，必须重修这段路。为了西来桥造桥，武进县政府除负担西面桥头堡土方工程外，对造桥的钢筋、水泥、木材都实行国拨价优惠供应，计已让利57万元。若要武进再拓宽这段公路，镇江市和扬中县的领导根本无法启齿。为了解决这一实际问题，西来桥退休干部们又多次跑南京，将翻车、下雨路面积水及车子陷在水汪塘里用人推的照片送给省厅领导看；奔常州，向常州市领导恳求，请武进县政府念昔日旧情（1947年西来桥曾长期隶属武进县）。功夫不负有心人，终于在丁子纲厅长、常州朱维中老市长和薛锋常务副市长的关怀下顺利做通武进县的工作，花了300多万元，小河群众伐掉39万多棵树，小河镇政府搬迁了2个工厂，于1995年8月中旬将公路拓宽到7.5米，浇注了柏油路面（后改造成水泥路面），投入使用。

幸福大桥建成以后，西来桥人骄傲自豪地说：幸福大桥是扬中第一座过江大桥，是众志桥，是人民桥，是干群鱼水桥，是幸福桥。

为请求批准西来桥镇在西江造桥的申请报告

西来桥镇是扬中南端的一孤岛，总面积16.1平方公里，于明代现出水面，1850年起隶属武进，解放后划属扬中，全镇11个行政村，1个居委会，167个村民小组，107个自然埭，4691户，17889人，有可耕地12968亩，基本格成方，土地肥沃，农业单产、总产、增产幅度一直处于县的上游，工业有柳器、五金电容、铸造阀门、变色眼镜、毛纺丝织、地毯、自行车零件、化工电镀、塑料织造、拆船、散热器等，为繁荣经济，解决就业起了积极的作用。

西来桥东临长江，南西隔约65米宽的小夹套，与武进、丹阳为邻，北隔1500米宽的长江支流与本县八桥相望，境内树竹繁茂、芦柳丛生，过去曾是抗日革命根据地，这里的人民在中国共产党的领导下，为求解放、谋幸福进行过艰苦不懈的斗争，为党为革命做出过一定的贡献，早在抗战初期，西来桥就有“苏南小莫斯科”之称。

西来桥镇市场繁荣，每天早市，武进、魏村、孝都、小河以及丹阳的新桥、界牌都有群众来做买卖，农历“二五八”逢集，来此赶集者更多，我镇群众也经常往武进、小河、魏村购买生产、生活用品和销售农副产品，凡事外出，该两地又是必经之地，本镇所供应之商品，多数都来自常州、无锡、上海，因此，我镇与武进堪称唇齿相依，关系非常密切。

西来桥由于四面环江，出门都得用船，平常天色一晚船即停航，如遇大风或雾、雪天气，交通断绝，大风几日，断绝几日，遇有急事，望江兴叹，过去有不少急患者和难产妇女，就因交通所限，未得及时抢救而不幸丧生。现在从外地采购的生产、生活资料，与外单位加工的来料以及外销的农副产品，也还都靠水运，境内虽有公路，但用汽车运，原来要经轮船港和栏杆桥两道汽渡和绕道武进、丹阳、丹徒及扬中境地，现在虽添造了丹阳黑木桥码头，而通往西来桥的汽车，仍要经轮船港和黑木桥两道汽渡和绕道武进及丹阳一角，一次多花轮渡费20元/吨，浪费时间至少一个半小时，增加开支60~100元，最主要的还未能从根本上解决西来桥的孤岛局面，以往在和苏锡常的横向联系中，通过洽谈，多次皆因运输难而告吹，客观环境给我们造成严重的“闭关自守”。再者，荫沙向南地段，因逐年淤塞，每逢严冬小汛，已经影响船舶航行，则架桥已是势在必行。

过去本镇人民一直渴望在西江边架桥与武进相通，在深化改革，扩大开放、搞活的今天，我镇人民更深深地体会到欲使西来桥兴旺发达，就必须彻底解决“运输难”的问题，就必须在西江边架一水泥预制汽车公路桥，直接沟通武进的公路。近来，当这一想法重新提出，立即得到县市领导的重视和常州市、武进县人民政府的深表同情和亲切关怀，西来桥人民无不表示衷心的感谢，这一愿望如能实现，既使西来桥改善与苏锡常的南北交通，也更密切了与周围各县人民的联系，大大繁荣经济，不仅扬中与南方各地对开的客货车可有力地杜绝绕道，节约时间，节省开支，大大减少能源消耗，同时武进、丹阳、扬中三县人民每年可节约渡船费10万元左右，来往运输车辆仅西来一地就可节约开支15万元以上，故造桥之举，实属关键措施，于国家、集体、人民都非常有利……。

为了进一步深化改革，扩大开放，发展商品生产，提高社会生产力，搞好外向型经济和造福子孙后代，西来桥人民甘愿节衣缩食，为建造西江大桥捐出部分款项，所有劳力拟于今冬全力以赴，以尽义务完成引桥的土石方工程，特报请上级党政部门尽快批准扬中西来桥在西江造桥的申请，不胜迫切感激之至。

此呈

扬中县人民政府

西来桥镇人民政府

1988年5月18日

抄报：扬中县委、镇江市、常州市、武进县人民政府、省政府

抄致：镇江、常州市武进、扬中交通局、小河镇人民政府

扬中县第十届人民代表大会
第四次会议代表议案

第10号

案由：为在西来桥镇西夹套建桥由

提议案人：

工作单位：西来桥镇代表团全体代表

理　由：

为了振兴西来桥镇的经济，从根本上解决西来桥镇的交通问题，全镇人民世世代代梦憬首有桥与大陆直接相连，本届人大代表从产生之日起就把人民的这种愿望反映给人大和政府。

承各级领导的重视和关怀，西来桥镇目前已有汽渡与本县“大陆”联系，但航班少、费时间，且费用昂贵，直接影响到经济效益和人民群众的生活，要从根本上解决交通难，唯有建桥是最佳方案。现经努力，在建桥的可行性和可能性方面已迈出了可喜的一步，值此本届四次会议召开之际，我们谨向县人大并通过大会向各级领导和部门致以崇高的敬意，真诚希望大会继续给予关心和支持，使西来桥镇人民世世代代的愿望早日变成现实。

1989年4月扬中县第十届人民代表大会第四次会议代表议案、建议登记表

编号	提案人姓名	工作单位	案　　由	转交部门
10	西来桥镇代表团		关于在西来桥镇西夹套建桥问题	县政府
11	西来桥镇代表团		强烈要求轮船港——西来桥的汽渡与全县统一收费标准	交通局
12	陈发祥	新坝镇政府	建议延长栏杆桥码头营运时间	交通局
13	何宇凤	兴隆中学	建议在兴隆中学建造教工宿舍楼	文教局
14	吴志忠	丰裕中学	关于公办教师医药费超支部分的处理问题	文教局
15	高承松	兴隆医院	请将县精神病院转为全民性质的医疗机构	卫生局
16	西来桥镇代表团		要求一县两制来改变西来桥医院面貌及工作人员待遇	卫生局
17	陈发祥	新坝镇政府	建议增加计划生育经费	计生委

扬中县人民政府文件

扬政〔1990〕93号　　　　签发人:郭朝书

★

关于在我县西来桥镇西夹江建造公路桥的请示

江苏省交通厅:

西来桥镇是我县南端四面环江的岛镇，东与泰兴隔江相望，南、西隔小夹江与武进、丹阳相邻，北隔夹江与本县八桥相对，总面积16.1平方公里，有11个村，1.8万人。

该镇距武进县小河镇仅3.8公里，距常州39公里，日常贸易、物资周转大都途径常州、小河，但由于86米宽的小夹江阻隔，客货需绕道黑木桥和轮船港汽渡两次过江，中转时间长、费用高，每吨多需运费20多元，大大增加了经济成本。每当大风大雾和夜幕降临，对外交通即被迫中断，货物不能及时进出，人员不能及时往返，经济交往不能正常进行，外地人因此不愿到该镇，严重地影响了工农业生产尤其是乡村工业的发展。1989年，该镇工农业总产值只有5300万元，经济效益不理想，累计亏损700多万元，远远落后于我县其他乡镇。极为不便的交通也严重影响了人民群众的生活，许多病人不能及时转院抢救，1968年以来因此而死亡的有10人之多，群众对此反应强烈。战争年代，该镇以特殊的地理环境为陈丕显、陈光、管文尉、惠浴宇等一批革命前辈提供了较为安全的活动场所，为革命做出过重要贡献，素有“小莫斯科”之称，革命老区的该镇人民盼望在社会主义建设中得到国家的帮助支持来克服地理环境上的不利因素。多年来，该镇人民群众一直盼望在镇西小夹江架一座桥，沟通与武进县的陆路连接，从根本上解决西来桥镇的交通问题。对此，市、县人民代表根据当地群众的呼声，多次亲临视察，县人民政府于八八年向镇江市人民政府呈送了关于在该镇西小夹江建造公路桥的请示，市政府召开了市长办公会议，就此问题作了专题研究，同意在西来桥镇西荫沙口处建桥。根据市政府的意见，县政府会同西来桥镇政府与武进县政府及有关部门协商，武进方面同意协助建桥。在此基础上，县政府委托市有关部门进行了论证和设计。

经勘察，该镇西小夹江荫沙口下游系萎缩性航道，水面宽86米，滩面141米，河底标高-1.9米，高潮水位时有少量小机队和挂浆机运航。两边公路已通至江边，造桥后可直通小河、常州，将大大促进西来桥镇的经济发展，方便人民生活，改变贫困落后面貌。初步设计，桥型为平板桥，造桥总需资金170万元（详见论证，设计资料)，由于我县地方财力有限，恳请上级有关部门予以支持解决。

特此请示，请示复。

附：设计任务书。

一九九〇年十一月六日

抄报：省人民政府，市人民政府，省公路管理局、市交通局、市公路管理处。

（二）大桥奠基、通车典礼省市领导讲话

武扬两县的老县委书记、常州市人大、政府领导朱维中在幸福大桥开工典礼大会上的讲话

同志们：

今天参加这样热烈而隆重的大会，我和大家一样，心情非常激动和无比兴奋。

“西来桥，西来桥，深盼西面能来座桥”，这是多少年多少代饱受孤岛之苦的西来桥广大人民的共同夙愿。在党和人民政府的正确领导下，在实行改革开放的今天，终于实现了。

幸福大桥的建造，不仅是西来桥人民的大喜事，也是武进、扬中两县人民的大喜事。它将对广大人民带来更多的幸福。它能促进经济发展，是党及政府为人民办的大实事、大好事。

幸福大桥建成以后，沟通东进、西来，南来北往，必将进一步密切武进、扬中两县人的联系，从而加深两县人民之间的友谊，更好地促进武进、扬中两县人民携起手来共同建设社会主义。最后祝西来镇繁荣昌盛，西来人民共同富裕，就讲这些，谢谢大家。

赵根林在幸福大桥开工奠基仪式上的讲话

1991年2月1日

各位领导、各位来宾、同志们：

在我们跨进九十年代的第一春，进入“八五”计划的第一年，幸福大桥在上级党和政府的亲切关怀下，在各级各方面的关心和支持下，终于胜利开工了。这是我们西来桥人民和兄弟的小河镇人民现实生活中的一件特大喜事。今天，我们大家欢聚一起，在这里隆重举行奠基仪式，值此，我代表西来桥镇党委、西来桥镇人民政府和西来桥1.8万人民对大桥的顺利奠基表示热烈的祝贺，向前来参加幸福大桥奠基仪式的镇江市、常州市、武进县、扬中县、小河镇、南荫村以及大桥建设单位的各位领导和来宾表示热烈欢迎，向所有支持建造幸福大桥慷慨资助的各界人士表示衷心的感谢，向热情支持西来桥人民的武进县人民表示衷心的感谢和崇高的敬意！

幸福大桥的胜利奠基，是中国共产党的正确领导和社会主义制度优越的充分体现。我们西

来桥镇是一个四面环江的小岛，几百年来，祖祖辈辈饱尝了出岛就要过江的辛酸，长期以来，由于交通不便，制约了经济的发展，给人民生产、生活带来了极大的不便，曾有不少有识之士，代表西来桥人民的心愿发出了建造西江大桥的呼吁，盼望有朝一日能实现“一桥飞架东西，天堑变通途”的夙愿，但由于历史的原因，这一美好的愿望——西边来座桥，只能是一种幻想，今天，我们靠中国共产党的正确领导，依靠优越的社会主义制度，我们的理想变成了现实。西来桥人民深深地体会到：共产党是为人民办事的，真正是想人民之所想，急人民之所急的，没有共产党的领导，就没有社会主义制度，就没有幸福大桥的胜利开工。

今天，大桥的胜利奠基凝结着上级党政组织、各级领导的大力支持和亲切关怀，我们在筹建大桥的进程中，省、市、县以及交通、水利等有关部门，在我们提出建桥的请求以后，及时研究，召开协调会议，许多领导、工程技术人员亲自为我们上下奔波，辛勤工作，提供方便，帮助办理建桥手续，并且给予人力、财力、物力的大力支持，因而使我们的筹备工作进行得比较顺利。

在大桥筹建过程中，常州市、武进县的党政组织、各级领导和人民群众给予我们以大力支持，常州市、武进县的领导亲自过问，召开协调会议，研究建桥工作，特别是小河镇、南荫村在用地、人力、物力等方面提供了许多方便，为我们大桥的顺利开工创造了有利条件。

在大桥筹建过程中，得到了社会各界人士的关心和支持，许多曾在扬中、西来战斗和工作过的革命老前辈、领导同志得知西来造桥的消息，深怀旧情厚谊，不但积极帮助做好有关联系工作，而且还积极资助，为两岸人民做奉献。西来在外地工作的许多领导和各界人士，得悉家乡造桥，更是积极捐款，为大桥早日建成争做贡献。许多素不相识的外地客人，听说造桥也慷慨解囊，许多兄弟乡镇和单位也伸出了友谊之手鼎力相助，我们全镇广大党员、干部、群众都用捐款的实际行动，表达了希望大桥早日建成的强烈愿望。在此，我们对给予大桥支持的上级党政组织和各级领导、各界人士、武进人民再一次表示衷心的感谢。

幸福大桥是连接武进、扬中两岸人民之间友谊的纽带，大桥的建成对促进两岸经济的发展，对增进两岸人民之间的友谊将起着十分重要的作用。

今天，大桥顺利奠基了，但建桥的任务只是刚刚开始，还有大量的工作要做。今后，更需要上级党政组织、各位领导、各界人士一如既往地大力支持和帮助，我们相信，通过建设单位的辛勤劳动和加倍努力的工作，一定能够克服各种困难，保质保量地建好大桥，创造出优质工程，我们西来桥镇党委、政府以及1.8万人民决心以主人翁的姿态，做好后勤，当好后盾，尽到我们应尽的职责，做好我们应做的工作。

让我们携起手来，并肩作战，为幸福大桥的早日建成而努力吧！

谢谢大家。

陆朝银县长在幸福大桥开工典礼上的讲话

1991年2月1日

各位来宾、各位领导、同志们：

扬中人民特别是西来人民盼望已久的幸福大桥就要破土动工了，首先让我代表扬中县委、县政府对远道而来，参加幸福大桥开工典礼的常州市、镇江市、武进县的贵宾表示热烈的欢迎。

西来桥是四面环江的岛镇。长期以来，虽然该镇人民辛苦努力发展地方经济，但由于对外交通不畅通、不便捷，制约和影响了经济、社会的更快发展，人民群众的生活因此也很不方便，多年来西来桥人民强烈盼望建造通往江南的幸福大桥。建造幸福大桥是解决西来桥一步出江的根本途径，是更快更好地发展西来桥经济、富裕西来桥人民的迫切需要，是造福西来桥人民子孙后代的需要。同时，对于密切西来桥镇与小河镇的联系，扩大扬中县与武进县的交流，增进两县之间的了解和友谊具有十分重要的意义。

从1989年初提出申请到现在只有两年时间，幸福大桥就顺利完成了立项、设计等前期工作，今天终于得以破土动工了，这是友邻市、县，友邻镇村鼎力相助的结果，是上级领导和各有关部门热情关心、大力支持的结果。在此，我代表扬中县委、县政府向常州市委、市政府、武进县委、县政府及其有关部门、小河镇党委、政府和南荫村委会表示衷心的感谢，向省政府有关部门、镇江市政府及交通、水利、路政、航政等有关单位表示衷心的感谢，向幸福大桥的关心者、支持者表示诚挚的谢意，向大桥的勘察、设计单位和同志致以诚挚的谢意！

从今天起，幸福大桥的工程进入了一个新的阶段，为了确保幸福大桥的顺利施工，在此，我表示：县委、县政府将一如既往地全力支持大桥的建设，积极主动地为大桥排忧解难，千方百计保证大桥所需；同时也真诚地盼望上级有关部门、友邻市县、友邻镇村、设计单位继续伸出友谊之手关心、支持幸福大桥的建设工作；希望施工单位做到安全施工、文明施工，保质保量完成工程建设；希望西来桥干部群众振奋精神、团结一致，增强主人翁责任感，积极投身于建桥事业，为幸福大桥、为振兴西来桥镇建功立业。

最后，祝愿幸福大桥施工顺利，早日圆满竣工。

在幸福大桥奠基仪式上的讲话

小河镇党委书记 何小毛

各位领导、同志们：

今天，我怀着十分喜悦的心情参加这一活动。在各级的努力下，幸福大桥终于破土动工了，这是西来桥镇人民的大喜事，也是小河人民的大事。值此大桥奠基之际，我代表小河4.3万人民向你们并通过你们表示热烈的祝贺！

西来桥镇四面环水的独特地理位置，陆地交通一直困扰着全镇的经济和社会发展。在两岸架桥，这是你们由来已久的宿愿，西来之桥的梦想即将成为现实。

西来、小河人民早就有频繁、友好的社会交往，而且还有亲缘关系。现在，幸福大桥的建造，对于加快两岸的政治、经济、文化乃至社会的交往、发展都将起着十分重要的作用；对于造福子孙后代，沟通小河与西来桥镇的联系，繁荣小河，发展西来具有划时代的意义。

幸福大桥必将给西来桥镇人民带来幸福，也将给小河人民带来幸福。我们将全力支持你们建造好这座大桥。

最后希望上级给予两地人民更多的关怀和支持，预祝大桥早日竣工。

一九九一年二月一日

武进县陆惠良副县长
在扬中幸福大桥开工典礼上的讲话

(1991年2月1日)

同志们：

今天，很高兴参加扬中幸福大桥开工典礼，我谨代表武进县人民政府，对幸福大桥的顺利开工，向扬中人民，尤其是西来桥镇人民，表示热烈的祝贺。

西来桥和我县的小河镇一衣带水，两岸人民多年来交往甚密，相互关心、相互支持，结下了深情厚谊。建造幸福大桥，为两岸人民相互交往提供了更便利的交通条件，有利于西来桥和小河两镇在政治、经济、文化等各方面的交流和合作，促进两镇经济的发展。幸福大桥造福于两镇人民。

最后祝幸福大桥顺利建成，祝扬中人民事业兴旺、生活幸福，祝愿西来桥、小河两镇人民世世代代友好往来！

谢谢大家。

江苏省交通厅公路管理局党委书记
钱梅贞在幸福大桥竣工通车典礼大会上的讲话

(根据录音整理)

各位领导、各位来宾：

西来镇幸福大桥今天隆重举行竣工典礼，这是一件大喜事。我代表省交通厅、省公路局热烈祝贺扬中县西来桥镇幸福大桥建成通车。并向施工设计单位和所有为大桥建造出过力的同志们致以亲切的问候。联系武进、扬中两县跨径百余米的幸福大桥在各方齐心协力的合作下，经过15个月的艰苦努力，建成通车。它的建成，结束了西来桥镇非船莫渡的历史，实现了全镇人民多年来能够脚实地的一步跨出夹江的夙愿。对于扬中人民来说，这是一件功在千秋的伟大工程。幸福大桥的建成通车，使西来桥镇这个江中孤岛与我们苏南地区可以多一条纽带，为扬中县更好的改革敞开大门。对改善当地人民群众生产生活条件、加快社会经济发展必将起到更大的促进作用。幸福大桥是在省、市、县、镇四级政府的有关部门领导共同关心支持下建成的。我们搞公路建设多年来的体会，就是：政府是靠山，群众是力量。我们搞公路建设，要继续遵循“民需民办，民办公助”这个原则，并以此原则进一步完善幸福大桥的接线配套工程。同时，要加强对幸福大桥和接线工程的养护管理，使这个大桥的优越性能够充分的发挥出来。为扬中县特别是西来桥镇的经济发展和方便人民交通服务。今天，大会的两条条幅讲的是：“一桥架东西，畅通世界；万众齐努力，繁荣西来。”我相信，幸福大桥一定会给西来的人民带来更大的幸福，谢谢大家。

钱梅贞

一九九二年十月二十一日

陆朝银县长在幸福大桥竣工通车典礼大会上的讲话

各位领导、各位来宾、朋友们、同志们：

今天我们怀着十分高兴的心情，在这里隆重举行我们西来桥镇幸福大桥的竣工典礼，首先让我代表中共扬中县委、县人大、县政府、县政协向在百忙之中前来参加这次典礼的各位来宾、朋友表示热烈的欢迎。

西来桥镇是我县的一个岛镇，对外交通十分不便，建造连通武进小河的过江大桥是西来桥人民多年的愿望。1991 年 2 月份在省交通厅、公路局、常州市人民政府、镇江市人民政府的关心支持下，幸福大桥正式破土动工了，一年来幸福大桥工程的建设，继续得到了镇江市交通局、公路处、常州市交通局、武进县人民政府、县交通局、水利局、小河镇、南荫村及我县有部门的大力协助，可以说幸福大桥的建成是众多心血浇灌出来的果实，如果缺少任何一方的关心支持和协助，幸福大桥就不可能取得如此圆满的成功，所以，在此我们要真诚的感谢，对于幸福大桥关心和支持的各有关部门、单位和个人。感谢镇江市路桥公司工程建设者的艰苦努力，并对此表示亲切的慰问。

幸福大桥的建成，既是全体西来人民的大喜事，也是扬中 27 万人民的一件大喜事。经济要发展，交通必须先行。幸福大桥将使西来桥镇作为孤岛永远成为历史。我们相信，幸福大桥的建成，必将带来西来桥经济和社会的全面发展，必将为加强两县市的交流合作发挥积极的纽带作用。我们衷心希望各位领导、来宾、朋友、同志们要一如既往地对西来桥镇以及扬中县的交通建设和发展给予关心和支持。我的讲话完了，谢谢大家。

武进县人民政府副县长周福元同志在扬中幸福大桥竣工典礼大会上的讲话

(根据录音整理)

各位领导、各位来宾、同志们:

在改革开放的大好形势下，经过扬中、武进两县人民的共同努力，横跨长江支流的幸福大桥今天胜利竣工了。我代表武进县委、县政府向大桥的胜利竣工表示热烈的祝贺，向为大桥做出贡献的两岸人民和各级领导表示衷心的感谢。小河、西来桥两个镇，武进扬中两个县的人民历来友好往来，紧密联系。幸福大桥的建成，将更加加强两县人民的友谊。这确实是西来桥镇人民的大事，扬中人民的大事。也是我们武进小河镇和武进县的一件大事。我衷心希望我们两个镇的人民在大桥竣工的基础上，要进一步的建设好大桥，保护好大桥，使大桥为促进两个镇经济的发展、方便两个镇的人民生活做出更大的贡献。同时，我在这里也表示：我们将尽最大的努力，做好我们的工作，进一步配合扬中县西来桥镇搞好公路等各种设施配套工程，使大桥发挥更大的效益。

最后，我祝两县两镇的友谊如长江流水，滚滚向前，不断发展。祝领导和同志们工作顺利，身体健康。谢谢。

(三)社会各界献资专辑

资助建造幸福大桥捐款单位和个人名单

兄弟单位及外地同志为资助建造幸福大桥捐款表

表 1　　单位:元

名　称	捐款人或单位数	捐款金额	备　注
外单位	77	167100	
外地老同志	48	3864.2	

西来桥镇社会各界为援建幸福大桥捐款统计表

表 2　　单位:人、元

名　称	人　数	捐款金额	备　注
离退休干部	32	1675	
1991 年新兵	7	140	
小学生		496	8 所小学
个体运输户	30	4070	
烈军属、统战对象、下放工人	53	355	
落实政策、农转非人员	34	364	
个体工商户	102	10350	
五保老人	8	22	

西来桥镇各工厂、干部职工为建桥捐款统计表

表 3　　　　单位:人、元

名　称	捐款人数	捐款金额	名　称	捐款人数	捐款金额
眼镜厂	128	7148	电信器材厂	68	2710
工程塑料厂	96	5600	标牌厂	43	970
自来水厂	18	1220	恒温器厂	56	1176
热电材料厂	51	1350	合成材料厂	11	1150
离合器厂	249	9655	锡合金厂	25	1700
铸造阀门厂	216	17230	汽配四厂	9	600
毛纺厂	223	11710	丝绸厂	91	4115
电镀厂	64	2980	汽车灯具厂	8	430
毛纺针织厂	59	2890			

各行政村为建幸福大桥捐款统计表

表 4　　　　单位:人、元

名　称	捐款人数	捐款金额	名　称	捐款人数	捐款金额
东来桥	171	3142	东　进	237	3564.5
南　阳	258	3688	西　来	503	5754
曙　光	198	4422	新　华	461	11784
福　星	309	5268	大　兴	166	3178
北　胜	238	7110	南旺桥	397	6788.5
双　三	415	17240			

为资助建造幸福大桥个人捐款500元以上的

吴志明捐款4000元 (原上海自行车三厂领导人)

戴小林捐款3000元 (市铸造阀门厂供销员)

白纪宝捐款1500元 (镇注件厂党支部书记)

罗长生捐款1050元 (市阀门厂党支书、厂长)

捐款1000元的：戴有德　徐炳政　王纪明　郭金海　孟明贵　徐纪明　陈士章

捐款600元的：杨孝康

捐款545元的：徐君荣

捐款500元的：戴　洵　张营生　张　炎　钱　宏　崔文荣　陈太华　赵小青　赵维钧　印宏年　朱光明　石　磊　王　伟

衷心感谢外地同志为支援建造幸福大桥积极捐款

捐款300元的：内蒙古某厂供销员陈桂根

捐款200元的：周秀德

捐款154元的：兰　勤

捐款100元的：施光前　洪天诚　陈　寒　吴　中　于文俊　朱维中　耿九斤　刘国生　沙荣圣　瞿彩云　王家骏　朱新富　陆朝银　陈季平　韩玉英　杨恒金　孙万和　恽伯龙　黄桐年　陈廷龙　张贤春　刘国平

捐款60元的：陈忠廉　蒋　红

捐款50元的：王　言　陶荣奋　周成明　李明远　孙国柱　张立政　王通业　朱鹏飞　耿其祥　祝瑞岳　袁　锋　张太顺　叶荷英　戴道尊

捐款40元的：孙晓光

捐款30元的：王荷英　郦　琴　褚来风

捐款20元的：季春煦　唐根中　王中保

捐款10元的：蔡成美　周根国

衷 心 感 谢

在我镇建造幸福大桥经费发生困难时，承蒙很多兄弟单位慷慨解囊，大力资助。现将捐款的单位进行公布，并致以衷心感谢。

捐款10000元的：镇江市城市建设综合开发领导小组、扬中县燃料公司

捐款9000元的：扬中县保险公司

捐款8500元的：扬中县税务局

捐款6000元的：永胜乡电缆厂

捐款5000元的：扬中县塑性材料厂

捐款4000元的：镇江市线路设备厂、油坊彩印厂、联合化工厂、扬子电子实验厂、联合新跃农场

捐款3000元的：扬中县制革厂、县电力设备配套厂、扬中县胶鞋厂、县冷冻设备厂、县电化设备厂、新宁村锡合金厂、新坝镇工业公司、新坝电器设备厂、新民树脂砂轮厂、联合特种模具厂、联盟树脂砂轮厂、联合纱布砂轮厂

捐款2500元的：扬中县精密磨具厂

捐款2000元的：武进县彩灯厂、市江南电器厂、县电控机械厂、三茅镇工业公司、扬中县房管所、县高压仪表阀门厂、县电热设备厂、永固桥架厂、友好手套公司、县通用机械厂、联合糖果厂、丰裕乡工业公司、县文教用品厂、县仪表管件阀门厂、县轻工机械厂、光华电控设备厂、县电机工具二厂

捐款1500元的：县玻璃钢阀门厂、丰裕东风橡胶厂、丰裕联轴器厂

捐款1400元的：华东一级站木材公司 (武进县)

捐款1000元的：靖江县粮食局、无锡渔业乡工业公司、扬中县邮电局、丰裕塑料二厂、光明鞋服厂、县土管局、县蔬菜公司、县水泥厂、三茅民利厂、永新塑料厂、永气仪表厂、县向阳陶瓷原料厂、镇江市化工仪表集团公司、扬中纸箱厂、扬中玉雕四氟厂、镇江录音器材厂、三茅乡农业公司、三茅乡工业公司、三茅乡人民政府

捐款500元的：县烟草专卖局、县金属设备公司、县电器塑料厂、县机电公司、联合中学校办厂、县仪器仪表设备厂、华联实验有限公司、县金属公司、县金属回收公司、扬中县塑料电器厂

捐款200元的： 县食品公司

捐款150元的： 县糖烟酒公司、县百货公司

捐款100元的： 县副食品公司

感谢本镇在外地工作的同志为支援家乡建造幸福大桥慷慨解囊积极捐款

捐款300元的：刘佩荣

捐款200元的：沈正华 钱其根 蒋模银

捐款150元的：姚圣继

捐款100元的：朱文涵 冯忠礼 何兆银 黄万良 朱杏春 耿隆寿 李太贵
张步法 范荣章 吴志和 孙中礼 季成龙 季成彪 冯南生
倪治民 秦 云 印士杰 张克敏 张克桂 顾礼桂 孙华国
范 然 耿太岗 童继生 郭中南 何宇山 杨秉太 顾顺林
施云志 陶金法 蒋模永 张步云 秦长富 缪士顺 马安林
徐保金 陆 平 王志根 何宇三 吴翼飞 顾顺和 赵龙阳
施正仁 黄华年

捐款80元的： 王友文

捐款60元的： 陈培银 吴振金 丁基宏 凌伯盛 张云飞

捐款50元的： 王太安 戴鼎生 吴坤银 耿太山 施正平 施正中 施正本 傅德明 王蓉生 王明生 施荣春 梅存芳 杨永法 吴振英 冯永芳 李超群 吴志风 陈太邦 吴振生 卜次章 倪治坤 徐绍荣

捐款40元的： 耿隆发 常小虎

捐款30元的： 黄康年 吴 甫 印德贵 许善钦 吴尚志 李石金

捐款20元的： 张美华 何纪鸿 朱长荣 吴永年 冯春明 石宝富 王龙才 陈 斌

捐款10元的： 何光荣 施光明 施周云 王玉堂 朱宁祥 夏金贵 张守平 包纪明 吴正明 陆纪坤 黄树生 张天益 王宗宝 艾纪根 马德海 姚恒贵 钱春生 郭智龙 吴 军 张荣芳 陈纪林 马萍芳 陈 宏 常 耘 曹玉英

离、退休干部为支援建桥捐款数

捐款100元的：林守祥 张 威 王福武 周育三 方国春 施国荣 甘祥和

捐款50元的： 曹大林 蒋锦云 梅存珊 陆 飞 印德南 王中云 施 德 景剑秋 俞东升 张华锦 张华明 葛文生 苏菊芬 郭宏根 潘大友 宦道金 巢梦如 印德西

捐款30元的： 印世康 童恒山 贾红征

捐款25元的： 吴振海

捐款20元的： 陈廷乔

捐款15元的： 陆纪圣 王贤林

捐款10元的： 方乃权

即将参军服役的新兵战士为建桥捐款数

捐款20元的： 张拥军 韦习军 童国民 曹德荣 郭银平 应 军 郭宝荣

各小学学生个人捐款数

西来中心校：145.43元

福星小学：60.04元

南旺小学：58.65元

北胜小学：57.51元

新华小学：53.70元

东进小学：48.82元

双三小学：35.73元

南阳小学：35.18元

个体运输户捐款数

捐款 200 元的：陈其平 朱习华 宋贞辉 朱长龙 支纪泉 钱桂生 罗俊海

捐款 150 元的：李根生 季 龙 林成纲 卞文权 陈兴怀 施荣圣 范宝贵 凌伯明 王九根

捐款 120 元的：程礼军

捐款 100 元的：蒋吕云 祝锁保 陈启贵 陈建贵 赵凤林 韩九林 何字金 顾小明 吴纪林 吴跃林 何宇祥

捐款 50 元的：杨学良 姚祥银

烈军属、残废复员军人、统战对象、下放工人为支援建造幸福大桥的捐款数

捐款 50 元的：蒋三章 沈瑞彦 秦恒才

捐款 5 元的：汪兆明 陆纪寿 汤圣荣 冯瑞龙 郭仁海 郭杏妹 包智富 杨怀川 彭维桓 崔兆兵 季诺千 田生和 梅国奎 周加顺 蒋义福 王国才 王朝刚 丁香成 严维荣 丁香文 杨怀中 钱中选 耿隆根 曹小龙 张选成 丁香清 朱奎松 耿隆邦 沈祥友 黄福年 石高余 石高洪 何士春 魏文富 朱高龙 施光才 黄永年 吴仲林 丁昌华 朱巾富 戴伯圣 印洪福 刘国庆 李志山 陆加明 陈义贵 王选生 年界现 潘广福 甘圣坤 潘文才

退休易地安置、落实政策、就地农转非等同志对支援建造幸福大桥捐款数

捐款 30 元的：包兴中

捐款 20 元的：陈启良 施荣儿

捐款 15 元的：蔡秀平 魏陶英 蒋巾富 徐志斌 陈美英 唐美英 丁兰英 朱林美

捐款 10 元的：印招娣 毛建英 朱金凤 曹桂琴 曹桂英 陈志平 徐桂珍 印春美 戴桂英 王美英 王月美

捐款 8 元的：钱素珍

捐款 6 元的：印菊芳

捐款 5 元的：朱子富 何小平 陈永宏 蒋小平 张安清 季诺千 杜纪宏 王 诚 蒋冬林 姜万全

个体工商户捐款数

捐款 200 元的：丁香远 王浩然 甘有成 李宏生 朱凤翔 周发纪 施正林 严维兰 姚桂芳 杨翠兰 徐建国 陈国根 杨怀锦

捐款100元的：陈爱珍 王桂英 杨纪凤 冷祥富 秦安桂 缪士其 朱龙桂 张加勤 黄克珍 蒋义福 王寅中 姚桂琴 施巧珍 顾兰英 孙春英 曹德林 施荣桂 黄贤明 耿龙群 赵玉兰 王世龙 陈美芳 印宏保 奚国章 朱光东 周才祥 秦荣根 朱锦华 贾美英 陆辉记 李策群 季广珍 毛巧凤 黄明善 黄祥年 张兰英 陆巧娣 张继红

捐款80元的：何广其 方道成

捐款50元的：冯大林 石和平 陆晓敏 李桂芳 王秀珍 张加齐 于德均 于进凯 陈世芳 汤纪根 张发根 奚文华 吴宝斌 赵玉才 司文彬 黄厚材 汤荷芳 聂美英 张克华 印珍美 吴美英 周龙明 杨孝林 杨孝清 毛桂英 曹道仁 陈爱明 印宏章 方学礼 奚荣华 宦道福 宋贞三 宦道友 张永东 范朝贵 张云南 施治龙 郑根明 朱智福 奚荷英 郭凤英 何宇福 刘金仁 黄新章 聂金芳

捐款30元的：张顺娣

捐款10元的：王晓雨

镇机关干部为支援建造幸福大桥捐款数

捐款200元的：孙厚章 朱凤鸣

捐款150元的：蒋模华

捐款100元的：徐炳成 郭宏其 刘如宏 姚 红 郭宏明 王纪根 张金华 吴祥萍 曹加义 刘荣富 王秀英 赵根林 许裕龙 施正钧 季广法 缪士荣 徐品山 陈秋生 施正文 黄昌年 季广银 黄振龙 何广斌 戴凤瑞 何宏圣 杨韶华 秦恒春 陆昌明 王杰华 曹祝平 杨怀平 马国友 闵烈英 高晓明 季泉清 宦建明 丁基珍 宦道生 陈为民 丁克勤 陈廷荣

捐款50元的：杨玉华

镇派出所干警为支援建桥捐款数

捐款100元的：孙荣华 吴宝康 杨恒昌 孙德宏 姚国芳 王昌法

镇法律事务所干部捐款数

捐款100元的：罗 涛 孙厚法

税务所干部捐款数

捐款100元的：印永公 何光荣 于 洋 鄂章宏 何光斌

捐款50元的：黄玉英

银行营业所干部捐款数

捐款 100 元的：杨怀银 周祥贵 吴振其 吴振林

捐款 50 元的：施纪林 倪志银 童秀芳 张维中 戴友仁 王桂美 蔡祥明 徐心中 杨迎春 陈 勇 吴保仁 缪伟明 黄文胜

镇农业公司干部捐款数

捐款 100 元的：黄贤龙 施国圣 匡德贵 徐明生 应龙富 姚光明

镇副业公司干部捐款数

捐款 100 元的：常玉成 印宏早 钱恒华 于华法 曹德友 印兴龙 印兴宏

捐款 50 元的：蒋义荣 印永善

捐款 30 元的：朱孝一

镇建房办干部捐款数

捐款 100 元的：张明云 王忠海 陆廷稳 钱恒富 刘华根

镇工业公司干部捐款数

捐款 100 元的：黄万荣 吴昌林 徐志坤 程智顺 印永根 胡桂保 赵云清 徐怀龙 杨中全 陶 洪 何尔云 杨学龙 谢朝富 陈美凤 刘福元 毛学贵

捐款 50 元的：徐炳文 张小娟 戴巧英 张纪美 何珍英 宋保圣 温顺鹏 严生龙 王鑫林 王宏飞

镇电影队个人捐款数

捐款 60 元的：宋保锡 施治和 凌士贵 顾大春 甘卫国 丁霞兵 甘红梅 唐友萍

捐款 20 元的：吴坤福

镇敬老院个人捐款数

捐款 80 元的：彭少达 蒋模平 周元良

捐款 70 元的：朱宝元

捐款 50 元的：何宇茂 丁基兰 吴荷娣 张小平 姚美兰

捐款 40 元的：王 兰

食品站个人捐款数

捐款 20 元的：曹大仁 刘国庆 杨恒富 印宏生 郭纪宏 王纪龙 孙全扣 张云中 施春林 杨孝玉

物资站个人捐款数

捐款100元的：施正林 魏金龙 周为民 黄俊美 蒋文明

捐款80元的： 郭仕珍 周龙华 王爱春

捐款60元的： 温静云 刘贤华

捐款50元的： 候荣昌 何宇明 孙月娥

镇畜医站个人捐款数

捐款200元的：蒋模林

捐款60元的： 钱泰宏 甘友保 严怀仁 李学良 徐存荣

排筏站个人捐款数

捐款100元的：田德洪 聂有根 梅建荣

捐款50元的： 何士贵 田照生 朱圣贵 田德华 田荷生 吴金龙 田照平 田明龙 祝小春 朱忠祥 宋贞桃 高怀龙 杨建宏 耿昌良 蔡国富 顾大双 赵纯虎 顾竹康 王友财 赵纯根 潘纪良 高国才 王友平 戴友群 周玉龙

捐款25元的： 施大乔 包纪龙 包小龙 贺 军 束广红 秦恒武

用电站个人捐款数

捐款100元的：罗长青 封爱民

捐款50元的： 王永成 耿昌圣 甘兆桂 徐广良

镇交管所个人捐款数

捐款150元的：凌伯明

捐款100元的：孙长保 陈肇贵 杨乐宏 王惠仁 吴纪林 吴跃林

镇医院个人捐款数

捐款50元的： 侯月琴 孙玉静 戴大芳 季成娣 杨贤美 秦安国 杨 红 杨怀兵 陈廷贵 周祥顺 奚友章 杨秀武 王友贵 蒋素珍 朱秀鹏 朱圣才 王小龙 温德勤 陆广兴 丁昌春 袁爱玲 于圣祥 陈道荣 袁文哉 温祥海 杨贤珍 顾 伟 陆会清 陆会成 缪志伟 杨恒堂 叶永成 柳春海 朱月华 罗俊芳 缪士前 黄小春 卢万齐 丁昌志 刘福玲 印月红

镇运输站个人捐款数

捐款100元的：印永华 陈永康

捐款50元的： 严生贵

镇供销社干部、职工捐款数

捐款100元的：李　波

捐款50元的：姜万良　冯玉娟　袁松林　束纪珍　何宇银　程志龙　施荣根　李名权　姚圣亮　徐山林　姚圣祥　童锡生　张晓琴　赵兴云　蔡　琴　耿　辰　王玉华　秦银芳　方月英　蔡惠颖　谭志祥　朱巧玲　孙　琴　黄俊华　陈金凤　孙全红　吴长桂　王月琴　包颖虎　栾其龙　姚荷芳　孙红英　刘国才　朱和荣　蒋新珍　李名栋　施才保　施月琴　杨恒富　祝瑞祥　张　剑　何平中　印锡美　姚恒兰　吴昌华　施巧凤　常月兰　徐怀国　陈启明　毛志萍　方翠萍　印永祥　宦桂明　秦发祥　张广义　张凤仙　徐竹平　顾月萍　朱晓光　于圣春　孔全保　张维国　张守国　包爱民　周苏祥　印永林　陈永明　何宇禄　宦桂龙　郭金根　顾炳伦　郭德华　王小云　常戈章　耿龙武　孙全伟　刘文华　严维龙　顾顺义　姚恒福　秦巧凤　何光明　何跃华　郭其文　吴坤龙　朱锦盘　于中民　张小龙　张志龙　印铁保　王中贵　张英勇　顾礼刚

西来桥镇水利农机站干部职工捐款数

捐款100元的：鄂成根　徐子良　丁基林　唐林森　施正鑫

捐款50元的：杨万全　唐福金　甘有六　钱秀英　徐德华　黄桂林　马高山　杨纪贵　马万林　张兰萍　陆廷岳　何广国　陈炳章　徐贤才　周元财　包长保　王恒银　陈兴保　董德杨　施荣生　周祥其　施正清　赵如山　陈小登　朱光华　刘正羲　陈道龙　韦锡荣　杨怀春　张圣银　于圣留

捐款45元的：吴振如

捐款30元的：陈履兵　许国平

捐款20元的：鄂章敏　周祥春　唐卫红　唐　吉　丁金洪　方道炳　顾忠才　张巧凤

捐款5元的：杨鹤明　丁金宝　王小美　韩国薪　丁来娣　杨建余　杨恒生

建筑站干部职工捐款数

捐款100元的：于圣清　陆锦才

捐款60元的：肖广星　周元明　何光辉　朱刚龙　郭　飞　甘兆明　祝瑞华

捐款50元的：缪士怀　沈正林　江忠选　张凤鸣　李　壮　徐龙英　施巧云　郭　进　于德宏　施桂珍　王贤德　孙全礼　沈正中　孙厚福　甘兆和

捐款30元的：徐纪章　黄贤保　梅存刚　顾纪明　王小春　方礼云　吕祥龙
沈正祥　刘发根　沈正荣

捐款20元的：徐存华　缪士根　洪佩龙　朱凤林　何宇龙　严小华　王建国
蔡长平　杨学林
丁龙保

捐款10元的：沈正怀　马　林

幸福中心校全体教职员工为支援建桥捐款数

捐款100元的：徐建中　杨永林　毛庆华　何光银　王　斌　施正忠　奚华娣
张秉荣　周　文　郭子龙　赵诚琏　吴昌文　张凤琴　朱　萍
施文英　杨仁保　王惠群　周　芸　吴爱萍　张桂华　沈成太
黄毓蓉　施云虹　印永才　何宇珍　陈建军　冯蕙芝　于守其
张云祥　谭九娣　徐广法　童荷芳　朱国生　蔡国生　印士平
黄万明　王开红　王永高　石　峰　贾镇铭　李名荣　应龙海
印宏章　郭美芳　罗珍美　张维成　曹玉芳　秦宏芳　潘大龙
恽静莲　姚圣高　曹九娣　冯巧连　曹必鹤　何邦银　刘春富
周海根　胡佩芬　张家龙　何邦生　杨怀其　朱月珍　韩九红
孙芳林　朱樨堂　张生峰　张发元　耿昌平　陈彭年　韩纪凤
王晓兵　徐子美　钱文彬　姚圣鹤　倪治中　朱昌梅　奚华林
姚华东　孙逸民　何士凤　石宝龙　盛华康　唐福泉　耿其阳
唐福林　何邦桂　曹必纪　杨恒芳　耿昌华　李纪兰　朱长虹
朱长妹

捐款50元的：王　静　洪　梅　蔡义生　曹宏寿　丁昌法　王半农　陈学礼

幸福中学教职员工为支援建桥捐款数

捐款100元的：冯友文　印宏振　陈纪章　戴伯璋　杨恒生　李正梁　毛庆中
杨永才　朱昌炽　薛光源　季建华　丁基荣　童又生　袁文鉴
陈永康　朱秀林　郭宏道　丁武祥　杨小纪　曹德才　祝瑞森
林志宽　于守洪　杨恒运　苏虹云　陈廷华　袁松柏　费网娣
薛金凤　王渊祥　王开清　朱彩荷　祝启政　沈连生　徐　龙
王　琴　吴炳凤　王裕宏　季寿峰　眺恒龙　钱后华　印永翔
陆会红　蒋纪凤　于华良　朱　敏　包志廉　王用佩　葛启贵
杨沛华　黄美英　张邦进　姚恒林　殷晓芳　钱恒平　朱善华
丁益军　陈林桥　冯纪宏　郭纪福　甘兰美　秦法桂　叶　晴
黄习兰　朱秀荣　傅高明　陈天鹰　崔德宽　沈　东　戴　勇
解其伯　冷国基　印　晖　黄厚生　秦自清　陈旭文　司马章
王金保　顾炳政　朱圣勇　赵祥生　王纪保　印兴春　倪正宏

印永平 何邦富 许善荣 丁茂荣 梅芳良 曹玉华 何玉云
郭明贵 吴祥云 于德顺 甘新建 杨尊喜 印美珍 丁基贵
蔡 红 曹佩国 张华萍 赵月娣

捐款 50 元的：季成思 季建中 顾美哉 冷 瑞 祝锁凤 陆翠英 毛志国

能源物资站个人捐款数

捐款 100 元的：方道成 徐君芳 陆晓敏

捐款 50 元的：方正林 何宇玖 朱祥新 吴士林 印永阳 耿龙生

工业原料物资供应处个人捐款数

捐款 200 元的：蒋兴才 何宇年

捐款 60 元的：黄晓萍

捐款 30 元的：王 琴 毛 龙

捐款 20 元的：王惠康 张才福 戴龙其 朱光辉

捐款 10 元的：姚恒阳 薛宏卫 周祥明

捐款 5 元的：石清华 王 茜 何春梅 孟明兰 施翠平 施巧琴

邮电局

捐款 30 元的：陈廷富 叶纪章 石纪根

捐款 10 元的：方广春 王红美 杨兰美 许晓琴 孙林林 石立新 丁建中
许富斌 张定斌 叶万龙 季成文 毛志清 杨晓红 赵荷女

补 充

捐款 200 元的：毛爱萍 支纪宏

捐款 100 元的：印德隆 王朝华 朱章弟 朱章银 王昌华

捐款 60 元的：陈太忠 王云霞 洪佩喜 朱文贵 冯 敏

捐款 50 元的：汤玉银 何月珍 王昌林 郭保金 何大银 何三龙 王玉成
杨纪良 吴志祥 施正银

眼镜厂干部职工为支援建桥捐款数

捐款 300 元的：施正义

捐款 270 元的：鄂章娣

捐款 230 元的：李建明 罗长敏

捐款 170 元的：姚恒华

捐款 150 元的：杨恒万

捐款 145 元的：冯春生

捐款 135 元的：冯国元

捐款120元的：杨怀九　秦发荣　朱宁香
捐款110元的：何朝霞　姚翠平
捐款100元的：陆冬琴
捐款90元的：　张茂生　马国金
捐款71元的：　张建国　黄贤明
捐款70元的：　季芝高　姚圣祥
捐款61元的：　曹德圣
捐款46元的：　周爱云
捐款45元的：　陈金荣
捐款40元的：　冯德良
捐款35元的：　钱佳凤　周祥龙
捐款30元的：　曹德飞　施月珍　韩春娣　秦国方　王　英
捐款25元的：　王玉春　郭纪根
捐款15元的：　陈红霞
捐款16元的：　王建华　王章云　凌桂娣　印兴云　马万红　陶春英　范扣娣
杨晓冬　严和萍　毛庆华　陈加华　季寿华　杨永红　罗鹤娣
蒋模凤　姚翠珍　戴春凤　印永福　陆昌才　陆萍芳　倪爱萍
崔扣英　聂朝红　杨根娣　陈荷美　严菊兰　吴月珍　季亭妹
吴根美　杨月娣　秦利萍　张纯英　谭志红　钱全萍　姚红娣
袁立清　童国宏　冯锦娣　李秀平　朱秀琴　王宏芳　顾美娣
韩云娣　毛秀芳　周　琴　王洪英　陈一平　恽彩萍　宋九英
陆兰美　吴章娣　秦永卫　周爱云　冯　政　严维珍　潘永红
季元忠　陈领娣　王齐芳　李菊芳　郭宏娣　于守萍　郭春凤
徐春娣　朱云霞　丁霞云　施治香　曹月华　王九英　丁鹤宝
韩春峰　盛小凤　朱云娣　季国美　蒋冬美　匡兰美　王晓云
韩菊芳　郭海燕　张月琴　姚圣龙　韦　红　严维英　包勇明
崔友怀　于秀英　施正伟　袁孝琴　李世平

第二工程塑料厂干部职工捐款数

捐款100元的：管加宾　朱宁坤　王立明
捐款80元的：　陆辉林　曹德润　汤书福　施中平
捐款60元的：　陈太友　王　强　包纪圣　朱云芳　陈永福　白纪林　杨军章
曹　银　林先根　徐海蓉　陈建中
捐款50元的：　朱秀华　戴　霞　徐桂兰　钱文惠　宦道俊　何巧云　施大明
冯全胜　陈安明　李春生　毛志敏　李纪凤　施巧云　吴炳福
印宏俊　何正风　徐月琴　王月华　刘贤兰　顾兰芳　石友芳
吴翠兰　陈晓英　夏小江　陈玉梅　范云芳　朱宁章　钱小红

柳纪英　洪　芳　沈俊生　王明珍　季美娣　徐立新　蒋冬根
朱秀珍　陈荷英　孙传芳　杨佩琴　蒋兰珍　王友龙　缪志良
邱吉荣　奚鹤美　朱兴明　张　荣　王　湘　施九龙　谢发祥
耿昌贵　何晓龙　钱恒荣　陈　新　李春琴

捐款 5 元的：曹巧英　朱元琴　季玉琴　奚婉章　杨万明　施正龙　印永贵
顾国兰　王月琴　罗建萍　周红娣　汤云芝　郭美娣　吴秀娟
龙志慧　韩九云　朱昌琴　刘　霞　沈月琴　施大龙　施正娣
施美芳　缪茴英　温习梅

自来水厂干部职工捐款数

捐款 200 元的：包廷贵
捐款 100 元的：程贞兰　陈加富　顾大宏
捐款 60 元的：曹月平　丁基明
捐款 50 元的：练文清　曹良云　陈小凤　何习珍　封爱勤　贾宏梅　施建平
张道坤　张炳仁　丁向阳　毛咬其　陈习珍

电热材料厂干部职工捐款数

捐款 200 元的：张荣桂
捐款 100 元的：王广鑫
捐款 80 元的：曹美芳　倪正生　温顺雨　冷松春
捐款 50 元的：印永和　印宏康　于永福　林志石　朱益兵　冷松华　马万寿
捐款 10 元的：丁红美　蒋　峰　王明谦　甘祥金　祝纪明　郭巧云　王冬生
宦美清　甘年华　朱元洪　陈廷林　王惠俊　陈　建　王琴娣
奚华军　施正国　陈连娣　陈冬娣　冷松兰　钱冬英　王巧玲
奚华兰　毛良美　姚翠琴　严维琴　范爱国　王红芳　张荣女
曹小平　顾炳红　于永祥　朱红兵　周纪美　郭银霞　耿明娣
甘章女　陈道胜　印永祥

离合器厂干部职工为支援建桥捐款数

捐款 110 元的：顾爱华
捐款 100 元的：景鹏仪　陈廷龙　顾章荣
捐款 60 元的：陆昌云　陆荷生　曹德荣　印永义　王　峰　王觉明　姚纪英
梅月琴　吴昌武　吴祥发　王笃飞　曹德余　曹必荣　汪秀珍
黄伯年　施治群　曹必林　杨传根　耿太峰　黄习年　秦国伟
戴友常　赵庆林　戴宽裕　杨学章　赵国文　耿龙云　黄书贵

蔡济才　杨万福

捐款 50 元的：范金凤　陈美春　于仲祥　顾如章　杨恒华　朱光明　孙纪美
季菊华　赵金凤　陈珍娣　王惠余　杨志章　杨桂保　何宇德
刘正寿　陈富生　刘如民　倪志武　马宝根　赵国民　姚圣斌
吴大章　马如英　曹月平　巢纪英　方春英　姚纪凤　毛春红
姚圣春　施正贵　朱月芳　石春英　顾明珍　陈其武　杨巧玲
杨孝南　吴留凤　姚彩英　刘建明　朱圣祥　陈金龙　陈瑞华
周明月　王鹤广　何宇坤　丁巧娣　陆银珍　钱粉英　陈荷英
钱美英　钱桂娣　施正金　王月平　朱宁权　何宇松　吴邦伟
陈大龙　王鹤根　姚恒发　王朝贵　陆广才　徐月珍　梁纪英
朱昌兰　于纪明　吴昌贵　施大云　温静莲　薛安良　魏步华
朱圣华　沈顺龙　程智祥　甘明华　凌伯银　耿兴龙　刘发华
曹德华　陈学林　刘国圣　朱龙飞　郭金林　曹　洪　张荣喜
耿龙波　孙全宏　何兰芳　陈　军　曹加根　陈加荣　赵华良
石明贵　曹圣华　何宇成　顾顺和　蔡宏甫　顾巧芳　陈道芳
郭德全　李天香　沈顺华　施兰英　郑桂元　祝大美　周秀芳
吉德圣　陈宝芳　王成余　施桂芳　于守美　徐月凤　莫纪林
宦龙军　周龙明　吴小平　李冬华　周小平　陆　建　赵金龙
朱宁花　韩文生　朱长青　郭　婷　赵国金　姚九军　杨孝美
张荣华　蒋小龙　吴宏兵　郭银美　周祥龙　曹　森　何　英
戴正国　王贤山

捐款 20 元的：曹德宝

捐款 10 元的：吴祥凤　曹云霞　徐红梅　常纪英　蒋春英　陈月琴　印平芳
韦习芳　朱明月　于金娣　张兰英　朱秀廷　杨纪英　马根娣
朱秀兰　刘贤春　韦庆龙　朱凤贞　赵国华　陈桂华　祝招娣
周大美　王　鑫　吉爱琴　陈太华　钱恒娣　杨荷娣　吴选兰
梅兰云　吴昌明　王桂珍　印章英　徐红军　陈秀英　姚圣明
朱桂芳　李红珍　郭纪明　杨月花　丁义芳　张荣英　缪叶红
胥鹤志　郭金华　伍德明　魏龙芳　王琴香　陈金花　陆美芳
丁月华　冯梅芳　施红英　王荷英　朱纪章　张年顺　朱菊英

捐款 5 元的：施正美　施吉凤　韩九美　朱进敏　夏凤英　甘章英　朱吉娣
蒋恒才　秀成富　吴春兰　王巧云　林　燕　孙道芳　夷登凤
耿彩琴　何桂平　张荣芳　韦习富　方巧云　何大美　吉桂凤
顾兰英　何桂英

铸造阀门厂干部职工捐款数

捐款100元的：何宇圣 洪佩龙 吴纪福 顾昌明 丁霞龙

捐款80元的：陈一飞

捐款60元的：韩 斌 耿 瑛 肖广生 陈志坚 王明小 曹国平 奚纪章 王启贵 周 军 吉荣民 石晓峰 施正坤 陆朝良 宦桂祥 蒋兴龙 季正龙 耿 群 汤益民

捐款50元的：何广法 陈克龙 李纪法 祝 锋 鄂道红 司云华 赵玉法 施荣圣 何宇元 印宏祖 鄂道平 孙厚章 奚文太 奚法章 缪小兵 奚连章 季广汉 季广文 林成荣 毛志高 黄贤清 丁忠鹤 李锦锋 罗长明 黄爱民 奚华贵 冯国圣 刘发怀 戴王英 邱庆华 陆惠芳 朱昌琴 朱萍芳 许美英 季广明 马铁生 李德林 姜福大 汤友春 朱宁红 王自力 朱纪根 朱永生 祝瑞明 朱光伟 倪灯英 韦雪华 韩来娣 卞熙凤 杨春美 徐金月 祝瑞兰 姚恒芳 冯桂凤 陈国庆 顾永祥 陈兰琴 陆迁芳 程侣云 陈立新 姚兰美 于纪凤 黄菊芳 鞠祥先 杨传龙 郭美华 戴月琴 夏志坤 宦建平 张瑞华 徐新春 姚圣荣 奚纪华 陈美凤 蒋兰珍 于圣法 杨恒章 奚华生 丁小龙 张秀芳 周 武 施立新 袁松圣 施 南 王建平 缪彩霞 何 英 吴邦荣 刘文英 朱腊风 施正余 方道根 姚庆华 顾纪才 唐友祥 于桂珍 张云萍 何广军 陈小银 戴永祥 秦永祥 何广荣 钱文敏 陈兆银 朱龙华 朱宁胡 蒋厚银 戴冬华 倪玲敏 杨菊芳 朱建国 张安娥 耿 飞 常月芳 黄兴国 陈纪生 陆全中 施正春 唐尧林 鞠思杰 方礼庆 何国其 宦素珍 倪春美 戴跃凤 王 杰 蒋友良 施大华 徐 琴 何 林 梅月萍 肖大龙 张瑞林 陈 红 袁明娣 周美娣 毛兰芳 戴存英 何宇华 印德其 郭银珍 朱新民 唐福荣 戴永金 洪 梅 常月琴 姚红珍 崔进生 鞠贵先 石小凤 宦春根 何广红 冯 军 李俊龙 宦龙兵 沈 平 袁松茂 陈侣良 吴巧凤 何宇华 姜红良 朱光林 戴玉梅 林爱红 张子休 姚恒才 何爱珍 何章云 姚华鹏 何国金 李 华 汤玉章 杨万康 奚华荣 赵祥云 王承贵 缪桂珍 薛纪英 戴巧珍 张炳福 奚中林 蔡玉成 林成美 叶纪龙 印金娣 倪小萍 应圣华 施正龙 丁玉梅 罗 勤 吉冬根 徐子林 刘福太 蔡美英 王玉英 蔡菊英 顾顺文 何宇福 袁文周 郭德锋 吴 强 沈圣华 李红兵 沈玉堂 郭中福 周苏胜 蒋春龙 张银珍 季玉香 陈正国

汤玉凤 吴昌贵 陈正平 耿兴亚 宦道荣 缪士富 丁霞军
张子龙 李永林 陈志新 董鹤钱 黄国民 徐习珍 宦明法
钱存根 罗长飞 梅仁开 耿志贵 季广春 常月华 梅兰芳

捐款 20 元的：张月香

毛纺织厂干部职工捐款数

捐款 100 元的：孙有高 曹金盛 宦龙海

捐款 60 元的：胡纪林 巢树仁 陈明华 杨孝金 韦兴荣 张 平 朱明芳
王广华 常月萍 顾习芳 印宏群 钱习平 朱龙章 肖广根
毛爱萍 曹 红

捐款 50 元的：蔡铁富 黄贤龙 朱如龙 曹必芳 常国群 曹德文 何腊梅
张庆红 张春芳 陈美梅 韩银娣 朱月琴 包桂娣 蒋金美
何月芳 樊纪珍 王习梅 王纪美 朱兰萍 包桂兰 樊桂英
陆习珍 王桂英 李春兰 毛小萍 施春兰 孙美英 杨万美
吴昌英 王建月 杨晴文 王纪平 奚鹤娣 胡克芳 祝纪英
何章娣 王菊珍 戴海勤 秦领娣 蔡根娣 郭余美 严小萍
杨 燕 赵巧凤 印兴美 马冬女 张翠萍 朱兰芳 陈秀红
陈红美 陈菊芳 祝兰美 冯根娣 陈美芳 年四萍 朱元美
陈月珍 徐福英 李章英 马珍娣 戴纪英 张桂珍 杜金娣
朱翠凤 姚咏香 印春英 李其女 包小美 甘绿萍 童忠勤
缪桂芳 焦纪华 陈学师 王笃良 刘玉阳 杨恒平 李良金
高保才 季四龙 孙道林 周元荣 张荣明 方文才 焦纪华
戴荣海 朱法顺 何月华 戴正云 张明女 徐菊英 孙征芳
王桂兰 毛秀美 施大芳 陈秀勤 施月红 常云霞 陈桂娣
何美云 于 红 郑根琴 曹纪红 吴春红 吴彩兰 杨友珍
杨万珍 施政凤 周祥凤 杨爱琴 施红美 秦春娣 魏小美
唐 珍 韦 杏 方月萍 张政英 吴章红 何章梅 支国平
蔡林美 石贞娣 何春美 童荷香 任月华 冯月勤 孙美珍
丁基英 温德荣 郭德丛 梅仁芳 于兰珍 魏玉珍 袁桂兰
束元兰 郭宏梅 王莲英 于纪英 丁桂英 支萍芳 何尔凤
刘春娣 伍云兰 印彩勤 石春娣 沙美芳 施红美 朱春月
蔡春女 何春英 张庆兰 施春芳 伍秀梅 王永芳 许 勤
宦凤琴 何宇华 孙秀兰 耿彩华 王鹤云 余冬勤 卞怀芳
钱存美 常翠勤 姚童娣 姚金英 胡金芳 许小云 印艮娣
郭平芳 陈爱勤 甘荷兰 郭 平 郭艮生 何庆华 于忠庆
朱明珍 巢云美 丁桂芳 吴长生 杨红芳 倪纪春 潘永华
韩菊芳 李冬凤 陈兴让 杨礼发 黄松年 李爱群 张茂芳

张加广　何留英　郝国珍　张永龙　解美珍

捐款 15 元的：姚纪美

捐款 10 元的：蒋恒才　张瑞云　秦巧娣

捐款 5 元的：朱　萍　张莲平　支冬英　王建华　杨永娣　印彩霞

电镀厂干部职工捐款数

捐款 100 元的：毛建荣

捐款 80 元的：吴国珍　陈晓华

捐款 70 元的：缪志凡

捐款 60 元的：毛建贵　毛志祥　黄美芳　窦德福　罗先华　何尔林　倪章娣

捐款 50 元的：张生华　程志美　陈学琴　陆昌美　王荷女　蒋丰文　刘正章

陈国华　练亚平　蔡祥海　胡克兰　李兰英　杨云霞　何双荣

陈桂琴　陆昌友　张巧风　戴国平　黄书龙　陈宝银　吴丽娟

莫志华　韩春华　张其兵　陆顺明　于圣祥　焦宏法　高小龙

石巧云　陈廷桥　王文善　沈纪怀　郭银凤　秦德贵　何桂娣

何宇林　陈华伍　温顺方

捐款 30 元的：季广才　徐怀银　陈正龙

捐款 20 元的：樊桂芳　李明华　吴纪忠　缪士龙　窦方琴　陈永国　王冬云

徐丽清　陈桂凤　卞习生　朱宏霞　戴纪友

毛纺针织联营厂干部职工捐款数

捐款 100 元的：朱圣万　施大荣　耿昌明

捐款 80 元的：吉秀华　姚广良　朱长斌　姚祥龙　苏文洪　徐习金

捐款 70 元的：姚瑞勤　赵裕前

捐款 50 元的：芦开美　姚银娣　吴荣根　印银娣　程纪凤　朱洪斌　匡永红

祝云香　杨月琴　陈红芳　陈廷女　赵美琴　周玉珍　田荷英

施小芳　余秀华　陈礼梅　杨天娣　袁念飞　陈　琴　张秀凤

吴菊芳　王清荷　奚华英　伏桂英　马琴芳　缪志海　姚春英

捐款 40 元的：陈美芳　袁桂凤　吴金娣　陈志英

捐款 30 元的：徐子贵　朱圣明　徐月仙　杨　萍　印永扬　印冬云　朱红美

印荣美　何　琴　王习珍　朱凤英

捐款 20 元的：张大庆

捐款 15 元的：李超荣　邓晓玉　高玉菊　宋春美

扬中电信器材厂干部职工捐款情况

捐款100元的：孙长保

捐款60元的：王建康 朱宜宏 梅 鲜 孙厚琴 陈美芳 陆昌银 陈太荣 陈廷兰 孙长林

捐款50元的：唐国民 梅 香 石尚云 陈月平 姚永年 陆顺建 钱恒律 徐君华 毛祥圣 栾金芳 何尔平 孙长宏 王世祥 杨恒才 蒋丰清 陈永胜 梅仁国 施治美 曹冬芳 王春英 杨菊芳 陈廷芳 姚贞女 姚恒美 吴俊龙 杨纪美 鄂友娣 石春梅 樊兰芳 陈革联 陆 玲 魏习华 杨万琴 郭宇凤 陈福彬 毛国平 徐习芳

捐款20元的：蔡振基

捐款10元的：潘金年 丁霞林 陈吕富 支纪寿 吴伍英 秦桂娣 黄步明 施巧云 高来娣 陆巧珍 黄桂凤 杨珍美 孙春娣 张小琴 杨冬娣 杜月琴 丁义怀 顾巧美 王兰章 范春兰

标牌厂干部职工捐款数

捐款35元的：丁基恒 陆昌金 王贤生 梅建华

捐款30元的：陆昌太 杨怀梅 施大平 顾大华 张九明 刘和平 刘发荣 (33.00)

捐款25元的：施中军 王寒金 (22.00)

捐款20元的：倪双庚 施周明 何宇才 丁义和 印小宏 杨兰琴 李桂芳 张菊芳 戴友岚 王岚美 戴春英 姚瑞兰 王桂琴 杨桂珍 王荷娣 刘章英 耿友娣 陈巧云 栾桂娣 朱美琴 孙权云 温巧云 印瑞英 王桂凤 何兰女 施巧英

捐款15元的：印兴琴 夏友文 曹 峰

捐款5元的：朱昌云

恒温器厂干部职工捐款数

捐款100元的：温德明 闵正明 潘大贵

捐款60元的：吴佼华 潘志放 杨恒法 崔友和 李林中

捐款12元的：吴习勤 张勤芳 施习红 潘美勤 印永兆 芦兰芳 闵正章 潘志福 王贞娣 张荣鹤 莫志清 朱圣洪 顾顺法 季成根 朱伟庆 吴守峰 王永中 温德俊 何卫东 严怀中 严伟明 潘志洪 郭宏根 朱宁生 顾 伟 戴习萍 黄克芳 丁正根 陈 梅 金美玲 韦鹤春 黄书明 黄春芳 叶美芳 崔友兰 戴 平 孙月红 梅九芳 陆兰英 杨恒芹 郭巧珍 邵秋珍 张程美 严来娣 杨忠兰 刘 红 陈 敏 吴春芳

合成材料厂干部职工捐款数

捐款 250 元的：王奎荣

捐款 150 元的：刘玉龙 朱长兵

捐款 100 元的：徐志清 莫爱民 葛玉平 徐华美

捐款 50 元的：李 平 高红霞 陈奇林 陆朝华

铅锡合金厂干部职工为支援建桥捐款数

捐款 100 元的：黄圣东 何小龙 黄步华

捐款 80 元的：朱敬时 王立阳 张永禹

捐款 50 元的：印德勤

捐款 36 元的：宦春美 施正法 吴新友 郭宏美 姚春芳 朱凤云 王玉萍 何 萍 祝桂娣 杨晓春 陈习萍 贺德华 毛巧英 季燕云 沈云凤 孙金兰

捐款 34 元的：许春美

汽配四厂干部职工捐款数

捐款 100 元的：白纪根 朱龙祥 陈金莲

捐款 50 元的：张荣圣 朱万元 耿春美 蒋友云 陈兴保 戴友龙

丝绸服装厂干部职王捐款数

捐款 100 元的：陈信芝 黄圣权 陈道本

捐款 60 元的：印小龙 朱益平 朱长生 朱长明 印永兴 印世根 姚光平 朱孝贵 何广龙

捐款 50 元的：何士琴 朱智深 韩春宏 印宏兰 朱益伟 奚华女 印小美 朱明芳 常莲英 何尔文 孙月华 徐金娣 包勇银 何光明 赵荷英 孙小美 吴爱琴 杨纪兰 耿红娣 王明珍 陈小芳 王月萍 江祥芳 耿纪美 于守琴 姜红美 倪巧云 王洪芳 顾菊珍 顾菊勤 印荷凤 张秀春 陈纪美 唐 红 方道萍 方良珍 戴杭英 戴春琴 郭美芳 刘贤妹 郭宏生 黄习平 陈华彬 陈永勇 石纪明 黄习珍 施小波 杨国凤 姚彩琴 赵兴敏 常翠华 姚金凤 程智芳 张金凤

捐款 30 元的：常翠芳 刘 萍 常小本 魏金华 钱红珍 徐巧玲 张榴红 王月琴 曹桂凤 马素萍 韩春霞 吉腊凤 许春芳 戴正霞 张庆美 周月美 朱月芳 印珍娣

捐款 5 元的：周美琴 王小香 徐巧云 曹月琴 季彩红 耿习华 何正琴

汽车灯具厂干部职工捐款数

捐款 80 元的：冯小祥

捐款 50 元的：钱纪平 姚圣荣 苍广银 胡来娣 芦礼国 胡根娣 陈太林

东来村干部群众为建幸福大桥献资数

捐款 200 元的：魏步荣

捐款 80 元的：姜万龙 王朝勤 张金根 季广章 戴荣根 赵勋阳 包智宏

捐款 60 元的：何正文 孙全福（65 元）张美芳

捐款 50 元的：袁立华 蒋继常 姚巧娣 孙启龙 张友荣

捐款 30 元的：耿龙章 张金福 丁武才

捐款 25 元的：姚恒法 石文龙 张 平

捐款 20 元的：姚步才 姚恒富 姚恒海 奚利荣 周金荣 顾顺富 郭长林 印永福 姜友生 钱金宏 施正荣 耿太林 栾永丰 印永金 张荣发 张纪生 赵克龙 印永祥 姚光法 王金贵 姚银娣 孙全香 孙美勤 戴杭妹 杨 勤 包秀云 姚惠莹

捐款 15 元的：程庆南 姚步元 盛习高 姚圣网 姜士根 姜士银 奚利春 王恒生 莫纪龙 聂昌仁 包拥华 姜美英 张甫宏 何士龙 汤德保 孙永生 孙广林 陆恒富 张龙根 季成海 于士龙 袁道明 邱银生 何士富 季广龙 王朝龙 季广东 何正明 孙厚祥 张道生 林志石 施正发 印纪林 姜万华 孙全民 孙厚明（17.5 元）何正芳

捐款 10 元的：姚步圣 姜士俊 姚圣银 姚圣和 姜士龙 姜万林 姜福保 奚恒友 陈明女 赵勋华 包信保 金富荣 姚茂龙 孙全扣 孙厚明 程正兰 姜万寿 徐志良 徐怀银 顾弥高 严生贵 何士荣 朱彩云 陈义忠 张龙华 邱习生 邱吉民 施大林 钱厚华 王巧云 王朝华 何士康 张纪宏 施光裕 印永长 汤道龙 毛祥龙 赵维钧 姚圣金 曹长春 叶凤英 季亭凤 张大成 蒋宏道 张荣泉 周元才 姜庙成 孙厚雨 戴凤英 包礼保

捐款 5 元的：钟全金 石明富 季国先 赵勋宏 陈南章 聂昌和 莫纪华 莫纪林 包拥民 韩巧云 孙全礼 李明章 顾昌银 何士林 何正贵 赵凤英 何士贵 孙中富 邱兰英 顾大华 何士凤 常兰英 丁国平 丁美凤 葛启贵 李永林 李 平 沈玲芳 王广鑫 孙有高 王会俊 梅存才 孙全龙

南阳村干部群众为支援建桥捐款数

捐款 50 元的：黄嵩良

捐款 40 元的：胡克海 肖广银 奚传惕 孙全荣 卞春林

捐款 30 元的：吴礼廷 吴章林 苏长明

捐款 25 元的：孙德金 王伯生 杨礼华 孙厚春 杜金鉴 王存礼 石春和 唐福银 吴章云 （27 元）

捐款 20 元的：蒋其舟 孙德保 耿巧明 奚傅淳 祝伟民 姚圣坤 陈仁才 张荣鹤 严银宝 冯义华 朱纪龙 严怀云 倪纪根 羊礼华 奚利明 徐凤兰 施正贵 丁武飞 耿昌明 孙厚友 杨鹤明 徐广成 祝伟忠 杨怀春 耿昌鹤 秦安宏 王玉珍 杨学书 孙圣财 蒋其鹤 王永武 唐福根 曹加荣 （22 元）

捐款 15 元的：孙明富 张巧云 李美英 杨传明 张家金 孙厚泉 杨怀坤 杨怀兵 王永其 丁基贵 朱锦华 范选云 姚恒才 王明仟 石福祥 刘怀荣 戚金明 耿昌友 王广富 孙圣荣 耿昌富 耿昌华 王玉鹤 何广福 施荣根 何广财 严维根 徐小平 徐月萍 徐四平 何邦章 陈启龙 何邦圣 杨鹤良 艾海华 徐义明 陈纪春 宦金龙 唐纪保 董德鹤 杨纪林 唐和生 唐 坚 蒋月华 蒋吕成 许国成 徐广达 徐金亮 王俊华 王俊明 郭如发 张生华 耿昌银 （16 元） 耿昌荣 方国春 艾俊海 姚圣元 徐怀青 施正邦 陈纪林 童金隆 王加成 耿昌富 孙圣富 陆春法 郭如贵 张生明 倪玉和 王永龙 朱伯才 陈步林 蒋桂平 薛纪明 蒋桂银 耿其发 冯全林 陈其高 冯全银 冯全挽 耿昌发 耿昌寿 崔国金 杨怀义 杨恒兰 刘加根 张加才 耿其发 王永贵 杨全春 张生荣 杨全斌 王明喜 王明清 杨志林 曹必根 许国银 于阳明 王玉章 耿昌明 崔德顺 陈兰芳 朱国齐 范选云

捐款 10 元的：倪治富 杨传龙 顾来娣 杨怀兵 杨 云 杨怀珠 张加广 李龙山 奚传堂 朱锦法 朱秀章 胡克桂 胡金生 刘福保 吴 强 潘廷发 童兆龙 唐纪明 唐福荣 孙厚德 王玉如 耿龙顺 施纪英 施正福 徐怀林 刘和平 陈小龙 陈斌银 石明根 肖广伟 王忠悔 刘怀富 冯中汉 许开龙 高纪明 王文海 王永兴 丰永发 徐广林 严怀明 陈廷荣 朱锦发 陆习年 陈纪英 费美英 徐桃美 陈廷凤 杜兰芳 冷四英 张留女 施纪英 胡克成 胡克已 石秀英 何根娣 严怀兰 耿龙美 顾巧珍 丁章美 唐鹤女 朱秀珍 骆秀英 王月芳 徐广兰 唐纪云 姚圣章 陈美英 祝春美 胡金生 耿龙祥 唐国兴 徐扣章 何邦华 奚金娣 胡金莲 戴友英 杨春娣

捐款 5 元的：倪治风 杨　晖 张家勤 施爱珍 张家龙 倪金保 童兆贵 王明生 黄松良 陈廷栋 王华林 杨礼华 沈桂兰 石春荣 艾海荣 肖广根 陆小美 蒋昌罐 许月珍 何巧凤 倪美英 陈美芳 杜银芳 刘荣花 徐兰英 何巧英

曙光村干部群众为支援建桥捐款数

捐款 100 元的：郭宏金 杨恒贵 姚怀荣 周月萍

捐款 80 元的：印德富 郭金富 陈履圣 杜瑞璜

捐款 50 元的：赵政海 姚纪章 薛纪章 施纪琴 钱明兰 曹桂芳 贺桂英 印秀美 陆刁挂 何小美 孙根娣 曹章娣 戴菊英 曹纪英 包纪兰 王章娣 秦桂珍 窦兰芳 窦桂英 窦春英 倪兰英 毛祥林 常大龙 施正齐 朱菊芳 施纪章 朱秀文 樊纪明 朱金璜 毛祥福 印宏兰 曹巧英 毛　芳 严华贵 孙纪龙 陈雪萍 倪美娟 曹纪美 黄士根 施正海 姚广龙 黄士福 印宏太 印宏忠

捐款 40 元的：周加和 魏文富

捐款 25 元的：陈履春 姚广茂

捐款 20 元的：施纪英 孙小龙 何尔明 曹加根 李茂林 孙德林 孙德龙 张明根 朱永圣 陈恒章 毛祥荣 樊维宏

捐款 15 元的：石纪明 朱龙祥 周云菊 窦方贵 窦方荣 王广龙 姚怀荣 常润生 倪治宝 魏金贵 孙纪龙 陈余明 朱选政 封宝康 李明荣 陈正龙 张元德 郭金华 支纪英 端利本

捐款 10 元的：石剑林 樊爱国 倪兰英 陆维英 黄桂荣 姜万坤 姜万荣 石宝龙 黄士福 姚广龙 施纪琴 范宏生 焦纪华 杨怀道 周宝根 施正余 孙明伦 孙德福 姚怀华 巢金荣 巢庆贵 包怀良 常大龙 施正海 潘金保 朱锦璜 朱锦成 何纪宝 包荣圣 包长保 孙志伦 包长寿 胡纪林 樊爱民 施正法 甘友六 陈恒法 印宏忠 贺德华 赵政海 贺德富 黄士保 刘金贵 印宏太 倪治宝 朱昌富 李建明 黄书成 黄书明 贺德林 毛祥贵 毛祥圣 黄士根 端宏法 郭金其 周龙怀 戴茂东

捐款 5 元的：石纪群 杜瑞璜 包小俊 何尔平 赵啸清 张明政 赵云清 魏春芳 毛祥林 季六珍 毛祥喜 张老三 窦德富 陈书华 黄书龙 杨怀根 范宏章 范兰凤 陈桂英 缪长生 印宏奎 贺桂英 施大荣 王小龙 王长林 朱锦仁 薛纪章 包继春 毛庆华 包长明 印宏兰 张元南 包启龙 包启章 包廷贵 王桂生 赵云霞 樊纪福 何纪富 樊爱彬 周加和 杨恒贵

印德富　郭金富　郭宏金　黄书贵　李明华　朱龙章　印秀美
徐秀珍　郭金林　曹纪英（2元）

福星村干部群众为支援建桥献资数

捐款300元的：姚八斤
捐款100元的：陈纲根　赵荣根　罗君才　曹德才　应龙富
捐款80元的：何宇福　王立荣　徐义贵　陆昌贵　施正法
捐款50元的：杨荷英　耿秀兰　张大龙　梅纪芳　曹德富　吴法福　吴跃庭
倪中章　施为民　吴超娣　杭兰美
捐款45元的：胡下其
捐款40元的：季兰珍　徐桂凤　卞美琴　杨桂芳　梅兰芳　胡明娣　蒋习珍
施云芳　孙大贵
捐款30元的：丁基嫦
捐款25元的：曹明进　束长华　何伯明　何建荣　姚广其　徐小贵　倪中华
王根宏　陈兴民（28元）
捐款20元的：曹明才　曹明山　施正顶　陈道华　沈纪宝（22元）陆昌银
杨网英　韩忠才　韩纪章　周　权　施兰英　陈天和（21元）
曹桂琴　姚响娣　芦纪凤　曹腊梅　祝为福　姚广龙　施正熙（21元）
曹正荣　朱大林　陈天钦（21元）
捐款15元的：陈其广　施大桥　王兴元　陈兴育　陈兴让　杨恒富　郭中怀
许林富　程礼贵　印宏春　印士林　毛发和　陈兴保（13.50）
施周华　陈忠法　姚祥喜　程礼君　陈廷贵　许善华　侯长富
刘双祥　贾金银　陈天昌　束长荣　曹德富　吴法才　徐小法
施正仁（17元）吴正胜　梁宝祥　何宇五　徐新法　徐新林
耿昌英　施正己（16元）朱圣华　曹金圣　王兰英　耿昌良
朱圣富　杨学林　于达章（16.25元）姚祥武　朱指寿　姚兰英
卞元福　束长法　王忠银　于达良（16.25元）姚广华　方连生
郭德荣　姚瑞勤　姚祥彬　王根富　于达成（16.25元）何宇峰
陈正荣　常本贵　施大本
捐款10元的：施正龙　施正德　施正林　施光礼　陈其达　何春娣　王兴章
姚祥宝　姚祥良　姚祥龙　王祥贵　王士平　吴跃龙　马兰女
杨纪英　冷松华　温顺女　冷松兰　印宏保　李正柱　吴宪宏（12.5元）
何尔明　施周民　陈道文　何宇其　李良根　赵裕山　王立华（12元）
姚广善　杨孝顺　扬孝荣　杨孝林　谢发荣　包纪龙　许志法
施光璧　施正金　贾习林　贾小林　耿兴华　张桂英　曹立新
束长明（13元）陈天桥　陈天林　卞西达　金菊容　曹德宏
张桂女　何宇法（12元）沙小荣　李秀芳　徐桂英　徐桂女

倪纪芳 吴法章 罗彩英 何宇洪 曹德平 束长富 束发祥
束发泉 周小羊 秦恒春 耿昌良 (12.5元) 秦恒贵 施纪林
施中军 郭小宏 朱圣宏 钱太和 钱恒生 田明龙 朱圣才
印宏森 丁基嫦 杨学良 洪士荣 杨学章 朱圣国 陆昌金
王素珍 贾正章 吴荣林 胡桂荣 徐娟凤 朱圣中 卞元寿
束长余 姚广林 姚祥贵 姚祥章 郭其文 王忠林 王根民
赵裕前 杨石斤 罗赞章 陈纪华 郭忠贤 姚祥法 施大明
陈正良 印云龙 常本富 谢金发 陆巧珍 陈其章 施周平
施大章 (11.5元)

捐款5元的：陈加林 陈加华 陈加贵 陈加荣 施大平 (7.5元) 陈加明
王　强 张瑞华 王立阳 吴纪林 冷松春 施正前 (3.5元)
王立龙 冷松龙 程礼荣 李正梁 吴志英 李习兰 陈明祥 (8元)
刘　俊 杨孝清 石美英 程智网 许善才 李良金 刘发华
施正武 程　颖 曹必峰 曹必祥 曹　微 曹　彬 施正权
陈和国 (6元) 何徐氏 曹国英 陆巧娣 曹菊英 曹　云
徐秀芳 范红梅 (7.2元) 田德华 徐子贵 田正元 周　军
田荷生 束发明 于达荣 (6.25元) 施超英 王桂英 王国民
施春林 朱指春 吴昌圣 吴荣根 朱瑞连 陆昌泰 耿纪春
张正林 赵裕法 王忠贵 王根荣 姚广权 吴玉琴 吴跃华
陈道华 陈忠贵 杨孝玉 杨孝金 刘发根 刘兴权 陈纪龙
陈吕明

北胜村干部群众为支援建桥捐款数

捐款350元的：张圣华
捐款300元的：张立才
捐款250元的：耿纪林
捐款100元的：秦荣根 何宇根 蔡连生 陈兰庭 蒋巾富 蒋小根 黄国民
田明生 盛锡龙 郭礼龙 蔡国祥 黄克龙 李建根 盛锡章
吴金贵 宦龙生 丁春桂 杨怀本 杨恒益 王永根 朱锦兰
捐款50元的：姚永刚 张克和 方文德 吴善余 印鹤朋 俞太龙 何宇章
黄步康 丁洪明 奚华连 王兰美 郭宏美 赵小云 杨孝伦
杨桂凤 徐巾华 陆　敏 杨祥友 杨　林 陆明生 杨忠云
印宏根 宦道福 徐品康 施周银 方荷美 姚恒兵 朱圣龙
朱国志 印永华 沈伟章 沈伟民 施周祥 印同娣 韦长根
杨怀中 吴祥龙 宋贞荣 (52.8元)
捐款40元的：吴龙章 李腊狗

捐款30元的：盛锡林 薛加荣 耿龙宝 杨怀凤 何尔青 潘克龙 张青俊 杨恒贵 于兴贯 郭美琴 张荣生 朱月萍 叶玉萍 黄书绅

捐款25元的：杨 建 郑灿文 张振贵

捐款20元的：杨恒昌 赵恒友 张巧娣 甘红芳 吴金龙 何宇龙 杨万风 张荣生 张 勤 何根贵 宋根英 田生和 耿益群 蒋四保 钱太华 张惠生 常纪林 于福刚 丁春贵

捐款15元的：张广林 印永林 戴小三 于纪英 罗俊明 施兰芳 顾荷生 印士昌 印士华 何尔昌 杨小贵 蒋宏明 盛锡荣 周才祥 朱国志 秦荣根 朱善阳 陈来生 支洪章

捐款10元的：徐志文 朱忠祥 李铁章 张英勇 陈新章 蔡国生 封铁根 蔡兆芳 浦长林 杨恒福 朱圣贵 朱圣龙 马永根 丁纪美 蒋长保 张巧玲 钱玲娣 徐习珍 钱月华 钱太龙 钱太银 张广元 曹桂珍 朱高贵 蒋锡生 周月琴 陈春英 罗文富 朱 林 吴国仁 杨建珍 魏月华 朱凤英 田明春 朱纪龙 赵冬娣 姜菊芳 印春芳 郭宇强 冯菊英 冷章凤 梅留英 沈大宏 施吉娣 王小平 施正平 吴国元 吴美凤 施大荣 施大朋 陈美英 杨建根 蒋兴益 何桂兰 徐友兵 朱贵根 张芝本 印宏芳 张爱明 蒋宏春 李 芳 何兰英 王菊香 姚桂珍 王承富 朱孝先 黄政华 钱甫龙 于福寿 于福刚 施正清 盛纪华 冯桂英 张广法 黄永年

捐款5元的：朱光美 杨 玲 杨怀仁 张荷娣 朱山章 宦小敏 宦连臣 方老九 陆根娣 姜世梅 孟小章 蔡兰萍 张萍华 顾 涛 何光友 何光敏 蒋兆林 蒋兆银 蒋桂香 韦 丽 周明芳 王月红 张顺义 王中才 王保全 蔡德润 石裕春 印春芳 蒋长明 朱光会 季兰芳 叶长桂 宋保圣 朱巾盘 郭章英 耿龙章 吴善余 石桂英 吴春英 薛加荣 杨恒芳 姚月芳 包纪美 杨恒平

双三村干部群众为支援建桥捐款数

捐款200元的：蒋道法

捐款160元的：王立贵

捐款155元的：吴祥坛 吴祥根

捐款150元的：胥昌良

捐款135元的：杨恒平

捐款120元的：陆昌明 赵龙祥

捐款115元的：杨怀峰

捐款110元的：杨纪明　胡克文
捐款105元的：严发华　毛建荣　郭林美
捐款95元的：　戴忠宽　黄后生
捐款90元的：　陈宝文
捐款85元的：　陆　云
捐款80元的：　孟小平　蔡振才
捐款75元的：　蒋云芳　吴彩龙　赵永洪　陆昌桂　周祥安　黄克才　孙其挽
朱巧云　冯月美
捐款70元的：　季华美　马国海　朱长云　毛纪珍　陆桂英　蒋道龙　陈太勤
常玉兰　徐学平　王吉娣　李银女　陈长美　李太福　张跃云
陈安林　俞太桂　姚美容　唐纪红　吴志龙　凌纪松　陈太春
蔡祥辉　俞平华　宫菊芳
捐款65元的：　蔡振芳　梅兰英　朱圣祥　陆明阳　周瑞珍　张才美　严翠华
何珍美　冷桂珍　郭纪明　包留英　吴祥美　吴祥文　陆纪春
常玉华　蔡安兰　倪祥美　秦国美　蒋兰兰　朱宜凤　秦兰英（67.5元）
马国银　周兰美　张巧凤　王明春　梅建友　严小来　冯小芳（67.5元）
叶纪凤　唐纪美　蒋道鹏　卜祥钧　张荣桂　张才富　王巧英（67.5元）
捐款60元的：　张金胜　唐国美　姜桂平　梅良女　陈永芳　石明坤　蔡其友
潘银珍　戴荣女　陈道金　何平权　王中权　薛巧英　蔡华美
马万琴　徐宏美　包志友　陈台珍　黄克生　吴坤海　周祥友
吴志德　蔡其华　姚美凤　王小美　邱良凤　黄子英　钱美娣
陈太风（63元）陆顺琴　陆明珍　俞正明　戴祥跃　陈太元
赵菊芳　蔡春芳（63元）李秀珍　周祥福　王小根　黄贤珍
赵春兰　陆昌琴　常吉兰（63元）庄兰英　蒋习美　于来娣
戴明女　马来娣　陈玉林　龚贞琴（63元）陆桂平　黄怀年
姚三美　严小毛　吴小其　胡克勤　俞来娣（62.5元）龚志荣
徐　平　朱巧玲　朱兰美　吴永根　陈金娣　崔菊英　庄月红
夏鹏飞　施周华　胥国圣　沈玉才
捐款55元的：　龚贞龙　毛兰芳　赵春娣　黄克琴　蔡德生　李月华　胥根娣
陈美英　冯金凤　张桂凤　张发根　韩书珍　李永祥　孙琢富
张云彩　陆纪福　丁习贵　曹　云　王春凤　徐凤珍　凌习美
凌登明　陈新娣　孙长根　吴志清　陆顺美　肖纪芳　马国强
捐款50元的：　徐其美　高明珍　王文生　包大龙　陆　英　黄吕娣　贾习珍
胥巧英　吴来娣　吴彩娣　陆顺和　郭纪银　顾兰美　冯秀英
李　梅　曹　娥　戴宽银　吴彩云　陈永忠　石广兰　丁兰英
王美英　陈太银　杨义云　常领珠　朱领娣　马万新　凌柏权

蔡祥荣 吴成才 周顺龙

捐款 45 元的：刘加成 赵宏明 周春英 耿太龙 包兴凤

捐款 40 元的：郭纪娥 俞秀珍 俞勤娣 王淑萍 蔡文美

捐款 35 元的：戴祥华

捐款 30 元的：蔡习华 汤珍兰 凌桂女 黄步连 奚彩娣（33 元）吴坤发 严生海 周顺林 朱银生 顾登桂 俞正寿 吴爱银 姚圣财 姚茂松 姚茂林

捐款 25 元的：冯纪英 蒋道宏 张长林 王立生 常广万

捐款 20 元的：王立网 朱荷英 姚恒贵 黄步达 高志林 朱贤明 吴祥贵 耿龙保 黄成福 胥昌荣 赵圣龙 王宏法 季桂芝 陈兆芳 陆纪章 戴祥茂 陈太富 俞太林 赵祥明 蒋义福 陆友坤 钱彩金 王洪武 陆纪山

捐款 15 元的：姚庆广 陈永德 陆友华 秦长高 周元筛 黄纪福 吴坤连 朱宜才 沈玉根 马国章 黄纪林 王中良 吴先才 吴先荣 马万福 蔡德生 朱锦凤 蔡其兰 沈玉华 唐如生 梅建福 杨怀章 张跃林 王金龙 周顺贵 陆纪林 胥林生 彭霞林 蒋冬美 杨怀银 季玉兰 黄后兰 吴祥圣 赵宏生 王明桂 张志云 凌伯章 王明生 朱和富 汤勇泉 陈永华 陈永才 瞿彩金 朱广富 钱文彬 戴宽裕 刘荣春 钱文南

捐款 10 元的：朱林森 蒋道法 徐祥龙 陈天章 徐志英 黄礼保 蔡振龙 黄纪章 蔡祥富 沈祥友 蔡其龙 蔡林生 黄贤珍 王凤英 张明富 严生宝 杜福寿 严巧英 朱宜根 王如才 戴中柏 蔡振基 王友贵 孙长林 耿龙生 耿太明 张志修 黄厚福 唐如章（13 元）彭遐明 卞兰英 凌伯明 陈永林 黄贤清 黄贤龙 杨中银 杨怀荣 朱美芳 周凤英 黄贤明 王源泉 王明祥 黄厚财 蒋道银 陈太山 韩美英 朱和华 刘荣平 严纪贵 王恒银 洪爱明 陈大龙 秦雪昌 钱彩福 曹兰英 刘国圣 赵祥银 陈太余 陈宝章

捐款 5 元的：方春英 吴阿珍 王春英 常玉成 马国友 梅建华 朱宜法 戴六英 王平男 陈志美 胥鹤子 沈玉堂 郭仁寿 孙长保 孙长红 毛建贵 王鹤年 季泉清 朱凤珍 季桂珍 吴志珍 杨登富 庄长发 王寒银 施美珍 俞正海 俞太保 陆昌云 陈永龙 姚圣祥 刘荣富 陈太华 陈永勇 陈永勤 陈宝荣 陈太荣 赵三林 洪良女

东进村干部群众为支援建桥捐款数

捐款 80 元的：郭宏狮 吴振才 袁正鹤 梅芳才 吴纪挽

捐款 50 元的：李正华 陈兴风 高吉贵 李学林 陈昌林 冯纪灯

捐款 30 元的：常恩山 陆熙元 季广如

捐款 25 元的：李学良 周玉广 于圣章 栾永芝 赵龙才

捐款 20 元的：李学林 樊永其 朱樨堂 朱称亚 甫桂英 何广荣 杨忠成
顾顺文 顾顺和 张永明 包兴贵 包兴龙 吴振章 陆熙芝
冯伯华 季广贵 顾顺林 张明道 包志南 吴祥明 唐秀平
张明龙 李 华 吴友才 陈春元 张道平 徐腊芳 顾顺齐
陆纯发 杨恒美 祝瑞福 印德荣 包志怀 陈如福 印永富

捐款 15 元的：冯伯平 袁正鵖 卜朝阳 孙全荣 潘铁网 蔡铁根 蔡铁富
朱如龙 戴贤春 陈如龙 周元华 陈篩其 邱长友 常恩元
何广其 秦安琪 季正贵 季正富 吴保仁 张铁良 张加贵
张加才 黄小纪 黄大纪 顾顺跃 姚恒章 姚九成 吴昌云
何广银（17.5 元） 吴昌银 蔡长其 潘金贵 潘金富 赵文彬
甘祥龙 李跃廷 徐兴龙 徐兴根 吴振荣 夏玉其 陆熙平
冯长友 杨忠和 苍广金（17 元） 孙德永 朱元祥 董德富
周玉风 王吉珍 季广明 石 峰 梅永和 陈正文 蔡庆其
蔡庆荣

捐款 10 元的：郭宏狮 潘根法 陈金荣 陈太华 蒋纪明 常恩龙 邱长荣
陈兴网 吴昌林 秦九龙 秦安章 吴昌仁 吴有贵 杨家荣
杨荷英 吴振国 顾顺富 顾顺贵 顾顺才 张正富 张永棠
张德明 张金荣 吴振根 于守福 陈篩齐 施珍贤 解祥富
秦恒才 何小龙 孙华荣 顾大荣 陈桂芳 陈大洪 高 明
陈桂英 陈志华 吴昌贵 吴昌友 吴振生 吴振华 陈昌其
韦习平 陈山河 潘金亭 季正英 韦庆根 韦习珍 韦习荣
戴贤朋 季正伧 张八斤 吴振余（12 元） 周伯根 吴振其
黄贤良 秦恒太 姚圣明 黄良弟 杨宏章（13.32 元） 管春山
耿兴才 梅芳财 陈正国 吴昌礼 季正华 杨学龙（13.3 元）
高吉林 张金荣 夏志林 刘贤荣 高成荣 苍广金 杨扣怀（13.3 元）
包志和 夏小九 栾高章 潘文女 梅世珍 李学美 黄厚袓（12.5 元）
赵领娣 周秀珍 祝瑞芳 吴珍娣 沈红香 陈 红 黄厚才（12.5 元）
耿月萍 于守福 周根余 宋纪林 刘文生（12.5 元）

捐款 5 元的：潘和英 吴昌华 黄小明 冯全林 吴晨旭 吴纪明 陈志清
梅芳凤 顾如章 包志清 徐志才 吴振华 吴振明（7.5 元）
冯吉昌 蔡春英 秦安平 吴昌礼
闵正华 潘文才 耿昌贵 周国平 黄贤友 郭菊英 薛安龙

刘贤荣 祝瑞云 于圣春 梅　军 季正龙 张兴贵 俞正邦
吴祥文 王秀芳 黄纪芳 石玉美

西来村干部群众为支援建桥捐款数

捐款80元的：应龙明 奚连章 陈吕龙 李福章
捐款50元的：施金保
捐款40元的：何九斤
捐款30元的：郭德龙
捐款25元的：赵良灯 张选成 姚圣章 朱爱生 张选根 陈吕平 王　军
甘祥明 袁春生 沈正良 印宏庆
捐款20元的：奚中林 奚连章 甘友文 陆朝俊 张子龙 姚圣洪 何宇良
张正贵 李名祥 蔡圣甫 李建昌 罗理群 朱秀根（22..5元）
黄贤海 丁昌平 支华明 朱秀宝 朱惠龙 郭忠林 甘纪珍
白纪根 季广汉 杨大祥 吴长华 朱元顺 祝瑞盈 马保林
吴长金 何宇荣 王纪福 曹宏法
捐款15元的：毛庆中 冯长生 吴长明 张菊英 奚锦章 李小扣 李宏圣
李宏明 王明珍 杨凤英 朱永芳 袁立良 于华良（17.5元）
陈兰芳 朱桂英 何广才 王巧云 朱　敏 张道坤 陆风来
陈太荣 丁昌山 黄贤华 姚恒明 王觉荣 匡德贵 朱凤翔
张元龙 郭信基 王成华 何兰芳 姚恒福 郭纪平 吕祥龙
袁春明 王恒章 张正林 张正权 张正中 刘王良 王银贵
王会仁 徐建国 王圣龙 沈正浪 王会芳 张庆友 蒋登林
蒋双灯 季四龙 黄朋年 黄贤春 支纪寿 陈兆林（17.5元）
孙正英 周元喜 丁昌贵 周发红 周发明 朱秀宏 包志万
孙荣法 张元丰 朱凤林 傅友志 丁霞年 丁义福 甘祥广
郭德全 甘纪寿
韩积华 丁霞平 郭忠政 郭忠新 王广灯 李俊贵 鞠士俊
季芝龙 吴友平 吴纪生 吴长春 吴学广 朱三英 高荷英
张明登 鞠龙先 孙长明 蒋模平 黄圣权 冷纪荣 沈正宏
肖广林 李超荣 黄圣东 肖锦章 肖广灯 肖广明 肖广根
陈兆宏 徐纪华 何广龙 祝瑞华 秦长怀 孙普权 蒋模桂
刘纪胜 季芝华 徐小其 石永忠 印宏斌 张子银 宦永松
捐款10元的：王寿年 何宇明 李纪华 肖根娣 毛志祥 陈明云 谭正和
徐存荣 祝瑞荣 冷纪宏 王兰珍 杨玉华 朱习华 郭菊芳
常本林 徐海林 徐根才 朱昌生 丁月华 童成芳 宦国平
方道达 赵巧英 黄贤德 丁建中 黄万美 王觉伦 刘福顺

王金龙　施金保　钱阳生　姚恒龙　何宇圣　何广友　徐桂芳
郭秀英　施国圣　耿昌荣　耿龙友　奚春英　耿龙祥　耿龙云
王小明　何宇福　王大金　王成荣　朱凤阳　朱凤鸣　朱凤贵
朱凤法　张凤英　丁基进　黄贤龙　黄贤文　郭兴林　(12.5 元)
徐山林　于圣根　丁基林　丁基祥　丁昌华　何宇福　王恒林
王恒金　张恒余　刘佩元　王纪成　陈纪林　吉保荣　吴长生
李建明　司文生　祝扣英　徐春清　徐建华　缪志清　缪志良
缪士前　洪佩龙　洪佩喜　沈正波　吴炳福　李建富　李建明
王文荣　王银生　王银武　缪士亢　缪士其　缪士根　赵凤林
何宇龙　赵宏林　秦　凤　石锦文　王开宏　陈兆良　(12.5 元)
曹小龙　陈兰芳　王桂凤　黄贤斌　黄贤明　郭兴海　(12.5 元)
周发根　陈恒全　方道明　包兴荣　孙明根　朱凤勤　包志春
丁霞春　郭德福　丁霞根　朱品山　朱惠明　张云中　郭金凤
何于兰　何宇贵　甘友发　赵兴华　应龙海　应龙明　束纪生
钱太良　苏培华　苏月琴　吴宝智　巢纪章　鞠强善　印宏法
刘天根　季芝富　季广辉　陆锦良　朱振华　孙茂康　季云芳
栾大其　张明鹏　张明云　吴长友　陆锦才　罗文英　丁巧英
季芝荣　崔有林　陆锦富　杨纪龙　徐纪章　李根生　王秀英
沈正怀　姚华东　沈正祥　肖广炳　戴伯金　常本银　姚华南
张九明　沈正荣　姚华西　沈正华　王　勤　鞠瑞先　苏佩荣
秦长凤　吴长法　秦长美　蒋摸林　孙逸民　施正清　(12.5 元)
苏文林　张顺娣　陈建贵　冯纪美　徐广其　赵国法　(12.5 元)
吴长保　赵国华　王仁贵　王奎荣　蔡玉成　钱阳生　祝瑞森

捐款 5 元的：　顾月萍　司法清　张　英　奚纪章　缪秀英　陈正庆　曹纪高
朱龙华　童经生　甘友根　吴志美　朱永福　朱恩华　施巧云
印冬琴　沈九兰　何广军　方月英　朱龙贵　陈太明　陆锦圣
姚秀英　于圣留　黄习年　王觉明　周秀芳　王凤英　曹挂英
戴玉梅　施春保　耿龙富　黄柏年　奚荷英　王少洪　董瑞珍
朱锦娣　于圣法　于圣良　于圣清　黄贤贵　于圣元　于圣祥
应秀云　印永公　王恒桂　马铁生　刘玉龙　蔡宏甫　张恒明
陈兴怀　杨怀齐　曹纪林　王纪良　李超尘　王宏飞　李宏生
王爱华　陆小英　王爱春　陈桂华　毛　龙　毛志高　丁霞年
徐双龙　毛志萍　沈成太　沈俊生　吴宝康　吴宝清　李明龙
徐桂兰　李明春　李明权　奚文珍　洪士庚　徐子良　缪云珍
朱凤英　陈纪英　李扣宝　王朝元　赵国富　陈兆贵　缪云珍
赵国文　宦明发　姚彩英　宦桂龙　何宇成　何宇莲　奚华林

朱秀林 朱秀明 （7.5元）李明兰 支纪泉 周发俊 陈吕华
宦道富 周元泉 朱秀朋 （7.5元）包兴华 朱新明 韩来娣
丁霞林 张云龙 甘友保 甘友荣 耿 晨 甘纪国 甘明华
吴凤英 陈巧英 严巧芳 郭温氏 何桂英 马宝根 张龙英
赵小良 李俊龙 印宏年 顾炳宏 印德其 印宏喜 王杰华
孙茂春 吴长明 唐纪华 鞠桂先 王巧英 印丽君 戴六英
温静莲 陈凤英 肖广星 沈正忠 沈正林 戴习龙 蒋武仁
施正龙 （7.5元）蒋武汉 王大洪 季广明 印宏斌 倪志伍
何宇华 何尔金 （3.5元）郭老三 张百年 丁大龙 丁小龙
杨纪英 刘凤明 宦桂明 宦桂祥 宦桂龙 何左氏 何宇茂
何徐氏

新华村干部群众为支援建桥捐款数

捐款165元的：冯有林 唐林桂
捐款160元的：陈林生
捐款155元的：张陆平 施正荣 周龙春
捐款140元的：许裕华
捐款130元的：王龙祥
捐款120元的：陆朝银
捐款115元的：温顺明 张荣春
捐款110元的：祝瑞银
捐款105元的：施荣庆 朱忠余 周纪章 戴友洪 蒋义明 戴友华 周龙福
捐款100元的：芦美英
捐款90元的： 朱新文 张庆根 徐凤英
捐款75元的： 韦银娣
捐款70元的： 包冬美 姚冬英 黄贤良 汤美芳 耿昌福 吴巧女
捐款65元的： 张永康 赵炳荣 何广元 朱长根 戴正章 陆元章 陈廷根
耿友春 姚圣福 丁中余 冯义刚 赵小凤
捐款60元的： 陈 祥 陈巧英 黄来娣 秦恒真 金铁章 丁启荣 王兰英
冯兰英 姚兰英 印宏章 李小美 许菊芳 刘 琴 耿红英
姚荷女 陈 梅 陈美琴 刘启怀 王龙海
捐款55元的： 姚孩保 黄桂女 罗俊珍 王笃金 姚桂凤 朱荷娣 许裕凤
曹德寿 陈荷娣 朱锦女 冯义怀 王锦梅 姚圣海 丁兆军
捐款50元的： 赵如金 王纪明 姚圣良 石桂英 周友娣 丁昌银 唐纪龙
陈红霞 巢纪娣 赵炳良
捐款45元的： 曹桂英
捐款40元的： 印章女 林祥美

捐款35元的：冯有成　杨桂娣

捐款30元的：司马林　曹德俊　陈道富　刘义桂　许开金　瞿彩明　戴凤良
季芝高　朱广才　印宏法　刘纪凤

捐款25元的：曹德华　孙国富　王小明　陆昌友　秦安生　丁启洪（26.5元）
毛纪根　司志才　姚春生　丁俊香　朱国兴　丁启龙　曹德桂
刘正权　陈道华　徐光明　冯　敏

捐款20元的：梅如林　刘兴春　赵培龙　施正凤　冯纪根　曹德银（22.5元）
曹必纲　丁国太　王笃银　曹德义　丁启华　张纪根（22.5元）
林志高　林志明　伍佩锦　温和青　唐纪法　韩文生　丁启元（21.5元）
戴凤全　张芝江　姚茂银　戴桂芝　姚圣元　于玉兰　黄贤民（22.5元）
钱森林　曹必龙　冯中桂　秦恒春　张永才　姚恒海　张永康（21.5元）
沈培坤　王贤猛　石长富　张纪法　张发群　姚圣才　肖桥章（22.5元）
陆昌桂　何留英　冯义明　施正亮　瞿廷学　吴正六　温顺照（23.5元）
冯中同　赵培成　戴友恒　戴友明　黄忠明　蒋有章　丁兆荣（21.5元）
孙刘氏　陈道春　秦恒宝　郭洪文　王玉生　王玉成　丁兆龙（21.5元）
王大龙　吴如法　王玉才　王玉飞　秦荣美　郭洪文　张领娣
钱紫英

捐款15元的：梅九龙　吉春宝　吉成宝　曹德美　皇纪龙　曹德成（17.5元）
曹必虎　朱金林　曹必同　曹必永　赵洪达　丁启万（16.5元）
曹必兰　祝瑞金　林成华　戴友法　温德平　赵裕圣　赵裕龙（17.5元）
王永才　王惠华　赵裕阳　朱松柏　姚圣银　姚圣网　黄贤良（17.5元）
秦安章　朱新明　何凤英　戴永灯　陆元才　陆元发　温顺和（18元）
施红飞　施正章　曹德平　皇纪保　丁启荣　吉德圣　王金才（17元）
姚恒九　姚圣才　韦志福　张永祥　姚恒富　姚恒才　陈书林（16元）
姚恒俊　戴友常　巢登桂　丁俊青　陈道良　王贤明　温顺迁（18.5元）
张发平　戴圣友　戴发明　曹德荣　丁金富　施光云　唐桂生
陈银宝　陈金保　陈如山　陆纪珍　唐纪富　王玉良　戴荣华
温顺芳　练文清　张芝龙　吉德权　曹必银　丁福才　曹德富
韦恩海　黄良章　王龙兵　姚圣桂　朱中林　丁兆胜（16.25元）
王龙宝　戴永芳　秦恒根　蒋金林　秦德圣　刘冬明（17.5元）
朱孝成　戴永法　冷华坤　陆昌圣　陆昌成　刘正福（16.5元）
徐光银　石纪华　姚圣金　丁昌怀　曹德洪　曹大福　陈廷良（17.5元）
陈兆桂　唐龙保　褚纪美　冯有纪　丁俊龙　施正桂　唐纪宝（16.5元）
陆顺平　树纪英　季芝山

捐款10元的：曹德润　陆廷松　赵裕锡　朱锦华　曹必林　曹德本（12.5元）
耿怀珍　朱奎文　祝瑞明　伍佩龙　耿昌银　黄贤龙（12.5元）

温顺凤　戴友林　戴友才　赵如才　戴正芳　韦恩惠　王金林（11.5 元）
田纪明　洪　卫　姚圣明　陆昌明　施正林　戴永祥　王纪英（11.5 元）
周根娣　丁俊生　樊士龙　朱纪福　张元龙　丁忠林　戴友龙（13.5 元）
朱金良　姚恒法　韦兴才　姚圣才　陈富民　姚圣昌　曹德鹏（12.5 元）
姚圣洪　姚恒义　姚恒平　沈顺龙　伍德双　朱元华　张永福（11.5 元）
王小芳　陈孝银　眭连凤　王贤文　戴友才　戴凤金　丁裕春（12.5 元）
冯有光　施光会　朱锦桂　朱发章　瞿廷亮　戴友余　戴友根（11.8 元）
伍会文　沈顺怀　温顺雨　朱元彬　王会明　戴友平　戴永龙
丁兆富　曹德良　戴友祥　何大庆　施少青　朱广福　戴永生
蒋有才　秦恒兵　陈廷荣　周龙福　刘建明　何光华（12.5 元）
蒋灯林　戴永林　叶万龙　王玉堂　王玉春　王玉金（11.5 元）
叶纪章　洪纪龙　丁金桂　赵美娟　张荣海　顾美英　姚恒贵
许开会　许国成　唐林华　冯桂生　丁昌顺　冯桂宝　郭菊华
罗秀英

捐款 5 元的：丁启桂　吉德富　曹大虎　王玉珍　曹婷婷　曹　洪（7.5 元）
曹　佳　王笃才　吉金宝　吉铁宝　吉龙宝　曹必鹤（7.5 元）
陈华云　耿龙寿　朱元红　丁金保　赵裕三　赵培良　戴凤根（8 元）
耿昌福　姚圣高　陈兆荣　刘月新　曹大仁　张永生　韦兴荣
姚恒鹤　姚圣康　张永法　宗爱娣　郭兰英　姚恒其　陈士网
常恩泽　朱良珍　田春红　田春华　叶纪龙　曹凤英　陈昌福
刘保英　曹德龙　曹德根　张正才　陈学士　丁昌华（7.5 元）
包爱明　周龙春　戴永金　朱春英　秦德发　丁金洪（8.31 元）
刘华根　王贤凤　冯中美　刘华富　洪施氏　丁香文　丁香远
丁香成　姚圣亮　徐进生

大兴村干部群众捐款数

捐款 100 元的：杨纪明　黄柏年　施大坤　施大龙　徐广和　匡德前　于永寿
捐款 90 元的：陈南山　徐凤英
捐款 65 元的：朱建国
捐款 60 元的：朱秀华　何光华　蒋春秀
捐款 55 元的：朱锦根
捐款 40 元的：梅兰芳
捐款 35 元的：钱东林　贾鹤明
捐款 30 元的：施大约　高成芳
捐款 25 元的：陆会平　匡德怀　朱锦芳　周兴贵　张正明　董庆章　徐存章
蔡怀仁

捐款 20 元的：柏正华　徐加荣　陈佩春　张炳国　鄂章飞　郭连根　孟明根
杨鹤明　董长年　徐春华　徐春华　匡巧凤　杨美珍　匡德前
顾荣桂　徐子华　王政海

捐款 15 元的：梅存安　陈金娣　何为民　郭金春　杨友章　杨仕章　鄂章荣
鄂成根　韩万良　李秀美　黄桂林　彭前武　周法林 (17.5 元)
何光林　于德均　张丙华　徐怀荣　孟明章　徐小根　徐君明
徐君芳　施大平　何光富　徐怀章　姚茂林　周子先　黄贤俊
黄桂保　梅六英　何桂英　黄贤文　陈长林　李建华 (18 元)
罗先华　陆前保　陈小灯　陆会才　陈习光　吴先阳　蒋兴才
姚庆荣　蔡纪登　王政林　王政文　王仕政　杨孝龙 (17.5 元)
方道根　郭保金　林正才

捐款 10 元的：梅存善　梅仁开　姜万莲　张炳荣　杨佩华　郭　飞　杨红贞
张福全　陆纪明　陆明章　韩万齐　韩春华　施正荣　姜长寿
黄贤明　姚茂英　黄松年　郭仕珍　王书华　姚兰芳　张炳凤
何宇春　黄美珍　朱秀明　郭明贵　董良凤　曹道仁　黄书良
曹得才　杨鹤章　徐君龙　徐君才　宦永明　韩国兴　张荣芳
罗秀华　黄良琴　奚章平　周保一　黄贤吉　方道炳　夏玉兰
陆明春　姚庆华　陆会明　顾荣根　陆秀珍　施贤玉　周明月 (12.5 元)
陆会记　姜红俊　葛纪芳　汪卫民　杨孝东 (12.5 元)

捐款 5 元的：陈南松　何美英　韩春桥　韩万根　韩春生　陈秀芳　顾明月
陈金凤　何爱珍
朱明珍　于美英　徐立新　方礼庆　杨粉英　陆会成　陈习光
陆前芳　吴仕林

南旺村干部群众为支援建桥捐款数

捐款 100 元的：印兴隆　顾顺银

捐款 80 元的：扬中良　陈加富　朱宁芳　陈加华

捐款 60 元的：韩九国　韩高其　印永龙　王笃才　王晓云　陆松明　卢万章

捐款 50 元的：张银生　韩云飞　陈金凤　潘广龙　李冬生　朱宁美　李纪林

捐款 35 元的：谢纪良

捐款 30 元的：王文章　赵恒女　梅春英　曹萍芳　韩美兰　钱恒芳　林纪英
扬来娣　梅兰琴　朱卫芳　陆珍娣　马桂萍　景鸣皋　张飞云
王鹤明　侯玉美　陆章英　丁和娣　高怀芳　顾小芳　杨领娣
张兰香　王秀英　冯春英　孙兰芳　马国云　沈天宝　肖小凤
刘露平　王友珍　严维凤　沈珍美　卢万邦　汤春兰　孙巧英
施怀女　卞银女　徐美芳　戴菊英　周月萍　孙秀兰　何大美

王纪英 潘祥凤 施美珍 周爱银 王良晚 罗小美 吴振凤
陈金美

捐款25元的：秦荣强 印永善 严生云 范公才 谢朝华 郭纪生 陈廷贵
陈正良 谢纪生 陈恒良 印德宝 印永瑞 李文明 秦长余
王太余 周爱民 施正余 陆廷寿 严秀英 赵寅芳

捐款20元的：印兴跃 赵金芳 杨义国 凌伯贵 汤习珍 杨学圣 印永根
郭其美 陈启祥 范公平 马智山 郭宏权 王恒才 韩九国
王金生 马银山 汤华龙 赵诚连 扬秀春 杨学武 王纪美
周鹤林 耿昌华 季正国 丁基林 高友龙 顾顺南 赵诚银
陆松明 赵兴美 季成明 季诚桂 王士祥 王小权 杨秀才（22元）
杨纪良（22元）杨秀荣（22.5元）

捐款17.5元的：杨万平 张荣根 陈廷山 顾炳圣 陈更山 李冬才 赵诚志

捐款15元的：杨孝康 张荣友 耿纪龙 祝明权 张万龙 吴宝权 卢大华
包庭英 印兴义 陈学义 印德祥 张月琴 陈义桂 韩九龙
卢万章 凌伯生 陈永才 孙荷英 刘贤龙 张加明 杨万林
陈大明 祝明荣 秦发兵 郭洪亮 凌桂华 冯友明 秦发龙
常巾根 郭纪福 王金莲 王文祥 郭王氏 马春山 郭纪怀
马万寿 郭宏基 卢章英 马 青 耿昌生 郭纪余 耿昌德
顾里仁 王鹤富 高友才 王太桂 王太根 王太龙 严生喜
陆朝根 严维华 周天宝 顾炳银 严维章 丁龙保 陈加荣
范永胜 赵诚春 王士宏 王鹤广 朱长华 印宏五 季爱棠
王鹤根 赵寿广 赵兴旺 孙厚桥 杨茂林 沈纪福 陆纪章
沈纪根

捐款10元的：王世龙 蔡纪福 顾炳章 卢礼康 印永平 朱圣龙 常巾元
严怀荣 周小平 施久林 陈士章 顾大成 周兰芳 杨中良
恽冬林 何平华 柳春富 施周仁 刘春璐 张银生 朱圣根
朱宁胡 周 兰 凌仕平 杨学章 朱通辉 卢礼明 景鹏仪
韩九荣 陈永康 韩九春 沈春英 沈久龙 陈永福 张荣女
耿龙良 赵金桂 顾炳伦 李冬其 陈廷亮 陈廷其 王桂英
朱宏芳 顾大明 朱秀贵 印永亮 徐德荣 祝锁宝 马南山
马高山 郭纪友 马万高 张菊英 戴龙锡 汤龙金 戴龙其
汤龙章 陈美珍 王恒荣 汤玉宏 朱光华 印德福 秦发宏
潘广余 钱恒华 徐福美 邵荷芳 徐德华 朱长龙 秦发明
朱万元 郭继振 崔有和 李名生 顾爱华 秦发桂 顾小华
耿昌明 钱恒富 朱圣龙 王永林 王笃龙 钱恒桂 潘广明
崔有桂 徐广林 郭纪根 王明海 顾顺银 严维山 顾正刚
严生龙 王建康 季 春 陈加贵 范公明 周德金 王建国

朱光福 刘春桂 范春宝 赵诚中 王士平 王士华 王鹤才
曹桂芳 朱光明 林成刚 常 青 林寅凤 印宏力 赵兴仁
陈美英 林志国 沈崔廷 钱太狗 朱圣中（12.5 元）
朱长富（13 元）印永成（12.5 元）

捐款 5 元的：祝明宏 张佩权 周丹丹 张 磊 包平芳 顾顺龙 季福全
杨兰芳 冷兰英 张荣圣 曹爱英 朱 伟 郭其美 印冬娣
凌 云 杨 敏 祝 亚 周爱明 卢礼国 韩如才 印永宏（6.5 元）
王笃兵 卢程远 韩久亭 陈启贵 张荣华 杨玉美 印永华（6.5 元）
杨万明 谢朝富 汤主清 王恒才 徐明娣 钱太良
顾顺义 潘广春 杨菊娣 于美珍 冯杏芳 朱长生 徐广福
季诚思 秦发荣 朱一平 钱恒清 朱发高 潘永成 常国群
秦 晔 丁月珍 王兰芳 杨怀珍 顾顺和 姚凤英 顾炳政
严维娣 周德金 林成银 王正秋 徐桂英 王昌林 马万平
印永龙（2 元） 李冬生（7.5 元）耿光荣（3 元） 朱长荣（7 元）

“铁本事件”专记

2004年4月，民营江苏铁本钢铁有限公司（简称铁本公司）违规建设钢铁项目，受到国务院查处，媒体称之为“铁本事件”。

铁本公司于1995年建于常州市武进区东安镇。2002年初，公司总经理戴国芳规划将厂址迁往常州新北区春江镇魏村长江边，拟征用土地6000亩，投资109亿元，建设新厂区和项目，实现钢铁年产量840万吨，销售80亿元，创利税20亿元的目标。

2002年4月，铁本公司开始实施公司迁址规划。5月初，戴国芳等到常州市新北区春江镇洽谈，双方一拍即合。魏村无法建造深水码头，常州市政府领导提出到扬中西来桥镇征地方案。戴国芳等看中与魏村有一条小夹江之隔的扬中市西来桥镇水深14米的长江岸线，规划以桥将西来桥镇的深水岸线与魏村厂区相连。中共西来桥镇党委书记陈廷荣、镇长张敏闻讯带领招商办陆昌明等赴常州，与铁本公司洽谈项目引进。商谈结果：西来桥镇供地3000亩，铁本公司在此建3个万吨级泊位，分别为原材料转运场、焦化有限公司、硅钢有限公司服务。2003年4月9日，扬中市政府与铁本公司在扬中国际饭店正式签约。

钢铁项目属国家宏观调控的重点产业项目，有规范的审批机制。能否获得立项审批是铁本项目上马的关键。自2002年5月起，铁本公司为实施项目，成立7家合资（独资）公司，把项目化整为零，拆分为22个项目向有关部门报批。审批过程“一路绿灯”。

常州国家高新技术产业开发区（简称高新区）管委会将整个项目一分为四。同时，为办理用地等手续，又将整个项目分成14个基建项目。

扬中市发展计划与经济贸易局和外经贸局，于2003年8月，违规越权联合批准铁本公司和鹰联公司合资成立的镇江铁本焦化有限公司在扬中建设的焦化项目。

2003年8月，扬中市国土局对西来桥镇政府擅自占地230亩用于铁本项目安置房建设罚款76万元，但是对铁本项目其他大量非法占地未作出处理。

按照投资规模，常州市和扬中市环保部门无权审批环境评审，但常州市环保部门参与预审，并予以通过。扬中是全国首批生态示范城市，有着“水上花园”的美誉，该类高污染项目给当地环境带来的隐患不难预测；但扬中市环保部门参与该项目环保预审，并予以通过。

横跨常州扬中两地，规划占地9379亩、实际占地6541亩（其中西来桥镇3450亩）的铁本项目走“边规划、边建设、边报批、边施工”的“捷径”。2003年4月20日，中共扬中市委、市政府在西来桥镇召开铁本项目建设动员大会，组建市、镇、村三级领导小组，着手征用土地拆迁房屋。6月，铁本项目扬中部分在西来桥镇开工。中共扬中市委书记宦祥保、市长陈晨、副书记经颜明等现场办公，督查征地拆迁进度。部分拆迁户因寄住亲友家生活不便，产生怨言；少数拆迁户因拆迁补偿标准偏低，产生抵触情绪。2003年11月，市拆迁领导小组对个别不服从拆迁的“钉子户”，先后两次实施强制拆迁，引发被拆迁户的强烈抵触情绪。

2004年春节刚过，一封反映“当地政府违法征地建钢厂，农民住房被强制拆迁”的西来桥镇群众上访信件，引起新华社国内部领导的重视。2月5日，新华社一编辑和新华社江苏分社一记者到扬中采访，发现西来桥镇政府原承诺2004年元旦启用的农民安置公寓楼尚未建好，东进、南阳、南旺三村820户被拆迁农民无家可归，2000多农民零零散散地借住亲友家。西来桥镇是扬中市相对落后地区，农民对土地依存度高。被铁本公司占用的3450亩土地中，焦化和硅钢项目一二期工程用地所占耕地面积超过总用地面积的70%，其中有2000余亩基本农田。2月9日，关于铁本项目征地问题的内参资料《三千亩土地未征先用 环境评审未批先行》，送至国务院总理温家宝办公桌上。没几天，又一份反映“西来桥镇政府克扣群众拆迁安置费和农民公寓楼质量不符合设计要求等问题”的内参资料送至温家宝手中。铁本项目违法建设问题进入国家高层领导者视线。

2004年2月中下旬，温家宝抵苏州、无锡调研，特别召见常州市委书记范燕青、市长徐建明，听取关于铁本项目及其所引发问题的汇报。温家宝对此违法问题高度重视，回京后随即召开国务院常务（扩大）会议，要求有关部门严格分清政府和企业的责任。并派出由国家发展改革委员会、监察部牵头，有国土资源部、人民银行、环保总局、工商总局、税务总局、审计署和银监会组成的国务院专项检查组，在江苏省委、省政府支持和配合下，对铁本项目进行专项检查。

2004年3月初，国务院专项检查组到达江苏，检查铁本项目。

检查组查明：

“这是一起典型的地方政府及有关部门严重失职违规，企业涉嫌违法犯罪的重大案件。”

“2002年5月以来，为实施该项目，铁本公司法人代表戴国芳先后成立7家合资（独资）公司，把项目化整为零，拆分为22个项目向有关部门报批。2002年9月至2003年11月，常州国家高新技术产业开发区管委会、江苏省发展计划委员会、扬中市发展计划与经济贸易局先后越权、违规、拆项审批了铁本合资公司的建设项目。铁本公司未取得环保部门批复环境影响评价报告书即开工建设，严重违反了国家环境保护法、环境影响评价法的有关规定。”

“2003年以来，常州高新区管委会、扬中市政府在未依法办理用地审批手续的情况下非法批准铁本公司征用、占用土地，并违规组织实施征地拆迁，导致铁本公司违法占用土地6541亩（其中耕地4585亩，含基本农田1200亩）已无法复垦，造成大量耕地被毁。2003年12月，江苏省国土厅违规批准了常州市涉及铁本公司的14个批次的土地5988亩，致使铁本公司项目部分非法占地合法化。”

2004年3月25日，镇江市和扬中市两级政府，遵照国务院和江苏省政府指令，在西来桥镇影剧院召开以拆迁地区为主的干部群众大会：宣布铁本公司建设项目系违法违规项目，立即停工，听候处理；宣布撤销中共西来桥镇党委书记陈廷荣、镇长张敏职务，宣布以郭礼荣、张克敏为正、副组长的镇江市委督查组进驻西来桥镇。

2004年4月29日《人民日报》第一版以《温家宝主持召开国务院常务会议·责成江苏省等对江苏铁本钢铁有限公司违规建设钢铁项目有关责任人作出处理·研究部署土地市场治理整顿工作》为题，第二版以“国务院严肃查处江苏铁本钢铁公司违规建设钢铁项目”为题报道：

“国务院总理温家宝28日主持召开国务院常务会议，听取了监察部、发展改革委等部门对江苏铁本钢铁有限公司违规建设钢铁项目查处情况的汇报，责成江苏省和有关部门对有关责任人作出严肃处理。该项目违规建设问题发生后，国务院高度重视，要求国家有关部门分清政府和企业的责任，抓紧核实查处，并派出由发展改革委、监察部牵头，国土资源部、人民银行、环保总局、工商总局、税务总局、审计署、银监会等9部委组成的国务院专项检查组，在江苏省委、省政府的支持和配合下，对该项目进行了专项检查。”

“根据检查结果，江苏省委、省政府和银监会已对涉及失职违规的8名政府和有关银行的相关责任人分别给予党纪、政纪处分及组织处理：给予常州市委书记范燕青党内严重警告处分；建议依法罢免顾黑郎江苏省常州市人大常委会副主任职务，给予留党察看一年处分；撤销曹建新常州国家高新技术产业开发区党工委副书记、管委会副主任，新北区委副书记职务；撤销宦祥保扬中市委书记职务；给予扬中市委副书记经颜明党内严重警告处分；给予江苏省国土资源厅副厅长党组成员王明详行政记大过处分，党内严重警告处分，并责令辞职；撤销秦雁江苏省发展和改革委员会副主任、党组成员职务；撤销王建国中国银行常州分行行长、党委书记职务。专项检查结束后，由公安部牵头，有关部门配合，将继续深入查处涉案单位和人员的经济犯罪等问题，彻底查清本案，维护国家法律法规和经济秩序。”

至此，民营江苏铁本铸钢有限公司非法建设项目酿成震惊全国的“铁本事件”。4月29日《人民日报》发表社论，题为“坚决维护国家宏观调控政令畅通”。此后，《人民日报》海外版、《新华日报》、“新华社·北京网”、“新华社·南京网”、《中国工商时报》、《北京青年报》等各大报刊网站，就“铁本事件”相继发表社论或评论文章，拥护国务院决定。

（引号内资料摘自《人民日报》2004年04月29日第二版）

人民日报
RENMIN RIBAO
今日16版(华东、华南地区20版)
人民网网址:http://www.people.com.cn
http://www.peopledaily.com.cn
2004年4月29日 星期四
国内统一刊号:CN11-0065
第20382期 (代号1-1)
人民日报社出版

江泽民胡锦涛等军委领导参观北京国际军事后勤装备技术展览

四月二十八日,中央军委主席江泽民,中央军委副主席胡锦涛等参观北京国际军事后勤装备技术展览。新华社记者 王建民摄

胡锦涛在会见中央实施马克思主义理论研究和建设工程工作会议代表时强调

高扬马克思主义理论伟大旗帜 凝聚全党全国人民共同奋斗

李长春参加会见

中蒙两国元首就中蒙友好合作关系条约修订十周年互致贺电

全国人大常委会召开"三农"问题执法检查和工作调研会议

吴邦国出席并讲话

保障和促进涉农法律和政策措施落到实处

吴邦国在"三农"问题执法检查和工作调研会议上强调 集中力量 突出重点 加强督查 深入调研

温家宝同库克群岛总理会谈

就中库关系和共同关心的问题交换意见

温家宝主持召开国务院常务会议

责成江苏省等对江苏铁本钢铁有限公司违规建设钢铁项目有关责任人作出处理 研究部署土地市场治理整顿工作

黄菊出席"中国就业论坛"开幕式并致辞 (第二版)

李长春在中央实施马克思主义理论研究和建设工程工作会议上发表重要讲话 (第四版)

罗干对预防青少年违法犯罪工作作重要批示 (第二版)

今日二版刊登

社论:坚决维护宏观调控政令畅通

国务院严肃查处江苏铁本钢铁公司违规建设钢铁项目

切实维护国家宏观调控的统一性、权威性和有效性

《人民日报》2004年4月29日第一版

温家宝主持召开国务院常务会议

责成江苏省等对江苏铁本钢铁有限公司违规建设钢铁项目有关责任人作出处理 研究部署土地市场治理整顿工作

新华社北京4月28日电 国务院总理温家宝28日主持召开国务院常务会议，责成江苏省和有关部门对江苏铁本钢铁有限公司违规建设钢铁项目有关责任人作出处理，研究部署土地市场治理整顿和严格土地管理工作。

会议听取了发展改革委、国土资源部、监察部对江苏铁本钢铁有限公司违规建设钢铁项目检查情况的汇报。江苏铁本钢铁有限公司于2002年初筹划在常州市和扬中市建设设计能力为840万吨的大型钢铁联合项目，2003年6月开始施工。现已查明，该项目在建设过程中，当地政府及有关部门严重违反国家有关法律法规，越权分22次将投资高达105.9亿元的项目分拆审批，违规审批征用土地6541亩，违规组织实施征地拆迁，对企业违法行为监管不力。这是一起典型的地方政府及有关部门严重失职违规，企业涉嫌违法犯罪并造成严重后果的案件。根据国务院常务会议决定，该项目已停止建设。为了严肃法纪、政纪，教育干部，维护国家和人民利益，会议决定，责成江苏省和金融监管部门对这一事件涉及的江苏省有关部门、常州市、扬中市，以及常州市有关金融机构的责任人员作出严肃处理。对铁本公司违法犯罪行为，司法部门正在依法查处。会议强调，各地区、各部门都要从这起事件中汲取教训，引以为戒。一要进一步增强依法行政意识和法制观念，严格执行国家的法律法规和政策制度，绝不允许漠视法纪；二要树立和落实科学发展观，认真贯彻中央的各项宏观调控政策措施，坚决维护中央宏观调控的统一性、权威性和有效性，绝不准自行其是；三要坚持从严治政，对有令不行、有禁不止并造成后果的失职渎职行为，要严肃追究责任，绝不姑息迁就。

会议研究部署了深入开展土地市场治理整顿工作。会议决定，为制止乱占滥用土地，防止突击批地，抑制一些行业、地区固定资产投资过快增长，从现在开始，集中半年左右时间，对去年以来土地占用、土地审批、耕地占补平衡、新增建设用地土地有偿使用费的征收使用、征用农民集体土地补偿安置，以及经营性土地使用权招标、拍卖、挂牌出让情况继续进行治理整顿。会议指出，深入开展土地市场治理整顿，是今年加强宏观调控，实现国民经济平稳较快发展的一项重要措施，各地区、各部门要明确责任，各司其职，密切配合，认真组织实施。会议还对严格土地管理工作提出了要求。会议强调，十分珍惜、合理利用土地和切实保护耕地是我国的一项基本国策，是维护国家粮食安全和社会稳定的重要内容。各地区和有关部门必须严格建设用地和建设项目的审批管理，切实保护基本农田，认真落实耕地占补平衡制度，加强对土地利用总体规划和年度计划执行情况的监督检查。对违法违纪行为要坚决查处。

会议还审议并原则通过了《中华人民共和国道路交通安全法实施条例（草案）》，由国务院公布施行。

温家宝主持召开会议，责成江苏省和有关部门处理“铁本事件”

（载《人民日报》2004年4月29日第一版）

国务院严肃查处江苏铁本钢铁公司违规建设钢铁项目

切实维护国家宏观调控的统一性、权威性和有效性

新华社北京4月28日电 国务院总理温家宝28日主持召开国务院常务会议，听取了监察部、发展改革委等部门对江苏铁本钢铁有限公司违规建设钢铁项目查处情况的汇报，责成江苏省和有关部门对有关责任人作出严肃处理。该项目违规建设问题发生后，国务院高度重视，要求国家有关部门分清政府和企业的责任，抓紧核实查处，并派出由发展改革委、监察部牵头，国土资源部、人民银行、环保总局、工商总局、税务总局、审计署、银监会等9部委组成的国务院专项检查组，在江苏省委、省政府的支持和配合下，对该项目进行了专项检查。

现已查明，这是一起典型的地方政府及有关部门严重失职违规，企业涉嫌违法犯罪的重大案件。

江苏铁本钢铁有限公司自2002年初筹划在常州市新北区魏村镇、镇江扬中市西来桥镇建设新的大型钢铁联合项目。该项目设计能力840万吨，概算总投资105.9亿元人民币，2003年6月进入现场施工，2004年3月江苏省政府责令全面停工。

经查，2002年5月以来，为实施该项目，铁本公司法人代表戴国芳先后成立7家合资（独资）公司，把项目化整为零，拆分为22个项目向有关部门报批。2002年9月至2003年11月，常州国家高新技术产业开发区管委会、江苏省发展计划委员会、扬中市发展计划与经济贸易局先后越权、违规、拆项审批了铁本合资公司的建设项目。铁本公司未取得环保部门批复环境影响评价报告书即开工建设，严重违反了国家环境保护法、环境影响评价法的有关规定。

2003年以来，常州高新区管委会、扬中市政府在未依法办理用地审批手续的情况下非法批准铁本公司征用、占用土地，并违规组织实施征地拆迁，导致铁本公司违法占用土地6541亩（其中耕地4585亩，含基本农田1200亩）已无法复垦，造成大量耕地被毁。2003年12月，江苏省国土厅违规批准了常州市涉及铁本公司的14个批次的土地5988亩，致使铁本公司项目部分非法占地合法化。

截至2004年2月末，中国银行常州分行等银行金融机构对铁本公司及其关联企业合计授信余额折合人民币43.39亿元，其中贷款25.6亿元。经检查，铁本公司通过提供虚假财务报表骗取银行信用和贷款，挪用银行流动资金贷款20多亿元用于固定资产投资。有关金融机构存在贷前审查不严、贷后监控不力，严重违反国家固定资产贷款审贷和现金管理规定等问题。

另据检查，铁本公司存在大量的偷税漏税行为，已涉嫌经济犯罪。日前，公安机关已对该公司法人代表戴国芳等10名犯罪嫌疑人采取了刑拘强制措施。

根据检查结果，江苏省委、省政府和银监会已对涉及失职违规的8名政府和有关银行的相关责任人分别给予党纪、政纪处分及组织处理：给予常州市委书记范燕青党内严重警告处分；建议依法罢免顾黑郎江苏省常州市人大常委会副主任职务，给予留党察看一年处分；撤销曹建新常州国家高新技术产业开发区党工委副书记、管委会副主任，新北区委副书记职务；撤销官祥保扬中市委书记职务；给予扬中市委副书记经颜明党内严重警告处分；给予江苏省国土资源厅副厅长、党组成员王明详行政记大过处分，党内严重警告处分，并责令辞职；撤销秦雁江苏省发展和改革委员会副主任、党组成员职务；撤销王建国中国银行常州分行行长、党委书记职务。专项检查结束后，由公安部牵头，有关部门配合，将继续深入查处涉案单位和人员的经济犯罪等问题，彻底查清本案，维护国家法律法规和经济秩序。

国务院严肃处理这起案件，并责成江苏省和有关部门处理这起案件的有关责任人，表明了党中央、国务院严肃法纪、依法行政的决心，也是当前加强宏观调控、保持政令畅通的一项重要措施。各地区、各部门要从这起案件中吸取教训，举一反三，引以为戒。要进一步贯彻落实好中央政治局最近分析我国经济形势后提出的经济工作的一系列方针政策和宏观调控的各项措施，增强全局意识，切实维护国家宏观调控的统一性、权威性和有效性。决不允许有令不行、有禁不止，自行其是。要进一步树立和落实科学发展观，坚持“五个统筹”要求，对执行国家产业政策的情况进行自查自纠，对盲目投资、低水平重复建设的在建项目进行清理整顿。决不能急功近利，片面追求眼前利益和局部利益，忽视长远利益和全局利益。要进一步建设法治政府，各级领导干部要努力提高依法执政、依法行政、依法办事的能力，严格按照法定权限和程序行使权力。决不允许有法不依、有章不循、违法行政、弄虚作假。要进一步完善对投资活动的管理和监督制度，国家机关工作人员要提高责任意识，减少行政管理的漏洞，结合《行政许可法》的贯彻落实，明确责任，严肃纪律。决不允许失职渎职、损害国家和人民群众的利益。

新华社报道，国务院严查“铁本项目”(载《人民日报》2004年4月29日第二版)

人民日报　　要　闻

坚决维护宏观调控政令畅通

社论

国务院严肃查处了江苏铁本钢铁有限公司违规建设钢铁项目。这个项目是一起典型的地方政府及有关部门严重失职违规、企业涉嫌违法犯罪的案件。该项目违法违规审批，擅自开工建设，规模之大、投资之巨、占地之多，造成后果之严重，令人触目惊心。国务院责成江苏省和有关部门对这一案件涉及的有关责任人作出严肃处理，是严格依法行政、维护宏观调控政令畅通的重要举措。

当前，我国经济发展正处在一个重要关口。宏观调控搞得好，就可以把经济发展的良好势头保持下去，否则，也可能出现大的起伏。今年以来，经济形势总体上是好的。经济继续较快增长，经济效益进一步提高，农业生产趋好，对外贸易增势强劲，财政收入大幅增加，城乡居民收入增长加快。同时，也必须清醒地看到，经济运行中一些矛盾进一步显现。最突出的是，固定资产投资增长过快、规模过大，特别是一些行业投资增长过猛，由此引发煤电油运供求关系紧张，货币信贷增长过快，物价总水平继续上涨。如果这个问题不能得到及时、有效、妥善解决，将会给整个经济造成多方面的不良后果。继续加强和改善宏观调控，是当前经济工作十分重要而紧迫的任务。

为解决经济运行中出现的突出问题，去年以来，党中央、国务院见微知著，未雨绸缪，及时果断采取一系列有效措施，并根据形势的发展变化，正在采取进一步的调控措施。现在的关键是，各方面特别是各级领导干部要把思想和行动真正统一到中央对当前经济形势的准确判断上来，统一到中央关于经济工作的决策和部署上来，统一到树立和落实科学发展观和正确的政绩观上来。要正确处理经济增长速度和结构、质量、效益的关系，正确处理经济发展和资源环境承载能力的关系，正确处理地区发展和全局保持平稳较快发展的关系。要自觉服从国家宏观调控大局，增强全局意识和责任意识，坚决维护国家宏观调控的统一性、权威性、有效性，做到令行禁止。

这起案件暴露出许多问题，最突出的是严重违反国家法律法规行事。地方政府及有关部门违法违规、越权审批项目，默许甚至纵容企业的违法行为，严重失职。企业在登记注册、项目报批、土地占用、缴纳税收等方面，存在大量违法违规行为。银行违规操作，审贷不严，监控不力。特别是在去年国家实施宏观调控措施以后，明确要求严格用地管理、信贷投放和项目审批，制止钢铁等行业盲目投资和低水平重复建设，但一些人仍然置若罔闻，我行我素。有法不依，有章不循、执法不严，违背国家宏观调控政策，是发生这起案件的直接和主要的原因。应当说，这类问题在不少地方和企业都存在，有的还很严重。各地方各部门都要从这起案件中认真吸取教训，举一反三，引以为戒。

各地方各部门要不折不扣地贯彻落实中央确定的宏观调控措施，当前特别要把住信贷投放和土地供给两个闸门，有效控制投资规模。认真清理在建项目，严格控制新上项目，坚决克服相互攀比、盲目追求速度的倾向。要增强法制纪律观念，坚持依法行政，严肃党纪政纪。要切实负起责任，对经济生活中出现的问题，发生在哪个环节，就要在哪个环节解决，属于谁的责权范围，就由谁来解决，决不能互相推诿、久拖不决。要树立和落实科学发展观，按照五个统筹的要求，着力推进体制创新、结构调整和经济增长方式转变，切实把各方面加快发展的积极性保护好、引导好、发挥好。

我们相信，在以胡锦涛同志为总书记的党中央坚强领导下，只要各方面统一思想，齐心协力，确保中央宏观调控政策措施落实到位，就一定能够保持经济平稳协调较快发展，顺利实现今年经济社会发展的各项目标。

《人民日报》社论:《坚决维护宏观调控政令畅通》(载《人民日报》
2004 年 4 月 29 日第二版)

后 记

《西来桥镇志》的编纂，经历一波三折，几易编纂人员，数易其稿，至2014年6月，记述上起西来桥（中心沙）成洲（1800年），下限截至2006年的志书全稿终于撰成。如今它的出版问世，虽算为首开扬中乡镇级修志之先河，但却整整延宕了26年之久。

早在扬中编纂第一部《扬中县志（1986—2006)》时，西来桥籍从县机关退休回乡的老干部张威（已故）便向镇党委、政府提议编写《西来桥镇志》，提议获批后，于1985年3月成立西来桥地方编纂领导小组和编写组，张威任主笔。至1988年3月，记述西来桥185年历史的《西来桥镇志》全稿撰成，遂报送县相关部门审核出版，但很长时间得不到回复，直至1995年经再三催问时，方得到一个送审的两份志稿找不到了的意外答复。其时，存放在镇政府办公室的一份留存本也找不到了。首部《西来桥镇志（初稿)》就这样不明失落。

志稿无故失落，令人质疑费解，更令编纂人员痛心疾首。编纂历时3年，备极辛劳，自不待言。然煞费苦心搜集的革命史实等宝贵材料付诸东流，自珍难舍。痛定思痛下，编写人员撸起袖子决定重写。原稿主笔张威不顾年高体弱，不拿政府一分补贴，执着编撰，耗时6年，在他生命最后一息，终于赶写出一份新的西来桥地方志初稿。

2007年，扬中部署《扬中县志（1986—2006)》续编工作，要求各镇区以及市直各单位为编纂《扬中市志（1986—2006)》提供材料，编写分卷。西来桥党委、政府决定由陈旭文担任主笔，并由其组织人员编写。由于陈担任文化站长职务，文体工作较忙，难以抽身投入分卷的编写，曾多次向镇政府推辞未获准。直至2009年3月陈退二线，方接手分卷编写工作。但此时全市分卷编写已处尾声，市史志编写办公室催促甚急，于是在取得镇政府同意后，即聘请两位退休教师协助编写。由于都是编志新手，又未曾参加业务培训，只能根据市史志办下发的材料边学习边征集资料，拟写纲目，整理资料长编。2010年2月完成初稿，经市志编撰人员阅稿指导后，又进行了修改，2010年5月完成《扬中市志·西来桥分卷（1986—2006)》送审稿。

2011年，时任西来桥镇党委书记陈泰鸿，十分重视西来桥的人文历史、民俗风情的搜集工作。他认为西来桥的红色革命史非常宝贵，民俗文化也很丰富，编写《西来桥镇志》既有很高的存史价值，又有资政、教化的深远意义。他召见陈旭文，一起商量编修《西来桥镇志》事宜。同年5月，成立《西来桥镇志》编纂领导小组和编纂办公室，初定于2012年底完成志书初稿。

志稿撰写动笔前，我们以为有张威写成的材料和已编写的《扬中市志·西来桥卷（1986—2006)》为基础，编写不会有很大困难。是的，我们在整合材料时发现，张威所写材料中，有不少记述抗日战争和解放战争时期发生在西来桥的事，许多材料是他致函给惠浴宇（首任江苏省省长）、陈玉生（首任江苏政协主席）、俞乃章（原澄西县委书记）、刘汉、陈忠廉（原扬中县委书记）、吴中、于文俊（原抗日扬中县民主政府区区长）、胡晴涛（原浙江省军区司令员）、薛真（《解放军报》主编）、李忠、洪天诚、袁志毅（原江苏省财政厅厅长）等老首长、老领导所得；有的是通过致电函原在西来桥亲身经历现在外地工作的戴洵、朱文涵、冯南生、印德南、黄万良、何兆银、吴彩庭等老同志共同回忆所得；有的是从武进、丹阳、泰兴档案馆、县志办、图书馆查阅资料所得，十分宝贵，难以复得。但也发现一些材料与其他史料所述有出入，有的尚存疑问，需进一步核实。《扬中市志·西来桥卷（1986—2006)》文稿中，许多地方纵不到底，横不到边，有的过于简略，需顺瓜摸藤循根，据果究因。由于时间跨度206年，一些历史性的事距今甚远，有些事通过多渠道觅找，幸偶得知情人，但苦在有的人年岁已高，语言表达不清，只能凭其手势比画而悟言，颔首而明意，再经查找相关历史文献、文史资料或通过相关实物佐证确认。有些事虽距今时间不长，但因未有记录或档案遗失，则需通过人证而录事，遇有当事人调动，必远涉而求之。当然，既是写史，就必须以反映历史真实面貌的“信史”而传之后世。为使我们编写的这本志书成为“信史”，我们翻阅了大量资料，走访了各界人士，同时还致函、致电相关知情人。同一件事，说法不一，要考证；数字差异，要核对。有些事则需经过反复对比、分析、佐证，以去伪存真，去粗取精。编写人手少，进展缓慢，以致延误预期完稿时间。好在镇党委、政府领导一再宽慰，给以“时间服从质量”的精神支持，使我们倍增编好“信史”的信心。

经过艰辛努力，于2013年3月底完成全志文字内审稿（约40万字)，4月上旬，邀请市史志办领导以及部分市志编写人员召开预审会。此后，根据预审中提出意见进行修改。2013年10月底完成送审稿（约50万字)，交扬中市史志办审稿。2014年3月收到审稿反馈意见。接着，根据审稿意见，又对志稿进行了补充修改。

《西来桥镇志》终于付梓，首先要忆及编写第一追梦者张威老前辈，他为实现这一梦想，几乎耗费了晚年的全部精力，直到离世前息。其执着之心，奉献精神苍天可鉴矣！如今镇志出版了，亦可告慰张老在天之灵了。

回顾《西来桥镇志》从编修到出版，得到镇党委、政府的高度重视和大力支持，给编修人员精神鼓励，给编修工作提供优裕条件，确保这项卷帙浩繁的文化工程圆满完成。同时也得到了市史志办领导和工作人员悉心指导。赵纪福老主任指导我们编写志书纲目，并驾车至西来桥为我们修改调整纲目；冯鸿鸣主任在志书两次审稿时都到西来桥，面对面指导志书编写工作。市委组织部、市档案馆、市统计局、市气象局、市农工部、市公安局、市法院、市水利局等均热心为本志提供了相关资料。镇机关、各行政村、幸福社区、各企事业单位不厌其烦配合座谈采访，尽可能提供材料。老校长戴伯章主动给我们提供《武进县志》、过去中心沙地带图、古西来桥碑文等宝贵材料，提供社会名人、相关史事知情人的住址、电话，还多次陪同采访。退休教师印永平长住镇江，多次应约回乡对本志审核修改。在出版之际，谨向所有关心和支持《西来桥镇志》编纂工作的各位领导、专家、社会各界人士表示衷心感谢！

由于镇志编纂是一项新的工作，加之编者水平有限、时间仓促、资料不够充裕，有些史实也很难考证核实，漏误之处难免，恳请各界人士惠予批评指正。

编者

2014年12月